Exclusion of Illegally Obtained Evidence · 전면개정판

위법수집증거배제법칙

조국 지음

박영사

EXCLUSION OF ILLEGALLY OBTAINED CONFESSION, ELECTRONIC COMMUNICATION AND PHYSICAL EVIDENCE

By

KUK CHO

Juris Scientiae Doctor

Professor of Law

Seoul National University College of Law

2nd Edition

Parkyoungsa Publishing Co., 2017

Seoul, Korea

이 책을
1987년 치안본부 대공분실에서 고문으로 사망한
고 박종철(1965. 4. 1 ~ 1987. 1. 14)에게 바친다.

전면개정판 머리말

2005년 3월 이 책을 발간한 후 위법수집증거배제법칙의 쟁점, 국내외 현황, 과제를 총괄하였다는 평가를 받았다. 2006년 이 책은 대한민국학술원 기초학문육성 '우수학술도서'로 선정되었다.

그런데 책 발간 이후 위법수집증거배제법칙과 관련하여 많은 법적 · 제도적 변화가 있었다. 먼저 2005년 7월 사법제도개혁추진위원회는 위법수집증거배제법칙을 형사소송법에 명문화하기로 결정하였고, 동 형사소송법 개정안은 2007년 4월 30일 국회를 통과하였다. 2008년 1월 1일부터 시행된 개정 형사소송법 제308조의2는 진술증거와 비진술증거를 불문하고 적법절차에 의하지 않고 수집한 증거의 증거능력을 배제한다는 점을 명문화하였다. 2007년 11월 15일 대법원은 '김태환 제주지사 사건' 판결에서 과거 오랫동안 고수해온 '성질 · 형상불변론'을 변경하고 비진술증거에 대해서도 위법수집증거배제법칙을 적용하며, 위법수집증거의 파생증거도 원칙적으로 배제한다는 판결을 내렸다. 이후 위법수집증거배제법칙 적용 여부를 검토하는 많은 판례가 나오고 있다. 이상의 변화에 졸저가 약간의 기여라도 하였다면 학자로서 기쁜 일이다.

이러한 변화를 즉각 반영하는 전면개정판을 출간해야 했지만, 저자의 게으름과 「절제의 형법학」(박영사, 2014) 발간 등 다른 연구 활동으로 개정작업은 미루어졌다. 법률과 판례의 변화 이후 일정 기간 동안 판례와 학설의 축적을 지켜본 후 제 2 판을 내려는 생각도 있었다. 또한 2007년 12월-2010년 11월 기간 동안 국가인권위원(비상임)으로 국가기관에 의한 각종 인권침해와 사회적 차별 문제를 검토·결정하고, 2009년 4월-2011년 4월 기간 동안 대법원 양형위원으로 양형기준 마련에 참여하고, 2012년 18대 대통령 선거에서 문재인 후보를 지지하는 활동을 하는 등, 학외(學外) 활동에 참여함에 따라 시간을 확보하지 못하기도 하였다. 긴 시간 동안 기다려준 독자들께 사과와 감사의 인사를 동시에 올린다.

제1판 출간 후 12년 만에 전면개정판을 내면서 책을 전체적으로 대폭 수정·보완하였다. 오타와 오기를 수정함은 물론, 제1판 이후의 법개정, 판례, 논문 등을 반영하고 저자의 새로운 논문과 판례평석을 재구성하여 배치하였다. 요약하면 다음과 같다.

제1편에서는 우리나라에는 아직 소개되지 못하고 있는 외국 판례의 최신 변화를 추가하였다. 제2편에서는 검찰의 "불러 뻥", "초과기소", "답변 엮기" 기법을 추가하였고, 2007년 '일심회 마이클 장 사건 결정'을 반영하면서 변호인참여권 또는 진술거부권 침해 문제를 보강하였고, 외국 입법 소개를 추가하면서 약속에 의한 자백 문제를 보강하였다. 제3편에서는 제1판 출간 이후 여러 차례 이루어진 통신비밀보호법의 개정, 2002년 '조총련 간부회합·통신 사건' 판결, 2016년 '코리아 연대 사건' 판결 등을 반영하는 보완 작업이 이루어졌다.

제4편에서는 2007년 '김태환 제주지사 사건 판결'을 분석하고 재량적 배제의 근거를 재정리하였고, 무영장 비디오 촬영에 관한 2013년 '북한 공작원 접촉 사건 판결'을 포함하여, 영장주의 관련 최근 판결을 추가하였고, 2011년 형사소송법 제106조 제3항 신설과 2011년 대법원의 '전교조 사무실 압수·수색 사건' 결정을 반영하여 전자정보에 대한 압수·수색을 보강하였다. 그리고 언론사에 대한 압수·수색의 경우 언론사의 '압수·수색 거부권'을 헌법에서 바로 도출되는 권리로 파악하여 기존 입장을 변경하였고, 체내신체검사와 강제채혈·채뇨에 대한 기존 입장을 부분 수정하였다.

제5편에서는 함정수사 관련 최신 판결을 추가했다. 제6편에서는 2007년 '김태환 제주지사 사건' 판결 이후 독수과실의 원리를 적용하기 시작

한 여러 대법원 판례에 대한 분석을 추가하였다. 제 7 편에서는 위법수집증거법칙의 사인효에 대한 최신 판결을 추가했다.

전면개정판 작업을 마무리하고 있던 2016년 12월, 미란다 법칙의 모국인 미국의 제45대 대통령으로 뽑힌 도널드 트럼프의 물고문 허용 발언을 듣고 경악했다. 이후 거센 반발이 일어나 그는 이 발언을 철회했지만, 미국 사회의 퇴행이 어디까지 갈 수 있는지 보여주는 악례였다. 문제는 우리 사회 내부에도 유사한 사고가 근절되지 않고 있다는 점이다. 전면개정판을 발간하면서 다시 한 번 형사절차가 적정절차의 이념에 따라 운영되고 해석되기를 희망한다.

한편, 2016년 하반기 터진 '박근혜-최순실 국정농단 게이트' 이후 전국적 촛불집회와 박근혜 대통령에 대한 탄핵심판이 있었다. 집필 작업을 하면서도 주말 촛불집회에 참석하려고 노력했고, 거리 강연도 수 회 하였다. 다시 한 번 민주공화국의 이념과 가치의 소중함과 주권자의 무한한 힘의 의미를 깨닫는 시간이었다. 10번의 촛불집회에서 총 인원 천만 명이 모여서 추진한 '촛불시민혁명'의 결과, 박 대통령은 헌법적 제재를 받아 파면되었고 이어 형법적 제재가 진행 중이다. 그 연장선에서 제19대 대선이 조기에 치러져 문재인 정부가 출범했다. 이러한 사태를 겪으며 우리 국민 모두는 법과 원칙이 지켜지지 않을 경우 나라꼴이 어떻게 되는지 우리 모두는 확인했다. 같은 이유로 형사증거법 분야에서도 법과 원칙이 지켜져야 한다.

전면개정판 원고를 출판사에 넘기고 대선이 끝난 후 학교를 휴직하고 대통령 민정수석비서관으로 일을 하게 되었다. '촛불시민혁명'의 정신이 구현되기 위해서는 미력이나마 문재인 정부에 힘을 보태야 한다고 결심하였다. 나라다운 나라를 만들기 위하여 법과 원칙에 따라 권한을 분명히 행사하되, 권력의 냄새를 풍기거나 권력의 위세를 뽐내지 않는 민정수석비서관이 되고자 한다. 겸손한 마음과 낮은 자세로 최선을 다해서 맡은 바 소임을 수행한 후 학교로 돌아가 다시 연구에 매진할 것을 다짐한다. 이 책에서 펼치는 주장은 '민정수석'이 아니라 '학자'의 입장으로 전개된 것이다.

마지막으로 일본 최신 판례 자료를 수합해준 전주대 권창국 교수와 숭실대 김준호 교수, 독일 최신 판례를 수합해준 뮌헨 대학교 박사과정 박중욱 군 등 세 명의 제자에게 감사를 표한다. 모두 학문의 길에서 대성(大成)하길 기원한다. 그리고 흔쾌히 표지의 저자 사진을 제공해주신 연합뉴스 김주형 기자님께도 고마움의 인사를 올린다.

2017년 9월
전국을 환히 밝힌 촛불의 정신을 생각하며
저 자

책머리에 부쳐

형사증거법의 핵심적 주제인 위법수집증거배제법칙에 대한 필자의 애초의 관심은 학문적인 것에서 유래하지 않았다. 군홧발 소리가 대학 캠퍼스에 여전히 울려 퍼지던 80년대 초반에 대학을 다니면서 당시 형사사법체제에 대하여 회의와 분노를 품지 않았던 이는 많지 않을 것이다. 형벌권의 주체인 국가권력의 폭력성이 노골적으로 드러나고, 형사절차에서의 인권은 허울에 불과한 시절이었다. 헌법이 고문금지와 자백배제법칙을 선언하고 있었으나, 저자의 고교·대학 후배인 고(故) 박종철은 1987년 용의자도 피의자도 아닌 참고인 신분으로 수사기관에 연행되어 '물고문'으로 목숨을 잃었다. 그리고 1985년 당시 '민주화운동청년연합' 의장으로 반독재투쟁의 견인차 역할을 했던 김근태 씨에 대한 전기고문, 1986년 당시 서울대생으로 부천에서 공장 활동 중이었던 권인숙 씨에 대한 성고문 등은 그 야만의 시대를 고통스럽게 상기시켜준다.

그 격동의 시절 한 법대생이 법학공부에만 몰두하지 않고 사회과학 공부와 '농활'·'노동야학' 참여에 많은 시간을 보냈던 것은 단지 그의 편벽(偏僻)한 천성 때문만은 아니었다. 1987년 '6월 항쟁'의 결과 '1987년 헌법체제'가 성립하고 정치적 민주화의 길이 열렸으나, 형사사법체제의 민주화는 요원해 보였다. 이 즈음 지도교수님과 선배님들의 권유로 학문의 길을 택한 저자가 미국 '형사절차혁명'(criminal procedure revolution)으로 확립된 위법수집증거배제법칙에 깊은 관심을 갖게 된 것은 필연적이었고, 저자는 1992년 3월부터 울산대학교 교수로 재직하면서 동시에 이 주제로 박사학위논문을 준비하게 되었다.

그런데 학부와 대학원 시절의 활동과 인연이 갑자기 돌출되어 1993년 반년 간 형사절차를 몸으로 겪어보는 기회를 갖는 바람에 논문집필은 중단되었다. 저자가 어떠한 면에서 '적을 이롭게' 하고, 국가안보에 '명백하고 현존하는 위험'(clear and present danger)을 야기했는지에 대해서는 여전히 의문이 있지만, 덕분에 저자는 형사법과 형사절차에 대한 고민을 더욱 깊게 할 수 있었고, '국제사면위원회'(Amnesty International) 선정 '양심수'(prisoner of conscience)라는 과분한 호칭도 얻게 되었다.

그리하여 이 주제에 대한 연구의 중간 마무리는 1994년 이후 미국 유학에서 이루어질 수밖에 없었다. 유학을 하였던 캘리포니아 버클리 법과대학원 구내카페 안의 벽면에는 동 대학원의 졸업생이자, '형사절차혁명'의 추진자이며 위법수집증거배제법칙의 설계자였던 고 얼 워렌(Earl Warren) 미국 연방대법원장의 대형초상화가 걸려 있다. 휴식시간이면 그 밑 소파에 앉아 그와 대화를 나누어 보려고 애썼다. 한편 연방대법원 판결의 '보수화'를 이끌고 있는 렌퀴스트(William H. Rehnquist) 현 대법원장 등의 '보수적' 문제의식을 탐구하는 것도 게을리 하지 않았다. 이 시기의 공부와 사색은 필자가 한국 형사법을 바라보는 시각을 재정립하는 데 큰 도움이 되었음에 분명하다. 1997년 12월 저자는 '위법수집자백 및 물적 증거의 증거배제'를 주제로 버클리에서 박사학위(Juris Scientiae Doctor)를 취득하였고, 학위논문 중 세 장은 이후 각각 미국 로 저널에 세 편의 논문으로 발표하였다. 이 책의 제 1 편은 저자의 박사논문을 발췌·축약한 것임을 밝힌다. 귀국 후에는 이 주제와 관련한 우리 학계의 논의, 수사실무 및 판례를 비판적으로 분석하는 일련의 논문을 발표하였다.

위법수집증거배제법칙에 대해서는 그간 여러 좋은 연구가 있었지만, 여러 부분에서 저자와 시각이 다른 점이 있고, 또한 세부 주제에 대해서는 보다 정치한 논의가 필요하다고 판단하여 그간의 글을 새로이 검토하고 보충하여 단행본을 발간하기로 마음먹었다. 특히 민주화 이후 한국판 '형사절차혁명'이 진행되고 있는 우리 현실에서 국내외의 이론적 성과를 총괄하는 작업이 필요하다고 판단하였다. 그리고 '형사절차혁명'의 발원지인 미국에서 '9.11 테러' 이후 '애국자법'이 제정되는 등 이 '혁명'의 성과를 무너뜨리려는 시도가 진행되고 있는 점도, 저자가 이 '혁명'의 골수(骨髓)인 위법수집증거배제법칙을 되돌아보게 만든 계기였다.

2001년 「양심과 사상의 자유를 위하여」, 2003년 「형사법의 성편향」에 이어 또 한 권의 연구서를 상재(上梓)하기 위해 그간 주5일 노동·1일 8시간 노동제를 준수하지 못하고 잔업과 특근을 계속해왔다. 수년간에 걸쳐 띄엄띄엄 써놓았던 글을 다듬고 재구성하다 보니 원래 예정했던 발간시기 보다 훨씬 늦게 책을 출간하게 되었다. 게다가 저자의 부족한 능력에도 불구하고 시민사회운동에 관여하고, 여러 국가기구의 자문역을 맡게 되었기에 항상 시간을 쪼개며 고군분투해야만 했다. 다시 읽을수록 폭과 깊이에서 모자람을 느끼며, 이 책이 공연히 소중한 타인의 서가의 공간을 헛되이 차지하지는 않을까 우려가 앞선다. 그러나 다시 한번 저자의 우매함과 교만함을 교정받을 기회를 갖고자 용기를 내었다. 졸저가 수사기관이 자발적으로 헌법과 법률의 요구를 준수하고 시민의 기본권을 보장하면서 수사를 진행하도록 하는 데, 그리고 법원이 위법수사에 대하여 보다 강한 통제의식을 갖도록 하는 데 약간의 기여라도 할 수 있다면 만족할 것이다. 앞으로도 형사법을 헌법정신의 구현이라는 관점에 조명하면서 해석론, 입법론 및 정책론을 전개하는 '헌법적 형사법학'을 구축하고자 노력하여 기대에 부응하고자 한다.

속표지의 저자 사진은 <주간 동아> 이나리 기자님과 인터뷰를 할 때 박해윤 기자님이 찍어주신 것임을 밝힌다. 그리고 판례 및 참고문헌, 색인을 만들어 준 법학과 석사과정의 김준호 군과 정민진 양에게 감사를 표한다. 이 책의 구미문헌 인용방식은 미국 하버드 법대에서 만들고 전 미국의 법학 저널이 사용하고 있는 '블루북'(Bluebook) 방식을 기본으로 하면서도, 인용각

주번호를 병기하는 방식을 채택하였다.

마지막으로 이 책을 고 박종철에게 바친다. 저자는 종철의 죽음이 우리 시대에게 던졌던 여러 과제 중의 하나를 해결한다는 마음으로 이 책의 집필에 임하였다. 그가 세상을 떠난 지 만 18년이 거의 다 지나가고서야 빚을 갚게 되었다. 종철의 흉상은 관악 캠퍼스에 세워졌으나, ― 베르톨트 브레히트가 말한 ― '살아남은 자의 슬픔'은 영원할 것이다. 앞으로도 '불구 종 불구묵'(不苟從 不苟黙)의 마음가짐으로 살아가고자 할 따름이다. '발본 적'(拔本的, radical)이지만 '극단적'(extreme)이지 않은 시각을 유지하면서.

2005년 2월
한겨울 청한 하늘 밑의 청한 관악준암(冠岳俊巖)을 바라보며
저 자

이 책의 기초가 된 저자의 논문은 다음과 같다.

1. *Exclusion of Illegally Obtained Evidence in Search-and-Seizure and Interrogation*, J.S.D. Dissertation, University of California at Berkeley School of Law(Winter 1997)

2. 미란다 규칙의 실천적 함의에 관한 소고 — 미국 연방대법원의 입장변화를 중심으로, 한국형사법학회, 「형사법연구」 제10호(1998)

3. 영국 코먼 로 형사절차의 전면적 혁신과 그 함의 — 1984년 "경찰 및 형사증거법"과 1994년 "형사사법과 공공질서법"을 중심으로, 한국형사정책학회, 「형사정책」 제10호(1998)

4. The Japanese "Prosecutorial Justice" and Its Limited Exclusionary Rule, *Columbia Journal of Asian Law*, Vol. 12, Fall 1998.

5. Reconstruction of English Criminal Justice and Its Reinvigorated Exclusionary Rules, *Loyola of Los Angeles International and Comparative Law Journal*, Vol. 21, Issue 2(Winter 1998)

6. 미국 위법수집증거배제법칙에 관한 일고, 한국형사정책연구원, 「형사정책연구」 제 9 권 제 4 호(1998년 겨울호)

7. 형사절차의 근저에서 대립하는 두 가지 가치체계에 대한 소고, 한국법학원, 「저스티스」 제54호(1999/12)

8. '독수과실의 원리'에 대한 일고, 한국형사정책연구원, 「형사정책연구」 제11권 제 3 호(2000년 가을호)

9. '함정수사'의 위법성 기준과 법적 효과에 대한 재검토, 한국형사법학회, 「형사법연구」 제14호(2000년)

10. 경찰서 유치장에 수용된 형사피의자에 대한 신체검사, 한국형사정책연구원, 「형사정책연구」 제11권 제 4 호(2000년 겨울호)

11. The Reform of Korean Criminal Procedure after Democratization: Korean "Criminal Procedure Revolution?", *Recent Transformation of Korean Society and Law*(Seoul National University Press, 2000)

12. 검사작성 피의자 신문조서의 성립진정과 증거능력, 형사판례연구회, 「형사판례연구」 제 9 호(2001)

13. Procedural Weakness of the German Criminal Justice System and Its Unique Exclusionary Rules, *Temple University International and Comparative Law Journal*, Vol. 15, No. 1(2001 Spring)

14. '자백배제법칙'의 근거와 효과 그리고 '임의성' 입증, 서울대학교 법학연구소, 「서울대학교 법학」 제43권 제 1 호(2002.3)

15. Unfinished "Criminal Procedure Revolution" of Post-Demo cratization South Korea, *Denver Journal of International Law and Policy*, Vol. 30, No. 3 (2002.05)

16. 지양되어야 할 모델로서의 일본 형사절차, 「박재윤 교수 정년기념 논문집」 (2002.8)

17. 불법한 긴급체포 중에 작성된 피의자신문조서 및 약속에 의한 자백의 증거능력, 「JURIST」 제384호(2002.9)

18. 불법한 긴급체포 또는 약속을 원인으로 한 증거배제, 「지송 이재상 교수 화갑기념논문집」 제 2 권(2003.1)

19. 독일 "증거금지"론의 이론구조에 대한 소고, 한국형사정책연구원, 「형사정책연구」 제13권 제 4 호(2002년 겨울호)

20. 자백배제사유 재검토, 「JURIST」 제396-397호 (2003.09-10)

21. 취재원 보호와 증거확보 필요성 간의 긴장, 「시민과 변호사」 제117호(2003.10)

22. 압수·수색의 합법성 기준 재검토, 한국비교형사법학회, 「비교형사법연구」 제 5 권 제 2 호(2003.12)

23. 수사상 검증의 적법성 — 사진 및 무음향 비디오 촬영과 신체침해를 중심으로 —, 한국형사법학회, 「형사법연구」 제20호(2003.12)

24. 재량적 위법수집증거배제의 필요성, 근거 및 기준, 서울대학교 법학연구소, 「서울대학교 법학」 제45권 제 2 호(2004.6)

25. 개정 통신비밀보호법의 의의, 한계 및 쟁점, 한국형사정책연구원,

「형사정책연구」 제13권 제 4 호(2004년 겨울호)

26. 신체구속되지 않은 피의자신문시 변호인참여권의 확대인정, 형사판례연구회, 「형사판례연구」 제12호(박영사, 2005)

27. 유죄답변협상 도입의 필요성과 실현방안, 한국법학원, 「저스티스」 제90호(2006.4)

28. 위법수집증거배제법칙 재론, 사법발전재단, 「사법」 제 3 호(2008.3)

29. 독수과실의 원리, 형사판례연구회, 「형사판례연구」 제17호(2010.6)

30. 영미 체포·구속제도의 특징과 그 비교법적 함의, 한국비교형사법학회, 「비교형사법연구」 제11권 제 1 호(2009.7)

31. 컴퓨터 전자기록에 대한 대물적 강제처분의 해석론적 쟁점, 한국형사정책학회, 「형사정책」 제22권 제 1 호(2010.6)

32. 독수과실의 원리 보론(補論), 형사판례연구회, 「형사판례연구」 제23호(2015.6)

33. 사인이 위법하게 수집한 증거의 증거능력 — 대법원 2013.11.28. 선고 2010도12244 판결 —, <법률신문>(2017.4)

34. 변호인의 피의자신문참여권 및 피의자의 출석 및 신문수인의무 재론(再論), 한국법학원, 「저스티스」 제160호(2017.6)

35. 2007년 이후 대물적 강제처분 분야에서의 위법수집증거배제, 한국비교형사법학회, 「비교형사법연구」 제19권 제 1 호(2017.4)

차 례

제 5 편 위법한 '함정수사'의 판단기준

제 6 편 위법수집증거의 파생증거의 증거능력
— '독수과실의 원리'

들어가는 말

"시민의 생명과 자유가 실제 범죄인에 의해서 위험해지는 만큼, 범죄인으로 생각되는 자들을 유죄로 만들기 위하여 사용되는 불법적 방법에 의해서도 더 위험해진다." [Spano v. New York, 360 U.S. 315(1959)]

제 1. 문제상황 ─ 수사기관이 헌법과 법률의 요구를 어긴다면?

과거 수십 년간의 권위주의 체제하에서 헌법과 법률에서 보장된 형사 피의자의 권리는 껍데기에 불과하였다. 권위주의 체제 붕괴의 결정적 계기가 되었던 1987년 1월 14일 박종철 군 고문치사 사건을 상기해보라. 당시 경찰은 용의자도 피의자도 아닌 참고인이었던 대학생을 남영동 대공분실로 강제연행한 후 야만적 물고문을 가하여 생명을 빼앗고는, 책상을 '탁'치니 '억'하고 죽었다고 발표하여 범죄를 은폐하려 하였다.

권위주의 체제가 종료하고 정치적 민주주의가 자리를 잡으면서, 형사 사법체제에도 많은 개혁이 이루어졌다. 범죄 영화 또는 드라마에서 수사기관이 범죄인을 체포하거나 신문하면서 진술거부권과 변호인접견권을 고지하는 장면은 자주 등장하며, '미란다 원칙'이라는 법률적 원칙이 비법률가 시민에게도 익숙한 단어가 되었다. 그러나 우리 형사사법체제가 완전히 민주화되었다고 자신 있게 말할 수 있는 사람은 학계에서나 실무계에서나 많지 않을 것이다. 정치적 민주화가 상당히 진행된 2000년대 이후 발생한 몇몇 사건만 보자.

2000년 5월 서울 청량리 경찰서 소속 경찰관이 마약 판매 혐의자를 경기도 야산으로 끌고가 미리 파 놓은 웅덩이에 집어넣고 생매장하겠다고 위협하고, 두 팔과 두 다리 사이에 막대기를 끼워 조르는 '날개 꺾기' 고문을 하였다가 중징계를 받은 사건,[1] 2002년 4월 수원 소재 경찰서 소속 경찰관들이 강도살인 혐의로 체포한 피의자들을 '빠루'(=노루발 못뽑이)로 찍고 죽도와 곤봉으로 얼굴과 귀 부위를 때리고, 양팔을 몸 뒤로 돌려 수갑을 채우고 머리를 숙이게 한 뒤 발로 머리를 수차례 짓밟은 사건이 발생했다.[2] 그리고 2002년 10월 26일에는 서울지검 특별조사실에서 폭력조직 '파주 스포츠파' 두목 살인 혐의로 수사를 받던 피의자가 검사의 묵인하에서 검찰수사관의 낭심 폭행, 눈 찌르기, 물고문 등 각종 고문으로 사망한 사건(세칭 '홍경령 검사 사건')이 발생하여 검찰에 대한 신뢰가 추락한 바 있다.[3] 2007년 5월 경기도 수원시에서 10대 소녀가 숨진 채 발견되자, 경찰은 10대 가출청소년 5명을 상해치사 혐의로 체포하였고, 이들은 검사의 회유와 "공범이 자백했다"는 기망으로 인하여 허위자백을 하여 1심 유죄판결을 받았다가 2심에서 무죄판결을 받아 석방되는 사건이 발생했다.[4] 또한 2010년에는 서울 양천경찰서 소속 경찰관 5명이 CCTV를 돌려놓고 총 22명의 절도·강도 피의자들의 입에 두루마리 휴지나 수건을 물린 채 방석으로 머리를 누르고 '날개 꺾기' 고문을 하면서 "육수"(肉水)를 뺐음이 국가인권위원회의 조사결과 밝혀졌다.[5] 2013년 1월 재북화교 출신 탈북자로 서울시 공무원으로 재직중이던 유우성씨는 국정원에 의해 간첩죄 혐의로 체포되었는데, 국정원은 유 씨의 유죄 입증을 위하여 중국 정부의 명의의 사실조회 회신서를 위조하였고 검사는 이 위조서류를 제대로 확인하지 않고 공소권 남용을

---

1) <동아일보> 2000.5.16; <조선일보> 2000.5.19; <한겨레> 2000.5.16, 2000.5.19.
2) <노컷뉴스> 2006.3.17.(http://www.nocutnews.co.kr/news/133559; 2017.3.1. 최종방문).
3) 이 사건에 대해서는 표창원, 「정의의 적들」(한겨레출판, 2014), 278-287면을 참조하라.
4) 이 사건에 대해서는 이기수, 「허위자백의 이론과 실제」(한국학술정보원, 2012), 114-129면을 참조하라.
5) 국가인권위원회 상임위원회 결정(2010.6.15.); <한겨레> 2010.6.16.(http://www.hani.co.kr/arti/society/rights/425969.html; 2017.3.1. 최종방문); <시사인> 제144호(2010.6.17.) (http://www.sisain.co.kr/news/articleView.html?idxno=7666; 2017.3.1. 최종방문).

계속하였음이 확인되어 큰 파장을 일으켰다.[6)]

이러하니 "경찰은 민중의 지팡이"라는 공식적 구호 외에도 "경찰은 민중에 대한 몽둥이"라는 말이 아직 사라지지 않고 있는 것이다. 이상과 같은 고문이나 기망으로 자백을 받는 노골적인 위법수사 외에도, 불심검문, 체포·구속, 압수·수색·검증, 통신감청, 피의자신문(訊問) 등의 형사절차에서 수사기관의 위법행위는 사라지지 않고 있다.

또한 '준(準)사법기관'이자 인권보호의 기구를 자처하는 검사가 피의자의 형사절차상 인권을 무시하거나 위법수사를 묵인·방조하는 일이 근절되지 않고 있다. 대한변협의 '2015 검사평가'에 따르면, 변호인에게 소리를 지르거나 조사실에서 메모조차 하지 못하게 하는 검사도 있었다. 변호인의 수사 입회를 이유 없이 거절하거나 변호사를 조사실에서 강제로 쫓아내거나 피의자와 변호인의 휴대전화기와 필기도구를 거둬가는 경우도 있었다.[7)] 이미 제출한 변호인 선임계를 받지 않는 검사도 있었다. 한 변호사는 "변호인의 수사 입회를 이유없이 거절하고 변호인 접견을 고의적으로 방해했다"며 "피의자를 불러 조사하고도 소환하지 않았다고 거짓말한 사례도 있다"고 했다. 대한변협의 '2016 검사평가'에 따르면, 피의자에게 "이 ××, 니가 다 해 처먹었네. 젊은 놈이 간도 크다"라고 폭언을 퍼붓고, 혐의를 부인하는 피의자에게 "당신은 범인이 맞다. 눈동자가 흔들리네. 내가 딱 보면 안다"며 자백을 종용하고, 피의자가 변호인과 상의하려고 하자 "이 방(검사실)을 나가는 순간 관용은 없다. 지금 자백하라"고 한 검사도 있었다.[8)]

요컨대, 수사기관은 법을 집행함과 동시에 법에 복종해야 하며, 범죄와의 투쟁을 명목으로 다른 범죄를 범해서는 안 됨에도 불구하고, 저자의 관찰

---

6) 이 사건에 대해서는 <시사저널> 2014.2.26.(http://www.sisapress.com/journal/article / 138972; 2017.3.1. 최종방문); <뉴스1> 2014.3.2.(http://news1.kr/articles/1564988; 2017. 3.1. 최종방문) 등을 참조하라.

7) <조선일보> 2016.1.19.(http://news.chosun.com/site/data/html_dir/2016/01/19/ 201601190 3359.html; 2017.3.1. 최종방문).

8) <조선일보> 2017.1.25.(http://news.chosun.com/site/data/html_dir/2017/01/25/20170125 00251.html; 2017.3.1. 최종방문).

로는 시민의 "생명과 자유가 실제 범죄인에 의해서 위험해지는 만큼, 범죄인으로 생각되는 자들을 유죄로 만들기 위하여 사용되는 수사기관의 위법적 방법에 의해서도 위험해"9)지는 현상은 여전하다. 다른 한편 수사기관은 물론, 민주시민을 자부하는 사람들도 "범죄인 인권을 너무 존중하면 수사 못한다," "중범죄인 수사를 하다 겁도 좀 주고 몇 대 때릴 수도 있는 것 아니냐" 류의 사고를 버리지 못하고 있다. "한 나라의 문명의 질은 그 나라가 형법을 집행하기 위해 사용하는 방법으로 대강 평가될 수 있다"고 할 때,10) 21세기 '경제협력개발기구'(OECD) 소속 '선진국'임을 자부하는 대한민국의 문명의 질은 어느 수준일 것인가?

민주화의 산물인 '1987년 헌법'은 제12조 제 1 항 제 2 문과 제12조 제 3 항에서 형사소송법의 이념으로 '적정절차'(due process) 또는 '적법절차'의 이념을 분명히 명시하고 있다. 이는 과거 실체적 진실발견 또는 대(對)범죄투쟁 일변도의 형사정책에 대한 헌법제정권력자인 국민의 성찰에서 도출된 새로운 가치결단이다. 즉, 헌법은 '적정절차'의 이념이 '실체진실주의'(Grundsatz der Wahrheitserforschung)보다 우월한 — 적어도 대등한 — 형사절차의 이념이라고 선언한 것이다. 그리고 헌법은 국가기관에는 적정절차의 원칙을 따를 것을 요구하면서, 형사피의자 · 피고인에게는 무죄추정권을 부여함과 동시에 매우 상세하게 형사피의자 · 피고인의 형사절차상의 인권을 규정하고 있다. 이러한 헌법정신은 형사소송법 등의 하위법률에 반영되어 불심검문, 체포 · 구속, 압수 · 수색 · 검증, 통신감청, 피의자신문 등에 관한 각종의 요건이 조문화되어 있다.

문제는 헌법과 법률에 어떠한 이념과 권리가 규정되어 있다고 해서 그것이 바로 구현되는 것이 아니라는 점이다. 한국 형사사법체제의 현 상태와 역사적 경험을 고려할 때 수사기관의 불법행위는 적정절차 이념에 대한 도덕적 훈계로 제거되기에는 너무도 끈질긴 문제이다. 위에서 언급한 헌법

---

9) Spano v. New York, 360 U.S. 315, 320(1959).
10) Walter V. Shaefer, "Federalism and State Criminal Procedure," 70 *Harv. L. Rev.* 1, 26(1956).

과 법률의 요구를 수사기관이 따르지 않을 때 어떠한 실효성 있는 대책이 필요한가 하는 문제는 여전히 남아 있다. 이에 대해서는 당장 불법행위를 한 수사관에 대한 형사처벌 또는 손해배상청구, 수사기관 내부의 징계처분 등이 가능하지 않는가 하는 생각이 들 수 있다. 저자는 이러한 방안이 활성화되어야 한다는 점에 대하여 유보 없이 전적으로 동의한다.

그러나 우리의 현실을 직시할 때 이러한 대책의 실효성은 의문스럽다. 먼저 위법수사를 한 수사관에 대하여 형법상 직권남용죄(제123조) 등의 형사책임을 묻는 것이 이론적으로 가능하다 하더라도, 실제 검사에 의한 소추가 실제 이루어질 것인가는 회의적이다. 이는 공식통계자료를 통해서도 쉽게 확인된다. 1993년부터 2002년까지의 10년 동안 「검찰연감」에서 확인되는 1994년부터 2015년까지의 상기 범죄에 대한 통계를 살펴보면 다음과 같다.[11]

직권남용권리행사방해

	1994	1995	1996	1997	1998	1999	2000	2001	2002	2003	2004
총계	121	211	203	171	230	599	434	547	498	645	783
기소율	0	1	0	1	2	4	0	3	1	9	4
기소율(%)	0	0.46	0	0.58	0.87	0.67	0	0.55	0.2	1.4	0.51

	2005	2006	2007	2008	2009	2010	2011	2012	2013	2014	2015
총계	1210	1180	1968	1287	1810	1808	1414	1504	1926	1310	1488
기소율	3	6	4	9	1	8	8	9	9	15	20
기소율(%)	0.25	0.51	0.2	0.7	0.06	0.44	0.57	0.6	0.47	1.2	1.3

---

11) 이 통계는 국회전자도서관(www.nanet.go.kr)에 수록되어 있는 검찰연감을 기초로 작성되었다.

직권남용체포 · 감금

	1994	1995	1996	1997	1998	1999	2000	2001	2002	2003	2004
총계	423	112	110	66	70	130	110	108	158	177	144
기소율	0	4	0	2	0	0	3	3	1	0	2
기소율(%)	0	3.5	0	3.0	0	0	2.7	2.65	0.63	0	1.39

	2005	2006	2007	2008	2009	2010	2011	2012	2013	2014	2015
총 계	122	238	223	245	176	187	148	190	240	242	235
기소율	2	1	0	2	0	5	2	0	0	3	0
기소율(%)	1.64	0.42	0	0.82	0	2.7	1.4	0	0	1.2	0

독직폭행 · 가혹행위

	1994	1995	1996	1997	1998	1999	2000	2001	2002	2003	2004
총계	192	245	205	143	163	250	427	289	336	294	349
기소율	2	3	4	0	3	3	1	0	6	5	1
기소율(%)	1.0	1.2	1.9	0	4.7	1.2	0.2	0	1.79	1.7	0.29

	2005	2006	2007	2008	2009	2010	2011	2012	2013	2014	2015
총계	371	333	418	488	307	320	286	313	383	514	475
기소율	2	2	3	0	0	6	2	1	0	1	1
기소율(%)	0.54	0.6	0.72	0	0	1.9	0.7	0.32	0	0.2	0.2

이상의 통계에서 범죄의 총계에는 기복이 있으나 기소율은 매우 낮게 유지되고 있음을 확인할 수 있다. 이 기간 동안 직권남용권리행사방해에 대한 평균기소율은 0.52%, 직권남용체포감금의 경우는 1%, 독직폭행가혹행위의 경우는 0.87% 수준에 그치고 있다.

다음으로 수사관에 대한 손해배상청구(민법 제750, 756조)가 이론적으로 가능하지만, 수사관의 고의·과실의 입증에서 난관에 봉착할 것이다. 우리 민법의 경우는 미국과 달리 수사관의 불법행위에 대해서는 추정적 책임(assumed liability)을 인정하고 있지 않다.12) 법원은 공무원에게 고의 또는

---

12) 1972 Amendment of the Federal Torts Claim Act, 28 U.S.C. §2680(h).

중과실이 있는 경우에 한하여 피해자는 공무원 개인에게 직접 손해배상을 청구할 수 있다고 입장을 견지하고 있으며,[13] 게다가 민사소송절차에서는 원고가 수사기관의 위법수집행위가 있었다는 점을 입증하여야 하는데, 이는 공권력의 도움을 받을 수 없는 원고로서는 쉬운 일이 아닌바 원고의 구제 가능성은 낮을 수밖에 없다.[14] 또한 최종적으로 승소를 한다고 하여도 예상되는 배상액의 액수는 적으며, 소송기간은 길 것으로 예상된다.

국가배상법에 따라 공무원의 불법행위에 대하여 구제를 받을 수 있겠으나(국가배상법 제2조), 이 역시 공무원의 고의와 과실을 입증하는 어려움이 있다. 특히 위법한 대물적 강제처분의 경우 명백한 형태의 손해가 발생하지 않는 경우가 많을 터인데, 이 때는 명예훼손이나 정신적 고통 등을 청구원인으로 하는 위자료청구를 해야 하는바, 이러한 손해를 입증하는 것은 더욱 어렵다.[15]

또한 검사징계법이나 경찰공무원법(제26-27조)에 따른 징계처분도 가능하지만 조직 내부의 징계가 강도 있고 철저하게 진행되고 있지는 못하다. 헌법과 법률의 정신을 파괴하겠다거나 피의자를 괴롭히겠다는 악의는 없으며 단지 수사의 '열의'에 따라 영장주의의 정신을 위배하였을 뿐이라는 징계혐의자의 항변이 있을 경우 얼마나 무거운 징계가 내려질지 의문이다.

요컨대, 위법적인 수사를 행한 수사관에 대한 형사적·민사적·행정적 제재는 효과가 미약한 경우가 많고, 그 활용도 저조하다. 이러한 상황에서 수사기관은 형사절차에 대한 헌법과 법률의 요청을 대수롭지 않은 것으로

---

13) 대법원 1996. 2. 15. 선고 95다38677 판결. "공무원이 직무수행 중 불법행위로 타인에게 손해를 입힌 경우에 국가 등이 국가배상책임을 부담하는 외에 공무원 개인도 고의 또는 중과실이 있는 경우에는 불법행위로 인한 손해배상책임을 진다고 할 것이지만, 공무원에게 경과실뿐인 경우에는 공무원 개인은 손해배상책임을 부담하지 아니한다고 해석하는 것이 헌법 제29조 제1항 본문과 단서 및 국가배상법 제2조의 입법취지에 조화되는 올바른 해석이다."(동 판결 다수의견)
14) 대법원 2002. 9. 24. 선고 2001다49692 판결.
15) 박미숙, "위법수사에 대한 구제방안," 한국형사정책연구원, 「형사정책연구소식」 제27호(1995. 2), 25면.

생각하고 위법적 방법을 통해서라도 일단 수사목적을 달성하고 난 후 형사소추, 행정적 징계나 민사배상에 대하여 대책을 강구하게 되므로, 헌법이 요구하는 형사절차에서 적정절차의 이념의 구현은 요원한 일이 되고 마는 것이다. 즉, 증거배제 외의 대안은 수사기관에 대해서 "헌법적 요청을 회피하라는 공개초청장"[16]으로 작용할 수도 있는 것이다. 게다가 형사소추, 경찰 내부 징계나 민사배상이 그다지 위협적이지 않다면 수사기관의 위법수사가 근절될 리는 만무할 것이다. 또한 현재로는 이러한 형사적·민사적·행정적 제재를 강력하게 만드는 입법적 조치가 예상되지도 않는다.

그리고 이상과 같은 증거능력배제 이외의 구제방안은 "위법수사가 자행된 이후에나 동원가능한 것으로서 **사후구제장치**로서의 성질을 가지며 따라서 그 효과에 한계가 있"고, "위법수사 전반에 대한 통일적 견제장치로서는 미흡하다"는 점도 직시해야 한다.[17]

그리하여 저자는 '위법수집증거배제법칙'(exclusionary rule)에 주목하는 것이다.[18] 1960년대 워렌(Earl Warren) 대법원장이 이끄는 미국 연방대법원이 일련의 판결을 통하여 추동(推動)한 '형사절차혁명'(criminal procedure revolution)으로 확립되고 이후 세계화되고 있는 이 법칙은, (i) 고문·폭행·협박·구속의 부당한 장기화 또는 기망 등으로 자백을 획득한 경우는 물론, (ii) 진술거부권, 변호인의 조력을 받을 권리 등 헌법상의 기본권을 침해하여 자백을 획득한 경우도 증거능력을 배제할 것을 요구하며, (iii) '도청'으로 획득한 대화내용의 증거능력을 배제할 것을 요구하는 한편, (iv) 그 자체로는 성질과 형상(形象)의 변경이 없는 증거물이라고 하더라도 영장주의를 위반하는 대물적 강제처분으로 수집한 증거의 증거능력을 배제할 것을 요구한다. 후술하겠지만, 이상의 법칙은 한국 현대사의 흐름 속에서

---

16) William A. Schroeder, "Deterring Fourth Amendment Violations: Alternatives the Exclusionary Rule," 69 *Geo. L. J.* 1361, 1396(1981). 또한 Harvey R. Levin, "An Alternative to the Exclusionary Rule for Fourth Amendment Violations," 58 *Judicature* 75, 79-80(1974).

17) 신동운, 「신형사소송법」(제5판, 2014), 295면(강조는 인용자).

18) 이 책에서 위법수집증거의 개념은 광의의 것으로, 협의의 위법수집증거로 사용되는 '비진술증거' 외에 자백 등 '진술증거'를 모두 포괄하는 것으로 사용한다.

순차적으로 도입되었다.

제 2. 위법수집증거배제의 근거 — 적정절차 이념의 보장과 위법수사의 억지

2007년 형사소송법 개정 이후는 물론 그 이전에도 학계에서는 위법한 수사를 통하여 획득한 자백과 증거물의 증거능력을 배제해야 한다는 것에 대하여 의견의 일치가 이루어져 있었다. 실체적 진실발견의 일정한 희생을 필연적으로 수반하는 위법수집증거배제법칙이 필요한 근거는 무엇인가?

현재 학계에서 합의되고 있는 것은 첫째, 위법수집증거를 유죄인정에 사용하는 것은 적정절차의 보장이라는 헌법상의 요구에 반한다는 점, 둘째 위법수집증거를 배제하지 않고서는 적정절차의 요청에 반하는 수사기관의 불법한 수사를 억지(deterrence)할 수 없다는 점이다.[19] 전자가 '피의자·피고인의 인권침해에 대한 구제라는 회고적 이유'라면, 후자는 '장래의 위법수사의 억제, 즉 적정절차에 기한 수사의 확보라는 전망적 이유'이다.[20] 요컨대 위법하게 수집한 자백 및 증거물의 증거능력을 배제함으로써 형사절차에서의 적정절차를 보장하고 '사법의 염결성'(廉潔性, judicial integrity)[21]과 '절차의 공정성'(fairness of the proceedings)[22]을 지키고, 수사기관의 위법수사에 대한 유혹을 애초에 차단·억지하려는 것이 이 법칙의

---

19) 위법수집증거자백의 증거능력 배제에 대해서는 제 3 편에서 후술하다시피 여러 가지 학설이 있으나, 이에 대하여 '위법배제설'에 입각해 있는 저자로서는 자백이건 증거물이건 위법하게 수집한 경우 그 증거능력을 배제하는 근거는 동일하다고 본다.
20) 차용석, 「형사소송법」(1997), 678-679면.
21) Mapp v. Ohio, 367 U.S. 643, 659-660(1961). 'integrity'에 대한 역어는 여러 가지가 가능할 것이나, 여기서는 강구진 교수의 번역이 가장 원어의 어감에 부합한다고 판단하여 이를 선택한다[강구진, "위법수집증거의 배제법칙,"「사법행정」제23권 제 1 호(1982), 12면].
22) Police and Criminal Evidence Act §78(1).

근거이자 목적이다.[23)

먼저 위법수집증거배제법칙의 **규범적** 근거인 적정절차의 이념을 살펴보자. 1987년 헌법이 형사절차의 지도이념으로 적정절차를 채택하였다는 것은 실체적 진실발견을 절차적 정의와 같은 다른 중요한 사회적 재화(財貨)를 위하여 의식적으로 희생하겠다는 결단의 표명이다. 이러한 맥락에서 저자는 차용석 교수의 이하 논지에 동의한다.

> '적정절차'의 이념은 헌법의 직접적 요청이고 처벌위주의 실체적 진실주의는 적정절차의 보장이라는 기본적 이념 아래서 추구되어야 할 소송법에 내재하는 하위목적의 하나로 보아야 한다. 실체적 진실이란 객관적으로 소송세계 밖에서 존재하는 것이 아니고 적정절차를 철저히 실현해나가면서 발견되는 소송세계의 창조물이다. 따라서 실체적 진실주의는 이념적으로는 적정절차에 의해 제약받으면서 후자의 범위 내에서 추구되어야 한다.[24)

그리하여 저자는 "실체진실의 발견은 형사소송의 최고의 목표이며, 가장 중요한 지도이념"[25)이라는 이재상 교수의 논지에 동의할 수 없다. 형사절차의 세목(細目)에 있어 효용과 권리, 범죄통제와 적정절차라는 대립항이 서로 엇갈리며 절충되는 것은 불가피한 일이겠으나, 형사절차의 이념을 **헌법적 맥락에서 파악할 때** 유관한 가치는 실체적 진실발견이 아니라 적정절차 이념의 실현인 것이다.[26) 그리고 실체적 진실발견에 대한 과도한 강조나 집착은 위험하기까지 하다. 1978년 호주 고등법원의 'Bunning v. Cross 판결'[27)의 문언을 빌리자면,

---

23) Mapp, 367 U.S. at 656.
24) 차용석(각주 20), 63면(강조는 인용자).
25) 이재상, 「형사소송법」(제 6 판, 2002), 20면.
26) Donald A. Dripps, "Beyond the Warren Court and Its Conservative Critics: Toward a Unified Theory of Constitutional Criminal Procedure," 23 *U. Mich. J. L. Ref.* 591, 593(1999).
27) 19 A.L.R. 641(H.C. 1978).

진실은 … 현명하지 못하게 선호되고 너무 강하게 추구될 수 있으며, 그리하여 너무 많은 대가를 치를 수 있다.[28]

이러한 관점에서 볼 때 위법수집증거의 배제는 필연적으로 요청된다. 유명한 미국 연방대법원의 1961년 'Mapp v. Ohio 판결'[29]의 문언을 인용하자면, "정부 스스로 자신의 법을 지키지 않는 것보다 더 신속하게 정부를 무너뜨리는 것은 있을 수 없고, 정부 자신의 존재를 규정한 헌장을 무시하는 것이라면 더욱 그렇다"[30]고 할 것이기에, "인민의 자유가 토대로 삼고 있는 헌법적 제한이라는 체제 전체를 파괴할" 수 있는 "유죄평결에 이르는 천박한 지름길"은 봉쇄되어야 하는 것이다.[31] 사실 위법수집증거배제법칙이 상정하는 형사절차의 상(像)은 피의자 · 피고인을 공장의 '조립 컨베이어 벨트' 위에 올려놓고 신속히 벨트를 돌리는 모습이 아니라, 매 관계마다 장애물을 설치하고 국가기관이 이를 뛰어넘도록 하는 '장애물 경주코스'(obstacle course)[32]이다. 그리고 위법수집증거의 배제를 통하여 일정하게 실체적 진실발견이 방해받고 범죄인이 이득을 본다 하더라도 "그 손실은 바로 헌법이 기꺼이 감수하려는 손실"이라 할 것이다.[33] 다음으로 위법수사의 억지(抑止)는 위법수집증거배제법칙의 사실적 근거이다. 즉, 위법수집증거의 증거능력을 배제하여 "헌법적 보장을 무시하는 유발 동기를 제거함으로써 그 유발 동기를 억지"하겠다는 것이다.[34] 제 1 편 제 2 장 제 2.에서 살펴보겠지만 미국의 경우 위법수집증거배제법칙의

---

28) Id. at 657[Knight Bruce V.C. in Pearse v. Pearse(1846) 63 E.R. 950, 957를 인용하면서].
29) 367 U.S. 643(1961).
30) Id. at 659.
31) Id. at 660.
32) Herbert L. Packer, *The Limits of the Criminal Sanction* 163(1968).
33) Arthur G. LeFrancois, On Excorcising the Exclusionary Rule: An Essay on Rhetoric, Principle, and the Exclusionary Rule, 53 *U. Cin. L. Rev.* 49, 102(1984).
34) United States v. Elkins, 365 U.S. 206, 217(1960).

억지효과 여부와 정도에 대하여 많은 실증적 연구가 이루어졌으나, 우리나라의 경우는 그렇지 못하다. 그렇지만 제 1.에서 상술하였듯이 위법수사를 억지하기 위한 기존의 여러 민사적 · 행정적 방책들이 유명무실한 상황에서는 법원이 나서지 않을 수 없다. 신동운 교수는 다음과 같이 진단하였다.

> 우리나라의 형사절차에서의 위법수사관행은 수사기관 내부의 자체통제나 여론의 질책뿐만 아니라 제3의 국가기관인 법원까지도 개입하여 척결하지 않으면 안 되는 단계에 와 있다.[35]

만약 수사기관이 위법하게 수집한 자백과 증거물에 대하여 법원이 그 증거로서의 가치에만 비중을 두어 증거채택 여부를 판단하게 되면, 법원은 위법행위를 묵인하겠다는 신호를 수사기관에게 보내는 셈이며, 이는 법원을 위법수사의 '공범'으로 만드는 것이다.

요컨대, 위법수집증거의 증거능력을 인정하는 것은 범죄인을 처벌하기 위하여 국가기관의 위법을 용인함으로써 헌법적 통제체제를 파괴하는 것이므로 용인할 수 없다. 증거배제 외의 위법수사에 대한 통제방안이 취약한 현실에서 위법수집증거배제법칙은 수사기관이 불법행위를 하는 동기를 제거하고 향후의 불법행위를 억지하게 되는바, 위법수집증거의 증거능력배제는 수사기관이 "헌법적 보장을 존중하도록 강제하는 유일한 길"[36]이라 하겠다. 그리고 수사기관과 범죄인도 아닌 "공정한 제 3 자로서의 법원이 판례를 통하여 위법수사에 대한 증거배제법칙을 축적하여 갈 때 수사기관의 행위준칙이 명확하게 되고, 이를 통하여 수사기관에게뿐만 아니라 그 상대방인 시민에게도 법적 안정성을 제공할 수 있다" 할 것이다.[37]

이 법칙의 문제의식을 간략히 도해화하면 다음과 같다.

---

35) 신동운(각주 17), 1320면.
36) United States v. Elkins, 365 U.S. 206, 217(1960).
37) 신동운(각주 17), 1319면.

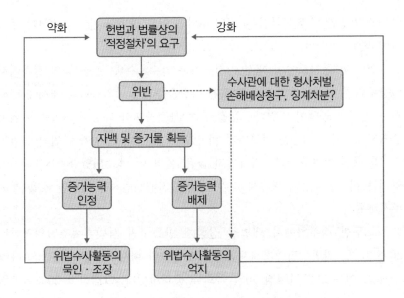

제 3. 현행 헌법과 법률의 태도

I. 위법수집증거배제법칙의 순차적 입법화

그렇다면 현행 헌법과 법률은 위법하게 수집한 자백 및 증거물의 증거 능력 배제에 대하여 어떠한 태도를 취하고 있는가?

헌법 제12조 제 7 항과 형사소송법 제309조는 피고인의 자백이 고 문·폭행·협박·신체·구속의 부당한 장기화 또는 기망 기타의 방법으로 임의로 진술된 것이 아니라고 의심할 만한 이유가 있는 때에는 이를 유죄 의 증거로 하지 못한다고 하여 '자백배제법칙'을 명문화하고 있으며, 이 법칙은 1954년 형사소송법(제309조)과 1963년 헌법(제10조 제 6 항)에 규정된 이후 정치적 변화와 개헌에도 불구하고 변함없이 명문화되었다.

그리고 통신비밀보호법 제 4 조는 허가받지 아니하거나 감청대상범죄 가 아닌 불법감청으로 지득(知得) 또는 채록(採錄)된 전기통신의 내용의 증거 능력을 배제함을 명문화하고 있다. 동법은 1992년 제14대 대통령선거를 앞두고 발생한 '초원복국집 사건'의 부담을 안고 출범한 김영삼 정부가 주도하여 만든 것이다.

2007년 형사소송법 개정 이전까지는 압수 · 수색 · 검증 등의 절차에서 영장주의의 원칙을 위반하고 수집된 비진술증거의 증거능력의 배제에 대해서는 입법의 공백이 있었다. 그 결과 "수사절차에서 특히 유죄입증을 위한 증거자료로서 증거물을 확보하기 위하여 위법한 수사행위가 만연되어 일응 수사의 천국이라고 해도 지나치지 않은 실정"이 계속되었다.[38] 그리하여 학계는 비진술증거에 대해서도 위법수집증거배제법칙을 채택할 것을 계속 주장해왔다.

노무현 정부하에서 대법원 산하에 만들어진 사법개혁추진위원회는 2005년 7월 위법수집증거배제법칙을 명문화한 형사소송법 개정안을 마련하였고, 이는 2007년 4월 30일 국회를 통과하였다. 그리하여 2008년 1월 1일부터 시행된 개정 형사소송법 제308조의2는 "적법한 절차에 따르지 아니하고 수집한 증거"의 증거능력 배제를 규정하고 있다. 그리고 2007년 11월 15일 대법원은 '김태환 제주지사 사건' 판결에서, 1968년 이후 약 40년간 고집스럽게 유지해온 '성질 · 형상 불변론'[39]에 따른 위법하게 수집한 비진술증거의 증거능력 인정입장을 변경했다.[40] 즉, 비진술증거에 대해서도 위법수집증거배제법칙을 적용하고 위법수집증거의 파생증거도 원칙적으로 배제한다는 입장을 채택한 것이다. 이러한 변화는 그간 진술증거와 불법감청으로 획득한 증거에 제한되어 적용되고 있던 위법수집증거배제법칙의 외연을 크게 넓힌 것이었다.

이상의 경우는 위법수집증거배제법칙이 실정법으로 명문화된 경우이다. 독일 학계의 용어를 빌린다면, 이상의 경우에는 증거를 수집함에 있어서 일정한 수단과 방법은 금지된다는 '증거수집금지'(Beweiserhebungsverbot)와 동시에, 이를 위반하여 획득한 증거의 사용을 금지한다는 '증거사용금지'

---

38) 오영근 · 박미숙, 「위법수집증거배제법칙에 관한 연구」(한국형사정책연구원, 1995), 18면.
39) 대법원 1968. 9. 17. 선고 68도932 판결.
40) 대법원 2007. 11. 15. 선고 2007도3061 판결.

(Beweisverwertungsverbot)가 실정법화된 것이다. 그리하여 이제 수사기관이 이 법칙을 얼마나 준수하고, 법원이 이 법칙을 얼마나 철저하게 해석·적용하는가의 문제가 남아 있다.

II. 위법수집증거배제의 일반조항으로서의 제308조의2

1. 제308조의2 신설을 둘러싼 논쟁

개정 형사소송법 제308조의2는 '위법수집증거의 배제'라는 제목 아래 "적법한 절차에 따르지 아니하고 수집한 증거는 증거로 할 수 없다"라고 규정하고 있다.

그런데 이 조문의 입법과정에서 위법수집증거배제법칙을 입법화할 것인가, 한다면 어떠한 표현으로 입법화할 것인가를 둘러싸고 논쟁이 있었다.

먼저 고 이재상 교수는 2006년 열린 국회 법제사법위원회 공청회에서 위법수집증거배제법칙은 그 "본질상 명문화하기에는 어려운 법칙," "명문화할 법칙이 아니거나 명문화하기에는 부적당한 원칙"이라고 주장하고, 미국과 일본의 형사소송법에도 이에 관한 명문규정이 없다는 것을 지적하면서, 제308조의2의 신설에 반대한 바 있다.[41]

이러한 이 교수의 주장은 위법수집증거배제법칙이 판례를 통하여 형성되어 왔고, 그 예외가 다양하므로 입법화하는 것이 어렵고 또한 바람직하지 않다는 취지이다. 이 법칙이 원래 판례를 통하여 형성되어 온 것은 맞고 미국와 일본의 경우 이 법칙을 입법으로 수용한 것이 아닌 것은 맞지만, 영국[42]은 법률로 그리고 캐나다[43]는 헌법으로 이 법칙을 수용하였다. 이런 점에서 위법수집증거배제법칙을 입법화할 것인지 여부는 각국의 입법정책의 문제이지, 이 법칙 자체의 본질이 입법화를 금하고 있는 것은 아니다.

---

41) 이재상, "형사소송법 일부개정법률안에 관하여," 국회 법제사법위원회 공청회 발표자료(2006. 9. 25.), 20-21.
42) Police and Criminal Evidence Act, §78(1).
43) Canadian Charter of Rights and Freedoms(Constitutional Act 1982), §24(2).

다음으로 입법화를 하되 어떠한 표현을 사용할 것인가의 문제이다. 대법원 산하의 사법개혁추진위원회 내부 논의에서 법원 측은 "위법하게 수집한 증거는 증거로 할 수 없다."는 안을 제시하였다.44) 이에 대하여 검찰 측은 이러한 안으로는 증거배제의 기준이 없어 실무의 혼란을 일으킬 수 있고, 증거능력의 인정여부가 전적으로 법원의 해석에 맡겨진다는 이유로 반대하였다. 그리하여 검찰 측은 "위법하게 수집한 증거는 그 위법성이 중대하고 사건의 내용과 비교하여 이를 증거로 사용함이 사법적 정의에 반할 때에는 이를 증거로 할 수 없다"는 조문안을 대안으로 제시하였다.45) 이러한 두 가지 입장을 두고 사개추위 실무위원 5인으로 구성된 소위원회에서 논의가 전개되었는데, 법원 측 위원 1인, 변호사측 위원 1인, 학계 대표 2인으로 이루진 다수의견은 "적법한 절차에 따르지 아니하고 수집한 증거"라는 문구에 합의하였고,46) 검찰 측 위원 1인은 이에 반대하였다.47) 이후 국회는 다수의견의 문구를 채택한다.48)

이완규 검사는 '적법한 절차'라는 문구는 충분한 검토와 토론 없이 만들어졌다고 비판한다. 그리고 그는 이 개념은 모호하므로 수사와 공소를 담당하는 사람에게는 명확한 실무기준이 되지 못하며, 법원에게만 광범한 재량의 폭을 주는 것이라고 비판하면서, 검찰 측 안이 채택되었어야 했다는 입장을 밝히고 있다.49)

이 검사의 지적대로 '적법한 절차'라는 개념 그 자체만으로 위법수집증거배제법칙의 범위가 확정되지 않고, 그 개념의 해석이 사건별로 법원의 판단에 달려 있다는 점은 사실이다. 형사소송법 제308조의2의 기준에 대한

---

44) 오기두, "증거능력규정 신·구조문대비표," 사법개혁추진위원회, 「형사사법 토론회 자료집」(2005), 475.
45) 이준보, "법안검토의견서(5) ― 제5차 5인 소위원회 자료," 대검찰청, 「공판중심주의 형사소송법 백서」(2005), 525-527.
46) 박병대 사법정책실장, 정미화 변호사, 신동운 서울대 교수, 박상기 연세대 교수가 다수의견을 구성하였다.
47) 소수의견은 이준보 대검찰청 기획조정부장에 의해 제출되었다.
48) 이 과정에 대해서는 신동운(각주 17), 1320-1321면; 이완규, 「개정 형사소송법의 쟁점」(2007), 424-427 참조.
49) 이완규(각주 48), 428-429.

검찰 측의 비판은 이 조문의 표현에 따르면 증거배제의 범위가 과도하게 넓어지지 않을까 하는 우려에 기초한 것이다.

그런데 기왕의 법원이나 헌법재판소의 판례는 '적법한 절차'에 대한 적정한 해석을 제공하고 있다. 예컨대, 헌법재판소는 '적법한 절차'는 "국가의 형벌권을 실현함에 있어서 피고인 등의 기본권 보장을 위한 정당한 절차 즉 근본적인 공정성을 담보하는 절차"로 파악하고 있다.[50] 이는 '적법한 절차' 위반을 시민의 헌법적 기본권 침해와 연결시켜 해석하는 것으로, "헌법이 관심을 기울이지 않으면 안 될 정도로 근본적 공정성을 위태롭게 하는 실질적 위법성"[51]이 있을 때 '적법한 절차' 위반이 있다고 보는 것이다.

2. 제308조의2의 증거법상의 지위

먼저 제308조의2는 증거재판주의를 규정한 제307조, 자유심증주의를 규정하는 제308조에 이어 형사소송법 제 2 절의 모두(冒頭)에 위치해있으며, 제308조의2 다음에는 자백배제법칙을 규정한 제309조가 위치해 있다. 그리고 제310조 이후에는 진술증거의 증거능력에 대한 여러 규정이 뒤따르고 있다.

이러한 조문의 배치에서 알 수 있듯이 제308조의2는 단지 비진술증거에 대한 증거능력 배제를 위한 조문만은 아니다. 동조는 진술증거와 비진술증거 모두에 걸쳐 그 수집과정이 적법한 절차에 따르지 않은 경우 증거능력이 배제된다는 점을 선언하는 규정이다. 따라서 제308조의2는 위법하게 수집된 비진술증거의 증거능력에 대한 입법의 공백을 메우는 조문임과 동시에, 제309조와 통신비밀보호법 제 4 조 등 위법수집증거배제를 규정하는 여러 조문들의 일반조항으로서의 성격을 갖는다. 이는 제 2 편에서 상술할 자백배제법칙의 근거를 이해할 때 '위법배제설'에 따라 해석해야 함을 의미하기도 한다.

이상을 도해화하면 다음과 같다

---

50) 헌법재판소 1996. 12. 26. 선고 94헌바1 결정.
51) 신동운(각주 17), 1021면.

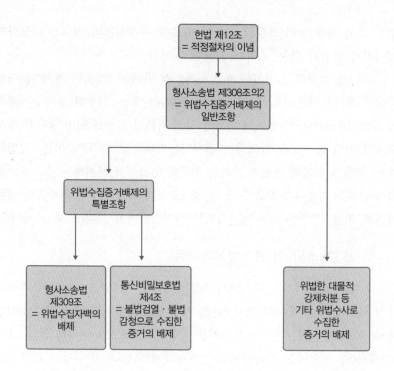

제 4. 연구방향

이 책은 법률과 판례로 확립된 위법수집증거배제법칙의 근거, 유형, 작동범위 등을 연구한다. 형사절차에서는 피의자·피고인의 유죄를 입증하여 응당한 처벌을 받게 하려는 쪽과, 반대로 수사기관의 불법을 드러내고 피의자·피고인의 무죄를 밝히려는 쪽의 입장이 정면으로 충돌하기 마련이다. 여기서 중요한 증거의 증거능력의 인정 여부를 둘러싼 쟁투가 벌어지고, 그 승부는 위법수집증거배제법칙에 따라 — 이 책의 주제는 아니지만 '전문법칙'(hearsay rule)과 함께 — 확정된다. 따라서 동 법칙은 사법경찰관, 검사, 판사, 형사변호인 등 형사절차 관련자 모두가 정확히 파악하고 있어야 하는 주제이다.

제 1 편은 미국, 영국, 독일, 일본 등에서 전개되어 온 위법수집증거배제 법칙을 둘러싼 논쟁과 현황을 검토할 것이다. 각국의 제도와 문화가 다를진 대 타국에서 고안된 해결책을 우리의 현실에 직수입하는 것은 능사가 아님은 분명하다. 그러나 법계(法系)를 떠나 각국의 위법수집증거배제법칙의 논리와 구조를 정확히 파악하는 것은 여전히 중요하다. 제 1 편에서의 논의는 단지 외국법에 대한 소개를 위해서가 아니라 우리 현실의 변화를 위한 중대한 시사를 얻기 위함이다.

제 2 편은 1954년 형사소송법과 1963년 헌법에서 규정된 이후 헌법과 형사소송법에 계속 자리잡고 있는 위법수집자백배제법칙에 대하여 살펴본 다. 여기서는 위법하게 수집한 자백의 증거능력을 배제하는 근거가 무엇인 지를 둘러싼 학설간의 대립에는 어떠한 실천적 차이가 있는지, 그리고 법문 상의 자백의 '임의성'을 판단하는 기준은 무엇이며, 이에 대한 입증책임을 누가 부담하는지를 검토한 후, 자백배제사유를 유형별로 분석한다.

제 3 편은 1993년 제정된 통신비밀보호법에서 명문화된, 불법감청으로 지득 또는 채록된 전기통신의 내용의 증거능력 배제 문제를 분석한다. 먼저 수회 개정을 겪은 통신비밀보호법의 의의와 한계를 살펴보고, 수사기관에 의한 불법한 통신제한조치의 유형과 관련 쟁점을 분석한 후, 전기통신 · 육 성대화의 일방 당사자가 타방 당사자의 동의 없이 자신과 상대방의 전기통 신을 감청하거나 대화비밀을 침해하는 경우와, 일방 당사자만의 동의하에 제 3 자가 전기통신을 감청하거나 대화비밀을 침해하는 경우 통신비밀보호 법 위반 여부에 대한 학설과 판례를 비판적으로 검토한다.

제 4 편은 2007년 형사소송법 개정으로 명문의 법률적 근거를 갖게 된, 위법한 압수 · 수색 · 검증 등의 대물적 강제처분을 통하여 수집한 증거물의 배제 문제를 검토한다. 특히 형사소송법 제308조의2의 "적법한 절차에 따르 지 아니하고 수집한 증거"에 대한 해석기준을 제시한 2007년 11월 15일 대법원 전원합의체 판결을 분석한다.

제 5 편은 마약사범, 밀수사범, 증수뢰, 성매매 등의 범죄수사에 널리 사용되고 있는 수사기법인 '함정수사'의 위법성 판단기준을 재검토한다. 최

근까지 학계의 통설과 판례는 함정수사의 위법성 판단을 거의 전적으로 범인의 속마음과 성향에 의거하고 있고, 함정수사를 위해 동원된 수사기관의 수법이나 범죄관여 정도 등은 고려에서 제외하고 있었다. 제5편은 우리나라에 불완전하게 소개되어 있는 미국과 독일의 판례와 학설을 재검토 ·정리하면서, 함정수사의 위법성을 판단하는 데 있어서 객관적 기준을 도입할 필요가 있음을 주장한다.

제6편은 위법하게 수집한 제1차 증거물 또는 자백으로부터 파생한 제2차적 증거의 증거능력의 배제문제를 분석한다. 즉, '독수과실의 원리' (the 'fruits of the poisonous tree' doctrine)의 의의는 무엇이고, 어떠한 예외가 인정될 수 있는지를 검토한다. 먼저 이 원리를 최초로 정립한 후 정치(精緻)하고 풍부한 이론틀을 정립한 미국의 법리를 검토하고, 기타 여러 나라에서의 논의상황을 소개한다. 이어 2007년 11월 15일 대법원 전원합의체 판결 이후 여러 관련 판결을 통하여 윤곽을 드러내고 있는 한국판(版) 독수과실의 원리를 분석한다.

제7편은 수사기관과의 연계 없는 사인(私人)이 위법하게 증거를 수집한 경우 이 증거의 증거능력을 인정할 것인가의 문제를 분석한다. 이는 위법수집증거배제법칙의 사인효(私人效)의 문제로서, 제7편에서는 사인이 상대방의 동의 없이 또는 범죄 목적으로 촬영한 사진과 무음향 비디오테이프의 증거능력, 사인이 상대방의 동의 없이 자신과 상대방의 육성대화내용을 녹음한 경우 그 녹음테이프의 증거능력의 인정 여부에 초점을 맞추어 논의를 전개한다.

제8편은 형사재판에서 위법수집증거의 증거능력배제는 어떠한 절차를 거쳐야 하며, 이러한 절차와 관련한 어떠한 법적 쟁점이 있는지를 살펴본다. 특히 현행법상 피고인이 위법수집증거의 배제를 신청할 수 있는 제도인 증거조사에 대한 이의신청제도에 초점을 맞출 것이며, 피고인이 위법수집증거의 증거사용에 동의한 경우에 그 증거능력을 인정할 수 있는가의 문제도 검토할 것이다.

제 1 편

현대 민주주의 국가의 위법수집증거배제법칙

서 론

제1편은 미국, 영국, 독일, 일본 등 4개국을 중심으로 각국의 위법수집증거배제법칙의 이론체계와 그 특징을 검토한다.

미국은 워렌 연방대법원의 '형사절차혁명'을 통하여 위법수집증거배제법칙을 가장 강력하고 정밀한 형태로 확립한 나라이며, 미국에서 이 법칙을 둘러싼 논쟁과 이 법칙의 현황은 미국 국경을 넘어 전 세계 형사사법개혁에 강력한 영향을 끼치고 있으므로 집중적 관심이 필요하다. 영국의 형사사법 체제와 위법수집증거배제법칙은 미국에 비해 우리나라에 덜 소개되어 있으나, 전 세계 코몬 로 국가의 모국(母國)이라는 점, 그리고 1984년 이후 제정법을 통해 이루어진 형사사법개혁의 내용이 우리에게 중대한 시사점을 던지고 있다는 점에서 저자의 연구에 포함시켰다. 미국과 함께 독일의 형사소송이론이 우리 형사소송법학에 미치는 강한 영향력을 부인하는 이는 아마 없을 것이다. 영·미와는 달리, '인격권'이라는 독특한 근거에서 위법수집증거배제법칙을 확립한 독일의 '증거금지'이론 역시 한국 위법수집증거배제법칙의 구축을 위하여 빼놓을 수 없는 자료이다. 일본을 통하여 근대법을 계수(繼受)한 우리에게 일본은 여전히 연구의 대상인 동시에 극복의 대상이다. 형식적으로는 확립되어 있는 일본의 위법수집증거배제법칙이 왜 현실적으로는 수사기관의 위법행위의 억지에는 실제적 힘을 발휘하지 못하고 있는가는 우리에게 중요한 탐구의 대상일 수밖에 없다.

이러한 비교법적 검토를 하는 이유는 위법수집증거배제법칙에 관한 '최고'의 해결책을 '수입'하려는 것은 아니다. 필립 존슨 교수의 말처럼, "우리가 우리의 문제점을 수출할 수 없는 것처럼, 해결책을 수입할 수도 없다."[1] 그리고 비교법적 연구라는 것 자체가 외국법에 대한 피상적 이해, 한정된 원전에 대한 의존, 연구대상의 선택에서 발생할 수 있는 오류 등으로 인한 위험이 있음은 분명하지만,[2] 외국의 법에 대한 검토를 하는 것은 우리의 법을 비판적으로 검토하고 다른 각도에서 재조명해볼 수 있는 기회를 주는 것은 또한 사실이다.

제 1 편에서 저자는 단지 각 나라의 법칙의 유사점과 차이점을 비교하는 것에 그치고자 하는 것은 아니다. 비교법학연구방법론에 대한 표트르 좀트카의 말을 빌리자면, 이 연구의 '초점'은 위법수집증거배제법칙에 있어서 "다양성 속의 공통점과 정형성"(commonalities and uniformities among variety)을 찾는 것이고, 이 연구의 '방향'은 동 법칙에 있어서 "정형성 속의 다변성과 특유성"(divergences, uniqueness amongst uniformity)을 구하는 것이다.[3]

---

1) Phillip E. Johnson, "Importing Justice," 87 *Yale L. J.* 406, 414(1977)(book review).
2) Alan Watson, *Legal Transplants: An Approach to Comparative Law* 10(2nd ed. 1993).
3) Piotr Sztompka, "Conceptual Frameworks in Comparative Inquiry: Divergent or Convergent?," *Globalization, Knowledge and Society* 54(M. Albrow & E. King eds., 1990).

제2장

미국의 자동적·의무적 위법수집증거배제법칙과 그 변용

제 1. '형사절차혁명'과 위법수집증거배제법칙의 정초(定礎)

1960년대 워렌(Earl Warren) 대법원장이 향도(嚮導)한 미국 연방대법원은 "체제의 도덕적 양심"[1]을 자처하며 헌법상의 자유의 이념을 형사사법 내에서 확장·실현하기 위하여 노력하였고, 비합리적 압수·수색에 대한 제한, 변호인의 조력을 받을 권리 및 자기부죄거부의 특권(privilege against self-incrimination)의 강화, 미성년 형사피의자·피고인의 권리보장,[2] 수인(囚人)의 권리보장 등의 '형사절차혁명'(criminal procedure revolution)을 발진(發進)시켰다.[3] 워렌 대법원(the Warren Court)은 당시 형사절차와 관련하여 당연한 것으로 수용되고 있던 법관념과 제도를 부정하면서 전적으로 새로운 패러다임을 구축하였던바, 위법수집증거배제법칙은 바로 이러한 '혁명'의 과정에서 탄생하였다.

---

1) Peter Arenella, "Rethinking the Functions of Criminal Procedure: The Warren and Burger Courts' Competing Ideologies," 72 *Geo. L. J.* 185, 189(1983).
2) 대륙법계의 형사절차와 달리 영미 형사절차는 피의자(suspect)와 피고인(defendant)의 개념을 엄격히 구분하지 않는다. 그 이유는 대륙법계와는 달리, 양자의 헌법상의 권리에 큰 차이가 없기 때문이다.
3) Gerald N. Rosenberg, *The Hollow Hope: Can Court Bring About Social Change?* 304(The University of Chicago, 1991).

미국 위법수집증거배제법칙의 특징은 **자동적·의무적** 증거배제에 있다. 몇몇 예외법칙에 해당되는 경우 외에는, "경찰관의 피의자의 권리 침해 정도, 소추측의 케이스에 대한 영향, 경찰관의 법규에 대한 혼동 등과 무관하게"[4] 아무리 신빙성 있고 증거로서의 가치가 높은 증거라고 하더라도 그것이 위법하게 수집된 것이라면 그 증거능력은 자동적으로 부정되는 것이다. 이러한 맥락에서 미국의 위법수집증거배제법칙은 "그 자체에 의한 배제법칙"(per se rule) 또는 "균일한 법칙"(flat rule)으로 일컬어진다.[5]

이러한 미국 위법수집증거배제법칙은 출현 초기부터 그 원리적 정당성과 효과에 대하여 비판을 불러 일으켰고, 워렌 대법원 이후 등장한 '보수파' 연방대법원은 많은 예외를 창설하여 그 법칙의 효과를 상당 정도 제약한 바 있지만, 그 법칙 그 자체는 여전히 현 미국 형사사법체계 속에서 깊이 뿌리박고 유효하게 작동하고 있으며, 또한 다른 나라의 형사증거법에도 강력한 영향을 미치고 있다.

I. '비합리적 수색과 압수'를 통제하기 위한 배제법칙 ─ 1961년 'Mapp v. Ohio 판결'

'비합리적인 수색과 압수'(unreasonable searches and seizures)를 금지하고 '상당한 이유'(probable cause)[6]에 기초한 영장발부를 규정한 미국 수정헌법

---

4) Craig M. Bradley, "The Emerging International Consensus as to Criminal Procedure Rules," 14 *Mich. J. Int'l L.* 171, 173(1993).
5) Francis A. Allen, "The Judicial Quest for Penal Justice: The Warren Court and the Criminal Cases," 1975 *U. Ill. L. F.* 518, 532(1975).
6) 미국 형사절차법에서 '상당한 이유'의 요건은 단순한 혐의 이상의 것으로, '합리적 인간'(reasonable person)의 기준으로 체포·압수·수색이 정당화되기에 충분한 증거가 있을 때 충족된다[Bringer v. United States, 338 U.S. 160(1949)]. 통상 영장있는 체포·압수·수색의 경우는 경찰관이, 영장 없는 체포·압수·수색의 경우는 치안판사(magistrate)가 '상당한 이유'의 판단자가 된다. '상당한 이유'는 경찰관의 직무(職務)질문을 위한 '정지'를 위해서는 필요하지 않다[Terry v. Ohio, 392 U.S. 1(1968)]. 그러나 '정지'도 '막연한 혐의'(vague suspicion)로는 부족하고 '객관적 사실에 기초한 합리적 의심'(reasonable suspicion based on objective facts)이 필요하다

제 4 조에 의거한 위법수집증거배제법칙[이하에서 '맵 법칙'으로 약칭]은, 1961년 연방대법원의 'Mapp v. Ohio 판결'[7]에 의하여 그 기초가 놓여진 이후 많은 판례의 축적을 통해 그 체계가 만들어졌다.

미국 연방대법원이 수정헌법 제 4 조에 기초하여 형사사건에서 위법수집증거를 배제한 것은 1914년의 'Weeks v. United States 판결'이 최초였다.[8] 이 사건에서 연방대법원은 위법수집증거의 사용은 "피고인의 헌법상 권리의 부정"[9]을 뜻하는 것이라고 설시(說示)하면서, 불법도박과 관련하여 수집된 증거의 증거능력을 배제하고 피고인의 유죄평결을 파기하였다. 그러나 이 사건의 효력은 연방법원에 제한되어 있었다.[10]

이후 거의 40년이 흐른 후 1961년 맵 판결은 위법수집증거배제법칙이 연방헌법 제14조를 통하여 주(州)사건에도 적용된다고 판시함으로써 수정헌법 제 4 조에 강력한 힘을 부여하게 된다. 5대 4의 다수의견은 1949년의 'Wolf v. Colorado 판결'[11]을 파기하면서, 위법수집증거배제를 헌법상의 '권리'로 파악한다.

> 위법수집증거배제법칙은 수정헌법 제 4 조 및 제14조 양자 모두의 필수부분이다. ··· 프라이버시권(right to privacy)의 필수적 구성요소인 이 법칙이 울프 판결에서 새로이 인식되었던 권리의 필수적 구성요소로서 주장되는 것은 논리적으로나 헌법적으로나 필요한 것이었다. ··· 범죄인을 풀어주어야 한다면 그렇게 해야 한다. 그러나 그를 풀어주는 것은 바로 법이다.[12]

[Brown v. Texas, 443 U.S. 47, 48(1979); U.S. v. Sokolow, 490 U.S. 1, passim(1989)].
7) 367 U.S. 643(1961).
8) 232 U.S. 383(1914). 물론 수정헌법 제 4 조에 의한 위법수집증거배제는 'Boyd v. United States 판결'[116 U.S. 616(1886)]에서 최초로 제기되었으나, 이 사건은 민사사건이었고 경찰의 수색이 관련되지 않은 사건이었다.
9) Id. at 398.
10) Id.
11) 338 U.S. 25(1949). 이 판결에서 법원은 수정헌법 제 4 조가 수정헌법 제14조를 통하여 주에도 적용된다는 점을 인정하면서도, 증거의 배제는 프라이버시권의 핵심적 요소가 아니며 증거배제는 '교조적으로' 결정되어서는 안 된다라고 판시하였다(Id. at 25).
12) Mapp, 367 U.S. at 656-657, 659(강조는 인용자).

이어 맵 판결은 위법수집증거배제법칙의 규범적 근거와 사실적 근거를 제출한다.[13] 즉, '사법의 염결성'(judicial integrity)의 유지와 향후 위법한 경찰행위의 '억지'(deterrence)이다.

첫 번째 근거는 위법수집증거의 증거능력을 인정하는 것은 범죄인을 유죄확정하기 위하여 국가가 법을 준수하지 않는 것을 용인하는 것이고, 이는 인민의 자유가 의존하고 있는 헌법적 제약의 체제 전체를 파괴하게 된다는 것이다.[14] 이 근거의 근저에는 위법수집증거를 배제하지 않으면, 범죄인에 대한 유죄평결을 확보하기 위하여 시민의 헌법상의 프라이버시권 보호는 "자기패배적 희생"(self-defeating sacrifice)을 치르게 될 것이라는 관념이 깔려 있다.[15] 법원은 다음과 같이 설시한다.

우리의 결정은 개인에게 헌법이 보장하는 이상을 주는 것은 아니며, 경찰관에게 정직한 법집행이 받을 만큼 이하를 주는 것도 아니고, 또한 법원에게는 사법을 진실로 운영하는 데 필수적인 사법적 염결성을 부여하는 것이다.[16]

맵 판결은 위법수집증거배제법칙을 통하여 국가가 자신에게 헌법적으로 주어진 권위를 초과하지 않았을 때의 그 지점으로, 국가와 시민을 돌려보내려 한 것이다.[17]

두 번째 근거는 경찰관이 불법적 수색 등의 행위를 저지르더라도 그 결과로 획득한 증거물을 증거로 사용하지 못하게 되므로, 위법수집증거배제법칙은 경찰관이 불법행위를 하는 '동기'를 제거하고 향후의 불법행위를 '억지'하게 된다는 것으로, 법원은 이를 수사기관이 "헌법적 보장을 존중하

---

13) Dallin H. Oaks, "Studying the Exclusionary Rule in Search and Seizure," 37 *U. Chi. L. Rev.* 665, 668(1970).
14) Mapp, 367 U.S. at 659-660.
15) Peter H. Wolf, "A Survey of the Expanded Exclusionary Rule," 32 *Geo. Wash. L. Rev.* 193, 214(1963).
16) Mapp, 367 U.S. at 659-660.
17) Arenella(각주 1), at 204.

도록 강제하는 유일한 길"이라고 파악한다.[18]

여기서 우리는 맵 판결이 위법수집증거배제법칙을 단지 원리론적 정당화에 그치지 않고, 이를 기초로 하면서도 도구적 유용성 역시 정당화의 근거로 삼았음을 알 수 있다.

II. 위법한 자백획득을 통제하기 위한 배제법칙

1. 수정헌법 제14조에 기초한 배제법칙 — '임의성 기준'

1960년대 워렌 대법원에 의한 '형사절차혁명' 이전 미국 연방대법원의 자백배제기준은 수정헌법 제14조의 적정절차(due process) 조항에 기초한 '임의성 기준'(the voluntariness test)이었다. 임의성 기준의 핵심은 당해 자백이 피의자·피고인의 "자유롭고 합리적인 선택"[19]의 산물인가, 아니면 육체적 또는 심리적 강제에 "압도당한(overborne) 의지의 산물"[20]인가 여부였다. 부언하자면,

> 궁극적 기준은 2백여 년 동안 영미의 법원에서 유일하게 명백히 확립된 심사기준이다. 즉, '임의성 기준'이다. 자백이 자백자의 본질적으로 자유롭고 강요되지 않은 선택의 산물인가라는 기준이다.[21]

1931년 위커샴 위원회의 조사보고서에 따르면, 당시 수사기관은 주먹, 곤봉, 고무 호스, 전화번호부를 사용한 구타, 뜨거운 조명의 사용, 공기가 부족하며 악취 나는 방 속에의 감금, 창문에 목매달기, 피의자의 옷 벗기기, 수면과 음식의 불공급 등 이른바 '제 3 급'(third degree)의 신문행위를 광범하

---

18) Mapp, 367 U.S. at 656 [United States v. Elkins, 365 U.S. 206, 217(1960)을 인용하면서].
19) Lisenba v. California, 314 U.S. 219(1941).
20) Davis v. North Carolina, 384 U.S. 737, 742(1966).
21) Culombe v. Connecticut, 367 U.S. 568, 602(1961).

게 사용하고 있었다.[22]

그리고 연방대법원은 채찍질과 목매달기 위협 등 고문과 가혹행위로 획득한 자백,[23] 외부와 차단된 5일간의 불법구금과 철야신문으로 획득한 자백,[24] 휴식 없는 36시간의 연속적 철야신문에 의해 획득한 자백,[25] 피의자를 발가벗기고 획득한 자백,[26] 기망을 통해 획득한 자백,[27] 관절염으로 고생하는 아내를 구속하겠다는 위협[28] 또는 자녀에 대한 양육보조비를 끊겠다는 위협[29] 등으로 획득한 자백, 경찰관이 제공한 약품 아래 피고인이 행한 자백,[30] 피의자를 외부와 단절시키고 전화도 사용하지 못하게 하여 획득한 자백,[31] 12온스의 묽은 죽과 8온스의 물만이 허용된 채로 2주 동안을 열악한 조건의 구치소 징벌방 구금의 결과 획득한 자백[32] 등을 임의성 기준에 반하는 자백으로 배제하였다.

임의성 유무에 대한 판단은 피의자의 연령, 교육수준, 정신적·육체적 상태, 신문수사관의 수, 신문의 기간, 신문장소 등 '상황의 총체성'(totality of the circumstances)을 고려하여 법관의 재량에 따라 이루어졌다.[33] 그리하여 임의성 여부가 매 사건마다 달리 판단되어야 하고 법집행기관 및 법관에게 명확한 판단기준을 제시하지 못하는 문제점이 상존하고 있었다. 1961년 'Culombe v. Connecticut 판결'에서의 프랑크푸르터 대법관의 말을 빌리자

---

22) Wickersham Comm'n, National Comm'n on Law Observance and Enforcement, Pub. No. 11, *Report on Lawlessness in Law Enforcement* 38-155(1931). '제3급'의 신문행위란 미국에서 각종의 가혹행위를 지칭하는 구어적 표현이다.
23) Brown v. Mississippi, 297 U.S. 278(1936).
24) Chambers v. Florida, 309 U.S. 227(1940).
25) Ashcraft v. Tennessee, 322 U.S. 143(1944).
26) Malinski v. New York, 324 U.S. 401(1945).
27) Spano v. New York, 360 U.S. 315(1959).
28) Rogers v. Richmond, 365 U.S. 534(1961).
29) Lynumn v. Illinois, 372 U.S. 528(1963).
30) Townsend v. Sain, 372 U.S. 293(1963).
31) Haynes v. Washington, 373 U.S. 503(1963).
32) Brooks v. Florida, 389 U.S. 413(1967).
33) Yale Kamisar et. al., *Modern Criminal Procedure: Cases, Comments, and Questions* 440-649(8th ed. 1994).

면, "헌법적으로 허용되지 않는 신문을 판명하기 위한 단일한 리트머스 종이 검사"가 마련되지 못한 것이다.[34] 그리고 임의성 기준만으로는 신문과정에서 강압이 실제로 있었는지 여부에 대한 판단이 곤란하였다. 왜냐하면 이 문제에 대한 증인은 통상 경찰관과 피의자였고 양자의 의견은 상반되었기 때문이었다.[35]

그런데 이러한 임의성 기준이 지배하고 있던 시기에 이미 임의성 기준을 뛰어넘어 위법수집자백을 배제하려는 움직임이 배태되고 있었다. 1943년 'McNabb v. United States 판결'[36]과 1957년 'Mallory v. United States 판결'[37]이 그것이다. 이 두 판결이 제시한 원리는 통상 'McNabb-Mallory 법칙'이라고 불리는데, 이는 수사기관이 피의자를 체포한 후 불필요한 지체 없이 신속하게 법관의 면전에 인도하지 않고 불법구속한 채로 자백을 획득하였다면, 자백의 임의성 유무에 대한 판단 없이 바로 그 자백의 증거능력을 배제하라는 것이었다.[38]

2. 수정헌법 제6조에 기초한 배제법칙 ― 1964년 'Massiah v. United States 판결'

1964년 'Massiah v. United States 판결'[39]은 상술한 임의성 기준의 퇴장을 알리는 신호탄이었다. 이 사건에서 연방마약관련법규 위반으로 기소된 피고인이 자신의 변호인을 선임하고 무죄의 답변(plea of not guilty)을 한 후 보석으로 석방되었는데, 이후 경찰은 공동피고인의 협조하에 무선송신기를 통하여 피고인의 자기부죄의 발언을 획득하였다.

---

34) Culombe, 367 U.S. at 601(Frankfurter, J., concurring).
35) Stephen A. Saltzburg & Daniel J. Capra, *American Criminal Procedure: Cases and Commentary* 492, 521(4th ed., 1992).
36) 318 U.S. 332(1943).
37) 354 U.S. 449(1957).
38) 제2편 제5장 제2.에서 서술하겠으나, 연방사건의 경우 1968년 '범죄통제와 안전한 거리를 위한 종합법률'(Omnibus Crime Control and Safe Street Act)의 제정으로 이 원칙의 엄격성은 완화된다.
39) 377 U.S. 201(1964).

이 판결 이전까지 수정헌법 제6조의 변호인의 조력을 받을 권리는 재판절차에서부터 적용된다는 것이 통설이었으나,[40] 연방대법원의 6대 3의 다수의견은 변호인의 조력을 받을 권리는 **기소후 재판 이전**(post-indictment pre-trial) 단계에도 적용되며, 또한 공식적인 신문이 아닌 정보원을 이용하여 비밀리 자기부죄의 발언을 획득하는 경우에도 적용된다고 판시하였고, 그 권리의 침해를 통해 획득한 자백은 그 임의성 여부와는 관계없이 증거능력이 배제됨을 분명히 밝혔다.[41] 법원은 이러한 결론에 대한 분명한 근거를 정식화하지는 않았으나, 변호인의 조력을 받을 권리를 침해하여 획득한 자백배제를 단지 경찰관의 불법행위에 대한 '예방조치'가 아니라 '개인적 권리'로, 그리고 변호인접견을 보장하기 위한 '필수부분'으로 파악하였다고 볼 수 있다.[42]

이러한 매사이아 판결은 뒤이은 미란다 판결에 가려 상당 기간 동면상태에 들어갔다가, 후술할 1977년의 'Brewer v. Williams 판결'[43] 이후 활성화된다.

한편 매사이아 판결 5주 후 'Escobedo v. Illinois 판결'[44]에서 연방대법원은, 변호인의 조력을 받을 권리를 **기소 이전**(pre-indictment) 단계까지 확장 적용한다. 이 사건에서 피고인이 구금 후 기소 전 단계에서 변호인접견을 요청하여 변호인이 실제 경찰서에 도착하였음에도 불구하고 변호인 접견이 거절당한 상태에서 자백을 하였는데, 5대 4의 다수의견은 그 자백의 증거능

---

40) Crooker v. California, 357 U.S. 433(1958); Cicena v. Lagay, 357 U.S. 504(1958)를 참조.

41) Massiah, 377 U.S. at 204-205[Powell v. Alabama, 287 U.S. 45, 57(1932)을 인용하면서]. 이후 연방대법원은 수정헌법 제6조의 변호인의 조력을 받을 권리는 기소 이전이라 하더라도, 피의자가 치안판사 앞으로 출석하였으면[White v. Maryland, 373 U.S. 59(1963)], 또는 피의자에 대한 치안판사의 '예비심문'(preliminary hearing)이 행해지면 그 때부터 작동한다고 판시하여 그 개시시점을 앞당겼다.

42) James J. Tomkovicz, "The Massiah Right to Exclusion: Constitutional Premises and Doctrinal Implications," 67 *N.C.L. Rev.* 751, 763(1989).

43) 430 U.S. 387(1977). 이하의 제4. Ⅲ.을 참조하라.

44) 378 U.S. 478(1964).

력을 부정하고 유죄평결을 파기하였다. 골드버그 대법관에 의해 집필된 다수의견은 다음과 같이 설시하였다.

　보존할 만한 가치가 있는 체제라면, 피고인이 변호인을 접견하여 자신의 권리를 자각하고 또한 행사하는 것을 두려워해서는 안 된다. 헌법적 권리의 행사가 법집행체제의 효율성을 방해한다고 하여, 그 체제에 무언가 잘못된 것이 있는 것은 아니다.[45]

　에스코베도 판결은 기본적으로 수정헌법 제6조에 기초하여 이루어졌으나, 수정헌법 제5조의 자기부죄거부의 특권 역시 고려하였다는 점에서[46] 이후 미란다 판결을 위한 징검다리를 놓았다고 평가할 수 있다.[47] 단, 에스코베도 판결의 함의는 당해 사건의 구체적 사실관계에 의해 명시적으로 제약되고 있었으므로, 그 효과는 크지 못하였다.

3. 수정헌법 제5조에 기초한 배제법칙 — 1966년 'Miranda v. Arizona 판결'

　1966년 'Miranda v. Arizona 판결'[48]만큼 미국 내에서 극도의 상찬과 극도의 비난을 동시에 받은 판결은 드물 것이다.[49] 이제는 보통명사처럼 사용되는 이 판결은, 수정헌법 제5조의 자기부죄거부의 특권에 기초하여 재판 이전 단계의 모든 '신체구속하의 신문'(custodial interrogation)을 받는 모든 피의자를 보호하기 위한 획기적 원칙을 수립하였다. 이 판결은

---

45) Escobedo, 378 U.S. at 488-489.
46) Id. at 488.
47) 이 점에 대해서는 오코너 대법관이 'Moran v. Burbine 판결'[475 U.S. 412, 430(1986)]에서 지적한 바 있다.
48) 384 U.S. 436(1966). 이 판결의 사실관계, 소송과정 및 관련 에피소드에 대해서는 안경환, "위대한 이름, 추악한 생애," 한국사법행정학회, 「사법행정」(1987. 4)을 참조하라.
49) 미국 역사상 이정표적 판결을 묻는 1974년 '미국변호사협회저널'의 설문조사에서 미란다 판결은 4위, 맵 판결은 16위를 차지했다[Rosenberg(각주 3), at 304].

4개의 사건에 걸쳐 관련되어 있었기에 당해 사건의 사실관계에 한정되지 않았다.

워렌 대법원장이 집필한 5대 4의 다수의견은, 신체구속하의 신문은 '본래적으로 강제적인 압력'(inherently compelling pressures)50)을 내포하고 있다는 '강제에 대한 확정적 추정'(conclusive presumption)51)에서부터 논지를 전개한다. 다수의견은 미국 전역의 경찰수사지침을 검토한 후 이러한 추정에 도달한다. 당시의 수사지침은 피의자를 외부와 단절시킨 채 낯설고 위협적 분위기 속에서 집요하게 신문할 것, 그리고 통상적인 수사방식이 통하지 않을 경우 거짓 호의를 베풀거나 거짓 법률정보를 주는 등 기망적 수법을 사용할 것 등을 지시하고 있었던바, 다수의견은 이러한 심리적 억압이 제거되어야 함을 강조한다.52)

먼저 이 압력을 제거하기 위하여 연방대법원은 "법집행기관과 법원이 따라야 할 구체적인 **헌법적 지침**"(constitutional guidelines)53) — 소수의견에 선할란 판사의 말을 빌리자면, "자백에 관한 헌법적 규정"(constitutional code of rules)54) — 을 발표한다[이하 '미란다 법칙'으로 약칭].

먼저 법원은 수사기관에게 이하의 네 가지의 사항을 피의자신문에 앞서 고지할 의무를 부과한다. (i) 형사피의자·피고인은 진술거부권을 보유한다, (ii) 어떠한 진술도 형사피의자·피고인에게 반하여 사용될 수 있다, (iii) 형사피의자·피고인은 수사기관의 신문시 변호인참여권을 보유한다, (iv) 형사피의자·피고인이 경제적 빈곤 때문에 변호인을 선임할 수 없을 경우에 무료변호인을 선임할 수 있는 권리를 갖는다.55) 법원은 "당해 사안에서 피고인의 진술이 전통적 의미에서는 비임의적이었다고 볼 수는 없을 것"이라

---

50) Miranda, 384 U.S. at 467(강조는 인용자).
51) Stephen J. Schulhofer, "Reconsidering Miranda," 54 *U. Chi. Rev.* 435, 453(1987). 영미법상 '확정적 추정'은 어떠한 다른 사실의 증명에 의해서도 반증(rebut)이 허용되지 않는 추정을 말한다.
52) Miranda, 384 U.S. at 448-455.
53) Id. at 442(강조는 인용자).
54) Id. at 504(Harlan, J., dissenting).
55) Id. at 444-445.

고 이해하면서도,[56] 이상과 같은 미란다 고지는 "신문이 갖는 본래적 압력을 극복하기 위한 **절대적 전제조건**"으로 파악하였다.[57] 그리고 법원은 형사 피의자·피고인이 진술거부권을 행사할 경우 신문은 즉각 중단되어야 하며, 또는 변호인접견을 요구하는 경우 변호인이 출석할 때까지 모든 신문은 중단되어야 함을 강조하였다.[58]

그리고 동 법원은 이상과 같은 피의자·피고인의 권리가 피의자·피고인에 의하여 "인지·이해하고 임의의 의사에 기초하여"(voluntarily, knowingly and intelligently) 포기(waiver)될 수 있음을 밝히면서도,[59] 이 포기를 입증하는 "중한 책임"(heavy burden)은 소추측에 있음을 또한 분명히 하였다.[60] 또한 법원은 미란다 고지 이후 피의자가 침묵하였다는 것 또는 결국 자백이 획득되었다는 사실만으로는 유효한 포기가 될 수 없으며, 또한 피의자가 진술거부권을 행사하기 전에 수사기관의 질문에 몇 가지 답을 하였다거나 자신에 대한 약간의 정보를 제공하였다는 것만으로는 유효한 포기가 될 수 없음도 분명히 하였다.[61] 그리고 동 법원은 만약 수사기관이 이 고지의무를 다하지 않거나 고지 이후에도 피의자·피고인의 권리행사를 무시하고 획득한 자백은 자동적으로 증거능력을 상실함을 분명히 못박았다.[62]

이렇듯 미란다 판결은 임의성 기준을 폐기하였던바, 만약 미란다 법칙이 위반되었을 경우에는 피의자가 자신의 권리를 알고 있었고 진정 자백을 하고 싶었다 하더라도 그의 자백은 배제되는 것이다.

미란다 법칙의 골간을 도해화하면 다음과 같다.

---

56) Id. at 457.
57) Id. at 468(강조는 인용자).
58) Id.
59) Id. at 444.
60) Id. at 475.
61) Id. at 475-476. 단, 58면에서 후술할 2010년 'Berghuis v. Thompkins 판결'[560 U.S. 370(2010)]은 이 '포기' 요건이 쉽게 충족되도록 만든다.
62) Id. at 467-474.

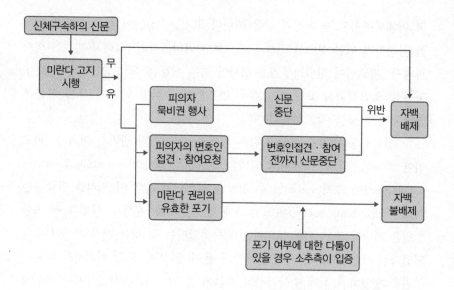

요컨대 미란다 판결은 기존의 수사관행을 전면 부정·비판하면서 경찰신문과정에 새로운 절차적 합리성을 부여하려는 사법적극주의(judicial activism)의 산물이었으며, 일종의 입법적 판결이었다. 그리고 다수의견이 명시하고 있지는 않으나 미란다 법칙은 거의 '권리'에 가깝게 규정되고 있었다.

마지막으로 미란다 법칙이 그 내부에 권리의 '포기' 요건을 포함하고 있다는 점에 대하여 부언하고자 한다. 미란다 법칙은 "피고인이 희망하는 경우에"[63] 작동하는 이중구조를 가지고 있다. 카미사르 교수의 지적처럼, 미란다 판결은 경찰신문에서 변호인이 무조건적으로 입회해야 한다고 요구하지 않았으며, 미란다 고지가 변호인 또는 치안판사(magistrate)에 의하여 이루어져야 한다고 요구하지도 않았다.[64]

이러한 맥락에서 미란다 판결은 단지 '범죄인편향'의 '급진적' 판결이

---

63) Id. at 470.
64) Yale Kamisar, "The Warren Court and Criminal Justice: A Quarter-Century Retrospective," 31 *Tulsa L. J.* 1, 11(1995). 이러한 이해를 이하의 주 129에서 언급되는 오글트리 교수의 입장과 비교하라.

아니라, 이후 오코너 대법관이 설시하였던 것처럼, "효율적 법집행의 도구로
서의 경찰신문의 필요와 신체구속하의 피의자를 본래적으로 강제적인 신문
과정으로부터 보호해야 하는 필요라는 두 가지 대립하는 관심사안을 화해
(reconcile)시키려는 시도"[65]의 결과물이며, 이러한 관점에서 볼 때 미란다
판결은 '타협'의 산물이었다.[66]

4. 미국 위법수집증거배제법칙의 함의

워렌 대법원에 의하여 확립된 위법수집증거배제법칙의 내용을 도해화
하면 다음 표와 같다(매사이아 법칙은 동 법원이 그 근거를 명시적으로 밝히지 않았
고 이후 미란다 법칙에 가려 활성화되지 못하였기에 생략한다).

	Mapp 법칙	Miranda 법칙
원칙의 본질	프라이버시권 보호를 위한 필수요소	법집행기관과 법원이 따라야 할 구체적인 헌법적 지침/수정헌법 제 5 조를 위한 근본
원칙의 근거	① 사법적 염결성 ② 경찰관의 불법행위의 억지	피의자 신문시 본래적으로 강제적인 압력의 극복
원칙의 효과	물적 증거의 자동적 · 의무적 배제	자백의 자동적 · 의무적 배제

생각건대 미국의 자동적 · 의무적 위법수집증거배제법칙은 개인의 권
리를 소수자 집단(the minorities)이 쥐고 쓸 수 있는 '정치적 으뜸패'(political
trump)[67]로 파악하고, 권리를 공리주의적 산술로 제약하지 않고 드워킨류
(流)의 "강한 의미"(in a strong sense)[68]로 옹호하는 권리중심 법학(right-based
jurisprudence)의 산물이다. 드워킨에 따르면, 권리는 "소수자들의 존엄과 평
등이 존중될 것이라는 다수자의 약속을 표현하는 것"[69]이며, 권리의 존중은

---

65) Moran v. Burbine, 475 U.S. 412, 426(1986)(강조는 인용자).
66) Schulhofer(각주 51), at 15.
67) Ronald Dworkin, *Taking Rights Seriously* 194(1977).
68) Id. at 190.
69) Id. at 205.

일정한 희생을 필연적으로 수반하며 권리는 그 본성상 효용과 비교형량되는 것이 아니기에,[70] 개인의 권리는 "그 개인의 행동에 대해 다수자가 잘못된 것이라고 생각할 경우라도, 그리고 그 행동에 의해 다수자의 형편이 더욱 나빠진다 할지라도" 이를 행사할 수 있는 것이다.[71]

한편 미국 위법수집증거배제법칙은 '국가의 권력에 대한 강력한 의심'과 '수동적인 국가상'을 전제하는 당사자주의 법체제와 정치적 자유주의를 배경으로 하는바, 국가의 법집행기관을 시민 개인보다 우월한 것이 아니라 평등한 것으로 관념한다는 점도 지적되어야 한다.[72] 포타스 대법관의 말을 빌자면 소추자와 피소추자는 "전투에서 평등하게 만나는 것"[73]이라는 관념이 이 법칙의 바탕에 깔려 있는 것이다.

필리 교수의 말을 빌리자면, 맵 법칙은 "국가와 피소추자 간의 다툼을 공정하게 만들고 또한 확정된 게임의 규칙에 따라 진행되게끔 하는 장치"이고, 미란다 법칙은 "형사피의자·피고인에게 국가와의 전투가 임박해 있으니 준비할 것을 경각시키는 것"에 다름 아니다.[74] 미란다 판결 역시 수정헌법 제5조의 목표가 "'국가와 개인 간의 공정한 힘의 균형'을 유지하고 정부가 '전적인 부담을 어깨에 짊어질 것'을 요구하는 것"[75]이라고 명시적으로 언급한 바 있다. 그리고 매사이아 법칙은 반대 당사자 사이에서 균형을 맞추며 공정한 다툼을 보장하기 위하여 "균형조절자"(equalizer)를 제공하는 것이라고 이해되고 있다.[76]

---

70) Id. at 193.
71) Id. at 194(강조는 인용자).
72) Malcolm M. Feeley, "The Adversary System," in 2 *Encyclopedia of the American Judicial System: Studies of the Principal Institution and Process of Law* 761(Robert J. Janosik ed., 1987).
73) Abe Fortas, "The Fifth Amendment: Nemo Tenetur Seipsum Prodere," 25 *Clev. B. A. J.* 91, 98(1954).
74) Feeley(각주 72), at 757.
75) Miranda, 384 U.S. at 460[8 J. Wigmore, *Evidence in Trials at Common Law* 317(1961)을 인용하면서].
76) Tomkovicz(각주 42), at 766.

제 2. 위법수집증거배제법칙의 원리적 정당성과 그 효과를 둘러싼 논쟁

이상과 같은 미국 위법수집증거배제법칙은 연방대법원 내에서도 팽팽한 찬반의견이 맞선 상태에서 탄생하였고, 이후 격렬한 비판의 십자포화를 감내해야 했다. 이 법칙에 대하여 "경찰에게 수갑을 채우고 … 범죄세력에 대항할 평화세력을 약화시키는" 법칙,77) "유죄자에게 보상을 주는 도착적" 법칙,78) 비교법적으로 유래가 없는 "기묘한" 법칙79) 등등의 맹비난이 계속되었다.

이하에서는 먼저 이 법칙을 둘러싼 논쟁의 바탕을 이루는 형사절차에서 실체적 진실발견의 의미 및 헌법해석방법론을 둘러싼 논쟁을 간략히 살펴보고, 이어 맵 법칙과 미란다 법칙의 역할과 기능에 대한 비판과 반비판의 논쟁을 분석하기로 한다.

I. 위법수집증거배제법칙과 실체적 진실 발견과의 길항(拮抗)

먼저 위법수집증거배제법칙의 반대론은 당 법칙은 실체적 진실발견이라는 형사소송의 근본기능을 방해하고, 명백히 유죄인 범죄인을 풀어주어 그들로 하여금 계속 범죄행위를 범하게끔 함으로써 "정의의 기묘한 유산"(bizarre miscarriage of justice)80)을 초래하고 있다고 비판한다.81) 이와 관련

---

77) Gerald T. Dunne, *Hugo Black and the Judicial Revolution* 409(1977).
78) Akhil Reed Amar, "The Future of Consitutional Criminal Procedure," 33 *Am. Crim. L. Rev.* 1123, 1135(1996).
79) John H. Langbein, *Comparative Criminal Procedure: Germany* 69(1977).
80) Stone v. Powell, 428 U.S. 465, 496(1976)(Burger, Chief J., concurring).
81) Bivens v. Six Unknown Named Agents, 403 U.S. 388, 415(1971)(Burger, Chief J., dissenting); United States v. Payner, 447 U.S. 727(1980); Malcolm R. Wilkey, "The Exclusionary Rule: Why Suppress Valid Evidence," 62 *Judiciature* 215, 222(1978).

하여 다음과 같은 카르도조 대법관의 통렬한 야유는 유명하다.

경찰관이 실수했다는 이유로 범죄인은 풀려나게 된다. 방을 불법적으로 수색되고, 피살자의 사체는 발견된다. … 프라이버시는 침해되었고, 살인자는 풀려난다.[82]

미란다 법칙의 폐지를 주장하는 그라노 교수 역시 형사사법에서 "실체진실 발견과 여타 목표와의 긴장은 진실을 지배적 목표로 설정하는 방식으로 해소되어야 한다"[83]는 관점에서 비판론을 전개하면서, 임의성 기준으로의 복귀를 주장한다.

그리고 위법수집증거배제법칙에 의한 이득과 손실의 괴리가 너무 크다는 비판 또한 뒤따른다. 동 법칙에 의해 시민의 프라이버시가 보호되는 이득은 그것이 수반하는 정치적 적대감과 범죄통제의 약화에 의해 무색해지고, 경찰관이 범한 실수의 정도에 비해 범죄인에게 떨어지는 횡재가 너무 큰 문제가 있다는 것이다.[84]

그러나 위법수집증거배제법칙 옹호론은 실체적 진실발견은 절대적 가치가 아니며 절차적 정의라는 다른 목적과 타협 속에서 제한되는 것이므로, 설사 진실발견이 왜곡된다 할지라도 그것은 이는 진실을 자기의식적으로 희생하는 것에 다름 아니라고 반박한다.[85] 즉, 옹호론은 헌법적 형사소송과 유관한 가치는 "진실발견이 아니라 부정당한 처벌을 방지하는 것"[86]이며,

---

82) People v. Defore, 150 N.E. 585, 587-588(N.Y. 1926)(Cardozo, J.).
83) Joseph D. Grano, *Confession, Truth, and the Law* 24(1993).
84) John Kaplan, "The Limits of the Exclusionary Rule," 26 *Stan. L. Rev.* 1027, 1035-1036(1974).
85) Olmstead v. United States, 277 U.S. 438, 485(1928)(Brandeis, J., dissenting); Monroe H. Freeman, "Judge Frankel's Search for Truth," 123 *U. Pa. L. Rev.* 1060, 1065(1975); Donald A. Dripps, "Beyond the Warren Court and Its Conservative Critics: Towards a Unified Theory of Constitutional Criminal Procedure," 23 *U. Mich. J. L. Ref.* 591, 593(1990).
86) Donald A. Dripps, "Beyond the Warren Court and Its Conservative Critics: Toward a Unified Theory of Constitutional Criminal Procedure," 23 *U. Mich. J. L. Ref.*

"개인의 존엄을 존중하는 사회에서는 진실발견은 절대적 가치가 될 수 없으며, 진실발견이 왜곡된다 할지라도 그것은 다른 가치에 종속되는 것"[87]이라는 관점을 견지한다.

그리고 범죄인이 풀려나는 것은 카르도조 대법관의 말처럼 경찰관이 실수를 범했다는 이유 때문이 아니라, "경찰관이 적법하게 행동하였더라면 당 범죄인은 유죄확정이 될 수 없었을 것이기 때문"이라는 점이 강조된다.[88] 맵 판결에서도 인용되었던 다음과 같은 브랜다이스 대법관의 주장은 경청할 필요가 있다.

> 범죄인을 풀어주어야 한다면 그렇게 해야 한다. 그러나 그를 풀어주는 것은 바로 법이다. … 형사사법행정에서 목적이 수단을 정당화한다고 선언한다면, 즉 정부가 범죄인의 유죄평결을 확보하기 위하여 범죄를 범할 수 있다고 선언한다면, 이는 끔찍한 응보를 불러올 것이다.[89]

한편 위법수집증거배제법칙의 이득과 손실을 비교하는 접근방식은 이 법칙의 본질을 오해하고 있다고 반비판된다. 즉 범죄인에게 떨어지는 횡재가 큰 사건의 경우 분명한 손실이 존재하지만 "그 손실은 바로 헌법이 기꺼이 감수하려는 손실"이며,[90] 손실이 크다는 이유로 위법수집증거배제법칙을 적용하지 않는다면 헌법적 보장의 의미 자체가 파괴된다는 것이다. 트라이브 교수의 말을 빌리자면, "헌법은 이득과 손실의 어떠한 계산에도 갇힐 수 없다."[91]

593(1990).

87) Freeman(각주 85), at 1065.

88) Donald L. Doernberg, ""The Right of the People": Reconciling Collective and Individual Interest Under the Fourth Amendment," 58 *N.Y.U. L. Rev.* 259, 272 n. 76 (1983).

89) Olmstead, 277 U.S. at 485(Brandeis, J., dissenting).

90) Arthur G. LeFrancois, "On Excorcising the Exclusionary Rule: An Essay on Rhetoric, Principle, and the Exclusionary Rule," 53 *U. Cin. L. Rev.* 49, 102(1984).

91) Laurence H. Tribe, "Constitutional Calculus: Equal Justice or Economic Efficiency," 98 *Harv. L. Rev.* 592(1985).

Ⅱ. '원의주의' 대 '동태적 헌법해석주의'

1980년대 이후 미국 헌법학계에 등장한 이른바 '원의(原意)주의'(originalism)의 입장에 서서 위법수집증거배제법칙을 비판하는 흐름이 등장하였다.

원의주의는 연방헌법의 문언(text) 또는 헌법의 기초자들(the Framers)의 의도에 구속적 권위를 부여하는 법실증주의적 헌법해석의 방법인데,[92] 이 입장에 선 논자들은 수정헌법 제 4 조의 문언에서 위법수집증거배제의 근거를 발견할 수 없으며, 수정헌법 제 4 조는 범죄인이 자신들의 범죄의 대가로 처벌받지 않는 권리까지 갖도록 의도된 것은 아니라고 주장하면서, 위법수집증거배제가 아니라 민사배상이 헌법의 기초자들의 의도였다고 결론짓고 있다.[93] 그리고 연방법무부의 마크만은 연방헌법 및 권리장전(Bill of Rights)의 원래적 이해는 자기부죄거부의 특권을 코몬 로의 경계를 넘어서까지 연장시키려는 것은 아니었다고 주장한다. 그는 코몬 로하에서 피의자는 미란다 고지 또는 변호인 참여·입회 없이 신문의 대상이 될 수 있었음을 상기시키면서,[94] 수정헌법 제 5 조는 인신구금하의 피의자에 대한 비강제적 신문을 금지하도록 의도된 것이 아니며, 미란다 법칙에 의한 여러 가지 제약은 헌법상의 기초가 없는 것이라고 주장한다.[95]

---

92) Paul Brest, "The Misconceived Quest for the Original Understanding," 60 *B. U. L. Rev.* 204(1980).

93) Richard A. Posner, "Rethinking the Fourth Amendment," 1981 *Sup. Ct. Rev.* 49, 51-52; Akhil Reed Amar, "Fourth Amendment First Principles," 107 *Harv. L. Rev.* 757, 761, 771-772, 785-787(1994). '원의주의'의 강력한 주창자 아말 교수는 다음과 같이 단언한다: "수정헌법 제 4 조의 많은 부분이 바르게 읽힌다면 무죄자만을 보호한다가 아니라 무죄만을 보호한다라는 뜻이다." Amar(각주 93), at 771(강조는 원문).

94) Stephen J. Markman, "Miranda v. Arizona: A Historical Perspective," 24 *Am. Crim. L. Rev.* 193, 196(1987).

95) Id. at 948. 또한 Office of Legal Policy, U.S. Department of Justice, *'Truth in Criminal Justice' Series Report*(1986) No. 1(reprinted in 22 *U. Mich. J. L. Ref.* 437, 453-462(1989)); Akhil Reed Amar & Rene B. Lettow, "Fifth Amendment First Principles: The Self-Incrimination Clause," 93 *Mich. L. Rev.* 857, 858(1995)을 참조

그러나 이 입장은 '동태적 헌법해석주의'(constitutional dynamism)[96]에 의해 반박된다. 이 입장은 "헌법해석은 각 역사적 시대의 요구에 적응하기 위하여 변화하며 또 변화해야만 한다는 원칙"[97])으로서, "헌법의 기초자들의 총괄적인 목적을 그들 시대의 특정한 관행이 아니라 현시기 사회현실과 연결시키는 해석방법"[98])이다. 이 입장은 원의주의가 현재를 200년 전의 과거에 묶어 두는 우를 범하고 있다고 비판하면서 현재의 문제와 현재의 필요를 해결하는 헌법원리의 해석이 필요하다고 강조하고, 원의주의가 식민지 시대와 현재 사이의 200년간에 일어난 중대한 사회변화, 특히 준(準)군사조직을 갖춘 직업경찰조직의 존재, 현대 경찰력의 부패, 난폭성, 인종주의적 편견을 무시하고 있는 점을 비판하고 있다.[99])

Ⅲ. 맵 법칙을 둘러싼 논쟁

1. 경찰관의 불법행위에 대한 억지효과 여부

먼저 맵 법칙의 핵심근거인 억지효과에 대한 비판을 보자. 반대론은 위법수집증거배제법칙이 형사피의자·피고인의 권리를 침해한 경찰관에게 직접적으로 제재를 가하지 않으며, 경찰관은 자신의 불법행위에 대하여 개인적 차원에서 책임을 지지 않기 때문에 동 법칙은 특별예방 효과나 교육적

하라.

96) Morton J. Horwitz, "The Supreme Court, 1992 Term — Foreword: the Constitution of Change: Legal Fundamentality Without Fundamentalism," 107 *Harv. L. Rev.* 32, 32-41, 98-117(1993). 브레넌 대법관의 이하의 글은 이 입장을 잘 정리하고 있다. William J. Brennan, Jr., "Constitutional Adjudication," 40 *Notre Dame L. Rev.* 559, 563, 568-569(1965).

97) Carol S. Steiker, "Second Thought About First Principles," 107 *Harv. L. Rev.* 820, 825-826(1994).

98) Tracey Maclin, "When the Cure for the Fourth Amendment Is Worse Than the Disease," 68 *S. Cal. L. Rev.* 1, 46-48(1994).

99) Steiker(각주 97), at 824, 834, 840.

효과를 갖지 않는다고 비판한다.[100] 또한 당해 경찰관이 자신이 관여하였던 사건에 대한 법원의 결정을 후일 인지하게 되는지도 불명확하다고 지적하고 있다.[101] 버거(Warren E. Burger) 대법원장은 자신이 순회법원 판사였을 때 다음과 같이 말하였다.

경찰관에게 개인 차원에서 영향을 미치지 않는 위법수집증거배제 결정, 그리고 증거배제를 일으켰던 구체적 사실관계를 잊어버린 오랜 후에야 겨우 알게 되는 위법수집증거배제 결정에 의해 당해 경찰관이 억지될 것이라고 어찌 생각할 수 있는가? 이는 증거배제를 통한 억지이론의 찬성자들이 반드시 맞닥뜨려야 하는 중요한 문제이다.[102]

그러나 옹호론은 전혀 다른 입장에서 출발한다. 먼저 이 입장은 반대론이 가시적인 효과를 보여주는 규범만을 채택해야 한다는 잘못된 전제를 상정하고 있다고 비판하고,[103] 맵 법칙의 정당성은 그 법칙의 구체적 효과와 관계없이 충분한 규범적 정당성을 가진다고 주장한다.[104] 요컨대 옹호론의 입장에서 억지효과의 문제는 '외접적'(外接的, tangential) 쟁점에 불과한 것이다.[105]

---

100) Harry M. Caldwell & Carol A. Chase, "The Unruly Exclusionary Rule: Heeding Justice Blackmun's Call to Examine the Rule in Light of Changing Judicial Understanding About Its Effects Outside the Courtroom," 78 *Marq. L. Rev.* 45, 55-56(1994); Oaks(각주 13), at 668; Steven R. Schlesinger, *Exclusionary Injustice: The Problem of Illegally Obtained Evidence, 57*(1977); Steven R. Schlesinger, *The United States Supreme Court: Facts, Evidence and Law* 29(1983).
101) Charles Alan Wright, "Must the Criminal Go Free If the Constable Blunder?," 50 *Tex. L. Rev.* 736, 740(1972).
102) Warren E. Burger, "Who Will Watch the Watchman?," 14 *Am. U. L. Rev.* 1, 11(1964).
103) Gary S. Goodpaster, "An Essay on Ending the Exclusionary Rule," 33 *Hastings L. J.* 1065, 1084(1982).
104) Yale Kamisar, "Does(Did)(Should) the Exclusionary Rule Rest on a "Principled Basis" Rather than an "Empirical Proposition"?," 16 *Creighton L. Rev.* 565, 598-604(1983); Sam J. Ervin, Jr., "The Exclusionary Rule: An Essential Ingredient of the Fourth Amendment," 1983 *Sup. Ct. Rev.* 283, 294.
105) Goodpaster(각주 103), at 1084.

문제는 특정 행위가 실제 억지되고 있는가가 아니라 억지되어야 하는가이
다.106)

다른 한편 맵 법칙이 상당한 억지효과를 갖는다는 실증연구결과 또한
제시되고 있다. 먼저 맵 판결 이전에는 많은 주에서 수색영장이 사실상 사용
되지 않고 있었으나, 맵 판결 이후 수색영장의 사용이 증가하였다는 보고가
제출되었다.107)
그리고 시카고 마약담당 경찰관들에 대한 올필드 주니어의 연구는 위
법수집증거배제법칙은 두 가지 차원에서 억지효과를 가짐을 보여주고 있다.
그는 먼저 제도적 차원에서 동 법칙은 경찰, 검찰 그리고 법원의 절차를
변화시켰음을 보고한다.108) 예를 들자면 수정헌법 제4조 및 제5조의 특정
분야에 대한 특별한 훈련의 실시, 증거배제의 발생에 대해 경찰관 개인의
책임을 묻는 체제의 수립, 그리고 영장사용의 증가 등이다. 또한 위법수집배
제법칙은 경찰관을 개인적 차원에서 교육시키고 제재를 가한다고 보고한
다.109) 예를 들어 경찰관은 자신들의 수집한 증거가 언제 그리고 왜 배제되는
지 알고 있고, 법정경험에서 압수·수색법규의 변화를 익히고 있으며, 증거
배제는 경찰관으로 하여금 자신의 사건에 대한 보고를 더욱 철저하게 하게끔
만들고 있으며, 증거배제 청문절차는 경찰관에게는 일종의 형벌로써 작용하
고 있다는 것이다.

---

106) Roger B. Dworkin, "Fact Style Adjudication and the Fourth Amendment: The
Limits of Lawyering," 48 *Ind. L. J.* 329, 333(1973)(강조는 인용자).
107) Bradley C. Canon, "Is the Exclusionary Rule in Failing Health? Some New Data
and a Plea Against a Precipitious Conclusion," 62 *Ky. L. J.* 681, 708-711(1974);
Ervin, Jr.(각주 104), at 293.
108) Myron W. Orfield, Jr., Comment, "The Exclusionary Rule and Deterrence: an
Empirical Study of Chicago Narcotics Officers," 54 *U. Chi. L. Rev.* 147, 1017(1987).
109) Id. at 1017, 1033-1049.

2. 대(對)범죄투쟁에 대한 부정적 효과 여부

둘째로 맵 법칙이 대범죄투쟁에 미치는 효과를 둘러 싼 견해 차이를 살펴볼 필요가 있다.

1982년의 전국사법연구소(National Institute of Justice, 이하 NIJ) 연구는 1976년부터 1978년 사이에 불기소처분이 내려진 중죄(felony)사건 중 4.8% 가 불법수색을 그 이유로 하여 불기소되었고, 마약사범의 경우는 32.5%가 불법수색을 이유로 불기소되었다고 보고하면서 맵 법칙이 주 검찰의 소추에 중요한 영향을 미친다고 주장하였다.110) 그리고 콜드웰과 체이스는 형사피고인이 위법수집증거배제를 일단 신청한 후 이를 유죄답변협상(plea bargaining)에서의 칩(chip)으로 사용하고 있으며, 또한 검찰이 증거가 위법하게 수집되었다는 이유로 기소 자체를 포기하는 경우도 있음을 지적하고 있다.111)

그러나 다수의 실증연구는 맵 법칙이 법집행기관의 범죄구축(驅逐) 활동에 "단지 주변적(marginal)인 효과"112)를 미칠 뿐이라는 데 동의하고 있다.

1979년의 미연방 회계국(U.S. Controller)의 의회보고서는 연방사건의 10.5%에서 위법수집배제신청이 제기되고, 조사대상 2,804건 중 오직 1.3% 에서만 증거가 배제되며, 증거가 배제되는 사건의 경우에서도 약 절반의 경우는 유죄평결이 획득되었다고 보고하고 있다. 이 보고서는 연방 형사사건 피고인의 경우 단지 0.7%만이 맵 법칙 때문에 풀려난다고 결론지었

---

110) National Institute of Justice, *Criminal Justice Research Report — The Effects of the Exclusionary Rule on Federal Criminal Prosecution* Rep. No. CDG-79-45(19 Apr. 1979).

111) Harry M. Caldwell & Carol A. Chase, "The Unruly Exclusionary Rule: Heeding Justice Blackmun's Call to Examine the Rule in Light of Changing Judicial Understanding About Its Effects Outside the Courtroom," 78 *Marq. L. Rev.* 45, 51(1994).

112) Peter F. Nardulli, "The Societal Costs of Exclusionary Rule: An Empirical Assessment," 1983 *Am. B. Found. Res. J.* 585, 606.

다.113) 그리고 데이비스는 상기 'NIJ 보고서'를 반박하면서 중죄 체포의
단지 0.8%의 사건이, 마약사범 체포의 경우 2.4%(NIJ 연구의 30%와 달리)의
사건이, 그리고 비마약사범의 경우 0.3% 미만의 사건만이 맵 법칙을 이유로
검찰에 의해 불기소처분이 내려졌다고 확인한 후, 맵 법칙이 검찰소추에
미치는 영향은 기껏해야 "주변적"일 뿐이라고 결론내렸다.114) 또한 맵 법칙
이 살인범, 강간범, 납치범, 아동학대범 등을 풀어준다는 대중의 인식과는
달리, 다수의 연구는 동 법칙이 주로 '피해자 없는 범죄'(nonvictim crime)와
연관되어 있음을 보여주고 있다.115)

Ⅳ. 미란다 법칙을 둘러싼 논쟁

1. 자백률 저하

먼저 미란다 법칙 반대론은 미란다 법칙에 의해서 자백률이 저하되며,
미란다 법칙을 위반한 자백의 증거배제는 다수의 범죄인의 석방이라는 결과
를 초래한다고 분개한다. 화이트 대법관은 미란다 판결에서의 반대의견에서
이러한 시각을 직설적 언어로 표명하였다.

[미란다] 법원의 결정은 살인자, 강간범 또는 다른 범죄인들을 거리로 그리고

---

113) U.S. Controller Gen., U.S. Acct. Off. Report to Congress, *Impact of the
Exclusionary Rule on Federal Criminal Prosecutions* 8, 9-11(1979)[이하 'GAO Study'
로 약칭].
114) Thomas Y. Davies, "A Hard Look at What We Know(And Still Need to Learn)
About the "Costs" of the Exclusionary Rule," 1983 *A. B. F. Res. J.* 611, 622, 633,
645-647, 679-680.
115) GAO Study(각주 113), at 14; Davies(각주 114), at 637-638; Oaks(각주 13), at
681-682; Nardulli(각주 112), at 586, 602. 카플란 교수는 반대론 진영의 대표적 논
자이지만, 위법수집증거배제법칙이 실제상으로 위험한 범죄인을 거의 풀어주지 않
는 다는 것은 부인할 수 없는 사실이라고 인정한 바 있다[Kaplan(각주 84), at
1028, 1036].

그들을 배출한 환경으로 돌려보내고, 그들이 내킬 때마다 범죄를 반복하게끔 할 것이다.[116]

그리고 몇몇의 실증 연구는 미란다 법칙이 자백률을 저하시킨다고 주장한다. 피츠버그시를 대상으로 한 1967년의 시버거와 위틱 주니어의 연구에 따르면, 미란다 판결이 내려지기 이전에는 자백획득률이 48.5%였는데, 미란다 판결 이후에는 32.3%로 저하되었다.[117] 근래의 연구로는 기존의 실증연구에 대한 재검토에 기초하여 미란다 법칙은 평균 16%의 자백률 저하에 책임이 있다고 주장하는 카셀 교수의 연구가 있다.[118] 그는 미란다 법칙 위반으로 자백의 증거능력이 배제되고 범죄인이 석방되는 결과가 발생하는 비율은 매우 낮다는 다수의 실증연구[119]를 반박하면서, 이러한 연구는 경찰관이 자백을 획득한 경우 이후의 상황만을 말해줄 뿐, 미란다 법칙으로 인하여 경찰관이 자백을 획득하지 못하는 경우에 대해서는 아무 설명을 하지 못한다고 주장한 후, 신문이 관련된 형사사건 중 3.8%가 미란다 법칙으로 인해 사건화되지도 못하였다고 결론짓는다.[120]

그러나 이른바 '미란다 효과'에 대한 실증연구의 대다수는, 미란다 법칙은 자백획득, 범죄해결, 유죄판결 등에 있어서 단지 "무시해도 좋을 만한 효과"[121]를 미칠 뿐이라는 결론에 도달하고 있다.[122] 예를 들어 1970년대

---

116) Miranda, 384 U.S. at 505(White, J., dissenting).
117) Richard H. Seeburger & R. Stanson Wettick, Jr., "Miranda in Pittsburgh — A Statistical Study," 29 *U. Pitt. L. Rev.* 1(1967). 그러나 이들은 이러한 자백률 저하가 유죄선고율의 저하로 이어지지 않았기 때문에, 미란다 법칙이 법집행을 방해하지는 않았다고 결론지었다(Id. at 18-19).
118) Paul G. Cassell, "Miranda's Social Costs: An Empirical Reassessment," 90 *Nw. U. L. Rev.* 387, 437(1996).
119) 이하의 각주 122에 인용된 논문목록을 보라.
120) Id. at 394, 438. 또한 Stephen J. Markman, "The Fifth Amendment and Custodial Questioning: A Response to "Reconsidering Miranda"," 54 *U. Chi. L. Rev.* 938, 947(1987)을 보라.
121) Richard A. Leo, "The Impact of Miranda Revisited," 86 *J. Crim. L. & Criminology* 621, 645(1996).
122) John Griffiths & Richard Ayres, Faculty Note, "A Postscript to the Miranda

말 9개의 중간 규모 카운티에 대한 나르둘리의 연구에 따르면, 조사대상 카운티의 전체 형사사건 중 7% 미만에서 자백배제신청이 제기되고 그 중 2.5%가 성공하며, 전체 사건의 0.0071%만이 자백배제를 이유로 피고인은 무죄가 된다.[123] 그리고 슐호퍼 교수는 전술한 카셀 교수가 검토한 기존의 연구에 똑같이 의존하면서 카셀 교수와 전혀 반대의 결론을 도출한다. 즉 미란다 법칙은 단지 4.1%의 자백률 저하에 책임이 있으며, 법집행에 끼치는 해악은 기껏해야 0.78%에 불과하다는 것이다.[124] 같은 맥락에서 미국 변호사협회의 형사사법분과 특별위원회는 다음과 같이 결론지었다.

> 조사대상 검사, 법관, 그리고 경찰관의 절대 다수가 미란다 법칙의 준수가 법집행에 심각한 문제를 불러일으키지 않는다는 데 동의한다.[125]

2. 대안으로서의 신문과정 녹화 또는 녹취

미란다 법칙 반대론은 미란다 판결의 파기, 임의성 기준으로의 복귀를 주장하면서, 대신 경찰신문과정의 녹화 또는 녹취를 대안으로 제안한다.[126] 그러나 미란다 법칙 옹호론은 경찰신문의 녹화 또는 녹취가 신문과정에서의 경찰관의 불법행위의 통제, 신문 전 과정에 대한 객관적이고 사후

Project, Interrogation of Draft Protesters," 77 *Yale L. J.* 300(1967); Leo(각주 121); Richard Medalie et al., "Custodial Police Interrogation Our Nation's Capital: The Attempt to Implement Miranda," 66 *Mich. L. Rev.* 1347(1968); Nardulli(각주 112); Stephen J. Schulhofer, "Miranda's Practical Effect: Substantial Benefits and Vanishingly Small Costs," 90 *Nw. U. L. Rev.* 500(1996); Michael Wald et al., "Interrogation in New Haven: The Impact of Miranda," 76 *Yale L. J.* 1519(1967); James W. Witt, "Non-Coercive Interrogation and the Administration of Criminal Justice: The Impact of Miranda on Police Effectuality," 64 *J. Crim. L. & Criminology* 320(1973).
123) Nardulli(각주 112), at 593, 596, 600.
124) Schulhofer(각주 122), at 545.
125) Special Comm. on Crim. Justice in a Free Society, *Criminal Justice in Crisis,* ABA Crim. Just. Sec. 27, 28(1988)
126) American Law Institute, A Model Code of Pre-Arraignment Procedure § 130. 4(1975); Gerald M. Caplan, "Questioning Miranda," 38 *Vand. L. Rev.* 1417, 1473-1476(1985); Grano(각주 83), at 116, 221; Markman(각주 94), at 242.

검토가능한 기록보존 등을 가능하게 한다는 점에서 이 제안에 찬성하면서
도,127) 미란다 법칙을 완전대체하는 경찰신문의 녹화 또는 녹취는 단호하게
반대한다. 왜냐하면 미란다 법칙 없는 신문과정의 녹화 또는 녹취는 심리적
압력, 변호인접견 요구 또는 신문종결 요구의 무시 등을 방지할 수 없다는
것이다.128)

　　이상에서 우리는 위법수집증거배제법칙을 둘러싼 양 진영이, 형사소송
의 중심과제, 위법수집증거배제법칙의 역할과 기능, 위법수집증거배제법칙
의 실제적 결과에 대한 이해, 헌법해석방법론에 이르기까지 모든 쟁점을
둘러싸고 전혀 상이한 입장을 취하고 있음을 보았다.129)

제 3. '보수파' 연방대법원에 의한 위법수집증거배제법칙의 수정

　　이상과 같은 격렬한 논쟁 속에서 워렌 대법원장에 이어 차례차례 대법
원장이 된 버거와 렌퀴스트(William Rehnquist) 두 대법원장은 결코 위법수집
증거배제법칙에 대하여 우호적이지 않았다. 버거/렌퀴스트 대법원을 단순히
'반혁명적'이라고 규정하는 것은 진보/보수를 이분법적으로 구획하는 흑백
논리이겠으나,130) 버거/렌퀴스트 대법원이 워렌 대법원과 비교해 볼 때 범죄

---

127) Yale Kamisar, *Police Interrogation and Confessions: Essays in Law and Policy*
　　113-137(1980); Leo(각주 121), at 681-692; Schulhofer(각주 122), at 556-560.
128) Schulhofer(각주 122), at 556-557.
129) 한편 전술한 미란다 법칙 반대론과 전혀 반대의 관점에서 미란다 법칙을 비판
　　하는 견해도 있다. 이 견해는 미란다 원칙은 그 권리포기조항 때문에 경찰신문의
　　가혹한 현실하에서 수정헌법 제5조의 가치를 보호하는 데 부족하다고 파악하면
　　서, "미란다를 미란다답게 만들기" 위해서는 인신구금하의 모든 형사피의자가 경
　　찰신문 이전에 포기불가능한(nonwaivable) 변호인접견권을 가져야 한다고 주장한다
　　[Charles J. Ogletree, "Are Confession Really Good for the Soul?: A Proposal to
　　Mirandize Miranda," 100 *Harv. L. Rev.* 1826(1987)].
130) Stephen J. Schulhofer, "The Constitution and the Police: Individual Rights and
　　Law Enforcement," 66 *Wash. U. L. Q.* 11, 15(1988).

예방과 통제를 중시하고 "명백히 시민 개인의 권리 주장에 덜 우호적이며 공공질서의 필요에 보다 협조적"131)이라는 점은 합의되고 있는 사실이다.

워렌 대법원의 '혁명'이 1960년 형사피의자 · 피고인이 인종적, 계급적 부정의의 희생자라고 인식되고 국가의 도덕적 권위가 도전받는 정당성의 위기에 대한 법원의 대응이었다면, 버거/렌퀴스트 대법원은 일반 대중이 국가가 범죄의 희생자보다 범죄인을 더 보호한다고 믿고 국가를 불신하는 새로운 정당성의 위기에 답해야 했고, 이는 위법수집증거배제법칙에 중대한 변경으로 나타났다.132)

I. 맵 법칙의 수정

1. '사법적으로 창조된 구제책'으로의 성격 재규정과 '사법적 염결성' 근거의 기각

버거/렌퀴스트 대법원은 맵 법칙의 성격과 근거에 대한 워렌 법원의 입장을 중대하게 수정한다. 첫째, 버거/렌퀴스트 대법원은 위법수집증거배제를 형사피고인의 헌법적 권리로 이해하였던 워렌 법원의 이론을 변경하고, 맵 법칙을 수정헌법 제4조상의 권리를 보호하기 위해 "사법적으로 창조된 구제책"(a judicially created remedy)이라고 재규정한다.133) 둘째, '보수파' 대법원은 맵 법칙의 두 가지 근거 중 '사법의 염결성'은 "제한적 역할"134)만을

---

131) Carol S. Steiker, "Counter-Revolution in Constitutional Criminal Procedure? Two Audiences, Two Answers," 94 *Mich. L. Rev.* 2466, 2468(1996). 또한 Louis Michael Seidman, "Factual Guilt and the Burger Court: An Examination of Continuity and Change in Criminal Procedure," 80 *Co. L. Rev.* 436, 437(1980)을 참조하라.

132) Arenella(각주 1), at 237-238.

133) United States v. Calandra, 414 U.S. 338, 347-348(1974). 또한 Alderman v. United States, 394 U.S. 165, 174(1969); United States v. Janis, 428 U.S. 433, 446(1976) 등을 참조하라.

134) Stone v. Powell, 428 U.S. 465, 485(1976). 또한 Janis, 428 U.S. at 458 n. 35; United States v. Peltier, 422 U.S. 531, 536(1975) 등을 참조하라.

하는 것으로 규정한 채, 경찰관의 불법행위의 억지를 이 원칙의 "최고 목적"(prime purpose)으로 파악하게 된다.[135] 그리고 위법수집증거를 배제할 것인가 여부는 그 이득과 손실을 사안별로 따져 결정하게 된다.[136] 이제 위법수집증거배제는 "근본적인 원칙의 채택"으로서가 아니라 "사회적 유용성에 대한 도구적 계산"으로서의 의미를 더욱 강하게 갖게 된 것이다.[137]

이러한 변화의 실천적 함의는 무엇인가? 첫째로 위법수집증거배제법칙이 경찰의 불법행위를 억지하기 위한 유일한 길이 아니며, 각 주는 각자의 발의에 따라 위법수집증거배제법칙을 폐지하고 다른 보다 효과적인 억지장치로 대체하는 법률을 만들 수 있다는 것이며, 둘째로는 위법수집증거배제법칙 그 자체는 헌법적 기반이 없으므로, 위법수집증거의 배제는 의무적이 아니며, 법원은 사안별 접근을 통하여 억지효과가 있는 경우에 한하여 증거배제를 결정하여야 한다는 것이다.

이러한 맵 법칙에 대한 '보수파' 대법원의 이해방식은 바로 각종 예외의 창설 또는 확장을 향한 문을 열어 놓게 된다.

2. '선의의 신뢰의 예외'의 창설

먼저 1984년의 6 대 3의 'United States v. Leon 판결'[138]은 맵 법칙에 대한 일반적 예외법칙을 창설한다. 이것이 그 유명한 '선의의 신뢰의 예외'(good faith exception)이다. 이 판결의 사실관계를 간략히 보면, 비밀정보원의 정보에 따라 피고인의 마약밀매를 감시해 온 수사기관이 공술서(affidavit)를 작성하고 수색영장을 신청하였고 치안판사는 외견상 적법한 영장을 발부하였으나, 이후 이 영장은 정보원의 신뢰성이 입증되지 않았고 그가 제공한 정보도 낡았다는 점 등에서 수정헌법 제4조가 요구하는 '상당한 이유'가 결여된 것으로 판명되었다.

---

135) Calandra, 414 U.S. at 348.
136) Stone v. Powell, 428 U.S. 465, 489-491(1976).
137) Tribe(각주 91), at 621.
138) 468 U.S. 897(1984).

이에 연방대법원은 상술한 것과 같은 맵 법칙의 본성과 근거에 대한 수정된 견해를 기초로 하면서, 공정하고 중립적인 치안판사(magistrate)에 의해 발부되었으나 이후 '상당한 이유'가 결여된 것으로 판명된 수색영장에 대하여 경찰관이 선의를 가지고 "객관적으로 합리적인 신뢰"(objectively reasonable reliance)를 하면서 법집행을 하여 획득한 증거는 배제되지 않는다고 선언하였다.139) 여기서 법원이 주목한 것은 오류를 범한 것은 경찰관이 아니라 치안판사였다는 점이었고, 따라서 이 경우 법원이 증거를 배제하더라도 억지효과를 가져올 수 없으므로 위법수집증거배제의 이득이 경미하다고 본 것이다. "자신의 실수가 아닌 치안판사의 실수 때문에 경찰관을 벌한다는 것은 논리적으로 수정헌법 제 4 조 위반을 억지하는 데 기여할 수 없다."140)

그리고 동 판결은 증거배제에 있어서 '손실과 이익 형량 분석'(cost-benefit analysis)을 사용해야 함을 밝힘으로써, 맵 판결의 자동적·의무적 배제와의 방법론적 결별을 선언한다. 즉,

> 사후적으로 무효가 된 수색영장에 대해 객관적으로 합리적인 신뢰를 가지고 획득한 증거를 배제함으로써 산출되는 주변적 또는 실재하지 않는 이익은 증거배제의 실질적 손실을 정당화할 수 없다.141)

리온 판결의 반대의견은 이 예외가 치안판사의 영장신청에 대한 검토가 형식적으로 진행되도록 만들 수 있고, 영장에 대한 경찰관의 신뢰가 있는 경우 외의 각종의 경찰관의 행동, 특히 영장 없는 수색 등에도 확장되어 적용될 소지를 갖고 있으며,142) 또한 이 예외가 경찰관의 민사책임을 면제해 주어 수정헌법 제 4 조 위반에 대하여 어떠한 징계도 불가능하게 할 수 있다고 비판을 제기하였다.143)

---

139) Id. at 906-907, 922, 949.
140) Id. at 921.
141) Id. at 922.
142) Leon, 468 U.S. at 956-959(Brennan, J., dissenting).
143) Id. at 977 n. 35(Steven, J., dissenting).

이러한 리온 판결의 입장은 이후 경찰관이 제출한 기술적 흠결이 있는 영장신청양식에 대하여 치안판사가 이를 정정하겠다는 확답을 받고 이를 신뢰하고 수색에 착수한 경우,[144] 영장 없는 수색을 허용하는 법규가 사후 위헌판결을 받은 경우,[145] 법원 직원의 과실 때문에 체포영장이 존재한다고 잘못 표시된 경찰기록에 경찰관이 의존하여 체포하고 수색한 경우,[146] 경찰관이 타 관할지역 경찰서 데이터베이스의 잘못된 기록을 신뢰하고 수색한 경우[147], 경찰관이 구속력 있는 판례를 신뢰하고 수색을 하였는데 이후 그 판례가 변경된 경우[148] 등에도 적용되었다.

3. 기타 예외의 확대 또는 창설

한편 '선의의 신뢰의 예외' 이외에도 맵 법칙을 제한하기 위한 여러 가지 예외가 창설 또는 확대되는데, 그 결과 위법수집증거배제법칙을 계속 '법칙'이라고 특징지우기가 어려워지고 있다.[149]

첫째, 불법압수 · 수색으로부터의 '파생증거'(derivative evidence)의 사용의 폭이 확대된다. 먼저 '독수과실의 원리'(fruits of the poisonous tree)[150]의 적용범위가 축소되는데, 연방대법원은 불법수색을 통해 신상을 알게 된 증인이 진술한 증언의 증거능력을 인정하였다.[151] 다음으로 '독립출처의 예외'(independent source exception)가 구체화된다.[152] 즉, 경찰관이 수색장소에

---

144) Massachusetts v. Sheppard, 468 U.S. 981, 991(1984). 이 판결은 리온 판결과 같은 날 내려졌다.
145) Illinois v. Krull, 480 U.S. 340, 349-350(1987).
146) Arizona v. Evans, 514 U.S. 1, 14-16(1995).
147) Herring v. United States, 555 U.S. 135(2009).
148) Davis v. United States, 564 U.S. 229(2011).
149) Audrey S. Brent, "Illegally Obtained Evidence: An Historical and Comparative Analysis," 48 *Sask. Rev.* 1, 25(1983).
150) 이 원칙은 'Silverthorne Lumber Co. v. United States 판결'[251 U.S. 385(1920)]에서 처음으로 제시되었다. 이에 대해서는 제6편에서 별도로 상세히 논할 것이다.
151) U.S. v. Ceccoloni, 435 U.S. 268(1978).
152) 이 예외는 1920년의 실버쏜 판결에서 최초로 인정된다(Silverthorne, 251 U.S. at 392).

불법적으로 침입하였다 하더라도 당시 수색영장 발부를 위한 '상당한 이유'를 갖고 있었고 이후 영장발부 신청을 하려 하였었다면 그 불법적 침입을 통해 얻은 증거의 증거능력을 인정할 수 있다는 것이다.[153] 그리고 '불가피한 발견의 예외'(inevitable discovery exception) 역시 새로이 인정된다. 연방대법원은 증거가 불법한 경찰수색을 통해 획득되었다 하더라도 그 증거가 별도의 독립적이고 합법적인 수단에 의하여 불가피하게 발견될 수 있었던 것이라면 그 증거능력을 인정할 수 있다고 판시하였다.[154]

둘째, '탄핵을 위한 사용의 예외'(impeachment exception)[155]가 확대되는데, 연방대법원은 증거물 티셔츠가 불법하게 획득되었다 할지라도 코카인을 매매, 소지한 적이 없다는 피고인의 진술을 탄핵하는 데는 사용될 수 있다고 판시하였다.[156]

셋째, '무해한 헌법적 오류의 예외'(harmless constitutional error)[157]가 확장된다. 연방대법원은 불법적 수색으로 압수한 장총의 탄약이라 하더라도 경찰관이 피고인의 차량 안에 증거물이 있다고 믿을 만한 상당한 이유를 가지고 있을 때에는 그 증거물의 증거능력을 인정한 것이 무해할 수 있다고 판시하였다.[158]

넷째, 렌퀴스트 대법원장의 후임자 로버츠(John Roberts) 대법원장 시절

---

153) Segura v. United States., 468 U.S. 796(1984); Murray v. United States, 487 U.S. 533(1988).
154) Nix v. Williams, 467 U.S. 431, 448-450(1984).
155) 이 예외는 워렌 대법원 시기 'Walder v. United States 판결'[347 U.S. 62(1954)]에서 처음 인정된다. 이 사건에서 워렌 법원은 피고인이 범한 지독한 위증을 고려하여 이 예외를 제한적으로 인정하였다.
156) United States v. Havens, 446 U.S. 620(1980).
157) 이 예외는 워렌 대법원 시기 'Chapman v. California 판결'[386 U.S. 18(1967)]에서 처음 인정된다. 단 워렌 법원은 몇몇 헌법적 오류는 "너무도 기본적인 것이어서 그 위반은 결코 무해한 오류로 취급될 수 없다"라고 강조하였다(Id. at 23). 이 예외에 대해서는 Tom Stacy & Kim Dayton, "Rethinking Harmless Constitutional Error," 88 *Colum. L. Rev.* 79(1988)를 참조하라. 이 예외가 우리 형사증거법에서 갖는 의미는 제8편 제2장 제 4. 에서 다루어질 것이다.
158) Chambers v. Maroney, 399 U.S. 42(1970).

인 2006년, 연방대법원은 'Hudson v. Michigan 판결'159)에서 '노크와 설명'(knock-and-announce) 의무 위반에 대한 예외를 창설한다. 이 판결 이전에는 즉각적인 증거인멸이 위험이 있는 경우 외에는,160) 법에 따라 경찰관이 가택 수색 전 노크를 하고 신분과 목적을 밝혀야 했다.161) 그러나 허드슨 판결의 5 대 4의 다수의견은 '노크와 설명' 의무 위반에는 위법수집증거배제법칙이 적용되지 않는다고 판시했다. '노크와 설명' 의무 위반이 없었더라도 경찰관은 영장을 집행하여 증거물을 취득했을 것이고 ─ 여기서 '불가피한 발견의 예외'의 논리가 작동했음을 알 수 있다 ─, 이익·손실 형량을 해보더라도 증거배제의 필요가 없다고 보았다.

Ⅱ. 미란다 법칙의 수정

1. '예방적 법칙'으로의 성격 재규정

미란다 법칙 역시 맵 법칙과 기본적으로 동일한 수정을 과정을 거친다. 먼저 버거/렌퀴스트 대법원은 1974년 'Michigan v. Tucker 판결'162)에서, 미란다 법칙은 헌법에 의해 보장되는 권리 그 자체가 아니라고 못박고, 이는 자기부죄거부의 특권을 보장하기 위한 '예방적(prophylactic) 법칙'에 불과하다고 선언한다.163) 이러한 수정된 이해가 갖는 실천적 함의는 미란다 법칙의 위반이 수정헌법 제 5 조 자체를 결정적으로 위반하는 것은 아니며, 따라서 그 규칙에 기초한 자백배제가 자동적일 필요는 없다는 것이다. 여기서 미란다 법칙을 "현존하는 신문방법으로 나아가는 예비적 의식이 아니라 수정헌법 제 5 조를 위한 근본(fundamental)"164)으로 이해하였던 워렌 대법원과의

---

159) 547 U.S. 586(2006).
160) Ker v. California, 374 U.S. 23(1963).
161) 18 U.S.C. § 3109.
162) 417 U.S. 433(1974).
163) Id. at 439, 444-446.
164) Miranda, 384 U.S. at 476.

선명한 차이를 볼 수 있다.

이러한 변화에 기초하여 버거/렌퀴스트 대법원은 미란다 법칙의 요건을 좁게 해석하거나 또는 미란다 법칙에 대한 예외를 만들어 내기 시작한다.

2. 미란다 법칙 적용범위의 축소

먼저 버거/렌퀴스트 대법원은 미란다 법칙이 적용되는 상황인 '신체구속하의 신문'(custodial interrogation)을 좁게 해석함으로써 미란다 법칙의 영향력을 줄이려 하였다.

먼저 신체구속의 범위문제인데, 통상 체포의 경우는 당연히 신체구속에 해당되므로 문제가 없으나 그 경계가 모호한 사안이 많았다. 예컨대 법원은 가석방 피고인이 자신의 숙소 근처에 있는 주 경찰의 순찰사무소에서 자발적으로 경찰관을 만난 경우,[165] 교통상 불심검문을 하여 노상에서 피의자에게 직무질문을 하는 경우,[166] 보호관찰대상자가 보호관찰관을 만나는 경우,[167] 그리고 세무수사관에 의해 자신의 집에서 조사를 받는 경우[168] 등을 신체구속에 해당하지 않는다고 판시하였다.

둘째, 통상 '신문'의 경우 피의자에 대한 직접적 질문의 형태는 취하지만 그렇지 않고 간접적 형태를 취할 수도 있다. 후자의 경우를 어떻게 평가할 것인가는 1980년 'Rhode Island v. Innis 판결'[169]에서 다루어진다. 이 사건에서 피고인은 변호인을 접견하기 전에는 신문에 응하지 않겠다고 밝히자, 경찰관들은 피고인을 경찰서로 호송하는 도중에 자신들끼리 장애어린이가 범죄에 사용된 무기를 발견할지도 모른다는 대화를 나누었고 이를 들은 피고인이 자백을 하였다. 법원은 신문은 신체구속하의 피의자가 "명시적 질문 또는 그것의 기능적 동가물"에 종속되어 있을 때 존재한다고 보면

---

165) Oregon v. Mathiason, 429 U.S. 492, 495(1977).
166) Berkemer v. McCarty, 468 U.S. 420, 435-440(1984); Pennsylvania v. Bruder, 485 U.S. 9(1988).
167) Minnesota v. Murphy, 465 U.S. 420, 433-434(1984).
168) Beckwith v. United States, 425 U.S. 341, 347(1976).
169) 446 U.S. 291(1980).

서,[170] 이 사안의 경우는 경찰관들의 행위는 "경찰관들로서 자신들의 대화가 피의자로부터 자백을 도출하기 쉽다는 것을 알아야만" 하는 그러한 언동에 해당되지 않는다고 보아, '신문'이 일어나지 않았다고 판단하였다.[171]

셋째, 미란다 권리에 대한 포기는 반드시 명시적으로 이루어질 필요는 없는바, 연방대법원은 피고인의 행동이나 말을 통하여 포기가 묵시적으로 이루어졌음을 추론한다. 예컨대, 피고인이 미란다 고지를 받은 후 일체의 서류에 서명하지는 않았지만, 경찰관과 대화하겠다고 말하고 변호인을 요청하지도 않았다면, 포기가 이루어진 것으로 본다.[172] 이는 미란다 권리를 행사하겠다는 의사는 명백하고 모호하지 않게 표명되어야 한다는 점과 대비된다.[173]

로버츠 대법원 시절 내려진 2010년 'Berghuis v. Thompkins 판결'[174]에서 살인혐의로 체포된 피고인은 미란다 고지를 받은 후 진술거부권을 행사하겠다는 점을 명확히 밝히지 않은 상태에서 오랫동안 입을 다물고 있다가 진술을 개시했다. 이에 대하여 연방대법원은 5 대 4의 다수의견으로 이 경우에는 진술거부권을 포기한 것으로 해석할 수 있다고 판단하였다. 이는 피고인이 신문 당시 침묵하였다는 것만으로 유효한 포기가 될 수 없다는 1966년 미란다 판결과 긴장을 일으키는 것이었다.[175]

---

170) Id. at 300-301.
171) Id. at 302.
172) North Carolina v. Butler, 441 U.S. 369(1979).
173) Davis v. United States, 512 U.S. 452(1994). 이 사건에서 살인 혐의 피고인이 경찰관에게 "아마도 나는 변호사와 얘기를 해야 할 것 같다."라고 말하자, 경찰관이 변호사를 원한다면 변호사가 올 때까지 신문을 중단할 것이라고 말하고 변호사를 원하는지 확인하자 피고인은 "아니오, 내가 변호사를 요청하지 않을꺼요."라고 답했고, 이후 불리한 진술을 하였다. 연방대법원은 변호사를 만나겠다는 의사가 충분히 명백하게 표명되지 않았기에 경찰관은 신문을 계속할 수 있고, 진술의 증거능력도 배제되지 않는다고 판단했다.
174) 560 U.S. 370(2010).
175) Miranda, 384 U.S. at 475-476.

3. '공중의 안전의 예외'의 창출 및 기타 예외의 확장

한편 1984년 'New York v. Qualres 판결'[176])에서 5대 4의 다수의견은 경찰관이 합리적으로 보아 '공중의 안전'에 대한 염려 때문에 미란다 고지를 하지 않고 피의자에게 질문을 한 경우 이에 대한 피의자의 대답은 증거능력이 배제되지 않는다고 판시한다. 이것이 '공중의 안전의 예외'(public safety exception)로, 여기에는 '공중의 안전'을 위해 급히 질문을 해야 할 필요성이 '예방적 법칙'인 미란다 법칙을 지킬 필요성보다 우위에 있을 수 있다는 이득·손실 계산법이 바탕에 깔려 있었다.[177]) 이 판결의 사실관계를 보면, 강간의 신고를 받은 경찰관이 피해자의 인상착의가 일치하는 피의자를 발견하고 체포하였는데, 그의 어깨 총집이 비어 있는 것을 발견하고 그 소재를 묻자 피의자는 소재를 답하였다. 미란다 고지는 권총이 발견된 후 시행된 것이 문제였다.

이러한 개괄적 예외가 미란다 법칙의 "선명한 방침"(bright line)[178])을 흐리게 만드는 것임은 다수의견도 시인하였던 바인데,[179]) 이 예외의 창출은 향후 경찰관이 '공중의 안전'을 이유로 미란다 고지를 회피할 수 있는 길을 열어 놓은 것이었다.[180]) 반대의견이 지적한 것처럼, 경찰관이 이 예외에 기대어 의도적으로 미란다 고지를 연기하면서 피의자가 임의성 없는 진술을 하도록 강제할 수 있다는 점이 문제로 남는다.[181])

맵 법칙의 예외 확대와 마찬가지로, '독수과실의 원리'의 적용범위가 축소됨으로써 미란다 법칙의 효력이 경감된다. 전술한 1974년의 터커 판결에서 연방대법원은 검찰은 미란다 법칙 위반을 통해 신상이 확보된 증인을

---

176) 467 U.S. 649(1984).
177) Id. at 657.
178) Miranda, 384 U.S. at 544.
179) Qualres, 467 U.S. at 658.
180) 이 예외의 이후 전개과정에 대해서는 Alan Raphael, "The Current Scope of the Public Safety Exception to Miranda under New York v. Quarles," 2 *N. Y. City L. Rev.* 63(1998)을 참조하라.
181) Qualres, 467 U.S. at 685(Marshall, J., dissenting).

법정에 호출할 수 있다고 판시하였고,[182] 또한 1985년 'Oregon v. Elstad 판결'[183]은 미란다 법칙 위반을 통해 확보된 1차 자백으로부터 2차 자백이 도출되었더라도, 2차 자백 전에 미란다 고지가 주어졌다면 2차 자백은 오염된 과실이 아니라고 판시한다.[184]

또한 '탄핵을 위한 사용의 예외'가 확대된다.[185] 1971년 'Harris v. New York 판결'[186]은 미란다 법칙 위반으로 획득된 자백은 본안(case-in-chief)에서는 사용할 수 없더라도 피고인의 법정증언을 탄핵하는 데는 사용될 수 있다고 결정한다. 그리하여 경찰관으로서는 미란다 법칙을 존중하면 아무 것도 얻지 못하지만, 그 원칙을 위반하면 최소한 그 위반을 통해 얻은 자백을 탄핵용으로 사용할 수 있으므로 잃을 것이 없게 되는 상황이 조성된다.[187] 다른 사건에서는 연방대법원은 피의자에 대한 신문이 이루어지지 않은 상태에서 피의자의 묵비[188] 또는 체포 후 묵비[189]가 탄핵을 위해 사용될 수 있다고 판시한다.

이상에서 본 '보수파' 대법원의 위법수집증거배제법칙에 대한 사고를 워렌 법원의 사고와 비교하여 도해화하면 다음과 같다. 단 유의할 점은 이 절의 서두에서 언급하였듯이 양 법원의 경향이 일도양단 격으로 구분되는 것은 아니라는 점이다.[190]

---

182) Tucker, 417 U.S. at 451-452.
183) 470 U.S. 298(1985)
184) Id. at 301-302. 'Elstad 판결'의 상세한 내용은 제 6 편 제 2 장에서 다룬다. 이와 관련하여 2004년의 'Fellers v. United States 판결'[540 U.S. 519(2004)]과 'Missouri v. Seibert 판결'[542 U.S. 600(2004)]은 'Elstad 판결'과 유사한 사건을 다루면서 2차 자백을 독수과실로 보고 증거능력을 배제한다.
185) 이에 대해서는 제 8 편 제 5 장에서 상술한다.
186) 401 U.S. 222(1971). 또한 Oregon v. Haas, 420 U.S. 714(1975)를 참조하라.
187) Yale Kamisar, "The "Police Practice" Phases of the Criminal Process and the Three Phases of the Burger," *The Burger Years: Rights and Wrongs in the Supreme Court 1969-1986* 151(Herman Schwartz ed., 1987).
188) Jenkins v. Anderson, 447 U.S. 231, 240-241(1980).
189) Fletcher v. Weir, 455 U.S. 603, 607(1983).
190) 카미사르 교수가 날카롭게 지적하였듯이 '보수화' 경향은 이미 워렌 법원의 시대가 끝날 무렵에 시작되었다[Yale Kamisar, "The Warren Court and Criminal

	워렌 대법원	버거/렌퀴스트 대법원
위법수집증거배제 법칙의 성격	헌법적 권리	사법적으로 창조된 구제책/예방적 법칙
위법수집증거배제 법칙의 효과	의무적 배제	이익·손실 형량에 따른 배제

제 4. '보수파' 연방대법원과 '진보적' 위법수집증거배제법칙 의 공존

I. 맵 법칙의 안정화

이상과 같이 '보수파' 대법원은 '진보적' 맵 법칙의 성격을 재규정하고 여러 예외법칙을 창설·확대하였다. 그리고 버거 대법원장과 렌퀴스트 대법 원장은 판결문에서 맵 법칙에 대한 개인적 적대감을 드러낸 바 있다. 버거 대법원장은 위법수집증거배제로 수정헌법 제 4 조가 강화되리라고 기대하 는 것은 꿈에 불과하며, 이 법칙은 "개념적으로 빈약하고 그 목표를 성취하 는 데 있어 실제적으로도 비효과적"이라고 규정하면서, 의회가 행정적 또는 준사법적 대안을 개발하라고 요구한 바 있다.191) 렌퀴스트 대법원장도 맵 법칙을 파기하지 않고서는 압수·수색법이 명료해질 수 없다고 비판한 바 있다.192)

그런데 왜 '보수파' 대법원은 맵 법칙과 계속 동거하기로 결정하였을

Justice: A Quarter-Century Retrospective," 31 *Tulsa L. J.* 1, 4(1995)]. 예컨대 워렌 법원은 피고인이 경찰제보자와 대면할 수 있는 권리는 절대적이 아니며 [McCray v. Illinois, 386 U.S. 300, 305(1967)], 수정헌법 제 4 조의 제약으로부터 자유로운 비 밀수사요원의 활동을 인정하였다[Hoffa v. United States, 385 U.S. 293, 302-303(1966)]. 그리고 '직무질문'의 경우 '상당한 이유'가 필요 없음을 판시하였 다[Terry v. Ohio, 392 U.S. 1(1968)].

191) Bivens, at 415(Burger, Chief J., dissenting).
192) California v. Minjares, 443 U.S. 916(1977)(Rehnquist, J., dissenting joined by Chief J. Burger); Robbins v. California, 453 U.S. 420, 437(1981)(Rehnquist, J., dissenting).

까? '보수화'되어 가는 미국 사회로서도 인정할 수밖에 없는 맵 법칙의 기능은 무엇일까?

먼저 맵 법칙이 창설되었던 1960년대 초기와는 달리 현행 미국 압수·수색법상의 영장주의 예외는 경찰관이 범죄투쟁을 벌여나가는 데 있어 상당한 여지를 제공하고 있다는 점이 기억되어야 한다.

몇 가지 주요 예를 들자면, 첫째로 '합법체포에 수반한 수색'(search incident to arrest)의 경우 경찰관은 영장 또는 상당한 이유 없이 피의자의 신체 및 소지물을 수색할 수 있으며,193) 피의자가 차량을 타고 있을 경우는 그 차량의 승객석(passenger compartment) 전체 및 승객석에서 발견된 용기(container)를 또한 수색할 수 있다.194) 그리고 차량수색의 경우 상당한 이유가 있다면 영장 없이 차량 내의 가방과 트렁크까지도 수색할 수 있다.195) 둘째, 증거인멸 또는 현행범 추적 등의 '긴급상황'(exigent circumstances)이 있을 경우 역시 영장 없는 수색이 가능하다.196) 셋째, '동의에 기초한 수색'(consent search)의 경우 영장 또는 상당한 이유가 필요하지 않다.197) 넷째, 수색을 위한 영장 또는 상당한 이유가 없더라도 경찰관이 범죄행위에 대한 '합리적 의심'(reasonable suspicion)을 갖는다면 피의자를 '정지'(stop) 또는 '억류'(detain)시킬 수 있으며, 피의자가 무장하고 있을 것이라는 합리적 의심이 존재하는 경우 피의자의 신체를 겉옷 바깥에서 두드리는 '외표검사'(frisk)를 할 수 있다('테리 법칙').198)

이상과 같은 영장주의의 예외하에서 — 카미사르 교수의 말을 빌리자면 — "현 시기 범죄인은 경찰관이 정직한 실수 또는 기술적인 실수를 범하였다고 해서 풀려나지 않는다. 맵 사건 이후의 판결들은 위법수집증거배제

---

193) Chimel v. California, 395 U.S. 752(1969).
194) New York v. Belton, 453 U.S. 454(1981).
195) United States v. Ross, 456 U.S. 798(1982). 이는 통상 '자동차 수색의 예외'(automobile search warrant exception)라고 통칭된다.
196) Vale v. Lousiana, 399 U.S. 30(1970); Cupp v. Murphy, 412 U.S. 291(1973); Wardern v. Hayden, 387 U.S. 294(1967).
197) Schneckloth v. Bustamonte, 412 U.S. 218(1973).
198) Terry v. Ohio, 392 U.S. 1(1968).

법칙에 대한 두려움 없이 활동할 수 있는 많은 공간을 경찰관에게 제공해 왔기 때문에 현 시기 범죄인은 경찰관이 수정헌법 제 4 조를 멸시(flout)하는 경우에만, 즉 심하게 실수를 하는 경우에만 풀려나게 된다.”[199]

이러한 변화한 조건하에서 ‘보수파’ 대법원은 위법수집증거배제법칙을 폐지하자는 각종의 제안들[200]을 분명히 거절하고, 영장 없는 체포와 수색을 제한하는 ‘친(親) 피고인’ 판결을 여럿 내리게 된다.

예를 들면, 연방대법원은 영장 없이 체포된 피의자에게 상당한 이유를 점검하는 청문의 기회가 주어지지 않을 경우 피의자의 구금의 연장을 금지하였고,[201] ‘긴급상황’인 경우를 제외하고는 사인의 주택 내에서의 영장 없는 체포는 허용되지 않는다고 판시하였다.[202]

한편 동 법원은 상술한 1968년 테리 판결의 확장을 제한하였다. 무장의 의심을 유발하지 않고 현장에 있었던 자에 대한 외표검사(frisk)는 허용되지 않으며,[203] 테리 판결상의 정지는 경찰관이 ‘객관적 사실에 기초하여’ 피의자가 범죄행위에 관련되어 있다는 ‘합리적 의심’을 가질 경우에만 가능하다고 판시하였다.[204] 또한 피의자가 일단 구금되어 신문에 들어간 이상 테리 법칙은 적용되지 않으므로 상당한 이유가 필요하고, 이것이 결여된 상태에서 나온 자백은 독수의 과실이라고 판시하였고,[205] 테리 법칙이 허용하는 인신의 억류는 단기간이고 제한적이어야 하므로 피의자의 수하물에 대해 마약탐색견(犬)이 검색할 수 있도록 90분을 억류한 것은 허용되지 않는다고 판시하였으며,[206] 또한 상당한 이유

---

199) Kamisar(각주 190), at 40(강조는 원문).
200) 대표적으로는 Office of Legal Policy, U.S. Department of Justice, ‘Truth in Criminal Justice’ Series Report(1986)(reprinted in 22 *U. Mich. K. L. Ref.* 437(1989)) [이하 ‘DOJ 보고서’로 약칭]를 참조하라.
201) Gernstein v. Pugh, 420 U.S. 103(1975).
202) Payton v. New York, 455 U.S. 573(1980).
203) Ybarra v. Illinois, 444 U.S. 85(1979).
204) Brown v. Texas, 443 U.S. 47(1979).
205) Dunaway v. New York, 442 U.S. 200(1979).
206) United States v. Place, 462 U.S. 696(1983).

또는 피의자의 동의가 없을 경우 테리 판결에 기초하여 경찰관이 피의자를 경찰서로 인도하여 지문을 찍는 것은 허용되지 않는다고 판시하였다.207) 그리고 운전자의 운전면허와 차량등록을 점검하기 위하여 무작위로 차량을 정지시킬 수 없다고 판시하였다.208)

요컨대 '보수파' 대법원은 수정헌법 제 4 조가 범죄통제를 심각하게 방해하지 못하도록 이를 연화(軟化)시키면서도, 수정헌법 제 4 조를 위한 최소한의 장치는 보유하려 한 것이다.

다음으로 위법수집증거배제법칙의 대안으로 제시되는 대안들이 효과가 없거나 비현실적인 경우가 많았다는 점이 중요하다. 위법수집증거배제법칙 폐지론이 가장 많이 제시하는 대안으로는 민사배상(tort remedy)과 경찰조직 내부로부터의 규율통제이다.

그런데 첫째, 민사배상의 경우 연방 정부 및 주 정부가 정부의 책임면제 (sovereign immunity)를 폐지하고 경찰관의 부당행위에 대해서는 추정적 책임 (assumed liability)을 인정하였지만,209) 많은 경우 당해 경찰관에게는 '선의의 신뢰' 및 '합리적 믿음'(reasonable belief)의 항변이 사용가능하며, 그리고 많은 주에서는 유죄판결을 받고 감금중인 자에 대해서는 민사배상에 의한 지원이 허용되지 않는다.210) 그리고 배심원들은 — 특히 민사배상 소송의 원고가 형사피고인 또는 전과자일 경우 — 경찰관에 대하여 중대한 책임을 물으려 하는 데 적극적이지 않다는 것이 보고되고 있다.211) 그리고 1986년 DOJ

---

207) Hayes v. Florida, 470 U.S. 811(1985).
208) Delaware v. Prouse, 440 U.S. 648(1979).
209) 예를 들어 1972 Amendment of the Federal Torts Claim Act, 28 U.S.C. §2680(h).
210) Barry F. Shanks, Comment, "Comparative Analysis of the Exclusionary Rule and Its Alternative," 57 *Tul. L. Rev.* 648, 654-655(1983).
211) Jerome H. Skolnick & James J, Fyfe, *Above the Law: Police and the Excessive Use of Power* 203(1993); Anthony Amsterdam, "The Supreme Court and the Rights of Suspects in Criminal Cases," 45 *N.Y.U. L. Rev.* 785, 787(1970); Oaks(각주 13), at 673; John L. Roche, "A Viable Substitute for the Exclusionary Rule: A Civil Rights Appeals Board," 30 *Wash. & Lee L. Rev.* 223, 227-228(1973); William A. Schroeder, "Deterring Fourth Amendment Violations: Alternatives the Exclusionary Rule," 69 *Geo. L. J.* 1361, 1389(1981).

보고서에 따르더라도 수정헌법 제 4 조 위반에 대한 연방공무원에 대한 연방법원에서의 소송 — 통칭 이를 인정한 판결의 이름을 따서 '바이벤스 소송'212)이라 부른다 — 의 경우 극히 적은 수만의 피고만이 손해배상을 받았을 뿐이었다.213) 그리고 위법수집증거를 사용하는 이득이 민사배상이라는 손실보다 클 경우 이 대안은 경찰관에 대해서 "헌법적 요청을 회피하라는 공개초청장"으로 작용할 수도 있음이 지적된다.214)

둘째, 경찰 조직 내부의 규율에 의한 통제 또는 불법행위를 범한 경찰관에 대한 형사소추의 경우 역시 실효성이 떨어진다고 평가되고 있다. DOJ 보고서에 따르면 지금까지 법무부 직원에 의한 수정헌법 제 4 조 위반에 대하여 단지 일곱 번의 수사가 있었는데, 이 중 어느 수사에서도 그 결과로 해당 직원이 제재를 받은 적은 없으며,215) 법무부는 수정헌법 제 4 조 위반 사건에서 단지 두 건만 유죄평결을 받아 내었는데, 그 유죄평결을 받은 피고인들도 이후 대통령에 의해 사면되었다.216) 바아드 교수의 말을 빌리자면, "신성시되고 있는(hallowed) 형사 또는 민사책임의 구제, 조직 내부의 규율, 그리고 법원에 의한 견책 등은 미국적 조건에서는 환상임이 판명되었다."217)

한편, 정치적 측면에서 보면 미국 연방 및 주 입법부가 위법수집증거배제법칙의 현실적 대안을 만드는 작업을 회피해 왔다는 점 또한 지적되어야 한다. 범죄에 대한 공포가 계속 강조되고, 모든 정치인이 법과 질서의 화신인 것처럼 자세를 취해야 하는 사회분위기 속에서 정치인으로서 경찰에 대한 통제를 시도하는 것은 정치적 자살행위일 수 있는바,218) 위법수집증거

---

212) Bivens v. Six Unknown Named Agents, 403 U.S. 388(1971).
213) DOJ 보고서(각주 200), at 626-627.
214) Schroeder(각주 211), at 491. 또한 Harvey R. Levin, "An Alternative to the Exclusionary Rule for Fourth Amendment Violations," 58 *Judicature* 75, 79-80(1974).
215) DOJ 보고서(각주 200), at 623.
216) Id. at 621 n. 128.
217) Hans W. Baade, "Illegally Obtained Evidence in Criminal and Civil Cases: A Comparative Study of A Classical Mismatch," 51 *Texas L. Rev.* 1325, 1349(1973).
218) Anthony Amsterdam, "Perspectives on the Fourth Amendment," 58 Minn. L. Rev. 349, 378-379(1974); Thomas Y. Davies, "Craig M. Bradley, The Failure of the

배제법칙의 대안 수립은 '기술적으로는 실현가능'하지만 '정치적으로는 실현불가능'해진 상황인 것이다.[219] 이러한 맥락에서 암스테르담 교수는 '사법적극주의'(judicial activism)는 다른 법관련 기관들이 경찰실무를 규제하는 책임을 자임해 오지 못한 결과로 생긴 불가피한 산물이라고 설파한 바 있다.[220]

이상과 같은 조건들이 '보수파' 대법원으로 하여금 '진보적' 위법수집증거배제법칙을 계속 보유하게끔 만든 것이다. 제안되는 위법수집증거배제법칙의 기능적 대체물의 실효성이 의심스럽고, 또한 입법부 또한 대안 제시에 실패해 온 상황하에서 연방대법원으로서는 여러 문제가 있지만 위법수집증거배제법칙 자체를 폐기할 수는 없었던 것이다. '보수파'의 수장이었던 버거 대법원장은 '의미 있는 대안'이 없는 상황에서 맵 판결을 파기해서는 안 된다고 경고하면서, 다음과 같이 말하였다.

> 윅스 판결과 맵 판결을 파기하는 것은 … 새로운 문제를 야기할 수 있다. 법집행기관 요원들이 경찰에 대한 모든 헌법적 규제가 여하튼 제거되었고, '범죄인'에 대한 수렵기(open season)가 선포되었다는 잘못된 인상을 갑자기 갖게 된다면 이는 공공의 이익에 제대로 기여하지 못할 것임이 분명할 것이다. 나는 위법수집배제법칙을 전면 파기함으로써 그러한 잘못된 인상이 자라나지 않아야 함을 염려하는 것이다.[221]

요컨대, 맵 법칙에 대한 비판은 이 원칙이 억지효과가 있는가에 몰려 있었으나, '보수파' 대법원은 "만약 연방대법원이 맵 판결을 파기한다면 경찰을 어떻게 대응할 것인가?"라는 질문을 던져 보고는, 불만스럽지만 맵 법칙의 유지를 결정한 것이다.[222]

Criminal Procedure Revolution," 46 *J. Legal Educ.* 279, 283(1996)(book review).

219) Donald Dripps, "Akhil Amar on Criminal Procedure and Constitutional Law: "Here I Go Down That Wrong Road Again"," 74 *N. C. L. Rev.* 1559, 1618(1996)(강조는 원문).

220) Amsterdam(각주 218), at 790.

221) Bivens, 403 U.S. at 420-421(Burger, Chief J., dissenting).

222) Lawrence P. Tiffany, "Judicial Attempts to Control the Police," *Current History*

Ⅱ. 미란다 법칙의 안정화

제 3. Ⅱ.에서 버거/렌퀴스트 대법원이 미란다 법칙의 적용요건을 엄격히 해석하고 여러 예외를 창설함으로써 워렌 대법원의 문제의식을 상당히 희석시켰음을 확인하였다. 그리고 미국 사회의 보수화 경향 속에서 1968년 연방의회는 연방 및 워싱턴 D.C. 관할 형사사건에서 미란다 판결 이전의 임의성 기준을 복구시키는 법률을 제정하였으며,223) 각 주에서는 미란다 법칙 위반으로 인한 자백배제를 불허하는 법안이 몇 번 제안되기도 하였다.224)

그런데 버거/렌퀴스트 대법원은 미란다 법칙 자체를 폐기하지는 않았으며, 본안(case-in-chief)에 있어서는 오히려 미란다 법칙을 확고하게 견지하고 강화하였다. 버거 대법원장은 전술한 1980년 아이니스 판결에서, 미란다 법칙에 대한 자신의 입장을 다음과 같이 정리한 바 있다.

> 미란다의 의미는 합리적으로 이해될 수 있을 만큼 명백하며 법집행 관행은 미란다의 제약에 조응해 왔다. 나는 마지막 순간까지 미란다를 폐기하지도 깎아보지도 않을 것이며 또한 확장시키지도 않을 것이다.225)

1981년의 'Edward v. Arizona 판결'226)은 미란다 법칙이 '보수파' 대법원에서도 승리하였음을 보여주는 대표적인 사건이다. 이 판결에서 연방대법원은 미란다 판결에서 불명료하였던 부분, 즉 형사피의자가 묵비권과 변호

52(July 1971).
223) U.C.C. Title 18, Section 3501. 이 법률의 명칭은 '범죄통제와 안전한 거리를 위한 종합법률'(Omnibus Crime Control and Safe Street Act)이다. 이 법률은 후술할 2000년의 'Dickerson v. United States 판결'에서 위헌으로 선언된다(69-70면 참조).
224) 캘리포니아 주의 경우는, Cal. Assembly Constitutional Amendment 31(introduced by Assembyman Goggin, March 5, 1981); California Proposition 8, §3(to be submitted to the voters June 8, 1982)(the 'Gann Initiative') 등이 있다.
225) Innis, 446 U.S. at 304(Burger, Chief J., concurring).
226) 451 U.S. 477(1981).

인참여권을 행사하였을 경우 신문은 언제 다시 시작할 수 있는가 하는 문제를 분명히 정리한다.

이 사건에서 경찰관은 피의자에게 미란다 고지를 행하고 신문에 들어갔는데, 이후 피의자가 변호인접견을 요구하자 경찰관은 신문을 중단하고 피의자를 구치소로 보냈다. 다음 날 아침 두 명의 다음 경찰관이 구치소를 방문하여 변호인이 없는 상태에서 신문을 하려고 신청하고 이에 피의자가 거절하였지만 교도관은 피의자를 경찰관에게 인도하였다. 경찰관은 미란다 권리를 다시 고지하고 신문을 시작하였고, 이 신문과정에서 피의자는 자기부죄의 진술을 하였다.227)

미란다 판결 당시 격렬한 반대의견을 제출했던 화이트 대법관228)에 의해 집필된 판결에서 연방대법원은, 피의자가 변호인접견을 요구한 경우 피의자 스스로가 경찰관과의 대화를 먼저 개시하지 않는 한 경찰관은 신문을 계속할 수 없으며, 그리고 피의자에게 미란다 고지가 있었다 할지라도, 피의자가 경찰관이 개시한 신문에 대응하였다는 사실만으로는 미란다 권리의 포기가 있었다고 볼 수 없다고 판시한다.229) 가장 '보수적'이라고 평가되는 버거 대법원장과 렌퀴스트 대법관도 자신들의 동조의견에서 이 결론에 동의한다.

다음으로 1988년의 'Arizona v. Roberson 판결'230)은 미란다/에드워드 판결을 재확인하면서, 피의자가 미란다 고지를 받고 변호인접견을 요청한 이상 어떠한 범죄에 대해서도 신문이 금지된다고, 즉 경찰관은 다시 한번 미란다 고지를 시행하였다 하더라도 다른 새로운 범죄에 대해서도 신문할 수 없다고 판시한다.231) 그리고 1990년 'Minnick v. Mississippi 판결'232)은 피의자가 미란다 권리를 행사한 이상 그가 이전에 변호인과 접견을 하였다 할지라도 경찰관이 신문을 재개하기 위해서는 신문을 재개할 때 변호인이 참여해야 한다고 판시한다.

---

227) Id. at 479.
228) 전게 각주 116을 보라.
229) Edward, 451 U.S. at 479, 484.
230) 486 U.S. 675(1988).
231) Id. at 687-688.
232) 498 U.S. 146(1990).

이와 같이 '보수파' 대법원에 의해 추가로 확인된 미란다 법칙을 도해화하면 다음과 같다.

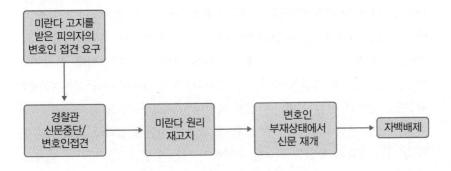

그리고 1992년 'Withrow v. Williams 판결'[233]은 미란다 법칙의 헌법적 의미를 재강조한다. 동 판결은, 미란다 법칙은 — 맵 법칙과는 달리 — "수정헌법 제5조의 자기부죄거부의 특권을 보호함으로써 재판에서의 근본적 권리(fundamental trial right)를 수호"하고 "재판에서 신빙성 없는 진술의 사용을 방지함으로써 유죄의 정확한 확정을 촉진"한다고 재평가하면서,[234] 이 원칙에 헌법적 의미를 다시 부여하였다.

한편 렌퀴스트 대법원장이 집필한 2000년의 'Dickerson v. United States 판결'[235]에 대해서는 각별한 주목이 필요하다. 이 판결에서 7 대 2의 다수의견은 미란다 법칙의 적용을 배제한 1968년 '범죄통제와 안전한 거리를 위한 종합법률'이 위헌임을 선언하여 미란다 법칙의 승리를 확고히 한다.

이 사건에서 FBI는 미란다 경고가 행해지지 않은 상태에서 상기 연방법 위반의 은행강도 피의자로부터 자백을 획득하였는데, 원심법원인 제4

---

233) 507 U.S. 680(1992).

234) Id. at 680.

235) 530 U.S. 428(2000). 이 판결의 의미에 대해서는 Yale Kamisar, "Symposium: Miranda after Dickerson: The Future of Confession Law: Foreword: From Miranda to §3501 to Dickerson to …," 99 *Mich. L. Rev.* 879(2001)를 참조하라.

순회항소법원은 이 자백의 경우는 연방법에 따라 미란다 법칙이 침해되었으나 임의성은 인정되므로 자백을 배제하여서는 안 된다고 판결하였으나, 연방대법원은 원심을 파기하였다. 과거 렌퀴스트 대법원장 자신이 집필한 1974년 터커 판결은 미란다 법칙을 '예방적 법칙'에 불과하다고 보았지만,[236] 이번 판결에서는 미란다 법칙이 주와 연방 법원에 적용되어야 하는 것이고, 주 법원에서는 일관되게 적용되어 왔다는 점을 근거로 하여,[237] 이 원칙이 "헌법적 지침"임을 확인한 것이다.[238] 이리하여 동 판결은 미란다 판결은 "헌법적 판결"이며, "헌법적 버팀대"(constitutional underpinnings)를 가지고 있음을 분명히 하였다.[239] 또한 동 판결은 미란다 법칙에 의해 피의자가 누리는 권리와 동일한 권리를 보장하지 않는 입법으로는 미란다 법칙을 훼손할 수 없다는 점을 분명히 하였다.[240]

한편 2004년 'Missouri v. Seibert 판결'[241]은 미란다 법칙을 우회하려는 경찰의 기법을 금지한다. 이 사건에서 방화치사 혐의로 체포된 피고인에 대하여 경찰관은 상부의 지시에 따라 미란다 고지를 하지 않고 신문을 하여 자백을 받았고, 자백을 받은 후 미란다 고지를 하고 또한 피고인으로부터 권리 포기를 받은 후 다시 자백을 받았다. 6 대 4의 다수의견은 두 번째 자백을 위법하게 수집한 첫 번째 자백으로부터 도출된 '독수과실'로 보고 증거능력을 배제한다.

이상의 일련의 판결을 통해 볼 때, 버거/렌퀴스트 대법원은 "워렌 대법원 형사법학의 과도함의 상징"[242]으로 인식되었던 미란다 법칙을 재활성화

---

236) Tucker, 417 U.S. at 439, 444-446.
237) Dickerson, 530 U.S. at 438.
238) Id. at 444. 동 법원은 미란다 법칙이 "법집행기관과 법원이 따라야 할 구체적인 헌법적 지침(constitutional guidelines)"(Miranda, 384 U.S. at 442)이라는 미란다 판결의 문언을 인용하고 있다(Id. at 439).
239) Id. at 446.
240) Id. at 442-444.
241) 542 U.S. 600(2004).
242) Irene Merger Rosenberg, "Withdrow v. Williams: Reconstutionalizing Miranda," 30 *Hous. L. Rev.* 1685, 1692(1993).

시켰음을 알 수 있다. 이제 남은 질문은 왜 '보수파' 연방대법원이 '진보적' 미란다 법칙과 동거를 결정하였는가이다.

먼저 제 1. Ⅱ. 3.에서 언급하였듯이 미란다 법칙의 권리포기 조항이 시사하듯이, 원래부터 미란다 판결은 자백의 사용 자체를 금지하려 한 것은 결코 아니며, 필리 교수의 지적처럼 "자백의 **정당한 사용을 보호하는** 판결"이었다.[243] 즉 법집행기관이 미란다 법칙을 준수하기만 하면 신문의 강제적 압력은 사라지는 것으로 간주되므로, 이러한 맥락에서 — 렌퀴스트 대법관의 말을 빌리자면 — "귀중한 증거가 상실될지도 모르는 위험 없이 신문을 진행할 수 있도록 **경찰관을 도와주는**"[244] 기능도 갖고 있는 것이다.

그리고 제 3. Ⅱ.에서 검토한 것처럼, 미란다 법칙을 '얼리고'(chilling) '속을 비우는'(hollowing)[245] 버거/렌퀴스트 대법원의 정책으로 인하여 미란다 법칙의 힘이 상당히 빠져 있었다는 점도 상기할 필요가 있다. 또한 연방대법원으로는 임의성 기준으로의 복귀가 초래할 상당한 양의 시간소비를 염려하였을 것이고,[246] 예상과는 달리 미란다 법칙이 법집행의 효율성을 심각하게 저해하지 않는다는 다수의 실증조사의 결과[247]도 고려되었을 것이다.

둘째, 법집행기관 측이 피의자가 미란다 권리를 포기하게끔 하는 여러 전략을 개발함으로써 미란다 법칙에 성공적으로 적응해 왔다는 점도 고려된 것으로 보인다. 레오 교수의 연구에 따르면, 미란다 권리 포기를 명시적으로

---

243) Malcom M. Feeley, "Hollow Hope, Flypaper, and Metaphors," *Law and Social Inquiry* 755(1993)(강조는 인용자). 여기서 '친(親)범죄인'이라고 종종 낙인찍혔던 워렌 대법원장의 전력이 공설변호사(public defender)가 아니라, 캘리포니아 주검사, 검찰총장, 주지사였으며, 부패와의 투쟁, 정력적인 법집행으로 명성이 높았음을 상기하는 것도 흥미로운 일일 것이다[David J. Bodenhamer, "Reversing the Revolution: Rights of the Accused in a Conservative Age," *The Bill of Rights in Modern America After 200 Years* 106(David J. Bodenhamer & James W. Ely, Jr. ed., 1993)을 참조하라].

244) Tucker, U. S. at 443(강조는 인용자).

245) Irene Merker Rosenberg & Yale L Rosenberg, "A Modest Proposal for the Abolition of Custodial Confessions," 68 *N. C. L. Rev.* 69, 81-82(1989).

246) Saltzburg & Capra(각주 35), at 524.

247) 전게 각주 122에 열거된 논문을 참조하라.

요청하지 않으면서도 이를 용이하게 하는 조건을 형성하는 '조건화'(conditioning), 미란다 고지를 이를 은폐하는 다른 대화와 혼합하여 시행하거나, 명시적으로 미란다 권리는 형식적인 것에 불과하다고 환기하는 '탈강조화'(de-emphasizing), 그리고 교묘한 방법으로 피의자에게 미란다 권리를 포기하라고 시도하는 '설득'(persuasion) 등의 전략이 개발·사용되고 있다.248) 그리하여 레오 교수는 미란다 고지가 현실에 있어서는 '담배포장에 적혀 있는 건강유의경고' 마냥 형식적인 것이 되고 있음을 날카롭게 지적하였다.249)

　　이러한 상황에서 연방대법원은 미란다 법칙의 폐지가 초래할 수 있는 '상징적 효과'를 진지하게 고민하지 않을 수 없었을 것이다. 여러 찬반양론에도 불구하고 미란다 법칙은 미국 사회에서 하나의 제도(institution)로 확고히 자리잡은 상태이며, 대부분의 일반 대중들 또한 그 권리를 숙지하고 있는 상태이다. 오코너 대법관의 말을 빌리면, "미란다는 이제 법이다."250)

　　요컨대, "미란다 법칙의 보유가 [미국] 형사사법이 경찰관이 피의자로부터 자백을 받기 위하여 … '매우 현저한 압력'을 행사하는 것이 허용되었던 시절로부터 벗어나왔던 방향을 법원이 승인하는 것을 상징하는 것에 반하여, … 미란다 판결의 파기는 경찰신문에 대한 제약이 대부분 포기되었다는 메시지를 전달할 것"251)이고, 또한 "법집행역사의 아주 유쾌하지만은 않았던 초기 시대로의 복귀를 조장하는 신호"252)를 보낼 수 있음을 연방대법원도 경각심을 갖고 유념하게 된 것이다.

---

248) Leo(각주 121), at 661-665.
249) Id. at 659. 여기서 왜 전국 경찰, 검찰단체가 법무부장관 미즈의 미란다 판결 파기요청에 합류하지 않았던가를 엿볼 수 있다(Id. at 666).
250) Quarles, 467 U.S. 660(1984)(O'Connor, J., concurring in part & dissenting in part).
251) Welsh S. White, "Defending Miranda: A Reply to Professor Caplan," 39 *Vand. L. Rev.* 1, 21-22(1986).
252) Rosenberg(각주 242), at 1694.

Ⅲ. 매사이아 법칙의 복귀

제 1. Ⅱ. 2.에서 언급하였듯이 매사이아 법칙은 뒤이은 미란다 판결에 가려 상당 기간 동면상태에 들어갔다가, 1977년의 'Brewer v. Williams 판결253)을 계기로 활성화된다.

이 사건은 세칭 '기독교식 매장요망 발언'(Christian burial speech) 사건으로 불리는데, 이 사건에서 정신병력을 갖고 있고 강하게 종교에 경도되어 있었던 피고인이 10세 소녀 살인과 관련하여 자수하자, 경찰관은 미란다 고지를 시행하였다. 피고인의 변호인이 신문장소에 도착하여 자신과 접견하기 전까지는 신문하지 말 것을 요청하였으나, 경찰관은 호송차 안에서 피고인에게 죽은 소녀에게 '좋은 성탄절 매장'을 해 줄 수 있도록 사체를 발견해야 한다고 호소하였고, 이에 피고인은 자기부죄의 발언을 하였다.

5 대 4의 다수의견은 미란다 법칙 권리에 대한 피고인의 유효한 포기가 없었다는 점을 지적하면서도, 미란다 법칙이 아니라 매사이아 법칙의 위반이 있다는 점을 강조하면서 피고인에 대한 새로운 재판을 명하였다. 10여 년의 침묵을 깨고 매사이아 법칙이 전면에 등장하는 순간이었다. 특히 동 법원은 공식기소 이전단계라 하더라도 사법절차가 개시되었다면, 예를 들어 치안판사에 의한 피의자 심문이 있다거나 ─ '예비심문절차'(preliminary hearing) ─ 법원이 피의자의 유죄인정 여부를 질문하는 시기이면 ─ '유죄인부절차'(arraignment) ─ 매사이아 법칙이 적용됨을 재확인하였다.254)

이어 1980년의 'United States v. Henry 판결'255)에서 버거 대법원장이 집필한 다수의견은, 구치소에 심어져 있던 수사기관의 비밀정보원이 구치소에 감금되어 있던 피고인과 나눈 대화를 증거로 사용하는 것은 수정헌법 제 6 조 위반이라고 판시하였고, 1985년의 'Maine v. Moulton 판결'256)은

---

253) 430 U.S. 387(1977). 이 사건에 대해서는 Phillip E. Johnson, "The Return of the Christian Burial Speech Case," 32 *Emory L. J.* 349(1983)을 참조하라.
254) Id. at 398 [Kirby v. Illinois, 406 U.S. 682, 689(1972)를 인용하면서].
255) 447 U.S. 264(1980).
256) 474 U.S. 159(1985).

헨리 판결의 결론을 구치소 바깥에까지 확대시켰다. 그리고 1986년의 'Kimmelman v. Morrison 판결'257)은 수정헌법 제 6 조의 변호인의 조력을 받을 권리는 맵 법칙과는 달리 — 형사절차의 공정성과 정당성을 보장하는 '재판에서의 근본적 권리'(fundamental trial right)임을 재강조하였다.

한편 1986년의 'Michigan v. Jackson 판결'258)에서 살인 혐의로 기소된 피고인은 살인죄에 대한 유죄인정 여부를 질문 받을 당시 변호인접견을 요청하였는데, 경찰관은 변호인이 피고인을 접견하기 전에 피고인에게 미란다 고지를 행하고 신문을 개시하여 자백을 획득하였다. 연방대법원은 6 대 3의 다수의견으로 이 경우 피고인이 변호인의 조력을 받을 권리를 포기한 것으로 볼 수 없다고 판시하여 자백을 배제하였다.259) 요컨대 변호인의 조력을 받을 권리의 행사요구가 있었다면 피고인가 대화를 먼저 개시하지 않는 한 수사기관은 더 이상 신문할 수 없다는 것으로, 잭슨 판결은 Ⅱ.에서 상술한 1981년 에드워드 판결의 논리를 매사이아 법칙에 원용하여 매사이아 법칙을 강화한 것이다.

그런데 2009년 'Montejo v. Louisiana 판결'260)에서 연방대법원은 5 대 4의 다수의견으로 1986년 잭슨 판결을 파기한다. 이 사건에서 살인죄로 기소된 피고인은 예비신문절차에서 판사가 변호인을 선정해주었으나, 피고인 자신은 변호인의 조력을 받을 권리를 요구하지도 거부하지도 않았다. 이후 경찰관이 찾아와 미란다 고지를 한 후 피고인은 경찰관과 함께 살해도구가 놓인 현장을 동행하였는데, 그 과정에서 피고인은 피해자의 부인에게 용서를 구하기 위하여 범죄를 인정하는 편지를 작성하였다. 연방대법원은 잭슨 판결의 경우와 달리 피고인이 변호인의 조력을 받을 권리를 전혀 요청하지 않는 경우에는 경찰신문이 전개될 수 있다고 보았다. (그렇지만 몬테호 판결에도 불구하고, 공식기소 이전단계에서 피의자가 수정헌법 제 6 조의 변

---

257) 477 U.S. 365(1986).
258) 475 U.S. 625(1986).
259) Id. at 636.
260) 556 U.S. 778(2009).

호인의 조력을 받을 권리를 행사하면 경찰신문은 중단되어야 함은 변함이 없다.)261)

[보 론] 2001년 '애국자법'(the USA PATRIOT Act)262)

2001년 '9. 11 테러'는 탈냉전 이후의 국제 질서를 뒤흔들어 놓았고, 전 세계는 미국의 주도 아래 '신(新)십자군전쟁' 속으로 휘말려 들어갔다. 그런데 미국 '9. 11 테러'는 기존의 미국 압수·수색 및 전기통신감청의 법리를 중대하게 수정하는 법률을 탄생시켰는데, 이것이 바로 '애국자법'이다.

먼저 '애국자법'은 테러관련 범죄에 관한 정보수집과 수사에 있어서 정보기관과 수사기관의 권한을 대폭 강화하는 한편, 수정헌법 제4조의 영장주의의 원칙을 약화시키는 내용을 담고 있다. 그 내용을 간략히 살펴보면 다음과 같다.

(1) 동법 제215조는 외국 테러세력에 대한 수사를 위한 압수·수색영장 발부에 있어 대상물의 범죄관련성이 구체적 사실로 제시될 것을 요구한 1978년 '국외정보감시법'(Foreign Intelligence Surveillance Act: FISA)을 개정하여, 국제테러리즘이나 비밀정보활동을 방지하기 위한 수사를 위해 필요하다는 FBI의 서면확인서만 있으면, '어떠한 유체물'(any tangible things)에 대해서도 압수·수색영장이 발부될 수 있도록 하였다.263)

(2) 동법 제218조는 FISA에 따른 영장을 수사기관이 받기 위해서는, 정보수집이 통신감청이나 압수·수색의 '중요한'(significant) 목적이라는 점을 입증하기만 하면 족하다고 규정하여,264) 수정헌법 제4조가 요구하는 '상당한 이유' 요건을 완화하였다.

---

261) 그리고 몬테호 판결은 수정헌법 제5조에 기초한 에드워드 판결(각주 226 참조)을 파기한 것은 아니다. 따라서 피의자가 구금상태에서 신문을 받을 경우에는 변호인접견을 요청한 이상 신문이 금지된다.
262) 이는 'Uniting and Strengthening America by Providing Appropriate Tools Required to Intercept and Obstruct Terrorism Act of 2001'의 약칭이다.
263) Id. §215.
264) Id. §218. 이전에는 정보수집이 감시의 '유일한 또는 주요한'(sole or main) 목적인 경우에만 허용되었다.

(3) 동법 제219조는 국내외 테러범죄 수사시에는 연방치안판사가 자신의 관할 지역의 경계를 넘은 지역에 있는 사람이나 재산에 대해서도 수색영장을 발부할 수 있도록 하였고,[265] 동법 제220조는 인터넷이나 전자우편 등 전자정보증거의 수집을 위해서 전국적 효력을 갖는 수색영장이 발부될 수 있도록 규정하였다.[266]

(4) 동법 제206조는 FISA를 개정하여 '원격감청'(roving wiretaps)의 허용 범위를 확장하였다.[267] 이는 감청영장을 발부하는 판사의 지리적 관할을 넘어서 대상자가 가는 곳이면 어디나 감청을 허용하고, 대상자의 공범으로 의심되는 자에 대해서도 일정한 조건하에 감청을 허용하는 것인바, 수정헌법 제4조가 요구하는 영장의 '특정성' 요건을 사실 폐기한 것이다. 제206조는 테러관련 범죄 이외의 일반범죄 수사에도 적용되며, 다른 조항과는 달리 2005년에 효력이 정지되지 않는다.

(5) 동법 제217조는 수사기관이 인터넷 통신에 접근할 수 있는 권한을 확대시켰다.[268] 특히 동법은 전화통화기록을 확인할 수 있는 '펜 레지스터'(pen register)나 발착신번호 추적기(trap and trace device)의 범위를 확대한다. 이러한 장치들은 통신의 '내용'이 아니라 통화 '기록'을 드러내는 것일 뿐이라는 이유로 법원은 이 장치의 사용을 쉽게 허가해왔는데, '애국자법'은 인터넷 통신을 위한 다이얼링(dialing), 루팅(routing), 시그널링(signaling) 등의 기록파악을 이상의 장치사용과 동일시한 것이다.

(6) 동법 제213조는 전기통신 감청영장이나 물적 증거에 대한 압수·수색영장의 집행 후 즉각적인 통지를 요구하는 기존의 규칙을 수정하여, 영장집행의 통지가 범인의 도주, 증거인멸, 증인위협, 기타 수사에 대한 심각한 위험이나 부당한 재판지연 등 '역효과'(adverse effect)를 가져올 것이라는 합리적 이유(reasonable cause)가 있는 경우에는 연방법원이 이 통지를 연기

---

265) Id. §219.
266) Id. §220.
267) Id. §206.
268) Id. §216.

할 수 있도록 하였다.[269] 요컨대, 제213조는 이른바 '비밀잠입수색'(sneak-and-peek search)을 허용한 것인데, 이는 테러관련 범죄 이외의 일반 범죄 수사에도 적용되며, 동법 제206조처럼 2005년 이후에도 효력이 정지되지 않는다.

이상의 점 외에도 '애국자법'은 테러 혐의가 있는 외국인의 경우 법무부장관의 결정만으로 구금할 수 있도록 규정하였고,[270] 법무부장관이 비이민 외국학생 및 교환학생에 대한 정보수집 프로그램을 운영할 수 있도록 규정하였다.[271]

이상과 같은 '애국자법'의 내용을 볼 때, 동법이 '테러와의 전쟁'이라는 이름 아래 실제로는 '시민적 자유를 하이재킹'하였다는 비판이 나오는 것은 자연스러운 일이다.[272] 이 법률 제정 전후로 아랍계 미국시민 또는 아랍계 외국인에 대한 수사기관의 인권침해는 급증하고 있다. 과거 일본의 진주만 폭격 이후 일본계 미국인들에 대하여 미국 정부가 행하였던 인권침해가 반복되고 있는 것이다. 그리고 테러혐의자에 대한 감시를 명복으로 한 시민 일반에 대한 사생활 침해도 급증하고 있다. 요컨대, 국가안보 강화의 필요성, 효과적인 대테러 대책의 필요성이 과도하게 강조되어 헌법적 기본권이 위협받는 상황이 전개되고 있는 것이다.

제정 당시 '애국자법'의 다수 조항은 2005년 말에 효력을 다하도록 규정되어 있었지만, 미국 사회에서 "테러와의 전쟁" 분위기가 계속되면서 2005년 이후에도 조항별로 효력 연장이 이루어지고 있다. 만에 하나 '애국자법'의 대상이 테러범죄의 범위를 벗어나 범죄 일반으로 확대되어 버린다면, 전 세계 각국의 형사절차 개혁에 있어 북두성 같은 역할을 하였던 미국 '형사절차혁명'의 정신은 완전히 그 빛을 잃고 말 것이다.

---

269) Id. §213.
270) Id. §412.
271) Id. §416.
272) Jennifer C. Evans, "Hijacking Civil Liberties: The USA PATRIOT Act of 2001," 33 *Loy. U. Chi. L. J.* 933(2002).

제 5. 결

미국의 자동적·의무적 위법수집증거배제법칙은 이에 대해 퍼부어진 격렬한 비판의 십자포화, 미국 사회의 보수화 및 보수파 연방대법원의 출현 등에도 불구하고 그 골간을 유지하여 살아남았다. 미국 사회에서 경찰의 위법활동이 입법적 또는 행정적 차원에서 효과적으로 규제될 수 있었더라면 애초에 워렌 연방대법원이 자동적·의무적 증거배제라는 강경한 법칙을 만들 필요도 없었고, 또 이후 버거/렌퀴스트 연방대법원이 이 법칙을 유지하지도 않았을 것이다.

생각건대, '형사절차혁명'을 추진했던 '진보파' 연방대법원의 선명한 문제의식은 물론, '진보적' 위법수집증거배제법칙을 비판하면서도 이 법칙의 유지를 결정한 '보수파' 연방대법원의 고민은 우리 형사절차 현실에 많은 함의를 던져주고 있다. 그리고 2001년 '9. 11 테러' 이후 제정된 '애국자법'은 '테러와의 전쟁'이라는 명분으로 '형사절차혁명'의 골간이 흔들릴 수 있음을 보여준다.

위법수집증거배제법칙의 실제적 효과에 대해 비판적인 입장을 취하였던 오크 교수의 다음과 같은 말은, 이 법칙이 놓여 있는 문제상황과 그 기능을 간결하게 요약하고 있다.

> 위법수집증거배제법칙은 이를 대체하여 당 법칙의 핵심적 두 가지 기능을 수행하는 그 무엇인가가 생겨나기까지는 폐지되어서는 안 된다. 헌법상의 권리가 종교적 언명 이상의 것이어야 한다면, 그 침해에 대하여 몇 가지 측정가능한 결과가 결부되어야 한다. … 마찬가지로 법원이 헌법상의 권리 침해를 심사하고 그 권리의 의미를 분명히 할 수 있는 구체적인 절차를 구비하고 있어야 함은 필수적이다. 위법수집증거배제법칙의 이점은 — 직접적인 억지효의 문제와는 전적으로 별도로 — 그것이 사법심사(judicial review)를 위한 계기를 제공한다는 것, 그리고 헌법적 보장에 대하여 신뢰성을 주게 된다는 점이다.[273]

---

273) Oaks(각주 13), at 756(강조는 인용자).

제3장

영국의 재량적
위법수집증거배제법칙

제 1. 코몬 로상의 위법수집증거배제법칙

I. 위법수집비진술(非陳述)증거 — '신빙성 기준'에 따른 불배제

위법하게 수집된 비진술증거에 대하여 영국[1] 코몬 로는 주로 '신빙성 기준'(reliability test)에 기초하여 배제 여부를 판단하였다. '신빙성 기준'의 요체는 "유관하고 신빙성 있는 증거는 그 유래를 불문하고 증거로 사용될 수 있다"는 것이다.[2] 1861년 'R. v. Leatham 판결'[3]에서 크롬톤(Crompton) 판사의 말은 유명하다: "당신이 증거를 어떻게 획득했는가는 문제가 아니다. 설사 당신이 증거를 훔쳤다 하더라도 그것은 증거로 사용될 수 있다."[4] 판사가 위법하게 수집한 비진술증거를 배제할 수 있는 재량이 있음은 인정되었으나, 그 재량은 거의 행사되지 않았다.[5]

---

1) '연합왕국'(United Kingdom)의 구성단위 중 잉글랜드와 웨일즈는 동일한 관할권 하에 있는 반면, 스코틀랜드와 얼스터는 별도의 관할권하에 있다. 편의상 이 글에서 '영국'은 잉글랜드와 웨일즈 양자를 포괄하는 개념으로 사용한다.
2) Adrian A.S. Zuckerman, *The Principles of Criminal Evidence* 343(1989).
3) (1861) 8 Cox C.C. 498.
4) Id. at 501.
5) David Feldman, *The Law Relating to Entry, Search and Seizure* 419(1986).

코몬 로하에서 위법수집비진술증거의 배제와 관련한 첫 번째 지도적 판결은 1955년 'Kuruma, Son of Kaniu v. The Queen 판결'6)이다. 이 사건은 케냐인의 불법무기소지에 대한 판결인데, 피고인이 소지하고 있는 무기는 수색권한이 부여된 경찰관보다 하급의 경찰관이 수색하여 발견한 것이었다. 판결을 쓴 고다드 대법관(Lord Goddard C. J.)은 피고인의 유죄평결을 지지하면서 다음과 같이 말하였다.

증거능력 인정 여부를 판단하는 데 적용되어야 할 기준은 그 증거가 당해 사안과 유관한가(relevant) 여부이다. 증거가 당해 사안과 유관하다면, 그것은 증거로 사용될 수 있으며 법원은 그 증거가 어떻게 획득되었는가에 대해서는 관심이 없다. … 증거허용에 대한 엄격한 규칙이 피고인에 대하여 불공정하게 작동하였다면 판사는 형사사건에서 항상 증거사용을 불허할 수 있는 재량을 의심할 바 없이 갖는다. … 예를 들어 어떠한 증거, 예를 들어 서류의 증거사용 허용이 피고인을 기망함으로써 획득되었다면, 판사는 그 증거를 당연히 배제할 수 있다.7)

요컨대 법원은 증거배제의 핵심기준은 '신빙성'이며, 불법한 증거수집 그 자체만으로는 피고인에게 불공정한 것이 아니라고 판시한 것이다. 당시 판사가 위법수집증거의 배제를 위해 재량을 사용할 수 있는 경우는 기망, 위협, 유혹 등의 경우에 제한되어 있었다.

예컨대, 1963년의 'R v. Payne 판결'8)에서 항소법원은, 경찰관이 음주운전으로 체포된 피고인에게 의학적 검사를 요청하면서 그 검사의 용도에 대해서 거짓말을 한 사건에서, 그 검사결과는 기망에 의해 획득된 것으로 공정한 재판에 반하므로 배제되어야 한다고 판시하였다. 그리고 1978년 'Jeffery v. Black 판결'에서 경찰관이 술집에서 샌드위치를 훔친 혐의로 체포된 피고인의 집을 수색하여 마약을 압수한 사건을 다루었다. 여기서

---

6) [1955] A.C. 197.
7) Id. at 203-204.
8) [1963] 1 All. E.R. 848.

위저리 대법원장(Lord Chief Justice Widgery)은 이 사건에서 대법관들은 "검사가 제출한 증거를 채택하는 것이 불공정(unfair)하거나 억압적(oppressive)이라고 생각할 경우 증거를 배제할 수 있는 일반적 재량을 갖는다."라고 하면서도, 이러한 재량은 "사안이 예외적인 경우, 즉, 경찰관이 권한 없이 집에 들어갔을 뿐 아니라, 속임수를 썼거나, 타인을 호도하였거나, 억압적이거나, 불공정하거나, 또는 도덕적으로 비난받을 방식으로 행동한 경우" 행사될 수 있다고 설시하였다.9)

게다가 1980년 'R. v. Sang 판결'10)에서 최고법원(House of Lords)11)은 '공정성 기준'(fairness test)에 대하여 보다 구체적인 지침을 내리면서, 공정성을 근거로 하는 판사의 증거배제의 재량을 엄격하게 제한하였다.

이 판결의 쟁점은 피고인을 위조수표 제작을 범하도록 이끈 함정수사를 통하여 획득한 증거를 배제할 재량이 판사에게 있는가였는데, 법원은 (i) 판사는 피고인에 대한 불공정성을 회피하기 위해서만 자신의 재량을 행사할 수 있다.12) (ii) 판사의 재량은 증거의 가치와 증거사용시 피고인에게 끼칠 불공정하고 편향적인 효과를 형량하여 행사된다.13) (iii) 오직 '범행 후 피고인으로부터 획득한 증거'만이 배제될 수 있다.14) (iv) 판사는 증거가 부적정 또는 불공정하게 획득하였다는 이유만으로는 증거를 배제할 재량은 없다라고 판시한다.15) 이 판결에서 디프록 대법관(Lord Diplock)의 다음과 같은 설시가 유명하다.

재판에서 사용되는 증거가 획득된 방식에 대하여 판사가 경찰 또는 검찰에 대하여 재량적인 통제권(disciplinary power)을 행사하는 것은 판사의 기능이

---

9) [1978] 1 Q.B. 490, DC.
10) [1979] 3 W.L.R. 263.
11) 영국의 'House of Lords'는 상원이면서 동시에 최고법원의 기능을 하는바, 여기서는 후자로 번역하기로 한다.
12) Id. at 271, 274, 279, 284, 288, 290.
13) Id. at 279, 281, 286.
14) Id. at 272.
15) Id.

아니다. 증거가 위법하게 수집되었다면 민사배상이 있을 것이고, 증거가 합법적으로 수집되었으나 경찰관의 행위규칙을 위배하여 수집되었다면, 판사가 염려해야 할 사안은 소추측에 의해 제시된 증거가 어떻게 획득되었는가가 아니라 증거가 재판에서 소추측에 의해 어떻게 사용되는가이다.[16]

요컨대, 코몬 로에서 비진술증거에 대한 증거배제는 판사의 재량에 달려 있었고 법원은 신빙성 기준과 공정성 기준을 사용하고 있었으나, 실제 법원은 신빙성 기준에 거의 전적으로 의존하면서 위법수집증거배제에 매우 인색한 입장을 견지하였다.

II. 위법수집자백—'임의성 기준'에 의한 정력적 배제

코몬 로하에서 자백배제의 기준은 '임의성 기준'(voluntariness test)이었다. 이 기준은 1783년 'The King v. Warickshall 판결'[17])에서 최초로 정립되었다. 이 사건에서 절도방조 및 장물취득 혐의로 기소된 피고인이 편의제공의 약속 때문에 자백을 하였으므로 자백을 배제해 줄 것을 요청하였는데, 법원은 피고인의 주장을 인용하지 않는다. 동 법원은 임의성 기준을 제시하는데, 이 때 자백의 임의성은 자백의 '신뢰성'(credit)과 결합되어 이해되고 있었다.[18] 즉 고문 등에 의한 자백은 신뢰성이 없으므로 배제되어야 한다는 논리였다.

그러나 이후 영국 법원은 신뢰성 기준, 즉 신빙성 기준에 대해서는 거의 문제를 삼지 않고, 자백획득이 위협 또는 약속에 의해서 이루어졌는가에만 초점을 맞추었다.[19] 특히 법원은 아주 경미한 정도의 위협이나 약속에 의해 획득한 자백도 배제하는 등 자백배제에서 매우 엄격한 태도를 취하였

---

16) Id.
17) (1783) 1 Leach C.C. 263.
18) Id. at 264.
19) Mark Berger, "Legislating Confession Law in Great Britain: a Statutory Approach to Police Interrogation," 24 *U. Mich. J. L. R.* 1, 11(1990).

다. 예를 들어 1852년 'R. v. Moore 판결'20)은 다음과 같이 말하였다.

국가기관에서 복무하는 자에 의하여 실제적으로 또는 추정적으로 (constructively) 위협이나 유혹이 있었다면, 그 정도가 아무리 근소하다 할지라도 그 자백은 증거로 사용될 수 없다.21)

이러한 법원의 입장에 따라 코몬 로에서 임의성 기준은 강력한 힘을 가지고 있었고, 이러한 경향은 1914년의 유명한 지도적 판결인 'Ibrahim v. The King 판결'22)에서 재확인된다. 이 사건에서 인도 군대의 사병이었던 피고인은 상급 장교가 총으로 살해된 직후 체포되었는데, 지휘장교가 피고인에게 왜 그렇게 무분별한 행동을 하였느냐고 묻자 피고인은 자백하였다. 여기서 섬너 대법관(Lord Sumner)은 자백에 임의성이 있다는 것은 그 자백이 "국가기관에 복무하는 자가 행사하거나 제공하는 편견의 공포(fear of prejudice)나 이득의 희망(hope of advantage)에 의해 획득되지 않았다"23)는 것을 의미한다고 설시하였는데, 이 점이 이후 코몬 로상 임의성 기준의 핵심을 이루게 된다.

이후 법원은 이러한 기준을 적용하여, 피고인이 자신이 범한 별도의 범죄가 별도의 재판이 아니라 현재의 재판에서 병합하여 같이 다루어질 수 있는가 여부를 경찰관에게 문의하고 경찰관이 이를 수락한 경우,24) 피고인이 자신이 자백하면 보석이 가능한지를 경찰관에게 문의하고 경찰관이 이를 긍정하자 자백한 경우25) 등의 사건에서 당해 자백을 배제하였다.

한편 1964년의 'Callis v. Gunn 판결'26)은 이브라힘 판결의 정식화에다 '억압성'(oppression)을 새로운 요건으로 추가한다. 즉 강제에 의한 억압적

---

20) (1852) 2 den. 522.
21) Id. at 525(강조는 인용자).
22) [1914] A.C. 599.
23) Id. at 609.
24) Northam(1967) 52 Cr. App. R. 97.
25) Zaveckas(1969) 53 Cr. App. R. 202.
26) [1964] 1 Q.B. 495.

방식이나 피고인의 희망에 반하여 획득한 자백은 배제되어야 한다는 것이다.27) 이 요건은 이후 항소심 법원에서 인용되면서,28) 이후 임의성 기준은 이브라힘 판결과 칼리스 판결에서 제시된 두 기준을 그 내용으로 하게 된다.

III. 명목화된 진술거부권과 변호인접견권

1906년 최초로 만들어진 후 계속 보완되어 온 '판사규칙'(the Judges' Rules)29)은 형사피의자·피고인에게 진술거부권, 법적 조언을 받을 권리(the right to access to legal advice) 및 이러한 권리를 고지받을 권리를 명시하고 있었다. 그리고 동 규칙은 체포 이외의 경우에는 시민을 그의 의사에 반하여 경찰서로 출두하도록 강제하거나 또는 경찰서 안에 머물러 있도록 강제할 수 없도록 규정하였다.30) 한편 동 규칙은 수사과정에 있는 모든 피의자는 변호인과 접견할 권리를 가지며, 이 권리는 피의자가 구금되어 있는 경우도 "수사 또는 사법행정의 과정에서 불합리적인 지연이나 방해가 야기되는 않는다면" 마찬가지로 보장된다고 규정하였다.31) 그리고 판사규칙은 미란다 고지와 유사한 내용의 경고를 경찰관이 피의자 신문 전에 행하도록 규정하고 있었다.32)

그러나 이상과 같은 내용의 판사규칙은 법률이 아니라 경찰관에 대한 단순한 행정지침이었다. 그리고 판사규칙 위반 그 자체만으로 증거가 배제되는 것도 아니었다. 또한 변호인접견권도 절대적으로 보장되는 것으로 파악되지 않았고, '불합리적인 지연이나 방해'가 없을 것이라는 단서가 붙어 있었다.

---

27) Id. at 501, 608.
28) R. v. Prager, [1972] 1 All. E.R. 1114; R. v. Hudson, [1981] 72 Cr. App. R. 163.
29) Home Office Circular No. 89/1978, Judges' Rule and Administrative Directions to the Police, reprinted in Royal Commission on Criminal Procedure, *The Investigation and Prosecution Offenses in England and Wales: The Law and Practice,* 1981, Cmnd. No. 8092-1.
30) Id. at 153-154.
31) Id.
32) Id. at 154.

제 2. 영국 형사절차의 전면적 혁신 ― 1984년 '경찰 및 형사 증거법' 및 '실무규정'을 중심으로 ―

이상에서 보았던 것처럼 코몬 로하에서 위법수집증거배제법칙은 위법 수집자백의 경우를 제외하고는 매우 제한적인 역할을 하고 있었으나, 1984 년 '경찰 및 형사증거법'(Police and Criminal Evidence Act of 1984, 이하 PACE로 약칭) 및 그 부속규정인 여러 '실무규정'(Codes of Practice)이 제정됨으로써 이 법칙도 전면적 변화를 겪게 된다. 현행 영국 위법수집증거배제법칙의 내용을 알기 위해서는 PACE와 실무규정에 대한 이해가 필수적이다.[33]

PACE와 실무규정이 제정되기 전 영국 내의 보수와 진보진영은 코몬 로 형사절차의 혁신을 담을 법률제정을 둘러싸고 자신에게 유리한 입법을 성취하기 위하여 격돌하였다.

범죄율의 증가와 직업적 범죄인의 등장을 주목하는 '법과 질서'를 강조 하는 보수 진영은 전통적 당사자주의가 진실발견이라는 목표를 방해하고 재판을 '크리켓 게임'으로 만들어 버림으로써 효과적 범죄통제를 성취하는 데 방해가 되고 있다고 비판하였다. 이 진영은 당사자주의 개념은 재판 이전 단계에는 정당한 역할을 가질 수 없고, 위법수집증거배제법칙은 최소한으로 적용되어야 한다고 주장하였다.[34] 반면 시민적 자유를 강조하는 진보진영 은 '정의의 유산'(miscarriage of justice)[35]과 경찰부패가 증가하고 있음에 주목

---

33) PACE와 '실무규정'에 대한 개략서로는 Michael Zander, *The Police and Criminal Evidence Act 1984*(2nd ed., 1990)를 참조하라.

34) Robert S. Gerstein, "The Self-incrimination Debate in Great Britain," 27 *Am. J. Comp. L.* 81, 98, 102(1979).

35) Joshua Rozenburg, "Miscarriage of Justice," *Criminal Justice under Stress*(Eric Stockdale & Silvia Casale eds., 1992); Clive Walker, "Introduction," *Justice in Error* 6-13(Clive Walker & Keir Starmer eds., 1993). 특히 아이리쉬 테러공격과 관련한 다수의 유죄판결이 오도된 자백, 경찰관의 증거조작 등에 기인한 오심이었음이 이후 판명되었는데, 이 중 세칭 '길포드의 사인조(四人組)'(The Guilford Four) 사건은 1994년에 '아버지의 이름으로'(In the Name of Father)라는 영화로 극화된다.

하면서, 형사절차의 목적은 효과적 범죄통제가 아니라 권력남용의 방지와 개인의 자유보호라고 강조한다. 이 진영은 재판의 목적은 소추 측이 특정인에 대하여 특정한 주장을 입증할 수 있는가의 여부를 판단하는 것이며,[36] 당사자주의 개념은 형사절차 전(全) 단계에 걸쳐 실현되어야 한다고 주장하였다.[37] 그리고 이들은 위법행위를 한 경찰관에 대한 민·형사소송이 효과가 없음을 주목하면서 위법수집증거배제야말로 경찰관의 위법행위에 대한 유일한 억지수단임을 강조하였다.[38]

"경찰의 힘과 시민의 권리 사이에 지렛점(fulcrum)"[39]을 발견하는 것은 어느 때든 어려운 일임에 틀림없다. PACE는 범죄통제와 적정절차 가치 간의 타협이었으며, 따라서 시민·자유주의 진영과 법집행기관 양측 어느 쪽도 만족시킬 수 없었다. 전자 측으로부터는 경찰권의 확장에 대하여, 그리고 후자 측으로부터는 경찰권의 제한에 대하여 상충되는 불평을 들어야만 한 것이다.[40]

이하에서는 PACE와 '실무규정'의 내용을 중심으로 현행 영국 형사절차의 내용을 살펴보고, 묵비권을 중대하게 제약한 1994년 '형사사법과 공공질서법'(Criminal Justice and Public Order Act of 1994, 이하 CJPOA로 약칭)의 내용을 검토하기로 한다.

---

36) 마이클 맥콘빌은 다음과 같이 말한다. "재판은 '진실' 추구와 동의어가 아니다. 재판은 현실에 대한 상이한 해석(version)이 다투는 장이다. 법적 진실은 재판과정 밖에서 존재하는 실재가 아니며, 그것은 재판 과정 그 자체의 산물일 뿐이다. … 당해 사안에서의 실패는 정의의 실패가 아니다. 그것은 단지 피고인의 유죄를 적정하게 입증하지 못한 소추 측의 실패일 뿐이다"(Michael McConville, "Silence in Court," 1987 N. J. L. 1169, 1170).
37) Gerstein(각주 34), at 99-100.
38) Paul Sieghart, "Reliable Evidence, Fairly Obtained," The Police: Powers, Procedures, and Proprieties 272(John Benyon & Colin Bourn eds., 1986).
39) Maurice Buck, "Questioning the Suspect," The Police: Powers, Procedures and Proprieties(각주 38), at 163.
40) David Dixon, Politics, Research and Symbolism in Criminal Justice: The Right to Silence and the Police and Criminal Evidence Act, 20 Anglo-American L. Rev. 27, 32(1991).

I. 경찰관의 정지, 가옥진입, 수색 및 압수 등에 관한 권한의 확대·강화

1981년 '형사절차에 관한 왕립위원회(RCCP) 보고서'[41]는 정지와 수색에 관한 경찰관의 권한이 전국적 차원에서 통일되어야 하고 그 권한은 공격무기(offensive weapons)에까지 확대되어야 한다고 권고한 바 있는데, PACE는 이 권고를 수용하여 그 이전까지 법률적으로 근거지어지지 않은 채 실무에서 통용되고 있던 경찰관의 각종 권한을 승인한다.

먼저 PACE 제1조는 경찰관은 '합리적 의심'(reasonable suspicion)에 기초하여 장물 또는 금지물품(무기 또는 마약 포함) 등을 찾을 목적으로 사람과 차량, 그리고 차량 속 또는 위에(in or on) 있는 물건을 수색(search)할 수 있고, 그 수색을 목적으로 사람과 차량을 억류(detain)할 수 있다고 규정한다.[42] 이러한 권한은 공공장소 또는 공중에게 접근가능한 장소에 적용되며 주거(dwellings)에는 적용되지 않는다.[43]

둘째, PACE 제8조는 치안판사(justice of peace)[44]에 의한 가옥(premises)

---

41) The Royal Commission on Criminal Procedure 1981, Cmnd. No. 8092[이하 RCCP Report로 약칭], para. 3.20. 이 위원회는 코몬 로 형사규칙을 개정하기 위하여 1979년 노동당 정부가 퇴각하기 전에 구성되었으며, 후술할 1972년의 '형법개정위원회'(CLRC)에 비하여 온건한 입장의 의견서를 제출한다. RCCP 보고서는 정지, 압수, 수색 등에서 경찰관의 권한강화 제안 때문에 진보진영으로부터 비판을 받았지만, 다수의 법관련 조직으로부터는 "경찰의 힘과 피의자의 권리 사이에서 그 균형을 어느 한 쪽으로 기울게 하지 않고 양자 모두를 강화하려 한 시도의 일환"[Andrew Sanders, "Rights, Remedies, and the Police and Criminal Evidence Act," 1988 *Crim. L. Rev.* 802]으로 광범한 지지를 받았고, 이후 PACE와 그 부속 실무규정을 제정하는 데 중요한 기초를 제공한다.

42) PACE, art. 1(3).

43) Id. art. 1(1).

44) 영국의 '치안판사'는 비법률가에서 임명되는데, 경미한 민사사건과 형사사건의 경우 피의자에 대한 소추 측의 기소가 '상당한 이유'(probable cause)를 가지고 있는지의 심사 등을 주임무로 한다. 미국에서는 주로 'magistrate'이라고 칭해지고, 법률가 중에 선임하는 경우가 많다.

진입·수색영장 발부의 요건을 규정하고 있으며,45) 제17조는 영장 없는 가옥진입·수색의 요건을 명시하고 있다.46) 제18조는 체포에 수반한 가옥의 수색을 허용하고 있다.47) 그리고 실무규정은 경찰관이 피의자에게 피의자는 수색에 대한 동의의 의무가 없으며 압수된 물건들은 증거로 사용될 수 있음을 고지한 후, 피의자가 서면으로 동의한 경우에 '동의에 기초한 수색'(consent search)을 행할 수 있음을 규정하고 있다.48)

셋째, PACE 제25조는 '합리적 의심'에 기초한 경찰관의 체포권한을 명시하고 있다.49) 미국의 경우와 마찬가지로,50) 영국법상 체포는 전통적으로 영장이 필요 없다. 그리고 체포에 수반한 피의자 수색 및 그 가옥의 수색 역시 가능하다.51)

샌더스와 영의 개념을 빌리자면, 이상의 PACE 조항은 경찰관 측의 열망과 실무관행에 대응하는 '권능부여 법규'(enabling rules) 및 기존의 경찰관행에 보조를 맞춰 주는 '정당화 법규'(legitimizing rules)에 속한다.52) 이러한 확대된 경찰관의 권한에 대한 통제장치로 PACE는 관련기록의 의무화를 규정하고 있다. 정지와 수색을 행하는 경찰관은 상세한 기록을 문서로 행해야 하며,53) 피의자에게는 그 기록의 사본을 12개월 내에 요청할 수 있는 자격이 있음을 통지해야 한다.54) 그렇지만 이러한 기록의 의무화는 사법적 통제와는 무관한 '내부적' 그리고 '자기책임적' 통제에 불과하므로 효과가

---

45) Id. art. 8(1)-(3).
46) Id. art. 17(1)(a)-(e).
47) PACE는 피의자가 당해 가옥 내에서 체포되지 않았더라도 체포에 수반한 가옥수색을 인정하는데, 이 점에서 미국의 체포·수색법 — Vale v. Louisiana, 399 U.S. 30(1970)을 참조하라 — 과 차이를 보인다.
48) Code of Practice for the Searching of Premises by Police Officers and Seizure of Property Found by Police Officers on Persons or Premises, para. 4.
49) PACE, art. 25(1).
50) United States v. Watson, 423 U.S. 411(1976).
51) PACE, art. 32(1), (2)(a)(b).
52) Andrew Sanders & Richard Young, *Criminal Justice* 21(1994).
53) PACE, art. 3(1).
54) Id. art. 3(7), (8), (9).

없으며, '관료주의적 문서채우기'에 불과하다라는 비판이 있다. 따라서 '외적' 통제가 제안되고 있다.[55]

Ⅱ. 구금기간의 연장과 '구금감시관' 제도의 신설

PACE는 RCCP의 권고[56]를 받아들여 구금에 관한 이하와 같은 새로운 구금제도를 정립한다. 먼저 경찰관은 피의자를 공식적으로 기소하지 않은 상태에서 24시간을 구금할 수 있다.[57] 이 구금은 총경(superintendent)급의 상급 경찰관에 의하여 36시간까지,[58] 그리고 치안판사에 의할 경우는 96시간까지 연장가능하다.[59] 그리고 피의자가 중범으로 구금되었을 경우 36시간 까지 외부와의 접촉 없이(incommunicado) 구금될 수 있다.[60] 이러한 구금기간의 연장은 영장 없이 체포된 피의자의 경우 48시간 이내에 판사에게 인치토록 한 미국의 경우와 큰 차이를 보여준다.[61]

이렇게 구금기간의 상당한 연장을 보장해 줌과 동시에 PACE는 구금에 대한 새로운 조건을 규정한다. 먼저 PACE는 '구금감시관'(custody officer) ― 이는 경사(sergeant)급 이상의 경찰관이 그 역할을 수행한다 ― 제도를 신설하여 수사담당 경찰관이 PACE 및 실무규정의 요건을 준수하는지 여부를 감시하게 한다.[62] 그리고 실무규정은 구금된 피의자에게는 신문 없이 최소 8시간

---

55) Vaughan Bevan & Ken Lindstone, "The New Laws of Search and Seizure: Castle Built with Air?," 1985 *Public Law* 423, 437; Gabrielle Cox, "Openness and Accountability," *The Police: Powers, Procedures and Proprieties*(각주 38), at 167-168; Ole Hansen, "A Balances Approach?," *The Police: Powers, Procedures and Proprieties*(각주 38), at 111.
56) RCCP Report(각주 41), para. 3. 105.
57) PACE, art. 41(1).
58) Id. art. 42(1).
59) Id. art. 44(3)(b).
60) Id. art. 56(2)(a), 56(3).
61) Gernstein v. Pugh, 420 U.S. 103(1975) County of Riverside v. McLaughlin, 500 U.S. 44(1991).
62) Id. art. 36(1). 경찰서 구금에 대한 심사는 '심사관'(review officer) ― 이는 경위

동안의 연속적 휴식이 허용되어야 하며, 신문 중에는 매 2시간마다 휴식, 그리고 합리적인 시간대에 식사가 제공되어야 한다고 규정하고 있다.63)

이상의 새로운 구금규정에 대하여 진보진영은 구금기간의 장기연장이 제도화된 데 놀라면서 이를 "민주사회에서의 모욕"64)이라고 비판하였는데 비해, 법집행기관 측은 새로운 구금심사제도는 전문범죄인이 자신에 대한 유죄판결을 회피하기 위하여 수사책임 경찰관을 공격할 수 있는 근거를 제공할 가능성을 제공해 준다고 비판하였다.65)

Ⅲ. 변호인의 조력을 받을 권리의 강화

이상의 PACE 조항이 주로 법집행기관의 권한강화에 중점을 두고 있다고 한다면, 이하의 PACE 조항은 피의자의 권리보호에 초점을 맞추고 경찰실무가 상정하는 가정(assumption)을 제한하는 '금지 법규'(inhibitory rules)에 해당한다.66)

PACE 제58조는 체포·구속된 형사피의자가 변호인의 조력을 받을 권리를 가짐을 분명히 하는 데서 출발한다.67) '당직변호사 제도'(duty solicitor schemes)는 변호인을 선정하는 데 재정적인 어려움이 있는 피의자에게 법률

(inspector)급 이상의 경찰관이 맡는다 ─ 에 의해 구금 후 6시간 내로 이루어져야 하며, 이후는 9시간 간격으로 행해져야 한다(Id. art. 40). 피의자의 행위 또는 피의자에 대한 처우 등에 대하여 '구금감시관'과 신문담당 수사관이 의견이 일치하지 않을 경우는 이 이견은 총경급의 상급선에 넘겨져 해결된다[Id. art. 39(6)].
63) Code of Practice for the Detention, Treatment and Questioning of Persons by Police Officers(이하 'Interrogation Code'로 약칭), para. 12.2. & 12.7. 단, 휴식으로 인하여 사람에 대한 위해, 재산에 대한 심각한 손실의 위험이 있는 경우, 피의자의 석방을 불필요하게 지연되는 경우, 수사결과를 편파적으로 만들 수 있는 경우에는 휴식이 연기될 수 있다(Id. para. 12.2 & 12.7).
64) Davis Ashby, "Safeguarding the Suspect," *The Police: Powers, Procedures and Proprieties*(각주 38), at 188.
65) Kenneth Oxford, "The Power to Police Effectively," *The Police: Powers, Procedures and Proprieties*(각주 38), at 71.
66) Sander & Young(각주 52), at 21.
67) PACE art. 58(1).

서비스를 무료로 제공한다.68) 피의자가 변호인접견을 요청하였을 경우 이는 구금기록에 기록되어야 하며,69) 후술할 지연이 허용되는 경우70)를 제외하고는 가능한 한 빨리 접견이 허용되어야 한다.71) 피의자는 이러한 변호인의 조력을 받을 권리를 포기(waiver)할 수 있는데, 이는 서면으로 또는 녹화테이프상의 발언을 통하여 이루어져야 한다.72)

그리고 실무규정은 피의자의 변호인이 경찰서를 방문한 경우 그 사실은 피의자에 반드시 통지되어야 함을 명시하고 있으며, 이는 피의자가 이미 법률서비스를 받기를 포기한 경우에도 동일하다.73) 또한 동 규정은 피의자가 변호인과의 접견교통을 포기하도록 설득하는 행위는 금지되며,74) 변호인이 피의자를 만나기 위해 출발한다고 말할 경우에는 그의 도착 이전에 신문을 개시하는 것은 부적절한 것이라고 규정하고 있다.75) 단, (i) 변호인이 도착하기 전에 신문을 하지 않으면 사람에 대한 즉각적인 위해를 초래하거나 증거의 중대한 손실·파손이 초래될 것이라는 합리적 근거가 있거나, 또는 (ii) 변호인을 기다리는 것이 수사진행에 '비합리적인 지연'을 야기할 것이라는 합리적 근거가 있는 경우에 한하여 변호인 없는 신문이 허용되고 있다.76)

---

68) '당직변호사' 제도에는 두 종류가 있는데, 그 첫째는 '법정당직변호사'(court duty solicitor)로, 이는 1972년에 영국의 브리스틀에서 변호사들의 형사피고인을 위한 자발적인 법률구조가 시초가 된 것으로, 이후 1982년에 제정된 법률구조법(Legal Aid Act)에 의하여 법제화되었다. 이 '법정의무변호사'는 치안판사법원에서 재판을 받고 있는 사람들을 위하여 즉각적인 상담과 조언에 임하고 있다. 둘째는 '24시간 당직변호사'(the 24-hour duty solicitor)로, 이는 1970년대에 버밍엄 등에서 구속중인 형사피의자를 위한 변호사들의 자발적 활동에서 시작된 것으로, PACE 제59조에서 입법화되었다. 이러한 두 제도를 위한 비용은 전액 법률구조기금에서 지출되고 있다.
69) PACE art. 58(2).
70) Id. art. 58(6).
71) Id. art. 58(4).
72) Interrogation Code, para. 6.6.
73) Id. para. 6.15.
74) Id. para. 6.4.
75) Id. para. 6A.
76) Id. para. 6.6(a)-(b).

그리고 미국의 미란다 법칙과 마찬가지로,[77] 변호인의 조력을 받을 권리는 신문개시 전에 변호인과 상담할 수 있는 권리뿐만 아니라 신문 기간 동안의 변호인참여권을 포괄한다.[78] 이에 따라 변호인은 피의자가 소추 측에 유리한 증거를 제공하지 않도록 법적 조언을 할 수 있으며, 수사기관의 부적절한 질문과 질문방식에 대하여 이의를 제기할 수 있고, 피의자에게 수사기관의 특정질문에 대하여 답변하지 말 것을 조언할 수 있다.[79] 단, 변호인이 피의자를 대신하여 답변하거나 피의자가 신문시 활용하도록 답변서를 제공하는 등 변호인이 피의자신문을 "방해하거나 비합리적으로 차단하는 경우"에는 그는 피의자신문에서 배제된다.[80]

한편 PACE는 피의자가 중죄로 구금되어 있고 총경급의 경찰관에 의해 승인되는 경우에 한하여 변호인 접견이 지연될 수 있음을 규정하는데,[81] 최대 지연시간은 36시간이다.[82] PACE는 지연이 승인되는 사유를 제한적으로 규정한다. 즉, 피의자가 변호인을 접견할 경우 (i) 중죄관련의 증거를 손상하거나 타인에게 육체적 위해를 입힐 것, (ii) 당해 중죄를 범하고 아직 체포되지 않은 다른 피의자에게 경계를 발할 것, (iii) 당해 중죄의 결과 획득한 재산의 회복을 방해할 것, (iv) 피의자가 불법마약거래로터 이득을 취해 왔고, 변호인접견권이 행사된다면 그 거래로부터 피의자가 획득한 과실을 회복하는 것이 방해될 것이라고 경찰관이 믿을 수 있는 합리적 근거가 있는 경우 등이다.[83]

---

77) Miranda v. Arizona, 384 U.S. 436, 444-445(1966).
78) Interrogation Code, para. 6.8.
79) Id. Note 6D.
80) Id.
81) PACE art. 58(6).
82) Id. art. 58(5).
83) Id. art. 58(8), 58(8A).

Ⅳ. 진술거부권의 중대한 제약 — 1994년 '형사사법과 공공질서법'

한편 RCCP의 권고에 기초하여,[84] 실무규정은 신문이 법정에서 소추를 위한 목적으로 사용될 수 있는 증거를 획득할 목적으로 행해질 경우 미란다 고지 유형의 경고가 행해져야 함을 명시했다.[85] 이 경고의 영어단어 개수에 따라 통칭 '22자(字) 경고'로 불리는 이 경고는 다음과 같았다. "당신이 말하기를 원하지 않는다면 말할 필요가 없다. 당신이 말한 것은 증거로 사용될 수 있다."[86] 이 경고가 체포상태하에 있지 않은 피의자에게 행해질 경우에는, 그가 체포상태하에 있지 않고, 그가 경찰관과 같이 있을 의무가 없으며, 그리고 어느 때도 그 자리를 떠날 수 있다는 것이 또한 고지되어야 한다.[87]

그런데 이 경고는 이후 1994년 '형사사법과 공공질서법'(Criminal Justice and Public Order Act of 1994, 이하 CJPOA로 약칭)의 제정에 따라 1995년 4월 10일자로 '37자 경고'로 대체된다. 많은 논란을 불러일으키고 있는 새로운 경고의 내용은 다음과 같다. "당신은 아무것도 말할 필요가 없다. 그러나 당신이 신문 당시 언급하지 않는 사항을 이후 법정에서 제기한다면 이는 당신의 변호에 해를 입힐 것이다. 당신이 말하는 어떤 것도 증거로 사용될 수 있다."[88]

이는 1972년의 '형법개정위원회(CLRC) 제11차 보고서'[89]의 진술거부권 제약 권고[90]가 CJPOA에 의해 수용된 결과이다. 관련 CJPOA의 내용을

---

84) RCCP Report(각주 41), para. 4.110.
85) Interrogation Code, para. 10. 1.
86) Id. para. 10. 4.(1995년 4월 10일 이전)
87) Id. para. 10. 2.
88) Id. para. 10. 5.(1995년 4월 10일 이후)(강조는 인용자).
89) Criminal Law Revision Committee, Eleventh Report, Evidence(General), 1972, Cmnd. 4991[이하 'CLRC Report'로 약칭]. 이 위원회는 보수당 정부에 의해 1959년에 구성되었고, 보수진영의 관점에 기초한 보고서를 제출하였다. 동 보고서는 묵비권행사의 제약 등 법집행기관 측으로부터 강한 지지를 받는 제안을 하였으나, 진보진영 측으로부터 격렬한 비판을 받았고, 대다수의 학자들 역시 그 제안을 반대하였다.
90) 형사피의자 · 피고인이 묵비권을 행사할 경우 그들에게 '적대적 추론'(adverse inferences)을 허용하지 않는 코몬 로 원칙은, 무죄자를 도와주지는 않으면서 유죄

보자면, 먼저 제34조에 따라, 경찰신문시 피고인의 묵비 또는 관련 사실의 부(不)진술에 대하여 검찰과 법원 양자가 불리한 언급을 하는 것이 허용된다.[91] 둘째, 제35조에 따라, 피고인이 법정에서 증언을 거부하거나 증거제출을 하지 않는 것에 대하여 검찰과 법원 양자가 불리한 언급을 하는 것이 허용된다.[92] 셋째, 제36조에 따라, 피고인이 특정 자국 또는 물질(예를 들어 신발의 닮은 자국 또는 셔츠 위의 혈흔 등) 등에 대한 경찰관의 질문에 충분한 설명을 주지 못한 경우, 법원과 검찰은 배심이 이러한 사실로부터 피고인에 대하여 '적대적 추론'(adverse inferences)을 끌어낼 수 있도록 초치(招致)할 수 있다.[93] 넷째, 제37조에 따라, 피고인이 범죄발생장소에 있었는가를 묻는 경찰관의 신문에 충분한 설명을 주지 못한다면, 법원과 검찰은 배심이 이러한 사실로부터 피고인에 대하여 '적대적 추론'을 끌어낼 수 있도록 초치할 수 있다.[94] 이로써 영국은 싱가포르에 뒤이어 CLRC 권고를 공식적으로 수용한 두 번째 국가가 되었고,[95] 그 결과 "영국 법률망(網)을 관통하는 황금실"[96]인 진술거부권은 사실상 명목적인 것으로 전락해 버리고 말았다.

자에게만 불필요한 이득을 안겨다 주고 법집행기관의 수사를 방해하는 등 상식에 반하므로 폐지되어야 한다는 권고이다(Id. paras. 30-32, 108-113).

91) CJPOA, art. 34.
92) Id. art. 35.
93) Id. art. 36.
94) Id. art. 37.
95) 싱가포르는 1976년에 CLRC의 권고를 수용하였다. 이에 대해서는 Meng Heong Yeo, "Diminishing the Right to Silence: The Singapore Experience," 1983 *Crim. L. Rev.* 89 를 참조하라. 미국의 경우 묵비로부터 적대적 추론이 가능하게 하자는 제안이 몇 차례 있었으나[Office of Legal Policy, U.S. Department of Justgice, 'Truth in Criminal Justice' Series Report No. 8(1986) (reprinted in 22 *U. Mich. J. L. Ref.* 437, 1005(1989); Charles Maechling, Jr., "Truth in Proseculting, Borrowing From Europe's Civil Law Tradition," *A.B.A.J.* 59, 60(Jan. 1991)], 현재 미국에서 이 제안이 실현될 가능성이 거의 없다고 보인다. 미국 연방대법원 역시 묵비권 행사로부터 피고인에 대하여 적대적 추론을 이끌어내는 것을 확고하게 금지하고 있다[Griffin v. California, 380 U.S. 609(1965); Doyle v. Ohio, 426 U.S. 610(1976)].
96) Woolmington v. D.P.P. [1935] A.C. 462. 묵비권은 "피고인이 소추 측, 특히 경찰의 주장(allegations)에 대응을 거부하였다는 것, 또는 법정에서 자신의 방어를 위하여 증언할 것을 거부하였다는 것 단지 그 때문에, 사실판단의 법정(즉, 배심원과

RCCP는 CLRC의 제안이 "자신에 대한 소추의 내용와 증거를 알지 못하는 피의자에게 강한 (추가의) 심리적 압력을 부과"하고, 또한 "무죄인, 특히 처음으로 소추되는 무죄인들이 잘못된 진술을 할 위험을 증가"시킬 수 있음을 비판하였고,[97] 또한 그 제안이 유죄의 입증책임이 소추 측에 있을 것을 요구하는 형사소송의 대원칙과 일치하지 않는다고 지적하며,[98] 동 제안을 수용하지 않은 바 있다. 그러나 PACE가 제정된 이후에는 이제 피의자신문시 피의자의 제반 권리가 충분히 보장되고 있는바 이제 오직 유죄자만이 경찰서에서 묵비 뒤로 숨으려 하고 있으며, 따라서 PACE하에서 진술거부권은 불필요하다는 '교환에 기초한 진술거부권 폐지론'(Exchange Abolitionism)[99]이 승리를 거두었던 것이다.

이러한 놀라운 변화는 피의자·피고인이 진술거부권을 행사하거나 변호인이 진술거부권 행사를 충고하는 데 중대한 장애를 일으킬 것임이 분명하며, 또한 새로이 제정된 '37자 경고'는 피의자로서는 이해하기에 대단히 어려운 수수께끼일 것이다. 이상의 CJPOA의 제정은 미국과 달리 '권리장전' 같은 명문의 헌법적 보장이 없는 영국에서 어떠한 코몬 로상의 권리도 공리주의적 비용/이득 분석에 의하여 폐지될 수 있음을, 그리고 영국 형사사법의 초점이 '증인과 외적 증거(extrinsic evidence)에 의한 증명의 탄핵'에서부터 '유죄를 획득하기 위한 피의자에 대한 규문(糾問)'으로 한 걸음 이동하였음을 보여준다.[100]

치안판사)이 법관 또는 검찰에 의하여 피고인의 유죄를 결론내리게끔 초치 또는 조장되어서는 안 된다"라는 코몬 로상의 대원리이다[Steven Greer, "The Right to Silence: A Review of the Current Debate," 53 *Modern L. Rev.* 709, 719(1990)].

97) RCCP Report(각주 41), para. 4.50.

98) Id. para. 4.52.

99) Steven Greer, "The Right to Silence: A Review of the Current Debate," 53 *Modern L. Rev.* 709, 761(1990).

100) Gregory W. O'Reilly, "England Limits the Rights to Silence and Moves Towards an Inquisitorial System of Justice," 85 *J. Crim. L. & Criminology* 402, 405(1994). 대륙법계 형사절차에서는 '자유심증주의' 원칙하에서 법관은 증거의 증명력판단에 대해서 광범한 재량을 가지므로, 영국에서와 같은 격렬한 논쟁을 거치지 않고서도 피고인의 묵비로부터 그에 대한 적대적 추론을 이끌어내는 것이 허용되고 있다

V. 경찰신문과정의 녹취의무화

진술의 증거능력 및 정확성을 둘러싼 경찰관과 형사피의자 간의 분쟁을 원천적으로 방지하기 위하여, 실무규정은 경찰관은 피의자와의 신문을 반드시 녹취하여야 한다는 규정을 명시하였고,101) 이에 따라 테이프 녹취에 관한 별도의 실무규정이 1988년에 발행된다.102) 제 1 편 제 2 장 제 2.에서 보았듯이 이 혁신적 조치는 미국에서 미란다 법칙의 대체안 또는 보완물로써 제기되었으나 실현되지 못한 바 있다.

피의자신문의 테이프 녹취 문제는 영국에서도 장기간 논쟁의 대상이었다. CLRC와 RCCP 보고서 양자 모두 경찰신문의 테이프 녹취를 권고하였지만, 이 제안은 초기에는 경찰 측으로부터 강한 반대를 받았다. 그렇지만 일련의 녹취실험이 성공적으로 끝난 후에,103) 경찰 측의 태도는 급격히 변화하였다. 그들은 신문의 테이프 녹취가 구두진술의 신빙성 또는 진실성에 대한 의혹을 해소해 줌은 물론이고, 오히려 테이프 녹취하에서는 피의자를 궁지에 몰아넣는 집요한 추궁을 전면적으로 할 수 있다는 점을 깨닫게 되었다.104) 내무성(Home Office) 연구보고서 또한 신문녹취가 피의자의 자백을 방해한다거나 또는 신문 동안 획득되는 타 범죄에 대한 정보량을 줄인다는 어떠한 증거도 존재하지 않는다고 발표하였다.105)

[Claus Roxin, *Strafverfahrensrecht* 94(24th ed. 1995)을 보라].

101) Interrogation Code, para. 11.5(a).

102) Home Office, The Code of Tape Recording(1988).

103) John Baldwin, "The Police and Tape Recorders," 1985 *Crim. L. Rev.* 695, 698-703.

104) Colin Bourn, "Conclusion: the Police and the Acts and the Public," *The Police: Powers, Procedures and Proprieties*(각주 38), at 288; Maurice Buck, "Questioning the Suspect," *The Police: Powers, Procedures and Proprieties*(각주 38), at 161; David Dixon, "Politics, Research and Symbolism in Criminal Justice: The Right to Silence and the Police and Criminal Evidence Act," 20 *Anglo-American L. Rev.* 27, 46(1991).

105) Carole F. Willis, *The Tape-Recording of Police Interviews with Suspects: An Interim Report*, London: HMSO, 1984(Home Office Research Study No. 82), at 32.

VI. 소결 — '타협'으로서 PACE와 그 영향

PACE는 이전의 법집행관행에 많은 변화를 가져오게 된다. 많은 실증연구는 PACE 이후 대다수의 피의자가 자신의 권리를 고지받으며, 피의자가 변호인접견을 요청하였을 경우 그 요청이 거절되는 경우는 사실상 거의 없고, 그리고 변호인접견 요청의 수가 획기적으로 증가해 왔음을 보고하고 있다.106)

그러나 몇 가지 점은 여전히 문제로 남아 있다. 먼저 대부분의 정지와 수색이 기록되지 않고 있으며, 기록은 경찰관들에 의해 통상 단순한 서류작업 정도로 간주되고 몇몇 서류는 동어반복적으로 채워지고 있음이 지적되고 있다.107) 둘째로 PACE 이후에도 여전히 대다수의 피의자는 변호인접견을 요청하지 않고 있으며,108) 또한 묵비권도 잘 행사하지 않고 있다고 보고되고 있다.109) 그리고 변호인에 의한 법률서비스의 신속성과 질 역시 만족스러운 것은 아니라는 지적 또한 있다.110) 셋째로 피의자 신문에서 경찰관의 행태도

---

106) D. Brown, *Detention at the Police Station Under the PACE Act*(Home Office Research Study No. 104, 1989), at 21; A. K. Bottomley et. al., *The Impact of Aspects of the Police and Criminal Evidence Act on Policing in a Force in the North of England* 114-120(Centre for Criminology and Criminal Justice, University of Hull, 1989); A. Sanders, L. Bridges, A. Mulvaney, G. Crozier, *Advice and Assistance at Police Stations and the 24-Hour Duty Solicitor Scheme*, chap. 3(Lord Chancellor's Department, 1989).

107) Sanders & Young(각주 52), at 51-55; D. Dixon, A. Bottomley, C. Coleman, M. Gill & D. Wall, "Reality of Rules in the Construction and Regulation of Police Suspicion," 17 *Int'l J. Sociology L.* 185, 200-201(1989); D. Dixon, A. Bottomley, "Consent and the Legal Regulating of Policing," 17 *J. L. & Soc.* 345, 348-349(1990).

108) Andrew Sanders & Lee Bridges, "The Rights to Legal Advice," *Justice in Error* (각주 35), at 38-39; A. Sanders, et al.(각주 106), chap. 4; Dixon(각주 104), at 43; D. Dixon et al., "Safeguarding the Rights of Suspects in Police Custody," 1 *Policing and Society* 115-140(1990).

109) Michael Zander, "Abolition of the Rights to Silence," *Suspicion and Silence: The Right to Silence in Criminal Investigation* 147-148(David Morgan & Geoffrey M. Stephenson eds., 1994).

110) Dixon(각주 104), at 43-45; A. Sanders et al.(각주 106), chapt. 3; Sanders &

PACE가 의도하였던 것처럼 변화하지 않았으며, "단지 경찰관이 피의자에게 최대의 압력을 가하는 방식만이 변화하였고, 경찰관의 비행도 감소하였다기보다는 보다 덜 공공연하게 되었고, 억지하고 통제하기는 더욱 어렵게 되었다"111)는 비판이 있다. 즉, 미란다 유형의 고지를 행하지 않거나 변호인 접견을 거부하는 것처럼 법을 정면으로 어기는 대신에, 이제는 그 고지를 헷갈리게 행하거나 변호인 접견이 무료란 점을 알리지 않거나 또는 변호인 접견을 취소하도록 설득하는 등의 방식으로 변하였다는 것이다.112)

이상의 점은 PACE가 갖고 있는 많은 '금지법규'가 종종 '현시용 규칙'(presentational rules)113)으로 전환된다는 것을 보여준다. 딕슨의 날카로운 지적처럼, 규칙의 개조가 자동적으로 경찰관과 피의자 양측의 관행을 자동적으로 변화시킬 것이라고 생각하는 것은 '법률중심주의적 관념'(legalistic notion)일 것이다.114) 형사사법은 법적 제도일 뿐만 아니라 사회적 제도이기도 하다. 특히 영국 형사사법체제하에서는 양 당사자 간의 교섭, 합의, 유죄인부(arraignment) 등으로 이어지는 이른바 '교섭적 정의'(negotiated justice)115)의 체제가 법규의 변화와 별도의 차원에서 여전히 작동한다는 점을 유념한다면, PACE가 범죄통제나 경찰통제를 위한 '도구적 가치'(instrumental value)116)를 가지고 있는지에 대해서는 여전히 논쟁의 여지가 있다.

그러나 이상의 문제점 때문에 PACE와 실무규정의 제정의 의미가 없어지는 것은 결코 아니다. PACE의 결정적 중요성은 기존 코몬 로 법체계의 불명료한 부분에 있어서 ─ 완벽하지는 않지만 ─ 상당한 '합리화'(rationali

---

Bridges, "The Right to Legal Advice," *Justice in Error*(각주 35), at 46-52.

111) Anders Sanders & Lee Bridges, "Access to Legal Advice and Police Malpractice," 1990 *Crim. L. Rev.* 494, 506(강조는 원문).

112) Id.

113) Sanders & Young(각주 52), at 21.

114) David Dixon, "Common Sense, Legal Advice and the Right to Silence," 1991 *Public Law* 233, 153.

115) John Baldwin & Michael McConville, *Negotiated Justice: Pressure to Plead Guilty*(1977).

116) Robert Reiner, "The Politics of the Act," 1985 *Public Law* 394, 402.

zation)를 이루어 냈음은 분명하다. 형사절차의 전(全)단계를 규율하는 전국적 차원의 최초의 단일입법과 구체적 행동지침이 자리를 잡음에 따라, 법집행기관 측은 ― PACE를 우회적으로 어길 수는 있겠지만 ― 싫든 좋든 이에 적응하지 않으면 안 되었고, 피의자로서는 경찰의 부당행위에 도전할 수 있는 명확한 법적 근거를 가지게 되었다. 이제 영국 형사사법의 각 주체들은 새로운 제도적 틀 내에서 마주서게 된 것이다.

제 3. 영국 위법수집증거배제법칙의 이론적 근거

코몬 로상의 신빙성 기준과 임의성 기준에 대해서는 제 1.에서 언급하였으므로 생략하고, 제 3.에서는 이 두 가지 기준 이외에 현행 영국 위법수집증거배제법칙의 근거가 되는 원칙 세 가지에 대해서 정리하기로 한다.

I. 권리보호의 원칙

'권리보호의 원칙'(the protective principle)은 애쉬워쓰 교수가 최초로 제안한 이후,[117] RCCP 보고서에 반영되었다가,[118] PACE 제78조 제 1 항에 최종적으로 수용된 원칙이다. 이 원칙은 형사피의자 · 피고인이 최소한의 기준에 부합하지 않게 부적절한 처우를 받은 경우 그에게 어떠한 적정한 보상을 제공할 것인가에 초점을 맞추고 있다. 애쉬워쓰 교수의 정의를 인용하자면,

---

117) A. J. Ashworth, "Excluding Evidence as Protecting Rights," 1977 *Crim. L. Rev.* 725.
118) RCCP는 위법수집증거배제를 통하여 경찰관의 위법행위를 억지한다는 미국식 자동적 · 의무적 위법수집증거배제는 그 효과가 입증되지 않았다고 기각하고, 법원에 증거배제의 재량을 주어야 한다고 제안한다(RCCP Report, paras. 4.130). 이러한 관점에서 RCCP는 법원보다는 의회가 경찰관의 행위를 통제하는 규칙의 내용을 결정하는 데 책임을 지고 규칙을 제정해야 한다고 강조하였다(Id. para. 4.131).

법체제가 형사사건 수사행위를 위한 특정 기준을 선언하고 있다면, … 시민은 이에 대응하여 특정한 제도(facilities)에 부합하는 권리 그리고 특정한 방식으로 취급되지 않을 권리를 가진다고 주장할 수 있다. 법체제가 그러한 권리를 존중하게 되어 있다면, 자신의 권리가 침해당한 피의자는 어떠한 불이익에 놓여서는 안 된다고 주장할 수 있다. … 피의자가 이러한 불이익으로 고통받지 않도록 보증해 주는 적절한 방법은, 법원이 부적절한 방식으로 획득한 증거를 배제하는 권한을 갖는 것이다.[119]

이 원칙이 적용되려면 세 가지 점이 필요하다.[120] 첫째, 최소기준의 위배와 증거수집 사이에 인과관계가 있어야 한다. 둘째, 최소기준의 위배는 단순히 '기술적인'(technical) 것 이상이어야만 하며, 그 위배로 인해 생긴 피고인에 대한 불이익이나 편견이 '중대'(significant)하여야 한다. 셋째, 증거배제가 피고인에게 생긴 불이익이나 편견의 발생을 방지할 유일한 대응방법은 아니며, 대응의 강도는 피고인에 대한 불이익이나 편견의 정도와 균형이 맞춰져야 한다 등이다. 따라서 이 원칙은 사안별로 위법수집증거배제와 불배제 사이의 이득과 손실의 형량을 통하여 결론을 내릴 재량을 판사에게 부여한다.

후술할 '제재의 원칙'이나 '사법적 염결성'의 원칙이 그 뿌리를 미국에 두고 있는 것이라면, '권리보호의 원칙'은 미국법과 구별되는 영국의 **재량적 위법수집증거배제법칙**의 바탕을 이루는 원칙이다.

II. 제재의 원칙

'제재의 원칙'(the disciplinary principle)은 미국의 '억지'(deterrence)이론의 영국판이다. 즉, 단기적으로 불법행위에 관여한 경찰관과 위법수집증거가 배제되었다는 것을 알게 된 경찰관은 향후 불법행위를 억지할 것이고, 장기적으로는 법원은 경찰관의 적정행위의 범위를 구체적으로 구획하여 줌으로

---

119) Ashworth(각주 117), at 725.
120) A. J. Ashworth, *Criminal Process: An Evaluative Study* 302-303(1994).

써 경찰관이 그 범위를 존중하도록 교육하게 된다는 원칙으로, 불법행위를 한 경찰관에 대한 '공적 견책(public censure)의 원칙'이라고 할 수 있다.[121]

그리고 이 원칙은 상술한 '권리보호의 원칙'과 달리, 당해 사건의 형사피의자·피고인에게 무슨 일이 생겼고 어떤 보상을 해 주어야 하는가보다는, 경찰관의 미래의 불법행위의 억지, 미래의 형사피의자·피고인의 이익에 초점을 둔다. 따라서 이 원칙은 그 본질에 있어서 '보상적'이기보다는 '예방적'이라 하겠다.[122]

이 원칙이 효과를 보기 위해서는 세 가지 요소가 필요하다.[123] 첫째, 경찰관이 준수해야 할 규칙이 모호하거나 복잡해서는 안 된다. 둘째, 법관은 어떠한 규칙이 위배되었는지를 분명히 밝혀야 하며, 또한 법관은 바로 그 규칙위반 때문에 문제의 증거를 배제한다는 점 역시 분명히 적시해야 한다. 셋째, 위법수집증거가 배제되었을 때 제재의 효과를 직접 받게 되는 자는 해당 사건의 경찰관인데, 법관의 불배제결정이 항소심에서 파기되었을 때는 경찰관들은 이를 알지 못하는 경우가 많으므로 증거배제의 결과가 보다 더 넓게 알려져야 하며, 이를 위한 경찰 내부절차가 고안되어야 한다 등이다.

Ⅲ. 사법적 염결성의 원칙

제2장 제1. Ⅰ.에서 본 것처럼 '사법적 염결성'(judicial integrity)의 원칙은 미국 맵 판결이 제시했던 위법수집증거배제법칙의 핵심근거로, 이는 영국에도 수용되었다. 그러나 미국과의 차이는 영국에서 이 원칙은 증거배제와 관련하여 사용되기보다는 법원의 절차남용에 근거한 '절차중지'(stay of proceedings)[124]에서 사용되고 있다는 점이다.[125]

---

121) Id. at 302.
122) Peter Mirfield, Silence, *Confessions and Improperly Obtained Evidence* 20(1997).
123) Id. at 21-22.
124) '절차중지' 결정이 있으면 소송절차가 중지되는데, 정당한 이유가 있으면 소송이 재개될 수 있다. 우리 형사소송상의 제도와 비견하자면 '공소기각'에 가깝다.
125) Mirfield(각주 122), at 26.

1994년 'R. v. Horseferry Road Magistrates' Court, ex p. Bennet 판결'126)에서 최고법원은 국제법, 타국의 법 및 추방절차를 위반하여 피고인을 국내로 데리고 왔으므로 절차를 중지하였는데, 이 때 법원은 "정의와 예의규범에 대한 법원의 감각"과 "법의 지배에 대한 존중"을 근거로 삼았다.127) 1996년 'R. v. Latif and Shahzad 판결'128)에서 동 법원은 위법한 함정수사가 있었을 때 사법적 염결성의 원칙은 절차의 중지를 요구한다고 판시한 바 있다. 단, 학계에서는 형사사법의 '도덕적 정당성' 또는 '공정성'을 강조하며 이 원칙을 보다 넓게 적용해야 한다는 주장이 제기되고 있다.129)

제 4. PACE 제정 이후 영국 법원의 위법수집증거배제를 위한 적극적 재량행사

PACE는 소추 측이 위법수집증거를 사용하기 위해서는 넘어야 할 "세 가지 장애물"을 설치하였다.130) 즉, 제76조 제 2 항의 '억압'(oppression)이나 '비신빙성'(unreliability)에 기인한 자백배제, 그리고 제78조의 '공정성' (fairness)에 위반한 배제 등의 세 가지 명문의 근거가 생긴 것이다. PACE는 제76조 제 2 항에 해당하는 자백으로 인정되면 그 자백은 의무적으로 배제되고,131) 그리고 제78조에 해당하는 자백 및 물적 증거의 경우는 법관의 재량에 따른 배제가 가능함을 규정하고 있다.

이러한 위법수집증거배제의 명문의 근거를 발판으로 하여 영국 법원은 코몬 로 시기와는 달리 위법수집증거를 배제함에 있어서 자신의 재량을 활발

---

126) [1994] 1 AC 42.
127) Id. at 74, 77.
128) [1996] 2 Cr. App. R. 92.
129) Zuckerman(각주 2), at 344, 350.
130) Di Birch, "The Pace Hots Up: Confessions and Confusions Under the 1984 Act," 1989 *Crim. L. Rev.* 95, 99.
131) 단, 자백이 전면적 또는 부분적으로 배제되었다 하더라도 자백을 통해 발견된 '사실'(facts)은 배제되지 않는다[PACE, art. 76(4)(a)].

히 행사함으로써 경찰관의 불법행위를 통제하는 데 적극 개입하게 된다.

I. '억압' 기준에 의한 자백배제

PACE 제76조 제2항의 '억압'(oppression)은 "고문, 비인간적 또는 모멸적(degrading) 처우, 그리고 폭행의 사용 또는 협박(그것이 고문의 정도에 이르지 않는다 할지라도)"[132)]으로 정의된다. 이 조항은 미국 수정헌법 제14조 적정절차 위반에 따른 증거배제와 같은 취지를 입법화한 것이다. 억압 존부에 대한 다툼이 있을 때 이를 '합리적 의심을 넘어'(beyond reasonable doubt) 입증하는 책임은 소추 측에 있다.[133)]

PACE 제정 이후 억압 기준을 적용한 항소법원의 최초의 판결은 1987년 'R. v. Fulling 판결'[134)]이다. 이 사건에서 보험사기로 체포된 피고인 여성은 그녀의 애인과 공모하여 행위하였다고 의심받고 있었다. 피고인은 애초에 묵비권을 행사하였으나, 경찰관이 그녀의 애인이 피고인의 감방동료와 연애를 하고 있다는 거짓 정보를 알려주자 감정적 혼돈 속에서 자백하였다. 재판에서 피고인은 자신의 자백은 억압으로 획득된 것이라고 주장하였으나, 항소법원은 억압은 통상의 사전적 의미로 이해되어야 한다는 입장을 취하면서, 피고인의 입장을 기각하였다. 항소법원은 억압에 대한 이하의 옥스퍼드 영어사전의 정의에 의존하였다: "부담을 주는, 가혹한, 또는 잘못된 방식으로 권위나 권한을 행사하는 것; 피복종자와 하급자 등에 대한 정당하지 않은 또는 잔인한 취급; 비합리적이거나 부정당한 부담의 부과." 한편 1991년 'Emmerson 판결'[135)]은 피의자에게 고함을 치고 욕설을 하는 것만으로는 '억압'에 해당하지 않는다고 보았다.

다음으로 억압이 인정된 대표적 판결을 보자. 1988년 'R. v. Davison

---

132) PACE, art. 76(2).
133) Id. art. 76(2).
134) [1987] Q.B. 426.
135) (1991) 92 Cr.App.R. 284, C.A.

판결'[136])에서 피고인은 체포되어 13시간 동안 경찰서에 구금되어 1시간 이상 신문되었으나 피고인의 유죄를 입증할 증거가 발견되지 않았다. 이후 피고인은 석방되었어야 했음에도 수 시간 동안 불법구금상태로 신문되었고 변호인의 조력을 받을 권리는 부정되었다. 그 결과 피고인은 자백하였다. 항소법원은 이 사건에서 수사기관의 행위는 상기 풀링 판결이 채택한 억압 요건을 충족한다고 판단하고 자백배제를 선언하였다.

1993년 'R. v. Paris, Abdullahi and Miller 판결'[137])에서 공동피고인들은 모살죄 혐의로 체포되어 5일간 총 13시간에 걸쳐 19회의 신문을 받았다. 변호인이 입회하지 않은 첫 번째, 두 번째 신문에서 M은 일관되게 범죄와의 관련을 부인하였으나, 여덟 번째, 아홉 번째 신문에서 M은 자신이 범죄현장에 있었음을 인정하였다. 이후 피고인은 자신이 피해자를 칼로 찔렀음을 인정하라는 압력을 받았고, 300번의 부인 끝에 자신이 마약에 취하여 피해자를 찌른 것이 아니냐는 경찰관의 의견에 동의하였다. 항소법원은 이 사건의 경우 물리적 폭력이 행사되지는 않았으나 이보다 더 적대적이고 위협적인 신문환경을 생각하기는 어렵다고 파악하고 경찰관의 행위는 억압적이었다고 판시하였다.

II. '신빙성' 기준에 의한 자백배제

다음으로 '비신빙성'(unreliability)에 기인한 자백배제는 CLRC의 권고가 반영된 것이었지만,[138]) PACE 제76조 제2항은 CLRC 보고서가 사용한 '협박'이나 '유혹' 개념 대신에 "신빙성 없는 자백을 초래하기 쉬운(likely) 말 또는 행위의 결과"[139])라는 표현을 채택하였다. 이 표현의 실천적 의미는

---

136) [1988] Crim. L. R. 442.
137) (1993) 97 Cr. App. R. 99. 이 사건은 세칭 '카디프의 삼인조'(The Cardiff Three) 사건이라고 불린다. 백인 여성이 피살된 후 흑인 등 유색인종 용의자가 체포되어 유죄판결을 받고 종신형이 선고되었으나, 이후 진범이 발견된 사건이다.
138) CLRC Report(각주 89), para. 61.
139) PACE, art. 76(2).

협박이나 유혹의 정도에 이르지 않더라도 신빙성이 없는 것으로 판정될 수 있다는 것이다.[140] '신빙성' 여부에 대한 판단은 자백이 행해졌을 때의 상황을 종합 고려하여 이루어지며, 이 기준의 요체는 자백이 실제 진실이 아니었다는 점에 있는 것이 아니라, 자백시의 상황이 피고인의 자백을 신빙성이 없는 것으로 만들기 쉬운 것이었는가에 있었다.[141] 그리고 신빙성 존부에 대한 다툼이 있을 경우 입증의 부담은 소추 측이 진다.[142]

PACE 제정 이후 신빙성 기준에 의하여 자백을 배제한 대표적인 영국 법원의 판결을 간략히 살펴보자. 먼저 1987년 'R. v. Phillips 판결'에서 항소법원은 경찰관의 유혹으로 도출된 피고인의 신용카드 범죄에 대한 자백을 배제하였으며,[143] 1988년 'R. v. Trussler 판결'[144]에서 항소법원은 마약중독 및 강도혐의로 체포된 피고인이 18시간 동안 휴식 없이 구금된 채로 신문을 받고 경찰관과 잡담을 나눈 후 행한 자백의 증거능력을 배제하였다.[145]

1989년 'R. v. Delaney 판결'에서 3세 소녀에 대한 강제추행혐의로 체포된 IQ 80의 17세 피고인의 자백배제가 쟁점이었는데, 항소법원은 심리적으로 취약한 피고인의 자백에 기초한 유죄평결을 파기하였다.[146] 항소법원은 경찰관이 피고인과의 대화를 기록하지 않음으로써 실무규정을 위반하였다는 점,[147] 피고인이 변호인의 조력을 받지 못하였다는 점, 신문 동안 수차례에 걸쳐 피고인에게 형벌보다는 치료처우가 필요하다는 언명이 있던 점 등은 허위자백을 산출할 위험이 매우 높았다고 판시하였다.[148]

---

140) Peter Mirfield, *Confessions* 111(1985); Mark Berger, "The Exclusionary Rule and Confession Evidence: Some Perspectives on Evolving Practices and Policies in the United States and England and Wales," 20 *Anglo-American L. Rev.* 63, 72(1991).
141) Martin Hannibal & Lisa Mountford, *The Law of Criminal and Civil Evidence Principles and Practice* 92(2002).
142) PACE, art. 76(2).
143) (1987) 86 Crim. App. 18.
144) [1988] Crim. L. Rev. 446.
145) Id. at 448.
146) (1988) 88 Cr. App. R. 338.
147) Id. at 341-342.
148) Id. at 343.

1991년 'R. v. Howden-Simpson 판결'149)에서 피고인은 소년성가대원에게 비용을 지불하지 않아 절도죄로 기소되었는데, 수사기관은 피고인이 절도죄를 인정하면 두 건의 비용미지불에 대해서만 기소하고 피고인이 인정하지 않는다면 비용이 지불되지 않은 모든 성가대원을 찾아 매 경우마다 별도의 기소를 하겠다고 말하였다. 항소법원은 이러한 신문으로 피고인이 처하게 된 곤경을 고려할 때 피고인의 자백은 신빙성이 없다고 판시하였다.

한편 신빙성 판단에 있어 피고인의 정신적·육체적 조건이 중요한 판단요소로 작용하고 있다. 예컨대, 1991년 'R. v. McGovern 판결'150)에서의 모살 혐의로 기소된 피고인은 10세 정도의 정신연령을 가진 만 19.5세의 임신한 여성이었다. 피고인은 변호인 접견이 거부당한 상태에서 행해진 첫 번째 신문을 받았는데, 피고인은 경찰관이 설명한 자신의 형사절차상 권리를 이해하지 못하였고, 계속된 신문으로 혼란에 빠진 상태에서 자신에 불리한 진술을 하였다. 두 번째 신문에서 피고인은 변호인이 배석한 상태에서 다시 자백하였다. 항소법원은 첫 번째 신문에서 자백은 변호인접견이 거부된 상태에서 획득된 것이고, 두 번째 자백은 첫 번째 신문에서 경찰관의 위법행위로 오염된 것이므로 두 자백 모두 배제되어야 한다고 판시하였다. 그리고 1998년의 'R. v. Walker 판결'151)에서 항소법원은 성판매여성으로서 심각한 인격 장애가 있는 피고인이 경찰서 안으로 마약을 반입하여 이를 복용한 상태에서 행한 강도혐의에 대한 자백이 신빙성이 없다는 이유로 배제하였다.

Ⅲ. '공정성' 기준에 의한 자백 및 물적 증거의 재량적 배제

이상의 제76조 제2항에 의한 자백배제 외에, PACE 제78조 제1항은 "어떠한 절차에서도 법원은, 검찰이 제시하는 증거가 수집된 상황을 포함한 모든 정황에 비추어 보아 이 증거를 채택하는 것이 절차의 공정성(the fairness

---

149) [1991] Crim. L. R. 49.
150) (1991) 92 Cr. App. R. 228.
151) [1998] Crim. L. R. 211.

of the proceedings)에 적대적 효과(adverse effect)를 줄 것으로 판단하는 경우 그 증거의 허용을 거부할 수 있다."라고 규정하고 있다.

이는 RCCP가 제안한 '권리보호의 원칙'(protective principle)에 기초한 것으로서, 동 조항은 진술증거와 비진술증거 양자 모두에 적용되는 것으로 해석되고 있다.152)

이러한 제76조 제2항은 PACE가 판사의 재량이 허용되지 않는 자동적 위법수집증거배제도, 또한 신빙성에만 순전히 의존하는 증거배제도 채택하지 않으면서 그 타협점을 판사에 의한 재량적 증거배제에서 찾았음을 보여 준다. 그리고 공정성 침해에 따른 증거배제 여부는 수사의 필요성, 공공의 이익 등과 비교형량하여 판단된다.

1. 물적 증거 배제

먼저 불법적 정지, 가옥진입, 수색 및 압수로 획득한 물적 증거의 증거 능력을 법원이 배제한 사건을 보자. 1987년 'R. v. Motto 판결'153)에서 경찰은 과속운전 피의자를 정지시켜 호흡검사를 요청하였는데, 피의자는 경찰이 자신의 사적 소유지에 들어와 있다고 항의하였다. 이에 경찰은 자신들이 부당체포를 하였다면 자신들에 대하여 소송를 제기하면 될 것이라고 대응하였다. 이에 형사합의법정(Division Court)은 경찰관의 악의(mala fides)를 이유로 피고인의 호흡견본을 배제하고 유죄평결을 파기하였다.

1988년 'R. v. Chapman 판결'154)은 피고인이 중죄를 범했다는 합리적 의심 없는 상태에서 경찰관이 도주하는 피고인을 좇아 그의 주거 안으로 들어갔고, 이에 피고인은 경찰관을 폭행하였는데, 형사합의법정은 피고인의 유죄평결을 파기하였다. 1989년 'R. v. Fennelley 판결'155)에서 피고인은 불법마약을 배포할 목적으로 소지한 혐의로 기소되었는데, 그는 정지·수색

---

152) Peter Mirfield, "The Future of the Law of Confessions," 1984 *Crim. L. Rev.* 63, 71; Birch(각주 130), at 97.
153) [1987] Crim. L. Rev. 641.
154) [1988] Crim. L. Rev. 843.
155) [1989] Crim. L. Rev. 142.

당시 그 이유에 대한 설명을 듣지 못하였다. 이에 1심 법원은 압수된 마약을 증거에서 배제하였다.

그리고 1991년 'R. v. Nagah 판결'156)에서 강간미수혐의로 체포된 피고인은 자신의 무죄를 입증하기 위해 신원확인용 정렬(identification parade)을 요청했으나 거절당했다. 항소법원은 경찰이 실무규정을 무시하였고, 피고인은 증인의 신빙성을 점검할 수 있는 기회를 가지 못하였다고 판시하였다.

그러나 불법적 압수·수색이 있다고 하여 항상 이를 통해 획득한 물적 증거의 증거능력이 배제되는 것은 아니다. 1986년 'Fox v. Chief Constable of Gwen 판결'157)에서 경찰관은 음주운전 혐의를 받고 있던 피고인의 집에 불법으로 들어가 호흡측정을 요구했고, 피고인이 거절하자 체포하여 경찰서에서 호흡측정을 하였다. 법원은 경찰의 불법침입을 이유로 음주측정거부죄는 무죄를 선고했지만, 호흡측정 결과물에 대해서는 경찰의 선의를 이유로 증거능력을 인정하고 유죄를 선고하였다.

'공정성' 기준에 의한 물적 증거의 배제에 대한 지도적 판결로는 2001년 'R. v. Sanghera 판결'158)이 있다. 이 사건에서 경찰관은 강도혐의를 받고 있던 피고인으로부터 서면동의를 받지 않고서 피고인의 주거를 수색하여 상당량의 현찰이 담긴 상자를 발견하였다. 항소법원은 이 증거를 배제하라는 신청을 기각하였는데, 동 판결의 이하 판시는 PACE 제78조 제1항이 명시한 판사의 증거배제 재량에 대한 기본입장을 잘 보여준다.

제78조와 관련한 법원의 판단에 있어서, 매 사건은 그 사건의 사실관계에 기초하여 고려되어야 하고, 당해 사건에 적용을 할 때 과도한 일반화를 범하지 않는 것이 중요하다. 제78조하에서 법원이 취급해야 하는 상황들 사이에는 명백한 차이가 존재한다. 먼저 적정한 절차(proper procedures)의 심각한 파괴가 소추절차 전체에서 발생한 상황이 있다. 그러한 상황 아래에서 법원은 그

---

156) (1991) 92 Cr. App R 344.
157) [1986] 1 A.C. 281, HL.
158) [2001] 1 Cr. App. R. 299.

파괴의 성질이 매우 중대(significant)하여 증거를 채택하는 것이 적절하지 않다는 견해를 채택하는 것이 좋을 것이다. 그런데 또한 중대하다고 간주될 수는 있으나 심각(serious)하지 않은 실무규정 위반이 발생한 낮은 등급의 상황이 있다. 후자의 상황은 첫 번째 범주의 상황과 동급의 비중이 아니다. 실무규정 위반이 사소(venial)하거나 기술적(technical)인 것이라고 말할 수 있는 사안이 존재할 수 있다. 이러한 후자의 범주에 속하는 사안에서는 법원은 부정의 또는 불공정이 연관되지는 않았다는 결론에 거의 불가피하게 도달할 것이며, 증거를 사용하는 쪽으로 재량을 행사할 것이다. 중간 정도의 범주, 즉 위반이 중대하지만 심각하지는 않다고 할 수 있는 범주에 관해서는 어려움이 존재한다. 그 상황에서 제78조는 법관이 모든 상황을 고려하면서 재량에 따라 판단하도록 맡겨 두고 있다.

요컨대, 판사는 수사기관의 위법수준이 '중대하고 심각한 경우', '중대하지만 심각하지는 않은 경우', '사소하거나 기술적인 경우'의 세 가지로 나누어 증거배제 여부를 판단한다는 것이다.

2. 자백배제

PACE 제78조 제1항에 따른 자백배제가 쟁점이 되는 사안은 주로 변호인접견권의 침해, 피의자에 대한 기망, 정신적·육체적으로 취약한 피의자의 보호 실패, PACE와 실무규정에 대한 의도적 조롱, 신문에 대한 적절한 기록 실패 등의 경우이다.

첫째 PACE 제58조상의 피의자의 변호인의 조력을 받을 권리를 침해하고 획득한 자백을 배제한 사건을 보자. 접견의 지연이 합리적인 것으로 정당화되는가가 주요 쟁점이었는데, 지도적 판결은 1988년 'R. v. Samuel 판결'[159]이다.

이 사건에서 피의자는 서면으로 변호인접견 포기를 밝힌 후 무장강도에 대한 자신의 관련을 부인하였다. 피의자에 대한 수색으로 몇 가지 증거물

---

159) [1988] 1 Q.B. 615(C.A. 1987); [1988] 2 All E.R. 135.

품이 발견되자, 피의자는 변호인접견을 요청하였다. 그러나 당해 경찰서의 총경은 중죄가 관련되어 있고 변호인접견을 허용할 경우 공범들이 의도치 않게 경각될 가능성이 있다는 이유로 변호인접견을 거부하였고, 이후 피의자는 범행을 자백하였다. 피의자의 변호인은 피의자의 혐의사실을 통고받았지만 피의자가 자백을 하고 난 후 접견이 허용되었다.

항소법원은 실무규정의 부칙 B를 언급하면서,160) 피의자가 특정 범죄로 기소되었다면 다른 범죄에 대한 수사가 진행중이라 하더라도 피의자에 대해 변호인접견을 거부하는 것은 정당화될 수 없다고 설시한다. 그리고 변호인접견권은 "시민의 가장 중요하고 근본적인 권리 중의 하나"161)임을 강조하면서, 변호인접견이 다른 공범을 경각시킬지도 모른다는 것만으로는 그 권리를 거부하기에는 불충분하다고 말하고, 이 사건에서 변호인접견이 거부된 보다 개연성 있는 이유는 변호인 참여 없이 피의자를 신문할 수 있는 마지막 기회를 한 번 더 경찰 측에 주려는 것이었다고 결론짓는다. 그리고 법원은 당해 사건에서 피의자가 이미 강고하게 사건관련을 부인하고 있었고 경찰은 두 가지 사안에 대하여 기소를 행하였다는 점을 보건대, 변호인이 피의자를 접견하였더라면 묵비를 권유하였을 것이고 경찰은 피의자로부터 자백을 획득하지 못하였을 것이라고 결론지으면서, 피고인에 대한 유죄평결을 파기하였다.

이후 영국 법원은 변호인접견권 침해는 PACE와 실무규정에 대한 "중대하고 실질적인 침해"라는 점을 분명히 하였고,162) 변호인접견권 침해를 통해 획득한 자백을 적극적으로 배제하는 경향을 보이고 있다.163) 그리하여 이제 피의자의 변호인접견권 침해사건의 경우 "다른 범주의 법규위반의

---

160) Interrogation Code, Annex B, para. 1.
161) [1988] 1 Q.B., at 630.
162) R. v. Walsh(1990) 91 Cr. App. R. 161.
163) 예컨대 'R. v. Canale 판결' <[1990] 2 All. E.R. 187> 등이 있다. 물론 전술하였듯이 이러한 자백배제 경향이 자동적인 것은 아니다. 1988년 'R. v. Alladice 판결'에서 PACE 제58조의 위반이 있었지만 항소법원은 경찰관의 '선의'(good faith)를 고려하여 당해 자백을 배제하지 않았다[(1988) 87 Crim. App. 380].

경우와는 달리 법집행기관의 입증부담은 매우 높아져 경찰 측이 수사의 어느 단계에서든 변호인접견의 거절을 정당화하는 것은 이제 사실상 불가능하게 되었다"164)고 평가되고 있다.

둘째, 피의자의 권리에 대해 고지를 행하지 않고 획득한 자백에 대해서도 영국 법원은 적극적 배제의 경향을 보이고 있다. 1989년 'R. v. Absolam 판결'165)에서 항소법원은 피의자의 권리가 고지되지 않았고 신문의 녹취에 관한 실무규정이 위반되었다는 이유로 피고인의 대마초공급에 관한 유죄평결을 파기하였다. 1988년 'R. v. Vernon 판결'166)에서 피고인은 변호인을 요청하였으나 당시 어느 변호인도 이용 가능하지 않자 변호인 없이 신문하는 데 동의하였고 이어 자백하였다. 그러나 피고인은 자신에게 공공변호인제도가 이용가능함을 고지받지 못하였다고 항의하였고, 1심 형사법원은 그 신문내용을 증거에서 배제하였다.

셋째, 경찰관의 기망에 의한 자백도 공정성 기준에 따라 배제되고 있다. 대표적으로 1988년 'R. v. Mason 판결'167)이 있는데, 이 사건에서 경찰관은 경미한 방화죄로 체포된 피고인과 그의 변호인에게 피고인의 지문이 현장에서 발견된 인화물질을 담은 유리병에서 발견되었다고 거짓말을 하였고, 이에 피고인은 자백하였다. 항소법원은 경찰관이 피고인만이 아니라 변호인도 기망한 것은 "가장 비난 받아야 할 행위"라고 규정하며 자백배제를 결정하였다. 단, 경찰관의 기망이 항상 자백배제의 결과를 낳는 것은 아니며, 경찰관의 기망을 통해 획득한 자백이 신빙성이 높은 경우 영국 법원은 종종 자백배제를 하지 않고 있다.168)

---

164) David Wolchover & Anthony Heaton-Armstrong, "The Questioning Code Revamped," [1991] Crim. L. Rev. 232, 234.
165) (1989) 88 Cr. App. R. 332.
166) [1988] Crim. L. Rev. 445.
167) [1988] 1 W.L.R. 139.
168) R. v. Bailey and Smith [1993] 3 All. E.R. 513; R. v. Chalkley and Jeffries [1998] 2 All. E.R. 155.

Ⅳ. 소 결

이상과 같이 PACE 제정 이후 영국 위법수집증거배제법칙은 코몬 로하의 위법수집증거배제법칙과 많은 변화를 보여주었다. 이를 도해화하면다음과 같다.

	코몬 로	PACE
위법수집 비진술증거	불배제	제78조 제1항에 따른 재량적 배제
위법수집자백	'임의성 기준'에 기초한 강력 배제	'억압' 존재/'신빙성' 의심 → 제76조 제2항에 따른 의무적 배제
		기타→제78조 제1항에 따른 재량적 배제
묵비권 및 변호인접견권 침해/미란다 유형의 고지 불시행	불배제	제78조 제1항에 따른 정력적인 재량적 배제

PACE 자체는 법원이 위법수집증거배제를 통해 경찰의 불법행위를 억지·통제해야 한다는 원칙 — 상술한 '제재의 원칙' — 을 공식적으로 채택하지 않았지만, 영국 법원은 그 필요성을 암묵적으로 수용한 것으로 보인다. 펠드만은 다음과 같이 말하였다.

1심 형사법원과 항소법원의 판사들은 경찰을 제재하는 것은 사법부의 역할이 아니라는 전통적 관념으로부터 벗어나고 있는 것처럼 보인다. 판사들은 경찰관행에 대한 규제(regulation)를 형사절차에서의 공정성만큼이나 중요한 목표로 취급한다. … 판사들은 이제 자신들이 경찰의 권한과 피의자의 보호 사이에 균형을 유지하는 데 있어서 제재적 및 규제적 역할을 갖는다고 파악한다. … 이 균형을 맞추기 위하여 판사들은 자신들이 PACE 및 실무규정에 있는 '권리보호의 원칙'에 기초한 조항들의 중요성을 경찰에게 각인시켜야만 한다고

느끼는 것처럼 보인다.[169)]

미국와 같은 자동적 · 의무적 배제는 아니지만, 이상과 같은 법관의 재량에 기초한 영국 법원의 정력적인 위법수집증거배제 경향을 두고 한 미국 학자는 '영국 형사절차혁명'이라고 명명한 바 있다.[170)]

[보 론] 묵비권을 제약한 CJPOA에 대한 법원의 대응

제 2. Ⅳ.에서 상술한 CJPOA의 진술거부권 제약에 대하여 영국 법원이 어떻게 대응하였는가에 대하여 간략히 살펴보자.

먼저 영국은 명문의 권리장전을 갖고 있지 않으며, 또한 '의회의 우월성'(Supremacy of Parliament) 원칙에 따라 영국 법원은 의회의 입법을 위헌이라고 선언할 권위를 갖지 못한다는 점,[171)] 반면 영국이 '유럽인권협약'(the European Convention of Human Rights)의 조인국이므로 '유럽인권재판소'(the European Court of Human Rights)에 의하여 CJPOA 문제조항에 대한 심사가 가능하다는 점을 상기할 필요가 있다.[172)]

1996년 유럽인권재판소는 'Murray v. U.K. 판결'[173)]에서 CJPOA의 묵비권 제한조항과 유사한 내용을 포함하고 있는 1988년 '형사증거명령(북아

---

169) David Feldman, "Regulating Treatment of Suspects in Police Stations: Judicial Interpretation of Detention Provisions in the Police and Criminal Evidence Act 1984," 1990 *Crim. L. Rev.* 452, 468-469(1990).

170) Craig M. Bradley, "The Emerging International Consensus as to Criminal Procedure Rules," 14 *Mich. J. Int'l L.* 171, 190(1993).

171) 이에 대해서는 Alan Ryan, "The British, the American, and Rights," *A Culture of Rights: The Bill of Rights in Philosophy, Politics, and Law ― 1791-1991*(Michael J. Lacey & Knud Haakonssen eds., 1991)을 참조하라.

172) 단 '유럽인권협약' 그 자체가 영국 국내법의 일부로 편입되어 있지는 않다. 이 문제에 관한 논쟁에 대해서는 Michael Zander, *A Bill of Rights?*(1997); Michael Zander, "A Bill of Rights for the United Kingdom ― Now," 32 *Texas Int'l L. J.* 441(1997)을 참조하라.

173) Case No. 41/1994/488/570(The Times, Feb. 9, 1996). 이 사건에 대해서는 Roderick Munday, "Inferences from Silence and European Human Rights Law," 1996 *Crim. L. Rev.* 370을 참조하라.

일랜드)'(the Criminal Evidence(Northern Ireland) Order)의 유효성을 검토하게 된다. 머레이는 1989년의 '테러리즘 예방법'(the Prevention of Terrorism (Temporary Provision) Act 1989)에 의해 체포되었는데, 1심법원 판사는 경찰신문시 피고인의 묵비, 재판정에서 피고인의 증언거부로부터 피고인에게 불리한 추론을 도출해 냈다. 이에 항소법원은 그 추론은 상식의 문제로서 그 상황하에서 불공정 또는 불합리한 것으로 간주될 수 없다고 판시하였다.174) 유럽인권재판소는 이러한 영국 국내 판결에서 형사피고인에게 '공정한 공개 청문'(a fair and public hearing)을 보장하는 유럽인권협약 제 6 조의 위반이 발생하였는지 여부를 검토하게 된다. 당 재판소의 다수의견은 유럽인권협약 제 6 조 제 3 항 c와 제 6 조 제 1 항에 반하여 머레이의 변호인접견권이 그의 구금개시 이후 초기 48시간 동안 침해되었다고 보면서도, 묵비로부터 피고인에게 적대적 추론을 이끌어내는 것은 당해 국가의 법원이 그 묵비에만 의존하여 유죄를 결론짓지 않는 한 허용된다고 결론내렸다.

이후 CJPOA의 문제조항의 해석에 대한 두 개의 주요한 영국 법원의 판결이 내려진다. 'R. v. Argent 판결'175)에서 항소법원은 CJPOA 제34조 하의 적대적 추론이 도출되기 위한 여섯 가지 전제조건을 제시한다. 즉, (i) 피고인에 대한 형사절차가 존재해야 한다. (ii) 피고인이 기소전 신문에서 제기된 특정 사실에 대하여 언급하지 않았어야 한다. (iii) 피고인은 경찰관 또는 CJPOA 제34조 제 4 항의 규정된 사람에 의해 자신의 권리를 경고받은 후 신문받고 있어야 한다. (iv) 그 신문은 당해 범죄가 저질러졌었는가 여부 또는 누구에 의해 범해졌는가를 발견하기 위하여 행해지고 있어야 한다. (v) 재판정에서 피고인은 자신이 경찰신문시에 언급하지 않았던 사실에 의존하여 자신을 변호해야 한다. (vi) 신문시 존재하였던 상황하에서 피고인이 당해 사실에 대해 언급하는 것이 합리적으로 예상되어야 한다. 그리고 1995년 'R. v. Cowan 판결'176)에서 항소법원은 CJPOA 제35조하에서 판사가

---

174) R. v. Murray(1993) 97 Cr. App. R. 151.
175) [1997] 2 Cr. App. R. 27.
176) [1995] 3 WLR 818.

배심에게 피고인에 대해 불리한 언급을 하는 것과 관련한 다섯 가지 핵심사항을 정립한다. (i) 입증책임은 항상 소추 측에 남아 있다. (ii) 피고인은 진술거부권을 보유한다. (iii) 증거제출의 거부로부터의 추론은 그 자체로 유죄를 입증할 수 없다. (iv) 배심은 피고인의 묵비로부터 어떠한 추론을 도출하기 이전에, 소추 측이 당해 사건을 입증하였다고 납득해야 한다. (v) 배심이 그 묵비가 경찰신문에 답하지 않은 피고인의 탓이며 법정에서의 반대심문에 응하려 한 측의 탓이 아니라고 결론내린다면, 자신의 묵비를 설명하기 위해 피고인이 의거하는 증거의 유무와 관계없이, 배심은 적대적 추론을 도출할 수 있다 등이다.

제 5. 결

반 케셀 교수가 지적하였듯이, 영국인들이 자신들의 형사사법을 바라볼 때 가졌던 "전통적인 평정심"(traditional equanimity)은 경찰에 대한 일반 대중의 신뢰의 저하, 그리고 경찰과 지역사회 간의 관계의 악화 등으로 인하여 훼손되어 왔다.177) 일반 대중이 경찰의 역할을 기꺼이 수락하였던 '황금시대'는 1960년대 이후 무너져내리기 시작하였고, 경찰의 이미지 역시 "꾸준히 일하는 사람에서 돼지 같은 놈으로"(from plod to pig) 전이해 왔음도 사실이다.178) 하지만 다른 한편으로는 영국의 범죄율이 미국보다는 심각하지 않지만 계속 증가추세에 있으며, 미국의 경우 1980년 이후 범죄율이 감소하는 추세에 있다면 영국의 경우는 지속적으로 증가상태에 있는 것 또한 사실이다.179)

---

177) Gordon Van Kessel, "The Suspect as a Source of Testimonial Evidence: A Comparison of the English and American Approaches," 38 *Hastings L. J.* 1, 9(1986).

178) John Beynon, "Policing in the Limelight: Citizens, Constables and Controersy," *The Police: Powers, Procedures and Proprieties*(각주 38), at 7; Robert Reiner, *The Politics of the Police* 72-77(2nd., 1992).

179) Van Kessel(각주 177), at 8-9.

이러한 상황하에서 이루어진 영국 형사절차의 개혁은 '법과 질서' 진영과 시민·자유주의 진영 간의 격렬한 대결과 타협의 결과이다. 혁신의 전체적 틀은 PACE와 그 실무규정에 의해 짜여졌는데, 이에 따라 과거 코몬로상 불명료했던 경찰의 권한 및 피의자·피고인의 권리가 명료히 입법화되었으며, 판사는 자신의 재량에 따라 위법수집증거를 배제할 수 있는 명시적 근거를 갖게 되었으며, 또한 판사는 위법수집증거를 배제하고 유죄평결을 파기하는 데 주저하지 않았다. 이는 1960년대 이후 미국 연방대법원에 의해 추진된 '형사절차혁명'의 문제의식이 영국식으로 소화·입법화된 것으로 이해할 수 있다. 위법수집증거의 배제를 자동적·의무적으로 하는 반면 그에 대한 예외를 많이 만들어 놓은 미국과 달리, 증거배제를 원칙적으로 판사의 재량에 맡기고 있는 영국의 예는 우리가 새로이 참조해야 할 사례이다. 반면 CJPOA에 의한 진술거부권 행사의 제약은 심각해지는 범죄문제를 과거 규문주의 형사사법관념으로 돌아가 해결해 보려 한 충격적 결과이다. 진술거부권의 모국에서 묵비권이 형해화되는 법률이 제정되었다는 점은, 한 사회에서 범죄통제의 논리가 강화되면 형사절차상의 인권이 어디까지 축소될 수 있는지를 보여주는 악례(惡例)라고 하겠다.

제4장

독일의 인격권에 기초한
증거금지론

독일이 이상에서 본 영미와 상이한 형사사법체제를 갖고 있음은 주지의 사실이다. 특히 공식적으로는 영미식 '유죄답변협상'(plea bargaining)을 불용(不容)하는 독일의 기소법정주의(Legalitätsprinzip)나,[1] 검사를 당사자의 하나로만 보지 않고 국가를 대표하는 '중립적' 기관으로 보고 그에게 '객관의무'를 부여하는 것 등은 영미에서는 찾아볼 수 없는 관념이라 하겠다. 그러나 아무리 독일 형사법학이 영미에 비하여 실체적 진실발견을 중시한다 하여도 그것이 일정한 한도 내에서 이루어져야 한다는 관념이 출현하지 않을 수는 없었다. 영미의 위법수집증거배제법칙과 비견되는 '증거금지'(Beweisverbote)의 이론이 바로 그것이다.

이하에서는 증거금지의 이론의 발전을 살펴보면서 이 이론틀을 체계화한 주요 판례에 초점을 맞춘다. 그리고 현재 증거금지의 이론의 체계와 현황을 정리한다.

---

1) 단, 형사소송법 제153조의 a와 제407조 제 1 항에 따라 피의자의 자백과 교환하여 구형량을 낮추거나 피의자의 여죄에 대한 공소를 취하는 것은 허용되고 있다. 이에 대해서는 제 2 편 제 5 장 제 3. 2.를 참조하라.

제 1. 증거금지론의 성립과 전개

Ⅰ. 베링에 의한 증거금지론의 파종(播種)

독일에서 실체적 진실발견에 대한 제한개념으로 증거금지의 개념을 창안한 사람은 베링(E. Beling)이다.[2] 1877년 독일 형사소송법 제251조는 공판 전(前)에 신문받은 증인이 증언거부권을 행사하였을 때 그 이전에 증인이 행한 증언의 낭독은 허용되지 않는다고 규정하고 있었는데, 이 조문의 해석을 두고 단순히 낭독만이 불허된다는 취지인가 아니면 증인의 공판 전 진술도 증거로 사용할 수 없다는 취지인가를 둘러싸고 논쟁이 있었고, 여기서 후자의 입장을 위한 이론적 근거를 제공한 것이 바로 베링의 증거금지의 이론이었다.

베링은 1900년 발간된 그의 교과서와 1902년에 튀빙겐 대학의 취임강연에서 최초로 증거금지론의 씨앗을 뿌렸다.[3] 베링에게 증거금지는 진실규명이라는 형사소송상의 이익보다 형사소송 외적인 이익을 보다 중시함으로써 도출되는 원리이다.[4]

그는 증거금지를 '절대적 증거금지'(absolute Beweisverbote)와 '상대적 증거금지'(relative Beweisverbote)로 구분하였는데,[5] 전자는 일정한 사실을 미해명의 상태로 둔다는 의미이며, 후자는 일정한 증거방법이 허용되지 않는다는 의미였다.[6] 그는 국가의 안전보장, 왕실의 특권, 개인의 인격영역, 근친관

---

2) 베링의 이론에 대한 요약은 井上正仁,「刑事訴訟におる證據排除」(1985), 176-185頁; 권영법, "독일 증거금지론에 대한 소고," 법조협회,「법조」제642호(2010년 3월), 162-165면을 참조하라.

3) Bennecke-Beling, *Veherbuch des deutschen Reichsstrafprozeßrechts*(1900); E. Beling, *Die Beweisverbote als Grenzen der Wahrheitserforschung im Strafprozeß*, Str. Abh. Heft 46(1903).

4) E. Beling, *Deutsches Reichsstrafprozeßrecht* 284(1928).

5) Bennecke-Beling(각주 3), at 3.

6) Id. 베링은 1928년 교과서에는 '절대적 증거배제'를 '입증주제의 금지'(Beweisthe

계, 개인의 비밀의 보호, 소유권의 보호 등의 여섯 가지 이익을 증거금지의 근거로 제시하였다.[7] 증거금지의 소송법적 효과로는 첫째, 금지된 증거방법은 증거조사의 대상이 되지 않는다. 둘째, 그럼에도 증거조사가 이루어지고 이것이 판결선고 전에 밝혀졌을 때는 그 증거조사의 결과를 판결의 기초로 할 수 없다. 셋째, 판결 선고 이전에 밝혀지지 않았을 때에는 상소이유가 된다 등을 들고 있다.[8] 베링의 증거금지론이 작동하는 범위는 크지 않다. 압수·수색이나 판사의 명령이 필요한 규정같이 증거수집이나 사용의 형태가 법률상 제한을 받는 경우에는 적용되지 않는다.[9]

베링의 증거금지론의 요체는 이익형량(Güteabwägung)에 있다.[10] 그는 형사사법에서 정확성이라는 이익은 중대하지만 그것만이 유일한 이익은 아니며, 그것과 충돌하는 수많은 중요한 이익이 있기 때문에 그들에게 양보하여야 한다고 주장하였다.[11] 이러한 이익형량의 표현인 법규가 존재하지 않는 경우에는 입법자만이 아니라 법관도 형량을 행하는 것이 필요하다고 하였으며, 당시에 증거금지를 통하여 보호받지 못하는 이익의 보호를 위하여 입법을 촉구하기도 하였다.[12]

한편 증거금지의 이론이 정립되는 초기 시기에 이 이론과 관련된 판결로는, 1889년 11월 7일 라이히 최고재판소(Reichsgericht)의 판결이 있다.[13] 이 사건은 피고인과 근친자 등의 증거거절권자 사이에 교환된 통신서면의 압수를 금지한 형사소송법 제97조를 위반하여 압수된 편지가 모욕죄를 구성하는 익명서신의 필적감정에 사용되었던 사건인데, 동 법원은 "법규에 반하는 방법으로 획득된 증거방법은 공판에 제출되어서는 안 되며, 판결형

maverbote)로, '상대적 증거배제'를 '증거방법의 금지'(Beweismittelverbote)로 개념을 재정리하였다[E. Beling, *Deutsches Reichs Strafprozeßrecht* 284(1928)].
7) Bennecke-Beling(각주 3), at 6.
8) Id. at 30.
9) 권영법(각주 2), 164면.
10) Beling(각주 3), at 32.
11) Id. at 32.
12) Id. at 39.
13) 20 RGSt 91(1889).

성에도 사용되어서도 안 된다"라고 판시하였다. 단 이 판결은 증언거절권자의 증거금지에 한정된 판결이었으므로 다른 절차상의 위법의 경우에까지 일반화시킬 수는 없었다. 제2차 세계대전 이전 독일 라이히 최고재판소 판결 중 성인에 대한 강압적 자백도출을 이유로 증거배제를 결정한 판례는 단 하나도 보고된 바 없다.[14]

이상과 같은 베링의 증거금지론이 개화(開花)를 하기 위해선 오랜 시간이 필요했다. 제1차 세계대전 이후 사회적 혼란 속에서 독일 사회는 실체적 진실발견을 중시하고 사건의 신속처리를 강조하는 방향으로만 움직였다. 특히 나치 체제가 등장한 이후 형사절차에서 법치국가적 보장은 완전히 형해화되고 말았다. 사법부의 통제없이 체포·압수·수색을 할 수 있는 각종의 특수경찰기관이 조직되었고, 피의자에게 과도한 운동을 강제하거나 수면을 박탈하는 등의 이른바 '집중신문'(verschärfte Vernehmungen)이 허용되었으며, 사법부 역시 법무부의 간섭에 좌지우지되었고 압도적 다수의 판사가 나치 당원으로 법률실증주의에 매몰되어 있던 상황에서 증거금지론은 오랜 동면 속으로 들어가 있어야만 했다.[15]

II. 패전과 1950년 형사소송법 제136조의 a의 신설

제2차 세계대전 이후 점령군에 의하여 형사사법에서 '탈나치화'가 진행되면서 사법부과 경찰에서 나치 관련자들이 제거되었다. 그러나 이후 많은 전직 나치 요원들이 전후의 형사사법체제에 재편입되었고, 경찰재교육에도 불구하고 영장없는 수색 등 경찰관의 불법행위는 계속되었기에 국민의 수사기관에 대한 불신은 여전하였다.[16]

---

14) Walter Parker, "Exclusionary Rule in France, Germany, and Italy," 9 *Hastings Int'l & Comp. L. Rev.* 1, 93(1985).

15) Richard Grundberger, *A Social History of the Third Reich* 126(1971); Robert M.W. Kempner, "Police Administration," *Governing Postwar Germany* 406(E. H. Litchfield ed., 1953); Karl Loewenstein, "Justice," *Governing Postwar Germany* 245-246(E. H. Litchfield ed., 1953).

16) Kempner(각주 15), at 406-411; Loewenstein(각주 15), at 245-250; Pakter(각주 14),

이러한 상황에서 독일 의회는 나치 형사사법체제하의 경찰신문에 대한 반성에 기초하여, 1950년 형사소송법 개정시 제136조의 a를 신설한다. 제136조의 a는 형사피의자·피고인의 의사결정 및 의사활동의 자유가 폭행, 피로, 상해, 투약, 고통, 기망, 최면술 등에 의해 침해되어서는 안 되며, 불법한 협박이나 이익제공의 약속도 금지됨을 분명히 하고 있다. 그리고 동조 제 3항은 이러한 금지에 위반하여 얻은 진술은 본인의 동의에도 불구하고 이용될 수 없다고 규정하였다. 이 조항은 증거금지론을 진술영역에서 입법화한 획기적인 규정으로, 독일 학계의 용어를 빌린다면 증거를 수집함에 있어서 일정한 수단과 방법은 금지된다는 '증거수집금지'(Beweiserhebungsverbote)를 규정함과 동시에, 이를 위반하여 획득한 증거의 사용을 금지한다는 '증거사용금지'(Beweisverwertungsverbote)를 명문화한 것이었다.

한편 제136조의 a와 관련하여, 점령군이 가지고 들어 온 새로운 과학기술, 특히 마취분석과 거짓말탐지기를 형사절차에서 사용할 수 있는가가 쟁점이 되었다.

마취분석의 경우 피고인의 정신감정을 위해 감정인이 마취분석을 행하여 논란을 일으킨 1949년 4월 발생한 살인사건인 'Karlsruhe 사건' 이후 허용 여부가 논쟁이 되었다. 당시 실체적 진실의 발견은 개인의 자유 보호라는 요청보다 우월하므로 마취분석은 원칙적으로 합법적이라고 보는 견해도 있었으나, 다수는 진술의 자유 보장, 인간의 존엄 보장, 묵비권의 보장 및 법치국가적 소송의 관점에서 허용될 수 없다고 보고 있었다.[17] 특히 니이제 는 마취분석의 불허용을 주장하며, "소송이념은 어떠한 희생을 치르더라도 진실을 밝힌다는 것은 아니며, 형사소송에 있어서 피의자·피고인의 인간적 인 자유와 존엄의 보호하에 진실을 밝힌다는 것이다"[18]라고 증거금지의

---

at 17-18.

17) 井上正仁(각주 2), 199-202頁; 김균보, "독일 형사소송에 있어서의 증거금지," 부산대학교 법학연구소, 「법학연구」 제33권 제1호(1992), 65-66면; 권영법(각주 2), 166-168면 참조.

18) W. Niese, "Narkoanalyse als doppelfunktionelle Prozeßhandlung," ZStW 213 Bd. 63(1951).

이념적 기초를 간명하게 정식화하였다.

거짓말탐지기의 사용 역시 1954년 2월 16일의 연방대법원(BGH) 판결에서 불허된다. 법원은 이 판결에서 "형사소송법에 있어서 … 진실의 구명은 전적으로 [기본법 제 1 조 제 1 항과 형사소송법 제136조의 a]의 규정 및 기타의 규정에 의하여 규정되는 사법형식적인 형태로만 수행되어야 한다. … 거짓말탐지기는 의사결정, 의사활동의 자유침해이며, 형사소송법상 허용되지 아니한다. 인간생활에 있어 불가결하고 방기될 수 없는 정신의 고유영역은 인격의 보지(保持)와 발전의 근본이며, 형사소송에 있어서도 침해될 수 없는 것이다"라고 판시하였다.[19]

Ⅲ. 증거금지론의 부활 — 1960년 '녹음테이프 판결'과 1964년 '일기장 판결'

증거금지론은 1960년대에 들어 두 개의 연방대법원 판결을 계기로 전면 부활한다. 이 두 판결은 증거금지론을 독일 기본법 제 1 조의 인간의 존엄과 제 2 조의 인격권 위에 근거지움으로써[20] '헌법적 증거금지론'을 확립하였고, 이후 독일 증거금지론의 발전에 중대한 영향을 주었다.

먼저 1960년 6월 1일의 '녹음테이프 판결'[21](Tonbandentscheidung)을 살펴보자. 이 사건에서 피고인 R은 변호사로서 상인 K의 O에 대한 강간사건에서 O를 대리하였는데, K에 대한 유죄판결이 선고된 후 K는 자신의 여자친구 F로 하여금 R을 만나 배상금 지불시 O의 증언을 변경시켜줄 수 있는지를 교섭하게 하였고, 이 교섭과정에서 F는 R과의 전화대화 내용을 모두 녹음하였다. 항소심 공판에서 K는 증언변경 제안은 자신이 아니라 R이 하였다고 주장하면서, 그 증거로 상기 녹음테이프를 제출하였다. 그후 R은 위증미수

---

19) 5 BGHSt 332(1954).
20) 독일기본법 제 1 조 제 1 항: "인간의 존엄은 불가침이다. 이것을 존중하고 보호하는 것은 모든 국가권력의 의무이다." 제 2 조 제 1 항: "누구라도 타인의 권리를 침해하지 아니하고 또한 헌법적 질서 또는 도덕률에 위반하지 아니하는 한 그의 인격의 자유로운 발전에 관한 권리를 가진다."
21) 14 BGHSt 358(1960).

및 수임제한 위반으로 기소되었는데, 뮌헨 지방법원은 상기 테이프를 증거로 사용할 수 없다는 R의 주장을 받아들여 무죄를 선고하였다.

연방대법원 역시 대화내용의 비밀녹음 및 테이프의 재생은 피고인의 인격권을 침해하는 것이라고 파악하고, 피고인의 동의가 없는 한 증거로 사용할 수 없다고 판시하였다. 즉,

> 대화를 비밀리에 녹음하는 것, 그리고 녹음테이프를 매개로 하여 화자(話者)의 동의 없이 제3자에게 전하는 것은 모두 화자의 인격영역 및 자기의 언어에 대한 그의 권리를 침해하는 것이라고 아니할 수 없다. … 형사소송법 제136조 제1항, 제136조의 a 등의 규정은 피의자, 피고인에 대해 인간의 존엄에 반하는 형태의 절차수행을 허용하지 않는다는 형사소송법의 법치국가적 기본자세의 표명이다. … 적어도 화자를 피고인으로 하는 형사소송에 있어서는 위법하게 수집된 녹음의 재생에 의한 입증은 금지된다. … 물론 이러한 해석은 범죄해결을 위해 중요한 또는 유일한 증거를 제거할 수도 있다. 그러나 그러한 결과는 감수되어야 한다. **형사소송에서 어떠한 희생을 치르더라도 진실을 구명되어야 한다는 원칙은 존재하지 않는다.**[22]

요컨대, 연방대법원은 피고인의 인격권 보장을 위하여 실체적 진실발견은 양보되어야 하며, 그러한 양보는 불가피한 것임을 선언한 것이다. 단, 동 법원은 개인의 인격권이나 자신이 말한 언어에 대한 권리도 무제한인 것은 아니며, 그 권리의 행사에는 스스로의 한계가 존재함을 지적하고 있다. 예컨대 정당방위와 같은 위법성조각사유에 해당하는 경우와 같이, 사인의 비밀녹음이 침해된 법 또는 도덕질서의 회복을 위해 상당한 수단인 때에는 증거사용이 허용된다고 보았다.[23]

이러한 증거금지에 대한 연방대법원의 입장은 1964년 2월 21일의 '일기장 판결'[24](Tagebuch-entscheidung)에 의해 더욱 구체화된다. 이 사건에서

---

22) Id. at 364-365(강조는 인용자).
23) Id.
24) 19 BGHSt 325(1964).

피고인 A는 위증죄로 기소되었고 그 증거로 A의 일기장과 편지가 제출되었는데, 이는 A의 정부(情夫) V가 절취한 것으로 V의 처 F가 수사기관에 제출한 것이었다. 하겐 지방법원은 A에게 유죄판결을 내렸으나, 피고인은 일기장의 자신의 사생활의 영역에 속하는 것으로 자신의 동의 없이 사용할 수 없다고 상고하였다.

연방대법원은 일기는 작성자의 인격과 긴밀한 관련이 있고, 이것이 작성자의 의사에 반하여 증거로 사용되는 것은 독일 기본법상의 인간의 존엄과 인격권에 대한 침해라고 판단하며 피고인의 상고를 받아들여 원심을 파기한다. 동 법원은 형사소송의 목적에 대한 '녹음테이프 판결'의 기본입장에 동의하며 판시를 전개한다.

> [자기의 신념과 감정, 체험 그리고 견문 등에 관한] 기록이 자기의 의사에 반하여 타인에게 읽혀지거나 이용될 수 있다고 고려해야 한다면 인격의 자유로운 발전은 현저하게 방해를 받게 될 것이다. … 범죄를 해결하고 처벌한다는 목적은 물론 매우 중요한 것이지만, 그것은 반드시 항상 국가의 우월한 이익은 아니며, 그럴 수도 없다는 것을 주의하여야 한다. 그러한 중요한 공공의 이익도 고려되어야 할 전체 이익 중의 하나로 위치되어야 한다.[25]

연방대법원은 여기서 한 걸음 더 나아가 형사소송법상 명문규정이 없더라도 '헌법적 형사소송'의 입장에서 증거금지를 인정할 수 있음을 밝힌다. 즉, 헌법상의 보장된 기본권을 근거로 하여 증거금지가 바로 인정될 수 있다는 것이다.

> 형사소송법은 증거사용금지로 인하여 형사소추의 목적이 침해되거나 실패하는 위험을 무릅쓰고 이미 일정 범위의 사생활의 영역보호를 위한 규정을 두고 있다. 이러한 형사소송법에 규정된 증거금지, 사용금지도 결코 완전한 것이 아니다. … 기본법상 인간의 존엄 및 인격의 발전을 목적으로 하는 권리는 특별히 중요하기 때문에, 사용금지가 인정되지 않으면 기본권의 보장이 저해되

---

25) Id. at 329.

어 기본권과 다른 보호되어야 할 이익 사이에 필요한 균형이 확보될 수 없는 경우에는 실정법상 이미 사용금지가 성립되었다는 결론을 끌어낼 수 있다. 기본법의 당해 조항은 실정법의 영역에서 수정작용(korrigierende Wirkung)을 일으키며, 이는 형사소송법에서 응용된 헌법(angewandtes Verfassungsrecht)으로 이해된다.[26]

이 판결은 실정법에 대한 헌법의 수정기능을 인정하고 '헌법적 증거금지'를 일반원리로 인정하였다는 점에서 획기적인 것이었다. 그런데 유의할 점은 연방대법원이 증거금지를 결정하는 기준으로 이익형량식 접근을 채택하였다는 점이다. 동 법원은 과거 연방헌법재판소(BVerfG)가 확립하였던 '비례성의 원칙'(Verhältnismaißgkeit)[27]을 증거금지를 결정하는 데 사용할 것임을 분명히 하였다.

사용금지는 자기의 개인적 영역을 보호하려는 개인의 헌법상 보장된 이익과 국가의 형사소추의 이익 사이에 일정한 우열의 관계가 존재하는 한에서만 인정된다. 그 점에 대하여 형사절차상 강제처분의 허용성 판정기준으로 연방헌법재판소의 판례가 채택한 '비례성의 원칙'은 형사절차 일반에 타당한 것이다. … 범죄혐의가 상대적으로 중하지 않은 때에는 기록에 대한 인격권이 우위에 있다고 보아야 한다. 생명 기타 중요한 법익 혹은 국가와 법질서에 대하여 중대한 범죄의 충분한 혐의가 존재하는 경우에는 개인적인 생활영역의 보호가 때때로 양보해야만 한다. 따라서 기본권의 의의와 형사소추의 이익을 참작하여 형량을 하는 것이 필요하며, 이 때 혐의의 대상이 된 구체적인 불법이 고려되어야 한다.[28]

요컨대, 증거금지는 자동적인 것이 아니라, 인격권 침해의 중대성이 실체적 진실발견의 필요성을 능가할 때 작동하는 것이다. 따라서 이 판결의 사안과 달리, 일기가 살인과 같은 중범죄나 스파이 활동 등에 대한 내용을

---

26) Id. at 330(강조는 인용자).
27) 7 BVerfGE 209(1958).
28) 19 BGHSt 331-332(1964)(강조는 인용자).

담고 있다면 증거금지가 이루어지지 않는다.[29]

Ⅳ. 1966년 제46차 독일법조대회[30]

이상의 두 판결을 계기로 심화된 이론적 논의는 1966년 9월 27일부터 3일간 개최된 '독일법조대회'(Deutscher Juristentag)에서 총괄된다. 제3분과회(형사법)에서는 뒤네비어(Hanns Dünnerbier) 검사장의 사회로 '형사소송에 있어서의 증거금지'(Beweisverbote im Strafprozeß)에 대한 토론이 진행되었는데,[31] 크룩(Ulrich Klug) 교수과 자르스테드(W. Sarstedt) 판사 사이의 논쟁이 격렬했다.

크룩 교수는 실정법규의 규정을 초월하는 증거금지를 인정하였고 증거금지에 대한 법관의 재량적 판단을 옹호하였다. 그는 증거금지의 위반에 대한 소송당사자의 신청에 있으며 법관이 고려해야 하고, 그 위반이 기본권을 중대하고 명백하게 침해한 경우는 법관이 예외적으로 직권으로 고려할 수 있다고 보았다. 그리고 그는 소송당사자가 관련되어 있는 증거금지의 보호목적이 저해되었는가에 대한 판단 — 이른바 '보호기능'(Schutzfunktion)에 대한 판단 — 을 넘어서 위법수사활동에 대한 '예방기능'(Präventionsfunktion) 또는 형사절차에서 '법치국가적 염결성'(rechtsstaatliche Integrität)의 관점에서 증거금지의 범위를 확장시켜야 한다고 주장하였다. 또한 그는 제 1 차 위법수집증거에서 파생된 제 2 차 위법수집증거의 배제, 즉 증거사용금지의 '파급효'(Fernwirkung)도 인정해야 한다고 주장하였다.[32]

---

29) 예를 들어 34 BGHSt 397(1987) 사건에서 피고인은 자신의 일기에 살인의 동기와 관련 사실을 기술하였는데, 이 일기는 증거로 채택되어 피고인은 유죄판결을 받았다. 연방대법원은 피고인의 상고를 기각하면서, 일기장에 대한 인격권이 보호되어야 한다는 점을 인정하면서도 살인이라는 가장 중대한 범죄의 진실발견이라는 이익과의 형량을 통하여 일기장의 증거사용을 허용한다고 밝혔다.

30) 이 대회에서의 논의에 대한 정리는 井上正仁(각주 2), 253-272頁을 참조하라.

31) 여기에 관한 의견서 보고 및 토론의 전부는 Verhandlungen des 46. Deutschen Juristentages[이하 DJT로 약칭], Bände I Teil 3A, 3B U. II Teil F(1966-1967) 참조; NJW(1966), at 2051 참조.

32) U. Klug, "Referat," DJT(각주 31), at 36-39.

반면 자르스테드 판사는 크룩의 견해에 전면적으로 반대하면서 증거금지의 범위를 실정법규의 틀 내로 제한해야 한다고 주장하였고, 증거금지에 대하여 법관의 재량적 판단을 허용하면 법이 불명확·불안정하게 된다는 이유로 이에 반대하였다. 그리고 증거금지 위반을 이유로 한 소송당사자의 신청도 형사소송법상의 상소이유를 기준으로 판단하면 족하다고 보았고, 증거금지의 위반을 이유로 하는 당사자의 상소권은 오로지 '보호기능'에서만 도출된다고 주장하였다. 이러한 그가 '파급효'를 인정할 리는 만무하였던 바, 증거금지는 간접적으로 획득한 증거자료에는 미치지 않는다고 보았다. 그는 증거금지의 문제는 실정 형법의 '비대화'(Hypertrophie) 때문에 생긴 문제라고 파악한다. 즉, 증거금지의 문제는 실정 형법이 통상적인 방법으로는 수사할 수 없는 범죄구성요건을 증가시켜 왔기 때문에 발생한 것이므로, 실정 형법의 내용을 재정비하면 문제가 해결된다고 본 것이다.[33]

이러한 대립은 뒤이은 토론에서도 계속되었는데, 토론 후 행해진 표결 결과는 증거금지에 대하여 신중한 태도가 다수임을 보여주었다.[34] 중요한 주제에 대한 투표결과를 보자면, 증거의 수집·제출이 피고인의 기본권을 침해하며 구체적 사안에 있어 당해 기본권보호의 이익이 국가의 형사소추이익보다 중요한 경우 피고인의 보호를 목적으로 하는 증거수집·제출의 금지가 인정된다는 명제에 찬성이 40표, 반대가 40표, 유보가 7표였고, 형사소송법 제136조의 a가 상정하는 경우 외에 금지위반의 예방 또는 수사기관의 활동에 대한 통제를 근거로 증거사용금지를 인정할 수 없다는 명제에 대하여 찬성이 70표, 반대가 12표, 유보가 7표였으며, 증거금지의 효과는 간접적으로 획득된 증거에는 영향을 미치지 않는다는 명제에 대하여 찬성이 60표, 반대가 20표, 유보가 8표였으며, 증거금지는 수사기관을 향하여 작동하는 것이기에 사인(私人)이 허용되지 않는 방법으로 획득한 증거는 사용가능하다는 명제에 대해서는 무조건 찬성이 40표, 조건부 찬성(피고인의 기본권에 대한 중대하고 명백한 침해가 있는 경우 그 증거방법을 사용하지 못하는 것으로 한다)

---

33) W. Sarstedt, "Referat," DJT(각주 31), at 11-15.
34) "Abstimmung," DJT(각주 31), at 180.

이 40표, 반대가 15표였다.[35]

　제46차 독일법조대회에서는 증거금지론이 승리를 거두지 못하였으나, 이 대회를 계기로 하여 증거금지의 이론에 대한 정밀화·체계화작업이 촉진되었고, 이후 증거금지는 독일 형사소송법학의 중심과제로 자리 잡게 된다.

제 2. 증거금지론의 논리구조 ― 판례를 중심으로[36]

　현재 증거금지에 대한 독일 법원의 입장을 통일적으로 규격화하기는 어렵다. 그러나 1970년대 이후 독일연방대법원(BGH)과 연방헌법재판소(BVerfG)의 판결을 기초로 분석해 보면, 크게 몇 가지 접근방식이 드러난다.
　이러한 판례의 태도를 검토하기 이전에 간략하게나마 증거금지를 둘러싼 용어정리를 할 필요가 있다. 증거금지에 대한 용어는 현재 독일 학계에서 통일되어 있지 않지만, 앞에서도 간략하게 언급하였듯이 현재 공유되고 있는 것은 '증거수집금지'과 '증거사용금지'의 구별이다. 전자는 증거를 수집함에 있어서 일정한 수단과 방법은 금지된다는 것인데, 이는 형사소송법 제136의 a조의 신문방법의 금지, 불법감청의 금지, 마취분석이나 거짓말탐지기의 사용금지, 진술거부권을 행사한 자의 증인채택 등이 그 예이다. 후자는 이러한 증거수집금지를 위반하여 획득한 증거의 사용을 금지한다는 것으로, 이 책의 주제인 위법수집증거배제법칙에 해당하는 용어이다. 형사소송법 제136의 a조처럼 실정법이 증거수집금지와 증거사용금지를 동시에 규정하고 있다면 문제가 없으나, 많은 경우 증거수집금지를 요구하는 규정은 있으면서도 이를 위반한 경우 증거사용금지에 대해서는 분명한 태도를 밝히지 않고 있으므로 논의의 초점은 증거사용금지에 맞추어질 수밖에 없다.

---

35) Id.
36) 독일 학계의 논의현황은 권영법(각주 2), 177-183면; 한영수, "위법수집증거(물)의 배제 또는 사물에 관한 체계적인 이론의 형성 ― 독일의 증거금지이론에 입각하여 ―," 한국형사법학회, 「형사법연구」 제11호(1990), 411-421면을 참조하라.

I. 법률에 따른 증거사용금지 — 형사소송법 제136의 a조 위반 또는 불법도청

상술하였듯이 형사소송법 제136의 a조는 피의자·피고인의 의사결정과 활동의 자유에 영향을 미치는 신문방법을 열거하며 이러한 방법이 금지됨을 규정함과 동시에, 이를 위반하여 획득한 증거의 사용은 피의자·피고인이 동의한다 할지라도 금지됨을 분명히 하고 있다. 그리고 동조 위반은 자동적·의무적 증거사용금지를 수반한다.

예컨대, 연방대법원은 새벽 5시에 체포되어 30시간 동안 잠을 자지 못한 채 신문받은 후 획득한 자백,[37] 피고인의 피해자, 즉 세 살 난 아들의 시체를 직면케 하고 획득한 자백[38] 등의 증거사용을 금지하였다. 1990년 5월 31일 연방대법원의 판결을 보자면,[39] 이 사건에서 경찰관이 이미 실종자의 사체를 발견하고 살인에 대한 수사를 진행하면서도 피고인에게는 실종자를 찾고 있는 중이라고 통지한 이후 피고인으로부터 자백을 받았는데, 동 법원은 형사소송법 제 136의 a조에 기초하여 피고인의 자백을 증거로 사용할 수 없다고 판시하였다.

단, 연방대법원은 이 조항에 따른 증거사용금지를 형사소송법 제136조 제1항에 규정된 미란다 유형의 고지를 실시하지 않은 경우에는 적용하지 않았다. 1968년 4월 30일의 판결[40]에서 연방대법원은, 입법부는 형사소송법 제136의 a조 제1항의 엄격한 증거금지를 제136조 제1항의 위반에까지 적용하려는 의도를 갖고 있지는 않았다고 해석하면서, 미란다 유형의 고지 없이 행해진 경찰신문의 결과 획득된 피고인의 자백의 사용금지는 인정되지 않는다고 판시하였다.[41] 단, 후술하겠지만 연방대법원은 1992년 2월 27일

---

37) 13 BGHSt 60(1959).
38) 15 BGHSt 187(1965).
39) 4 BGHSt 112(1990).
40) 22 BGHSt 129(1968).
41) Id. at 174-175. 단, 이후 동 법원은 공판개시 후 법정 내에서 법관이 피고인에게 증언거부권(형사소송법 제243조 제4항)을 고지하지 않은 경우는 상고이유가 된다

판결에서 미란다 고지 위반으로 획득한 자백의 증거능력을 배제하는 판결을 내림으로써 방향을 전환한다.

한편, 연방대법원은 불법도청으로 획득한 증거에 대해서는 엄격하게 증거사용금지를 적용하고 있다. 독일에서 감청문제는 형사소송법 제 100a-101조와 이른바 'G-10 법'42)에 의해 규율되고 있는데, 특히 'G-10법' 은 감청을 통해 얻은 증거는 감청대상범죄 외의 수사와 기소를 위해서는 사용할 수 없다는 증거사용금지 규정을 두고 있다.43) 현재 독일 법원은 법규의 요청을 정확히 지켰다 할지라도 만약 이를 통해 획득한 증거가 원래 감청대상범죄와 무관한 것이라면 증거사용을 금지하고 있으며, 제 1 차 위법수집증거에서 파생한 제 2 차 위법수집증거의 배제, 즉 '파급효'까지 인정하고 있다.

예컨대, 1978년 2월 22일 연방헌법재판소 판결의 경우,44) 합법적 감청이 행해졌으나 실상 이를 통하여 드러난 것은 감청대상목록에 없던 범죄였는데, 체포된 피고인에게 이 테이프를 들려주자 피고인은 자백하였다. 피고인은 판사 앞에서 한번 더 자백하였고 자신의 자백시에 어떠한 압력도 행해지지 않았음을 인정하였다. 그런데 연방헌법재판소는 문제의 녹음테이프는 물론이고 2회의 자백 모두를 사용금지하였다.

이러한 입장은 1980년 4월 18일 연방대법원의 판결에서도 관철되었다.45) 이 사건에서 슈피겔지(Der Spiegel)는 연방헌법수호청(Bundesamt für

---

고 판시하였다[25 BGHSt 325(1974)]. 그리고 법원은 이 경우 입증책임의 부담을 피고인에게 부여하였다(Id. at 331-332). 요컨대, 독일 법원은 공판 전과 공판 후를 엄격히 구분하여 피의자·피고인의 묵비권 등에 대한 권리인정에 차이를 두었다.

42) Gesetz zur Beschräkung des Brief-, Post- und Fernmeldegeheimnies(Gesetz zur Artikel 10 Grundgesetz). 독일 내의 도청규제에 대해서는 James G. Carr, "Wiretapping in West Germany," 29 *Am. J. Com. L.* 607(1981); Electronic Privacy Information Center & *Privacy International, Privacy and Human Rights 2004*— Country Reports(2004. 11. 16)를 참조하라.

43) Id. art. 7(3).

44) BVerfG 34, 251(1978).

45) 29 BGHSt 244(1980).

Verfassungsschutz, BfV)에 의해 감시를 받고 있던 핵물리학자의 글을 수록하였는데, 이 글은 유출된 정부문서에 기초하여 작성된 것이었고, 전직 연방헌법수호청 요원 출신 언론인 F가 문서유출의 혐의를 받게 되었다. 'G-10법'에 따른 합법적 감청의 결과 수사기관은 F가 자신의 누이 집에 문제의 문서를 은닉하고 있다고 판단하여 수색영장을 발부받아 그녀의 집을 수색하여 그 문서를 발견하였다. 그러나 이 서류는 'G-10법'에서 허용되지 않는 경한 범죄에 대하여 F가 관련되어 있음을 입증해 줄 뿐이었다.[46) 이에 연방대법원은 이 서류의 사용을 금지하였다.

Ⅱ. '종속적 증거사용금지' — '비례성의 원칙'에 따른 이익형량

증거수집금지와 동시에 증거사용금지를 모두 규정하고 있는 형사소송법 제136의 a조 위반 외의 경우, 독일 법원은 1964년 '일기장 판결'이 언급한 '비례성의 원칙'을 증거사용금지 판단에 중요한 기준으로 사용하고 있다. 즉, 범죄해명, 범죄인의 소추 · 처벌이라는 공적 이익과 국민의 기본법상 보호되어야 하는 인간의 존엄과 권리나 인격권 등의 기본권 보호 사이의 형량이 필요하다는 원칙이다. 따라서 증거금지는 일반원리에 따라 획일적으로 이루어지는 것이 아니라 개별적 사안마다 침해된 법익의 보호필요성, 침해된 법익의 경중 등을 고려하여 개별적으로 이루어지는 것이다. 이러한 판례의 입장은 학계에서는 '이익형량론'(Abwägunglehre)이라는 이름으로 표현된다.[47) 독일에서 법적 하자 있는 증거수집의 경우에 그 획득된 증거의 사용은 언제나 허용되지 않는다는 내용의 법원칙은 헌법상 존재하지 않는다.[48) 그리고 후술할 '헌법적 증거사용금지'와는 달리 비례성의 원칙이 적용되는

---

46) Id. at 249-250.
47) K. Rogal, "Hypothetische Ermittlungsverläufe im Strafprozeß," NStZ 391(1988); K. Rogal, "Gegenwärtiger Stand und Entwicklungstendenzen der Lehre von den strafprozeßualen Beweisverboten," 91ZStW 1(1979); G. Fezer, "Grundfälle zum Verlassungs-und Verwertungsverbote," JuS 325(1978).
48) BVerfG NJW 2000, 3556.

사안은 증거수집에서의 위법성에 따라 증거사용금지 여부가 결정되므로 '종속적 증거사용금지'(unselbständige Verwertungsverbote)라고 부른다.

몇 가지 지도적 판결을 보자면, 1963년 연방헌법재판소는 피의자의 정신이상 여부를 판단하기 위하여 의사가 척수용액을 추출하는 것은 형사소송법 제81조의 a에 의하여 일반적으로 허용된 것이라 하더라도, 이 조치가 경한 범죄를 범한 피의자에 대하여 사용되었다면 과도한 것이라고 판단하면서, 수사기관이 모든 법규를 다 준수하였다 할지라도 피고인의 프라이버시 보호가 효율적 수사활동의 이익보다 우위에 설 경우 증거는 배제되어야 한다고 판시하였다.[49] 뒤이은 1966년의 판결에서 연방헌법재판소는 언론사의 방에 대한 수색은 일반 주거에 대한 수색보다 높은 기준을 요구한다고 판단하면서, 비례성의 원칙을 적용하는 데 있어서 '최소침해의 원칙'이 관철되어야 한다고 강조하였다. 즉, 보다 적은 침해를 야기하는 조치가 가능하다면, 보다 큰 침해를 야기하는 조치는 허용되지 않는다는 것이다.[50]

반면 1971년 연방대법원은 자동차 사고 환자의 음주 여부를 측정하기 위하여 경찰관이 정식의사가 아닌 인턴에게 명하여 혈액채취를 하게 한 사건을 검토하면서, 혈액검사가 형사소송법 제81조의 a에 위반하여 정식의사가 아닌 자에 의하여 행해지기는 하였으나, 이 경우는 신체의 불가침성의 요청은 범죄해명의 이익에 양보해야 한다고 판시하였다.[51] 그리고 2010년 연방헌법재판소는 연방정보국(BND)이 국내법과 국제법을 위반하여 입수한 탈세 혐의 회사의 정보에 기초하여 이루어진 주거수색이 헌법에 반하지 않는다고 결정하면서, 다음과 같이 판시하였다.

형사법원은 헌법상 이의제기될 수 없는 확고부동한 판례를 통해 다음 사항에서 논의를 출발하고 있다: 증거수집규정에 대한 위반은 형사소송상의 증거사용금지를 야기한다는 일반적으로 적용되는 원칙은 형사소송절차법에서 이질적

---

49) 16 BVerfGE 194(1963).
50) 20 BVerfGE 162(1966).
51) 24 BGHSt 130(1971).

인 것이며, 이러한 문제(위법수집증거의 사용금지 여부 문제)는 각각의 개별적인 상황에 따라, 특히 금지의 유형과 위반의 중요성에 따라 상충하는 이익 간의 형량을 통해서 결정되어야 한다. … 증거사용금지는 명확한 법률규정에 따른 경우 또는 우선하는 중요한 이유를 근거로 하는 경우에만 개별적인 경우에 있어서 인정되는 예외적인 것이다. 따라서 일반 형사법원의 판결은 '특별히 중대한 하자'가 존재하는 경우 증거사용금지가 야기될 수 있다는 전제에서 출발한다.[52]

한편 연방대법원은 과거 '권리영역이론'(Rechtskreistheorie)에 따라 증거금지를 판단하기도 하였다. 연방대법원은 일정한 규범위반을 이유로 한 상고의 가부를 판단하는 데 있어서 그 규범위반이 상고제기자의 권리영역을 본질적으로 침해하였는가를 기준으로 삼았다.[53] 특히 증거수집금지 규정의 위반이 상소이유가 되는가의 문제로 집약되는데, 이는 실제로 증거사용금지 여부와 직결되는 사안이었다.

이 이론은 모든 형사절차의 규정이 피고인의 권리영역에 동일한 영향을 미치는 것은 아니므로, 각 규정에 대하여 그 위반으로 인하여 피고인의 권리영역이 본질적으로 침해되었는가 여부, 즉 증거수집위반이 피고인의 권리영역과 무관하거나 중요한 의미를 갖지 않는가에 대하여 개별적으로 심사해야 한다는 것이었다. 그러나 학계에서는 피고인의 권리영역은 어떠한 절차규정위반으로도 침해되는 것이라는 비판이 제기되었고, 현재에는 독일 법원도 이 이론을 더 이상 사용하지 않고 있다.[54]

Ⅲ. '헌법적 증거사용금지' — '삼단계론'

한편 연방헌법재판소는 '헌법적 증거금지'(verfassungsrechtliche Verwer-tungsverbote) 또는 '독립적 증거사용금지'(selbständige Verwertungsverbote)에 대

---

52) 2 BvR 2101/09(NJW 2011, 2417).
53) 11 BGHSt 214(1958).
54) 한영수(각주 36), 415면.

하여 '삼단계론'(Dreistufentheorie)이라고 하는 독특한 해결방식을 제시했다. '헌법상 증거금지'란 헌법상의 기본권 침해를 이유로 증거사용이 금지되는 경우를 말하는데, 이는 증거수집과정에서의 위법 여부와 상관없이 증거사용이 금지되는 것이기에 '독립적 증거사용금지'라고도 부른다.

이 이론을 최초로 제출한 것은 1973년의 1월 31일의 연방헌법재판소의 결정이다.[55] 이 사건에서 피고인은 실제 가격보다 낮게 부동산 가격을 계약서에 적어 탈세를 하였다는 점과, 이 가격의 차액을 부동산 소유자로부터 받아내려 했다는 점을 이유로 기소되었다. 부동산 소유자는 비밀리에 탈세와 관한 자신과 피고인과의 육성대화를 녹음하였고, 이 녹음 테이프를 자발적으로 수사기관에 제출하였다. 연방헌법재판소는 개인의 프라이버시에 대한 침해단계를 세 가지로 나누는 이론구성을 기초로 하여 하급심판결을 파기하였다.

연방헌법재판소는 첫째, 국가의 개입이 절대로 허용되지 않는 불가침의 사적 영역은 독일 기본법 제 2 조 제 1 항과 제11조(인격의 자유로운 발현과 인간의 존엄)가 절대적으로 보장하고 있는 '핵심영역'(Kernbereich)이므로, 이 영역에 대한 침해는 절대 금지되며 이를 위반하여 획득한 증거의 사용은 절대 금지된다고 파악한다. 이 핵심영역에 대한 침해는 공공의 이익이 아무리 중대하고 우월해도 허용되지 않는다.[56] 둘째, 이 핵심영역 바깥에 있는 '사적 영역'(Privatbereich)은 다른 사회구성원과의 관련 속에서 존재하므로 절대적으로 보호되지는 않으며, — 상술한 '종속적 증거사용금지' 사안에 적용되는 — 비례성의 원칙에 따라 사생활상의 권리보다 우월한 공공의 이익이 있는 경우에는 침해될 수 있다고 파악하였다.[57] 예컨대 사람의 생명 또는 신체와 관련된 중한 범죄 또는 자유민주적 기본질서(freiheitliche-demokratische Grundordnung)에 위협이 되는 범죄 등의 경우에는 공공의 이익이 우월한다고 보았다.[58] 마지막으로 이상의 두 영역 바깥에 있는 일상생활

---

55) 34 BVerfGE 238(1973).
56) Id. at 245.
57) Id. at 246.
58) Id. at 249.

의 영역의 경우에는 증거사용이 허용된다고 규정하였다.

　이러한 이론에 기초하여 연방헌법재판소는 당해 사건에서 녹음테이프는 핵심영역은 아니라 두 번째의 사적 영역에 속하며, 탈세는 피고인의 사적 영역에서의 프라이버시에 우월하는 공적 이익이 아니라는 이유로 증거사용을 금지하였던 것이다.[59] 이러한 이론구성은 개인의 주체성과 인격에 초점을 맞추는 독일 철학의 특징을 반영한 것으로, 수사기관의 위법활동에 대한 억지에 초점을 맞추는 미국의 위법수집증거배제법칙의 논리와 상당한 차이를 보여준다.

　'삼단계론'을 도해화하면 다음과 같다.

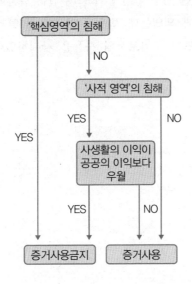

　이러한 '삼단계론'에 대하여 핵심영역과 사적 영역 사이의 구별이 쉽지 않으며, 사적 영역의 경우 이익형량의 기준이 무엇인가가 분명하지 않다는 비판이 있었으나,[60] '삼단계론'은 이후 계속된 연방헌법재판소의 결정에 따라 안정화되었다.

---

59) Id. at 249-250.
60) 한영수(각주 36), 418면.

예컨대, 1977년 5월 24일의 결정[61]이 있는데, 이 사건에서 마약중독자 치료소에 있는 상담원이 불법마약을 판매하고 있다고 의심한 경찰관이 수색의 대상이 정해있지 않은 수색명령으로 마약치료소를 수색하여 치료소의 의료기록을 압수하였는데, 이 기록 중에는 상담원의 개인적 기록이 포함되어 있었다. 연방헌법재판소는 의료기록은 상술한 두 번째의 사적 영역에 속하며, 이러한 영역의 보호는 마약중독에 대한 의학적 치료를 권장한다는 공적 이익 때문에 강하게 보호되어야 한다고 판단하면서 의료기록의 사용금지를 결정하였다.[62] 그리고 연방대법원의 1983년 3월 15일 결정이 있다.[63] 이 사건에서 경찰관은 합법적 감청 도중 우연히 결혼한 부부가 방 안에서 행한 대화를 녹음하게 되었는데, 법원은 이 대화를 불가침의 핵심영역으로 파악하고 녹음테이프의 증거로서의 사용을 금지하였다.[64]

---

61) 44 BVerfGE 353(1977).
62) Id. at 373-335. 단 법원은 중범죄에 대한 수사의 경우 또는 특정한 마약범죄를 위하여 적정하게 제한된 수색의 경우라면 의료기록의 압수와 증거사용은 허용된다고 보았다(Id.).
63) 31 BGHSt 296(1983).
64) Id. at 304.

Ⅳ. 소 결

이상의 세 가지 접근방법을 도해화하면 다음과 같다.

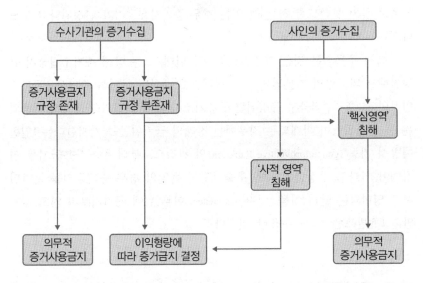

한편 학계에서는 상술한 '이익형량론'에 반대하여 '보호목적론' (Schutzzwecktheorie)에 따라 증거금지를 판단하자는 입장이 유력하다. '보호목 적론'은 입법자가 증거수집절차에 관한 규정을 만들 때 이미 범죄인의 소추 · 처벌이라는 공적 이익과 국민의 기본권 보호를 형량하였는데, 이후 수사 기관이 사안에 따라 이익형량을 다시 하도록 허용할 수는 없다고 주장한 다.65) 그리하여 이 학설은 증거수집금지 규범 각각의 보호목적 또는 그 근거 에 의존하여 사용금지를 인정해야 한다고 주장하는바, '이익형량론'과 달리 사안별 접근이 아니라 모든 사안에 적용될 수 있는 이론틀을 구하려 함을 알 수 있다. 대표적인 논자의 주장을 간략히 살펴보면, 루돌피는 증거사용금

---

65) Schröder, Beweisverwertungsverbote und die Hypothese rechtmäßiger Beweiserlangung im Strafprozeß, 1992, 51f; Strate, Rechthistorische Fragen der Beweisverbote, JZ 1989, S. 179.

지는 침해된 증거수집금지 규정의 목적이 특정 증거가 판결에 영향을 미치
는 것을 저지하는 데 있는 경우 인정된다고 보며,[66] 괴쎌은 형사정책적 관점
에서 침해된 증거수집금지규정의 보호목적이 위법수집증거를 사실인정의
기초로 삼지 못하도록 하는 데 있는 경우 증거사용금지가 인정된다고 보았
다.[67]

특히 주목되는 것은 그륀발트의 이론인데, 그는 당해 증거수집금지 규
정침해가 피고인의 기본권에 대한 침해를 초래하면 당연히 증거사용금지가
인정되고, 증거수집금지 규정위반이 증거조사 내지 판결의 기초로서 사용되
는 등 규정위반이 확대되는 경우에는 장래의 금지위반을 저지한다는 '일반
예방적 기능'(generalpräventive Funktion)의 관점으로부터 증거사용금지를 인
정해야 한다고 주장하였다.[68] 후술하듯이 독일의 경우 증거금지를 논하면
서도 영미와는 달리 이를 '억지'(deterrence) 이론 위에 근거지우지 않고 있지
만, 그륀발트는 이를 수용한 것이다.

제 3. 증거금지론의 특징 — '억지' 관점의 부재와 인격권 침해 여부에 따른 증거배제 판단

일정한 원칙에 따라 위법하게 수집한 증거의 증거능력을 배제하고, 배
제 여부를 결정할 때 이익형량이 행해진다는 점 등은 독일의 증거금지론과
미국의 위법수집증거배제법칙이 공통점을 갖고 있는 부분이지만, 양 이론의
초점과 포괄범위는 매우 상이하다.

독일의 증거금지론의 경우 시민의 인격권 침해에 초점을 맞춘다면, 미

---

66) H. Rudolphi, Die Revisibilität von Verfahrensmängeln in Straprozeß M.D.R., 1970,
S. 97ff.
67) Gössel, Kritische Bemerkungen zum gegenwärtigen Stand der Lehre von den
Beweisverboten im Strafverfahren, NJW 1981, S. 97ff.
68) G. Gründwald, Beweisverbote im Strafprozeß, NJW, 1966, S. 493-497.

국 위법수집증거배제법칙은 위법한 수사기관의 활동의 억지에 초점을 맞춘다. 그리하여 독일 증거금지론은 시민의 인격권의 핵심영역이 침해된 경우와 수사기관의 증거수집이 형사소송법 제136의 a조, 'G-10법'을 위반한 경우 엄격하게 증거사용을 금지하지만, 미국 위법수집증거배제법칙은 수정헌법 제4, 5, 6조를 위반한 광범한 수사기관의 불법행위 — 여러 예외규칙과 결합되어 있지만 — 가 있는 경우 원칙적으로 증거능력을 배제한다.

이 점에서 독일의 증거금지론의 외연은 미국의 위법수집증거배제법칙의 그것보다 많이 협소하다. 독일의 경우 기본법상의 인격권과의 관련이 직접적이지 않은 주거의 자유와 신체의 자유 등의 영역에서는 증거사용금지가 잘 이루어지지 않는다. 압수·수색의 요건 위반 등이 대표적 예인데, 하자 있는 수색영장에 의해 획득한 총기의 경우 독일에서는 총기는 피고인의 인격권과 무관한 것이므로 증거사용이 금지되지 않을 것이나, 미국의 경우는 경찰관의 불법행위가 관련되었기에 증거능력이 배제되는 것이다.69)

반면, 상술한 '녹음테이프 판결'이나 '일기장 사건'처럼 독일의 경우는 사인(私人)에 의하여 위법하게 수집한 증거의 경우도 증거사용이 금지될 수 있으나, 미국의 경우는 문제의 녹음테이프나 일기는 경찰관의 불법행위와 무관하게 사인에 의하여 수집되었기 때문에 증거능력이 배제되지 않는다.70) 그리고 독일 연방대법원은 형사소송법 제136의 a조를 사인에 의한 위법한 자백획득의 경우에도 적용하고 있다. 예컨대, 구금된 피의자와 같이 수감되어 있는 점쟁이가 피의자에게 점쟁이 자신에게 범행사실을 말하면 초능력을 발휘하여 법관이 관대한 판결을 내리도록 해 주겠다고 기망하고 범행사실을 알아낸 후 이를 수사기관에 알린 사건에서, 동 법원은 점쟁이가 획득한 진술은 인간의 존엄성을 침해하고 획득한 것이므로 증거로 사용할

---

69) 예를 들어 Whiteley v. Warden, 401 U.S. 560, 568-569(1971)을 보라.
70) 예를 들어 Burdeau v. McDowell, 256 U.S. 465, 476(1921)을 보라. "[수정헌법 제4조의] 보호는 정부의 행위에 적용된다. 그 조항의 기원과 역사는 그 조항이 국가기구의 활동에 대한 제약으로 설정된 것이며, 정부기관이 아닌 사인에 대한 제한으로 설정되지 않았음을 선명히 보여준다"(Id. at 475).

수 없다고 판시하였다.[71] 이 점에 한해서는 독일 증거금지론의 포괄범위가 넓다고 하겠다.

이러한 차이를 도해화하면 다음과 같다.

	독 일 증거금지론	미 국 위법수집증거배제법칙
증거능력 배제의 근거	'인격권' 침해 여부	수사기관의 불법행위 '억지' 여부
사인의 불법적 '핵심영역' 침해	증거배제	증거불배제
수사기관의 불법적 '핵심영역' 침해	증거배제	원칙적 증거배제
사인의 불법적 비(非)'핵심영역' 침해	이익형량 → 주로 증거불배제	증거불배제
수사기관의 불법적 비(非)'핵심영역' 침해	이익형량 → 주로 증거불배제	원칙적 증거배제

이러한 차이는 거짓말탐지기 사용의 허용 여부와 검사 결과로 얻어진 자백의 증거능력의 배제문제에서도 드러난다.[72] 상술한 1954년 독일 연방대법원은 거짓말탐지기를 통하여 인간의 의사활동을 기계적으로 포착하려는 것은 의사결정과 의사활동의 자유를 침해하는 것으로, 이는 형사소송법 제136조의 a에 따라 허용되지 않는다는 '금지된 신문방법'에 해당되며, 인간의 존엄성의 불가침성을 규정한 기본법 제 1 조 제 1 항에 반하므로 피의자의 동의 유무와 관계없이 허용되지 않는다고 판시하였고,[73] 1981년 연방헌법재판소는 거짓말탐지기의 사용은 인격을 투시하고 인간을 부속물로 전락시키는 것으로, 이는 인간의 존엄을 규정한 기본법 제 1 조 제 1 항 및 인격의

---

71) BGHSt 44, 129(1998).
72) 이 점에 대한 자세한 논의는 제 2 편 제 5 장 제 4.를 참조하라.
73) 5 BGHSt 332(1954).

자유로운 발현을 규정한 제 2 조 제 1 항에 반하므로 피검사자가 동의를 하였더라도 허용되지 않는다고 판시하였다.[74] 요컨대 독일 법원은 거짓말탐지기의 사용을 위헌으로 보며 증거능력 단계에서 원천봉쇄하는 입장을 취하고 있다.

반면 미국의 경우 거짓말탐지기의 허용 여부를 인격권 침해와 관련시켜 판단하지 않으며, 거짓말탐지기가 실제 과학적 근거를 갖고 있는 것인가에 따라 판단하고 있다. 이 점은 과학적 증거의 증거능력은 그 증거가 과학계에서 일반적으로 승인되었는가 여부에 따라 판단해야 한다는 입장 — '일반적 승인'(general acceptance) 기준 — 을 제시한 1923년 'Frye v. United States 판결',[75] 프라이 판결의 '일반적 승인' 기준을 폐기하고 과학적 증거의 허용 여부를 결정하기 위한 보다 상세한, 그리고 보다 허용범위를 넓히는 기준을 제시한 1993년 'Daubert v. Merrell Dow Pharmaceuticals, Inc. 판결'[76] 등의 거짓말탐지기 관련 지도적 판결에서 확인할 수 있다.

그렇다면 독일 증거금지론에서 '억지'의 관점의 부재는 무슨 이유 때문일까?

첫째로, 독일의 형사사법체제에서 수사권의 보유자인 검사는 피고인의 대립당사자로서만이 아니라 국가의 "중립적" 대표기관 또는 "세상에서 가장 객관적인 공무원"으로 관념되고 있다는 점을 들 수 있다.[77] 그러나 랑바인이 지적한 것처럼, 이러한 피고인의 권리의 보호자로 관료적 독일 검사를 상정하는 '가부장주의적 관념'(paternalistic notion)은 권위주의 또는 규문주의(糾問主義)의 유산일 수 있다.[78] 검사에 대한 이러한 관념이 검사의 '객관의무'를 강조하는 측면으로 사용된다면 문제가 없겠으나, 만약 형사사법현실에 실재하는 국가와 시민 간의 대립을 무화(無化)하고 수사기관의 불법행위

---

74) BVerfG, NStZ, 446(1981).
75) 293 F. 1013(D.C. Cir. 1923).
76) 509 U.S. 579(1993).
77) Claus Roxin, *Strafverfahrensrecht* 50(24th ed. 1995).
78) John B. Langbein, "Controlling Prosecutorial Discretion in Germany," 41 *U. Chi. L. Rev.* 439, 466(1974).

에 대한 사법적 통제를 회피하는 논변을 위해 사용된다면 곤란할 것이다.

둘째로, 미국과 달리 독일의 경우 경찰조직의 위계질서가 분명히 서있고 경찰조직이 각 주 정부에 의해 잘 감독되고 있으며, 또한 경찰 내부의 규율체계가 정교하게 만들어져 있어 경찰관에게 일정한 행위규범을 준수하도록 만드는 것은 어려운 일이 아니므로 따라서 위법수집증거배제를 통한 '억지'는 필요하지 않다는 주장이 있다.79) 그리고 대륙법계 경찰은 경찰조직 내부의 규율을 준수하며 자신에게 주어진 일을 수행할 뿐만 아니라, "스스로를 국가기구의 대표로 생각하며 [경찰 내부] 규율을 내화(內化)하고 있다"는 주장이 있기도 하다.80) 독일의 경우 미국이나 영국과 같이 경찰관의 불법행위가 심각한 사회적 문제로 떠오른 적은 많지 않으나, 위의 논지와는 달리 독일 경찰관도 미국 경찰관과 마찬가지로 자신의 임무를 수행하는 데 있어 필요하면 법과 규칙을 기꺼이 위배하고 있다는 평가도 역시 존재함을 기억해야 할 것이다.81)

제 4. 최근의 변화 ─ '억지' 이론의 수용?

이상에서 보았듯이 독일의 증거금지론은 수사기관의 불법행위에 대한 억지에서가 아니라 시민의 인격권 보호라는 문제의식에 출발하여 독특한 이론체계를 구축해 왔다. 그런데 최근 들어 독일 법원은 증거금지론의 이론

---

79) John H. Langbein, *Comparative Criminal Procedure: Germany* 69(1977); John H. Langbein & Lloyd L. Weinreb, "Continental Criminal Procedure: Myth and Reality," 87 *Yale L. J.* 1549, 1560-1561(1978); Langbein(각주 78), at 447-48; Barry F. Shanks, Comment, "Comparative Analysis of the Exclusionary Rule and Its Alternative," 57 *Tul. L. Rev.* 648, 668(1983) 등을 보라.

80) Thomas Volkmann-Schluck, "Continental European Criminal Procedures: True or Illusive Model?," 9 *Am. J. Crim. L.* 1, 17(1981).

81) Thomas Weigend, "Continental Cure for American Ailments: European Criminal Procedure as a Model for Law Reform," 2 *Crime and Justice: An Annual Review of Research* 398(1980).

틀을 유지하면서도 증거사용금지의 폭을 넓히고 있음을 보여준다. 이하에서 세 가지 주요한 판결을 개괄하고 그 의미를 정리하기로 한다.

첫째, 대상 범죄를 상세히 명기하지 않는 수색영장을 사용하는 경찰관행에 제동을 건 1991년 9월 3일 연방헌법재판소의 결정을 보자.[82] 이 사건에서 살인 혐의와 이민법 위반 혐의의 피의자의 주거와 사업장에 대한 수색 · 압수영장에는 대상 범죄가 구체적으로 명시되어 있지 않고 단지 경찰이 피의자에게 살인의 의심이 있어 피의자의 가택을 수색하기를 원한다고만 서술되어 있었다. 사실 이러한 영장기재는 이전까지는 전형적인 것이었다.

동 재판소는 이전까지 주거에 대한 불법적 수색에 대하여 증거금지를 소극적으로 적용하던 입장에서 벗어나, 당해 영장은 대상 범죄로 살인 혐의만 명기하였고, 수색대상과 장소 역시 상세하게 명기하지 않았으므로, 이 영장은 기본법상 인격권과 주거의 자유를 침해한 것이고, 따라서 이 영장을 통해 획득한 증거의 사용금지를 결정하였다. 그러면서 동 재판소는 "대상물을 포괄적으로(pauschal) 미리 압수하도록 하는 압수명령은 무효"라는 점을 강조하였다.

둘째, 자백의 사용금지와 관련하여 주목할 만한 판결로 1992년 2월 27일의 연방대법원의 판결이 있다.[83] 이 사건에서 경찰관은 차량에 대한 통제를 잃고 운전하다가 사고를 내는 장면을 목격하고 현장에서 운전면허증을 발견하였으며, 이후 혐의가 있는 피고인을 정지시켜 질문을 하였다. 이때 경찰관은 형사소송법 제136조의 고지를 행하지 아니 하였다. 경찰관의 질문에 피고인은 자신의 주거에 대하여 거짓정보를 주었다가 이후 문제의 운전면허증이 자신의 것임을 인정하였다. 그런데 이후 피고인은 차량을 운전한 자는 자신이 아니었고, 자신은 그 사고 이후 맥주를 마셨을 뿐이라고 주장하였다.[84]

하급심은 피고인의 음주운전에 대하여 유죄로 판결하였으나, 연방대법원은 미국의 미란다 법칙을 인용하고 영국, 프랑스, 덴마크, 이탈리아,

---

82) 2 BvR 279190 (NJW 1992, 551).
83) 38 BGHSt 214(1992).
84) Id. at 215-216.

네덜란드에서도 미란다 고지 위반은 의무적 증거배제로 이어진다는 점을 지적하면서 피고인의 자백의 증거사용금지를 명하였다.[85] 단, 연방대법원은 다른 판결에서 형사소송법 제136조의 고지가 이루어지지 않았다고 하더라도 피고인이 증거사용에 동의하였다면 증거능력이 상실하지 않는다고 판시하였다.[86]

셋째, 피고인의 변호인접견 요청을 무시하고 획득한 자백의 사용금지를 명한 1993년 10월 29일의 연방대법원의 판결을 보자.[87] 이 사건에서 피고인은 형사소송법 제136조의 고지를 받고 강간과 살인혐의로 신문을 받았다. 피고인이 변호인접견을 요청하였으나 경찰관은 이를 거부하면서, 피고인에게 답변을 할 것인가 여부는 피고인 스스로 알아야만 하며 피고인은 사안이 명확해질 때까지 계속 신문받을 것이라고 말하였다. 이에 피고인은 변호인접견요청을 포기하고 자백하였다. 연방대법원은 하급심을 파기하면서 피고인이 변호인접견을 요청하면 진행중이던 경찰신문은 즉각 중지되어야 한다고 판시하였다.[88].

이상과 같은 1990년대 독일의 판례경향은 독일 법원이 경찰관의 불법행위에 대한 전통적인 조직 내부로부터의 통제방식만으로는 충분하지 않으며, 증거사용금지를 통하여 법원이 사법적 통제를 행사할 필요가 있다는 인식을 갖기 시작했음을 보여준다. 이상의 세 가지 판결만을 놓고 보자면 미국의 맵 법칙, 매사이아 법칙 그리고 미란다 법칙 등이 독일 형사사법체제 속에 뿌리를 내리려고 하는 것처럼 보인다.

---

85) Id. at 217.
86) BGHSt 38, 224ff.
87) 38 BGHSt 372(1992).
88) 미국의 경우 수정헌법 제5조에 기초한 미란다-에드워드 판결에 따라 피의자신문시 변호인참여가 인정되지만, 독일 형사소송법은 검사의 피의자신문에서만 변호인참여를 허용하고(제163조의 a 제3항, 제168조의 c) 경찰의 피의자신문에서는 허용하지 않으며 통설도 그러하다[Meyer-Großer, StPO 47 Ayfl, 2004, §163 Rn. 16]. 그런데 실무상으로 경찰의 피의자신문시에서도 변호인참여가 광범위하게 이루어지고 있다[오택림, "변호인의 피의자신문 참여권에 관한 연구"(상), 법조협회, 「법조」제 618호(2003. 3), 186면].

그러나 이러한 판례의 경향으로 독일 형사사법체제가 영미식 위법수집 증거배제법칙을 완전히 수용했다고 결론짓는 것은 성급하다. 브래들리 교수가 지적하였듯이, 이러한 새로운 판례도 아직은 여전히 소수이어서 경찰관의 행위에 영향을 거의 주지 못하고 있으며, 판례의 입장 전체를 두고 보자면 '억지' 이론은 증거사용금지의 기초로 작동하지 못하고 있는 것이다.[89]

---

89) Craig M Bradley, "The Emerging International Consensus as to Criminal Procedure Rules," 14 *Mich. J. Int'l L.* 171, 214(1993).

제5장

소극적으로 작동하는
일본의 위법수집증거배제법칙

제 1. 들어가는 말

일본 형사사법체제가 유지하고 있는 낮은 범죄율과 높은 범죄해결률은
서구 학자들로부터 종종 경이에 찬 관심을 끌어 왔다.[1] 그리고 경미범죄에
대한 경찰의 관대한 처분, 일상적으로 이루어지는 검찰의 기소유예와 법원의
집행유예 및 단기형 선고 등을 이유로 일본 형사사법은 '인자한'(benevolent)
특성을 갖고 있다는 연구가 있으며,[2] 일본 경찰의 경우 부패나 난폭행위
등의 문제를 거의 갖고 있지 않고 대중으로부터 지지와 협조를 받고 있다는
평가를 받고 있다는 연구도 있다.[3] 일본 형사법이론에 많은 영향을 받고
있는 우리나라에서도, 이상과 같은 일본 형사사법체제의 '효율성,' '관대성'

---

1) A. Didrick Castberg, *Japanese Criminal Justice* 10-11, Figure. 1.1 & 1.2(1990). 그
이전에 비하여 최근 10년간의 일본의 범죄율은 높아지고 있지만, 다른 산업화된
서구 국가에 비하여 여전히 낮은 범죄율이 유지되고 있다[Yoshiko Matsushita,
"Japan's Prisons Swell as Economic Slump Breeds Crime," *Bloomberg News*(Oct. 16,
2002)].
2) Daniel Foote, "The Benevolent Paternalism of Japanese Criminal Justice," 80 *Cal. L.
Rev.* 317, 342-356(1992); John Owen Haley, *Authority without Power: Law and the
Japanese Paradox*, 125-129(1991).
3) David H. Bayley, *Forces of Order: Police Behavior in Japan and the United States*
2-4(1976).

그리고 '염결성' 테제는 비판적 검토 없이 은연중에 수용되고 있는 듯하다.

그러나 일본 사회 내부로부터는 일찍부터, 일본 형사사법체제가 형사피의자·피고인에 대하여 제도적·문화적 가혹함을 보이고 있다는 비판이 제기되고 있다.4) 고문과 육체적 가혹행위에 대한 사례가 많이 보고되고 있으며,5) 오심으로 인하여 사형선고를 받고 수십 년간 사형수 전용 구금시설에 구금된 후 석방된 사건들이 발생하면서 형사사법체제에 대한 대중의 신뢰도 흔들리고 있다.6)

제 5 장은 먼저 한국 형사사법이론과 실무에 많은 영향을 끼쳐 온 일본 형사사법체제와 그 이론이 어떠한 문제점을 가지고 있는가를 살펴본다. 이어 일본 최고재판소가 '검찰사법'(prosecutorial justice)이라고 불리는 일본 형사사법체제의 현상에 대하여 어떻게 대응해 왔는가에 대하여, 위법하게 수집한 자백 및 물적 증거에 대한 최고재판소의 판결을 중심으로 검토한다.

제 2. 전후 일본 형사사법체제의 구조전환과 수사절차법·실무의 현상태

I. 형사사법의 구조전환 — 탈규문주의로의 일대 전진

전전(戰前)·전중(戰中) 일본 형사사법체제는 검사의 지도적 역할로 인하여 종종 "규문주의(糾問主義) 검찰관사법"이라고 정의되고 있다.7) 당시

---

4) Amnesty International, "Abusive Punishments in Japanese Prisons," AI Index: ASA 22/04/98(1998), at 2; Human Rights Watch/Asia & Human Rights Watch Prison Project, *Prison Conditions in Japan* vii(1995); The Japanese Civil Liberties Union, *Citizens' Human Rights Reports* No. 1-5(1983-85), reprinted in 20 *Law in Japan* 1(1987).
5) Iragashi Futaba, "Crime, Confession and Control in Contemporary Japan," 2 *Law in Context* 1(1984).
6) 日本弁護士連合會 編, 「續 再審」(1986)을 참조하라.
7) 小田中聰樹, "戰後刑事司法の展開と刑事司法論,"「現代法セミナル」 23-24(1972. 8).

검사는 체포, 구금, 신문 등에 광범한 권한을 보유하고 있었고, '기소편의주의'에 따른 광범한 재량을 누리고 있었다.8) 그리고 검사는 법관과 동급의 지위를 누리고 있었는데 ─ 더 많은 정치적 권한과 함께 ─, 법정에서는 검사가 법관과 동급의 단석(壇席)에 자리를 잡았던 반면, 변호인은 피고인과 같은 단석에 자리를 잡고 있었다.9) 법원의 예산, 법관의 임면, 승진, 감독 등에 관한 권한을 법원 자신이 아니라 사법성이 가지고 있었으며, 법원은 의회가 통과시킨 법률의 위헌성을 심사할 수 있는 권한을 갖고 있지 못하였다.10) 변호사협회 역시 사법성의 감독과 통제하에 놓여 있었다.11) 또한 수사를 감독하게 되어 있던 예심판사도 실제로는 검사의 기능을 하고 있었으며, 피의자가 자백하도록 이끄는 데 열심이었다.12)

전후 일본은 미 점령군 총사령부의 주도하에 급격한 변화를 겪게 되고, 그 변화는 헌법에 반영된다. 신 헌법은 미국 헌법의 강력한 영향하에서 제정되었는데,13) 이는 구 헌법하의 사이비 헌법주의(pseudo-constitutionalism)와의 결별을 분명히 하였고, 특히 형사피의자·피고인의 권리를 이른바 '법률유보'(法律留保)의 속박에서 푼 후 매우 상세한 규정을 두었다.14) 중요하게는 영장주의, 변호인의뢰권, 구류이유개시(勾留理由開示), 고문금지, 신속공개재판, 증인심문권, 국선변호, 묵비권, 자백배제법칙, 자백의 보강법칙, 이중처

---

8) 구(舊) 일본 형사소송법, 법률 75호(1922년), 제123, 255, 279조 참조. 구일본 형사소송법은 독일법의 압도적 영향하에서 제정되었으나, 기소법정주의만큼은 채택하지 않았다. 독일 형사소송법(StPO) 제152조 제 2 항 참조.
9) Yasuhei Taniguchi, "The Post-War Court System as Instrument for Social Change," Institution for Change in Japanese Society 22(G. DeVos ed., 1984).
10) Percy R. Luney, Jr., "The Judiciary: Its Organization and Status in the Parliamentary System," Japanese Consitutional Law 125(Percy R. Luney, Jr. & Kazuyuki Takahashi eds., 1993).
11) Id. at 127.
12) Haruo Abe, "Self-incrimination ─ Japan and the United States," 46 J. Crim. L., Criminol. & Pol. Sc. 613, 618(1956).
13) Yasuhiro Okudaira, "Forty Years of the Constitution and Its Various Influence: Japanese, American, and European," Japanese Constitutional Law(각주 10), at 8.
14) 일본 헌법 제31-40조를 참조하고, 이를 메이지 헌법 제23-26조와 비교하라.

벌금지(double jeopardy), 형사보상 등에 관한 규정이 있다. 한편 사법부는 법무성의 통제에서 벗어나 독립기관으로 자리 잡았으며,[15] 최고재판소는 법률, 명령, 규칙 등에 대한 위헌성을 심사하는 권한을 갖게 된다.[16] 그리고 변호인의 지위도 검찰 측과 동등하게 격상됨으로써 형사소송의 당사자주의적 구조가 형성된다. 요컨대 전후 일본 형사사법은 — 자발적인 계기를 통해서는 아니었으나 — 전면적 구조개혁을 이루었던 것이다.

Ⅱ. 수사절차법·실무의 현상태

이상과 같은 헌법의 기본정신은 신형사소송법에서 온전히 실현되지 못한다. 사실 일본 형사소송법은 당시 일본 정부와 미군 총사령부 사이의 줄다리기의 산물이었던바, 여러 측면에서 규문주의적 잔재를 보유하고 있으며 또한 과거의 형사실무관행 역시 온존해 있는 상태이다.

1. 쉽게 인정되는 '임의동행'

일본 형사사법체제는 헌법과 형사소송법에서 규정한 무영장 체포의 예외[17] 이외에, 영장주의 원칙이 적용되지 않는 '임의동행'을 제도화하고 있다. 즉, 경찰관직무집행법에 따라 경찰관은 '거동불심자'를 정지시켜 질문하고 임의동행을 요구할 수 있다.

이는 제1장 제4.에서 살펴본 1968년 미국 연방대법원의 'Terry v. Ohio 판결'[18]을 법제화한 것인데, 문제는 동법이 이러한 '직무질문'을 '임의처분'으로 규정하고 있음에도, 이것이 시행되는 데 있어서 유형력이 사용되고 있으며 또 최고재판소도 이러한 일탈을 용인하고 있다는 점이다.

이 점에 대한 지도적 판결인 1976년 '기후(崎阜) 음주측정거부 사

---

15) 일본 헌법 제76-80조 참조.
16) Id. 제81조 참조.
17) 일본 형사소송법상 영장 없는 체포가 가능한 경우는 제212조상의 현행범 및 준(準)현행범 체포시, 그리고 제210조상의 긴급체포의 경우가 있다.
18) 392 U.S. 1(1968).

건'[19])에서 최고재판소는 '강제처분법정주의'[20])의 원칙을 확인하면서도, 임의동행을 유지하기 위해 유형력을 행사하는 것도 "필요성, 긴급성 등도 고려하여 그 행사가 구체적 상황하에서 상당하다고 인정되는 한도에서 허용될 수 있다"라고 판시한다. 즉, 유형력의 행사가 반드시 강제를 구성하는 것은 아니라는 논리를 제시함으로써, 체포와 임의동행의 경계선을 흐릿하게 만든 것이다. 이러한 기준에 따르자면 실질적으로는 체포인 임의동행이 쉽게 헌법적·법률적 제약에서 벗어날 수 있게 될 것이다.

이 외에도 이와 관련된 최고재판소의 주요 판결을 보자면, 직무질문 중 경찰서에서 뛰쳐나간 자를 130미터를 추적하여 등 뒤에서부터 팔을 붙잡고 정지시킨 사건,[21]) 질문 또는 동행 도중 도망친 자를 추적하여 붙잡은 사건,[22]) 음주운전의 의심이 있는 자를 동행요구를 거부하자 운전자의 차 열쇠를 빼앗고 현장을 떠나지 못하게 한 사건[23]) 등을 심리하면서 최고재판소는 이상의 실력행사가 적법하다라고 판시하였다. 이는 제2편 제4장에서 검토할, 임의동행에 대한 한국 판례와도 차이를 보여준다. 생각건대, 위의 사례에서의 '정지'와 '질문'은 피의자의 임의성을 충분히 부정하는 불법적 '체포'나 '구속'에 해당되지 않는가 하는 의문이 든다. 그리고 최고재판소는 임의동행에 수반하는 4일 반 동안의 신문 또는 중단 없는 철야신문 등이

---

19) 最高裁 1976. 3. 16. 刑集 30卷 2号, 187頁. 이 사건에서 경찰은 피의자의 차량을 정지시키고 호흡을 통한 음주운전검사를 요청하였으나 피의자는 거절하였다. 경찰서로 '임의동행'한 피의자는 자신의 운전면허는 제시하면서도 음주검사를 계속 거부하였다. 이 시점까지 공식적으로 '체포'는 이루어지지 않았다. 피의자의 담배불 요청이 거절되자 그는 경찰서를 떠나려 하였고, 이에 경찰관은 양 손으로 피의자의 팔목을 잡고 저지하려 하자 양자 사이에 싸움이 일어났다. 이러한 연후 피의자는 정식으로 '체포'되어 공무집행방해죄로 기소되었다. 이 사건에 대한 평석으로 松尾浩也, "任意捜査における有形力の行使," 松尾浩也·井上正仁 編, 「刑事訴訟法判例百選」(第6版, 1992)을 참조하라.
20) 일본 형사소송법 제197조 제1항.
21) 最高裁 1954. 7. 1. 刑集 8卷 7号, 1137頁.
22) 最高裁 1954. 12. 27. 刑集 8卷 13号, 2435頁; 最高裁 1955. 7. 19. 刑集 9卷 9号, 1908頁.
23) 最高裁 1994. 9. 16. 刑集 48卷 6号, 420頁.

"사회통념상 상당하다고 인정되는 방법 내지 태양, 한도에서 허용된다"라고 판시하기도 하였다.24)

이러한 최고재판소의 해석은 "경찰이 피의자가 '동의'하게끔 상당한 압력을 가하는 것을 허용"하는 결과를 낳게 되는바,25) 임의동행은 일본 사회의 또다른 "동의의 신화"(consensual myth)26)의 일종이라 하겠다.

2. '별건체포' — 구금기간 연장을 위한 편법

일본 수사기관은 영장주의를 회피하고 기소 전 피의자 구금기간을 확장하는 기술을 개발하여 사용해 오고 있다. 즉, 우리에게도 익숙한 '별건체포'이다.

많은 하급심은 별건체포의 관행이 영장주의를 위반하는 불법이라고 판결하였지만,27) 최고재판소는 이 관행에 계속 합법성을 부여해 왔다. 별건체포와 관련된 최초의 판결은 1955년 '테이긴(帝銀) 살인사건'에서 내려졌는데,28) 이 사건에서 피의자는 사문서위조와 사기의 혐의로 체포되었지만, 실제로는 본건인 강도살인의 혐의에 대하여 50차례 계속하여 신문을 받았다. 그러나 최고재판소는 경찰이 본건의 수사를 위하여 별건체포를 하였다고 볼 수 없다고 판시하였다.

별건체포의 위법 여부를 판단하는 기준을 제시한 지도적 판결로는 1977년 '사야마(狹山) 살인사건'29)이 있다. 이 사건에서 피의자는 실종된 여고생의 몸값을 요구한 공갈미수[='별건'] 사건으로 체포·구금되었는데, 구금기간 동안 피의자는 그 여고생에 대한 강도강간살인과 사체유기의 사실

---

24) 最高裁 1984. 2. 29. 刑集 38卷 3号, 479頁; 最高裁 1989. 7. 4. 刑集 43卷 7号, 581頁. 이 점에 대해서는 제 3. Ⅰ.에서 다시 다룰 것이다.
25) Daniel H. Foote, "Confessions and the Right to Silence in Japan," 221 *Ga. J. Int'l & Comp. L.* 415, 445(1991).
26) J. Mark Ramseyer, "The Costs of Consensual Myth: Antitrust Enforcement and Institutional Barriers to Litigation in Japan," 94 *Yale L. J.* 6504(1985).
27) 浦和地判 1964. 3. 11. 判時 368号, 6頁; 福岡高判 1977. 5. 30. 判時 861号, 125頁.
28) 最高裁 1955. 4. 6. 刑集 9卷 4号, 663頁.
29) 最高裁 1977. 8. 9. 刑集 31卷 5号, 821頁.

[=‘본건’]에 대하여 신문을 받았고 그는 계속하여 범행사실을 부인하였다. 별건을 위한 구금기간이 종료하자 피의자는 보석으로 석방되었다. 이후 경찰은 피의자를 본건으로 다시 체포하여 신문을 계속하였고, 마침내 피의자는 본건에 대한 범죄사실을 자백하였다.

이에 최고재판소는 별건체포의 위법성을 판단하는 기준을 제공한다. 즉, 전적으로 본건 — 증거가 갖추어지지 않은 — 에 대하여 신문하기 위한 목적으로 증거가 갖추어진 별건의 이름을 빌려 피의자의 구금을 이용하였는가 여부이다.[30] 이 기준은 상기 목적이 존재한다면 별건에 대한 체포의 요건이 구비되어도 그 체포는 위법이라고 판단할 수 있는 가능성을 내포한 것이었다.[31] 그러나 최고재판소는 목적판단의 기준을 매우 엄격하게 적용한다. 즉 별건체포가 ‘전적으로’ 본건신문에 이용할 의도로 행해졌다고 인정되어야 당해 별건체포는 위법하다는 입장을 취하는 것이다.[32] 이러한 기준에 따르게 되면 영장주의를 회피하기 위한 수단으로 사용되는 별건체포의 실무를 통제하기란 거의 무망(無望)할 것이다.

3. 법적 근거 없는 압수 · 수색의 범위의 확대 — 소지품검사의 문제

일본 형사소송법 제220조 제1항은 합법체포에 수반한 압수 · 수색의 경우 영장주의의 예외를 인정한다. 그런데 경찰관직무집행법상 ‘직무질문’에 수반해서 이루어지는 소지품검사의 경우는 아무 법적 근거가 없는 채로 수행되고 있었는데, 최고재판소는 이를 허용하는 ‘입법적’ 해석을 내린다. 1978년 ‘헤이코(米子)은행 강도사건’[33]에서 경찰관은 직무질문에 대하여 묵

---

30) Id.(강조는 인용자) 동 재판소는 동 사건의 경우 본건과 별건 사이에 사회적 사실로서의 관련성이 있으므로 본건에 대한 수사도 별건에 대한 수사로 볼 수 있고, 따라서 위법하지 않다라고 판시한다.
31) 川出敏裕, "別件逮捕 · 勾留と余罪取調べ,"「刑事訴訟法判例百選」(각주 19), 35頁.
32) 동일한 입장을 취한 판결로는 最高裁 1978. 7. 3. 判時 897号, 114頁이 있다.
33) 最高裁 1978. 6. 20. 刑集 32卷 4号, 670頁. 이 사건에서 경찰관은 두 명의 은행 강도 용의자를 발견하여 직무질문을 하고 이들이 답변을 거부하자 경찰서로 동행을 요구하였다. 경찰서에서도 용의자들은 계속 묵비하였고 또한 자신들의 가방을 열기를 거부하였다. 이 상태가 한 시간 이상 지속되자 참을성을 잃은 한 경찰관이

비하는 용의자들을 경찰서로 연행하여 자신들의 통제하에서 구금하고 있었기에 이들의 도주의 위험이 전혀 없었고,34) 용의자들의 소지품에 대한 압수·수색영장을 충분히 획득할 수 있는 시간이 있었지만 용의자들의 가방에 대한 불법적인 압수·수색을 감행하여 유죄의 증거를 발견하였다.

여기서 최고재판소는 소지품검사가 직무질문과 밀접한 관련이 있고 직무질문의 효과를 높이기 위해 필요·유효하다라고 하면서, 당해 사건의 경우 "소지품검사의 필요성, 긴급성 그리고 소지품검사로 침해되는 개인의 법익과 공공의 이익 사이의 권형(權衡)" 등을 고려하여 볼 때 당 압수·수색은 허용된다라고 판시하였다. 그러나 당해 사건에서 피의자의 인신을 확보하고 있어 도주의 위험이 전혀 없었던 상황에서 경찰관의 소지품검사가 최고재판소가 제시한 기준을 충족시킨다는 판단에는 동의하기 어렵다. 이는 제4편 제3장에서 검토할, 소지품검사에 대한 한국 판례와도 차이를 보여준다.

4. 진술거부권의 형해화 — 피의자의 '취조수인의무'

일본국 헌법 제38조 제1항의 진술거부권은 일본 형사소송법 제198조 제1항 단서의 해석에서 기인하는 '취조수인의무'(取調受忍義務)에 의하여 무색하게 되었다. 제198조 제1항은 범죄수사를 위해 필요한 경우 경찰관은 피의자를 출두를 요구하고 신문할 수 있다고 규정하고, 동 단서는 다음과 같이 규정하고 있다. "피의자는 체포 또는 구금된 경우를 제외하고는 출두를

강제로 용의자들의 가방을 열고 증거물을 발견하였고, 그 후 용의자들을 체포하고 그 증거물을 압수하였다. 이 판결에 대한 평석으로는 池田修, "所持品檢查 — 米子 銀行强盜事件,"「刑事訴訟法判例百選」(각주 19)을 참조하라.

34) 미국 연방대법원 판결 중 테리 판결 정지와 질문에 소지품검사가 수반될 수 있다는 판결도 있지만[United States v. Place, 462 U.S. 696(1983)], 주의할 점은 테리 판결상의 정지와 질문은 용의자가 '구금'(custody) 상태하에 있을 경우는 적용되지 않는다는 점이다. 또한 노상에서의 정지(on-the-spot stop)와는 달리 경찰관서로의 동행의 경우는 테리 판결상의 '정지'가 적용되지 않으며, 설사 공식적으로 체포가 이루어지지 않았더라도 '상당한 이유'가 요구되는 수정헌법 제4조의 통제하에 들어간다[Dunaway v. New York, 442 U.S. 200(1979); Hayes v. Florida, 470 U.S. 811(1985)].

거부할 수 있고 또는 출두한 경우에는 언제라도 퇴거할 수 있다."35)

이 단서는 전후 형사소송법 개정시에 피의자의 소환과 신문이 수사기관에게 맡겨지는 것을 염려한 미군최고사령부의 요청으로 삽입된 것이다.36) 그런데 일본의 수사기관은 이 단서의 문언에 집착하면서 피의자의 출두거부권과 퇴거권은 피의자가 체포 또는 구금되지 않은 경우에만 생긴다고 해석한다. 즉 체포 또는 구금된 피의자는 진술거부권에 호소하더라도 신문을 위한 출두의무가 있고, 출두 후에 진술거부권을 행사하더라도 신문실을 떠날 수 없고 경찰관의 신문을 수인해야 한다는 것이다.37) 이러한 해석은 제2편 제5장에서 보듯이, 일본 형사소송법 제198조 제1항 단서에 대응하는 조문이 없는 한국 형사소송법 해석으로도 자리 잡고 있다.

이러한 실무에 대하여 히라노 류이치 교수가 형사소송법 제198조 제1항은 피의자의 출두거부와 퇴거요청이 체포 또는 구금의 효력 자체를 없애는 것은 아니라는 점을 환기하고 있을 뿐이며, 만약 취조수인의무를 인정한다면 이는 실질적으로는 피의자에게 답변을 강제하는 것에 다름 아니라고 비판한 이후,38) 대다수의 학자들은 이 의무를 부정하고 있다.39) 그러나 법집행기관은 여전히 이 관행을 포기하지 않음으로써 실무와 학설 사이의 괴리가 깊어지고 있으며, 최고재판소는 아직 이 문제에 대하여 명확한 입장을 밝히지 않음으로 하여 이러한 관행은 온존되고 있다.

5. 변호인접견권의 제한 — 검사에 의한 '접견지정'

영미법계 국가의 변호인접견권과 비교하여 일본 형사사법체제에서의

---

35) 일본 형사소송법 제198조 제1항 단서(강조는 인용자).
36) 松尾浩也, 「刑事訴訟法(上)」(補正第四版)(1996), 62頁.
37) 이를 지지하는 학설로는 團藤重光, 「條解刑事訴訟法」(上)(1950), 365頁; 柏木千秋, 「刑事訴訟法」(1970), 56頁; 高田卓爾, 「刑事訴訟法」(二訂版, 1984), 335頁 등이 있다.
38) 平野龍一, 「刑事訴訟法」(1958), 84頁; 平野龍一, 「刑事訴訟法概說」(1968). 53, 69頁.
39) 이에 대해서는 酒卷匡, "逮捕·勾留中の被疑者の取調べ受忍義務," 松尾浩也·井上正仁 編, 「刑事訴訟法の爭點」, (新版, 1979), 58-59頁을 참조하라.

변호인의 조력을 받을 권리는 상당히 제한되어 있다. 예를 들어 일본의 경우 기소 전 피의자에게는 국선변호가 제공되지 않으며, 피의자가 사선변호인을 고용하더라도 그 변호인은 경찰신문시의 참여가 허용되지 않는다. 헌법과 형사소송법 제정시에 미군사령부는 피의자신문시 변호인참여권 보장을 권고하였으나 일본 정부의 반발로 채택되지 못하였다.[40]

이상의 점 외에도 특히 문제가 되는 것은 검사 또는 경찰관이 피의자와 변호인 간의 접견의 일시, 장소, 시간 등을 지정하는 '접견지정'이다(형사소송법 제39조 제3항). 이 조항은 변호인접견권이 피고인에게만 인정되고 접견시 간수가 입회하였던 전전(戰前) 체제의 개정을 둘러싼 미군 최고사령부와 일본 정부의 타협의 산물이다. 미군 사령부는 피의자에게 변호인 접견을 제한 없이 허용할 것을 요구하였고, 일본 정부는 이에 접견의 일시, 장소, 시간 등을 검사가 지정할 수 있도록 할 것을 요구하였다. 그 결과 '수사를 위해 필요한 때'라는 조건을 달고 접견지정이 법제화된다.

현재 접견지정은 검사가 "수사를 위한 필요가 있을 때는 … 지정한다"라는 내용의 '접견 등의 지정에 관한 통지서'[41]를 피의자가 구속되어 있는 시설의 장에게 보내고,[42] 변호인이 접견을 신청하면 지정의 필요성을 검토

---

40) 三井 誠, "接見交通問題の展開," 「法律時報」 第54卷 3号, (1982) 10-14頁; Jean Choi Desombre, "Comparing the Notions of the Japanese and the U.S. Criminal Justice System: An Examination of Pretrial Rights of the Criminally Accused in Japan and the United States," 14 *UCLA Pac. Basin L. J.* 103, 111-112(1995).

41) 이 문서의 표본은 三井 誠·井上正仁 編, 「判例教材 刑事訴訟法」(第2版, 1996), 200頁에 수록되어 있다.

42) 1988년 4월 이전까지 '접견지정'은 이른바 '일반지정'이라는 방식으로 이루어지고 있었는데, 이 때는 변호인이 접견을 신청하면 검사가 그 신청을 검토하여 "수사를 위한 필요가 있어 … 별도로 발부하는 지정서대로 지정한다"라고 쓰여진 '일반적 지정서'(양식 제48호)를 피의자, 변호인 및 피의자가 구속되어 있는 시설의 장에게 보내고, 변호인은 접견의 일시, 장소, 시간 등이 구체적으로 지정된 '구체적 지정서'(양식 제49호)를 검사에게 발부받아 피의자가 구속되어 있는 시설에 들고 가지 않으면 피의자의 접견이 허용되지 않았다. 그리하여 사실상 접견제한이 원칙이 되고 접견허용이 예외가 되는 상황이 계속되었다. 법무성은 새로운 '통지서'는 수사기관 내부의 사무연락문서에 불과하고 피의자와 변호인에게는 아무런 법적 효력을 만들어 내지 않으므로 준항고의 대상이 되지 않는다라고 주장하였고, 최고재

한 후 그 필요성이 인정되면 변호인과 협의하여 구체적 일시 등을 지정하는 방식으로 이루어지고 있다(구체적 지정은 지정서를 변호인에게 교부 또는 팩시밀리로 송부하거나 전화 등 구두로 지정하는 방식을 취한다).[43]

여기서 접견의 필요성 여부를 검사가 판단한다는 점, 구체적 지정이 되기까지 변호인은 얼마나 대기해야 하는지와 구체적 지정서의 지참이 의무적인 것인가 불명확하다는 점, 그리고 접견지정을 피의자가 변호인을 만나는 것을 지연·방해하는 도구로 사용하는 실무가 온존해 있다는 점 등이 문제이다. 1991년 '아사이(淺井)사건'[44]을 보자면, 변호인이 피의자를 접견하러 갔을 시점에 피의자는 신문상태에 있지 않았는데, 경찰관이 접견허용 여부를 문의하자 검사는 변호인에게 왕복 2시간을 요하는 검찰청에 직접 와서 접견지정서를 받아가라고 하였다. 최고재판소는 이러한 "검사의 조치는 그 지정방법 등에 있어서 현저히 합리성을 결하여 위법한 것이며, 또한 수사기관이 준수해야 할 주의의무에 위반하는 것으로서 동 검사의 과실이 있음 명백하다"라고 판시하면서도, 1978년 '수기야마(杉山) 판결'[45]이 제시한 "수사의 중단에 의해 현저한 지장이 현저한 경우"에다가 현재 피의자가 신문중에 있지는 않더라도 빠른 시간 내에 신문이 예정되어 있는 경우를 포함시킴으로써 이 사건에서의 접견지정 그 자체는 위법하지 않다고 판시하였다.

Ⅲ. 소 결

이상에서 보았듯이 신 헌법에서 제시된 형사소송에 대한 새로운 청사

판소는 이러한 '접견지정'의 성질에 대한 법무성의 주장을 지지한다[最高裁 1991. 3. 31. 判時 139号, 33頁. 이 사건은 원고인 변호사의 이름을 빌려 '와카마츠(若松) 사건'이라고 통칭된다].

43) 田宮 裕, 「刑事訴訟法」(新版, 1997) 149-150頁; 山中俊夫 "被疑者と辯護人の接見交通," 「刑事訴訟法の爭點」(각주 39), 75頁.
44) 最高裁 1991. 3. 10. 民集 45卷 5号, 919頁.
45) 最高裁 1978. 7. 10. 刑集 32卷 5号, 820頁.

진은 하위 법률과 수사실무 등에 의하여 변질되고 말았다. 장기간의 기소 전 구금, 구금기간의 연장을 위한 각종의 편법의 성행, 기소 전 피의자를 위한 보석제도의 불비, 피의자의 '취조수인의무', 피의자의 변호인접견권에 대한 제약 등에서 드러나듯이 피의자의 권리에 대한 수사기관의 권한의 우위가 제도적으로 보장되어 있다.

요컨대 일본 형사사법체제의 '관대성'은 법집행기관의 우위가 확고히 보장되는 체제하에서 시혜적 차원에서 이루어진다는 점에서 **제한적인 것이** 고, 또 순순히 자백하지 않고 자신의 권리를 주장하는 피의자에게는 적용되 지 않는 **편향적인 것**이라 하겠다.

제 3. 일본 최고재판소의 위법수집증거배제에 대한 소극적 태도

그렇다면 이상과 같이 수사기관의 우위가 보장된 수사절차의 현실속에 서 일본 최고재판소는 수사기관이 위법하게 획득한 증거의 증거능력에 대하 여 어떠한 태도를 취하고 있는가?

Ⅰ. 소극적으로 작동하는 자백배제법칙

1. 임의성 없는 자백 — 불철저한 배제

일본국 헌법 제38조 제 3 항은 '강제, 고문 및 협박에 의한 자백 또는 부당하게 장기간 체포 또는 구속된 후의 자백'은 증거능력이 없다고 명시적 으로 규정하고 있고, 형사소송법 제319조 제 1 항은 상기 헌법이 명시한 자백의 경우 외에 '임의성이 의심스러운 자백'도 증거능력은 배제된다고 규정하고 있다.[46] 그리고 자백배제법칙의 근거에 관한 학설로는 — 제 2

---

46) 위법배제설이 등장하기 전까지는 형사소송법 제319조 제 1 항은 헌법 제38조 제

편 제 2 장에서 살펴볼 우리나라 학계에서의 논의와 동일하게 — '허위배제설', '인권옹호설' 그리고 '위법배제설'이 병립하고 있으며 그 중 '위법배제설'이 통설의 지위를 차지하고 있다. 그런데 일본 최고재판소는 '위법배제설'을 수용하지 않음은 물론이고, 자백의 임의성 여부도 엄격하게 판단하지 않음으로써 상기 헌법과 형사소송법의 규정은 강한 규범력을 갖지 못하고 있다.

일본 최고재판소는 '강제, 고문 및 협박' 등과 같은 반문명적 방식으로 획득한 자백의 증거능력을 배제하고 있다.[47] 그리고 '약속 또는 위계'로 획득한 자백의 경우도 임의성이 없는 자백으로 배제하고 있다.[48] 그러나 그 외의 '부당한 장기간의 체포 또는 구속'으로 획득한 자백의 경우는 일관된 입장을 보여주지 못하고 있다.

일본 최고재판소는 불법구속중의 자백이라 하더라도 그 사유만으로는 바로 증거능력이 없는 것이라고는 보지 않으며, 불법구속의 사실은 자백의 임의성을 판단하는 하나의 자료로만 보고 있다.[49] 최고재판소는 구속의 근거가 의심스럽고 피고인이 처음부터 범행을 부인하다가 109일간의 구속 후에 획득한 자백의 경우,[50] 7개월간의 구속 후에 획득된 16세 미만 소녀의 자백의 경우,[51] 그 증거능력을 배제하였다. 그러나 동법원은 피고인이 정당한 이유로 구속되었고 신문 시작부터 시종일관 자백한 사건

2항의 해석적·확인적 규정에 불과하다는 '동일설'이 통설이었으나, 위법배제설 등장 이후는 '확장설'이 유력하다. 즉 헌법 조항은 임의성 원칙과 관계없이 위법행위를 열거한 것이고, 임의성 없는 자백의 배제를 규정하는 형사소송법은 헌법의 규정하는 배제의 대상을 확장하였다고 보는 것이다[多田辰也, "自白の任意性とその立證,"「刑事訴訟法の爭點」(각주 39), 198頁].
47) 最高裁 1957. 7. 19. 刑集 11卷 7号, 1882頁(이른바 '八丈島 사건'); 最高裁 1976. 12. 9 刑集 20卷 10号, 1107頁 등.
48) 最高裁 1956. 7. 1. 刑集 20卷 6号, 537頁; 最高裁 1970. 11. 25. 刑集 12卷 7号, 1670頁.
49) 最高裁 1948. 6. 9. 刑集 2卷 7号, 1658頁; 最高裁 1948. 12. 1. 刑集 2卷 13号, 1679頁; 最高裁 1952. 11. 25. 刑集 6卷 10号, 1245頁.
50) 最高裁 1948. 7. 19. 刑集 2卷 8号, 944頁.
51) 最高裁 1952. 5. 14. 刑集 6卷 5号, 769頁.

에서는 6개월 16일간의 불법구속이 있었지만 그 자백의 증거능력을 인정하였고,[52] 160일간 구속 후 피고인들이 자백하였지만 피고인들에게 불리한 증인이 있고 피고인들이 서로 간의 친분을 숨기려고 노력한 경우에 그 자백을 배제하지 않았다.[53]

그리고 최고재판소는 위법한 임의동행 후에 획득한 자백의 증거능력도 인정하고 있다. 유명한 1984년 '타카나와(高輪) 맨션 살인사건'[54]에서 피의자는 살인용의자로 경찰서로 임의동행하여 4일 반 동안 경찰 외에는 누구와도 접촉이 금지당한 채 여러 장소로 옮겨다니며 신문을 받은 후 범행을 자백하였다. 그 시점까지 피의자는 공식적으로 체포되지 않았다. 피의자의 자백에도 불구하고 보강증거가 없었기에 피의자는 석방되었으나, 그 후 2개월 반이 지난 후 경찰은 피의자를 체포하였고, 피의자는 3일간의 신문 후에 자백하였다. 이 사건에서의 쟁점은 임의동행에 수반한 신문에 따라 획득한 첫 번째 자백이 배제되어야 하는가 여부였는데, 최고재판소는 첫 번째의 신문이 "사회통념상 상당하다라고 인정되는 방법, 태양 및 한도에서 허용되는 것"[55]이라고 판시하고 피의자의 자백을 배제하지 않았다. 그리고 이후 다른 사건에서도 최고재판소는, 임의동행에 수반한 철야신문도 사회통념상 임의수사로 허용되는 한도를 일탈한 것이 아니라고 판시한다.[56]

이러한 최고재판소의 입장은 자백의 신빙성(reliability)에 대한 집착에서 기인한다. 히라노 교수가 날카롭게 지적하였듯이, 최고재판소가 임의성이 있다고 판단한 경우나 그렇지 않은 경우나 사실관계는 거의 동일한데, 최고재판소는 자백이 여타의 증거와 일치할 때는 임의성 문제에 대해 침묵하다가 자백이 여타 증거와 불일치할 경우에만 "갑자기 분노하면서" 임의성을 문제를 끄집어낸다는 것이다.[57] 요컨대, 임의성 없는 자백을 배제하는 경우에 그 근

---

52) 最高裁 1948. 2. 6. 刑集 2卷 2号, 17頁.
53) 最高裁 1950. 8. 9. 刑集 4卷 8号, 1562頁.
54) 最高裁 1984. 2. 29. 刑集 38卷 3号, 479頁.
55) Id. at 487.
56) 最高裁 1989. 7. 4. 刑集 43卷 7号, 581頁.
57) Ryuichi Hirano, "Diagnosis of the Current Code of Criminal Procedure," 22 *Law in*

거로 임의성 문제를 제기하지만, 실제상의 근거는 신빙성이라는 것이다.

2. 기타 위법한 형사절차에서 획득한 자백

한편 일본 최고재판소는 이상의 헌법 또는 법률상의 명시적 규정이 없는 여타 위법한 형사절차 속에서 획득한 자백의 경우는 불배제의 입장을 고수하고 있다.

먼저 1950년 최고재판소는 헌법 제38조가 묵비권의 고지를 의무화하지 않고 있고 따라서 묵비권의 불고지가 자백을 비임의적인 것으로 만들지 않는다는 이유로, 묵비권의 불고지가 불법은 아니라고 판시한 바 있다.[58] 이후 1991년 우라와(浦和) 지방재판소가 묵비권을 고지하지 않고 획득한 자백을 배제하였고,[59] 2010년 도쿄 고등재판소는 경찰관이 사실상 피의자를 참고인으로 소환하여 묵비권을 고지하지 않고 불리한 진술을 확보한 사례에서 경찰관조서의 증거능력을 배제하였다.[60] 그러나 최고재판소는 아직 기존 입장을 변경하지 않고 있다.

둘째, 변호인접견권 침해와 관련하여 자백의 증거능력을 부정하는 하급심 판례는 발견된다. 예컨대, 임의출석한 피의자에게 변호인접견을 방해하고 획득한 자백의 증거능력은 부정되어야 한다는 판결,[61] 변호인접견을 한 피의자에 대하여 변호인과의 접견내용을 진술하도록 하여 그 내용을 조서 등에 기재한 것은 접견교통권을 침해하여 위법하다는 판결[62] 등이

Japan 129, 137(1989). 케네쓰 포트는 일본 사회는 개인의 정체성의 기초로서 집단에의 소속을 중시하는바, 일본 형사사법체제는 "피의자가 자백하지 않으면 용서(absolution)와 사회로의 재동화(再同化, reassimilation)가 시작될 수 없으므로 자백을 어떠한 희생을 치르고라도 획득해야 하는 것으로 상정한다"고 파악한다 [Kenneth L. Port, "The Japanese International Law "Revolution": International Human Rights and Its Impact in Japan," 28 *Stan. J. Int'l L. 139*, 162-163(1991)].

58) 最高裁 1950. 11. 21. 刑集 4卷 11号, 2359頁.
59) 浦和地判 1991. 3. 25. 判夕 760号, 261頁.
60) 東京高判 2010. 11. 1. 判夕 1367号, 251頁.
61) 函館地決 1968. 11. 20. 判時 563号, 95頁.
62) 鹿兒地判 2008. 3. 24. 判時 2008号, 3頁.

있다. 그러나 최고재판소는 변호인접견권의 침해로 획득한 자백의 경우도 불배제의 입장을 취하고 있다. 예를 들어 최고재판소는 피의자의 변호인과의 접견시간이 단지 2 내지 3분으로 접견지정된 상태에서 획득한 자백,[63] 그리고 검사의 접견지정권 행사로 피의자가 변호인을 접견하지 못한 상태에서 획득한 자백[64] 모두 불배제의 결론을 내렸다.

II. 비진술증거에 대한 '상대적 배제'

일본 최고재판소는 1978년의 '오사카 텐노사(天王寺) 각성제 사건'[65]에 이르러 과거의 '성질 · 형상 불변론'[66]을 버리고 위법수집증거배제법칙을 원칙적으로 수용한다. 위법수집증거배제법칙에 관한 명문의 헌법적 또는 법률적 근거가 없었으므로 최고재판소는 일종의 입법적 판결을 내린 것이다. 즉,

> 위법하게 수집된 증거물의 증거능력에 대해서는 헌법 및 형사소송법의 어디에서도 규정하고 있지 않으므로, 이 문제는 형사소송법의 해석에 위임되어 있는 것이라고 해석하는 것이 상당 … 사안의 진상규명도 개인의 기본적 인권보장을 다하면서 적정한 절차 하에서 이루어져야 하는 것이다. 특히 헌법 제35조가 … 주거의 불가침, 수색 및 압수 등에 대하여 엄격한 규정을 설정하고 있는 점과 헌법 제31조가 법의 적정절차를 보장하고 있는 점 등에 비추어 보면 증거물 압수 등의 절차에서 헌법 제35조 및 이를 이어 받은 형사소송법 제218조

---

63) 最高裁 1950. 7. 10. 刑集 7卷 7号, 1474頁.
64) 最高裁 1989. 1. 23. 判時 1301号, 155頁.
65) 最高裁 1978. 9. 7. 刑集 32卷 6号, 1672頁. 이 판결에 대한 평석으로는 三井誠, "所持品檢查の限界と違法收集證據の排除"(下),「ジュリスト」 No. 680(1978. 12. 15)을 참조하라.
66) 1978년 이전에는 最高裁 1949. 12. 1. 裁判集 15号, 349頁 판결에 따라 물건자체의 성질과 형상은 불변이라는 논거로 위법수집증거의 불배제 입장을 취하고 있었다. 이는 2007년 전원합의체 판결(대법원 2007. 11. 15. 선고 2007도3061 판결) 이전 우리 대법원의 입장이었다(대법원 1968. 9. 17. 선고 68도932 판결; 대법원 1987. 6. 23. 선고 87도705 판결).

1항 등에서 기대되는 영장주의의 정신을 무시하는 듯한 **중대한 위법**이 있고, 위 증거물을 증거로 허용하는 것이 장래 **위법한 수사의 억지**의 관점에서 볼 때 상당하지 않다고 인정되는 경우에는 그 증거물의 증거능력은 부정된다고 해석해야 할 것이다.[67]

즉, 위법수집증거배제가 헌법과 형사소송법에 규정되어 있지 않는 것이므로 형사소송법의 해석에 의해 해결할 문제라고 파악한 후, 영장주의의 정신을 몰각하는 경찰관의 불법행위의 중대성 및 미래의 경찰관 불법행위에 대한 억지효과라는 증거배제의 두 가지 기준을 제시한 것이다. 이 점은 최고재판소가 위법수집증거배제에 대한 미국 버거 연방대법원의 입장을 수용하였음을 보여준다.[68] 즉 위법수집증거는 절대적·의무적으로 배제되는 것이 아니라, 위의 두 가지 기준에 따라 상대적·한정적으로 배제되는 것이다.

명문의 근거가 없음에도 최고재판소가 위법수집증거배제법칙을 원칙적으로 수용한 것은 획기적인 일이지만, 동법원은 이 사건에서 또한 그 이후의 다른 사건에서도 증거배제의 두 가지 기준을 매우 높이 잡음으로써 위법수집증거를 배제하는 데 매우 인색한 모습을 보이고 있다. '오사카 텐노사 각성제 사건' 이후 최고재판소는 위법수집증거배제와 관련하여 대부분의 사건에서 수사기관의 행위는 위법하나 중대한 위법이 아니며 증거배제는 위법수사 억지를 위하여 적절하지 않으므로 위법하게 수집한 증거를 배제하지 않는다는 결론을 내린다.

예를 들어 첫째, 1986년의 '요시카와(吉川) 사건'[69]에서 경찰관은 피의자의 동의 없이 피의자의 침실에 들어간 후 임의동행을 요구하여 경찰서로 데리고 갔고, 피의자의 의사에 반하여 경찰서에 구금하고 피의자의 소변을

---

67) Id.(강조는 인용자).
68) United States v. Calandra, 414 U.S. 338, 348(1974); Stone v. Powell, 428 U.S. 465(1976)을 보라.
69) 最高裁 1986. 4. 25. 刑集 40卷 3号, 215頁. 이 판결에 대한 평석으로는 植村立郎, "違法收集證據の證據能力(2)," 松尾浩也·井上正仁 編, 「刑事訴訟法判例百選」(第 7 版, 1998)을 참고하라.

받아 증거로 제출하였다. 최고재판소는 이상의 일련의 절차가 불법이며 임의동행의 한계를 초과한 것이라고 판단하면서도, 경찰관이 애초에 피의자의 침실에 침입할 의도가 없었고 임의동행을 요구할 당시 유형력을 행사하지 않았으며 피의자도 동행요구에 반대하지 않았다는 이유를 들어 증거불배제의 결론을 내린다.

둘째, 1988년 '아사쿠사(淺川) 각성제 사건'70)에서 경찰관은 정지 · 질문요구에 불응하고 달아나는 마약 피의자를 붙잡아 그의 동의 없이 그의 상의와 신발을 수색하였다(피의자의 소변은 동의를 획득한 후 추출하였다). 최고재판소는 이상의 절차가 위법임을 인정하면서도, 위의 상황이 현행범 체포 또는 긴급체포에 해당할 수 있다는 이유로 소변표본의 증거불배제의 결론을 내린다.

셋째, 1994년 '아이츠 와카마츠(會津若松) 소변추출 사건'71)에서 경찰관이 음주운전의 의심이 있는 자에게 임의동행을 요구하였으나 운전자가 이를 거부하자 차 열쇠를 빼앗고 그를 차량 안에 구금하였다. 소변추출을 위한 영장을 획득한 후, 경찰관은 운전자의 차량과 신체를 수색하였고, 운전자를 병원으로 데려가 소변을 추출하였다. 최고재판소는 피의자를 차량 안에 6시간 반 동안 구금한 것은 불법이라고 판시하면서도, 소변표본의 증거배제는 받아들이지 않았다.

넷째, 1995년 '다이치 케이힌(第一京浜) 도로 질문 사건'72)에서는 경찰관은 음주운전의 의심이 있는 자의 차량을 정지시켰다. 운전자의 마약관련 전과기록을 확인한 경찰관은 피의자에게 그의 소지품과 차량에 대한 수색에 협조할 것을 요청하였고, 이를 피의자가 거부하였음에도 경찰관은 수색을 강행하고 피의자의 소변을 검사한 후 그를 체포하였다. 이 사건에서도 역시 최고재판소는 상기 절차의 위법성을 확인하면서도 소변표본의 증거불배제의 결론을 내린다.

---

70) 最高裁 1988. 9. 16. 刑集 42卷 7号, 1051頁.
71) 最高裁 1994. 9. 16. 刑集 48卷 6号, 420頁.
72) 最高裁 1995. 5. 30. 刑集 49卷 5号, 703頁.

다섯째, 1996년 '와카야마(和歌山) 각성제 사건'73)에서 경찰관은 영장에 기한 수색 현장에서 피고인에게 불법적으로 폭행을 가했는데, 법원은 그 폭행의 시점은 증거물인 각성제를 발견한 후이고 피고인의 발언에 촉발돼 이루어진 것이어서 증거물의 발견을 목적으로 하여 수색에 이용하기 위해 행하여진 것이라고는 인정되지 않는다는 이유로 각성제의 증거능력을 부정하지 않았다.

최고재판소는 2003년이 되어서야 증거물의 증거능력을 배제하는 판결을 내놓는다.74) '오오츠(大津) 위법체포 사건'에서 최고재판소는 역사상 최초로 위법하게 수집한 증거물의 증거능력을 부정한다. 즉, 피의자의 체포절차에는 체포장의 제시가 없었고 체포장의 긴급집행도 이루어지지 않았다고 하는 위법이 있어, 이를 호도(糊塗)하기 위해 경찰관이 체포장에 허위사항을 기입하고 공판정에서 사실과 다른 증언을 하는 등의 경위 전체에 드러난 경찰관의 태도를 종합적으로 고려하면, 체포절차의 위법의 정도는 영장주의의 정신을 몰각하는 중대한 것이고 체포절차 당일에 채취된 피의자의 소변에 관한 감정서의 증거능력은 부정된다는 것이었다.

그런데 파생증거의 증거능력은 인정한다. 즉, 피의자의 소변에 관한 감정서가 위법수집증거로서 증거능력이 부정되는 경우라 하더라도, 수색압수허가장에 기초한 수색에 의해 발견되고 압수된 각성제 및 그에 관한 감정서는 그 각성제가 사법심사를 거쳐 발부된 영장에 기초해서 압수된 것이고 동 허가장의 집행이 별건 수색압수허가장의 집행과 더불어 이루어진 것이라는 이유로 증거능력을 부정하지 않았다. 제6편에서 서술한 '독립출처의 예외'(the independent source exception)의 논리를 적용한 것으로 보인다.

이상에서 일본 최고재판소가 1978년 이후 근래까지 증거배제로 이어지는 경찰관의 불법행위의 '중대성' 기준을 매우 높게 잡고 있었음을 확인할 수 있다. 미쓰이 코야의 말처럼, 최고재판소가 경찰관의 불법행위에 대한 억지라는 표현을 사용하고 있었으나, 이는 단지 "상투적·수식어적으로 사

---

73) 最高裁 1996. 10. 29. 刑集 50卷 9号 683頁.
74) 最高裁 2003. 2. 14. 刑集 57卷 2号 121頁.

용되고 있는 데 불과"하며, '배제하지는 않으나 위법하다'라는 논리는 수사기관에 대하여 행동준칙을 알려 줄 수는 있겠으나 그 준칙의 실효성을 어떻게 확보할 것인가에 대한 답은 제시하지 못하였다.75) 2003년 최고재판소 판결은 이러한 경향으로부터의 이탈이다. 이후 관련 최고재판소 판결은 나오지 않고 있으나, 위법의 중대성을 인정하고 증거능력을 부정한 하급심 판결이 검사의 상소가 없어 확정된 경우가 다수 나오고 있다(이러한 변화는 제4편에서 상술할 우리 대법원의 2007년 '김태환 제주지사 사건' 판결에도 영향을 주었으리라고 추측한다).

Ⅲ. 소결 — '타테마에'로서의 위법수집증거배제법칙

이상에서 살펴보았듯이 일본 최고재판소가 형사피의자와 피고인의 헌법적 권리보호를 위하여 적극적인 태도를 취하고 있지 않다. 나탄손의 오래된 지적을 빌리자면, 일본 최고재판소는 헌법상의 각종 자유에 대하여 '입발린 소리'(lip service)는 하면서도 실제 "그 자유의 효과적 실행을 위해 반향있는 일격(resounding blows)을 날린 적은 없다" 하겠다.76) 비진술증거에 대한 위법수집증거배제법칙을 원칙으로 수용은 하였으나 이 법칙을 실제로 적용하여 증거를 배제하는 것은 매우 삼가고 있다. 1978년 '상대적 배제' 이론이 확립된 후 2003년에야 증거를 배제하는 최고재판소 판결이 나왔다는 점은 이를 반증한다. 또한 자백배제법칙은 여전히 "임의성" 기준에 여전히 얽매여 있다. 이상의 점에서 — 일본식 표현을 쓰자면 — 위법수집증거배제법칙은 일본 형사사법의 '타테마에'(建前), 즉 의례적 언사이고 그 '혼네'(本音), 즉 속마음은 실체적 진실발견주의로 보인다. 2003년 최고재판소 판결이 이러한 경향의 변곡점이 될 것인지 주시하고자 한다.

---

75) 三井 誠, "違法收集證據の證據能力," 「刑事訴訟法判例百選」(각주 19), 131頁.
76) Nathaniel L. Nathanson, "Human Rights in Japan Through the Looking Glass of the Supreme Court Opinion" 11 *How. L. J.* 316, 323(1965).

제 4. 결

마츠오 고야 교수가 날카롭게 지적한 것처럼, 일본 형사사법의 '표층' 은 미국법의 외양을 띠지만 '기층'은 '사이비 당사자주의 체제'로 특징지워 지는 이른바 '정밀사법'(精密司法)이며, 이는 '표층'을 계속 박막화(薄膜化)시 키고 있다.[77] 이 '정밀사법'이 마츠오 교수의 주장처럼 일본 법문화 그 자체 의 산물일지, 아니면 수사기관에 의해 추구되는 체계적 정책의 산물인지는 논란이 있겠으나 '정밀사법'이라는 현상이 안정화되고 제도화되어 있음은 공유될 수 있을 것이다.

한편 이러한 '정밀사법'의 정착 배경에는 개인의 헌법적 권리의 희생이 깔려 있음이 기억되어야 한다. 전후의 신헌법이 제시한 새로운 전망은 하위 법률에 산재해 있는 전통적 · 규문주의적 요소와 수사기관의 관행으로 인하 여 무색해졌다. 그리고 최고재판소는 위법수집증거배제법칙을 통하여 이러 한 법조문과 수사관행을 통제하기보다는 합법성을 부여하는 쪽으로 판결을 내려 왔다. 이러한 맥락에서 볼 때 일본 형사사법체제는 우리가 지향(指向)해 야 할 모델이 아니라 지양(止揚)해야 할 모델이다.

---

77) 松尾浩也, "刑事訴訟法の基礎理論," 「國家と市民」 3卷(1989), 447頁.

제6장

결 론

　이상에서 우리나라의 형사소송의 이론와 실무에 상당한 영향을 끼치는 주요 현대 민주주의 국가의 위법수집증거배제법칙의 현황과 특징을 살펴보았다. 이들 네 나라는 각자의 법제도와 법문화에 기초하여 자신만의 독특한 위법수집증거배제법칙을 만들어 운용하고 있으며, 이 법칙의 목적, 사정(射程)거리와 강도 역시 많은 차이가 있음을 확인할 수 있었다.

　한 나라가 기초하고 있는 법체계가 영미법계인가 대륙법계인가 하는 점은 위법수집증거배제법칙의 형성과 전개에 중요한 요소로 작동한다. 양 법체계가 서로 융합되고 있는 측면도 있으나, 실체적 정의와 절차적 정의 가운데 중점을 어디에다 두어야 할 것인가에 대한 양 법체계의 차이는 여전히 존재한다. 제도적 환경, 실정법규 조항, 그리고 법원의 역할 등을 고려할 때 영미법 체계가 대륙법 체계에 비하여 위법수집증거배제법칙의 발전에 비교적 좋은 토양을 제공함을 확인할 수 있다. 이는 특히 진술거부권이나 변호인의 조력을 받을 권리에 대한 보장, 위법하게 수집한 증거물의 배제의 범위와 강도 등에서 드러난다.

　그렇지만 진술거부권의 고향인 영국의 경우 1994년 '형사사법과 공공질서법'에 의해 진술거부권 행사에 심각한 제약이 가해졌다거나, 2001년 '9. 11 테러' 이후 제정된 미국의 '애국자법'이 그 이전까지 미국 형사절차법이 구축해 온 원리를 상당 부분 훼손하고 있다는 점을 고려하자면, 법체계의 요청이 절대적인 것은 아니다. 이러한 예는 한 사회 내에서 범죄통제 가치가 적정절차의 가치를 압도하게 될 경우 민주적 형사절차의 어떠한 핵심구성요소도 명목적인 것이 될 수 있음을 경고하고 있다. 반면 독일의 증거금지론에서는 위법수사를 억지한다는 관념은 취약하지만, 인격권에 기초하여 증거금지의 법리를 구축함으로써 영미권에서는 전혀 신경쓰지 않았던 사인에 의한 위법수집증거에 대한 해결방식을 제시한 점은 높이 평가되어야 한다.

제1편에서 살펴보았던 비교법적 검토는 단지 외국법에 대한 지적 호기심을 충족시키기 위한 것은 아니다. 또한 각국의 위법수집증거배제법칙의 현황에 대한 검토가 각국의 상황의 특수성만을 강조하고 가치평가를 유보하는 것으로 귀결되어서는 안 된다. 각국의 위법수집증거배제법칙의 목적, 논리, 특징 및 이를 둘러싼 논쟁은 다름 아닌 바로 우리나라의 수사현실과 형사피의자 · 피고인의 권리보장상태에 대한 평가에 기초하여 헌법정신에 충실한 위법수집증거배제법칙을 구축하기 위한 원재료로 활용되어야 할 것이다.

제 2 편

위법수집자백 배제법칙

"피고인의 자백이 고문·폭행·협박·신체구속의 부당한 장기화 또는 기망 기타의 방법에 의하여 임의로 진술된 것이 아니라고 의심할 만한 이유가 있는 때에는 이를 유죄의 증거로 하지 못한다"(헌법 제12조 제7항, 형사소송법 제309조).

"자백에 의존하게 되는 형법집행체제는 솜씨 있는 신문을 통하여 독자적으로 확보되는 부대증거에 의존하는 체제보다는 결국에 있어서는 신빙성을 덜 갖게 되고 남용될 가능성이 더 많아질 것이다"(1964년 미국 'Escobedo v. Illinois 판결').

서 론

헌법과 형사소송법은 형사절차에서의 적정절차의 이념을 위배하는 수사기관의 위법행위를 통하여 자백(confession, Geständnis)[1]이 획득된 경우 그 자백의 증거능력을 배제해야 함을 명문으로 규정하고 있다('위법수집자백배제법칙'). 헌법 제12조 제 7 항과 형사소송법 제309조는 자백이 배제되는 사유를 "고문, 폭행, 협박, 신체구속의 부당한 장기화, 기망" 및 "기타 임의로 진술한 것이 아니라고 의심할 만한 경우"로 나누어 명시하고 있는바, 전자는 '정형화된 자백배제사유'이며 후자는 '비정형화된 자백배제사유'라고 말할 수 있다. 이러한 법의 태도는 형사절차에서 "실체적 진실주의는 이념적으로

---

[1] 전통적으로 영미 코몬 로에서는 자기에 불리한 사실에 대한 진술인 '자인'(admission)과 자신의 형사책임을 인정하는 진술인 '자백'을 구별해 왔다. 그리고 일본 형사소송법은 '자백' 이외에 '유죄라는 취지의 진술'(제291조의2), '유죄의 자인'(제319조 제 3 항), '불이익한 사실의 승인'(제322조 제 1 항) 등의 개념을 사용하고 있다. 그러나 우리 형사소송법은 양자를 구별하고 있지 않고 있으며, 특히 자백배제법칙의 적용과 관련해서는 양자를 구별할 이유가 없다. 따라서 이 책에서 사용되는 자백은 범죄사실의 일부 또는 전부를 인정하거나 또는 자신의 형사책임을 인정하는 진술은 물론, 구성요건에 해당하는 사실은 인정하면서도 위법성조각사유나 책임조각사유를 주장하는 진술도 포괄하는 의미로 사용한다. 영국의 경우 1984년 '경찰 및 형사증거법' 제정에 따라 자백의 범위를 넓혀, 불리한 어떠한 사실의 승인도 자백의 개념에 포함시키고 있다[Police and Criminal Evidence Act, art. 82(1)]. 미국의 미란다 법칙 역시 '자인'과 '자백'을 구별하지 않고 적용된다.

는 적정절차에 의해 제약받으면서 적정절차의 범위 내에서 추구되어야"[2] 함을 분명히 한 것으로, 이러한 사유가 있는 자백의 증거능력을 부정하는 것은 현대 민주주의의 최소요건이라고 할 수 있다.

권위주의 시대를 경험한 우리에게 위법수집자백배제법칙이 규정하는 자백배제사유는 낯설지 않다. 영화 <변호인>(2013)으로 극화된 1981년 '부림(釜林)사건', 영화 <남영동 1985>(2012)으로 극화된 1985년 김근태 씨 고문사건, 1986년 권인숙 씨 성고문 사건, 1987년 박종철 씨 고문치사 사건 등은 우리가 얼마나 야만의 시절을 살아 왔는지를 고통스럽게 상기시켜 준다.

위와 같이 대중적으로 널리 알려진 사건이 아니라고 하더라도, 당시 반독재민주화운동으로 투옥된 사람의 대부분은 각종 가혹행위의 제물이 되어야 했다. 예컨대, 다큐멘터리 영화 <자백>(2016)에서 나타난 재일동포 김승효 씨는 1974년 중앙정보부의 간첩조작 사건의 고문피해자였고 이후 평생 정신병을 앓고 있다.[3] 1975년 유신 시절 '인혁당 사건' 등으로 구속되어 잠 안 재우기 고문을 당한 시인 김지하 씨는 출소 후 환청·환각·조증 등으로 정신과 입원 치료·지속적인 약물치료를 받아야 했다.[4] 1980년 연세대 철학과 재학 당시 이적표현물 소지 혐의로 치안본부 대공분실에 고문을 당한 문국진 씨는 정신병에 걸렸고, 1986년 '보임-다산 사건'에 연루되어 다시 고문을 당하여 증세가 심각해졌다.[5]

정치범이나 공안사범이 아닌 일반사범인 경우에도 수사기관에 의한 가혹행위는 다반사로 행해졌다. 1981년 '전주 비사벌 살인사건'에서의 김시

---

2) 차용석·최용성, 「형사소송법」(제4판, 2013), 29면.
3) 김이택, "<자백>과 '법비'," <한겨레> 2016.10.18.(http://www.hani.co.kr/arti/opinion/column/766143.html; 2017.3.1. 최종방문).
4) <동아일보> 2013.7.3.(http://news.donga.com/3/all/20130723/56603101/1; 2017.3.1. 최종방문); <뉴스 1> 2014.9.24.(http://news1.kr/articles/?1873112; 2017.3.1. 최종방문).
5) <연합뉴스> 1995.5.4.(http://news.naver.com/main/read.nhn?mode=LSD&mid =sec&sid1= 102&oid=001&aid=0003973120; 2017.3.1. 최종방문).

훈 씨6)와 '용산 윤노파 일가 피살사건'의 고숙종 씨7)가 범인으로 몰려 얼마
나 혹독한 고문을 당했는지를 되새기는 것 역시 고통이다. 당시 형사사건에
서 "자백은 증거의 여왕"(confession est regina probationum)이었고, 자백획득을
위한 각종 불법행위는 당연한 수사관행으로 자행되었으며,8) 신문은 사실상
조선시대의 '고신'(拷訊)이었다.

　　민주화 이후 과거 권위주의 체제 아래에서 수많은 민주화운동가들에게
물고문, 전기고문, 관절뽑기, '통닭구이' 등을 행한 고문기술자 이근안 경감
은 7년형을 선고받고 감옥에 갇혔다. 그렇다면 정치적 민주화가 이루어진
이후 이러한 불법행위는 수사실무에서 완전히 사라졌을까? 그러나 이 책의
'들어가는 말'에서 열거한 2000년대 이후 발생한 사건만 보더라도 이러한
야만의 행태가 끈질기게 남아 있음을 확인한다.9) 이러한 극악한 사례는
제쳐놓더라도, 우리 형사절차에서 피의자의 진술거부권이나 변호인의 조력
을 받을 권리를 직·간접적으로, 노골적·우회적으로 침해하면서 자백을
획득하는 수사실무는 크게 비난받을 것이 아니라는 의식이 수사기관 안팎에
존재하고 있다. 이상에서 우리는 정치적 민주화가 이루어졌다고 형사사법절
차의 민주화가 자동적으로 이루어지는 것은 아니며, 수사기관의 의식과 관
행 역시 쉽게 변하지 않음을 확인한다.

---

6) 김시훈 씨에 대하여 고문을 했던 경찰관의 직권면직처분취소소송 판결문을 보면,
　경찰관들은 김씨를 "주먹으로 머리를 구타하고 의자 2개를 마주 묶어 고정시킨 다
　음, 그 위에 걸쳐 눕히고 손과 발을 수갑으로 채운채 곤봉으로 구타하고, 자전거
　튜브로 상체를 묶어 호흡이 곤란하게 하여놓고 피살자의 유류품을 손전등으로 비
　추면서 "현석아 내가 죽여서 미안하다"라는 말을 하게 하고 거절하면 곤봉으로 구
　타하고 잠을 재우지 않는 등 가혹행위를 계속하면서 자백을 강요"하였다(대법원
　1984. 9. 11. 선고 84누191 판결).
7) 대법원 1985. 2. 26. 선고 82도2413 판결. 고숙종 씨는 강제 연행된 이래 호텔 등
　을 7차례나 옮겨 다니면서 고문을 받고 허위자백을 하였는데, 꼽추가 된 모습으로
　법정에 섰다[한홍구, 「사법부」(2016), 248면].
8) 권위주의 시대 자행되었던 수사기관의 고문실태에 대해서는 김근태, 「남영동」(중
　원문화, 1987); 조갑제, 「고문과 조작의 기술자: 고문에 의한 인간파멸과정의 실
　증적 연구」(한길사, 1987) 등을 참조하라.
9) <동아일보>, 2002.11.1; <조선일보>, 2002. 11.1; <한겨레>, 2002.11.1

사실 우리 형사절차에서 자백은 여전히 중요한 의미를 가지고 있다. 과학수사가 강조되고 있지만 사실 우리 형사절차에서 수사기관의 피의자신문의 핵심목표는 피의자의 자백을 획득하는 것이다. 증인이나 증거물이 발견되지 않은 상황에서는 일단 피의자를 체포하여 자백을 획득하는 데 총력을 기울이고 그 자백을 기초로 보강증거를 확보하는 것은 전형적인 수사의 경로이다. 설사 수사기관이 물적 증거를 이미 확보한 경우도 수사기관은 자백획득을 소홀히 하지 않는다. 피의자의 자백이 있을 경우 이후의 수사가 용이해지고 또한 공판에서의 유죄판결의 획득이 훨씬 쉽기 때문이다. 그리고 법원 역시 자백의 존재는 재판을 쉽게 그리고 빨리 마무리할 수 있는 중요한 요소이므로 자백에 대한 애착을 버리지 않고 있다. 그러나 우리나라는 물론 여러 현대 민주주의 국가의 역사가 증명하였듯이, 이러한 자백중심의 수사는 피의자의 인권 침해의 위험성을 필연적으로 수반하기 마련이다.

　이러한 상황이기에 위법수집자백배제법칙의 의미를 되새기는 작업은 중대한 의미를 갖는다. 제3편에서는 자백배제법칙의 근거, 유형별 자백배제사유, 그리고 자백의 임의성 판단 문제 등을 차례로 검토한다.

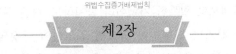

위법수집자백배제의 근거와 임의성 입증

그렇다면 헌법 제12조 제 7 항과 형사소송법 제309조가 규정하고 있는 자백배제법칙의 근거는 무엇인가, 즉 '임의성이 의심스러운' 자백의 증거능력은 왜 배제되는 것일까, 그리고 이 법칙은 위법수집증거배제법칙과의 관계에서 어떻게 이해되어야 하는가? 이상의 질문에 대한 입장 대립에 대한 정확한 이해는 현재 우리 형사절차에서 만연해 있는 자백획득위주의 수사관행을 극복하고, 피의자·피고인의 인권을 존중하면서도 객관적 증거에 기초하여 실체적 진실을 발견해 내는 과학적 수사방식을 정착하는 데 매우 중요한 의미를 갖는다.

제 1. 허위배제설 — 신빙성에 기초한 임의성 판단

먼저 허위배제설은 임의성이 의심되는 자백에는 허위가 숨어들 위험성이 크고, 이를 증거로 사용하는 것은 실체적 진실발견을 저해하기 때문에 이러한 자백의 증거능력은 부정된다고 이해한다. 이 입장은 자백의 임의성 여부에 대한 판단을 실상은 자백의 신빙성 여부에 따라 내리며, 자백의 임의성에 영향을 미치는 사유와 임의성이 의심되는 자백 사이에 인과관계를 요구한다. 따라서 만약 헌법 제12조 제 7 항과 형사소송법 제309조가 금지하고 있는 수사방법으로 획득한 자백이라 할지라도, 다른 증거에 의하여 자백의 내용이 진실하거나 신빙성이 있으면 임의성이 긍정되고, 따라서 당해 자백의 증거능력도 인정되는 결과를 가져오게 된다.

우리나라 과거 판례의 상당수는 허위배제설에 의존하고 있었다. 예컨대, 피고인의 자술서나 피의자신문조서의 기재가 진실성을 담보할 수 없으므로 임의성이 없다거나,[1] 피고인의 자백진술이 객관적으로 합리성이 결여되고 범행현장과 객관적 상황의 중요부분과 부합되지 않는 등의 특별사정이 있는 경우 다소의 폭행 또는 기타의 방법으로 자백을 강요하여 임의로 진술한 것을 의심할 사유가 있다고 판시한 경우가 있다.[2] 허위배제설을 도해화하면 다음과 같다.

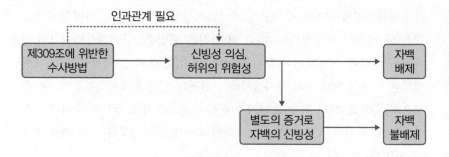

그러나 허위배제설은 일정한 자백을 증명의 자료로 사용할 수 있는가에 대한 법률적 자격의 문제인 '증거능력'(Beweisfähigkeit)과, 그 자백의 실질적 가치 또는 신빙력(信憑力)의 정도를 말하는 '증명력'(Beweiskraft)을 혼동하는 경향을 내포하고 있으며,[3] 이 논리에 따르면 피의자·피고인에 대한 수사

---

1) 대법원 1968. 5. 7. 선고 68도379 판결.
2) 대법원 1977. 4. 26. 선고 77도210 판결.
3) 손동권·신이철, 「새로운 형사소송법」(제2판, 2014), 543면; 이은모, 「형사소송법」(제5판, 2015), 647면; 이재상, 「신형사소송법」(제2판, 2008), 527면. 단 허위배제설이 자백의 증거능력과 증명력을 혼동하고 있다는 비판에 대해서는 반론이 있다 [백형구, "자백의 임의성법칙 — 학설·판례의 정리 —," 대한변호사협회, 「인권과 정의」, 1990년 8월호, 70-71면; 신동운, 「신형사소송법」(제5판, 2014), 1362면].

기관의 불법행위에 대한 통제는 거의 불가능해지고 자백배제법칙의 적용범위는 현격히 축소되는 결과를 초래하게 된다.[4] 또한 헌법 제12조 제7항과 형사소송법 제309조 어디에도 자백의 신빙성에 따라 자백의 임의성을 판단하라는 취지의 문언을 발견할 수 없다. 요컨대, 이 입장은 자백배제법칙을 규정한 우리 헌법과 형사소송법의 문언을 무시하고, 임의성 판단을 신빙성 판단으로 대체하는 오류를 범하고 있다.

그리고 국내에는 허위배제설이 영국 코몬 로에서의 자백배제법칙의 근거였다고 소개되고 있다. 코몬 로의 자백배제법칙의 이론적 근거가 임의성과 신빙성 양자였음은 사실이지만,[5] 제1편 제2장에서 살펴보았듯이 18세기 후반 이후 영국 법원은 자백의 신빙성 여부에 대해서는 거의 문제를 삼지 않고 자백획득이 위협 또는 약속에 의해서 이루어졌는가에만 초점을 맞추었고, 게다가 아주 경미한 정도의 위협이나 약속에 의해 획득한 자백도 단호하게 배제하는 입장을 견지하였기에[6] 18세기 후반 이후 코몬 로는 자백배제의 근거로 후술할 인권옹호설을 취하고 있었다고 보아야 할 것이다.

제 2. 인권옹호설 — '임의성 기준'의 의의와 한계

다음으로 인권옹호설은 자백배제법칙을 헌법상 보장된 진술거부권을 중심으로 하는 인권을 보장하기 위하여 마련된 증거법상의 법리로 본다. 이 입장은 자백배제법칙의 근거를 피고인의 내심의 의사결정과 표현에 관한 자기결정권의 보호에서 찾으며, 이러한 기본적 인권이 침해된 상태에서 행해진 자백은 그 증거능력이 부정되어야 한다고 본다. 그리하여 허위배제설과 달리 피고인의 자백내용이 진실한 경우라도 피고인의 진술의 자유를 침해하는 사정이 있으면 자백의 증거능력은 부인되기에, 허위배제설보다

---

4) 배종대·이상돈·정승환·이주원, 「형사소송법」(2015), 597면; 신동운(각주 3), 1362면.
5) The King v. Warickshal, 1 Leach C.C. 263, 264(1783).
6) R. v. Cass, 1 Leach C.C. 293, 294n(1784); R. v. Moore, 2 Den. 522, 525(1852).

한 걸음 더 전진한 이론이다. 단, 진술의 자유에 영향을 미칠 수 있는 사정과 자백의 임의성 사이에는 인과관계가 있을 것을 요한다는 점에서는 허위배제설과 같다.[7]

인권옹호설은 '형사절차혁명'(criminal procedure revolution) 이전 미국 연방대법원이 취했던 '임의성 기준'(the voluntariness test)을 계수(繼受)한 것이다. 미국의 임의성 기준은 미국 수정헌법 제14조 적정절차 조항에 기초하여 자백이 피의자 · 피고인의 "자유롭고 합리적인 선택"[8]의 산물인가에 초점을 맞추었다. 또한 인권옹호설은 "학대, 피로가중, 신체침해, 물건제공, 고문, 기망, 최면술, 협박, 이익제공" 등의 금지된 신문방법을 규정하고 있는 독일 형사소송법 제136조의 a의 입장이기도 하다.[9]

우리 판례 중에도 인권옹호설의 경향을 보이는 판례가 많이 있다. 검사 이전의 수사에서의 고문으로 임의성 없는 진술을 한 밀수피의자가 검사의 조사단계에서도 임의성이 없는 상태가 계속된 상태에서 동일 내용을 진술하였다면 검사 앞의 자백은 임의성이 없는 것으로 증거능력은 배제되어야 한다는 판결이 대표적인 예이다.[10]

그리고 대법원은 피고인이 그 진술을 임의로 한 것이 아니라고 다투는 경우에는 법원은 "구체적인 사건에 따라 제반사정을 참작하여 자유로운 심증으로 피고인이 그 진술을 임의로 한 것인지의 여부를 판단"하면 된다고

---

7) 판례는 고문 등과 자백 사이에 인과관계가 있음을 요구한다(대법원 1984. 11. 27. 선고 84도2252 판결; 대법원 1985. 2. 8. 선고 84도2630 판결).
8) Lisenba v. California, 314 U.S. 219(1941). 미국 연방대법원의 '임의성 기준'에 대한 자세한 내용은 제1편 제2장 제1. II를 참조하라.
9) 배종대 · 이상돈 · 정승환 · 이주원(각주 4), 598면; 신동운(각주 3), 1363면; 이재상(각주 3), 527면.
10) 대법원 1981. 10. 13. 선고 81도2160 판결. 1983년의 세칭 '박상은 양 피살사건'에서 대법원은 자백의 임의성이 인정된다 하더라도 그 자백의 증거능력이 있다는 것에 지나지 않고 그 자백의 진실성과 신빙성, 즉 증명력까지도 당연히 인정되는 것은 아니다라고 판시함으로써 증거능력과 증명력을 엄격히 구분하였던 바, 이는 허위배제설로부터의 이탈을 의미한다. 대법원 1983. 9. 13. 선고 83도712 판결. 같은 취지의 판결로는 대법원 1986. 8. 19. 선고 86도1075 판결; 대법원 1986. 9. 9. 선고 85도641 판결.

하였는바,[11) 여기서는 '상황의 총체성'(totality of the circumstances)[12)을 고려하여 임의성 유무를 판단하는 미국 '임의성 기준'의 영향을 확인할 수 있다. 인권옹호설을 도해화하면 다음과 같다.

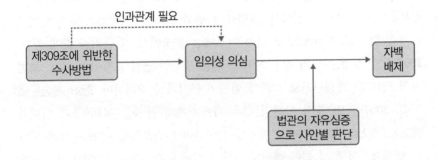

허위배제설과 단절을 분명히 한 점에서 인권옹호설은 큰 의미를 가지며, 또한 헌법과 형사소송법의 문언에 충실하다는 점에서 장점을 갖지만, 이 견해는 다음과 같은 문제가 있다.[13)

첫째, 이 견해는 피고인의 주관적 자기결정권 침해 여부에 따라 자백배제 여부를 판단하므로 그러한 사실인정 판단이 용이하지 않고, "증거능력판단기준의 주관화, 내면화를 초래할 우려"가 있다.[14) 이리하여 인권옹호설에 따르면 허용되는 수사기관의 신문방법에 대한 객관적 기준이 도출될 수 없으며, 자백배제에 대한 결정도 법관마다 달라지게 되는 문제가 발생한다.

---

11) 대법원 1983. 3. 8. 선고 82도3248 판결; 대법원 1986. 9. 23. 선고 86도1429 판결; 대법원 1986. 11. 25. 선고 83도1718 판결; 대법원 1987. 11. 24. 선고 87도2048 판결; 대법원 1990. 12 .21. 선고 90도2425 판결; 대법원 1991. 7. 26. 선고 91도1270 판결; 대법원 1993. 2. 23. 선고 92도2972 판결; 대법원 1993. 7. 27. 선고 93도1435 판결 등.

12) 미국의 경우 "상황의 총체성"은 피의자의 연령, 교육수준, 정신적·육체적 상태, 신문수사관의 수, 신문의 기간, 신문장소 등에 대한 고려를 의미한다[Yale Kamisar et. al., Modern Criminal Procedure: Cases, Comments, and Questions(8th ed. 1994), pp.440-649].

13) 이하의 두 가지 외에도 자백배제법칙과 진술거부권은 역사적 연혁이 다르다는 점 역시 지적되고 있다[강구진, 「형사소송법원론」(1982), 490면].

14) 신동운(각주 3), 1364면.

둘째, 인권옹호설은 자백배제법칙의 근거를 진술거부권의 침해에서만 구하므로, 그 이외의 사유로 자백의 증거능력을 제한해야 할 경우 그 근거를 자백배제법칙 바깥에서 찾아야 한다.15) 예컨대, 진술거부권의 불고지나 변호인접견교통권의 침해가 있었던 경우, 2007년 형사소송법 개정으로 제308조의2가 신설되기 이전에는 초법규적 위법수집증거배제법칙에서 배제의 근거를 찾았고, 제308조의2 신설 이후에는 동조에서 그 근거를 찾게 된다. 2007년 법 개정 이전의 경우 제309조라는 명문의 근거 조항이 아니라 '초법규적' 법칙을 배제근거로 삼기에 배제의 근거가 취약해진다. 한편 후술하겠지만, 2007년 법 개정 이전의 경우 자백배제의 근거를 제309조가 아니라 제308조의2로 삼게 되면, 특별조항이 아니라 일반조항을 근거로 삼게 된다는 법체계론적 문제 외에 배제의 강도가 약해질 수 있다는 문제가 발생한다.

제 3. 허위배제설과 인권옹호설의 절충설

현재 우리나라에서 허위배제설과 인권옹호설 중 어느 하나만을 주장하는 입장은 현재 학계에서 찾아보기 힘들고, 양자를 절충하여 자백배제법칙의 근거를 이해하는 입장이 존재한다.16) 이는 자백내용에 허위가 개입할 의심이 있는 경우 증거능력을 배제하고, 자백채취과정에서 진술의 자유를 침해한 경우에도 증거능력을 배제하는 입장으로, 통상 '절충설'로 불린다.

우리 대법원 판례 중 "임의성 없는 자백의 증거능력을 부정하는 취지가 허위진술을 유발 또는 강요할 위험성이 있는 상태하에서 행하여진 자백은 그 자체로 실체적 진실에 부합하지 아니하여 오판의 소지가 있을 뿐만 아니라 그 진위 여부를 떠나서 자백을 얻기 위하여 피의자의 기본적 인권을 침해하는 위법·부당한 압박이 가하여지는 것을 사전에 막기 위한 것"이라

---

15) 신동운(각주 3), 1364면; 이은모(각주 3), 648면; 이재상(각주 3), 527-528면.
16) 김기두, 「형사소송법」(전정신판, 1987), 134면; 서일교, 「형사소송법」(제 8 개정판, 1979), 176면; 신양균, 「신판형사소송법」(2009), 755면.

고 밝힌 것은 바로 이러한 절충설의 입장을 잘 드러내고 있다.[17] 그러나 이러한 입장은 허위배제설과 인권옹호설의 시각과 문제점을 그대로 유지하고 있는 절충적 입장으로 고유의 입장을 제시하고 있다고 보기는 힘들다.

한편 절충설을 취하는 백형구 변호사는 형사소송법 제309조는 "자백의 임의성 법칙"을 규정한 것이며, 이는 자백의 위법배제법칙과 구별된다고 주장한다. 즉, 고문, 폭행, 협박 등에 의한 자백같이 자백의 임의성이 없는 경우와 자백의 임의성을 의심할 수 없으나 그 획득의 절차와 방법이 위법한 경우 — 예컨대 진술거부권의 불고지, 변호인의 조력을 받을 권리 침해 등 — 사이의 **질적 차이**에 주목하고, 전자는 제309조의 자백배제법칙으로, 후자의 경우 제308조의2 위법수집증거배제법칙으로 해결하려고 하는 것이다.[18]

절충설을 취할 경우 임의성에 영향을 미치는 사유와 자백 사이에 인과관계가 필요하다고 하여야 수미일관한 논리이겠으나, 고문·폭행 등 위법행위는 절대로 방지되어야 할 필요가 있고, 인과관계의 입증이 힘들다는 이유로 다수의 절충설의 논자들은 인과관계가 불필요하다는 입장을 취하고 있다.[19] 그리고 자백의 임의성은 있으나 그 획득의 절차와 방법이 위법한 경우에는 피고인의 증거동의에 의하여 증거능력이 인정된다는 입장을 취하고 있다.[20]

절충설을 도해화하면 다음과 같다.

---

17) 대법원 1998. 4. 10. 선고 97도3234; 대법원 1999. 1. 29. 선고 98도3584; 대법원 2000. 1. 21. 선고 99도4940.
18) 백형구, 「형사소송법」(2012), 399-400, 404면.
19) 백형구(각주 18), 409면; 서일교(각주 16), 177면; 정영석·이형국, 「형사소송법」(전정판, 1997), 340면. 이 점은 후술한 '종합설'의 경우도 마찬가지이다(신동운, 596면). 다만 신양균 교수는 인과관계필요설을 고수한다(신양균(각주 16), 760면).
20) 백형구(각주 18), 402면.

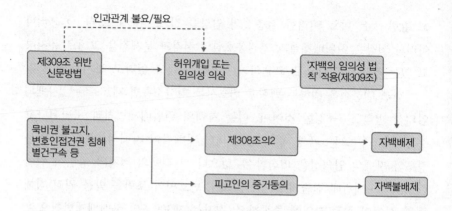

연혁적으로 볼 때 자백배제법칙이 '임의성 기준'과 불가분의 관련을 맺고 있음은 사실이며, 헌법과 형사소송법의 문언에 '임의성'이라는 표현이 들어 있음도 사실이다. 이 문언을 고려하여 임의성이 없는 자백, 임의성이 의심스러운 자백, 임의성은 있으나 위법한 절차에 의하여 획득한 자백 등을 구별하는 것은 가능하겠으나,21) 각 유형 사이에 질적인 차이가 있다고 보기는 곤란하다. 고문이나 폭행 등이 진술거부권 불고지보다 야만적인 행위라고 할 수 있으나, 후자 역시 명백한 헌법적 기본권의 침해로 중대한 불법인 것은 분명하다.

그리고 이러한 입장에 따르면 임의성을 부정하는 사유를 널리 인정한다 하더라도 여전히 그 판단은 선재(先在)해야 하고 또 그 기준은 법관마다 달라질 수밖에 없다. 따라서 수사기관의 위법수사를 원천봉쇄하는 효과는 반감된다. 또한 피고인의 증거동의에 의하여 증거능력이 인정될 수 있다면 수사기관은 일단 피고인의 진술거부권이나 변호인접견권을 존중하지 않고 자백을 획득해놓고 난 뒤에 피고인의 동의를 구하는 전략을 구사할 것이며, 그 결과는 헌법적 권리의 중대한 훼손이 될 것이라는 점도 유념해야 한다.

---

21) 한영수, "위법수집증거(물)의 배제 또는 사용에 관한 체계적 이론의 형성," 한국형사법학회, 「형사법연구」 제11호(1999), 405면의 도해를 참조하라.

제 4. 위법배제설 — '임의성 기준'으로부터의 탈피와 일체의 위법사유의 포괄

현재 학계의 통설은 위법배제설이다. 이 견해는 미국 '형사절차혁명'으로 확립된 위법수집증거배제법칙의 시각에서 자백배제법칙을 포괄하려는 시도이다. 즉, 자백배제법칙을 자백취득과정에서 헌법 제12조 제1항의 적정절차의 이념을 보장하기 위한 증거법상의 원칙으로 파악하고, 위법한 수사활동으로 획득된 자백은 그 신빙성과 임의성에 대한 판단을 할 것 없이, 그리고 고문, 폭행, 협박, 신체구속의 부당한 장기화 등과 임의성 없는 자백 사이에 인과관계를 판단할 필요도 없이 '임의성이 의심스러운 자백'으로 증거능력을 배제하게 된다. 그리고 형사소송법 제309조는 임의성이 없는 자백에 대해서만 국한되는 것이 아니라 널리 위법한 절차에 의하여 수집된 자백의 증거능력의 제한에 대한 규정으로 파악되며, 이러한 위법수집자백은 피고인의 동의(형사소송법 제318조)가 있더라도 증거능력이 부정된다. 그 결과 자백배제법칙의 포괄범위는 확대되고 그 효과가 매우 강력해지는 한편, 자백배제기준으로 '위법'이라는 객관적·통일적인 척도가 제시되기 때문에 자백획득을 위한 각종의 위법수사를 억지할 수 있으며, 이 속에서 허위자백·임의성 없는 자백의 배제와 진술거부권의 보장은 자연스럽게 수반된다.[22]

미국 '형사절차혁명'이 '임의성' 기준을 뛰어 넘었던 것에서 시사되듯이, 한국의 자백배제법칙을 "자백의 임의성 법칙"으로 제한하여 해석할 필요는 없다. 형사소송법 제309조는 임의성이 없는 자백의 배제를 요구하고 있는 것이 아니라, 각종의 위법수사로 인하여 "임의로 진술한 것이 아니라고 의심할 만한 이유"가 있는 때 자백의 배제를 요구하고 있다.[23] 차용석 교수

---

22) 강구진(각주 13), 491면; 배종대·이상돈·정승환·이주원(각주 4), 599면; 손동권·신이철(각주 3), 544, 549면; 송광섭,「형사소송법」(개정판, 2012), 591, 595면; 이은모(각주 3), 649-653면; 정영석·이형국(각주 19), 336-337면; 이재상(각주 3), 481, 529면; 차용석·최용성(각주 2), 534면.
23) 이는 헌법 제12조 제7항의 문언 "자의로 진술된 것이 아니라고 인정될 때"를

가 지적하였듯이, "임의성이 의심이 있다"는 문언의 의미는 "임의성이 없다"와 다르며, 이는 "임의성을 의심하게 하는 유형적 위법활동을 금지한다" 그리고 "임의성의 결여를 증명할 필요가 없다"의 의미를 가지고 있다.24) 이 점에서 한국의 자백배제법칙은 "위법, 부당한 수사방법의 존부에 대한 의심의 정도는 확신의 정도가 아니라 합리적인 의심의 정도만 있어도 당연히 임의성 없는 자백이라고 판단케 한다는 점에서 매우 엄격한 자백배제법칙을 천명하고 있다"25) 할 것이다. 그리하여 진술거부권을 불고지하거나 변호인접견교통권을 침해하고 획득한 자백, 불법체포·구속을 통하여 획득한 자백 등의 경우, 이러한 위법행위의 발생 그 자체가 당해 자백이 임의로 진술한 것이 아니라고 의심하게 만드는 것이기 자백의 증거능력은 배제되어야 한다.

고 강구진 교수의 말을 빌리면, 자백배제법칙은 "허위의 자백을 배제하기 위한 것이라기보다도 또한 묵비권 등 인권보장제도를 실효화하기 위한 담보수단으로서가 아니라 널리 자백취득의 과정에 있어서의 적정절차의 보장을 확보하기 위하여 due process의 요청에 위반하여 위법하게 취득된 증거를 금지하는 실천적인 증거법상의 원칙"26)이다. 요컨대, 자백배제법칙은 "위법수집증거배제법칙의 특칙"27)으로, "위법수집증거배제법칙의 실정법화이면서 가장 강력한 형태의 위법수집증거배제법칙"28)이며, '자백의 임의성배제법칙'이 아니라 '위법수집자백배제법칙' 또는 '자백의 위법배제법칙'인 것이다.

이러한 해석의 타당성은 2007년 형사소송법 제308조의2 신설로 더욱 분명해졌다. 이 책의 '들어가는 말'에서 검토하였듯이, 제308조의2는 그 문

확장시킨 것이다.
24) 차용석, 「형사소송법」(1997), 703면.
25) 박상기·탁희성, 「자백의 임의성과 증거능력에 관한 연구 ― 판례를 중심으로 ―」 (형사정책연구원, 1997), 48면.
26) 강구진(각주 13), 491면.
27) 이재상, 「형사소송법」(제6판, 2002), 497면.
28) 배종대·이상돈, 「형사소송법」(제6판, 2004), 548면.

언과 조문 위치에서 진술증거와 비진술증거 모두에 걸쳐 그 수집과정이 적법한 절차에 따르지 않은 경우 증거능력이 배제된다는 점을 선언하는 일반규정이다. 따라서 제309조의 자백배제는 제308조의2의 위법수집증거 배제의 하위법칙으로 해석되어야 마땅하다.

이상의 점에서 저자는 위법배제설이 수사기관의 불법행위를 억지하여 형사절차에서 적정절차의 이념을 온전히 실현하는 데 가장 강력한 힘을 갖는 이론이며, 또한 임의성의 판단을 법관의 주관에 의존하지 않고 객관화·단순명료화하여 위법수사의 억지력을 높이는 이론이라고 판단한다. 위법배제설을 도해화하면 다음과 같다.

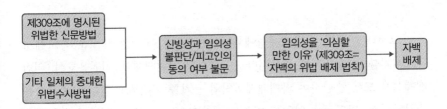

그리고 대법원이 "진술의 임의성이라는 것은 고문·폭행·협박·구속의 부당한 장기화 또는 기망 기타 진술의 임의성을 잃게 하는 사정이 없다는 것, 즉 증거의 수집과정에서 위법성이 없다는 것"[29]이라고 판시한 것이나, "형사소송법 제309조의 피고인의 진술의 자유를 침해하는 위법사유는 예시사유로 보아야 한다"[30]라고 판시한 것은 위법배제설의 영향을 보여주고 있다. 특히 2007년 형사소송법 제308조의2가 신설되기 전에 내려진 판결 중, 1990년 '화가 홍성담 사건' 판결[31]에서 대법원이 "헌법상 보장된 변호인과의 접견교통권이 위법하게 제한된 상태에서 얻어진 피의자의 자백은 그 증거능력을 부인하는 유죄의 증거에서 **실질적이고 완전하게 배제하여야**"

---

29) 대법원 1983. 3. 8. 선고 82도3248 판결(세칭 '부산 미문화원 방화 사건').
30) 대법원 1985. 2. 26. 선고 82도2413 판결(세칭 '고숙종 씨 고문 사건').
31) 대법원 1990. 9. 25. 선고 90도1586 판결. 1990년 '국회의원 서경원 입북사건' 판결(대법원 1990. 8. 24. 선고 90도1285 판결)도 같은 취지이다.

한다고 판시하고, 판결문의 참조조문에 형사소송법 제309조를 명기하였다는 점, 그리고 1992년 '신20세기파 안용섭 사건'[32]에서 대법원이 "수사기관이 피의자를 신문함에 있어서 피의자에게 미리 진술거부권을 고지하지 않은 때에는 그 피의자의 진술은 위법하게 수집된 증거로서 진술의 임의성이 인정되는 경우라도 증거능력이 부인되어야 한다"라고 판시하였다는 점 등은 위법배제설이 자리를 잡았음을 방증(傍證)한다.

제 5. 종합설의 새로운 문제제기 ─ 사인이 불법적으로 획득한 진술증거의 증거능력배제

그런데 이러한 위법배제설에 대하여 신동운 교수는 새로운 각도에서 문제제기를 하고 있기에 주목된다. 신 교수는 허위배제설, 인권옹호설, 위법배제설을 모두 종합하여 자백배제법칙의 근거를 이해해야 한다는 종합설을 주창하면서, 임의성에 영향을 미치는 사유와 자백 사이의 인과관계가 원칙적으로 요구되기는 하나 그 입증은 용이하게 해야 한다는 입장을 제시하였다.[33] 이상의 점에서는 종합설과 위법배제설 간의 실제적 간격은 크지 않을 수 있다.

그런데 신 교수는 우리 헌법이 자백배제법칙을 단순한 '증거법칙'이 아니라 '기본권'으로 격상시키고 있기에, 자백배제법칙을 적정절차원리에 종속시키는 것은 헌법적 이익 보호에 충실하지 못한 결과를 가져온다고 파악한다. 이제 자백배제법칙은 헌법적 기본권이기에 자백배제법칙의 적용 범위는 사인간의 영역에까지 확장되며,[34] 자백배제법칙은 수사기관의 불법 행위의 억지·통제에 초점이 맞추어져 있는 위법배제설의 외연을 넘어 적용된다. 이러한 종합설은 미국 '형사절차혁명'이 구축한 위법배제설을 넘어서

---

32) 대법원 1992. 6. 23. 선고 92도682 판결.
33) 신동운(각주 3), 1365-1367면.
34) Id. 589-590, 596면.

서, 제 1 편 제 3 장에서 살펴보았던 독일 연방대법원의 1960년 '녹음테이프 판결'35)(Tonband-entscheidung), 1964년 '일기장 판결'36)(Tagebuch-entscheidung) 의 문제의식을 수용하여 자백배제법칙을 전면적으로 재구성하려는 구상이 다(미국의 경우 사인에 의한 불법한 진술획득의 경우를 직접으로 다룬 판례는 없지만, 사인에 의한 수정헌법 제 5 조 또는 제14조 위반에 따른 진술 획득37)의 경우에는 자백배 제가 이루어지지 않는다고 암시하고 있다).

종합설은 전통적으로 자백배제법칙의 고려대상이 아니었던 사인에 의한 불법적 자백획득에 대한 통제의 필요성을 제기하였다는 데 특별한 의미를 가진다. 사인에 의한 기본권 침해가 점증하는 현실에서 종합설의 문제의식은 일정하게 수용할 필요가 있다. 그렇지만 자백배제법칙의 적용범위를 사인의 위법한 자백행위로 확장시킬 필요가 있다고 하더라도 그 외연은 일정하게 제한되어야 할 것이다.38)

먼저 '고문, 폭행, 협박, 신체구속의 부당한 장기화, 기망'이 사인에 의해 행해진 경우, 국가의 불법은 없다는 이유만으로 이를 통하여 획득한 자백의 증거능력을 인정한다면, 이는 국가가 사인에 의한 시민의 의사결정을 강박 · 왜곡하는 중대한 인권침해불법행위를 사실상 방조 · 이용하는 셈이다. 따라서 이러한 불법행위를 한 사인에 대하여 민 · 형사상의 책임을 묻고 당해 자백의 증명력을 의심하는 것 이외에, 당해 증거의 증거능력을 배제하는 것 역시 필요하다고 본다. 이와 관련하여 구금된 피의자와 같이 수감되어

---

35) 14 BGHSt 358(1960).
36) 19 BGHSt 325(1964).
37) Colorado v. Connelly, 479 U.S. 157, 167, 170(1986); Arizona v. Fulminate, 499 U.S. 279, 287-288 & n. 4(1991). 수정헌법 제 4 조를 위반하여 사인이 획득한 증거 물의 증거능력은 명시적으로 인정되고 있다[Burdeau v. McDowell, 256 U.S. 465, 476(1921)].
38) 물론 사인의 불법행위가 수사기관의 사주에 의한 경우라면 당해 사인을 통해 획득한 자백에 대해서는 자백배제법칙이 적용되어 증거능력이 배제될 것이다. 미국 판례로는 Coolidge v. New Hampshire, 403 U.S. 443, 487(1971); United States v. Walther, 652 F.2d 788, 791(9th Cir. 1981); State v. Clark, 743 P.2d 822, 826(Wash. App. 1987) 등을 참조하라.

있는 점쟁이가 피의자에게 점쟁이 자신에게 범행사실을 말하면 초능력을 발휘하여 법관이 관대한 판결을 내리도록 해 주겠다고 기망하고 범행사실을 알아낸 후 이를 수사기관에 알린 사건에서, 점쟁이가 획득한 진술은 인간의 존엄성을 침해하고 획득한 것이므로 형사소송법 제136조의 a조에 따라 증거로 사용할 수 없다고 한 1998년 독일 연방대법원의 판결은 중대한 시사점을 던지고 있다.[39]

단, 제3장에서 후술하듯이 수사기관에 의한 위법한 자백획득의 경우에는 위법한 수사방법이 사용되었다면 이를 통하여 획득한 자백은 임의성이 의심스러운 자백이기에 그 증거능력이 의무적으로 배제되어야 하지만, 사인에 의하여 불법하게 획득한 자백의 증거능력 배제 여부는 개별적 사건에 따라 구체적 상황을 고려하여 판단되어야 할 것이다. 저자는 자백배제법칙의 사인효를 인정할 필요가 있다는 종합설의 문제의식에 동조하면서도, 헌법의 문언과 입법자의 의도를 고려할 때 자백배제법칙 그 자체는 '기본권'이 아니라 '준기본권적 효력을 갖는 증거법칙'이라고 보고 있으며, 동 법칙의 기본정향(定向)은 수사기관의 불법행위의 억지에 맞추어져 있다고 파악하기 때문이다.[40]

다음으로 '고문, 폭행, 협박, 신체구속의 부당한 장기화, 기망' 이외의 비정형적 자백배제사유, 예컨대 진술거부권이나 변호인접견권의 불고지 등은 애초에 사인의 의무위반 문제를 일으키지 않는다. 즉, 사인이 진술거부권이나 변호인접견권을 고지하지 않고 자백을 요구하였는데 피고인이 이에 동의하고 자백서를 작성하였다면 이 자백서의 증거능력은 있다고 보아야 한다.

그리고 제7편 제2장에서 상술하겠지만, 사인이 자백배제법칙이 금지

---

39) 44 BGHSt 129(1998).
40) '종합설'의 지적처럼 자백배제법칙을 헌법적 기본권으로 파악한다 하더라도, 헌법학계에서는 이 기본권은 '사법절차적 권리'에 속하는 것으로서 이 권리는 애초에 수신인이 국가권력인바 사인효력과는 무관한 기본권규정이라고 보고 있다[계희열, 「헌법학(중)」(2000), 30면; 김철수, 「헌법학개론」(2000), 295면; 성낙인, 「헌법학」(제2판, 2002), 258면; 허영, 「한국헌법론」(신판, 2001), 249면].

하는 행위 이외의 불법행위를 행하여 자백을 획득한 경우에는 자백의 증거 능력을 쉽게 배제할 수는 없다. 예컨대, 피고인 스스로 자신의 범죄를 기록 해 놓은 일기장이나 범죄자백을 녹음·녹화해 놓은 테이프를 사인이 절취하 여 수사기관에 제출한 경우를 상정해 보자. 독일의 '일기장 판결'의 논리처 럼 이러한 일기장이나 테이프의 증거사용이 인격권과 프라이버시 침해를 야기하는 것은 사실이지만, 이를 일률적으로 금지하는 것은 과도하다. 이러 한 경우는 피고인의 인격권과 프라이버시의 침해를 범죄의 중대성 및 증거 의 중대성과 형량하여 후자가 클 경우에는 증거사용이 가능하다고 보아야 할 것이다.

제 6. 임의성의 입증

먼저 자백의 임의성 판단과 관련하여 형사소송법 제309조의 임의성에 영향을 미치는 사유와 자백 사이에 인과관계가 있어야 하는가의 문제가 있다. 허위배제설이나 인권옹호설은 인과관계필요설을 취하지만, 통설인 위법배제설은 물론 종합설도 인과관계 불요설을 취하고 있다. 위법배제설을 취하는 저자의 입장에서는 위법한 수사가 발생하였다면 인과관계를 개별적 으로 검토하는 것은 의미가 없다고 보기에, 이 논점을 상론할 필요가 없다고 판단한다.

다음으로 피고인이 자백의 임의성에 대하여 의심을 갖게 하는 사유, 즉 위법사유의 존재를 주장하는 경우 그 거증책임이 누구에게 있는가의 문제를 보도록 하자. 제309조의 문언상으로 볼 때 자백의 임의성에 대한 거증책임이 검사에게 있다는 것은 이론이 없어 보이지만, 판례의 태도를 검토해 보면 그러하지 아니하다.

먼저 1983년의 '부산 미문화원 방화 사건' 판결에서 대법원은 진술의 임의성을 잃게 하는 사정은 "특히 이례에 속하는 것"으로 보고, 자백의 임의 성은 일단 추정된다는 입장을 제시하였다. 즉,

진술의 임의성을 잃게 하는 위와 같은 사정이 없다는 것은 헌법이나 형사소송법 등의 규정에 비추어 특히 이례에 속하는 것이므로 진술의 임의성은 추정된다고 풀이하여야 할 것이다. 따라서 진술의 임의성에 관하여는 당해 조서의 형식, 내용, … 진술자의 신분, 사회적 지위, 학력, 지능 정도, 진술자가 피고인이 아닌 경우에는 그 관계 그 밖의 여러 가지 사정을 참작하여 법원이 자유롭게 판정하면 되고, 특히 피고인 또는 검사에게 진술의 임의성에 관한 주장 입증책임이 분배되는 것은 아니라고 풀이할 것이며 진술이 특히 신빙할 수 있는 상태하에서 행하여진 때, 즉 소위 특신상태에 관하여도 같은 이유에서 또한 같다고 할 것이다.41)

피고인은 임의성에 대한 이의제기만으로는 불충분하고, 자백의 임의성을 의심스럽게 하는 구체적 사실을 들어 임의성을 공격해야 한다는 것이며, 이에 의해서 자백의 임의성에 합리적이고 상당한 정도의 의심이 있을 때 비로소 검사에게 그에 대한 거증책임이 돌아간다는 것이다.42)

그런데 이러한 '임의성 추정론'은 거증책임이 검사에게 있다는 입장을 약화시킬 위험성이 매우 농후하다. 이재상 교수의 지적처럼, "임의성에 의심이 있는 경우 증거능력이 없음에도 불구하고 임의성에 의심이 있을 때에 비로소 검사에게 거증책임이 있다는 것은 임의성의 거증책임이 검사에게 있다는 것을 무의미하게" 만든다.43) 판례의 '임의성 추정론'은 미란다 판결의 기초, 즉 인신구속하의 신문은 '본래적으로 강제적인 압력'(inherently compelling pressures)44)을 내포하고 있다는 '강제에 대한 확정적 추정'45)과 정반대의 입장이다.

그리고 이러한 법리적 논의를 떠나 권위주의 정권하에서 피의자에 대한

---

41) 대법원 1983. 3. 8. 선고 82도3248 판결(강조는 인용자). 또한 그 이전에 법원은 "단순히 그 진술이 특히 신빙할 수 있는 상태하에서 된 것이라고 믿을만한 자료가 없다고 하여 배척할 수는 없다"(대법원 1977. 6. 28. 선고 74도2523 판결)라고 설시한 바 있다.
42) 대법원 1984. 6. 26. 선고 84도748 판결; 대법원 1984. 8. 14. 선고 84도1139 판결.
43) 이재상(각주 3), 539면.
44) Miranda v. Arizona, 384 U.S. 436, 467(1966).
45) Stephen J. Schulhofer, "Reconsidering Miranda," 54 *U. Chi. Rev.* 435, 453(1987).

고문이나 가혹행위는 전혀 '이례'(異例)가 아니었던바 — 반독재운동가나 '부산 미문화원 방화 사건' 같은 반미운동가에게는 오히려 '상례'(常例)였다 —, 대법원은 당시 엄혹한 형사사법 현실을 외면했다.

제3-4장에서 후술하겠으나 저자는 헌법과 형사소송법에서 금지하고 있는 수사방식이 이제 완전히 '이례'가 되었다고 보지 않는다. 물고문, 전기고문 등의 '고강도(高强度) 가혹행위'는 정치적 민주화 이후 대폭 사라진 것으로 보이나, 폭행, 협박 등의 '저강도(低强度) 가혹행위'는 근절되지 않고 있다. 게다가 아직 피의자신문시 진술거부권과 변호인참여권이 완전히 보장되지 않는 수사구조에서 진술의 임의성이 추정된다고 말하는 것은 매우 곤란하다. 그리고 피고인이 자백의 증거능력의 배제를 주장함에 있어 수사기관의 위법행위를 들고 있는 경우 이를 피고인이 입증하는 것은 신체상의 명백한 흔적이나 수사기관 내부목격자의 증언 등이 없는 한 사실상 불가능하다.

그런데 1998년 이후 대법원은 '임의성 추정론'을 공식적으로 폐기하지 않은 상태에서, 다른 입장의 판결을 내놓고 있다.

> 피고인의 검찰에서의 자백이 잠을 재우지 아니한 채 폭언과 강요, 회유한 끝에 받아낸 것으로 임의로 진술한 것이 아니라고 의심할 만한 상당한 이유가 있는 때에 해당한다면 형사소송법 제309조의 규정에 의하여 그 피의자신문조서는 증거능력이 없고, 임의성 없는 자백의 증거능력을 부정하는 취지가 허위진술을 유발 또는 강요할 위험성이 있는 상태하에서 행하여진 자백은 그 자체가 실체적 진실에 부합하지 아니하여 오판의 소지가 있을 뿐만 아니라 그 진위 여부를 떠나서 자백을 얻기 위하여 피의자의 기본적 인권을 침해하는 위법부당한 압박이 가하여지는 것을 사전에 막기 위한 것이므로, 그 임의성에 다툼이 있을 때에는 그 임의성을 의심할 만한 합리적이고, 구체적인 사실을 피고인이 입증할 것이 아니고 **검사가 그 임의성의 의문점을 해소하는 입증을 하여야** 한다.[46]

---

46) 대법원 1998. 4. 10. 선고 97도3234 판결; 대법원 1999. 1. 29. 선고 98도3584 판결; 대법원 2000. 1. 21. 선고 99도4940 판결(강조는 인용자).

저자는 이러한 변화에 적극 찬동한다. 그렇지만 판례의 '임의성 추정론'은 공식적으로 폐기되어 자백의 임의성에 대한 거증책임은 검사에게 있음이 분명히 확인되어야 한다. 그리고 자백의 임의성에 대하여 의심을 갖게하는 사유, 즉 위법사유의 존재의 증명이 불명확한 경우에는 '의심스러울때는 피고인의 이익으로'의 원칙에 따라 자백의 증거능력은 배제되어야 할 것이다.47)

한편 자백의 임의성은 소송법적 사실에 불과하므로 자유로운 증명으로족하다는 것이 다수설48)과 판례49)의 입장이다. 그러나 소송법적 사실과 실체법적 사실을 구별하여 자백의 임의성은 전자에 속하므로 자유로운 증명으로 족하다는 결론을 도출하는 것은 너무 형식적인 논리라고 생각한다. 임의성의 기초가 되는 사실은 순수한 소송법적 사실과 질적인 차이가 있으며, 유무죄 인정에 중대한 영향을 미치는 자백사용 여부를 결정하는 역할을하므로 엄격한 증명이 필요하다고 본다.50)

---

47) 배종대·이상돈·정승환·이주원(각주 4), 609면; 손동권·신이철(각주 3), 550면; 송광섭(각주 22), 596면; 이은모(각주 3), 660면; 신동운(각주 3), 1378-1379면.
48) 백형구(각주 18), 408면; 손동권·신이철(각주 3), 551면; 송광섭(각주 22), 597면; 이은모(각주 3), 661면; 신양균, 「형사소송법」(제2판, 2004), 701면; 이재상(각주 3), 539면.
49) 대법원 1980. 5. 20. 선고 80도306 판결; 대법원 1985. 2. 8. 선고 84도2630 판결; 대법원 1986. 9. 9. 선고 86도1187 판결 등.
50) 강구진(각주 13), 496면; 신현주, 「형사소송법」(신정 2판, 2002), 591면. 배종대·이상돈·정승환·이주원 네 교수는 이를 '책임관련적 소송법적 사실'이라고 명명한다[배종대·이상돈·정승환·이주원(각주 4), 609면]. 한편 신동운 교수는 위법사유의 정도에 따라 증명의 방법을 구별한다[신동운(각주 3), 1377면].

제3장

정형화된
자백배제사유

제 1. 고문·폭행·협박

Ⅰ. 의의 — 야만과 반인권과의 단호한 결별

권위주의 체제가 벌였던 고문의 실상은 끔찍하다. 제 1 장에서 언급한 사례 외에, 재판을 통하여 확인된 극악한 고문기법을 보자. 김근태 씨 등을 고문한 이근안 씨에 비하여 덜 알려졌지만, 악명 높은 고문기술자로 국군보안사령부 소속 군인 추재엽 씨가 있었다. 1985년 당시 그는 재일교포 유지길 씨를 불법연행하여 가혹한 고문을 가했다. 예컨대, 나체로 전신에 물을 끼얹고 전선을 성기에 감아 발전기를 돌리는 전기고문, 통나무를 책상 사이에 올려놓고 수사관 2명이 양쪽 끝에 앉아 이를 고정시킨 후 피해자의 옷을 벗겨 손과 발을 통나무에 묶고, 통나무에 거꾸로 매달려 있는 피해자의 얼굴에 수건을 덮은 뒤 주전자에 고춧가루를 탄 물을 넣어 얼굴에 붓는 '인간 바비큐 고문', 피해자의 몸을 묶은 채 고문용 의자에 앉힌 뒤 물속에 담그는 '엘리베이터 물고문', 물 없이 소금을 잔뜩 섞은 주먹밥을 먹이는 '소금밥 먹이기 고문' 등.[1]

---

1) <민중의 소리> 2012.10.12.(http://www.vop.co.kr/A00000549636.html; 2017.3.1. 최종

정치적 민주화 이후 이와 같은 '고강도(高強度) 가혹행위'는 거의 사라진 것으로 보인다. 그러나 피의자에게 고문까지는 아니더라도 강도가 낮은 폭행, 협박을 가하는 것은 불가피한 것이 아닌가 하는 관념이 사라지지 않고 있는 것이 현재의 수사현실이다.[2] 자백을 거부하는 범죄인을 윽박지르고 뺨 몇 대 때리는 것이 대수인가 하는 생각이 온존하고 있는 것이다. 그리고 이러한 '저강도(低強度) 가혹행위'에 대하여 비판이 제기되기보다는 수사를 열심히 하는 모습으로 용인·묵과하는 사회적 분위기도 사라지지 않고 있음도 개탄스러운 일이다.

고문과 가혹행위는 국가가 특정한 집단의 인간을 인간으로 취급하지 않는 데서 출발한다. 예컨대, 테러리스트, 좌파혁명가, 간첩, 중범죄인 등의 의심을 받는 사람은 국가와 사회에 위험을 초래하는 '불순분자'(不純分子), '위험분자'로 간주된다. 이들의 범죄혐의와 위험성은 왜곡·과장되며, 이들에 대한 인권존중은 사치스러운 췌언(贅言)으로 취급된다. 이들에 대한 고문과 가혹행위는 국가안보나 진실발견의 명분 아래 행해지며, 인간본성에 숨겨진 야수성은 고문과 가혹행위의 강도를 높이게 만든다. 이들이 무고한 시민일 수 있다는 생각은 사라지고, 이들의 인권을 따지는 자는 반국가적 의도를 가진 수사의 훼방꾼이거나 범죄인들의 동맹자로 취급된다. 특히 국가지도자와 정부가 고문은 어떠한 명분으로도 정당화될 수 없다는 원칙을 슬그머니 방기하고, 고문도 경우에 따라서는 필요하다는 악마적 요설(饒舌)에 귀를 기울일 때 고문은 필연적으로 발생하는 법이다.

헌법과 형사소송법은 고문, 폭행, 협박을 자백배제의 대표적 사유로 명시하고 있다. 고문이란 사람의 정신 또는 신체에 대하여 비인도적·비정상적인 위해나 고통을 가하는 것이고, 폭행은 신체에 대한 유형력의 행사이

방문); <시사인> 2012.11.21.(http://www.sisain.co.kr/news/articleView.html? idxno=14818 ; 2017.3.1. 최종방문). 추 씨는 2001년 한나라당(현 새누리당) 부대변인을 거쳐 2002년 한나라당 공천을 받아 양천구청장으로 세 차례 선출된다. 이후 고문사실이 폭로되면서, 공직선거법 위반, 위증, 무고 혐의 등으로 기소되어 구청장직을 상실한다.
2) 박상기·탁희성, 「자백의 임의성과 증거능력에 관한 연구」(한국형사정책연구원, 1997), 199면.

며, 협박은 해악을 고지하여 상대방에게 공포심을 일으키는 행위를 말한다.3) 폭행과 협박은 고문의 한 수단으로서 병행되는 경우가 대부분이므로 넓은 의미의 고문으로 파악할 수 있기에, 고문, 폭행, 협박을 엄밀히 구별해야 할 실익은 없다.4)

헌법 제12조 제 2 항은 "모든 국민은 고문을 받지 아니한다"라고 선언하고 있고, '세계인권선언'(Universal Declaration of Human Rights) 제 5 조 역시 "어느 누구도 고문, 또는 잔혹하거나 비인도적이거나 굴욕적인 처우 또는 형벌을 받지 아니한다"라고 규정하고 있다. 1984년 체결되었고 1995년 국회가 비준한 '고문 및 그 밖의 잔혹한, 비인도적 또는 굴욕적 대우나 처벌의 방지에 관한 협약'(Convention against Torture and Other Cruel, Inhuman or Degrading Treatment or Punishment) 제 1 조 제 1 항은 고문을 보다 구체적으로 정의하고 있다.

공무원이나 그 밖의 공무 수행자가 직접 또는 이러한 자의 교사·동의·묵인 아래, 어떤 개인이나 제 3 자로부터 정보나 자백을 얻어내기 위한 목적으로, 개인이나 제 3 자가 실행하였거나 실행한 혐의가 있는 행위에 대하여 처벌을 하기 위한 목적으로, 개인이나 제 3 자를 협박·강요할 목적으로, 또는 모든 종류의 차별에 기초한 이유로, 개인에게 고의로 극심한 신체적·정신적 고통을 가하는 행위를 말한다. 다만, 합법적 제재조치로부터 초래되거나, 이에 내재하거나 이에 부수되는 고통은 고문에 포함되지 아니한다.5)

---

3) 단, 범행을 부인하는 피의자에게 양형에서 불리한 증거를 제시하면서 자백하지 않으면 개전의 정이 없는 것으로 인정되어 무겁게 처벌될 것이라고 말하는 것은 피의자의 상황에 대한 법적 평가를 밝히는 '경고'로 자백배제사유인 '협박'에 해당되지 않는다[배종대·이상돈·정승환·이주원, 「형사소송법」(2015), 603면].
4) 배종대·이상돈·정승환·이주원(각주 3), 603면; 신동운, 「신형사소송법」(제 5 판, 2014), 1368면; 신양균, 「신판형사소송법」(2009), 756면; 이재상, 「신형사소송법」(제 2 판, 2008), 532면.
5) Convention against Torture and Other Cruel, Inhuman or Degrading Treatment or Punishment, §1.1.

그리고 '고문방지협약' 제15조는 "당사국은 고문의 결과 행해진 것으로 입증된 진술이 모든 소송에서 증거로 원용되지 아니하도록 보장한다. 다만, 위의 진술사실이 고문 혐의자에 대한 소송에서 그 진술이 행하여졌다는 증거로 원용되는 경우에는 제외한다"고 선언하고 있다.

고문, 폭행, 협박의 형태에는 제한이 없다. 먼저 금지되어야 할 고문·폭행은 물고문, 전기고문, 관절뽑기, '통닭구이', '날개꺾기' 등의 고문 등 과거 권위주의 체제의 폭력성을 드러내는 가혹행위는 물론, 강제로 잠을 재우지 않는 연속신문, 수십 번에 걸친 자술서 작성 강요 등 일체의 가혹행위를 포함한다.6) 우리나라 판결문에서 확인되는 몇 가지 예를 보면, 나뭇가지로 발바닥 때리기,7) 로프로 발을 매달아 묶어서 몽둥이로 때리기, 거꾸로 매달아 물 먹이기, 다리 사이로 각목을 넣어 짓밟기 등이 있다.8) 보다 최근의 판례는 피고인에 대하여 철야수사를 하면서, 속칭 '원산폭격'을 시키고 뺨을 때리고 검찰주사 앞에서 무릎을 꿇게 하여 조사를 진행하며 획득한 자백의 증거능력을 배제한 바 있다.9)

미국 연방대법원 판결에서의 예를 들자면, 목을 매단 채 자백을 강요하는 것,10) 피의자를 발가벗기고 신문하는 것,11) 창문 없는 6피트의 방에 나체로 15일간 감금하는 것,12) 신문과정 중 6일간 음식물 반입을 금지하는 것13) 등도 금지되어야 할 가혹행위에 속함은 물론이다. 그리고 영국 PACE는 '고문, 비인간적 또는 굴욕적 처우, 그리고 폭행의 사용 또는 협박'14)을 금지

---

6) 권위주의 시대 자행되었던 수사기관의 고문실태에 대해서는 김근태, 「남영동」(중원문화, 1987); 김병진, 「보안사: 보안사령부에서의 체험」(소나무, 1988); 조갑제, 「고문과 조작의 기술자들: 고문에 의한 인간파멸과정의 실증적 연구」(한길사, 1987) 등을 참조하라.
7) 대법원 1977. 4. 26. 선고 77도210 판결.
8) 부산지방법원 1988. 11. 9. 선고 88고합548 판결.
9) 대법원 1993. 9. 28. 선고 93도1843 판결.
10) Brown v. Mississipi, 297 U.S. 278, 286(1936).
11) Malinski v. New York, 324 U.S. 401(1945).
12) Brooks v. Florida, 389 U.S. 413, 415(1967).
13) 最高裁 1957. 5. 31. 刑集 11卷 5号, 1579頁.
14) PACE, art. 76(2).

하며, '실무규정'(Codes of Practice)은 이 외에 피의자를 세워 놓고 행하는 신문의 금지를 규정하고 있다.15)

다음으로 수사기관의 협박이 문제된 국내외의 판결을 보자. 미국의 경우 피의자의 어머니를 장물취득죄로 체포하겠다는 협박,16) 관절염으로 고생하는 아내를 구속하겠다는 협박,17) 자녀에 대한 양육보조비를 끊겠다는 협박18) 등이 행사된 경우, 우리나라의 경우 본인 자신이 직접 고문을 당하지 않았다 할지라도 다른 피의자가 고문당하는 소리를 듣게 하여 고문가능성을 느끼게 한 경우,19) 범행을 부인하면 감호청구를 하겠다고 위협한 경우20) 이러한 협박을 통해 획득한 자백의 증거능력을 배제하였다.

보다 최근의 우리나라 판례에서는 자백을 거부하는 피고인에게 검찰수사관들이 "지하에 내려가서 손을 봐야겠다," "의자에서 일어나라. 상의를 벗고 입을 꽉 다물어라"라고 말하며 때리려는 시늉을 하고 획득한 자백을 배제한 바 있다.21) 2006년 대법원 판결을 보면, 서울지검 특수부 검찰수사관들은 별건으로 수감 중인 참고인을 약 1년 3개월의 기간 동안 270회나 검찰청으로 소환하여 심야 또는 철야 조사를 하였다. 대법원은 당해 참고인은 "과도한 육체적 피로, 수면부족, 심리적 압박감 속에서 진술을 한 것"으로 보인다고 파악하여 심야 또는 철야 조사의 문제점을 지적함과 동시에, "미국 영주권을 신청해 놓았을 뿐 아니라 가족들도 미국에 체류 중이어서 반드시 미국으로 출국하여야 하는 상황에 놓여있는 자를 구속 또는 출국금지조치의 지속 등을 수단으로 삼아 회유하거나 압박하여 조사를 하였을 가능성이 충분하다면 그는 심리적 압박감이나 정신적 강압상태하에서 진술을 한 것으로 의심되므로 이들에 대한 진술조서는 그 임의성을 의심할 만한 사정이

---

15) Code of Practice for the Detention, Treatment and Questioning of Persons by Police Officers [이하 'Interrogation Code'로 약칭], para. 12.5.
16) Harris v. South Carolina, 338 U.S. 68(1949).
17) Rogers v. Richmond, 365 U.S. 534(1961).
18) Lynumn v. Illinois, 372 U.S. 528(1963).
19) 대법원 1978. 1. 31. 선고 77도463 판결.
20) 대법원 1983. 4. 26. 선고 82도2943 판결.
21) 대법원 2000. 1. 21. 선고 99도4940 판결.

있"다고 보고, 검사가 그 임의성의 의문점을 해소하는 증명을 하지 못하였으므로 진술조서는 증거능력이 없다고 판시하였다.[22)]

그리고 수사기관 내에서 "춘향이가 수청을 들게 하려면 월매 목에 칼을 씌워야 한다"라는 '비전'(秘傳)이 여전히 돌아 다니고 있다는 점에서 알 수 있듯이,[23)] 피의자가 자백을 하지 않을 때 그의 가족이나 지인의 약점을 잡아 그들을 형사처벌하겠다고 피의자를 협박하는 행태는 근절되지 못하고 있다.

한편 '준사법기관'으로 피고인의 정당한 이익을 옹호해야 할 의무가 있는 검사가 경찰의 불법행위를 통제하기는커녕 교도소에 수감중인 피고인을 경찰관과 같이 방문하여 신문하면서 경찰관이 피고인을 폭행하는 것을 방치함은 물론 공판과정에서 자백을 번복하면 좋지 않을 것이라고 위협하거나,[24)] 경찰에 고문받고 검찰에 송치된 피고인이 고문을 호소하자 피고인을 다시 경찰로 되돌려 보낸 경우도 있다.[25)]

이상과 같은 수사기관의 이러한 행위는 "정의감에 대한 반역"(revolting to the sense of justice)이자 "적정절차의 명백한 부정"이며,[26)] "야만성의 충격적 표출"(a shocking display of barbarism)이라 하겠다.[27)] 물론 형법 제125조는 재판, 검찰, 경찰 기타 인신구속에 관한 직무를 행하는 자 또는 이를 보조하는 자가 그 직무를 행함에 당하여 형사피의자 또는 기타 사람에 대하여 폭행 또는 가혹한 행위를 가한 때에는 폭행·가혹행위죄로 처벌하고 있다. 그러나 이러한 경찰관에 대한 형사제재만으로 불법한 수사실무가 근절된다고 보기 어렵기에 헌법과 형사소송법은 자백배제를 명시적으로 못박아 놓은 것이다.

자백배제법칙에 대한 어떠한 학설을 취하든 간에, 고문·폭행·협박 등은 중대하고 명백한 위법행위이며, 이로 인한 자백의 임의성 역시 극히

---

22) 대법원 2006. 1. 26. 선고 2004도517 판결.
23) <동아일보> 2004.5.18.(http://news.naver.com/main/ read.nhn?mode=LSD&mid =sec&sid
   1= 102&oid=020&aid=0000239727; 2017.3.1. 최종방문).
24) 대법원 1981. 7. 28. 선고 80도2688 판결.
25) 대법원 1984. 3. 13. 선고 84도36 판결.
26) Brown v. Mississipi, 297 U.S. 278, 286(1936).
27) Brooks v. Florida, 389 U.S. 413, 415(1967).

의심스러울 수밖에 없으므로 그 증거능력은 자동적·의무적으로 배제되어야 할 것이며, 이는 제2편에서 살펴보았듯이 현대 민주주의 국가 형사사법이 갖추어야 할 최저필수요건이라 하겠다. 고문·폭행·협박을 통해 획득한 자백이 설사 진실이라 하더라도 이 자백을 증거로 사용할 수 있게 하는 것은 범인처벌이라는 미명하에 '불법국가'(Unrechtsstaat)의 악령(惡靈)을 불러 오는 것으로, 궁극적으로 우리 헌법체제의 뿌리에 독약을 주입하는 결과를 낳을 것이다.

이하에서는 고문, 폭행, 협박에 해당하는지가 분명하지 않아 오랫동안 관행처럼 시행되어 왔던 몇 가지 수사실무를 검토하기로 한다.

II. 야간/심야조사

한편 사회적 이목이 집중되는 사건의 경우 구속절차의 긴급성이나 기소 여부를 결정하는 시간적 제약 등의 이유로 벌어지는 야간/심야조사의 위법성 문제를 점검할 필요가 있다.

2002년 10월 서울지검 특별조사실에서의 피의자 사망사건(세칭 '홍경령 검사사건')을 계기로 동년 12월 '인권보호수사준칙'이 제정되기 이전까지 법무부는, "야간조사의 불가피성"을 전제로 하면서 그 한계를 설정하고 있었다.[28] 즉, (i) 야간에 범한 범죄의 현행범을 체포하였거나 피의자를 긴급체포한 후 형사소송법이 정한 48시간 이내에 구속영장을 청구하여야 할 경우, (ii) 사회의 이목을 끄는 대형 사건이 발생하였을 때 신속하게 범죄의 진상을 규명하기를 바라는 여론의 요구로 사건을 조기에 해결하기 위한 경우, (iii) 강력범죄, 조직범죄, 마약범죄 등을 수사하면서 피의자로부터 가능한 한 조기에 자백을 얻어내고 신속하게 공범자 검거 및 증거수집에 나서야 하는 경우, (iv) 야간 업무 종사자들에 대하여 조사를 할 경우, (v) 야간조사를 하지 않으면 타인의 신체나 재산 등에 급박한 위해가 발생할 우려가 있거나

---

28) 법무부, 「수사기법연구」(1998), 131면.

피의자의 석방지연이나 수사결과에 불공정한 영향을 줄 수 있는 경우 등에 야간조사가 허용되었다.[29]

이와 같은 광범한 허용사유는 한국 수사실무가 철저하게 자백획득 중심, 효율과 속도 중심으로 운영되었음을 보여준다. 피의자를 일단 체포한 후 집중신문하여 48시간 내에 자백을 획득하고, 이를 기초로 구속영장을 신청하는 실무를 위해 야간조사는 활용되었다. "야간조사를 허용하는 경우에도 도중에 적정한 수면이나 휴식을 보장하여야"[30] 한다는 법무부 지침이 있었지만, 수사현실에서 피의자의 심신의 피로와 고통은 신속한 수사의 명분 아래 간과되었다. 게다가 이러한 허용요건에는 피의자의 동의가 명시되어 있지도 않았고, 수사실무에서도 피의자의 임의성 있는 동의를 받는 절차도 존재하지 않았기에 문제가 더욱 심각하였다. 상술한 2006년 대법원 판결 사례에서 서울지검 특수부 검찰수사관들은 수감 중인 참고인을 1998. 6. 27.부터 1999. 10. 5.까지 거의 매일 조사한다는 명목으로 약 1년 3개월의 기간 동안 무려 270회나 검찰청으로 소환하여 밤늦은 시각 또는 그 다음날 새벽까지 조사를 하였다.[31] 이와 같은 야간조사는 사실상 수면방해의 고통을 주는 '잠 안재우기 고문'의 다른 이름이었다.[32]

한편 대법원은 검사 2명이 교대로 약 30시간 동안의 야간조사를 행하여 받아낸 검사작성 피의자신문조서의 증거능력을 부인하였으나,[33] 야간조사 그 자체를 금지하지는 않았고 야간조사로 피의자가 심신이 몹시 지쳤다는 점에 주목하여 자백배제를 결정하였다.

외국의 입법과 판례를 보자면 야간조사 자체를 법적으로 전면 금지하

---

29) Id.
30) Id. 132면.
31) 대법원 2006. 1. 26. 선고 2004도517 판결.
32) 2001년 '국제사면위원회'(Amnesty International) 한국지부는 기자회견을 갖고 "고문의 변형된 형태로 한국에서 자행되는 '잠 안 재우기(밤샘) 수사' 등의 중단"을 촉구한 바 있다(<한겨레> 2001.6.22).
33) 대법원 1997. 6. 27. 선고 95도1964 판결. 동지의 판결로는 대법원 1998. 4. 10. 선고 97도3234 판결.

고 있지는 않지만, 야간조사가 잠 안재우기 고문으로 사용되는 것은 엄격히 막고 있다. 먼저 영국의 실무규정은 구금된 피의자에게는 신문 없이 최소 8시간 동안의 연속적 휴식이 허용되어야 하며, 신문중에는 매 2시간 마다 휴식, 그리고 합리적인 시간대에 식사가 제공되어야 함을 명문으로 규정되어 있다.[34]

다음으로 미국 연방대법원의 경우 1944년 'Ashcraft v. Tennnesse 판결'[35]은 피의자를 36시간 동안 휴식과 수면을 허용하지 않고 신문한 것은 "본래적으로 강압적인 것이기에 그러한 사실이 있었다는 것 자체가 우리가 정신적 자유를 갖고 있다는 점과 양립할 수 없다"[36]라고 설시하면서, 피의자의 자백을 임의성 없는 자백으로 배제한 바 있다. 그리고 독일 연방대법원 판결로는 새벽 5시에 체포된 후 30시간 연속으로 신문이 행해진 후 획득된 자백의 증거능력을 부정한 것이 있다.[37] 그런데 일본 최고재판소는 임의동행한 날 오후 11시부터 다음 날 오후 9시 25분까지 잠을 재우지 않고 획득한 자백의 증거능력을 다투는 사건에서, 야간조사는 "특단의 사정이 없는 한 용인되지 않는다"라고 하면서도, 피의자의 승낙 등을 이유로 피의자의 자백의 임의성을 인정한 바 있다.[38] 반면 일본 하급심 판결 중에서는 오후 5시부터 다음 날 아침 5시까지 신문하여 얻은 자백은 피의자의 승낙이 있다 하더라도 인권에 대한 불법·부당한 압박의 산물이므로 그 증거능력을 부정한 판례를 발견할 수 있다.[39]

그런데 2002년 12월 제정된 '인권보호수사준칙'[40]은 '야간조사'가 아

---

34) Interrogation Code, para. 12.2. & 12.7. 단, 휴식으로 인하여 사람에 대한 위해, 재산에 대한 심각한 손실의 위험이 있는 경우, 피의자의 석방을 불필요하게 지연되는 경우, 수사결과를 편파적으로 만들 수 있는 경우에는 휴식이 연기될 수 있다. 이 경우는 연기의 이유가 조서에 기재되어야 한다(Id. para. 12.2, 12.7, 12.11).
35) 322 U.S. 143(1944).
36) Id. at 154(강조는 인용자).
37) 13 BGHSt 60(1959).
38) 最高裁 1989. 7. 4. 刑集 43卷 7号, 581頁.
39) 高松地判 1964. 4. 15. 下刑集 第4卷 2号, 4428頁.
40) 법무부훈령 제474호(2002.12.17.)로 제정, 법무부훈령 제985호(2015.4.2.)로 개정.

니라 '심야조사' 개념을 사용하면서, 이를 일정한 조건하에 허용한다. 즉, 동 준칙은 원칙적으로 자정 이전에 조사를 마쳐야 함을 규정하면서(제40조 제1항), 단 "조사받는 사람이나 그 변호인의 동의가 있거나, 공소시효의 완성이 임박하거나, 체포기간 내에 구속 여부를 판단하기 위해 신속한 조사의 필요성이 있는 등 합리적인 이유가 있는 경우"(제2항)에는 '인권보호 관'41)의 허가를 받아 자정 이후에도 조사를 할 수 있도록 규정하고 있다.

이러한 인권보호수사준칙의 제정은 과거 거의 무조건적으로 허용되던 야간조사의 관행을 개선할 것으로 예상된다. 후술하듯이 저자는 공소시효의 완성이 임박한 경우나 구속 여부를 판단하기 위해 필요한 경우 등 제한적 상황에서 심야조사가 허용될 수 있다고 생각한다. 그런데 조사받는 사람이나 그 변호인의 동의라는 허용요건은 요식행위로 처리될 가능성이 크다. 피의자를 위한 국선변호인제도가 없는 상황에서 신문을 받는 피의자 중 변호인이 선임되는 자는 극소수에 불과하다. 체포·구금되어 이미 심리적으로 위축되어 있는 상황에서 피의자가 검사의 심야조사 요구를 거절하기란 쉽지 않다. 또한 '인권보호관' 역시 검사이므로, 심야조사 허용 여부에 대한 결정이 수사의 효율 중심으로 이루어질 가능성이 크다.

인권보호수사준칙 제정 이후인 2005년 발생한 사건으로 2008년 국가인권위원회가 인권침해 결정을 한 사건을 보면, 특정경제범죄가중처벌법 위반으로 구속수사를 받던 피의자는 2005년 5월 9-10일에 걸친 47시간 동안 총 7시간 정도의 휴식시간과 수면시간만 제공받았으며, 40시간의 조사는 본인동의 없이 심야에 집중적으로 조사를 받은 것으로 드러났다.42) 그리고 2010년 국가인권위원회는 검찰이 2009년 '용산참사'의 피의자였던 철거민 다수에게 심야조사에 대한 동의를 받지 않았음을 확인하면서, 이미 구속영

---

41) 대검찰청에는 감찰부장을 인권보호관으로 지정하고, 각급 고등검찰청과 지방검찰청 및 차장검사가 있는 지청에는 차장검사(차장 검사가 여러 명일 때에는 제1차장검사)를, 그 외의 지청에는 지청장을 인권보호관으로 지정한다(동훈령 제67조 제1-2항).

42) <파이낸셜 뉴스> 2008.4.1.(http://www.fnnews.com/news/200804011411487019?t=y; 2017.3.1. 최종방문).

장이 발부된 철거민들에 대해서는 심야조사를 했어야 할 만큼 조사의 긴급성과 필요성을 인정하기 어렵다고 지적했다.[43] 이 점에서 인권보호수사준칙의 요구사항도 철저히 지켜지지 않고 있음을 알 수 있다.

생각건대, 심야조사는 피의자의 수면권을 제한하고 피의자의 심신에 중대한 영향을 주는 수사기법으로 자백의 임의성에 의심을 일으키는 수사방법이기에 엄격한 통제가 필요하다. 1999년 제출된 '형사사건에 있어서의 인권보호특별법안'[44]은 "0시부터 6시 사이에 행한 수사 중 변호인의 입회 및 조력 없이 행한 수사와 1일 24시간 중 6시간 이상 수면을 취하지 못하게 하는 상태에서의 수사"(제8조 제1항 제2호)를 '고문수사'로 규정하고 있는 바, 그 문제의식에 공감한다.

다만, 저자는 공소시효의 완성이 임박하였거나 체포기간 내에 구속 여부를 판단하기 위해 필요한 경우 등과 같이 시한이 촉박한 경우, 또는 테러나 유괴 등으로 (잠재적) 피해자의 생명·신체에 대한 위험이 임박한 경우 등 긴급한 계속적 조사가 필요한 경우에 한하여 심야조사가 허용될 수 있다고 본다. 피의자를 위한 국선변호인 제도가 없는 상태에서 '인권보호관'은 피의자의 동의를 엄격히 심사해야 한다.[45] 그리고 심야조사가 허용되는 경우에도 영국의 실무규정의 예에 따라 적어도 매 2시간 마다 휴식이 필수적으로 제공되어야 할 것이다. 인권보호수사준칙은 이상의 내용을 반영하게 개정되어야 하며, 그 이전이라도 법원은 자백배제법칙을 사용하여 심야조사에 대한 통제를 가해야 한다.

---

43) 국가인권위원회 2010.1.11. 09진인215 결정. 국가인권위원회 2009.6.23. 08진인 2602 결정, 국가인권위원회 2010.1.25. 09진인1754 결정, 국가인권위원회 2010.4.26. 10진인231 결정도 같은 취지이다. 저자는 당시 국가인권위원(비상임)으로 이 네 결정을 내린 인권위원 3인 중의 1인이었다.
44) 의안번호 2252(1999. 11. 18 발의).
45) 피의자를 위한 국선변호인제도가 도입된다면, 심야조사시 반드시 변호인의 참여가 있어야 할 것이다. 1999년 '형사사건에있어서의인권보호특별법안' 제5조는 야간수사에서 변호인입회를 의무화하고 있다.

Ⅲ. 검찰의 속칭 '불러 뻥' 기법

과거 오랫동안 법적·사회적으로 주목을 못 받았지만 수사실무에서 자백을 강요하기 위해 활용되었던 기법이 있다. 검찰조사를 받기 위하여 검찰청으로 온 피의자는 검찰청사내 구치감에서 대기하고 있다가 검사가 호출을 하면 수사를 받으러 검사실로 가게 된다. 그런데 피의자가 자백을 거부하는 등 수사에 협조하지 않으면 이후 호출시 검사는 구치감에 있는 피의자를 하루 종일 부르지 않거나, 또는 잠시 불러 형식적인 질문을 몇 개 던지고는 돌려보낸 후 다음 날에 다시 호출한다(과거 구치감 시설은 매우 좁고 열악하여 한 사람이 겨우 들어가는 공간에서 포승줄이 묶인 상태에 갇혀 있어야 하는 경우가 허다했다). 이와 같이 불러놓고 아무 조사도 하지 않는 속칭 '불러 뻥'이 계속되면, 피의자는 구치소로 면회를 온 자신의 변호인이나 가족을 만날 기회가 봉쇄됨은 물론, 하루 종일 결박된 채 구치감에 갇혀 있어야 하는 고통을 겪어야 한다.

2002년 제정된 '인권보호수사준칙'은 이 기법에 대한 통제조항을 마련한다. 즉 동 규칙은 "소환한 구속피의자 등에 대하여는 신속하게 조사하여야 하며, 부득이한 사유로 장시간 구치감에 대기시키거나 조사를 하지 않고 구금시설로 되돌려 보낼 경우에는 그 사유를 설명하여 준다."(제39조 제3 호)라고 규정하고 있다.

그러나 그 후에도 '불러 뻥'은 사라지지 않았다. 2006년 국가인권위원회 결정은 명시적으로 '불러 뻥'이라는 용어를 지목하면서 검사가 사용한 이 기법이 인권침해라고 결정하였다.46) 상술한 '용산참사'의 피의자들에 대한 2010년 국가인권위원회 결정도 검사가 철거민들을 합리적 이유 없이 25차례에 걸쳐 '불러 뻥' 시켰음을 확인하였다.47) 이 점에서도 심야조사의 경우와 마찬가지로, 인권보호수사준칙의 요구사항도 제대로 지켜지지 않고 있음을 확인한다. 법원은 '불러 뻥'의 "부득이한 사유"를 엄격히 심사하여

---

46) 국가인권위원회 2006.4.6. 04진인4098 결정.
47) 국가인권위원회 2010.1.11. 09진인215 결정.

이 기법이 위법하게 자백을 획득하는 기법으로 사용되지 못하도록 통제해야 한다.

Ⅳ. 경찰고문 이후 검찰에서의 반복자백

피고인이 경찰수사단계에서는 고문, 폭행, 협박 등으로 자백하였으나 검찰송치 이후 그러한 위법사유 없이 동일한 내용의 자백을 반복한 경우, 이 검찰단계에서의 자백은 배제되어야 하는가의 문제가 있다.

1970년대까지만 하더라도 대법원은 이러한 경우 검사가 자백을 강요한 사실이 없다는 이유로 자백의 임의성을 인정하였다.[48] 그러나 밀수피의자에 대한 세무공무원의 고문으로 획득한 자백의 배제 문제를 검토한 1981년 대법원 판결을 계기로 검찰단계에서의 자백도 배제된다는 점이 분명해진다.[49] 판결의 논거는 검사 이전의 수사기관에서의 고문으로 인하여 "검사의 조사단계에서도 임의성 없는 심리상태가 계속되어 동일한 내용의 진술을 하였다면" 검사 앞에서 조사받을 당시는 고문이 없었다 하더라도 검사 앞의 자백은 임의성이 없는 것으로 증거능력은 배제되어야 한다는 것이었다.

이와 비근한 사례로는 피고인을 고문하며 조사한 경찰관이 검찰송치 후에도 동석하여 피의자신문조서를 작성하거나,[50] 검찰송치 후에도 피고인을 경찰서 유치장에 구금하고 수사관이 계속 위협을 하였거나,[51] 고문을 한 수사관이 구치소로 찾아와 자백을 번복하지 말라고 협박하였거나,[52] 고문한 경찰관이 피고인을 검사 앞에까지 데려간 경우 등이 있다.[53]

---

48) 대법원 1972. 8. 22. 선고 72도1469 판결(세칭 '덕성여대 메이 퀸 살해사건'); 대법원 1977. 5. 24. 선고 77도629 판결.
49) 대법원 1981. 10. 13. 선고 81도2160 판결. 대법원 1983. 9. 27. 선고 83도1953 판결; 대법원 1984. 5. 15. 선고 84도472 판결; 대법원 1992. 11. 24. 선고 92도2409 판결 등도 동지.
50) 대법원 1981. 7. 28. 선고 80도2688 판결; 대법원 1982. 6. 8. 선고 82도850 판결.
51) 대법원 1982. 6. 8. 선고 82도850 판결.
52) 대법원 1984. 11. 27. 선고 84도2252 판결; 대법원 1986. 2. 11. 선고 85도1578 판결.
53) 대법원 1992. 3. 10. 선고 91도1 판결.

이상의 사례에서 피고인의 반복자백이 배제되어야 한다는 결론에는 물론 동의하지만, 대법원의 논거에는 의문이 있다. 대법원은 경찰에서 고문이 있었다는 것 자체로 검찰에서의 자백을 배제하는 것이 아니라, 검사의 조사단계에서도 임의성 없는 심리상태가 계속되었는지를 종합적으로 판단하여 배제 여부를 결정하며,[54] 경찰고문과 검찰자백 사이의 임의성 사이에 인과관계가 있어야 하고,[55] 인과관계의 존부에 대한 다툼이 있는 경우는 법관이 자유심증에 따라 판정하면 된다고 보고 있다.[56] 이는 과거 미국 연방대법원의 1944년 'Lyons v. Oklahoma 판결'[57] 및 1954년 'Leyra v. Denno 판결'[58]의 논리와 일치한다.

그러나 이러한 입장에 따를 경우 고문, 폭행, 협박 등을 절대적으로 금지하라는 헌법의 명령이 취약해질 수 있으며, 경찰과 검찰 사이의 역할분담으로 자백을 획득하는 기법을 정당화할 소지를 제공할 우려가 있다. 자백배제를 위법배제설에 따라 파악하는 저자의 입장에 서자면, 검찰자백은 경찰자백이라는 '독수'(毒樹)에서 열린 '독과'(毒果)이다.[59] 경찰단계에서 위법한 가혹행위를 당한 피의자는 검사 조사단계에서도 임의성이 의심스러운 심리상태에 놓여 있다고 추정되어야 한다. 그리고 경찰고문이라는 '독'이 이후의 과정에서 제거되었는가에 대한 입증책임은 소추측이 부담한다고 할 것이다. 미국 연방대법원은 1968년 'Harrison v. United States 판결'[60]에서 불법하게 획득한 자백에 기초하여 이루어진 원심에서의 피고인의 법정증언은 '오염'이 있으므로 배제되어야 한다는 입장을 분명히 한 바 있다.

---

54) 대법원 1983. 4. 26. 선고 82도2943 판결.
55) 대법원 1984. 11. 27. 선고 84도2252 판결.
56) 대법원 1986. 2. 11. 선고 85도2685 판결.
57) 322 U.S. 596(1944).
58) 347 U.S. 556(1954).
59) '독수과실의 원리'에 대해서는 본서 제6편을 참조하라.
60) 392 U.S. 219(1968).

V. "초과기소"와 "답변 엮기" 기법

2004년 대통령 직속으로 '사법제도개혁추진위원회'가 설치되고 사법
개혁이 추진되자, 검찰은 이러한 변화가 수사와 공소유지에 많은 부담을
가져올 것임을 우려하게 되었고, 또한 '검찰사법'(prosecutorial justice)이라고
불릴 정도로 강력했던 형사절차에서 검사의 지위가 약화될 것을 우려하게
되었다. 그리하여 검찰은 영미식 '유죄답변협상'(plea bargaining)의 도입을
전격적으로 주장하였다. 즉, 2005년 1월 16일 대검찰청은 법원의 공판중심
주의에 대응하여 유죄답변협상과 면책조건부증언취득 제도를 도입을 추진
할 방침을 공식적으로 발표하였다.61)

저자는 형사사건에서 '당사자처분권주의'를 인정하여 당사자 사이의
합의가 있으며 증거조사가 생략되고, 판사의 양형권한까지도 제한하는 영미
식 유죄답변협상은 바로 위헌 문제를 일으킬 것이기에 도입될 수 없다고
본다(단, 제4장 제4.에서 후술하겠지만, 독일과 프랑스식의 '협상' 제도는 도입가능하
다고 본다).

그런데 이와 별도로 미국의 유죄답변협상 실무에서 검사가 사용하는
있는 두 가지 기법에 대한 검토가 필요하다. 즉 경한 죄에 대하여 자백하지
않으면 중한 죄로 기소하겠다고 위협하는 '초과기소'(overcharging)나, 피의자
가 자백을 하지 않으면 피의자의 배우자나 다른 가족구성원 등을 처벌하겠
다고 위협하는 '답변 엮기'(plea wiring)가 문제이다. 이는 한국 형사절차에서
도 은밀히 사용되고 있다고 보기 때문이다.

먼저 중한 죄의 혐의가 상당하지 않은데 '초과기소'의 위협을 하는 것
은 전형적인 위협으로 금지된다. 그리고 경한 죄의 혐의가 약하고 중한 죄의
혐의가 충분히 인정된다면 검사는 피고인은 중한 죄로 기소하면 되고, 중한
죄의 혐의입증에 자신이 없다면 예비적 기재 또는 택일적 기재를 통하여

---

61) <경향신문> (2005.1.16); <동아일보> (2005.1.16.); <조선일보> (2005.1.16); <한겨
레신문> (2005.1.16).

법원에 판단을 구하면 되는 것이기에 '초과기소'는 원칙적으로 허용되어서는 안된다. 그리고 피의자의 가족구성원에게 범죄혐의가 없는데 '답변 엮기'의 위협을 한다면 당연히 불법이고, 가족구성원에게 혐의가 있다고 하더라도 가족구성원에 대한 기소위협을 통하여 획득한 피의자의 자백은 임의성이 의심스럽다고 보아야 할 것이다.

미국의 판례는 이러한 기법이 위헌이 아니라는 입장을 취하고 있으나,62) 영국 검찰청 규칙은 이를 금지하고 있고,63) 미국 내에서도 많은 비판이 있다. 예컨대, '미국법학원'(American Law Institute)이 만든 1975년 '유죄인부전 형사절차 모범법안'(Model Code of Pre-Arraignment Procedure)은 검사가 이하의 세 가지 전술을 사용하는 것을 "부당한 압력"(improper pressure)으로 규정하여 금지시키고 있다. 즉, (i) 범죄가 증명가능한 사실로 뒷받침되지 않는다고 믿으면서 피의자를 기소하거나, 기소하겠다고 위협하는 것, (ii) 당해 관할권에서는 통상 피의자의 행위로 기소되지 않는 범죄로 피의자를 기소하거나, 기소하겠다고 위협하는 것, (iii) 피의자가 무죄답변을 하면 이후 피의자에 대하여 유죄평결이 내려졌을 경우, 형량이 유사한 사건으로 무죄답변을 한 피고인에게 통상 선고되는 형량보다 중한 형량이 선고될 것이라고 위협하는 것 등.64) 그리고 1989년 '캐나다 법개혁위원회'의 유죄답변협상 관련건의서는 "피고인이 무죄답변을 하였는데 이후 피고인이 유죄평결을 받게 되면 검사가 피고인이 기소된 범죄에 대하여 무죄답변을 하고 유죄평결을 받은 다른 유사한 피고인에 대하여 통상 가해지는 구형보다 더 중한 구형을 할 것이라는 위협"을 금지하고 있다.65)

---

62) Bordenkircher v. Hayes, 434 U.S. 357(1978); United States v. Pollard, 959 F.2d 1011(D.C. Cir. 1992).
63) Code for Crown Prosecutions, para, 12.
64) American Law Institute, *Model Code of Pre-Arraignment Procedure*, §350.3.
65) Law Reform Commission of Canada, *Plea Discussions and Agreements* 41 (Working Paper 60, 1989).

제 2. 불법·부당한 신체구속

Ⅰ. 의의—그 자체로 고통인 신체구속

형사소송법상 체포나 구속 등 신체의 자유를 즉각 제약하는 대인적 강제처분은 시민에도 심대한 고통과 불안을 초래한다. 특히 밀행주의(密行主義)적 수사가 선호되고 있는 우리 형사절차에서, 신체구속된 시민은—수사기관에 의하여 고문·폭행·협박 등이 가해지지 않더라도—구속되었다는 사실 그 자체로 고립무원의 심리상태에 놓일 수밖에 없다. 적법한 신체구속의 경우는 변호인이나 가족의 접견이라도 가능하지만, 불법한 신체구속의 경우는 이러한 기회 자체가 박탈되어 있으므로 시민의 고통과 불안은 배가되며, 이 속에서 획득한 자백은 "임의성에 의심이 있는 경우"에 해당하지 않을 수 없다.

그리하여 형법 제124조는 재판, 검찰, 경찰 기타 신체구속에 관한 직무를 행하는 자 또는 이를 보조하는 자가 그 직권을 남용하여 사람을 체포 또는 감금하면 불법체포·감금죄로 처벌하고 있다. 그리고 헌법과 형사소송법은 신체구속의 '부당한 장기화'가 있으면 바로 자백의 임의성이 의심되어 증거능력이 배제된다고 명시하고 있는바, "위법배제설의 색채가 명백히 나타난 것"[66]이라 하겠다. 이 사유는 고문, 폭행, 협박 등과 달리 직접적으로 피고인의 정신 또는 신체에 위해를 주는 행위는 아니지만 '국가기관의 위법활동이 객관적으로 표현되었다'는 점에서 자백의 증거능력제한사유로 인정되고 있으며, 고문·폭행·협박 등에 비하여 '외부적으로 입증이 용이한 사유'라는 점에서 실제적 중요성을 갖는다.[67]

먼저 헌법 제12조 제 7 항과 형사소송법 제309조상의 신체구속이 무엇

---

66) 손동권·신이철, 「새로운 형사소송법」(제 2 판, 2014), 545면.
67) 신동운(각주 4), 1368면.

을 의미하는지 간략히 짚어 두고 갈 필요가 있다. 1995년 형사소송법 개정으로 대인적 강제처분은 체포와 구속으로 구성되고 있는바, 자백배제법칙상의 신체구속은 체포와 구속을 모두 포괄하는 신체구속을 의미한다.[68]

그리고 신체구속의 '부당한 장기화'라는 표현은 그 문언상으로는 구속기간이 만료 후의 부당한 장기구속을 말하지만, 조문의 취지를 고려하면 처음부터 불법한 인신구속을 행한 경우도 당연히 포함한다고 보아야 한다.[69] 헌법과 형사소송법이 보장하는 영장주의 자체를 위반한 체포나 구속의 불법성은 영장취득 후의 부당한 장기구속의 불법성보다 크다고 보지 않을 수 없기 때문이다('당연해석'). 따라서 체포·구속영장의 발부요건이 갖추어지지 못한 신체구속, 긴급체포나 현행범체포 등 영장주의의 예외 요건을 충족하지 못한 무영장 체포, 영장주의 원칙을 회피하기 위한 별건체포·구속, 임의동행의 형식을 빌린 불법한 신체구속 등이 포괄된다.

이하에서는 무영장 긴급체포, 별건체포·구속, 경찰관직무집행법상의 임의동행 등을 중심으로 불법·부당한 신체구속에서의 쟁점을 살펴보기로 한다.

II. 요건을 충족하지 못한 무영장 긴급체포

1995년 형사소송법 개정으로 체포제도가 새로이 도입됨으로써, 현행법 체제에서 신체구속은 이원화되었다. 즉, 상대적으로 요건이 완화되어 있고

---

68) 이러한 해석은 변호인의 조력을 받을 권리와 관련하여 헌법 제12조 제4항은 '누구든지 체포 또는 구속을 당한 때에는'이라는 표현을 사용하고, 형사소송법 제34조는 이를 받아 '신체구속을 당한 자'라는 표현을 사용하고 있는 점에서도 확인된다.

69) 배종대·이상돈·정승환·이주원(각주 3), 603면; 신동운(각주 4), 1369면; 신양균(각주 4), 756면; 이재상(각주 4), 533면. 판례도 실제로는 임의동행의 형식을 빌린 장기간의 불법구속 상태에서 획득한 자백의 증거능력을 배제하면서 '부당한 장기구금'을 배제근거로 말하고 있는바(대법원 1982. 5. 25. 선고 82도716 판결), 불법구속과 부당한 장기구속을 엄격히 구분하여 취급하지 않고 있다. 입법론으로는 '불법·부당한 구속이 있는 경우'라는 표현이 적절할 것이다.

구속의 전(前)단계 처분으로 단기간의 자유제한을 목적으로 하는 '체포'와, 상대적으로 요건이 엄격하고 장기간의 자유제한을 목적으로 하는 '구속'이다.

원래 체포 제도는 엄격한 구속제도를 회피하기 위하여 수사기관이 임의동행과 보호실유치 등을 원래 취지에서 벗어나 사용하는 탈법적 관행을 없애고, 상대적으로 간편하면서도 적법한 피의자 신병 확보의 틀을 마련하기 위하여 도입되었다. 체포는 수사기관이 사전에 법관의 체포영장을 발부받아 피의자를 체포하는 것을 원칙으로 하지만(헌법 제12조, 형사소송법 제200조의2 제 1 항), 현행범이나 준현행범인을 체포하는 경우(법 제211, 212조), 그리고 긴급체포(법 제200조의3)의 요건이 충족되는 경우 무영장체포가 허용된다.

현행범이나 준현행범인에 대한 무영장 체포의 경우는 그 대상자가 진범일 개연성이 매우 높고 죄증이 확실하기에 허용되어야 한다는 점에는 이론이 없다.[70] 문제는 긴급체포이다. 현재 긴급체포는 (i) 피의자가 사형·무기 또는 장기 3년 이상의 징역이나 금고에 해당하는 죄를 범하였다고 의심할 만한 상당한 이유가 있고, (ii) 통상체포보다 엄격한 사유, 즉 구속사유가 있어야 하며, (iii) 긴급을 요하여 지방법원판사의 체포영장을 받을 수 없을 것 등을 요건으로 하고 있다(법 제200조의3 제 1 항). 이러한 요건이 충족될 경우 검사 또는 사법경찰관은 피의자에게 긴급체포의 사유를 알리고 영장 없이 피의자를 체포할 수 있으며(법 제200조의3 제 1 항), 사법경찰관이 피의자를 긴급체포한 경우에는 즉시 검사의 승인을 얻어야 한다(동조 제 2 항).

그런데 긴급체포는 범죄의 중대성, 신병확보의 필요성 및 긴급성 각 요건을 충족하는 상황에서 예외적으로 허용되어야 함에도 불구하고, 피의자의 신병을 확보하지 않더라도 피의자가 출석요구 등 수사절차에 응할 수 있는 상황임에도 긴급체포를 행하는 일이 빈번하게 일어나고 있다는 점이

---

70) 단, 형사소송법이 "누구임을 물음에 대하여 도망하려 하는 때"(법 제211조 제 2 항)도 현행범으로 간주하고 있는 것은 입법적 재검토가 필요하다. 그 이전이라도 이 질문의 상대방은 범죄실행행위의 종료와 시간적으로 근접한 상태에 있는 자에 국한된다고 해석해야 할 것이다[백형구, 「형사소송법강의」(제 7 정판, 2000), 238-239면]. 그렇지 않다면 임의수사인 불심검문을 거부하고 현장을 떠나는 자는 영장 없이 체포할 수 있다는 부당한 결론이 나오게 될 것이기 때문이다.

다. 국가인권위원회가 출범한 이후 긴급체포의 요건을 어긴 긴급체포로 인하여 인권을 침해받았다는 진정이 동 위원회에 계속 제출되어 동 위원회가 경찰관에게 인권교육을 수강할 것을 권고하는 결정이 내려지고 있으나,71) 이것만으로는 불충분하다. 법원은 긴급체포의 요건이 충복되었는가에 대한 심사를 엄격하고 철저하게 하여 이 요건을 어긴 긴급체포를 통하여 획득한 자백의 증거능력을 부정해야 할 것이다.

과거 대법원은 국가안전기획부에서 신체구속의 장기화와 진술을 강요한 사실을 인정하면서도 이러한 사실이 이후의 검찰수사과정에서의 진술에 영향을 미치지 않았다는 이유로 자백불배제의 결론을 내린 바 있다.72) 그러나 2002년 '경기도 광주군수 뇌물 사건'에서 대법원은 불법한 긴급체포에 따른 불법구금 상태에서 작성한 피의자신문조서의 진술기재는 위법수집증거로서 그 진술에 임의성이 인정되는 경우라 하더라도 증거능력이 부정되어야 한다는 점은 명시적으로 선언하였던바, 각별한 의미가 있다. 판시내용을 보자면,

긴급체포는 영장주의원칙에 대한 예외인 만큼 형사소송법 제200조의3 제1항의 요건을 모두 갖춘 경우에 한하여 예외적으로 허용되어야 하고, 요건을 갖추지 못한 긴급체포는 법적 근거에 의하지 아니한 영장 없는 체포로서 위법한 체포에 해당하는 것이다. 긴급체포 당시의 상황으로 보아서도 그 요건의 충족 여부에 관한 검사나 사법경찰관의 판단이 경험칙에 비추어 현저히 합리성을 잃은 경우에는 그 체포는 위법한 체포라 할 것이고, 이러한 위법은 영장주의에 위배되는 중대한 것이니 그 체포에 의한 유치중에 작성된 피의자신문조서는 위법하게 수집된 증거로서 특별한 사정이 없는 한 이를 유죄의 증거로 할 수 없다.73)

---

71) 2004. 1. 18. 국가인권위원회 권고; 2004. 5. 13. 동 위원회 권고 참조.
72) 대법원 1983. 11. 8. 선고 83도2436 판결.
73) 대법원 2002. 6. 11. 선고 2000도5701 판결. 같은 취지의 판결로 대법원 2002. 6. 11. 선고 2000도5701 판결; 대법원 2005. 11. 10. 선고 2004도42 판결 등이 있다.

동 판결문의 참조조문에 형사소송법 제309조가 명기되어 있는바, 자백배제법칙이 작동하였음을 확인할 수 있다.

그리고 긴급체포를 한번 하였다가 석방된 자를 동일한 범죄사실로 다시 긴급체포하는 것이 위법임은 물론이다(법 제200조의4 제 3 항). 그리고 긴급체포한 피의자를 구속하기 위하여 체포 후 48시간 이내에 사후구속영장을 청구해야 하는바, 이를 어기고 통상의 구속영장을 발부받아 집행하였다면 피의자를 불법체포·구금한 것이 됨은 물론이다.[74]

이상과 별도로 긴급체포에 대한 사후통제도 준수되어야 한다. 2007년 형사소송법 개정 전까지는 검사가 행한 긴급체포에 대해서는 아무런 사후승인절차가 없었고, 사법경찰관이 행한 긴급체포의 경우는 사후 즉시 검사의 승인만 받게 되어 있었다(법 제200조의3 제 2 항). 그 결과 구속영장을 청구할 수 있는 48시간(법 제200조의4 제 1 항) 동안은 법원의 어떠한 통제로부터 자유로운 무영장체포가 보장되어 버렸다.

그리하여 2007년 형사소송법 개정은 사후체포영장 제도를 도입하지 않았지만, 다른 사후통제 장치를 마련하였다. 즉, 검사는 긴급체포를 한 피의자에 대하여 구속영장을 청구하지 아니하고 석방한 경우, 석방한 날부터 30일 이내에 서면으로 (i) 긴급체포 후 석방된 자의 인적사항, (ii) 긴급체포의 일시·장소와 긴급체포하게 된 구체적 이유, (iii) 석방의 일시·장소 및 사유, (iv) 긴급체포 및 석방한 검사 또는 사법경찰관의 성명 등을 법원에 통지하여야 한다(법 제200조의4 제 4 항). 그리고 사법경찰관이 긴급체포한 피의자에 대하여 구속영장을 신청하지 아니하고 석방한 경우에는 즉시 검사에게 보고하여야 한다(법 제200조의4 제 6 항). 이상의 경우는 통상 긴급체포 상태에서 피의자의 자백이 없었기에 석방되었을 것인바, 자백배제법칙이 작동할 여지는 없을 것이다. 제200조의4의 사후 통지 또는 보고 의무 불이행에 대한 통제는 조직 내부의 징계에 의해야 할 것이다.

---

74) 대법원 1993. 11. 23. 선고 93다35155 판결.

III. 불법한 위장구속으로서의 '별건체포 · 구속'

'별건체포 · 구속'은 수사기관이 본래적으로 수사하고자 하는 중대한 사건('본건')에 대한 체포 · 구속의 요건이 구비되지 않은 상태에서, 체포 · 구속의 요건이 구비된 다른 경미한 사건('별건')으로 피의자를 체포 · 구속 하는 것을 말한다. 경찰 수사실무에서는 즉결심판에 관한 절차법에 따라 경찰서장이 즉결심판청구권을 갖는 구류를 통하여 피의자의 신병을 확보한 후 본건을 수사하는 기법이 사용되기도 한다.[75] 제 2 편 제 1 장에서 소개했 던 1981년 '전주 비사벌 살인사건'의 고문피해자 김시훈 씨의 경우, 살인용 의자로 연행되어 범행을 부인하자 음주소란(경범죄처벌법 위반)으로 구류 5일 을 선고를 받고 구류형집행 중 살인죄에 대한 수사를 받았다.[76]

이는 체포 · 구속의 사유가 없는 본건에 대하여 자백강요 내지 수사의 편의를 위하여 체포 · 구속을 사용하는 것으로, 헌법과 형사소송법이 요구하 는 영장주의에 위배된다. 별건의 기준으로 할 때에는 구속이 적법하겠으나 본건구속의 요건은 존재하지 않으며, 본건에 관하여 범죄사실의 고지(형사소 송법 제209조, 제88조), 구속의 통지(동법 제209조, 제87조) 등이 이루어지지 않았 기에 별건구속의 위법성은 분명하다('본건기준설').[77]

그리고 별건에 의한 체포 · 구속 자체가 위법인 경우도 있을 것이다. 예컨대, 별건체포 · 구속 중 별건에 대한 수사가 전혀 행해지지 않는 경우는 애초에 별건에 기초한 신체구속을 할 필요가 없는 것이므로 이 체포 · 구속 은 위법이다. 별건체포 · 구속 후 별건에 대한 수사가 잠시 진행되고는 이후 에는 본건에 대한 수사가 행해진 경우에는 별건에 대한 수사가 종료한 이후

---

75) 신동운(각주 4), 340-341면.
76) 대법원 1982. 9. 14. 선고 82도1479 전원합의체 판결; 대법원 1984. 9. 11. 선고 84누191 판결.
77) 강구진, 「형사소송법원론」(1982), 216면; 배종대 · 이상돈 · 정승환 · 이주원(각주 3), 152면; 백형구, 「형사소송법」(2012), 83면; 손동권 · 신이철(각주 66), 272면; 신 동운(각주 4), 340면; 신현주, 「형사소송법」(신정 2 판, 2002), 297면; 차용석 · 최 용성, 「형사소송법」(제 4 판, 2013), 232면; 이재상(각주 4), 262면.

부터의 체포·구속은 위법이다. 또한 별건에 대한 수사가 체포·구속기간을 통하여 종료하지 않았으나 본건의 조사에 이용됨으로 인하여 신체구속기간이 별건의 수사를 위해 필요했던 기간보다 장기화된 경우에도 별건의 기소·불기소결정을 위해 필요한 기간 이후의 체포·구속은 위법이다.[78]

이상과 같이 영장주의의 원칙을 잠탈(潛脫)하는 이러한 관행은 '별건체포·구속'이라는 중립적 용어로 호칭될 것이 아니라 '위장체포·구속'이라고 명명되어야 할 것이며,[79] 이를 통하여 획득한 자백은 배제되어야 한다. 오래 전 대법원은 수사기관이 피고인을 별건으로 약 40일간 계속 구속하고 획득한 자백에 대하여 그 증거능력을 묻지 아니하고 증명력만을 문제 삼아 신빙성이 의심스럽다고 판시한 바 있는데,[80] 저자는 이에 동의할 수 없다.

IV. '임의동행'의 형식을 빌린 불법한 신체구속

다음으로 '임의동행'에 대하여 살펴보자. 먼저 경찰관직무집행법에 따라 경찰관은 "수상한 거동 기타 위의 사정을 합리적으로 판단하여 어떠한 죄를 범하였거나 범하려고 하고 있다고 의심할 만한 상당한 이유가 있는 자 또는 이미 행하여진 범죄나 행하여지려고 하는 범죄행위에 관하여 그 사실을 안다고 인정되는 자"에 대하여 정지시켜 질문할 수 있으며(제3조 제1항), 이 '거동불심자'에게 질문을 하는 것이 "당해인에게 불리하거나 교통의 방해가 된다고 인정되는 때에는 질문하기 위하여" 부근의 경찰관서로 동행을 요청할 수 있다(제3조 제2항). 동법 제3조 제2항 단서가 당해인은 동행요구를 거절할 수 있음을, 그리고 동조 제7항이 당해인은 그 의사에 반하여 답변을 강요당하지 않음을 명시적은 규정하고 있듯이, 동법상의 임의동행은 문자 그대로 당해인의 '임의'에 의거하여 이루어져야 한다.

---

78) 이은모, "별건체포·구속과 여죄수사의 적법성의 한계," 한국형사법학회, 「형사법연구」 제16호(2001년 겨울), 201-202면.
79) 신현주(각주 77), 297면.
80) 대법원 1955. 4. 29. 선고 4287형상55 판결.

이렇게 경찰관직무집행법상 임의동행도 엄격한 규제를 받는바, 이와 별도로 형사소송법 제199조 제1항이 예정하는 임의수사의 일종으로 임의동행을 인정할 수는 없다. 즉, 경찰관직무집행법상 임의동행 외의 임의동행은 그것이 무엇이라고 불리든 간에 본질은 강제수사이다.[81] 2006년 대법원도 이 점을 분명히 밝혔다.

> "수사관이 수사과정에서 당사자의 동의를 받는 형식으로 피의자를 수사관서 등에 동행하는 것은, 상대방의 신체의 자유가 현실적으로 제한되어 실질적으로 체포와 유사한 상태에 놓이게 됨에도, 영장에 의하지 아니하고 그 밖에 강제성을 띤 동행을 억제할 방법도 없어서 제도적으로는 물론 현실적으로도 임의성이 보장되지 않을 뿐만 아니라, 아직 정식의 체포·구속단계 이전이라는 이유로 상대방에게 헌법 및 형사소송법이 체포·구속된 피의자에게 부여하는 각종의 권리보장 장치가 제공되지 않는 등 형사소송법의 원리에 반하는 결과를 초래할 가능성이 크므로, 수사관이 동행에 앞서 피의자에게 동행을 거부할 수 있음을 알려 주었거나 동행한 피의자가 언제든지 자유로이 동행과정에서 이탈 또는 동행장소로부터 퇴거할 수 있었음이 인정되는 등 오로지 피의자의 자발적인 의사에 의하여 수사관서 등에의 동행이 이루어졌음이 객관적인 사정에 의하여 명백하게 입증된 경우에 한하여, 그 적법성이 인정되는 것으로 봄이 상당하다."[82]

---

81) 신양균(각주 4), 133면; 신동운(각주 4), 234-235면.
82) 대법원 2006. 7. 6. 선고 2005도6810 판결(강조는 인용자). 대법원 2011. 6. 30. 선고 2009도6717 판결 동지. 한편, 대법원은 1983년 '송씨 일가 간첩사건'에서 임의동행의 형식으로 영장없이 연행되어 외부와의 연락이 차단 당한 채 적게는 75일, 많게는 116일 동안 불법구속된 상태에서 획득한 자백을 배제한 바 있다(대법원 1983. 8. 23. 선고 83도1578 판결). 그리고 대법원은 1993년 손해배상 사건에서 임의동행에서의 임의성은 동행의 시간과 장소, 동행의 방법과 동행거부의사의 유무, 동행이후의 조사방법과 퇴거의사의 유무 등을 종합하여 객관적인 상황을 기준으로 판단해야 한다고 입장을 밝힌 바 있다(대법원 1993. 11. 23. 선고 93다35155 판결).

이러한 요건을 충족하지 못하는 불법한 임의동행을 통하여 획득한 자백은 제309조에 따라 증거능력이 배제되어야 함은 물론이다.

한편, 경찰관직무집행법이 규정하는 요건과 절차를 위반한 불심검문 역시 위법이다. 예컨대, 당해인에게 불리하거나 교통방해가 된다고 인정되지 않음에도 임의동행을 요구하는 경우(제3조 제2항), 임의동행을 요구할 때에 경찰관이 자신의 신분을 표시하는 증표를 제시하지 않고 자신의 소속과 성명을 밝히지 않거나, 동행시에 그 목적과 이유를 설명하지 않고 동행장소를 밝히지 않은 경우(제3조 제4항),[83] 임의동행을 하고서도 당해인의 가족 또는 친지 등에게 동행한 경찰관의 신분, 동행장소, 동행목적과 이유를 고지하지 않거나, 본인이 즉시 연락할 수 있는 기회를 부여하지 않은 경우(제3조 제5항), 임의동행한 당해인에게 변호인의 조력을 받을 권리를 고지하지 않은 경우(제3조 제5항), 임의동행한 당해인을 6시간을 초과하여 경찰관서에 머물게 한 경우(제3조 제6항) 등이다. 이상과 같은 위법을 통하여 획득한 자백의 증거능력은 형사소송법 제309조에 따라 배제되어야 한다.

남은 문제는 위법한 임의동행이 있은 후에 비로소 체포나 구속의 요건이 충족되어 체포·구속이 행해진 경우 위법성이 승계될 것인가이다. 임의동행과 강제수사로서의 체포·구속은 통상 연속선상에 놓여 있고, 수사기관은 통상 전자를 후자를 위한 시간벌기로 사용하고 있다는 점을 생각하자면,[84]

---

83) 주민등록법 제17조의10이 사법경찰관리가 범인의 체포 등 그 직무를 수행함에 있어 신원 등의 확인을 위해 주민등록증을 요구할 수 있고, 정복근무중인 경우에는 신원을 표시하는 증표를 제시하지 않아도 되는 것으로 규정하고 있음을 이유로 정복근무중인 경우에는 검문시 신분증을 제시할 필요가 없다는 주장이 가능하지만, 2004는 국가인권위원회는 (i) 주민등록법상의 규정이 경찰관의 불심검문 업무에 대해 포괄적으로 규정하고 있는 경찰관직무집행법보다 우선해 적용된다고 볼 수 없고, (ii) 경찰관직무집행법 제3조 제4항에서 경찰관의 신분증제시의무를, 같은 법 시행령 제5조에서 경찰관의 공무원증을 신분증으로 규정하고 있는 이상 정복경찰관이라고 하더라도 신분증 제시 의무가 면제된다고 볼 수 없으며, (iii) 이는 의무경찰이나 전투경찰에게도 똑같이 적용되는 만큼 경찰관들이 검문 전 신분증을 제시하지 않는 관행은 시정되어야 한다고 판단하였다(2004. 9. 24. 국가인권위원회 권고).

84) 예를 들자면, 1999년 4월 28일 대한예수교장로회 신학대학의 총학생회장과 부학

전자의 불법은 후자로 승계된다고 보아야 할 것이다.85)

제 3. 기 망

I. 문제상황 — 민주화 이후 보다 많은 주목을 요구하는 자백획득기법

기망이란 적극적 위계·사술(詐術)을 사용하여 상대방을 착오에 빠뜨리는 것을 말한다. '함정수사'86)의 예에서도 알 수 있듯이 수사기관은 범죄인을 체포하는 과정에서 범죄인을 속이는 전략을 구사하며 이는 수사의 성질상 상당 부분 허용된다. 그러나 범죄인이 체포·구속되는 순간부터는 그에게 헌법상의 권리가 보장되므로 피의자에 대한 기망에 대한 통제가 반드시 가해져야 한다. 레오 교수는 미국의 경찰신문기법을 연구하면서 "기망의 사용은 실제로 강제의 사용의 대체물이 되었다"고 간파한 바 있다.87) 예컨대, 피해자가 피의자를 지목하였다, 공범이 이미 자백하였다, 피의자의 범행에 대한 목격자가 있다, 거짓말 탐지기 검사 결과 피의자의 진술이 허위로 판명되었다 또는 피의자의 범행을 입증하는 물증이 발견되었다 등의 거짓말을 하고 자백을 종용하는 것, 피의자를 단지 증인이나 참고인으로 불렀을 뿐이라고 속이고 범죄관련 진술을 획득하는 것, 피의자가 관련된 범행을 과장하여 추궁하여 피의자가 자신의 범한 원래의 범죄를 자백하도록 하는 것, 적극적

생회장은 "한총련과 무관하다는 확인서만 써 줄 수 있겠느냐"는 경찰의 임의동행 요구를 받고 응하였는데, 경찰서 건물로 들어서자마자 "총학생회장은 한총련의 당연직 대의원이므로 지명수배된 상태"라는 이유로 '긴급체포'되었다. 이들은 한총련 계열의 학생들이 아니었던바, 묵비권 행사 후 석방되었다[한겨레신문사 간, <한겨레 21>, 제258호(1999. 5. 20), 50면].

85) 강구진, "불심검문 및 임의동행에 관한 고찰(하)," 「경찰고시」(1983. 8), 58면; 강 동욱, "경찰관직무집행법상의 임의동행에 관한 고찰," 한양대학교 법학연구소, 「한 양법학」 제 3 집(1992), 24면; 이존걸, "위법한 임의동행이 그 후의 절차에 미치는 영향," 한국비교형사법학회, 「비교형사법연구」 제 5 권 제 2 호(2003), 249면.

86) 함정수사의 위법성 판단기준에 대해서는 제 5 편을 참조하라.

87) Richard A. Leo, "From Coercion to Deception: The Changing Nature of Police Interrogation in America," 18 Crime, L. & Soc. Change 35, 37(1992).

으로 증거를 조작·제시하며 자백을 요구하는 것, 피고인에게 신문자의 신분을 속이고 신문하여 자백을 획득하는 것 등을 들 수 있다.[88]

　권위주의 체제 종료 이후 우리나라에서도 신문과정에서의 고문, 폭행, 협박의 사용은 많은 비판을 받고 그 사용빈도가 줄어들었다고 보이나, 기망의 사용은 비판의 과녁에서 빗겨나가 있었다.

Ⅱ. 국내외 판례검토 — '상황의 총체성' 기준에 따른 개별적 판단?

　기망으로 인한 자백의 증거능력을 배제한 우리나라 판례로는, 피고인의 신문에 참여한 검찰주사가 피의사실을 자백하면 피의사실 부분을 가볍게 처리하고 보호감호청구를 하지 않겠다는 각서를 작성해 주면서 자백을 유도하고 실제로는 보호감호를 청구한 경우,[89] 특정범죄가중처벌등에관한법률을 적용하지 않고 가벼운 수뢰죄로 처벌받게 해 주겠다고 약속하고 획득하고는 실제로는 특정범죄가중처벌등에관한법률 위반으로 기소한 경우[90] 등에서 피고인의 자백을 배제한 바 있다.

　이상은 '깨어진 약속'(broken promise)의 형태를 띠는 기망이 있었던 경우 이를 통한 획득한 자백을 배제해야 한다는 판결인데, 대법원이 수사기관의 기망이 있었다는 것만으로 자백배제의 결론을 내리고 있는 것인가는 분명하지 않다. 오히려 법원은 자백의 임의성 판단을 "구체적인 사건에 따라 제반 사정을 참작하여 자유로운 심증으로 피고인이 그 진술을 임의로 한 것인지의 여부를 판단"[91]하고 있는바, 기망의 존재가 의무적 배제를 수반한다고

---

88) Chirstopher Slobogin, "Deceit, Pretext, and Trickery: Investigative Lies By the Police," 76 *Or. L. Rev.* 775, 785-786(1997); Deborah Young, "Unnecessary Evil: Police Lying in Interrogations," 28 *Conn. L. Rev.* 425, 429-432(1996).
89) 대법원 1985. 12. 10. 선고 85도2182 판결.
90) 대법원 1984. 5. 9. 선고 83도2782 판결. 이 판례의 경우 다수의 교과서에는 '약속'에 의한 자백의 사례로 인용하고 있으나, 실제 약속이 지켜지지 않았다는 점을 주목하면 '기망'에 의한 자백의 사례라고 보아야 할 것이다.
91) 대법원 1993. 7. 27. 선고 93도1435 판결.

보지 않을 가능성이 있다.

그렇다면 수사기관의 각종의 기망으로 획득한 자백의 배제는 법관의 심사에 따라 개별 사안별로 달리 판단되어야 하는가? 이와 관련하여 제 2편 제 1-2장에서 상술하였듯이 영미법상으로는 자백의 임의성에 대한 판단은 '상황의 총체성'을 고려하여 이루어지므로, 기망이 존재하였다는 사실 자체만으로 자백배제가 이루어지지는 않는다.

미국 연방대법원이 임의성 기준에 따라 수사기관의 기망으로 획득한 자백의 증거능력을 배제한 대표적 판결로는 1959년의 'Spano v. New York 판결'[92]이 있다. 이 사건에서 법원은 피고인의 죽마고우인 경찰관이 동원되어 피고인에게 자백하지 않으면 친구인 경찰관에게 문제가 생긴다고 기망하여 획득한 자백의 증거능력을 부정하였다.[93]

그렇지만 미국 판례가 수사기관의 기망으로 획득한 자백은 의무적으로 배제해야 한다는 입장을 취하고 있지는 않다. 대표적으로는 1969년의 'Frazier v. Cupp 판결'[94]이 있다. 이 사건에서 경찰관은 피고인에게 공범이 이미 체포되어 자백하였다는 등의 거짓말을 하였고,[95] 이에 피고인은 자백하였으나 법원은 그 자백을 배제하지 않았다. 이후 많은 판결은 프래지어 판결의 입장을 따르고 있는바,[96] 그 결과 자백배제에 대한 일률적 기준은

---

92) 360 U.S. 315(1959).
93) 수사기관이 피의자의 최선의 이익을 위해 활동하는 친구인 양 행동하며 자백을 받아내는 기법은 '위장된 친구'(false friend) 기법이라고 불리는데[Wayne R. LaFave, Jerold H. Israel & Nancy J. King, *Criminal Procedure* 316(3rd ed. 2000)], 1954년의 'Leyra v. Denno 판결'[347 U.S. 556(1954)]에서도 법원은 피의자의 통증을 치료하기 위해서 불러온 의사로 위장한 경찰 심리분석가에 의해 획득한 자백을 배제한 바 있다.
94) 394 U.S. 731(1969).
95) 또한 피고인이 "내가 더 진술하기 전에 변호인을 찾는 것이 좋겠다. 내가 지금보다 더 많은 곤란에 처해질 것이다"라고 말하자, 경찰관은 "당신은 지금보다 더 많은 곤란함에 처해질 수는 없다"라고 말하였다(Id. 738).
96) 몇 가지 중요한 판례를 보자면, 1977년 'Oregon v. Mathiason 판결'[429 U.S. 492 (1977)]에서 경찰관은 피의자의 지문이 범죄현장에 발견되었다고 거짓말을 한 자백을 획득하였고, 1987년 'Connecticut v. Barret 판결'[479 U.S. 523(1987)]에서 경찰관은 피의자에게 오직 서면진술서만이 증거능력이 있고 구두진술은 증거능력이 없

세워지지 않고 배제 여부가 법관의 재량에 맡겨지게 되었다. 이러한 명확한
배제기준 결여의 상황을 타개하기 위해 화이트 교수는 수사기관의 기망이
있은 경우 자동적(per se)인 자백배제가 이루어져야 한다고 주장하였으나,[97]
미국 판례는 이 입장을 수용하지 않고 있다.

하급심 판례의 경향을 보면, 수사기관의 기망이 중대하고 그 기망을
통해 획득한 자백이 배제되지 않는다면 절차의 공정성이 크게 훼손되는
경우 자백의 증거능력을 배제를 하는 입장을 취하고 있다.

첫째, 경찰관이 피고인에게 법원칙을 속이고 획득한 자백은 배제된다.
1977년 'Commonwealth v. Dustin 판결'[98]은 경찰관이 피고인의 자백은 법
정에서 자신에게 반하여 사용될 수 없다고 속이는 획득한 자백의 증거능력
을 배제하였고, 1978년 'State v. Setzer 판결'[99]은 상습범 유죄평결의 결과에
대한 거짓을 말하고 획득한 자백의 증거능력을 배제하였으며, 1983년
'Young v. State 판결'[100]은 경찰관이 피고인에게 피고인은 재판에서 판사와
배심에게 자신이 "완벽히 무죄"임을 확신시켜야 한다고 말하고서 획득한
자백을 배제하였다.

둘째, 기망이 헌법적 원리를 훼손할 정도에 이르면 자백을 배제한다.
1989년의 'State v. Cayward 판결'[101]에서 경찰관은 피해자의 속옷에서 피
고인의 정액이 발견되었다는 가짜 실험실 보고서를 피고인에게 제시하고
자백을 획득하였는데, 법원은 이러한 행위는 "전통적인 적정절차의 관념"을

다고 말하고서 자백을 획득하였으며, 1988년 'Patterson v. Illinois 판결'[487 U.S.
285]에서 경찰관은 피의자에게 국선변호인은 오직 법정에서만 제공될 뿐이라고 속
이고서 자백을 획득하였고, 1993년 'Jenner v. Smith 판결'[982 F.2d 329(8th Cir.
1993)]에서는 피의자의 남편이 모든 범죄의 책임을 그녀에게 돌리고 있다고 거짓
말한 후 자백을 획득하였는데, 이 모든 사안에서 연방대법원은 그 자백의 증거능
력을 배제하지 않았던 것이다.

97) Welsh White, "Police Trickery Inducing Confessions," 127 *U. Pa. L. Rev.* 581, 599(1979).
98) 368 N.E. 2d 1388(1977).
99) 579 P. 2d 957(1978).
100) 670 P. 2d 591(Okla. 1983).
101) 552 So. 2d 971(Fla. Dist. Ct. App. 1989).

훼손하는 것이라고 비판하고서 피고인의 자백을 배제하였다.[102] 1993년 'People v. Esqueda 판결'[103])에서는 경찰관은 피해자가 죽기 전에 피고인을 범인으로 지목하였다. 경찰관은 피고인의 지문이 피해자의 목과 총탄에서 발견되었다, 살인에 대한 목격자가 있다, 권총의 잔여물이 피고인의 손에서 발견되었다 등의 거짓말을 하였고, 이로 인하여 피고인은 자신에게 불리한 진술을 하였는데, 법원은 경찰관의 이러한 행위는 수정헌법 제5조 자기부 죄금지의 특권과 제14조 적정절차의 원리의 침해이므로 피고인의 진술의 증거능력은 배제되어야 한다고 판시하였다.[104]

셋째, 피고인에게 편의제공을 거짓으로 약속하면서 자백을 받아내는 것을 금지한 판결이 있다. 예컨대, 1980년 'People v. Sunset Bay' 판결[105]은 경찰관이 강간살인 피의자에게 피의자의 체모가 사체에서 발견되었다면서 실험실 보고서를 왜곡하여 알려주고, 피의자가 자백을 하면 피고인이 개인 용품을 소지할 수 있고 여자친구의 방문이 허용되는 병원에 들어가도록 해주겠다고 거짓을 약속하고 획득한 자백의 증거능력을 배제하였다.

한편 일본의 경우 과거에는 위계의 구체적인 내용이나 기망 당시의 정황을 고려하여 자백배제 여부를 판단하였는데, 1970년 최고재판소가 참고인도 진술을 하였다고 피의자에게 거짓말을 하고 획득한 자백은 증거능력이 없다는 획기적 판결을 내리면서 의무적 배제가 이루어지는 경향이 강해진다.[106] 동 법원의 판시를 인용하자면,

수사절차라 하더라도 헌법의 보장 아래 있는 형사절차의 일환인 이상 … 공공의 복지와 개인의 기본권이 적정하게 행해질 것에 비추어보면 수사관이 피의자를 취조하는 데 있어 위계를 사용하여 피의자를 착오에 빠지게 하는 신문방법은 엄격히 피해야 할 것은 말할 것도 없다.

---

102) Id, at 972-974.
103) 17 Cal. App. 4th 1450, 22 Cal. Rptr. 2d 126(1993).
104) Id. at 139-144.
105) 76 A.D. 2d 592(1980).
106) 最高裁 1970. 11. 25. 刑集 24卷 12号, 1670頁.

이 판결의 취지를 충실히 따른 1987년 도쿄지방재판소 판결은 피고인의 분비물이 범행현장에서 발견되었다고 거짓말을 하여 자백을 획득한 사건에서, 기망을 사용한 신문은 그 자체로 "강한 심리적 강제를 부과하는 성질"을 갖는 것이라고 규정하여 '위법배제'의 입장을 강하게 드러내었다.107)

Ⅲ. 소결 ― 헌법과 법률의 의무적 배제요청

이미 신체의 자유가 제약되어 정신적·육체적으로 취약해져 있는 피의자에게 수사기관의 기망은 중대한 영향을 미칠 수밖에 없다. 자백배제법칙의 근거에 관한 위법배제설에 입각하지 않더라도, 수사기관의 기망의 효과는 너무도 압도적인 것이어서 그로 결과한 자백은 임의성이 의심스럽다고 할 것이다.108) 그리고 수사기관의 기망은 피의자가 자기방어를 위한 의사결정을 할 수 없도록 만들며, 진술거부권 등 헌법상의 권리의 행사를 방해하는 중대한 위법행위임이 분명히 인식되어야 한다.

그리고 미국과는 달리 우리나라에는 기망에 의한 자백의 증거능력은 배제한다는 헌법과 법률의 **명시적** 규정이 있다.109) 국가가 시민을 기망하는 것은 형사사법의 염결성을 훼손하고 시민의 헌법적 권리 행사를 방해하는 불법행위로 그 자체로 용납될 수 없음을 입법자가 분명히 밝히고 있는 것이다. 따라서 기망의 종류와 정도, 기망이 발생한 상황을 검토하여 자백배제 여부를 검토하는 법관의 재량을 인정하는 것을 헌법과 법률의 취지에 부합하지 않는다. 1989년 케이워드 판결의 문언을 빌리자면,

---

107) 東京地裁 1987. 12. 16. 判時 1275号, 35頁; 判時 664号, 252頁. 이 판결에 대한 평석으로는 高內壽夫, "僞計による自白," 松尾浩也·井上正仁 編, 「刑事訴訟法判例百選」(第 7 版, 1998)을 참조하라.

108) James G. Thomas, Note, "Police Use of Trickery as an Interrogation Technique," 32 *Vand. L. Rev.* 1167, 1200(1979).

109) 기망에 의한 자백취득을 명시적으로 금지하는 입법을 제정해야 한다는 미국 내의 주장에 대해서는 Laura Hoffman Roppe, "True Blue? Whether Police Should Be Allowed to Use Trickery and Deception to Extract Confessions," 31 *San Diego L. Rev.* 729, 768-772(1994)을 참조하라.

경찰이 신문과정에서 거짓말을 하도록 허용될 때, 경찰이 영장을 신청할 때 판사에게 거짓말을 하고, 거짓말에 대한 경찰조직 내부의 규칙을 위반하거나 또는 법정에서 거짓말하는 것을 왜 억지해야 하겠는가?110)

요컨대 피의자의 헌법적 권리와 방어권을 침해하고 판단능력을 훼손하는 수사기관의 기망이 있었던 경우 — 그 '상황의 총체성'을 고려할 여지 없이 — 기망이 있었다는 그 자체만으로 자백의 임의성을 의심할 만한 경우이므로 자백의 증거능력은 의무적으로 배제되어야 한다.111)

---

110) Cayward, 552 So. 2d, at 974-975.
111) 단, 단순한 착오나 논리모순을 이용하는 것은 통상의 허용되는 신문방법으로 허용되며[신동운(각주 4), 1369면], 사실과 증거상황에 대한 단순한 침묵은 기망에 해당되지 않을 것이다[배종대 · 이상돈 · 정승환 · 이주원(각주 3), 604면].

제4장

비정형적
자백배제사유

형사소송법 제309조 후단에 규정된 "기타의 방법"에는 모든 형태의 위법한 수사방법이 포함된다. 대법원은 1985년 '용산 윤노파 일가 피살사건'에서 제309조에 규정된 피고인의 진술의 자유를 침해하는 위법사유는 '예시사유'임을 분명히 밝힌 바 있다.[1] 이하에서는 문제가 되는 위법한 수사방법에 대하여 차례로 검토하기로 한다.

제 1. 변호인의 조력을 받을 권리 침해

I. 강력히 보장되어야 할 핵심적 기본권

헌법 제12조 제4항은 누구든지 체포 또는 구속을 당한 때에는 즉시 변호인의 조력을 받을 권리를 가짐 규정하고, 제5항은 체포 또는 구속시 변호인의 조력을 받을 권리가 있음을 사전고지받을 권리를 규정하고 있다. 이러한 헌법적 기본권으로서의 변호인의 조력을 받을 권리는 형사소송법 제34조에 규정된 변호인(또는 변호인이 되려는 자)의 신체구속된 피의자 또는

---

1) 대법원 1985. 2. 26. 선고 82도2413 판결.

피고인과의 접견교통권의 보장을 통하여 실질적으로 보장된다. 이 접견교통권은 변호인의 고유권 중 가장 중요한 권리임과 동시에, 체포 또는 구속된 피의자·피고인이 변호인의 조력을 받을 수 있도록 하는 형사절차상 권리이기도 하다. 한편, 우리 정부가 가입한 '시민적 및 정치적 권리에 관한 국제규약'(International Covenant on Civil and Political Rights) 제14조는 보다 상세하게 변호인의 조력을 받을 권리를 규정하고 있다.2)

왜 이러한 헌법, 법률, 국제협약 모두가 변호인의 조력을 받을 권리를 규정하고 있는가? 신체구속된 형사피의자는 경찰서 유치장이나 구치소에서 행동의 자유가 박탈당한 채, 그리고 외부와의 교통이 두절된 상태에서 신문을 받는다. 신체구속은 피구속자를 이전까지의 정상적인 사회생활로부터 갑작스럽게 차단시켜 행동의 자유를 박탈하므로, 피의자는 심리적·육체적으로 매우 취약한 상태에 놓이게 된다. 수사기관은 이러한 피의자의 상태를 이용하여 자백을 획득하려 노력하게 되며, 각종의 위법수사에 대한 유혹에 빠지게 된다. 또한 수사기관이 폭행이나 협박을 사용하지 않더라도 피의자는 낙담하고 무기력하게 되며, 나아가서는 자포자기의 상태에까지 이르러 수사기관의 요구에 응하여 허위자백을 하기도 한다. 물론 피의자가 자신에게 진술거부권이 있음을 숙지하고 있다 하더라도 수사기관의 집요한 신문에 맞서서 진술거부권을 행사하기란 쉬운 일이 아니다. 상황이 이러하기에 당사자로서의 피의자의 자기방어는 변호인에게 의존하지 않을 수 없다.

이 점에서 변호인의 조력을 받을 권리는 무죄추정이 되는 형사피의자·피고인이 자신의 인권보장과 방어준비를 하기 위하여 필수불가결한 핵심

---

2) 제14조 제3항은 다음과 같다. "모든 사람은 그에 대한 형사상의 죄를 결정함에 있어서 적어도 다음과 같은 보장을 완전 평등하게 받을 권리를 가진다. … (b) 변호의 준비를 위하여 충분한 시간과 편의를 가질 것과 본인이 선임한 변호인과 연락을 취할 것, … (d) 본인의 출석 하에 재판을 받으며, 또한 직접 또는 본인이 선임하는 자의 법적 조력을 통하여 변호할 것. 만약 법적 조력을 받지 못하는 경우 변호인의 조력을 받을 권리에 대하여 통지를 받을 것. 사법상의 이익을 위하여 필요한 경우 및 충분한 지불수단을 가지고 있지 못하는 경우 본인이 그 비용을 부담하지 아니하고 법적 조력이 그에게 주어지도록 할 것."

적 권리로서,3) 이 권리의 보장 없이 '무기평등의 원칙'(Prinzip der Waffengleichheit)
은 원천적으로 실현불가능하다. 변호인의 조력을 받을 권리의 보장은 소추자와
피소자는— 미국 포타스 대법관의 말을 빌리자면 — "국가와 개인은 힘 대 힘으
로, 동원자원(resource) 대 동원자원으로, 논변 대 논변으로 평등하게 만나"4)서
'전투'를 할 수 있어야 한다는 당사자주의 형사절차의 필연적 산물이자 요청
이다. 요컨대, 변호인의 조력을 받을 권리는 "피의자·피고인의 고립무원의
상태를 해소하고 자백편중의 수사관행에 제동을 거는 장치"이자 "구속 피
의자·피고인의 실질적 소송주체성을 확립하기 위한 장치"로서 기능하는
것이다.5)

　　정치적 민주화 이후 변호인접견권의 중요성에 대한 인식이 높아졌지
만, 수사실무에서는 변호인과의 접견교통권의 침해가 계속되었다. 예컨대,
수사기관이 피의자·피고인에게 변호인의 조력을 받을 권리가 있음을 고지
하지 않거나, 수사기관이 비밀정보원을 통하여 체포·구속된 피의자·피고
인의 진술을 획득하거나,6) 제 3 장 제 1.에서 본 속칭 "불러 뻥" 기법처럼
수사기관이 구속피의자 또는 피고인을 구금장소로부터 계속 소환하여 접견
교통을 방해하거나, 접견신청이 있음에도 행정적 이유로 거부하거나, 피의

---

3) 또한 이 권리는 체포·구속된 피의자는 물론이고, 임의동행의 형식으로 수사기관
에 연행된 피의자 또는 피내사자의 경우에도 똑같이 보장되는 권리이기도 하다(대
법원 1996. 6. 3. 선고 96모18 결정).

4) Abe Fortas, "The Fifth Amendment: Nemo Tenetur Seipsum Prodere," 25 *Clev.
B.A.J.* 91, 98(1954).

5) 신동운, 「신형사소송법」(제 5 판, 2014), 92면.

6) 이러한 행위에 대한 연방대법원 판결을 간략하게 살펴보면, 1980년의 'United
States v. Henry 판결'[447 U.S. 264(1980)]에서 버거 대법원장이 집필한 다수의견
은, 구치소에 심어져 있던 수사기관의 비밀정보원이 구치소에 감금되어 있던 피고
인과 나눈 대화를 증거로 사용하는 것은 수정헌법 제 6 조 위반이라고 판시하였다.
그리고 1985년의 'Maine v. Moulton 판결'[474 U.S. 159(1985)]에서 경찰을 수사에
협조하는 피고인의 공범에게 비밀녹음 장치를 하여 피고인의 진술을 획득하였는
데, 법원은 'Henry 판결'의 결론을 구치소 바깥에까지 확대하여 획득한 진술의 증
거능력을 배제하였다. 단, 정보원이 적극적으로 정보를 취득하려고 하지는 않았고
단지 소극적으로 피고인의 말을 듣고만 있었던 경우는 이를 통해 획득한 자백의
증거능력을 인정하였다[Kuhlmann v. Wilson, 477 U.S. 436(1986)].

자가 변호인접견을 요청하였으나 변호인을 만나지 말 것을 직·간접적으로 종용하거나, 수사상의 이유로 접견의 시간과 장소를 지정하거나, 구금 장소를 임의적으로 변경하거나,[7] 접견신청일이 경과하도록 접견이 이루어지지 않거나,[8] 접견장소로 비밀이 보장되지 않는 장소를 제공하거나, 접견내용을 감시하고 수수 물건을 수색·압수하는 것 등이 있다.

이러한 상황에서 1992년 헌법재판소는 '전교조 간부 유상덕 씨 사건'에서 재판관 전원일치로 획기적 결정을 내린다.[9] 1991년 유 씨는 국가안전기획부에 의하여 구속수사를 받던 중 안기부 면회실에서 변호인 접견을 하였는데, 안기부 수사관 5명이 접견에 참여하여 가까이 지켜보면서 대화내용을 듣고 기록하고 사진을 찍자, 변호인이 이에 항의하고 변호인과 피의자의 접견은 비밀이 보장되어야 하니 청구인과 변호인이 따로 만날 수 있도록 해 줄 것과 대화내용의 기록이나 사진촬영을 하지 말 것을 요구하였으나 수사관들은 "무슨 말이든지 마음 놓고 하라."고 말하면서 변호인의 요구를 거절하였다.

헌법재판소는 변호인의 조력을 받을 권리는 "무죄추정을 받고 있는 피의자·피고인에 대하여 신체구속의 상황에서 생기는 여러 가지 폐해를 제거하고 구속이 그 목적의 한도를 초과하여 이용되거나 작용하지 않게끔 보장하기 위한 것"이라고 하면서, "변호인의 **충분한 조력**"이 필요함을 강조한다.[10] 이어 헌법재판소는 변호인의 역할을 다음과 같이 정식화한다.

> 변호인은 접견을 통하여 구속된 피의자, 피고인의 상태를 파악하여 그에 따른 적절한 대응책을 강구하고, 피의사실이나 공소사실의 의미를 설명해 주고 그에 관한 피의자·피고인의 의견을 듣고 대책을 의논하며, 피의자나 피고인 진술의 방법, 정도, 시기, 내용 등에 대하여 변호인으로서의 의견을 말하고 지도도 하고, 진술거부권이나 서명날인거부권의 중요성과 유효적절한 행사방

---

7) 대법원 1996. 5. 15. 선고 95모94 결정.
8) 대법원 1991. 3. 28. 선고 91모24 결정.
9) 헌법재판소 1992. 1. 28. 선고 91헌마111 결정.
10) Id.(강조는 인용자).

법을 가르치고 그것들의 유효적절한 행사에 의하여 억울한 죄를 면할 수 있다는 것을 인식시켜야 하며, 수사기관에 의한 자백강요, 사술(詐術), 유도, 고문 등이 있을 수 있다는 것을 알려 이에 대한 대응방법을 가르쳐 허위자백을 하지 않도록 권고하고, 피의자로부터 수사관의 부당한 조사(유도, 협박, 이익공여, 폭력 등) 유무를 수시로 확인해야 하며, 피의자나 피고인의 불안, 절망, 고민, 허세 등을 발견하면 그 감정의 동요에 따라 격려하여 용기를 주거나 위문하거나 충고하여야 할 것이다.[11]

전체 형사절차 중 수사단계에서의 변호인의 역할은 공판절차에서보다 더 중요하다. 대부분의 증거가 이 시기에 수집되고, 수사의 방향에 따라 사건의 종국적인 방향이 좌우된다. 피의자는 수사기관이 공격의 자료를 수집하는 그 때 그 곳에서 동시에 반증을 수집하고 제출하는 것이 자기방어를 위하여 가장 효과적이지만, 이를 피의자 혼자의 힘으로 해내기는 매우 힘들다.[12]

이어 헌법재판소는 체포·구속된 피의자·피고인의 변호인과의 접견교통권은 절대적으로 보장되어야 한다고 강조한다.

변호인과의 자유로운 접견은 신체구속을 당한 사람에게 보장된 변호인의 조력을 받을 권리의 가장 중요한 내용이어서 **국가안전보장, 질서유지, 공공복리 등 어떠한 명분으로도 제한될 수 있는 성질의 것이 아니다.**[13]

한편 형사소송법은 피의자의 변호인과의 접견교통권에 대하여 일체의 제한 규정을 두고 있지 않다(제34조, 제243조의2 제 1 항).

이렇듯 피의자·피고인의 변호인과의 접견교통권과 변호인의 피의자·피고인과의 접견교통권을 매우 강력하게 보장하는 이러한 우리 법과

---

11) Id.
12) 황종국, "수사단계에서의 변호인의 역할의 중요성," 부산지방변호사회, 「부산지방변호사회지」 제 9 호(1990), 283-284면.
13) 헌법재판소 1992. 1. 28. 선고 91헌마111 결정(강조는 인용자).

판례의 입장은 현대 민주주의 국가의 형사사법의 태도에 비하여 진보적이다. 예컨대, 제1편 제4장에서 보았듯이, 일본의 경우 검사 또는 경찰관이 피의자와 변호인 간의 접견의 일시, 장소, 시간 등을 지정할 수 있으며,[14] 독일의 경우 테러범죄 피의자의 경우는 서면에 의한 변호인과의 접견교통은 허용되지 않으며 구두 대화를 통한 접견교통만이 허용된다.[15] 그리고 영국의 경우도 변호인접견이 지연될 수 있는 예외를 설정하고 있다.[16] 그러나 우리 사회에서 권위주의 체제 아래 만연하였던 변호인과의 접견교통권에 대한 침해관행이 사라지지 않고 있다는 점, 그리고 피의자에 대한 국선변호권 제도가 도입되지 않고 있다는 점 등을 고려할 때 변호인과의 접견교통권을 강하게 보장하는 우리 법과 판례의 태도는 계속 견지되어야 할 것이다.

그런데 대법원은 변호인의 피의자·피고인과의 접견교통권은 법률에 의해서는 제한될 수 있음을 반복하여 밝혀왔다. 즉,

형사소송법 제34조가 규정한 변호인의 접견교통권은 신체구속을 당한 피고인이나 피의자의 인권보장과 방어준비를 위하여 필수불가결한 권리이므로, **법령에 의한 제한이 없는 한** 수사기관의 처분은 물론, 법원의 결정으로도 이를 제한할 수 없는 것이다.[17]

14) 일본 형사소송법 제39조 제3항. 이 조항은 변호인접견권이 피고인에게만 인정되고 접견시 간수가 입회하였던 戰前 체제의 개정을 둘러싼 미군 최고사령부와 일본 정부의 타협의 산물인데, 최고재판소는 접견지정이 예외적으로 이루어져야 함을 지적하지만 이 제도 자체의 합법성은 승인하고 있다(最高裁 1978. 7. 10. 刑集 32卷 5号 820頁). 접견지정제도에 대해서는 山中俊夫, "被疑者と弁護人の接見交通," 「刑事訴訟法の爭點」(新版, 1991)을 참조하라.
15) 독일 형사소송법 제148조 제2항; 법원조직법시행령(EGGVG) 제31-38조.
16) 즉, (i) 중죄 관련의 증거를 손상하거나 타인에게 육체적 위해를 입힐 것, 또는 (ii) 당해 중죄를 범하고 아직 체포되지 않은 다른 피의자에게 경계를 발할 것, 또는 (iii) 당해 중죄의 결과 획득한 재산의 회복을 방해할 것, 또는 (iv) 피의자가 불법마약거래로터 이득을 취해왔고, 변호인접견권이 행사된다면 그 거래로부터 피의자가 획득한 과실을 회복하는 것이 방해될 것이라고 변호인접견권 지연을 승인하는 경찰관이 믿을 수 있는 합리적 근거가 있는 경우이다[PACE, art. 58(8), 58(8A)].
17) 대법원 1990. 2. 13. 선고 89모37 결정; 대법원 1991. 3. 28. 선고 91모24 결정;

형사소송법상 체포 또는 구속은 죄를 범하였다고 의심할 만한 상당한 이유가 있는 피의자 또는 피고인의 도망이나 증거인멸을 방지하고 출석을 보장하기 위해 이루어지는 것이므로(제70조, 제200조의2, 제201조), 신체구속을 당한 피고인 또는 피의자에 대한 변호인의 접견교통권은 위와 같은 **신체구속 제도의 본래의 목적을 침해하지 아니하는 범위 내에서 행사되어야** 하고, 이러한 한계를 일탈하는 접견교통권의 행사는 정당한 접견교통권의 행사에 해당하지 아니하여 허용될 수 없는 것으로 보아야 할 것이다.[18]

그리고 헌법재판소는 변호인의 피의자 · 피고인과의 접견교통권은 피의자 · 피고인의 변호인과의 접견교통권과 달리 헌법적 기본권이 아니라 법률적 권리라고 밝힌 바 있다.[19] 이러한 대법원과 헌법재판소의 입장을 결합하면, 후자와 달리 전자는 법률에 의하여 보다 제한될 수 있다는 결론이 도출될 수 있다.

대법원 1990. 2. 13. 선고 89모37 결정; 대법원 1990. 9. 25. 선고 90도1586 결정 등 (강조는 인용자).
18) 대법원 2007. 1. 31. 자 2006모657 결정(강조는 인용자).
19) 헌법재판소 1991. 7. 8. 선고 89헌마181 결정. 이를 지지하는 근거에 대해서는 김대웅, "변호인의 피의자신문 참여권," 형사판례연구회, 「형사판례연구」 제17호(2009), 442-444면을 참조하라. 반면 반대의견은 변호인의 접견교통권 역시 헌법 제12조 제4항에서 도출되는 헌법상의 권리로 파악한다: "접견교통권이란 구속된 피고인이나 피의자와 변호인과의 사이에 있어서의 필요적 · 상호적인 공동관계에서 비로서 실현될 수 있는 것으로서 위 헌법상의 권리가 피고인이나 피의자의 한쪽에만 있고, 그 대항적인 지위에 있는 변호인에게는 허용되지 않는다고 하는 것은 논리상 모순이라고 아니할 수 없다. 따라서 변호인 자신의 구속된 피고인 · 피의자와의 접견교통권 역시 피구속자의 변호인 접견교통권과 상호적이고 보완적으로 작용하여 피구속자의 인권보장과 방어준비를 위하여 위 헌법 제12조 제4항 본문에서 당연히 우러나오는 헌법상의 권리라고 할 것이며, 형사소송법 제34조가 규정하고 있는 변호인의 접견교통권은 바로 위 헌법상의 기본권 성격을 해당 일반 법률에서 구체적으로 명문화한 것이라고 할 것이다."(조규광, 변정수 재판관의 반대의견) 체포 또는 구속당한 피의자 · 피고인의 변호인과의 접견교통권과 변호인의 피의자 · 피고인과의 접견교통권은 형사절차에서 불가분적으로 결합되어 작동하며, 전자의 보장은 후자의 보장 없이 이루어질 수 없다는 점을 포착한 반대의견의 문제의식에는 공감이 간다.

그러나 변호인의 피의자·피고인과의 접견교통권을 제한하면 피구속자의 변호인과의 접견교통권은 필연적으로 제한된다. 이러한 문제점을 해결하기 위하여 2003년 헌법재판소와 2007년 대법원은 각각 다음과 같이 판단하였다.

"변호인의 "조력을 받을" 피구속자의 권리는 피구속자를 "조력할" 변호인의 권리가 보장되지 않으면 유명무실하게 된다. 그러므로 피구속자를 조력할 변호인의 권리 중 그것이 보장되지 않으면 피구속자가 변호인으로부터 조력을 받는다는 것이 유명무실하게 되는 핵심적인 부분은, "조력을 받을 피구속자의 기본권"과 표리의 관계에 있기 때문에 이러한 핵심부분에 관한 변호인의 조력할 권리 역시 헌법상의 기본권으로서 보호되어야 한다."[20]

"다만, 신체구속을 당한 사람에 대한 변호인의 접견교통권은 헌법상 기본권의 하나로 보장되고 있는 신체구속을 당한 사람이 변호인의 조력을 받을 권리와 표리관계에 있는 것이므로 그 접견교통권의 행사가 위와 같은 한계를 일탈한 것이라고 인정함에 있어서는 신체구속을 당한 사람의 헌법상의 기본적 권리로서의 변호인의 조력을 받을 권리의 본질적인 내용이 침해되는 일이 없도록 신중을 기하여야 한다."[21]

여기서 "핵심부분"과 "본질적 내용"에 대한 선명한 기준은 제시되지 않고 있다. 그렇지만 2007년 대법원 결정이 공동변호인들이 수시로 피의자를 접견하여 수사에 어려움이 발생한다고 하더라도, 이러한 접견을 금지할 수 없다고 판단한 것에서 알 수 있듯이, 이제 통상의 사건에서 변호인의 피의자·피고인과의 접견교통권을 제한하는 것은 매우 힘들어졌다고 보인다.

---

20) 헌법재판소 2003. 3. 27. 선고 2000헌마474 결정(강조는 인용자). 그리하여 이 결정에서 구속적부심사건 피의자의 변호인이 수사기록 중 고소장과 피의자신문조서의 열람·등사를 할 권리는 헌법상 기본권으로 파악된다.
21) 대법원 2007. 1. 31. 자 2006모657 결정(강조는 인용자).

Ⅱ. 실질적이고 완전한 자백배제

변호인과의 접견교통권 침해는 피의자·피고인의 헌법상의 권리를 훼손·형해화하는 중대한 불법행위로 이를 통해 획득한 자백은 반드시 그 증거능력이 부인되어야 한다. 과거 대법원은 "검사의 접견금지결정으로 피고인들의 접견이 제한된 상황하에서 피의자신문조서가 작성되었다는 사실만으로 바로 그 조서가 임의성이 없는 것이라고는 볼 수 없다"라고 하여 변호인과의 접견교통권을 침해하고 획득한 자백의 증거능력을 인정한 바 있으나,22) 정치적 민주화 이후 입장을 변경하였다. 특히, 1990년에 내려진 두 개의 대법원 판결, 즉 '국회의원 서경원 입북 사건' 판결23)과 '화가 홍성담 사건' 판결24)은 변호인의 접견교통권을 침해하고 획득한 자백이 기록된 피의자신문조서의 증거능력을 부정함으로써 한국판 '매사이아 법칙'25)을 수립하였다. 핵심 설시는 다음과 같다.

변호인과의 접견교통권은 헌법상 보장된 변호인의 조력을 받을 권리의 중핵을 이루는 것으로서 변호인과의 접견교통이 위법하게 제한된 상태에서는 실질적인 변호인의 조력을 기대할 수 없으므로 위와 같은 변호인의 접견교통권제한은 헌법이 보장한 기본권을 침해하는 것으로서 그러한 위법한 상태에서 얻어진 피의자의 자백은 그 증거능력을 부인하여 유죄의 증거에서 배제하여야 하며,

---

22) 대법원 1984. 7. 10. 선고 84도 846 판결.
23) 대법원 1990. 8. 24. 선고 90도1285 판결. 1988년 농민운동가 출신으로 평화민주당 소속 국회의원이었던 서경원씨는 유럽 여행 중 당국의 허가 없이 북한을 비밀방문하여 김일성 주석과 대담한 후 귀국한다. 이후 서 의원은 국가안전기획부에 자진출두하여 이 사실을 밝혔고, 이후 평화민주당과 김대중 총재는 정치적 위기에 천한다. 서 의원은 유죄판결을 받고 의원직을 상실한다.
24) 대법원 1990. 9. 25. 선고 90도1586 판결. 민중미술 대표작가 홍성담씨는 1989년, 동학농민운동에서 6·10 항쟁까지의 역사를 그린 그림 '민족해방운동사'를 제작하고 이 그림 슬라이드를 평양축전에 보냈는데, 이것이 문제가 되어 간첩혐의 등으로 안기부에 연행되어 수사를 받는다. 홍 씨에 대한 간첩혐의는 무죄가 선고되었으나, 동 그림이 국가보안법상 이적표현물로 인정되어 유죄판결을 받는다.
25) Massiah v. United States, 377 U.S. 201(1964).

이러한 위법증거의 배제는 실질적이고 완전하게 증거에서 제외함을 뜻하는 것이다.26)

두 판결문의 참조조문에는 형사소송법 제309조가 명기되어 있는바, 변호인접견권 침해에 대하여 자백배제법칙을 적용했음을 확인할 수 있다. 그리고 "실질적·완전한 증거제외"라는 문언에서 알 수 있듯이, 변호인접견권을 침해하여 획득한 자백이 유죄판단에 사용되는 것은 확실하게 금지된다.

Ⅲ. 헌법상 변호인의 조력을 받을 권리의 일부로서의 변호인참여권 침해

1. 판결을 통하여 헌법상의 권리로 확인된 피의자신문시 변호인참여권

권위주의 체제하에서는 물론 정치적 민주화 이후에도 오랫동안 인정되지 않았던 피의자신문시 변호인참여권은 2007년 형사소송법 개정으로 명문화되었다(법 제243조의2). 그런데 이 권리의 의의와 한계를 정확히 이해하려면, 이 조문 도입 이전까지의 논의와 판례에 대한 이해가 필수적이다.

현재 수사기관에 의해 밀행주의적으로 이루어지는 피의자신문은 피의자를 고립무원 상태에 빠지게 하여 심리적 자포자기에 빠지게 할 뿐만 아니라, 수사관에 의한 인권유린을 방치하는 위험을 내포하고 있다. 상술한 1992년 헌법재판소가 정식화한 변호인의 역할이 가장 긴요할 때는 다름 아닌 바로 피의자가 수사기관에 의해 신문을 받을 때임에도 불구하고, 피의자신문시에는 변호인의 조력이 없는 상태에 놓여 있다가 변호인접견을 잠시하고 다시 고립무원의 상태로 되돌아가는 것이 최근까지의 변호인접견권이 보장되는 모습이었다.

---

26) 대법원 1990. 9. 25. 선고 90도1586 판결(강조는 인용자).

그리하여 피의자가 신문 도중 부당한 대우를 받거나 수사기관의 질문을 이해할 수 없어 즉각적인 변호인의 조력을 필요로 할 때 그 조력을 받을 수 없으므로, 변호인으로부터 "충분한 조력"27)을 받는 것은 원천적으로 불가능하였다. 그 결과 신문실 안에서 무슨 일이 진행되고 있는지가 전혀 외부에는 드러나지 않게 됨으로써, 수사기관은 각종의 불법적 수사방식의 유혹에 빠지고, 피의자에 대한 인권침해는 은폐되는 문제가 상존해 있었다. 일찍이 이돈희 변호사는 다음과 같이 비판한 바 있다.

> 피의자에게 변호인선임권을 주는 취지는 수사단계에서 변호인과 상의하여 자신을 방어할 권한을 주자는 것인데, 막상 수사관 앞에서 문초를 당하는 절박한 순간에 변호인의 참여가 배제된다는 것은, 결국 헌법상의 변호권을 무용지물로 만드는 중대한 방해사유라고 하겠다.28)

그리고 검찰작성 피의자신문조서에 강력한 증거능력이 부여되는 상황에서 피의자신문을 어떻게 맞이하고 대응할 것인가는 피의자에게 매우 중요한 의미를 가지기에, 신문의 전(全) 과정에서 변호인의 도움이 필요하다.
그리하여 학계와 인권단체에서는 피의자신문시 변호인참여를 보장하는 것이 입법 차원에서 또는 해석 차원에서 필요하다는 주장을 강력히 전개해 왔다.29) 그러나 수사기관은 변호인의 피의자신문이 이루어지면 수사기

---

27) 헌법재판소 1992. 1. 28. 선고 91헌마111 결정.
28) 이돈희, "변호권," 대한변호사협회, 「대한변호사협회지」(1988. 5), 10-11면.
29) 류전철, "수사기관의 피의자 신문과 변호인의 입회권," 한국비교형사법학회, 「비교형사법연구」 제5권 제2호(2003. 12), 218면; 박미숙, "변호인의 피의자신문참여권," 한국형사정책연구원, 「형사정책연구」 제6권 제3호(1995), 183면; 배종대·이상돈, 「형사소송법」(제6판, 2004), 136면; 백형구(각주 12), 95, 405면; 신동운, 「형사소송법 Ⅰ」(제2판, 1997) 143-144면; 신성철, "피고인의 방어권행사에 있어서의 절차상의 문제점," 「재판자료 제49집: 형사법에 관한 제문제(상)」(법원행정처, 1990), 195면; 신양균, 「형사소송법」(제2판, 2004), 419면; 이돈희(각주 28), 10-11면; 이재상, 「형사소송법」(제6판, 2002), 138면; 정영석·이형국, 「형사소송법」(전정판, 1997), 95면; 정웅석, 「형사소송법」(2003), 158면; 조국, "피의자신문시 변호인참여권 소고," 한국형사정책연구원, 「형사정책연구」 제14권 제4호(2003. 12), 187-188

밀이 누설되고 사건관계인의 프라이버시와 명예가 손상된다는 이유로 변호인참여를 거부해 왔다.[30]

그런데 1999년 6월 경찰청이 독자적으로 경찰신문에서의 변호인참여를 허용하겠다는 방침을 발표함으로써,[31] 경찰수사단계에서의 변호인참여는 부분적으로 허용되었다. 또한 1999년 7월 사법개혁추진위원회는 제7차 회의에서 피의자의 방어권 실질적 보장·수사과정에서 적법절차 준수를 위해 변호인참여권의 도입에 합의하였다.[32] 그리고 검찰수사의 경우 2002년 서울지검 특별조사실에서의 피의자 사망사건을 계기로 법무부가 만든 '인권보호수사준칙'[33] 제4조는 변호인의 피의자신문 참여의 허용요건과 절차를 규정하였다. 그러나 이러한 긍정적 변화에도 불구하고 당시 이상의 검경의 지침은 수사단계에서의 변호인참여가 어느 범위와 정도로 보장될 것인가에 대하여 수사기관에게 넓은 재량을 부여하고 있었고, 그 결과 변호인참여권의 보장은 매우 취약해져 있었다.

이러한 상황에서 2003년 10월 31일 서울지법 형사 32 단독 전우진 판사는 역사적 결정을 내린다. 즉, 그는 허가 없는 방북 등 국가보안법 위반 혐의로 구속된 재독 철학자 송두율 교수 변호인단이 변호인참여를 불허한 검찰의 처분을 취소해 달라는 준항고에 대하여, "피의자 신문 과정에 변호인의 참여권은 **헌법상 규정된 변호인의 조력을 받을 권리에 포함된다**"며, "**변호인참여권 여부에 관한 법률이 없는 상태에서 참여권을 제한하는 것은 위법하다**"라고 결정했다.[34] 이어 11월 11일 대법원 2부(주심 배기원 대법관)는 이

면; 황종국(각주 12), 305-309면. 1999년 국회에 제출되었던 '형사사건에있어서의인권보호특별법안' 제12조 제1항은 검사 및 사법경찰관의 피의자신문시 변호인참여권을 명문화한 바 있다.

30) 대표적으로 오세인, "변호인의 피의자신문참여문제에 대한 고찰," 대구지방변호사회, 「형평과 정의」 제14집(1999. 12.)을 참조하라.

31) 피의자 신문시 변호인 참여지침(수사61110-1601, 1999. 6. 5).

32) 사법개혁추진위원회, 「민주사회를 위한 사법개혁」(2000), 103면.

33) 법무부 훈령 제474호(2002. 12. 17.)로 제정. 현행 인권보호수사준칙에는 제36조에 규정되어 있다(법무부 훈령 제985호).

34) 서울지방법원 2003. 10. 31. 선고 2003초기2787 결정(강조는 인용자).

결정에 대한 검찰의 즉시항고를 기각하면서, 피의자신문시 변호인참여권을 헌법상 변호인의 조력을 받을 권리의 일부로 파악하고 형사소송법 제34조를 유추적용하여 변호인참여권을 인정하였다.[35) 즉,

현행법상 신체구속을 당한 사람과 변호인 사이의 접견교통을 **제한하는 규정은 마련되어 있지 아니하므로** 신체구속을 당한 사람은 수사기관으로부터 피의자신문을 받는 도중에라도 언제든지 변호인과 접견교통하는 것이 **보장되고 허용되어야 할 것이고**, 이를 제한하거나 거부하는 것은 신체구속을 당한 사람의 변호인과의 접견교통권을 제한하는 것으로서 위법임을 면치 못한다고 할 것이다.

형사소송법이 아직은 구금된 피의자의 피의자신문에 **변호인이 참여할 수 있다는 명문규정을 두고 있지는 아니하지만**, 위와 같은 내용의 접견교통권이 헌법과 법률에 의하여 보장되고 있을 뿐 아니라 누구든지 체포 또는 구속을 당한 때에는 즉시 변호인의 조력을 받을 권리를 가진다고 선언한 헌법규정에 비추어, 구금된 피의자는 **형사소송법의 위 규정(=제34조)**을 유추·적용하여 피의자신문을 받음에 있어 변호인의 참여를 요구할 수 있고 그러한 경우 수사기관은 이를 거절할 수 없는 것으로 해석하여야 하고, 이렇게 해석하는 것은 인신구속과 처벌에 관하여 "적법절차주의"를 선언한 헌법의 정신에도 부합한다 할 것이다.[36)

한편 2000년 4월 제16대 총선을 앞두고 부패·무능 정치인의 낙천·낙선운동을 주도한 이유로 공직선거및선거부정방지법 위반혐의로 불구속상태에서 조사를 받게 된 '총선시민연대' 공동대표 최열 씨 등이 자신에 대한 피의자신문에 변호인이 참여하여 조력해 줄 것을 구두와 서면으로 요청하였으나, 검찰은 이를 거부했다. 이에 최 씨 등은 자신들의 변호인의 조력을 받을 권리가 침해되었다고 주장하며 헌법소원심판을 청구하였다.

2004년 헌법재판소는 신체구속되지 않은 피의자도 변호인참여권을 가

---

35) 대법원 2003. 11. 11. 선고 2003모402 결정.
36) 대법원 2003. 11. 11. 선고 2003모402 결정(강조 및 괄호문구는 인용자).

진다고 판시하면서, 검찰의 거부행위가 피의자의 헌법상의 기본권을 침해하였다고 결정하였다. 즉, 헌법재판소는 "헌법 제12조 제4항 본문이 '체포 또는 구속을 당한' 경우 변호인의 조력을 받을 권리가 있다고 규정한 것은 불구속 피의자 · 피고인에 대한 변호인의 조력을 받을 권리를 배제하기 위해서가 아니라 이를 전제로 하여 체포 또는 구속을 당한 피의자 · 피고인의 변호인의 조력을 받을 권리를 특별히 더 강조하기 위한 것"이며, "변호인과 상담하고 조언을 구할 권리는 변호인의 조력을 받을 권리의 내용 중 구체적인 입법형성이 필요한 다른 절차적 권리의 필수적인 전제요건으로서 **변호인의 조력을 받을 권리 그 자체에서 막바로 도출되는 것**"임을 확인한 후,[37] 다음과 같이 말한다.

불구속 피의자나 피고인의 경우 형사소송법상 특별한 명문의 규정이 없더라도 스스로 선임한 변호인의 조력을 받기 위하여 변호인을 옆에 두고 조언과 상담을 구하는 것은 수사절차의 개시에서부터 재판절차의 종료에 이르기까지 언제나 가능하다. 따라서 불구속 피의자가 피의자신문시 변호인을 대동하여 신문과정에서 조언과 상담을 구하는 것은 신문과정에서 필요할 때마다 퇴거하여 변호인으로부터 조언과 상담을 구하는 번거로움을 피하기 위한 것으로서 불구속 피의자가 피의자신문장소를 이탈하여 변호인의 조언과 상담을 구하는 것과 본질적으로 아무런 차이가 없다.[38]

생각건대, 형사소송법상의 각종 제도는 헌법상 형사절차상의 인권보장 규정을 보강 · 강화하는 방향으로 해석되어야 하며, 형사소송법에 명문의 규정이 없더라도 헌법 조문에 기초하여 바로 형사절차상의 권리를 도출할 수 있다. 고 강구진 교수의 말을 빌리자면, "형사소송의 모든 문제는 헌법으로부터 출발한다는 하강과정적 방법에 의하여 해결을 꾀할 것이지, 하위규범인 소송법과 그 운용의 현실로부터 역으로 헌법의 내용을 논정한다고

---

37) 헌법재판소 2004. 9. 23. 선고 2000헌마138 결정(강조는 인용자).
38) Id.

하는 상승과정적 방법에 의할 것은 아니다.[39] 요컨대, 헌법적 기본권으로 규정된 여러 형사절차상의 권리는 별도의 하위 법률규정이 없더라도 효력을 발휘하는 **직접적 효력규정**이다.[40]

이러한 관점에서 볼 때 형사소송법에 변호인의 피의자신문 참여권을 보장하는 명문규정을 없다고 하더라도, 이 권리를 헌법상 변호인의 조력을 받을 권리에서 도출한 2003년 대법원 결정과 2004년 헌법재판소의 결정은 '헌법적 형사소송'적 해석론의 모범을 보여주었다. 이렇게 해석해야 2007년 개정 형사소송법에 규정된 변호인참여권도 단지 '법률적' 권리가 아니라 '헌법적' 권리로 파악할 수 있게 된다.

그리고 피의자신문시 변호인참여권을 제한하는 규정이 없으므로 이는 보장되고 허용되어야 할 것으로 보았던 2003년 대법원 결정은 "법에 의하여 금지되지 않은 것은 어떤 일이라도 방해되지 않는다"(Tout ce qui n'est pas défendu par la loi ne peut être empêché, et nul ne peut être contraint à faire ce qu'elle n'ordonne pas)는 1789년 프랑스 혁명의 '인간과 시민의 제권리에 대한 선언'(Declaration des droits de l'homme et de Citoyen) 제 5 조의 정신이 시간과 공간을 넘어 살아 있음을 보여주었다.[41]

이상의 두 결정은 향후 변호인참여 요청이 불법·부당하게 거부된 상태에서 획득한 자백의 증거능력을 배제시킬 중요한 근거를 제공하였다.[42]

---

39) 강구진, 「형사소송법원론」(1982), 28면.
40) 이러한 맥락에서 황종국 판사의 다음과 같은 주장은 선구적이다: "변호인의 조력을 받을 권리는 … 자유권의 일종이다. 자유권은 헌법의 규정만으로도 직접적으로 효력을 가지고 모든 국가기관을 직접 구속한다. 그러므로 그것이 특별히 국가에 대하여 작위를 요구하는 것이 아닌 한 구체적인 절차규정이 없이도 보장되는 것이고, 오히려 그것을 제한하려면 법률에 규정이 있어야 하는 것이다. 변호인의 피의자신문에의 참여권도 그 권리의 행사를 금지하는 명문이 없는 한 헌법에 의하여 당연히 보장되어 있는 것이고, 그것을 구체적으로 행사하는 방법은 변호인이 사실행위로서 피의자신문에 참관하면 되는 것이다"[황종국(각주 12), 309면].
41) 이에 반하여 김영일 재판관은 자신의 반대의견에서 정반대의 법해석철학을 밝힌 바 있다. 즉, "명문규정을 보아 규정에 없는 것은 없는 것으로 그쳐야 한다"(헌법재판소 2004. 9. 23. 선고 2000헌마138 결정).
42) 제 2.에서 후술할 1992년의 '신 20세기파 안용섭 판결'(대법원 1992. 6. 23. 선고

2003년 대법원 결정 직후인 2004년 1월 28일, 서울지법 형사합의 23부(재판장 김병운 부장판사)는 "검찰이 변호인 입회 없이 작성한 송두율 씨에 대한 21~30회 조서는 대법원의 결정에 따라 적법한 증거로 인정할 수 없다"라고 판시하였다.[43] 그리고 2007년 형사소송법 개정으로 변호인의 신문참여권이 명문화된 후인 2013년, 대법원은 같은 취지의 판결을 내린다. 즉,

> 피의자가 변호인의 참여를 원한다는 의사를 명백하게 표시하였음에도 수사기관이 정당한 사유 없이 변호인을 참여하게 하지 아니한 채 피의자를 신문하여 작성한 피의자신문조서는 형사소송법 제312조에서 정한 '적법한 절차와 방식'에 위반된 증거일 뿐만 아니라, 형사소송법 제308조의2에서 정한 "적법한 절차에 따르지 아니하고 수집한 증거"에 해당하므로 이를 증거로 할 수 없다고 할 것이다.[44]

2. 변호인참여권의 내용

2007년 개정 형사소송법 제243조의2 제3항은 "신문에 참여한 변호인은 신문 후 의견을 진술할 수 있다. 다만, **신문 중**이라도 부당한 신문방법에 대하여 이의를 제기할 수 있고, 검사 또는 사법경찰관의 승인을 얻어 의견을 진술할 수 있다."(강조는 인용자)라고 규정하고 있다. 이에 따르면 "부당한 신문방법"이 진행되는 경우 외에는 변호인은 신문이 종료한 후에만 의견을 진술할 수 있다.

"부당한 신문방법"은 제3장에서 살펴 본 고문, 폭행, 협박, 기망 등

92도682 판결)이 피의자신문시 진술거부권을 고지하지 아니하고 얻은 자백의 증거능력은 부정된다고 판시하여 미란다 법칙을 부분적으로 도입하였다면, 이번 결정은 피의자신문시 변호인참여권을 헌법상의 권리로 인정함으로써 미란다 법칙의 또 다른 한 부분을 도입한 것이다.
43) 그러나 재판부는 송 교수가 불구속 상태에서 조사받았던 1~20회, 변호사로부터 실질적인 도움을 받지 못했지만 입회는 허용됐던 31~36회 조서에 대해서는 증거로 인정된다고 판시하였다.
44) 대법원 2013. 3. 28. 선고 2010도3359 판결.

자백배제법칙이 금지하는 불법적 신문방법을 포함한다는 데는 이견이 없을 것이다. 그렇지만 이러한 불법적 신문방법이 구사되고 있지는 않지만 신문 중이라도 변호인의 이의제기 또는 의견진술이 필요한 경우가 있다. 예컨대, (i) 수사기관이 피의자가 이해할 수 없는 전문용어를 구사하거나 또는 변호인으로서도 알아들을 수 없는 횡설수설식 질문을 하는 경우, (ii) 수사기관이 욕설이나 조롱 등 인격모독적 내용의 발언을 하거나 질문시 인격모독적 행동을 취하는 경우 등이다. 이런 경우 '불법'은 아니라고 하더라도 '부당'은 쉽게 인정되며, 이 때 변호인이 신문중에 이의를 제기할 수 없다면 변호인참여는 의미가 없어진다.

그런데 이완규 검사는 수사기관의 질문 '내용'에 대해서는 변호인이 이의제기를 할 수 없다고 주장하면서, 이를 허용하면 "부당이라는 개념의 기준이 명확하지 않아 각 변호인의 견해마다 다르게 판단되어 신문과정에서 불필요한 다툼이 초래되어 신문의 진행을 방해할 우려"가 있고, "질문의 내용까지 문제 삼으면서 '왜 그런 질문을 하느냐'는 식이 된다면 이는 신문자의 신문권 자체를 부정하는 것"이라고 비판한다.[45] 조기영 교수는 법문상 부당한 신문 '방법'으로 규정되어 있으므로 신문 '내용'에 대해서는 이의제기를 허용할 수 없다는 해석을 취하고 있다.[46]

그러나 저자가 제시하는 위의 두 가지 경우는 판단기준이 모호하지 않고 분명하다. 그리고 신문자의 신문권은 위 두 가지 경우와 같은 행태를 허용하면서 존중되어야 하는 것은 아니다. 변호인참여는 그 자체로도 수사기관의 불법행위를 감시·방지하는 효과가 있다. 그렇지만 변호인 '참여'는 변호인 '입회'로 축소해석되어서는 안 된다. 톰코비치 교수의 말을 빌리자면, 변호인은 피의자의 '창'과 '방패'가 되기 위하여 배석하는 것인데,[47]

---

45) 이완규, "변호인의 피의자신문참여권의 법적 성질," 대검찰청, 「형사법의 신동향」 제5호(2006. 12), 74-75면. 전승수 검사도 같은 입장을 표명하였다[전승수, "피의자 신문시 변호인참여권," 형사판례연구회, 「형사판례연구」 제17호(2009), 394-395면].
46) 조기영, "변호인의 피의자신문참여권," 한국형사법학회, 「형사법연구」 제19권 제4호(2007), 317면.
47) James J. Tomkovicz, "An Adversary System Defense of the Right to Counsel

변호인에게 단지 '병풍'의 역할만 주어져서는 안된다.

대법원은 2007년 '일심회(一心會) 마이클 장 사건 결정'48)에서 변호인
은 신문 방법과 내용 모두에 대하여 이의를 제기할 수 있음을 분명히 하였
다. 즉,

> 피의자신문에 참여한 변호인은 … 수사기관의 **신문 방법**이나 **내용**에 대하
> 여 적절한 방법으로 상당한 범위 내에서 이의를 제기하거나 피의자에게 진술거
> 부권 행사를 조언할 수 있는 것이 원칙이라 할 것49)

그리고 2013년 국가인권위원회는 피의자신문에 참여한 변호인이 피의
자에게 조언을 하려 하자, 경찰관이 "신문조사시에는 입회만 할 수 있습니
다," "입회는 피의자의 인권침해에 대한 방지 차원에서 할 수 있는 것이고,
상의하고 조언하실 수 없습니다," "만약 간섭하시면 변호사 퇴실조치 할
수 있습니다"라고 말하면서 강경하게 제지한 사건을 검토하면서, 진정인(피
의자)의 변호인의 조력을 받을 권리가 침해되었다고 결정하였다.50) 이 사건
에서 경찰관이 말한 문장은 수사기관이 변호인참여권을 변호인입회권으로
축소하려는 의도를 잘 보여준다.

비교법적인 예를 보자면, 영국 '실무규정'은 변호인은 피의자가 소추측
에 유리한 증거를 제공하지 않도록 법적 조언을 할 수 있으며, 수사기관의
부적절한 질문과 질문방식에 대하여 이의를 제기할 수 있고, 피의자에게
수사기관의 특정질문에 대하여 답변하지 말 것을 조언할 수 있다고 명시적

Against Informants: Truth, Fair Play, and the *Massiah* Doctrine," *22 U.C. Davis L.
Rev.* 51 (1988).
48) 대법원 2007. 11. 30. 선고 2007모26 결정. '일심회 사건'은 2006년 10월 국가정
보원이 적발된 국가보안법 위반 사건으로, (구)민주노동당 중앙위원 이정훈, 개인
사업가 장민호(마이클 장) 등이 중국에서 공작원과 접촉하여 간첩활동을 벌인 것
이 문제되었다. 피고인들은 개별적 간첩행위가 인정되어 유죄판결을 받았다. 2007
년 대법원 결정은 피고인 중 장민호와 관련된 것이다.
49) Id.(강조는 인용자).
50) 국가인권위원회 2013. 5. 27. 12진정0456100 결정.

으로 규정하고 있다.[51]

3. 변호인참여 허용의 예외

다음으로 피의자신문시 변호인참여가 허용되지 않는 예외에 대하여 살펴보자. 상술한 2003년 대법원의 '송두율 교수 사건 결정'이 있기 이전, 수사기관은 내부지침에 따라 피의자신문시 변호인참여를 허용하면서도, 광범한 예외사유를 규정하고 있었다. 특히 일정한 범위의 중한 범죄에 대해서는 변호인참여를 불허하거나, 체포·구속 후 48시간 이내에는 변호인 참여를 제한하거나, 수사에 대한 '중대한 지장' 또는 '현저한 지장' 등 추상적 참여불허사유를 두고 있던 것이 문제였다.[52]

(1) 판례 — "신문방해나 수사기밀 누설 등의 염려"

여기서 2003년 대법원 결정은 변호인참여가 허용되지 않는 경우가 어느 때인가를 분명히 밝혔다. 즉,

> 구금된 피의자가 피의자신문시 변호인의 참여를 요구할 수 있는 권리가 형사소송법 제209조, 제89조 등의 유추적용에 의하여 보호되는 권리라 하더라도

---

51) Interrogation Code, Note 6D.
52) 경찰의 1999년 '피의자 신문시 변호인 참여지침'에 따르면, 수사에서의 변호인 참여는 (i) 국가보안법위반사건, (ii) 조직폭력, 마약, 테러사건, (iii) 공범 등의 증거 인멸 또는 도주를 용이하게 하거나 관련사건의 수사 및 재판에 중대한 영향을 초래할 우려가 있다고 판단되는 사건, (iv) 기타 수사에 중대한 지장을 초래한다고 판단되는 사건 등의 경우에는 경찰관서의 장에 의해 제한될 수 있었다. 2002년 법무부가 제출한 형사소송법 개정안은 신문과정에서 변호인 참여를 허용하되, 체포·구속 후 48시간 이내에는 변호인의 참여를 제한하고 있었다. 또한 법무부의 2002년 '변호인의 피의자신문 참여운영지침'은 다음과 같은 변호인참여의 예외를 규정하고 있었다. 즉, (i) 피의자를 체포 또는 구속한 후 48시간 이내인 경우, (ii) 증거의 인멸, 은닉, 조작 또는 조작된 증거의 사용, 공범 도주 등 관련사건 수사에 지장을 초래할 우려가 있는 경우, (iii) 피해자, 참고인 또는 그 친족의 생명, 신체 및 재산에 대한 위험발생의 우려가 있는 경우, (iv) 피의자가 명시적으로 변호인의 참여를 원하지 않는 경우, (v) 기타 수사에 현저한 지장을 초래할 우려가 있는 경우 등에는 변호인참여가 허용되지 않는다.

헌법상 보장된 다른 기본권과 사이에 조화를 이루어야 하며, 구금된 피의자에 대한 신문시 무제한적으로 변호인의 참여를 허용하는 것 또한 헌법이 선언한 적법절차의 정신에 맞지 아니하므로 신문을 방해하거나 수사기밀을 누설하는 등의 염려가 있다고 의심할 만한 상당한 이유가 있는 특별한 사정이 있음이 객관적으로 명백하여 변호인의 참여를 제한하여야 할 필요가 있다고 인정되는 경우에는 변호인의 참여를 제한할 수 있음은 당연하다고 할 것이다.53)

여기서 대법원은 범죄의 중함에 따라 또는 인신구속 후 일정 기간 동안에는 일률적으로 변호인참여권을 제한하는 것은 잘못이며, 신문방해나 수사기밀 누설 등의 염려가 존재하는가에 대한 판단은 수사기관의 주관적 기준이 아니라 객관적으로 이루어져야 함을 분명히 하였다.

그리고 2004년 '총선시민연대 사건'에서 헌법재판소 결정의 다수의견은, "불구속 피의자가 피의자신문시 변호인을 대동하여 신문과정에서 조언과 상담을 구하는 것은 신문과정에서 필요할 때마다 퇴거하여 변호인으로부터 조언과 상담을 구하는 번거로움을 피하기 위한 것으로써 불구속 피의자가 피의자신문장소를 이탈하여(예컨대, 변호인 사무실에 찾아가) 변호인의 조언과 상담을 구하는 것과 본질적으로 아무런 차이가 없다."고 보고, 피의자신문시 변호인참여 요청에 대하여 수사기관은 "특별한 사정이 없는 한 이를 거부할 수 없다"라고 밝히면서도,54) 다음과 같이 설시하였다.

> 피의자가 피의자신문시 변호인을 대동하여 조언과 상담을 받을 수 있는 권리가 변호인의 조력을 받을 권리의 핵심적 내용으로 형사절차에 직접 적용된다 하더라도, 위 조언과 상담과정이 피의자신문을 방해하거나 수사기밀을 누설하는 경우 등에까지 허용되는 것은 아니다. 왜냐하면, 조언과 상담을 통한 변호인의 조력을 받을 권리는 변호인의 '적법한' 조력을 받을 권리를 의미하는 것이지 위법한 조력을 받을 권리까지도 보장하는 것은 아니기 때문이다.55)

---

53) 대법원 2003. 11. 11. 선고 2003모402 결정(강조는 인용자).
54) 헌법재판소 2004. 9. 23. 선고 2000헌마138 결정.
55) Id.(강조는 인용자).

한편 권성, 이상경 재판관은 자신들의 별개의견에서 "실체적 진실발견을 방해하거나 증거를 인멸할 위험이 높지 않고, 피해자나 참고인의 생명 · 신체의 안전 등의 법익을 해칠 가능성이 거의 없는" 경우를 변호인참여를 허용할 수 있는 사유로 밝힌 바 있다.[56]

(2) 형사소송법 제243조의2 제 1 항 "정당한 사유"의 해석

개정 형사소송법 제243조의2 제 1 항은 변호인참여의 예외 사유로 "정당한 사유"만을 제시하고 있다. 이는 변호인의 피의자 · 피고인과의 접견교통권은 ─ 피의자 · 피고인의 변호인과의 접견교통권과 달리 ─ 헌법적 기본권이 아니라 법률적 권리라고 파악하는 대법원의 입장을 전제로 한 것이다.[57]

이상의 두 판례가 제시한 예외는 "정당한 사유" 해석에 바로 적용된다.[58] 경찰과 검찰 내부의 규칙도 2003년 대법원 결정에 따라 변경되는데, "신문방해, 수사기밀 누설 등의 수사에 현저한 지장을 줄 우려"가 있는 경우 변호인참여를 불허할 수 있다고 규정하면서도, 그 예로 이하를 규정하고 있다. 즉, (i) 변호인이 부당하게 신문에 개입하거나 모욕적인 말과 행동 등을 하는 경우, (ii) 피의자를 대신하여 답변하거나 특정한 답변 또는 진술 번복을 유도하는 경우, (iii) 형사소송법 제234조의2 제 3 항 단서에 반하여 부당하게 이의를 제기하는 경우, (iv) 피의자신문을 촬영 · 녹음 · 기록하는 경우 등.[59]

헌법적 기본권으로 인정된 변호인참여권을 수사기관의 내부 규칙으로 제한하는 것이 형사절차법률주의(헌법 제12조 제 1 항)를 위반하는 것이 아닌가의 문제는 차치하더라도,[60] (i)과 (iii)의 "부당하게"의 의미가 분명하지

---

56) Id.(재판관 권성, 이상경의 별개의견).
57) 헌법재판소 1991. 7. 8. 선고 89헌마181 결정.
58) 제 1.에서 보았듯이 판례는 변호인(과)의 접견교통권 일반에 대한 제한을 가하는 것은 매우 어렵도록 만들었고, 형사소송법 제243조의2 제 1 항도 변호인(과)의 접견교통권에 대한 제한 근거를 마련하지 않고 있다.
59) 법무부령 제883호 '검찰사건사무규칙', 제9조의2; 경찰청 훈령 '범죄수사지침', 제59조.
60) 신동운(각주 5), 257면.

않아 수사기관과 변호인 사이의 갈등을 유발할 수 있으며, (ii)는 경우에 따라 변호인의 조력을 받을 권리의 핵심 내용을 부정할 수 있다.[61] 그리고 (iv)에서 촬영이나 녹음은 허용의 법률적 근거가 없어 허용되기 어렵지만, 기록은 변호인이 공판절차에 대비하기 위하여 반드시 필요한 것으로 이를 이유로 변호인참여를 거부하는 것은 부당하다.[62]

생각건대, "정당한 사유"에 대한 해석은 이후 판례에 달려 있겠지만, 구체적인 상황을 예상하여 정리할 필요가 있다.

첫째, '신문방해'에 해당하는 것으로는 피의자신문에 참석한 변호인의 의도적 신문방해가 있는 경우이다. 피의자신문에 변호인이 대신 답변하거나,[63] 피의자가 진술거부권을 행사하지 않고 임의로 진술하겠다고 하는데도 변호인이 계속 진술거부를 종용하는 경우,[64] 변호인이 참여의사를 표시하고도 의도적으로 계속 나타나지 않는 경우, 변호인이 허위진술을 권유하거나, 정당한 신문을 전개하는 수사관을 모욕하거나 조롱하는 경우가 대표적인 예이다. 그러나 앞에서 본 것처럼, 불법·부당한 신문방법이나 신문내용에 대하여 이의를 제기하는 것은 신문방해에 해당되어서는 안 된다. 이와 관련하여 대법원은 "수사기관이 피의자신문을 하면서 정당한 사유가 없는데도 변호인에 대하여 피의자로부터 떨어진 곳으로 옮겨 앉으라고 지시를

---

61) 배종대·이상돈·정승환·이주원, 「형사소송법」(2015), 118면; 최석윤, "변호인의 피의자신문참여권에 대한 비교법적 연구," 한국형사정책연구원, 「형사정책연구」 제23권 제4호(2012 겨울), 70면.

62) 권창국, "피의자신문시 변호인참여권 보장의 현황 및 문제점," 「형사소송의 이론과 실무」 제6권 제2호(2014. 12), 143면. 오택림 검사는 "기억보조용 메모"는 허용되지만, "속기에 가까운 기록을 하여 그 의도가 의심"되는 경우 제지하여야 한다는 의견을 제시하였는데[오택림, "변호인의 피의자신문 참여권에 관한 연구"(상), 법조협회, 「법조」 제618호(2008년 3월호), 237-238면], 속기가 왜 불허되는지, 속기를 하면 왜 의도가 의심스러운지 답하지 않고 있다.

63) 영국 '실무규정'은 변호인이 피의자신문을 "방해하거나 비합리적으로 차단하는 경우"에는 참여를 거절될 수 있다고 규정하는데(Interrogation Code, Note 6D), 그 예로 변호인이 피의자를 대신하여 답변하거나 피의자가 신문시 활용하도록 답변서를 제공하는 행위가 발생하는 경우를 예시하고 있다(Id.).

64) 김대웅(각주 19), 439-440면.

한 다음 이러한 지시에 따르지 않았음을 이유로 변호인의 피의자신문 참여권을 제한하는 것은 허용될 수 없다."라고 밝힌 바 있다.[65]

둘째, '수사기밀 누설'에 해당하는 것으로는 변호인이 다른 공범, 참고인, 피해자 등에게 허위진술이나 위증을 강요하거나, 공범에게 수사상황을 알려주거나, 관련 증거를 인멸하는 등의 우려가 있는 경우이다.[66] 이는 바로 "위법한 조력"에 해당하기 때문이다.

셋째, 권성, 이상경 재판관이 별개의견에서 제시한 "실체적 진실발견을 방해"할 위험은 너무 추상적이고 포괄적이기에 채택할 수 없다. 그러나 "피해자나 참고인의 생명·신체의 안전 등의 법익을 해칠 가능성"은 참여를 불허하는 기준으로 삼을 수 있다고 본다.

'신문방해'와 관련하여 많이 문제가 되는 것이 변호인이 진술거부권을 행사하라고 권고하는 것이 '신문방해'에 해당하는가 여부이다. 진술거부권은 피의자의 헌법적 권리이고 변호인이 피의자에게 이를 행사하라고 조언하는 것은 변호인의 당연한 소임이다. 이로 인하여 발생하는 '수사방해'는 헌법이 예정한 '방해'로 수사기관이 당연히 감수해야 할 '방해'에 불과하다.

대법원은 상술한 2007년 '일심회 마이클 장 사건 결정'[67]에서 이 점을 확인한다. 이 사건에서 수사관이 국가보안법 피의자에게 중국 방문 후 입국하여 카지노를 이용한 사실을 추궁하자 신문에 참여한 변호인은 "카지노 출입은 혐의사실과 관련이 없다"는 취지로 항의하였고, 항의에도 불구하고 수사관이 카지노 이용사실에 관한 질문을 계속하자 변호인은 피의자에게 진술거부권 행사를 조언하였다. 이에 수사관들이 진술거부권 행사 조언이 '수사방해'에 해당한다고 다투면서 변호인에게 즉시 퇴거할 것을 명하였는데, 이에 변호인이 불응하자 1명의 수사관이 더 들어와 3명의 수사관 중 2명이 변호인의 팔과 어깨를 양쪽에서 잡고 변호인을 수사실에서 강제로 끌어내었다. 이에 대하여 변호인은 준항고를 제기하였다.

---

65) 대법원 2008. 9. 12. 선고 2008모793 결정.
66) 조기영(각주 46), 320, 323면.
67) 대법원 2007. 11. 30. 선고 2007모26 결정.

이에 대법원은 진술거부권 행사 권고가 변호인참여권의 내용임을 확인하면서,68) 다음과 같이 설시하였다.

"피의자신문에 참여한 변호인은 피의자가 조력을 먼저 요청하지 않는 경우에도 그 의사에 반하지 않는 한 스스로의 판단에 따라 능동적으로 수사기관의 신문 방법이나 내용에 대하여 적절한 방법으로 상당한 범위 내에서 이의를 제기하거나 피의자에게 진술거부권 행사를 조언할 수 있는 것이 원칙이라 할 것이니, 변호인의 이러한 행위를 두고 신문을 방해하는 행위라고 평가할 수는 없다 할 것이고, 이는 수사기관의 신문이 위법 또는 부당하지 않은 경우에도 마찬가지라 할 것이다.69)

이로써 피의자신문에 참여한 변호인은 신문중 언제나 진술거부권 행사를 권고할 수 있다는 것, 피의자신문이 불법·부당한 경우는 말할 것도 없고 적법한 경우에도 권고할 수 있다는 것이 분명해졌다.

비교법적으로 보더라도, 피의자에 대한 변호인의 진술거부권 행사 권고는 너무도 당연한 일이다. 미란다 법칙을 수립한 미국의 경우는 물론이고, 독일의 경우도 피의자신문에 참여한 변호인은 피의자에게 진술거부권을 행사하고 피의자신문을 거부하라고 조언할 수 있으며, 피의자의 진술을 피의자 자신이 작성하게 하거나 변호인이 서면화하여 증거화하거나 또는 피의자측 주장이나 사실을 반영한 변호인이 자신의 의견을 서면으로 작성하여 표명할 수 있다.70)

---

68) '일심회 사건 결정' 이전 대법원은 진술거부권 행사 권고가 변호사의 진실의무 위반이 아니라고 결정한 바 있다. "변호사인 변호인에게는 변호사법이 정하는 바에 따라서 이른바 진실의무가 인정되는 것이지만, 변호인이 신체구속을 당한 사람에게 법률적 조언을 하는 것은 그 권리이자 의무이므로 변호인이 적극적으로 피고인 또는 피의자로 하여금 허위진술을 하도록 하는 것이 아니라 단순히 헌법상 권리인 진술거부권이 있음을 알려 주고 그 행사를 권고하는 것을 가리켜 변호사로서의 진실의무에 위배되는 것이라고는 할 수 없다."(대법원 2007. 1. 31. 선고 2006모657 결정).
69) 대법원 2007. 11. 30. 선고 2007모26 결정.
70) 박미숙(각주 29), 184면; 도중진·탁희성, 「형사절차상 고문방지대책」(형사정책연

마지막으로 "정당한 사유"의 존재에 대한 입증책임은 수사기관이 부담해야 한다. 대법원의 2003년 '송두율 교수 사건 결정'은 변호인참여의 제한은 신문방해나 수사기밀을 누설하는 등의 염려가 있다고 "의심할 만한 상당한 이유가 있는 특별한 사정이 있음이 객관적으로 명백한 경우"에 가능하다고 설시하면서, "재항고인이 변호인의 참여를 불허할 필요가 인정되는 객관적으로 명백한 특별한 사정이 있음을 인정할 만한 아무런 자료를 제출하고 있지 않"다는 이유를 들어, 변호인참여를 불허한 재항고인의 처분이 위법하다고 판단하고 있는바, 입증책임이 수사기관에게 있음을 분명히 하였다.[71]

과거 수사기관 내에는 피의자가 범행을 부인하면 죄증의 인멸 · 은닉 · 조작의 우려가 있다고 판단하는 경향이 존재하였던바, 이러한 경향이 유지된다면 향후 변호인참여는 부당하게 제한될 가능성이 크다. 범행은 부인하는 사건일수록 변호인참여의 필요성이 커진다는 점을 수사기관은 명심해야 한다.

IV. 피의자의 변호인 참여 요청의 효과 — 신문중단 여부를 중심으로

한편 변호인접견권 침해와 관련하여 그간 논의가 부족했던 쟁점인 변호인 참여 요청시 신문 중단 여부의 문제를 검토하기로 하자. 즉, 이는 피의자가 변호인 참여를 요청하였지만 수사기관이 신문을 중단하지 않고 변호인이 오기 전에 신문을 전개하여 자백을 획득한 경우 이 자백을 배제할 것인가의 문제이다.

제 1 편 제 2 장에서 보았듯이, 수정헌법 제 5 조에 기초한 미란다-에드워드 판결에 따르면 피의자가 구금상태에서 신문을 받을 경우에는 변호인접견을 요청하며 신문은 즉각 금지되어야 한다. 그리고 공식기소 이전이라도 '예비심문'이나 '유죄인부절차' 등 사법절차가 개시되었다면 피의자가 수정헌법 제 6 조의 변호인의 조력을 받을 권리를 행사하면 신문은 중단되어야

구원, 2003), 39면.
71) 대법원 2003. 11. 11. 자 2003모402 결정.

한다.

또한 영국 실무규정은 피의자가 변호인접견권을 포기하도록 설득하는 행위는 금지되며,[72] 변호인이 피의자를 만나기 위해 출발한다고 말할 경우에는 그의 도착 이전에 신문을 개시하는 것은 부적절한 것이라는 점을 명시적으로 규정하고 있다.[73] 단, 변호인이 도착하기 전에 신문을 하지 않으면 증거인멸, 공범의 도주, 제3자와 그의 재산에 대한 위해발생이 초래될 것이라는 합리적 근거가 있거나, 또는 변호인을 기다리는 것이 수사진행에 '비합리적인 지연'을 야기할 것이라는 합리적 근거가 있는 경우에는 변호인 없는 신문이 허용하고 있다.[74] 독일의 경우 피의자가 변호인의 조력을 요청하면 신문이 중단되어야 하나, 피의자가 신문에 응답하겠다는 의사를 표명하면 변호인이 오기 전에도 신문을 할 수 있다.[75]

생각건대, 임의수사로서의 피의자신문의 성격, 피의자의 자기 방어를 위해 변호인접견·참여권이 갖는 중요성 등을 생각할 때, 피의자가 진술거부권을 행사하거나 변호인 참여를 요구한다면 피의자가 대화를 먼저 개시하지 않는 한 변호인과의 참여가 이루어지기 전에는 수사기관은 신문해서는 안 된다.[76] 다만, 상술한 것처럼 변호인참여 일반의 예외사유인 '수사방해' — 예컨대, 변호인이 참여의사를 표시하고도 의도적으로 계속 나타나지 않는 경우를 들 수 있다 — 와 '기밀누설'의 우려, "피해자나 참고인의 생명·신체의 안전 등의 법익을 해칠 가능성" 등이 존재하는 경우에는 신문이 중단될

---

72) Interrogation Code, para. 6.4.
73) Id. para. 6A.
74) Id. para. 6.6(a)-(b).
75) 조기영(각주 46), 313면.
76) 1999년의 '형사사건에 있어서의 인권보호특별법안'은 국가기관이 피의자·피고인·형의 집행중에 있는 자에 대하여 신문을 하고자 하는 경우 신문에 앞서 "변호인의 조력을 받을 권리가 있다는 사실과 신문중에 있는 피의자·피고인·형의 집행 중에 있는 자가 변호인의 조력을 요구하는 경우 국가기관은 즉시 신문이 중단된다는 점을 고지하여야 한다"라고 규정하고(제4조 제3항), 또한 "신문 중에 있는 피의자·피고인·형의 집행중에 있는 자가 변호인의 조력을 요구하는 경우 국가기관은 즉시 신문을 중단하고 변호인의 선정절차를 밟아야 한다"(동조 제4항)라고 규정하고 있었던바, 그 의미가 크다.

필요는 없을 것이다.

이상의 논지를 도해화하면 다음과 같다.

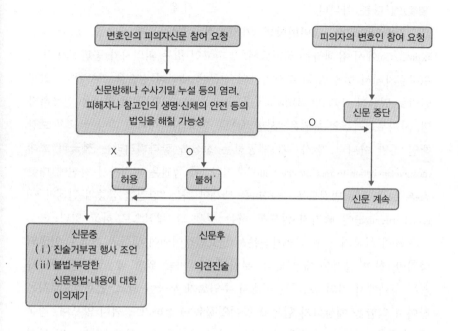

제 2. 진술거부권 침해

헌법 제12조 제 2 항은 "모든 국민은 … 형사상 자기에게 불리한 진술을 강요당하지 아니 한다"라고 하여 진술거부권을 국민의 기본권으로 보장하고 있으며, 2007년 개정 형사소송법은 피의자에 대한 진술거부권 고지 등에 대한 상세한 규정을 마련했다(제244조의3 제 1 항). 즉, 검사 또는 사법경찰관은 피의자를 신문하기 전에 다음 각 호의 사항을 알려주어야 한다. (i) 일체의 진술을 하지 아니하거나 개개의 질문에 대하여 진술을 하지 아니할 수 있다는 것, (ii) 진술을 하지 아니하더라도 불이익을 받지 아니한다는 것, (iii) 진술을 거부할 권리를 포기하고 행한 진술은 법정에서 유죄의 증거로 사용될 수 있다는 것, (iv) 신문을 받을 때에는 변호인을 참여하게 하는 등 변호인의 조력을 받을 수 있다는 것 등. 이는 미란다 고지의 한국적 계수(繼受)에 다름 아니다.

진술거부권은 영미법상의 자기부죄거부의 특권(privilege against self-incrimination)에서 유래하는 권리로서,[77] 피고인 또는 피의자가 공판절차 또는 수사절차에서 법원 또는 수사기관의 신문에 대하여 진술을 거부할 수 있는 권리를 말한다. 1958년 'Brown v. United States 판결'[78]의 언명을 인용하자면, 자기부죄거부의 특권은 "사법적으로 강제되는 자백에 대한 인도적 보장책일 뿐만 아니라, 당사자가 제공하는 진실을 잘라버리라는 적극적 초대(positive invitation to mutilate the truth)"[79]이다. 이 특권은 피의자가 자신에 대한 소추, 위증 또는 법정모욕 중 하나를 택해야 하는 "잔인한 삼중의 딜레마"[80](cruel trilemma)에 빠지지 않도록 하는 것을 그 핵심으로 하고 있다.

특히 한국의 경우 피의자신문시 변호인참여권이 법률과 판례로 인정되었지만, 참여 실적은 매우 낮다. 무자력 피의자를 위한 국선변호인 제도가 없는 상태에서 피의자로서는 변호사 수임료가 부담이 되고, 변호인으로서는 참여시 역할을 예상하기 힘들고 참여일정을 조정하기도 쉽지 않으며, 경우에 따라서는 변호인참여에 따라 조서의 신빙성만 강화하게 된다는 점 등의 이유로 대부분의 피의자신문에서 변호인참여는 이루어지지 않고 있다.[81] 이러한 상황에서 피의자신문시 피의자가 사용할 수 있는 사실상 유일한 '무기'는 진술거부권이 된다.

---

77) 대법원은 1992년 '신20세기파 조직원 안용섭 판결'에서 "피의자의 진술거부권은 헌법이 보장하는 형사상 자기에 불리한 진술을 강요당하지 않는 자기부죄거부의 권리에 터잡은 것"이라고 설시하였다(대법원 1992. 6. 23. 선고 92도682 판결). 자기부죄거부의 특권의 역사에 대해서는 박지현, 「진술거부권에 관한 연구」(서울대학교 법학박사학위 논문, 2007.2), 18-47면을 참조하라.
78) 356 U.S. 148(1958).
79) Id. at 156.
80) Pennsylvania v. Muniz, 496 U.S. 582, 596(1990).
81) 최석윤(각주 61), 80면.

I. 자백강요를 막기 위한 사전적 보장으로서의 진술거부권의 의무적 고지

진술거부권을 행사하려면 진술자가 자신에게 그러한 권리가 있음을 알아야 하므로, 형사소송법은 피의자신문전(제200조 제 2 항) 검사와 사법경찰관에게 진술거부권의 고지의무를 부과하고 있다. '시민적 및 정치적 권리에 관한 국제규약' 제 9 조 제 2 항은 "체포당하는 자는 체포당할 때 그가 체포당하는 이유에 대하여 통고받고, 또 자기의 피의사실에 대하여 신속하게 통고받는다"라고 규정하고 있다. 진술거부권의 고지를 통하여 "형사피의자·피고인에게 국가와의 전투가 임박해 있으니 준비할 것을 경각시키는"82) 것을 필수적 절차로 만든 것이다.

따라서 진술거부권의 불고지는 명백한 법률위반이기에, 피의자신문시 진술거부권을 고지하지 아니하고 얻은 자백의 증거능력은 부정된다. 한국판 미란다 판결에 비유되는 1992년의 '신 20세기파 조직원 안용섭 판결'83)에서 대법원 또한 이 점을 분명히 선언한 바 있다.

> 형사소송법 제202조 제 2 항은 검사 또는 사법경찰관이 출석한 피의자의 진술을 들을 때에는 미리 피의자에 대하여 진술을 거부할 수 있음을 알려야 한다고 규정하고 있는바, 이러한 피의자의 진술거부권은 헌법이 보장하는 형사상 자기에 불리한 진술을 강요당하지 않는 자기부죄거부의 권리에 터잡은 것이므로 수사기관이 피의자를 신문함에 있어서 피의자에게 미리 진술거부권을 고지하지 않은 때에는 그 피의자의 진술은 위법하게 수집된 증거로서 **진술의 임의성이 인정되는 경우라도 증거능력이 부인되어야 한다.**84)

---

82) Malcolm M. Feeley, "Hollow Hope, Flypaper, and Metaphors," *Law and Social Inquiry* 755, 757(1993).
83) 대법원 1992. 6. 23. 선고 92도682 판결. 이 판결에 대해서는 이재홍, "진술거부권의 고지가 결여된 피의자신문조서 등의 증거능력," 한국사법행정학회, 「사법행정」(1993. 5); 권광중, "진술거부권의 고지 없이 얻은 피의자진술의 증거능력," 경사 이회창 선생 화갑기념논문집, 「법과 정의」(1995)를 참조하라.
84) Id.(강조는 인용자).

그리고 대법원은 현행범인을 체포하면서 사법경찰관이 진술거부권 등을 고지하지 않은 경우에 피의자의 진술의 증거능력을 부정함을 밝힌 바 있다.

군사법원법 제250조에 의하면, 군사법경찰관리가 현행범인을 체포할 경우에는 같은 법 제112조 소정의 피의사실의 요지, 진술거부권, 변호인을 선임할 수 있다는 고지를 하도록 규정하고 있으므로, 군사법경찰관리가 현행범인 체포 시 이러한 고지를 하지 아니하였다면 그 피의자의 진술은 위법하게 수집된 증거로써 증거능력이 부인된다.[85]

여전히 밀행주의가 선호되고 있는 우리 형사절차의 현실에서 진술거부권은 수사기관의 자백강요에 맞서 시민이 행사할 수 있는 사실상 유일한 방어권인바, 이 권리에 대한 사전고지 없이는 형사절차에서 이 권리는 제대로 행사되기 힘들다. 따라서 진술거부권의 불고지는 헌법상 기본권이 진술거부권을 즉각적으로, 그리고 중대하게 침해하는 위법이며, 이를 통해 획득한 자백은 증거능력을 잃어야 한다.[86]

마지막으로 진술거부권 고지를 의무화하는 명시적 법률규정이 있고, 고지의 예외를 허용하는 명시적 규정이 없는 상황에서, 우리 법원이 미국 연방대법원이 창출했던 '공중의 안전(public safety exception)의 예외'[87]와 같은 예외를 만들어 내는 것은 허용될 수 없다.

---

85) 대법원 2001. 3. 9. 선고 2001도229 판결.
86) 진술거부권의 뿌리인 자기부죄거부의 특권과 자백배제법칙은 역사적 연원이 서로 다르다. 그렇지만 자백배제법칙이 위법배제설로 파악되기 시작한 이후 양자는 "융합"되었다. 물론 자기부죄거부의 특권은 침묵에 대한 불이익 추정의 금지 등이 포함되는바, 양자가 일치하는 것은 아니다[박지현(각주 77), 180면].
87) New York v. Qualres, 467 U.S. 649(1984). 이 판결에 대해서는 제1편 제1장 제 3. Ⅱ.를 참조하라.

II. 피의자신문의 성격과 피의자의 '신문수인의무'

진술거부권의 의무적 고지가 이루어지는 것은 중요한 일이지만, 법집행기관의 입장에서 볼 때 그러한 고지의 실시는 어려운 일도 아니며, 요식행위의 하나로써 집행되기 십상이다. 1992년 '신20세기파 조직원 안용섭 판결'의 요구와 2007년 형사소송법 제244조의3 제 1 항 신설 등을 계기로 수사기관이 진술거부권을 고지하지 않는 일은 거의 사라진 것으로 보인다. 범죄영화 또는 드라마에서도 수사기관의 진술거부권 고지는 흔하게 등장하며, 비법률가 시민 다수도 외래어 '미란다'의 의미를 알게 되었다.

이제 남아있는 쟁점은 체포·구속된 피의자는 수사기관의 요구에 따라 조사실에 출석해야 할 의무가 있는가 — '출석의무' —, 피의자신문시 피의자가 진술거부권을 행사하겠다고 의사를 표명한 경우에도 신문을 계속 수인하면서 조사실에 체류해야 하는가 — '신문수인(受忍)의무' — 여부이다. 이 쟁점은 피의자신문의 성격 문제와 동전의 양면을 이룬다.

1. 피의자신문의 성격

수사기관의 피의자신문은 범죄혐의를 받고 있는 피의자의 진술을 통하여 "범죄사실과 정상에 관한 필요사항"(형사소송법 제242조)을 물어 증거를 수집하는 절차이다. 학계의 통설은 피의자에게 진술거부권이 보장되어 있고 수사기관은 피의자에게 진술을 강요하는 것은 허용되지 아니하므로, 수사기관의 피의자신문은 강제수사가 아니라 임의수사라는 점에 의견이 일치되어 있다. 그리고 형사소송법 제200조의 '출석요구와 진술청취'도 넓은 의미의 피의자신문의 일종으로 간주되어 왔다. 2013년 대법원은 후술할 '왕재산(旺載山) 사건 결정'에서 피의자신문이 임의수사임을 확인하였다.[88]

그런데 근래 들어 김종률, 이완규 검사 등은 형사소송법 제200조에 규정된 출석요구와 진술청취를 제241조 내지 제245조에 규정된 피의자신문

---

88) 대법원 2013. 7. 1. 선고 2013모160 결정.

과 구별하여 '피의자조사'라고 명명하고, 피의자조사는 임의수사, 피의자신문은 강제수사라고 주장하고 있다.

먼저 김종률, 이완규 두 검사의 주장을 종합하여 요약하면 다음과 같다:[89] (i) 법제사적으로 볼 때 구법시대에 피의자신문은 강제처분으로 판사의 전유물이었는데(구형사소송법 제255조), 1954년 형사소송법 제정 당시에 판사의 권한이었던 신문권이 검사와 사법경찰관에게 이양되면서 현재의 피의자신문 규정이 만들어졌다. 즉, 입법자는 피의자신문에 관한 한 조선형사령체제의 유지를 선택했다, (ii) 형사소송법 제200조 조문 제목에는 피의자신문이라는 표현이 없는바, 이 조문은 피의자신문의 일반적 규정이 아니다, (iii) 피의자조사가 출석한 피의자가 임의로 진술한 것을 전제로 그의 진술을 듣는 소극적 절차라 한다면, 피의자신문은 일단 시작되면 피의자의 진술의 진위를 따져가면서 진실을 추궁해 들어가는 적극적 절차이다. 따라서 피의자조사 절차에서는 피의자가 진술을 거부하는 데 그치지 않고 임의로 조사실을 나갈 수 있음에 반하여, 피의자신문은 수인의무를 포함하는 제도인바 진술을 거부할 수는 있을지언정 신문 자체를 거부할 수는 없다, (iv) 불구속 사건에서 피의자의 수인의무를 부정하면 고소사건 수사는 불가능해진다.

통설과 실무에 따르면 인지사건이나 고소·고발사건을 막론하고 일단 피의자로 입건되면 피의자신문조서를 작성해야 하고, 그 과정에서 피의자의 전과관계, 병역관계, 환경·교육과 경력·가족상황, 재산 및 생활정도, 종교관계 등을 질문해야 한다. 이러한 점에서 시간낭비와 인권침해를 방지하기 위하여 피의자신문조서 작성방식을 바꿀 필요가 있다는 김종률 검사의 제안에는 동의할 수 있다. 그리고 이완규 검사가 1954년 형사소송법 초안에 대한 공청회 기록을 검토하여 피의자신문의 성격에 대한 입법자의 의도를 지적한 점은 의의가 있다.

---

89) 김종률, "현행 형사소송법상 피의자 신문," <법률신문> 제3244호(2004.2.19); 이완규, 「검찰제도의 검사의 지위」(성민기업, 2005), 116-122, 129-130면.

그러나 이하의 점에서 두 검사의 의견에 동의하기 어렵다. 먼저 학계 통설이 모두 강조하듯이, 피의자조사와 구별되는 피의자신문을 설정한다고 하더라도 피의자에게는 헌법상 진술거부권이 보장된다. 진술거부권이 인정된다는 것은 원칙적으로 피의자신문을 위한 출석·협조 의무가 없음을 내포한다.

그리고 심희기 교수의 지적처럼, 1954년의 형사소송법 제200조는 '피의자 소환'이라는 개념을 사용하고 있었고 제200조 제1항도 강제처분으로 자리매김 되어 있었다. 그러나 이후 1961년의 형사소송법 개정으로 '소환'은 '출석요구'로 바뀌었고, 제200조 제1항은 임의수사에 해당됨이 분명하게 되었다. 우리 입법자는 '취조수인의무'(取調受忍義務)를 명문화한 일본 형사소송법 제198조 제1항을 채택하지 않았다. 심 교수는 이러한 점을 종합하여 1961년 형사소송법 제정권자는 제200조 제1항의 피의자조사든 제241조 내지 245조의 피의자신문이든 임의수사로 파악하였다고 이해하는 바,90) 이에 동의한다.

또한 신동운 교수의 비판처럼, 일제로부터의 해방 후 입법자는 일제하 수사기관의 조서가 '법령에 의하여 작성된 신문조서'로서 강력한 증거능력을 가졌던 반인권적 현실을 개선하기로 결단하였고, 이에 따라 형사소송법 제241조 이하의 규정을 만들어 피의자신문에 대한 상세한 규정을 둔다. 그럼에도 이러한 입법취지를 무시하고 이 규정들을 "오히려 피의자에게 조사수인의무를 부과하는 근거로 해석하는 것은 실로 시대착오적"이다.91)

2. 출석 및 신문수인의무 인정 여부

상술한 김종률, 이완규 두 검사는 피의자에게는 출석 및 신문수인의무가 있다고 주장하고 있으며, 수사현실에서 피의자가 진술거부 의사를 표명해도 신문 자체는 계속 진행되고 있는 것이 현실이다. 2013년 대법원은

---

90) 심희기, "피의자신문이 강제처분인가," <법률신문> 제3251호(2004.3.18); 심희기, 「형사소송법의 쟁점」(제3판, 2004), 129-130면.
91) 신동운(각주 5), 265면.

'왕재산 사건 결정'에서 다음과 같이 판시하였다.[92] 즉,

　구속영장 발부에 의하여 적법하게 구금된 피의자가 피의자신문을 위한 출석 요구에 응하지 아니하면서 수사기관 조사실에의 출석을 거부한다면 수사기관 은 그 구속영장의 효력에 의하여 피의자를 조사실로 구인할 수 있다고 보아야 할 것이다. 다만 이러한 경우에도 그 피의자신문 절차는 어디까지나 법 제199 조 제1항 본문, 제200조의 규정에 따른 임의수사의 한 방법으로 진행되어야 할 것이므로, 피의자는 헌법 제12조 제2항과 법 제244조의3에 따라 일체의 진술을 하지 아니하거나 개개의 질문에 대하여 진술을 거부할 수 있고, 수사기 관은 피의자를 신문하기 전에 그와 같은 권리를 알려주어야 한다.[93]

　여기서 대법원이 피의자신문을 "임의수사의 한 방법"으로 파악했음은 분명하다. 그런데 대법원은 구속 피의자가 출석요구에 응하지 않을 때 구속 영장의 효력에 의하여 조사실로 구인할 수 있다고 결정함으로써, 출석 및 신문수인의무를 인정한 것으로 보인다.[94] 대법원은 언급하고 있지 않고 있 지만, 이 양자 사이에는 긴장이 존재한다.

　상술했듯이 일본의 경우는 형사소송법 제198조 제1항 단서의 해석에 서 기인하는 '취조수인의무'에 따라,[95] 체포 또는 구금된 피의자는 진술거부 권을 행사하더라도 신문실을 떠날 수 없고 경찰관의 신문을 수인해야 한다 는 논리가 수사관행을 지배하고 있다.[96] 그러나 우리 형사소송법에는 이러

---

92) 대법원 2013. 7. 1. 선고 2013모160 결정.
93) Id.(강조는 인용자).
94) 이상원, "2013년 분야별 중요판례분석: 형사소송법," <법률신문>(2014.5.8.).
95) 동 단서는 다음과 같이 규정하고 있다. "피의자는 체포 또는 구금된 경우를 제 외하고는 출두를 거부할 수 있고 또는 출두한 경우에는 언제라도 퇴거할 수 있 다." 일본의 법집행기관은 이 단서의 문언에 집착하면서 피의자의 출두거부권과 퇴거권은 피의자가 체포 또는 구금되지 않은 경우에만 생긴다고 해석하고 있다.
96) 이를 지지하는 학설로는 團藤重光, 「條解刑事訴訟法」(上) 365(1950); 柏木千秋, 「刑 事訴訟法」 56(1970); 高田卓爾, 「刑事訴訟法」 335(二訂版, 1984) 등이 있다. 일본 에서의 논의에 대해서는 권창국, "피의자신문과 피의자의 신문수인의무," <법률신 문>(2004.4.12.); 이은모, "피의자 인신구속제도 정비방안," 한국형사법학회, 「형사

한 '취조수인의무'를 거론할 법적 근거가 전혀 존재하지 않는다.

이러한 비교법적 차이 및 임의수사로서의 피의자신문의 성격을 생각하자면, 출석 및 신문수인의무는 부인해야 한다. 그렇지만 저자는 형사소송법 제200조의2 제 1 항이 "출석요구에 응하지 아니하거나 응하지 아니할 우려"가 있을 때를 체포영장 청구 및 발부의 요건으로 규정하고 있음을 동시에 고려해야 한다고 본다. 동 조항은 체포의 경우에 한하여 피의자의 출석 및 신문수인의무를 인정한 것으로 해석하지 않을 수 없다.

그리하여 저자는 출석 및 신문수인의무의 인정 문제를 체포와 구속의 경우를 구분하여 판단해야 한다는 서보학 교수의 견해에 동의한다. 즉, (i) 합법적으로 체포된 피의자의 경우 48시간 내에 구속영장을 청구하거나 석방해야 하는데, 체포 제도 자체를 부정하지 않는 이상, 출석 및 신문수인의무를 부정할 수는 없다, (ii) 구속된 피의자의 경우 구속 후 최소 10일에서 최장 30일까지 수사를 할 수 있는 시간적 여유가 있는 반면, 피의자는 구속된 상황에서 재판을 준비해야 하는 어려운 상황에 처해 있는바, 출석 및 신문수인의무를 인정할 필요가 없다.[97]

상술한 '왕재산 사건 결정'은 구속영장의 효력 안에 조사실로의 구인이 포함된다고 보고 있다. 형사소송법상 구속은 구인과 구금을 모두 포괄하고 있음은 사실이다(제69조). 그렇지만 구인을 위한 구속영장은 체포되지 아니한 피의자의 영장실질심사(제201조의1 제 2 항), 증인 소환(제152조) 등을 위하여 사용되는 것이지, 피의자를 수사기관의 조사실로 데려오기 위하여 사용되어서는 안된다.

이 점에서 저자는 '왕재산 사건' 수사에서 수사기관은 구속된 피의자의 신문을 위하여 별도의 체포영장을 발부받았어야 했다고 생각한다. 단, 저자는 (ii)의 경우에도 구속된 범죄에 대한 공소시효의 완성이 임박하였거나 테러나 유괴 등으로 잠재적·현실적 피해자의 생명·신체에 대한 위험이

법연구」 제19호(2003), 125-127면 등을 참조하라.
97) 서보학, "피의자신문에 있어서 인권보장 및 방어권 강화 방안," 한국형사법학회, 「형사법연구」 제20호(2003), 258-259면.

임박한 경우와 같이 긴급한 계속적 조사가 필요한 경우에는 예외적으로 출석 및 신문수인의무를 인정할 수 있다고 본다.

그런데 이완규 검사는 불구속 사건에서 피의자의 출석 및 신문수인의무를 부정하면 피고소인의 소환을 강제할 방법이 없기에 수사가 불가능해진다고 우려한다.98) 이 검사는 이 경우 불기소처분을 하거나, 고소장에 기초하여 기소하여 혐의를 가리는 방법밖에 없는데 후자의 경우 비용과 효율성의 문제를 야기할 것이라고 비판한다.99) 그러나 상술한 것처럼, 이 경우 수사기관은 체포를 하면 된다.

(i)과 관련하여 '임의동행'의 형식을 빌린 불법체포, 요건을 충족하지 못하는 무영장 체포 등의 경우 출석 및 신문수인의무가 인정되지 않음은 물론이다. (ii)의 경우 구속된 피의자에 대한 여죄수사가 필요한데 피의자가 출두를 거부할 수 있는바, 이 경우는 임의수사 협조를 설득하거나 아니면 별도의 체포영장을 발부받아야 한다.100) 따라서 구속기간 중 영장 없이 피의자를 강제구인하여 출석시켜 신문을 하고 진술을 받는다면, 그 진술의 증거능력은 배제되어야 한다.101)

제 3. 약 속

I. 문제상황

자백의 임의성 없음을 의심케 하는 기타의 방법 가운데 대표적인 예는 자백의 대가로 불법·부당한 이익을 제공하겠다고 약속하고 자백을 획득하는 것이다. 약속에 의한 자백의 증거능력을 부정하는 근거는 불법·부당한

---

98) 이완규(각주 89), 129-130면.
99) Id. 130면.
100) 이는 최근 '박근혜-최순실 국정농단 게이트' 수사를 담당한 특별검사팀이 구속된 피의자 최순실이 출두를 거부하자 취했던 조치이기도 하다.
101) 서보학(각주 97), 259면.

이익을 제공하겠다는 수사기관의 약속 자체가 형사사법의 염결성을 훼손하며, 수사기관과 피의자 간의 힘과 정보의 불균형이 유지되는 상황 아래에서 결백한 피의자도 허위자백을 할 수 있기 때문이다. 약속한 이익은 형사처벌과 관계있는 것임을 요하지 않으며 가족의 보호, 약물중독자에 대한 약물의 제공의 약속 등과 같이 일반적, 세속적인 이익의 제공도 포함된다.[102] 만약 불이행이 예정된 이익제공 약속, 약속된 이익이 제공되지 않은 경우 등 '깨어진 약속'[103]이나 권한 없는 자가 권한이 있는 것처럼 속이고 약속을 한 후 자백을 받은 경우 등은 정형적 자백배제사유인 기망에 해당할 것이다.

대법원은 "일정한 증거가 발견되면 피의자가 자백하겠다고 한 약속이 검사의 강요나 위계에 의하여 이루어졌다든가 또는 불기소나 경한 죄의 소추 등 이익과 교환조건으로 된 것으로 인정되지 않는다면 위와 같은 자백의 약속하에 된 자백이라 하여 곧 임의성 없는 자백이라고 단정할 수는 없다"[104]라고 판시하였으나, 한편 공판개시 이전에 검사가 피고인에게 최소한 피해자를 밀쳤다고만 시인하면 공소장을 변경하여 벌금형이 선고되도록 하여 주겠다고 제의하자 피고인이 동의하고 자백한 경우,[105] 검사는 별건의 특정범죄가중처벌등에관한법률위반(사기) 및 사문서위조 등의 혐의로 지명수배되어 있다가 긴급체포된 후 구속되어 수사받고 있던 피고인에게 다른 피고인에게 뇌물을 주었다는 진술을 하면 사기의 점에 대해서는 무혐의처분을 하고, 사안이 가벼운 사문서위조 부분에 대해서만 분리기소하기로 약속하고 피고인의 자백을 획득한 경우[106]에 대해서는 자백의 증명력만을 문제로 삼았다.

요컨대 현재 판례와 학설은 '깨어진 약속'의 경우는 기망에 의한 자백

---

102) 배종대 · 이상돈 · 정승환 · 이주원(각주 61), 605면; 신동운(각주 5), 593면; 이재상, 「신형사소송법」(제2판, 2008), 534면.
103) 예컨대 대법원 1985. 12. 10. 선고 85도2182 판결; 대법원 1984. 5. 9. 선고 83도2782 판결 등이 그 예이다.
104) 대법원 1983. 9. 13. 선고 83도712 판결(세칭 '박상은 양 살해사건').
105) 대법원 1987. 4. 14. 선고 87도317 판결.
106) 대법원 2002. 6. 11. 선고 2000도5701 판결.

으로 그 자백의 증거능력을 배제하지만, 그 외의 경우에는 일체의 약속이 금지되는 것인지 아니면 일정한 조건하에서 약속에 의한 자백이 허용되는 것인지에 대해서는 명백한 답변을 제시하지 않고 있다. 법원은 법관이 구체적인 사건에 따라 제반사정을 참작하여 자유로운 심증으로 피고인이 그 진술을 임의로 한 것인지의 여부를 판단한다고 할 뿐이다.

이상과 같은 자백배제법칙 관련 논의상황과 별도로 현실에서는 형사소송법상의 간이·신속절차인 '약식절차'를 통하여 피의자의 자백을 전제로 하는 협상이 사실상 이루어지고 있다. 약식절차는 지방법원의 관할사건에 대하여 검사의 청구가 있을 때 공판절차 없이 벌금, 과료 또는 몰수의 형을 과하는 절차인데,107) 법원의 판단 또는 검사나 피고인의 청구를 통하여 정식재판으로 회부되는 길이 열려 있지만,108) 사실상 의미에서 검사의 약식명령의 청구가 사건을 종결하게 된다. 그 결과 약식절차는 현재 검사와 피의자 사이에 명시적 또는 묵시적 협상이 진행되는 통로로 사용되고 있다.109) 예컨대, 2명의 피고인이 합동으로 타인의 물건을 절취한 경우에 피고인이 죄를 뉘우치고 혐의가 가볍다는 이유로 검사가 단순 절도로 의율하여 약식기소를 하고 법원이 그대로 벌금형을 선고하는 사례, 범행을 자백할 경우 벌금 1,000만원에 약식기소하는 대신 벌금 500만원으로 약식기소하는 사례 등이 비일비재함은 검찰 내부에서도 인정하고 있으며,110) 법원도 이에 대하여 제동을 걸고 있지 않는 상황이다.

---

107) 형사소송법 제448조 제 1 항.
108) Id. 제450조, 제453조 제 1 항. 그리고 피고인은 정식재판청구권을 포기할 수 없다(Id. 제453조 제 1 항).
109) 신현주, 「형사소송법」(2002), 836면; 하태훈, "형사소송절차상의 협상제도," 한국비교형사법학회, 「비교형사법연구」 제 6 권 제 2 호(2004), 220면. 이는 독일 형사소송법 제407조 제 1 항의 '과형명령'(Strafbefehl)이 '자백협상'(Absprachen)의 통로로 이용되고 있는 것과 유사하다[Susanne Stemmler, *Incentive Structures and Organizational Equivalents of Plea Bargaining in German Criminal Courts* 49-50(The Pennsylvania State University, Ph.D. dissertation, 1994)].
110) 금태섭, "Plea Bargaining 제도와 그 도입문제"(대법원 형사실무연구회 발표문; 2005.11.21), 22면; 조두영, "수사상 협상을 통하여 얻게 된 증거"(하), 법조협회, 「법조」 통권 513호(1999. 6), 71면, 주 98.

Ⅱ. 비교법적 검토

1. 영미법계

먼저 약속에 의한 자백의 문제와 구별되는 것으로 영미법계 나라에서 확립되어 있는 '유죄답변협상'(plea bargaining)을 간략히 검토할 필요가 있다.111)
영미법계 나라의 형사사건의 다수는 유죄답변협상으로 처리되고 있는데, 이 제도하에 검사는 피의자와 그의 변호인과 협상을 벌이면서 피의자가 공소사실의 일부에 대하여 자백하는 경우 나머지 공소사실을 취소하거나 상대적으로 가벼운 범죄로 기소하거나 ─ '공소사실협상'(charge bargaining) ─, 또는 상대적으로 가벼운 형을 선고받을 수 있도록 구형량을 낮추어 줄 것 ─ '형량협상'(sentence bargaining) ─ 을 약속한다.112) 그리고 법원은 유죄답변협상을 통한 피고인의 유죄답변(guilty plea)을 받아들이기 전에, 피고인에게 (i) 공소사실의 성질, 법정 최고·최저형, (ii) 피고인은 유죄답변을 하지 않을 권리, 형사소송의 모든 단계에서 변호인의 조력을 받을 권리, 배심재판을 받을 권리 등이 있다는 점, (iii) 피고인은 재판을 받는 데 있어 증인에 대한 반대신문권, 자기부죄금지의 특권, 증거제출권 등이 있고, 법원이 피고인의 유죄답변을 수용하면 피고인은 이상과 같은 재판에서의 권리를 포기하는 것이라는 점, (iv) 피고인이 선서하에서 공소사실에 대한 법원의 조사에 답한다면 이는 피고인이 위증죄로 기소될 경우 피고인에게 불리하게 사용될 수 있다는 점 등을 알리고, 피고인이 이상의 점을 이해하였는지 확인해야 한다.113) 그리고 법원은 피고인이 유죄답변의 임의성을

---

111) 이 제도의 역사에 대해서는 Albert W. Alschuler, "Plea Bargaining and Its History," 79 *Colum. L. Rev.* 1(1979); George Fisher, "Plea Bargaining's Triumph," 109 *Yale L. J.* 857(2000) 등을 참조하고, 관련된 쟁점에 대해서는 Joshua Dressler, *Understanding Criminal Procedure*(3rd ed. 2002)의 제31장을 참조하라.
112) Federal Rules of Criminal Procedure, §11(c)(1). 미국의 경우와 달리[Id. §11(e)(1)] 영국의 경우 형량협상은 판사의 주도로 이루어지고 있다.
113) Id. §11(b)(1).

해할 우려가 있는 수사기관의 강제, 협박 또는 유죄답변협상과 무관한 약속이 있었는지 여부를 확인해야 한다.[114]

이러한 유죄답변협상 제도의 전제는 유죄답변협상 이전에 주요한 수사기록이 피의자와 변호인에게 공개되는 '증거개시'(證據開示, discovery) 제도가 시행되고 있다는 점과,[115] 유죄답변협상 과정은 물론 피의자신문 과정에서 변호인의 참여가 철저하게 보장된다는 점이다. 이상의 조건이 실현되지 못한다면 검사에 대하여 피의자의 협상력은 필연적으로 떨어질 수밖에 없고, 이러한 상황에서의 유죄답변협상은 공정하지 못하게 되며 유죄답변의 임의성 역시 의심스러워지기 때문이다.

영미에서 유죄답변협상 제도 자체에 대하여 비판이 제기되고 있음은 사실이지만,[116] 이 제도의 합헌성은 반복하여 확인되고 있다.[117] 1970년 미국연방대법원의 'Brady v. United States 판결'은, "유죄답변협상의 직접적인 결과를 충분히 자각한 자가 행하는 유죄인정은 … 그것이 위협(또는 부적절한 괴롭힘을 중단하겠다는 약속)이나 기망(지켜지지 않는 또는 지켜질 수 없는 약속), 또는 그 본성상 검사의 업무와 적정한 관련이 없는 약속(예컨대, 뇌물) 등에 의하여 유도된 것이 아니라면 유효해야 한다"[118]라고 판시하면서, 유죄답변협상 제도는 위헌이 아니며, 유죄답변협상으로 도출된 피의자의 자백은 임의성이 있음을 분명히 하였다.[119] 사실 엄청난 수의 형사사건을 배심제

---

114) Id. §11(b)(2).
115) 미국 연방형사소송규칙 제16조는 피고인측의 신청이 있으면 검사가 보유하고 있는 증거를 피고인측에서 열람·등사·사진촬영을 할 수 있도록 허가할 것을 법원이 명령할 수 있다고 규정하고 있다(Federal Rules of Criminal Procedure, §16).
116) 대표적으로는 Andrew Ashworth, *Criminal Process: An Evaluative Study* 270(1994); Stephen J. Schulhofer, "Is Plea Bargaining Inevitable?," 97 *Harv. L. Rev.* 1037(1984); Stephen J. Schulhofer, "Plea Bargaining as Disaster," 101 *Yale L. J.* 1979(1992) 등을 참조하라.
117) Brady v, United States, 397 U.S. 742(1970); Bordernkircher v. Hayes, 434 U.S. 357(1978).
118) Brady, 397 U.S., at 755.
119) 동 판결은 유죄답변협상으로 획득한 자백에 대해서는 후술할 1897년의 'Bram v. United States 판결'의 자백의 임의성 판단에 대한 기준이 적용되지 않음을 명시

라는 비용과 시간이 많이 드는 제도로는 도저히 처리할 수 없는 미국 형사사법제도로서는, 유죄답변협상이라는 간이하고 신속한 사건처리절차를 "필요악"120)으로 구비할 수밖에 없었을 것이다.

다음으로 이상과 같은 유죄답변협상이 이루어지는 경우가 아닌 상황에서 수사기관이 약속을 통하여 자백을 획득한 경우 그 자백의 증거능력 배제 여부의 문제를 보자. 국내 학계에서는 약속을 비전형적 자백배제사유의 대표적 예로 파악하면서, 종종 그 근거로 영미법상의 주요 판결을 들고 있다. 그런데 인용되는 영미법 판례의 경향이 상당 부분 수정되었으므로 이에 대한 별도의 검토를 할 필요가 있다.

제 2 편 제 3 장 제 1. Ⅱ.에서 보았듯이, 영국 코몬 로는 아주 경미한 정도의 위협이나 약속에 의해 획득한 자백도 배제하는 태도를 취하였다. 이러한 입장은 자백배제와 관련한 유명한 지도적 판결인 1914년 'Ibrahim v. The King 판결'121)에서 재확인되었다. 그 외의 주요한 판결을 보자면, 영국 법원은 피고인이 자신이 범한 별도의 범죄가 별도의 재판이 아니라 현재의 재판에서 병합하여 같이 다루어질 수 있는가 여부를 경찰관에게 문의하고 경찰관이 이를 수락한 경우,122) 피고인이 자신이 자백하면 보석이 가능한지를 경찰관에게 문의하고 경찰관이 이를 긍정하자 자백한 경우,123) 피고인이 경찰관의 유혹으로 자신의 신용카드 범죄에 대해 자백한 경우124) 등의 사건에서 피고인의 자백을 배제하였다. 그리고 1984년 '경찰 및 형사증거법(PACE)' 제정 이후에는 약속이 "절차의 공정성에 적대적인 효과"125)를

적으로 밝힌다(Id. at 754-755).
120) Frank H. Easterbrook, "Criminal Procedure as a Market System," 12 *J. Legal Stud.* 289, 297, 309(1983); Harold J. Rothwax, *Guilty: The Collapse of Criminal Justice* 144, 150, 157-158, 166(1996). 이 점은 영국의 경우도 동일한 상황이다 [Royal Commmission on Criminal Justice, *Report* 110-111(London: HMSO, 1993)].
121) [1914] A.C. 599.
122) Northam(1967) 52 Cr. App. R. 97.
123) Zaveckas(1969) 53 Cr. App. R. 202.
124) Phillips(1987) 86 Crim. App. 18.
125) PACE §78(1). 단, 세금관련 사건의 경우 1970년의 '세금관리법'(Taxes Manage

끼친 경우 법관에 재량적 판단에 따라 자백배제가 이루어지고 있다.

한편 미국의 경우 약속에 의한 자백의 배제에 대한 지도적 판결인 1897 년의 'Bram v. United States 판결'126)은 코몬 로의 임의성 기준과 동일하게, 자백은 "어떠한 직접적 또는 암시적 약속 — 그것이 아무리 사소하다 할지 라도 — 에 의해서 획득되어서는 안 된다"고 선언한다.127) 이후 1963년의 'Haynes v. Washington 판결'128)에서 경찰관이 피고인에게 자백하면 아내에 게 전화를 걸 수 있도록 해 주겠다는 약속을 하고 획득한 자백의 증거능력을 배제하였으며, 1964년의 'Malloy v. Hogan 판결'129)도 브램 판결의 결론을 재확인한다.

그러나 이후 브램 판결의 엄격한 입장은 완화된다. 왜냐하면 약속에 대한 브램 판결의 기준을 문자 그대로 엄격하게 따르면 수사기관으로서는 피의자의 자백을 설득할 방도가 없어진다고 법원이 판단하였기 때문이었다. 브램 판결의 엄격한 기준은 1991년 'Arizona v. Fulminate 판결'130)에서 명 시적으로 부정되고, 약속에 의한 자백의 증거능력 배제문제는 전통적인 임 의성 판단기준인 '상황의 총체성' 기준에 의거하여 이루어진다. 즉, 수사기 관의 약속이 있었다는 사실 자체만으로 자백의 임의성이 부정되지는 않는 것이다.

이후 일부 주는 약속에 대한 판단을 신빙성 기준과 결합시켜 약속이 허위자백을 야기할 경향이 있는 경우에만 그 약속에 따른 자백을 배제하도 록 입법적 조치를 취하기도 하였고,131) 반면 일부 주는 브램 판결의 엄격한 기준을 고수하고 있기도 하다.132)

---

ment Act)의 제105조에 따라 피고인의 자백에 따른 보상이 허용되고 있다(관련 판 례로는 Allen[2002] 1 Cr. App. R. 18이 있다).
126) 168 U.S. 532(1897).
127) Id. at 542-543.
128) 373 U.S. 503(1963).
129) 378 U.S. 1(1964).
130) 499 U.S. 279, 285(1991).
131) Kan. Stat. Ann. 60-460(f)(1983); N.Y. Crim. Proc. Law 60.45(2)(b)(i)(McKinney 1992).
132) Abram v. State, 606 So. 2d 1015(1992).

그러나 다수의 주는 신빙성 기준을 도입하기보다는 전통적 입장을 지키면서도 금지되는 약속의 범주를 완화시키는 방향으로 정리를 한다. 예컨대, 경찰관이 피고인이 협조하면 추후 경찰관이 아닌 다른 형사사법기관 — 예컨대 검사, 판사, 배심원, 또는 교정직원 등 — 에 의해 피고인에게 유리한 조치가 내려질 것이라는 점을 토론하고, 피고인에게 혜택을 줄 수 있는 사람의 주의를 끌기 위해서는 협조가 필요하다면서 피고인의 협조를 요청하는 것은 허용된다.[133] 그리고 피고인이 자신이 자백할 경우 어떠한 이익을 얻을 수 있는가에 대한 논의를 먼저 전개하고 선처를 부탁한 경우는 수사기관의 약속에도 불구하고 피고인의 자백은 배제되지 않는다.[134]

요컨대, 현재 영미법계 나라의 경우 유죄답변협상 과정에서 검사가 행하는 약속은 금지되지 않으며, 그 외의 상황에서 수사기관의 약속에 의해 획득된 자백은 자동적으로 배제되는 것이 아니라 약속과 자백이 이루어진 구체적 상황에 따라 배제 여부가 결정되고 있다.

2. 독 일

한편 독일의 경우 기소법정주의(Legalitätsprinzip)가 원칙이며, 기소인부 절차가 없으므로 영미식의 유죄답변협상은 공식적으로 인정되지 않는다. 그렇지만 독일의 경우도 "협상에 의한 사법"(negotiated justice)[135]은 운영되고 있다. 즉, '협상'(Verständigung, Vereinbarungen, Absprachen)이라는 이름 아래

---

133) George E. Dix, "Promises, Confessions, and Wayne LaFave's Bright Line Rule Analysis," 1993 *U. Ill. L. Rev.* 207, 220(1993). 또한 State v. Johnson, 765 S.W.2d 780, 782(Tenn. Crim. App. 1988); State v. Peters, 542 So. 2d 592, 595(La. App. 1989) 등 으로 보라.

134) 이 점에 대한 지도적 판결인 1970년 'Taylor v. Commonwealth 판결'[461 S.W. 2d 920, 922(Ky. 1970)]은 "그 자백은 피고인들에 의하여 자유로운 의사에 의하여 임의적으로 간청되었으므로(solicited), 피고인들이 수사기관의 약속을 받아들임으로써 그들이 강압적 영향력의 희생자라고 말할 수 없다"(Id. at 922)라고 판시한 바 있다.

135) Joachim Herrmann, "Bargaining Justice — A Bargain for German Criminal Justice?," 53 *U. Pitt. L. Rev.* 755, 755-756(1992).

피의자의 자백과 교환하여 구형량을 낮추거나 피의자의 여죄에 대하여 공소를 취하하는 실무관행이다. 특히 '경죄'(Vergehen)[136] 사건의 경우, 형사소송법 제153조a에 따라 피고인의 자백이 있는 경우 판사의 동의 아래 피고인으로 하여금 범죄로 야기된 손해의 복구를 위한 일정한 급부를 제공하거나, 일정 정도의 금원(金員)을 공익단체나 국가에 지불하거나, 또는 사회봉사활동을 하는 조건으로 형사처벌 없이 재판절차를 중단하거나 — 이는 우리나라의 조건부 기소유예와 유사하다 —, 동법 제407조 제1항에 따라 검사와 피의자측이 범죄사실과 그 법적 결과에 대하여 의견일치를 이루고 검사가 그 결과를 판사에게 제출하면 판사가 공판 없이 '과형명령'(Strafbefehl)을 내리는 방식 — 이는 우리나라의 약식명령절차와 유사하다 — 이 활발히 사용되고 있다. 이상의 경우 이외에도 형사소송법상 명시적 법적 근거 없이, 공판전 피고인의 변호인과 검사 사이에 협상이 진행되거나, 기소후에도 판사가 피고인의 변호인과 접촉하여 피고인의 자백이 있을 경우 양형상의 혜택이 있을 것이라고 암시하는 일이 진행되고 있음이 관찰되고 있다[137]

학계에서 이러한 '협상' 제도에 대한 강한 비판이 제기되기도 하였으나,[138] 1990년 '독일법조대회'(Deutscher Juristentag) 참석자의 대다수가 이 제도를 찬성하였고,[139] 법원 역시 제도를 승인하였다. 1987년의 연방헌법재판

---

136) 독일의 '경죄'(Vergehen)는 법정최저형이 벌금 또는 징역 1년 이하의 범죄를 말하는 것으로 미국의 '경죄'(misdemeanor)보다 범위가 넓으며, 절도, 상해, 마약범죄 등 미국의 '중죄'(felony)의 상당수를 포함한다.

137) Hans Dahs, "Absprachen im Strafprozess-Chancen und Risiken," 1988 *Neue Zeitschrift für Strafrecht 155; Christoph Rüchkel, "Verteidigertaktik bei Verständigungen und Vereinbarungen im Strafverfahren," 1987 Neue Zeitschrift Für Strafrecht* 302-303; Susanne Stemmler, *Incentive Structures and Organizational Equivalents of Plea Bargaining in German Crimminal Courts* 54-56(The Pennsylvania State University, Ph.D. dissertation, 1994).

138) Herrman(각주 135), at 766-771; Bernd Schunemann, "Absprachen im Strafverfahren? Grundlagen, Gegenstande und Grenzen," 1 *Verhandlungen des Achtundfunfzigsten Deutschen Juristentages* B 15(1990); Thomas Weigend, "Abgesprochene gerechtigkeit — Effizienz durch Kooperation im Straverfahren?," 1990 *Juristenzeitung* 774.

139) 2 *Verhandlungen des Achtundfunfzigsten Deutschen Juristentages* L 66-L 189(1990).

소의 결정이 대표적인데,[140] 이 사건에서 증거조사 종결 전에 검사와 피고인 측이 피고인의 자백, 검사의 피고인의 여죄에 대한 추가기소 포기, 피고인의 상고포기 등을 약속하였는데, 피고인이 자신의 자백에 따른 형벌감경이 판결에서 고려되지 않았다고 판단하고 그 판결에 불복하였다. 이 결정에서 헌법재판소는 '협상'이 공정한 재판의 요청과 형사절차의 원칙을 위배하지 않는 한 합헌이라고 판시하였다. 그리고 연방대법원도 여러 판결을 통하여 '협상' 제도의 합법성을 승인해 왔다.[141]

물론 이러한 '협상' 제도의 전제는— 영미의 경우와 마찬가지로— '증거개시'와 피의자신문시 변호인의 참여보장이다. 독일의 경우 공소제기 후 증거제출 전 검사가 보관하고 있는 관계서류와 증거물에 대한 열람 · 등사가 허용되며,[142] 검사에 의한 피의자신문에 대한 변호인참여가 보장된다.[143]

3. 이탈리아와 프랑스

1989년 이탈리아 형사소송법은 영미식 '형량협상'(sentence bargaining)을 제도화한 '형벌에 대한 당사자 공동신청 제도'(applicazione della pena su richiesta delle parti)를 입법화하였다. 이 제도에 따르면 공판이 열리기 전에 검사와 피고인이 선고형량에 대해 합의를 하면, 판사에게 선고를 요청하고, 이 때 판사는 공소사실과 형량에 대한 당사자의 결정이 정확한지 확인한 후 당사자가 합의한 대로 판결을 선고한다. 이 때 협상으로 합의된 형량이 5년을 넘지 않는 한에서 통상의 선고형은 1/3만큼 감경된다.[144]

---

140) BVerfG 1987. 1. 27. NJW 2662(1987).
141) 대표적으로는 43 BGH 195(1997)를 보라. '협상'에 대한 BGH 판결의 태도에 대해서는 Thomas Swenson, "The German "Plea Bargaining" Debate," 7 *Pace Int'l L. Rev.* 373, 419-424(1995)를 참조하라.
142) StPO §147 Ⅰ.
143) Id. §163 a Ⅲ, §168 c Ⅰ. 프랑스는 2004년 형사소송법 개정을 통하여 주형이 벌금형 또는 5년 이하의 자유형에 해당하는 경죄인 경우 영미식 유죄답변협상을 도입하였는데, 이 절차에서 변호인의 참여를 필수적 요건으로 규정하였다(프랑스 형사소송법 제495-8조 제4항).
144) Stephen P. Freccero, "An Introduction to the New Italian Criminal Procedure," 21

프랑스도 2004년 형사소송법 개정을 통하여 '유죄를 미리 인정한 경우의 기소'(De la comparution sur reconnaissance préalable de culpabilité) 제도를 법제화한다. '유죄승복'(plaider coupable)이라고 불리는 이 제도는 피의자가 피의사실을 인정하고, 그 주형이 벌금형 또는 5년 이하 자유형에 해당하는 경죄일 경우에 적용될 수 있는데, 검사는 직권, 피의자 또는 변호인의 신청에 의하여 미리 유죄를 인정한 경우의 기소절차를 개시할 수 있다.[145] 이 절차를 개시되어 검사가 구금형을 제안할 경우, 그 기간은 1년을 초과할 수 없고 그가 받게 될 징역형의 2분의 1이 넘어서는 안 된다. 그리고 검사는 그 형의 전부 또는 일부가 유예될 수 있음도 제안할 수 있다.[146]

Ⅲ. 소결─변호인참여를 전제로 하는 합법적 약속의 허용

현행 법체제는 영미식의 유죄답변협상을 법적으로 인정하지 않고 있다. 영미식 유죄답변협상에 따르면 합의가 있으면 증거조사가 생략되고, 판사의 양형권한까지 제한되는바 이는 바로 위헌 문제를 일으킬 것이기에 타당하지 않다. 2005년 1월 16일 검찰은 유죄답변협상의 도입을 추진하겠다는 계획을 발표한 바 있으나,[147] 배심 또는 참심제와 같은 시민의 재판참여제도가 전면적으로 도입되지 않은 상황에서 기존의 경미사건처리절차를 보완하는 작업과 별도로 유죄답변협상 제도를 도입해야 할 만큼 형사사건의

Am. J. Crim. L. 350, 375-376(1994); Maximo Langer, "From Legal Transplants to Legal Translations: The Globalization of Plea Bargaining and the American Thesis in Criminal Procedure," 45 *Harv. Int'l L. J.* 1, 46-53(2004); William T. Pizzi & Luca Marafioti, "The New Italian Code of Criminal Procedure: The Difficulties of Building an Adversarial Trial System on a Civil Law Foundation," 17 *Yale J. Int'l L.* 1, 21-23 (1992).

145) 프랑스 형사소송법 제495-7조. 다만, 이 절차는 18세 이하 소년, 언론 관련 경죄, 과실치사에 관한 경죄, 정치 관련 경죄, 다른 특별법에 별도의 소추절차를 정하고 있는 경죄에 대하여는 적용하지 아니한다(Id. 제495-16조).
146) Id. 제495-8조 제2항.
147) <동아일보> 2005.1.17; <조선일보> 2005.1.17; <한겨레신문> 2005.1.17.

처리부담이 중대한지는 따져보아야 한다. 그리고 유죄답변협상은 형사사건을 사실상 검찰수사단계에서 종료시키므로 위헌의 소지가 크다. 유죄답변협상의 입법화 필요성 여부와 그 조건 등에 대한 논의는 차후로 미루더라도, 현재로는 유죄답변협상이 허용되지 않음은 분명하다.

그리고 수사기관이 피의자가 자신의 정당한 헌법적 · 법률적 권리를 포기하면 이익을 제공하겠다거나, 피의자가 자백을 하면 고문, 폭행 등 금지되는 신문방법을 행사하지 않겠다거나, 자백하면 금전 또는 금지약물을 제공해 주겠다고 하는 등의 약속 또한 사법경찰관이 자신의 권한도 아닌 기소유예처분이나 낮은 구형량을 약속하는 행위 등은 허용되지 않을 것이다.

또한 제4장 제1.에서 검토한 미국 유죄답변협상에서 사용되고 있는 두 가지 기법, 즉 경한 죄에 대하여 자백하지 않으면 중한 죄로 기소하겠다고 위협하는 '초과기소'(overcharging)나, 피의자가 자백을 하지 않으면 피의자의 배우자나 다른 가족구성원 등을 처벌하겠다고 위협하는 '답변 엮기'(plea wiring)도 자백배제법칙이 금지하는 '협박'에 해당한다.

그렇지만 저자는, 고문, 폭행, 협박, 불법 · 부당한 구속, 기망 — '깨어진 약속'을 포함하는 — 에 의한 자백과는 달리, 수사기관의 **합법적** 약속에 의해 획득한 자백은 일률적으로 배제해야 한다는 결론을 내릴 수 없다고 본다. 피의자에게 이익을 약속하는 것 자체가 피의자의 자유로운 의사결정을 저해하는 불공정한 국가기관의 행위라고 파악하는 견해도 있으나,148) 현행법상 권한 있는 수사기관이 피의자가 자백을 하면 **법률이 허용하는 범위 내에서** 이익을 부여하겠다고 약속하는 것은 문제가 없다. 이러한 이익제공의 약속이 피의자의 의사결정에 영향을 미치는 것은 당연한 것이지만, 이는 법이 애초에 상정하는 압력이다.

우리 형사소송법은 독일과 달리 '기소편의주의'(Opportunitätsprinzip)를 채택하고 있으므로 검사는 '범행 후의 정황'(형법 제51조) 등을 고려하여 공소

---

148) 박상기 · 탁희성, 「자백의 임의성과 증거능력에 관한 연구」(한국형사정책연구원, 1997), 42면.

를 제기하지 않을 수 있으며(형사소송법 제247조), 구형량에 대한 재량 역시 가지고 있다. 그리고 형법 제52조는 "죄를 범한 자가 수사기관에 자수한 때는 그 형을 감경 또는 면제할 수 있다"라고 규정하고 있고, 형법 제152조의 위증·모해위증죄나 제156조의 무고죄를 범한 자가 그 공술한 사건의 재판 또는 징계처분이 확정되기 전에 자백 또는 자수한 때에는 형을 감면하도록 규정하고 있다(형법 제153조, 157조). 그리고 국가보안법 제16조도 자수자에 대한 형의 감면을 규정하고 있고, 부패방지법 제35조는 "이 법에 의한 신고를 함으로써 그와 관련된 자신의 범죄가 발견된 경우 그 신고자에 대하여 형을 감경 또는 면제할 수 있다"라고 규정하고 있으며, 특정범죄신고자등보호법 제16조도 동법 제 2 조에 규정된 특정 범죄를 신고하여 이와 관련된 자신의 범죄가 발각된 경우 형을 감경 또는 면제할 수 있도록 규정하고 있다. 여기서 '자수'는 당연히 '자백'을 내포하고 있다.

생각건대, 현행 법체제는 검사가 피의자의 자백과 수사에 대한 협조 여부를 참작하여 적용법조 선택, 입건 또는 기소 여부 결정 및 기소할 경우 구형량의 선택 등에 있어 재량을 행사할 수 있는 권한을 부여하고 있는 바, 이러한 권한의 행사방식으로 이루어지는 선처약속을 통하여 자백을 획득하는 것은 합법이라고 보아야 한다.149) 이러한 검사의 권한을 행사하기 위해서는 피의자의 자백 의사를 확인해야 하고, 이 확인과정에서 피의자의 자백과 수사협조에는 어떠한 혜택이 수반할 것인가를 고지하는 것은 통상적인 공소권행사의 절차이며, 이는 피고인이 객관적 정보에 기초한 합리적 선택을 할 수 있도록 도움을 주는 것이다.

권한 있는 수사기관이 합법적 이익제공을 약속한 것 자체만으로는 그 약속에 따라 획득한 자백의 임의성이 의심스럽게 되는 것은 아니지만, 이렇게 약속에 따른 자백을 허용하는 데는 전제조건이 있다. 즉 수사기관과의 약속 과정에는 변호인의 참여가 반드시 보장되어야 한다는 점이다. 그렇지

---

149) 조두영, "수사상 협상을 통하여 얻게 된 증거"(상), 법조협회, 「법조」 통권 512호 (1999. 5), 115면.

않다면 수사기관은 증거확보도 하지 않은 채 선처를 약속하여 자백을 받아내려 할 것이고, 변호인의 조력이 없는 경우에는 피의자는 수사기관이 제시하는 약속이 합법적이고 가능한 것인지를 제대로 판단할 수 없으며, 약속과정에서 피의자는 불리한 처지에 놓일 수 있기 때문이다. 상술한 프랑스의 '유죄승복' 제도의 경우, 범죄사실을 인정하는 피의자의 자백은 기록되고 검사에 의한 형벌의 제안은 변호인이 참석한 가운데 이루어지며, 이 때 피의자는 변호인의 조력을 받을 권리를 포기하지 못한다고 규정하고 있다.[150]

제 4. 거짓말탐지기 — 사용의 허용 여부와 검사결과의 증거능력

거짓말탐지기(polygraph)란 "심리적인 변화로 생리적 변화를 일으키는 과정에서 심장의 움직임과 혈압, 맥박의 변화 및 전류에 대한 피부 저항도의 변화와 호흡운동의 변화 상태 등을 기록하여 진술의 진위발견에 응용하는 장치"를 말한다.[151] 거짓말탐지기를 사용하는 전문가는 피검사자를 검사하는 데 여러 가지 방법을 사용하는데, 그 중 가장 많이 사용되는 방법은 '통제적 질문기술'(control question technique, CQT)이다. CQT는 첫째, 거짓말이 감지될 것이라는 두려움에 의해 야기된 심리적 스트레스는 자율신경체계 내에서 비자율적인 생리적 반응을 일으킨다는 것, 둘째 이러한 반응에 기초하여 검사자는 이러한 두려움을 감지해 낼 수 있다는 것을 전제로 삼고 있다.[152]

거짓말탐지기는 1979년 대검찰청 심리분석실에 최초로 설치된 이후, 현재 전국적인 차원에서 검찰과 경찰의 수사에서 과학적 수사방법의 일환으로 광범하게 사용하고 있다. 현행 대검찰청 '심리생리검사규정'에 따르면, 거짓말탐지기 검사는 수사기관의 의뢰나 피의자 등 사건관계인의 요청에

---

150) 프랑스 형사소송법, 제495-8조 제 4 항.
151) 거짓말탐지기 운영규칙, 경찰청예규 제449호(2012. 1. 3 개정) 제 2 조.
152) Paul C. Giannelli, "Polygraph Evidence: Post-Daubert," 49 *Hastings L. J.* 895, 903(1998).

따라 실시할 수 있는데(제7조 제3호), 이 검사는 반드시 검사받을 자의 동의를 받아야 하며(동조 제2호), 피검사자의 사상이나 이념이 아닌 객관적·구체적 사실에 대한 진위 판단을 위하여 필요한 때에 실시한다(동조 제4호).153)

그런데 거짓말탐지기 검사의 허용 여부 및 그 검사결과의 증거능력 인정 여부에 대해서는 크게 두 가지 입장이 대립하고 있다. 먼저 다수설은 거짓말탐지기 검사결과의 '사실적·자연적 관련성'(logical relevance)의 결여에 초점을 맞추고 검사결과의 증거능력을 부정한다. 즉, 거짓말탐지기는 그 성능과 조사과정에서의 정확성이 담보되는 최량의 조건이 구비될 수 없으므로 — 또는 설사 그러한 최량의 조건이 구비되더라도 — 그 검사결과는 증거로서의 신빙성을 결여하고 있는바, 그 증거능력은 부정되어야 한다고 보고, 수사단계에서의 거짓말탐지기의 사용은 피검사자의 동의가 있는 경우에 한하여 허용된다는 입장을 취하고 있다.154)

대법원 판례도 다수설과 같은 입장을 취하고 있다. 즉, 대법원은 거짓말탐지기의 증거능력이 인정되기 위해서는 거짓말탐지기의 구성원리에 관한 관련학계의 이론적 검증이 확인되어야 하고, 구체적 검사장비의 정확성, 질문조항의 작성과 검사의 기술 및 방법의 합리성, 검사자의 판독능력 등이 모두 확인되어야 그 검사결과에 증거능력을 인정할 수 있다는 입장을 견지하면서도,155) 수사단계에서 거짓말탐지기의 사용 자체는 금지하지 않고 있다.

이러한 입장은 과학적 증거는 특정분야에서 일반적인 승인을 획득한 것이 아니면 허용되지 않는다는 근거로 — '일반적 승인'(general acceptance) 기준 — 거짓말탐지기 검사결과의 증거능력을 부정한 미국의 지도적 판결

---

153) 심리생리검사규정, 대검예규 제793호(2015. 7. 16 개정).
154) 강구진, 「형사소송법원론」(1982), 485-486면; 배종대·이상돈·정승환·이주원(각주 61), 573면; 이재상(각주 102), 537면; 백형구, 「형사소송법」(2012), 436면; 차용석·최용성, 「형사소송법」(제4판, 2013), 264면.
155) 대법원 1979. 5. 22. 선고 79도547 판결; 대법원 1983. 9. 13. 선고 83도712 판결; 대법원 1985. 9. 24. 선고 85도306 판결; 대법원 1985. 4. 9. 선고 84도2277 선고 등.

인 1923년 'Frye v. United States 판결'156)과 그 궤를 같이 하고 있다. '사실적·자연적 관련성'에 기초하여 거짓말탐지기의 검사결과의 증거능력을 판단할 경우, 과학기술의 발전으로 검사의 정확성이 보장하는 '최량의 조건'이 실현된다면 검사결과의 증거능력이 인정될 수 있음이 예정된다. 예컨대, 미국 연방대법원은 1993년의 'Daubert v. Merrell Dow Pharmaceuticals, Inc. 판결'157)에서 1923년 프라이 판결 이후 지배적 기준으로 자리잡은 '일반적 승인' 기준을 폐기하고 새로운 기준을 채택하여, 거짓말탐지기의 검사결과의 증거능력 판단에 있어 판사에게 보다 많은 재량을 부여하고 증거능력 인정의 여지를 넓힌 바 있다.158)

반면 소수설은 거짓말탐지기의 '법적 관련성'(legal relevance)에 초점을 맞추어 검사결과의 증거능력의 부정은 물론, 수사단계에서의 거짓말탐지기 사용금지를 주장한다. 즉, 거짓말탐지기가 야기하는 문제는 "인간이 기계적 과정의 객체가 됨으로써 국가시민으로서 누리는, 인간의 존엄과 가치로부터 도출되는 인격권이 침해된다"159)는 데 있으며, 거짓말탐지기의 사용 자체가 "진술의 주체인 인간에 대하여 그의 내면세계를 신체적 반응으로 전환하여 진위를 파악하려는 국가기관의 위헌적 시도"이고, "단순히 자연적 관련성의 관점을 넘어서서 인간의 존엄과 가치 및 진술거부권의 보호라는 법적 관련성까지 포함시켜 이를 금지"해야 하고, 따라서 그 검사의 증거능력은 부정된다는 입장이다.160)

이는 피의자의 동의 유무를 불문하고 거짓말탐지기를 의사결정 및 의

---

156) 293 F. 1013(D.C. Cir.1923).
157) 509 U.S. 579(1993).
158) Id. at 593-594. 그 기준은 (i) 과학적 증거를 뒷받침하는 이론이나 기술이 검증될 수 있는지 여부, (ii) 그 이론이나 기술이 과학계의 심사를 받았는지 그리고 발표되었는지 여부, (iii) 알려진 또는 잠재적 오류의 비율이 있는지 여부, (iv) 그 이론이나 기술이 일반적 인정을 받았는지 여부 등이다(Id.).
159) 하태훈, "한국과 독일의 형사소송절차에 있어서의 거짓말탐지기," 「형사법학의 과제와 전망: 성시탁 화갑기념논문집」(1993), 933면.
160) 신동운, "자백의 신빙성과 거짓말탐지기 검사결과의 증거능력," 「법과 정의: 경사 이회창 선생 화갑기념논문집」(1995), 250-251면.

사활동의 자유의 침해라는 금지된 신문방법으로 이해하는 독일 연방대법원 (BGH) 판결과, 거짓말탐지기는 피검사자를 기계의 부속물로 전락시켜 그의 인격권을 침해한다는 독일 연방헌법재판소(BVerfG) 판결의 연장선에 서 있다.[161] 이 소수설의 입장에 따르자면 피검사자의 동의 여부와 관계없이 수사기관에 의한 일체의 거짓말탐지기 사용은 금지되어야 하며, 따라서 현행 거짓말탐지기운영규정 역시 위헌적인 것이 된다.

먼저 거짓말탐지기의 사용 자체가 위헌인가의 문제를 검토하기로 한다. 피검사자의 의사에 반하여 거짓말탐지기 검사를 하는 것은 결코 허용되지 않으며, 그 검사를 강제할 수단— 예컨대 거짓말탐지기 검사를 위한 감정영장— 도 허용되지 않는다는 점은 어느 입장에 의해서도 공유될 것이다.

문제는 피검사자의 진지한 자발적 동의가 있는 경우에도 거짓말탐지기 검사는 피검사자의 인격권과 진술거부권을 침해하는가이다. 거짓말탐지기 검사는 단순히 피검사자의 생리적 변화를 기록하는 것이 아니라, 주도면밀하게 준비된 검사자의 질문에 대한 피검사자의 답변 속에 나타나는 생리적 변화를 증거로 하는 것이므로 그 검사결과는 진술증거에 준하는 성격을 갖고 있다. 따라서 거짓말탐지기 검사는 진술거부권을 침해할 소지가 존재한다. 그렇다면 "피고인에게 불리한 진술을 거부할 권리가 있는 것과 같이 불리한 내심의 상태 역시 노출시키지 않을 권리도 보장되어야 할 것"[162]이다.

그렇지만 피검사자 시민이 자신의 권리인 진술거부권을 행사하지 아니하고 진술을 할 수 있는 것처럼, 시민은 거짓말탐지기 검사 역시 자발적으로 받을 수 있다고 본다. 이 경우에도 시민이 기계적 과정의 대상이 된다는 면에서 인격권 침해의 소지가 있으나, 그럼에도 불구하고 시민은 자신의 진술의 진실성을 방어하기 위하여 거짓말탐지기 검사를 선택한다면 그 선택은 존중되어야 할 것이다. 독일 형사소송법 제136조의 a는 피의자의 '의사결정과 의사활동의 자유에 대한 침해'(제1조), '기억력이나 통찰력에 대한 침

---

161) 5 BGHSt 332, 335(1954); BVerfG, NStZ 446(1981). 독일에서의 논의에 대해서는 하태훈(각주 159), 926-932면을 참조하라.
162) 박주봉, "거짓말탐지기 조사결과와 증거능력," 「재판자료」 제23집(1984), 494면.

해'(제 2 조)가 금지됨을 명문으로 규정하고 있으므로 거짓말탐지기는 사용 자체가 금지되는 것이지만, 우리 헌법과 형사소송법의 자백배제법칙이 거짓말탐지기의 사용 그 자체를 위헌·불법으로 규정하고 있다고 보기는 어렵다.

이제 초점은 피검사자의 자유롭고 진정한 동의를 확보하는 방법과 절차에 맞추어져야 한다. 즉, 검사자는 거짓말탐지기의 작동원리와 검사의 성질을 설명하고 동의를 구해야 하며, 피검사인이 검사에 동의하지 않더라도 강제적 검사실시나 그 외의 형사절차상의 불이익이 없음을 고지해야 하며, 피검사자의 변호인이 있는 경우는 변호인의 동의 역시 구해야 할 것이다.[163]

다음으로 우리나라에서 거짓말탐지기의 정확도·신뢰도 또는 '자연적 관련성'에 대한 체계적 검증작업, 통계나 실증적 연구는 매우 부족한 상태이다. 이러한 조건하에서 거짓말탐지기의 검사결과의 증거능력을 인정하는 것은 매우 성급한 일이다. 거짓말탐지기의 과학적 정확성과 신뢰도, 검사요원의 자질과 경험 등이 아직 검증되지 않은 우리나라의 상황에서 — 피검사자의 동의가 있었다 하더라도 — 미국의 1993년 도버트 판결과 같이 거짓말탐지기 검사결과의 증거능력을 인정하도록 여지를 여는 것은 즉각 수사기관의 거짓말탐지기 검사 남용과 그에 따른 피고인의 방어권에 대한 중대한 차질을 초래할 것이므로 동의할 수 없다. 이와 관련하여 현행 검찰의 심리생리검사규정에 과거 훈령 제25조로 제정된 운영규칙 제 2 조 제 3 호의 "검사를 거부하는 경우 이를 이유로 거부한 자에게 불이익한 추정을 하거나 불이익한 결과를 초래할 우려가 있는 조치를 할 수 없다"라는 요청이 삭제된 것은 매우 유감스러운 일이다.[164]

한편 하태훈 교수는 원칙적으로 소수설의 입장에 서면서도, 피고인이 증거결핍상황에 놓여 거짓말탐지기 검사만이 자기의 무죄를 입증해줄 유일한 방법으로 판단하고 적극적으로 검사를 요구한 경우는 거짓말탐지기 검사

---

163) Id. 492면.
164) 이에 비하여 경찰청의 거짓말탐지기운영규칙 제 3 조 제 3 호는 이 규정을 유지하고 있다.

가 허용되어야 하고 피검사자에게 유리한 검사결과의 증거능력도 인정해야 한다고 주장한다.[165] 피고인의 방어권을 강화하려는 이 입장의 문제의식에 는 공감이 가지만, 피고인에게 불리한 검사결과는 증거능력을 인정하지 않 으면서 왜 피고인에게 유리한 검사결과의 증거능력이 인정되어야 하는가에 대한 해명이 필요하다고 본다.

요컨대, 피검사자의 자유롭고 진정한 동의가 있는 경우 거짓말탐지기 검사는 허용되며, 그 검사결과는 수사의 참조자료는 될 수 있지만 그 증거능 력은— 그 결과가 피고인에게 유·불리한가와 관계없이[166] — 부정되어야 한다.

제 5. 마취분석

마취분석(narcoanalysis)이란 '진실자백약'(truth serum)[167] 등의 약물을 사 용하여 대상자의 자기통제력을 약화시켜 진실을 말하도록 하는 방법이다. 1950년대까지 서구의 형사절차에서 마취분석은 과학적 수사방법의 하나로 인정되어 사용되었으나, 마취분석에 사용되는 약물은 중대한 신경손상 등의 상해, 나아가 사망을 초래할 수 있는 위험이 있다는 점,[168] 약물을 통하여 인간의 자기결정권과 통제력을 박탈한다는 점,[169] 마취분석 기법 자체의

---

165) 하태훈(각주 159), 933-934, 936면. 이러한 입장은 1998년 'United States v. Scheffer 판결'[523 U.S. 303(1998)]에서의 스티븐스 대법관의 반대의견과 같은 취지 이다.
166) 이 점에서 저자는 거짓말탐지기의 검사결과의 내용과 관계없이 그 증거능력을 부정하고, 피고인이 자신의 변호를 위해 거짓말탐지기 검사결과를 증거로 사용할 헌법상의 권리를 갖는 것은 아니라고 판시한 각주 165의 셰퍼 판결의 다수의견에 동의한다.
167) 이에 대해서는 John M. MacDonald, "Truth Serum," 46 *J. Crim. L. & Criminology* 259(1955)을 보라.
168) John C. Gall, Jr., M.D., "The Case Against Narcointerrogation," 7 *J. Forensic Sci.* 29, 34-35(1962).
169) Lindsey v. United States, 237 F. 2d 893, 894(9th Cir. 1956).

신빙성 역시 매우 의심스럽다는 점[170] 등이 밝혀지면서 현재로는 사용되지 않고 있다. 독일 형사소송법 제136조의 a는 이 기법을 금지된 신문방법의 예로 명시적으로 규정하고 있다. 일본의 경우도 마취분석은 약품의 작용에 의해 인격을 분열시켜 진실을 끌어내는 것으로서 수사수단으로 이를 이용하는 것은 수사의 상당성을 결한 것으로서 일체 허용되지 않고 있다.[171]

생각건대, 마취분석은 피고인의 진술거부권을 침해함은 물론이고, 인간의 의사결정능력을 배제함으로써 인간의 존엄과 가치를 정면으로 부정하는 위헌·위법의 수사방법이다.[172] 따라서 피분석자의 동의 여부와 관계없이 마취분석을 통하여 취득된 자백의 증거능력은 의무적으로 부정된다고 해야 한다.

---

170) MacDonald(각주 167), at 259; George H. Dession, Lawrence Z. Freedman, Richard C. Donnelly & Fredrick C. Redlich, "Drug-Induced Revelation and Criminal Investigation," 62 *Yale L.J.* 315, 319(1953); C. W. Muehlberger, "Interrogation Under Drug Influence: The So-Called "Truth Serum" Techniques," 42 *J. Crim. L. & Criminology* 513(1951). 법원의 판결로는 United States v. Solomon, 753 F. 2d 1522, 1525-1526(9th Cir. 1985)을 보라.
171) 鈴木茂嗣,「刑事訴訟法」(1990), 94면.
172) 신동운(각주 5), 594면; 이재상(각주 102), 487면; 배종대·이상돈·정승환·이주원(각주 61), 573면.

제5장

결 론

자백이 형사사건의 해결에서 갖는 중요함에도 불구하고, 헌법과 법률
이 명시적으로 자백배제법칙을 규정하고 있는 이유를 되새겨보아야 한다.
특히 '임의성 없는 자백'이 아니라 '임의성이 의심스러운 자백'의 증거능력
을 배제할 것을 요구하는 형사소송법 제309조의 실천적 의미는 각별히 강조
되어야 한다. 피의자가 범한 것으로 의심되는 범죄의 불법성이 아무리 높다
하더라도 수사기관이 위법한 자백획득방법을 사용하는 것은 민주주의 헌법
체제에 대한 정면 도전이기에 결코 용납되어서는 안 된다.

자백이 형사절차에서 사실상 갖고 있는 '증거의 여왕'의 자리는 완전히
박탈되어야 하며, 일체의 사소한 복위(復位)의 움직임도 원천 봉쇄되어야
한다. 법원은 형사사법체제의 염결성을 지키고, 위법자백획득의 수사를 억
지하는 엄격한 감시자가 되어야 한다. 마지막으로 미국 연방대법원의 1964
년 'Escobedo v. Illinois 판결'[1])의 다음과 같은 진단은 우리 현실에서 여전히
귀기울일 만한 가치가 있을 것이다.

> '자백'에 의존하게 되는 형법집행체제는 솜씨 있는 신문을 통하여 독자적으
> 로 확보되는 부대증거(extrinsic evidence)에 의존하는 체제보다는 결국에 있어
> 서는 신빙성을 덜 갖게 되고 남용될 가능성이 더 많아질 것이다.[2])

---

1) 378 U.S. 478(1964).
2) Id.

제 3 편

통신비밀보호법 위반과 증거배제

"불법검열에 의하여 취득한 우편물이나 그 내용 및 불법감청에 의하여 지득 또는 채록된 전기통신의 내용은 재판 또는 징계절차에서 증거로 사용할 수 없다"(통신비밀보호법 제4조).

　"대화를 비밀리에 녹음하는 것, 그리고 녹음테이프를 매개로 하여 화자(話者)의 동의 없이 제3자에게 전하는 것은 모두 화자의 인격영역 및 자기의 언어에 대한 그의 권리를 침해하는 것이라고 아니할 수 없다"(1960년 6월 1일 독일 '녹음테이프 판결').

제1장

서 론

수십 년간의 권위주의 체제 아래에서 수사기관에 의한 도청과 우편물 검열은 공공연한 비밀이었다. 1988년에 당시 야당이었던 평화민주당은 '우편 및 통신의 비밀보장에 관한 법률안'을, 당시 여당인 민주정의당은 '통신비밀의 보호에 관한 법률안'을 제출하였으나 국회에서 통과되지 못하고 자동폐기되었다.[1] 불법적 도청이나 우편물 검열에 대한 법적 규제는 1993년 김영삼 정부가 들어서면서 비로소 이루어진다.

현행 통신비밀보호법은 1992년 대선 직전에 발생한 '초원복국집 사건'의 산물이다. 1992년 12월 대선 직전, 당시 여당인 민주자유당의 김영삼 후보를 지지하는 김기춘 전 법무부장관과 부산지역 기관장들이 한 복국집에서 선거개입과 지역감정 조장을 도모하는 대책회의를 가졌는데, — 여기서 이후 지금까지 회자되는 김기춘 씨의 "우리가 남이가?" 발언이 나온다. —, 당시 정주영 국민당 후보 측이 대화내용을 도청하여 언론에 공개한 사건이다.[2] 이 사건으로 김 후보 측은 불리한 처지에 놓였으나, 정부·여당은 국민

---

1) 이 두 법안에 대한 분석으로는 윤정석, "도청 및 전자적 감시방법의 사용에 관한 법리적 문제점"(하), 법조협회, 「법조」(1993. 7), 98-114면을 참조하라.
2) 당시에는 통신비밀보호법이 없었으므로 도청을 행한 국민당 관계자들은 주거침입죄로 유죄판결을 받았고(대법원 1997. 3. 28. 선고 95도2674 판결), 김기춘 씨는 대통령선거법 위반으로 기소되었으나 선거운동을 할 수 없는 자의 범위를 제한한 동법 제36조 제1항에 대한 위헌심판을 헌법재판소에 청구하여 위헌결정을 얻어냈다

당의 도청을 부각시켜 역공을 전개함으로써 대선승리를 거두었다. 자신이 도청의 피해자임을 강조하며 집권한 김영삼 대통령은 도청을 합법화하면서도 그 허가요건과 절차를 규제하는 법률의 제정을 추진하였고, 그 결과 1993년 12월 27일 통신비밀보호법이 제정되기에 이른다. 동법은 이렇게 묘한 정치적 배경을 갖고 탄생하였다.

현행 통신비밀보호법은 "누구든지 이 법과 형사소송법 또는 군사법원법의 규정에 의하지 아니하고는 우편물의 검열·전기통신의 감청 또는 통신사실확인자료의 제공을 하거나 공개되지 아니한 타인간의 대화를 녹음 또는 청취하지 못한다"(제3조 제1항), "누구든지 단말기기의 고유번호를 제공하거나 제공받아서는 안 된다"(동조 제3항)라고 규정하고 있다. 특히 주목해야 할 점은 동법이 "불법검열에 의하여 취득한 우편물이나 그 내용 및 불법감청에 의하여 지득 또는 채록된 전기통신의 내용"(제4조) 및 "공개되지 않은 타인간의 대화의 녹음이나 청취"(제14조)의 내용은 "재판 또는 징계절차에서 증거로 사용할 수 없다"고 규정하고 있는바, 통신비밀보호법이 규정한 위법수집증거배제법칙 — 동법은 '증거사용금지'(Beweisverwertungsverbot)라는 독일식 용어를 사용하고 있다(제4조) — 은 형사재판의 경우는 물론 그 외의 재판과 재판 외의 징계절차에도 적용된다는 점이다.

이러한 통신비밀보호법의 규정은 다름 아닌 헌법 제18조가 규정하고 있는 '통신비밀의 불가침'을 실현하기 위한 것이다. 동조가 그 비밀을 보호하는 통신의 일반적인 속성으로는 당사자간의 동의, 비공개성, 당사자 수의 비제한성, 당사자의 특정성 등을 들 수 있으며, 동조가 규정하고 있는 '통신'의 의미는 "비공개를 전제로 하는 쌍방향적인 의사소통"이라고 할 수 있다.3) 그리고 '통신의 비밀'이란 통신내용은 물론이고, 통신의 구성요소가 될 수 있는 통신당사자에 관한 사항, 착발신지, 통신일시, 통신횟수, 통신방법 등이 포함된다. 왜냐하면 이러한 사항에 의해서도 특정한 통신의 의미내용을 추정할 수 있기 때문이다.4) 이러한 통신의 비밀의 보호는 헌법 제17조

[헌법재판소 1994. 7. 29. 선고 93헌가4, 6(병합) 결정].

3) 헌법재판소 2001. 3. 21. 선고 2000헌바25 결정.

4) 황성기, "'통신제한조치'의 헌법적 한계와 구체적 통제방안," 한국정보법학회, 「정

가 보장하는 '사생활의 비밀과 자유'와 긴밀하게 연관되어 있다. 헌법이 "통신의 자유를 기본권으로 보장하는 것은 사적 영역에 속하는 개인간의 의사소통을 사생활의 일부로서 보장하겠다는 취지에서 비롯된 것"이며, "사생활의 비밀과 자유에 포섭될 수 있는 사적 영역에 속하는 통신의 자유를 헌법이 별개의 조항을 통해서 기본권으로 보호하고 있는 이유는 … 국가에 의한 침해의 가능성이 여타의 사적 영역보다 크기 때문"이다.[5]

이상과 같은 이유에서 이러한 헌법상의 기본권을 제한하는 통신비밀보호법상의 각종의 통신제한조치는 강제수사일 수밖에 없다. 그리고 동법이 규정하고 있는 통신제한조치 허가제는 헌법 제16조의 영장주의가 통신비밀보호법을 통하여 통신의 자유에까지 확장된 것이다.[6]

그리고 헌법이 보장하는 사생활의 비밀과 자유, 통신의 비밀은 사인 간에도 적용되고(기본권의 대사인간 효력), 통신비밀보호법 제3조와 제14조 제1항은 동법의 수범자를 명시적으로 "누구든지"라고 표현하고 있다. 현재 도청장치는 사인에 의해서도 쉽게 구입할 수 있으며, 사인에 의한 통신비밀 침해도 계속되고 있다는 점을 생각할 때 이러한 입법의 태도는 올바르다.[7] 그리고 동법의 제정계기가 되었던 '초원복국집 사건'이 바로 사인에 의한 도청이었음도 상기할 필요가 있다. 요컨대, 통신비밀보호법의 수범자(垂範者)는 수사기관은 물론 사인을 포함하며, 이 점은 대법원에 의해서도 확인된 바 있다.[8]

보법학」 제3호(1999. 12), 117면.
5) 헌법재판소 2001. 3. 21. 선고 2000헌바25 결정.
6) 황성기, "현행 통신비밀 보호법제의 헌법적 문제점," 한국언론법학회, 「언론과 법」 제14권 제1호(2015), 14면.
7) 2000년 5월 현재 경찰은 2만여 점의 불법 감청설비가 시중에 나돌고 있고, 1400여 개의 심부름센터와 일부 도청탐지업체, 사적인 정보수집업체 등이 불법 감청설비를 사용하고 있는 것으로 파악하고 있다(<동아일보> 2000.5.13). 2004년 통신비밀보호법 개정에 따라 불법감청설비 탐지업체는 이용자보호계획 등을 수립하고 중앙전파관리소에 사업자 등록을 해야 한다. 등록을 하지 않고 탐지업을 하다 적발되면 동법 제17조에 의거, 5년 이하의 징역 또는 3천만원 이하의 벌금형을 받게 된다.
8) 대법원 2001. 10. 9. 선고 2001도3106 판결.

![제2장]

통신비밀보호법의 의의와 한계
— 도청의 합법화인가, 도청의 통제인가? —

통신비밀보호법 제 1 조는 "통신 및 대화의 비밀과 자유에 대한 제한은 그 대상을 한정하고 엄격한 법적 절차를 거치도록 함으로써 통신비밀을 보호하고 통신의 자유를 신장함을 목적으로 한다."라고 규정하고 있다. 그렇지만 법 자체의 한계와 운영상의 문제 등 때문에 이 법은 수사기관의 불법감청에 대하여 실질적 통제 기능을 하기보다는 합법의 외피를 부여하는 데 그치고 있다는 비판은 계속되고 있다. 따라서 동법 제 4 조가 규정하고 있는 증거사용금지 문제를 보기 전에, 동법 자체의 문제점을 개괄하기로 한다.

제 1. 통신제한조치

Ⅰ. 개념정리

통신비밀보호법이 규정하는 통신제한조치의 종류와 요건에 대하여 검토하기 이전에, 동법이 사용하는 용어에 대해 간략하게 정리할 필요가 있다.

먼저 동법에서 '통신'은 우편물 및 전기통신을 말하는데(제2조 제1호), '우편물'은 "우편법에 의한 통상우편물과 소포우편물"(동조 제2호)을 말하고, '전기통신'은 "전화·전자우편·회원제정보서비스·모사전송·무선호출 등과 같이 유선·무선·광선 및 기타의 전자적 방식에 의하여 모든 종류의 음향·문언·부호 또는 영상을 송신하거나 수신하는 것"(동조 제 3 호)[1]을 말한다. "비공개를 전제로 하는 쌍방향적인 의사소통"[2]의 속성을 지니는 한, 그를 위해 이용하는 수단의 종류나 유형은 상관없다.[3] 따라서 페이스북, 트위터 등 SNS상의 통신, 카카오톡(kakao talk), 라인(LINE) 등 모바일 메신저(mobile messenger)에서의 통신 모두 이에 포함된다.

그리고 우편물에 대한 제한조치를 '검열,' 전기통신에 대한 제한조치를 '감청'이라 칭하는데, 양자를 포괄하여 '통신제한조치'라고 칭한다(제 3 조 제 2 항). 이 때 '검열'이란 "우편물에 대하여 당사자의 동의 없이 이를 개봉하거나 기타의 방법으로 그 내용을 지득 또는 채록하거나 유치하는 것"(제 2 조 제 6 호)을 말하며, '감청'이란 "전기통신에 대하여 당사자의 동의 없이 전자장치·기계장치 등을 사용하여 통신의 음향·문언·부호·영상을 청취·공독(共讀)하여 그 내용을 지득 또는 채록하거나 전기통신의 송·수신을 방해하는 것"을 말한다(동조 제 7 호).[4] 여기서 '당사자'란 "우편물의 발송인과 수취인," "전기통신의 송신인과 수신인"을 말한다(동조 제 4 호). 제 3 장 제 1. Ⅱ.에서 후술하겠으나 여기서의 '당사자의 동의'가 일방 당사자의 동의인가, 쌍방 당사자의 동의인가가 중요한 이론적 쟁점이 되고 있다.

먼저 2001년 법개정으로 전기통신의 방식을 명시적으로 열거한 것은 중요한 진전이다. 그 이전에는 수사기관이 전자우편, 컴퓨터 통신, 카카오톡 등에 대한 감청을 하기 위하여 수사상 편의로 허가요건이 엄격하지 않은

---

1) 강조된 문언은 2001년 법개정으로 추가된 부분으로, 이전에는 이러한 것들이 '전기통신'에 속하느냐에 대하여 해석상의 논란이 있었으나 법개정으로 해결되었다. '전기통신'은 미국식 용어로는 '유선통신'(wire communication)과 '전자통신'(electronic communication)을 합친 것을 지칭한다.
2) 헌법재판소 2001. 3. 21. 선고 2000헌바25 결정.
3) 황성기, "현행 통신비밀 보호법제의 헌법적 문제점," 한국언론법학회, 「언론과 법」 제14권 제 1 호(2015), 10-11면.
4) 통신비밀보호법상의 '감청'(監聽)이 되기 위해서는 감청의 대상이 전기통신이어야 하고, 감청의 수단으로는 전자장치나 기계장치 등을 사용하여야 한다. 따라서 타인의 대화나 전화 내용을 몰래 엿듣는 행위를 널리 일컫는 일상생활상의 용어인 '도청'(盜聽)과는 구별된다. 그리고 '도청'은 그 자체로 불법이라는 의미를 갖고 있지만, '감청'의 경우는 그러하지 않고 적법절차에 따른 통신제한조치이다.

압수·수색영장을 청구하는 사례가 많았던바, 이러한 실무를 금지하기 위하여 법개정이 이루어졌다. 법원은 수사기관이 전자우편, 컴퓨터 통신내용, 카카오톡에 대해 감청영장이 아닌 압수·수색영장을 청구할 경우 기각해야 하며, 압수·수색영장을 통해 수집한 컴퓨터 통신내용은 불법감청에 의한 것이므로 그 증거능력을 부정해야 할 것이다.

다음으로 여기서의 '전기통신'은 송수신중의 전기통신을 의미한다. 통신비밀보호법 제2조 제3호가 '전기통신'을 정의하면서 "송신하거나 수신하는 것"(강조는 인용자)이라는 현재진행형 문구를 사용하고 있기 때문이다. 오기두 판사는 국민의 통신관련 기본권을 더 잘 보호할 수 있다는 목적론적 해석론에 입각하여 통신비밀보호법은 통신서비스 회사에 저장된 기록에 대해서도 적용된다고 주장하고 있지만,[5] 통신비밀보호법은 통신행위 자체의 비밀을 보호하는 데 초점이 맞추어진 것이지 형사소송법상의 압수·수색의 적용을 배제하며 통신의 결과물까지 자신의 영역으로 규정하고 있다고 보기는 어렵다.

판례 역시 이러한 입장을 따르고 있다. 즉,

"해당 규정의 문언이 송신하거나 수신하는 전기통신 행위를 감청의 대상으로 규정하고 있을 뿐 송·수신이 완료되어 보관 중인 전기통신 내용은 대상으로 규정하지 않은 점, 일반적으로 감청은 다른 사람의 대화나 통신 내용을 몰래 엿듣는 행위를 의미하는 점 등을 고려하여 보면, 통신비밀보호법상 '감청'이란 대상이 되는 전기통신의 송·수신과 동시에 이루어지는 경우만을 의미하고, 이미 수신이 완료된 전기통신의 내용을 지득하는 등의 행위는 포함되지 않는다."[6]

제3장에서 상술하겠지만, 이미 송수신이 완료되어 저장되어 있는 대화 내용을 통신제한조치 허가서를 발부받아 수집하는 것은 불법이며, 그

---

5) 오기두, 「형사절차상 컴퓨터관련증거의 수집과 이용에 관한 연구」(서울대학교 박사학위 논문, 1997), 205-206면.
6) 대법원 2012. 10. 25. 선고 2012도4644 판결(강조는 인용자).

증거는 증거능력이 없다.[7]

여기서 주의할 것은 송수신의 완료시점일 것인데, 수신자가 통신의 내용을 확인하기 전에는 '송수신중'으로 해석하는 것이 통신비밀의 보호의 관점에서 타당할 것이다.[8] 학계와 실무계 모두는 수신자가 통신내용을 확인한 이후의 전기통신, 예컨대 전화수신기에 녹음된 메시지, 서버나 수신자의 컴퓨터에 저장된 전자우편, 휴대전화에 저장된 문자메시지 등을 당사자의 동의 없이 채록하는 것은 통신비밀보호법의 규율을 받는 것이 아니라, 형사소송법상 압수·수색·검증의 법리의 규율을 받는 것으로 이해하고 있다.[9]

그리고 후술하듯이 동법 제14조가 "공개되지 않은 타인간의 대화"의

---

7) 대법원 2016. 10. 13. 선고 2016도8137 판결.

8) 오경식, "통신비밀보호법의 형사법적 검토," 한국형사정책학회, 「형사정책」 제16권 제1호(2004), 64면, 주 27.

9) 단, 저자는 동법 제2조 제9호 '전자우편'을 정의하면서 "전송하는 것 또는 전송된 메시지"(강조는 인용자)라는 문언을 사용하고 있다는 점에 주목한다. 제3호와 제9호 사이에 긴장이 존재하는 것은 사실이나, 통신비밀을 강하게 보호한다는 입법취지를 고려할 때 저장된 전자우편도 통신비밀보호법의 적용대상으로 파악할 필요가 있다고 본다. 사실 통신비밀보호법은 전기통신 일시, 전기통신 개시·종료시간, 발·착신 통신번호 등 상대방의 가입자 번호, 사용도수, 컴퓨터 통신 또는 인터넷의 로그기록 등 '통신사실확인자료'를 통신비밀보호영장의 발부대상으로 규정하고 있는 바(제2조 제11호), 전자우편과 통신사실확인자료를 비교할 때 전자의 보호필요성이 훨씬 높다. 이후 파기되기는 하였지만, 2002년 서울지방법원은 다음과 같이 판시하였다. 즉, "이메일은 일반 우편물이나 전화와는 달리 송수신이 완료되거나 수신인이 메일을 열어보아 그 내용을 알게 된 후에도 송신인과 수신인이 각자의 컴퓨터 및 메일서버에 그 메일을 계속 보관하고 있는 경우가 많은 특성이 있으므로, 이메일에 대한 감청의 범위는 일반 우편물에 대한 검열 및 전화에 대한 감청의 범위와 비교하여 논할 수 없다. 송수신인이 송수신이 완료된 메일의 내용을 별도의 파일 형식에 담아 공개하지 않는 이상 그 메일은 전자우편의 외형을 계속 유지하고 있고 그 메일 내용에 대한 통신의 비밀은 여전히 보호될 가치가 있다고 보아야 한다. 절차적으로 보더라도 송신인의 컴퓨터나 메일서버에 대하여 강제수사를 하는 경우에는 송신인이 여러 사람에게 보낸 수많은 메일에 대하여 수신인에게 도착되었는지 또는 수신인이 그 메일을 열어보았는지를 개별적으로 쉽게 확인할 수 없는데 이러한 경우 메일 도착 여부 또는 수신인의 개봉 여부에 따라 일부는 감청의 대상으로 보아 통신제한조치를 취하고 일부는 압수수색의 대상으로 보아 영장을 발부받아야 한다고 해석하는 것은 비현실적이다."(서울지방법원 2002. 9. 10 선고 2002고단3514 판결).

녹음이나 청취를 금지하고 있는 데 반하여, 전기통신의 감청의 경우에는 당해 전기통신의 공개 여부에 대한 문언이 존재하지 않는다. 공개된 전기통신의 경우의 예로는 인터넷 서비스 가입자가 공개된 '전자게시판'(electronic bulletin board)에 자신의 의견을 올리거나 답변을 올리는 행위를 들 수 있을 것인데, 이 경우는 행위자가 자신의 통신내용을 모든 사람이 채록해도 좋다고 명시적 또는 묵시적으로 동의한 것으로 보아야 할 것이기에 동법의 보호대상에서 제외된다고 할 것이다.[10] 그러나 폐쇄된 인터넷 카페나 동호인방 등에서 이루어지는 통신행위는 동법의 보호대상이 될 것이다.

Ⅱ. 범죄수사를 위한 통신제한조치 — 광범한 대상범죄와 느슨한 사법통제

통신비밀보호법은 일정한 범위의 범죄수사를 위한 통신제한조치의 허가요건을 규정하고 있다(제5조 제1항). 통신제한조치는 위 범죄를 "계획 또는 실행하고 있거나 실행하였다고 의심할 만한 충분한 이유가 있고 다른 방법으로는 그 범죄의 실행을 저지하거나 범인의 체포 또는 증거의 수집이 어려운 경우에 한하여" 허가할 수 있다(동조 제1항).

문제는 그 대상범죄의 광범함이다. 현행법상 통신제한조치의 대상범죄는 형법과 군형법에 규정된 다수의 범죄, 국가보안법·군사기밀보호법·군사시설보호법에 규정된 범죄 전체, 마약류관리등에관한법률, 폭력행위등처벌에관한법률, 총검·도검·화약류등단속법, 특정범죄가중처벌등에관한법률, 특정경제범죄가중처벌등에관한법률에 규정된 일부 범죄이다. 2001년 제6차 개정을 통하여 40개 정도의 범죄가 도청대상범죄에서 제외되었지만, 이 때 경매, 입찰방해죄, 조직폭력과 관련된 범죄 및 총기류에 관한 범죄 일부가 추가되었던바, 현재 100개가 넘는 범죄가 여전히 감청의 허용대상이 된다.[11]

---

10) 심희기, "수사·정보기관의 감청도청의 실태와 통신비밀보호법의 개정 방향," 한국형사정책연구원, 「형사정책연구」 제10권 제3호(1999년 가을), 25면.
11) 2004년 10월 3일 경찰청이 국회 행정자치위원회에 제출한 <2001년 이후 범죄유

2014년 법무부가 국회 미래창조과학방송통신위원회 장병완 새정치민주연합 의원에게 제출한 '최근 5년간 통신제한조치허가서 죄명별 발부 현황'을 보면, 2011년 총 93건이던 통신제한조치허가는 2013년에 161건으로 증가했고, 2014년 8월까지 발부된 통신제한조치허가서 122건 중 국가보안법 사건 수사용이 101건(전체 통신제한조치의 82.8%)이었다.12) 통신제한조치의 80% 이상을 차지하는 국가보안법은 — 특히 제 7 조 고무·찬양죄 — 표현의 자유를 억압하는 법률로 논란이 끊이지 않는 법률인바, 통신제한조치 대상범죄의 축소를 검토해야 한다.

비교법적으로 볼 때 세계 주요 민주주의 국가에서는 통신제한조치 대상범죄를 주로 조직범죄와 중범죄로 제한하고 있다. 몇몇 나라의 예를 보자면, 영국의 경우는 3년 이상의 자유형에 처할 수 있는 범죄에 대하여 전기감청이 가능하고,13) 프랑스의 경우 2년 이상의 자유형에 처할 수 있는 범죄에 대하여, 그리고 이탈리아의 경우는 5년 이상의 자유형에 처할 수 있는 범죄에 대해서만 가능하며, 오스트리아의 경우 전화감청과 전자감청을 나누어 전자는 1년 이상의 자유형에 처할 수 있는 범죄에 대해서만, 후자는 10년 이상의 자유형에 처할 수 있는 범죄에 대해서만 가능하다. 일본의 경우는 약물범죄, 총기범죄, 조직살인, 집단밀항 등 네 가지 범죄유형에 한정하여 허용하고 있다.14)

형별 감청현황>을 보면, 2001년부터 2004년 6월까지 경찰이 발부받은 통신제한허가서 1730건 가운데 국가보안법 위반 사건이 전체의 52.7%인 911건이며, 이어 살인(20.3%), 강도(7.0%), 감금·협박(2.1%) 차례였다[<경향신문> 2004.10.4; <한겨레> 2004.10.4].

12) <뉴스1> 2014.10.21.(http://news1.kr/articles/?1914103; 2017.3.1. 최종방문).

13) Regulation of Investigatory Act, art. 81(2)(b)(3).

14) 이재상, "현행법상 도청의 법리와 그 개선방향," 한국형사정책연구원, 「형사정책연구」 제 7 권 제 2 호(1996 여름호), 190-205면; 원혜욱, 「도청·감청 및 비밀녹음(녹화) 제한과 증거사용」(형사정책연구원, 1999), 67-73면; 황성기, "'통신제한조치'의 헌법적 한계와 구체적 통제방안," 한국정보법학회, 「정보법학」 제 3 호(1999. 12), 121-122면. 각국별 보다 상세한 상황에 대해서는 Electronic Privacy Information Center & Privacy International, *Privacy and Human Rights 2004 — Country Reports* (2004. 11. 16)를 참조하라.

다음으로 2001년 제 6 차 개정으로 범죄수사를 위한 통신제한조치의 허가요건과 절차가 상당히 엄격화되었다.[15] 검사는 법원에 대하여 **각 피의자별 또는 각 내사자별**로 통신제한조치허가를 청구할 수 있고(제 6 조 제 1 항), 사법경찰관은 검사에 대하여 **각 피의자별 또는 각 내사자별**로 통신제한조치허가를 신청하고 검사가 법원에 대하여 청구를 하며(동조 제 2 항), 통신제한조치 청구는 필요한 통신제한조치의 종류 · 그 목적 · 대상 · 범위 · 기간 · **집행장소· 방법** 및 당해 통신제한조치가 허가요건을 충족하는 사유 등의 사유를 기재한 서면으로 하여야 하며, 청구이유에 대한 소명자료를 첨부하여야 한다. 이 경우 동일한 범죄사실에 대하여 그 피의자 또는 피내사자에 대하여 통신제한조치의 허가를 청구하였거나 허가받은 사실이 있는 때에는 다시 통신제한조치를 청구하는 취지 및 이유를 기재하여야 한다(동조 제 4 항). 법원은 **각 피의자별 또는 각 내사자별**로 통신제한조치를 허가하고 (동조 제 5 항), 이 허가서에는 통신제한조치의 종류 · 그 목적 · 대상 · 범위 · 기간 및 **집행장소와 방법**을 특정하여 기재하여야 하고(동조 제 6 항), 통신제한조치의 기간은 **2月**을 초과하지 못하며, 허가요건이 존속할 경우에는 **2月**의 범위 안에서 통신제한조치기간의 연장을 청구할 수 있다(동조 제 7 항).

그러나 동일 범죄사실에 대한 통신제한조치의 재청구를 제한하고 있는 제 6 조 제 4 항은 법원의 허가요건을 규정하고 있지 않다. 따라서 재체포 및 재구속을 제한하는 형사소송법 제214조의3과 같은 규정을 추가할 필요가 있다.[16] 그리고 2010년 헌법재판소는 제 6 조 제 7 항 단서 중 전기통신에 관한 '통신제한조치기간의 연장'에 관한 부분이 기간 연장을 제한 없이 허가될 수 있게 한다고 보고, 2011년 12월 31일을 시한으로 헌법불합치 결정을 내린 바 있다.[17] 그렇지만 입법자의 태만으로 총연장기간 또는 총연장횟수

---

15) 이하에서 강조된 문언은 2001년 6차 개정으로 추가 · 변경된 부분이다.

16) 김형준, "현행 통신비밀보호법의 문제점과 개선방안," 한국형사법학회, 「형사법연구」제24호(2005년 겨울), 224면.

17) 헌법재판소 2010. 12. 28. 선고 2009헌가30 결정. "통신제한조치기간의 연장을 허가함에 있어 총연장기간 또는 총연장횟수의 제한을 두고 그 최소한의 연장기간동안 범죄혐의를 입증하지 못하는 경우 통신제한조치를 중단하게 한다고 하여도, 여

를 제한하는 개정은 아직 이루어지지 못하고 있다. 일본의 경우 감청기간이 총 30일을 초과할 수 없다.[18]

2001년 법개정으로 과거에 비하여 통신제한조치의 허가요건이 강화되었지만, 몇 가지 짚어 보아야 할 문제가 있다.

먼저 개정법은 '피내사자'를 통신제한조치의 대상자로 명시적으로 규정하였다. 내사란 보도·풍설·진정·탄원·익명의 신고 등을 통하여 범죄혐의가 있을 수 있는 정보를 입수한 수사기관이 범죄혐의의 유무를 확인하기 위하여 입건 전의 단계에서 수행하는 수사활동을 말하는데,[19] 그 근거 규정이 형사소송법이 아닌 검찰사무규칙이다(동 규칙 제141조). 형사절차법정주의를 무시하고 사법경찰관리집무규칙이나 검찰사건사무규칙이라는 행정규칙에 따라 이루어지는 '내사'의 형식을 빌려 실제로는 '수사'를 진행하는 수사실무에 대한 비판은 차치하더라도,[20] 개정 법률에 따르면 일체의 피내사자에게 통신제한조치를 행할 수 있는 것처럼 보인다. 특히 문제가 되는 것은 범죄수사의 단서로서 조사할 필요가 있는 경우 행하는 '범죄내사'가 아닌, 상급검찰청에서 조사 보고를 명한 경우, 징계의 여부, 전과사실의 정

전히 통신제한조치를 해야 할 필요가 있으면 법원에 새로운 통신제한조치의 허가를 청구할 수 있으므로 이로써 수사목적을 달성하는 데 충분하다. 또한 법원이 실제 통신제한조치의 기간연장절차의 남용을 통제하는 데 한계가 있는 이상 통신제한조치 기간연장에 사법적 통제절차가 있다는 사정만으로는 그 남용으로 인하여 개인의 통신의 비밀이 과도하게 제한되는 것을 막을 수 없다. 그럼에도 통신제한조치기간을 연장함에 있어 법운용자의 남용을 막을 수 있는 최소한의 한계를 설정하지 않은 이 사건 법률조항은 침해의 최소성원칙에 위반한다. 나아가 통신제한조치가 내려진 피의자나 피내사자는 자신이 감청을 당하고 있다는 사실을 모르는 기본권제한의 특성상 방어권을 행사하기 어려운 상태에 있으므로 통신제한조치기간의 연장을 허가함에 있어 총연장기간 또는 총연장횟수의 제한이 없을 경우 수사와 전혀 관계없는 개인의 내밀한 사생활의 비밀이 침해당할 우려도 심히 크기 때문에 기본권 제한의 법익균형성 요건도 갖추지 못하였다. 따라서 이 사건 법률조항은 헌법에 위반된다 할 것이다."

18) 通信傍受に 關す法律, 제 7 조 제 1 항.
19) 정성진, "내사론," 법조협회, 「법조」 제46권 제 3 호(1997. 3.), 7면.
20) 이에 대해서는 신동운, "내사종결처분의 법적 성질," 서울대학교 법학연구소, 「서울대학교 법학」 제45권 제 3 호(2004)를 참조하라.

정을 희망하는 경우 등의 '진상내사'를 위하여 통신제한조치가 가능한가이다. 생각건대, 통신비밀보호법 제 6 조 제 1 항의 해석에 있어서 피내사자의 경우는 동법 제 5 조 제 1 항의 요건인 범죄수사목적으로 한정되므로, 진상내사에 대해서는 감청이 허용되어서는 안 된다. 이 점은 법 제 7 조의 국가안보를 위한 통신제한조치의 해석에 있어서도 동일하다.

그리고 2001년 법개정 이후에도 법원이 수사기관의 통신제한조치 허가신청에 대하여 약 95%를 허가해 주고 있다는 점도 문제이다.[21] 예컨대, 2014년 홍일표 새누리당 의원이 대법원으로부터 제출받은 '2011년 이후 연도별 영장발부 현황' 자료에 따르면, 법원은 2013년 검찰이 청구한 160건 가운데 150건을 허가하였다. 2011년 157건의 청구 가운데 135건(일부 기각 10건 제외) 영장발부를 허가해 영장발부율은 약 85%를 기록했고, 2012년에는 약 85%의 영장발부율(125건 청구 가운데 106건 허가), 2013년과 2014년 상반기에는 각각 약 94%(160건 청구 가운데 150건 허가)와 약 95%(93건 청구 가운데 88건 허가)로 높아졌다. 일부기각까지 포함시킬 경우 영장발부율은 2011년부터 2014년 상반기까지 각각 92.4%와 96.0%, 98.8%와 96.8%에 이른다.[22] 이처럼 수사기관의 통신제한조치 허가청구에 대한 법원의 심사가 통과의례가 되어 버린다면, 헌법상 통신의 비밀과 자유는 항상적 위기상태에 놓이게 된다.

Ⅲ. 국가안전보장을 위한 통신제한조치 — 사실상 무제한의 통신제한조치

한편 국가안전보장에 대한 "상당한 위험이 예상되는 경우에 한하여"(2001년 6차 개정으로 추가됨) 그 위해를 방지하기 위하여 정보수집이 특히 필요한 때에는, 정보수사기관의 장은 (i) 통신의 일방 또는 쌍방 당사자가

---

21) 성낙인, "통신에서의 기본권보호," 한국공법학회, 「공법연구」 제30집 제 2 호(2001), 41면.
22) <오마이뉴스> 2014.10.6.(http://www.ohmynews.com/NWS_Web/View/at_pg.aspx ?CNT N_CD=A0002040641; 2017.3.1. 최종방문).

내국인인 때에는 고등법원 수석부장판사의 인가를 받아서, (ii) 대한민국에 적대하는 국가, 반국가활동의 혐의가 있는 외국의 기관·단체와 외국인, 대한민국의 통치권이 사실상 미치지 아니하는 한반도 내의 집단이나 외국에 소재하는 그 산하단체의 구성원의 통신인 때에는 대통령의 승인을 얻어서 통신제한조치를 할 수 있다(제7조 제1항).

먼저 국가안전보장을 위한 통신제한조치의 경우는 범죄수사를 위한 통신제한조치의 경우와 달리 대상범죄가 전혀 특정되어 있지 않다. 이에 따라 정보수사기관이 국가안보의 명분 아래 무제한적으로 통신제한조치를 할 수 있는바, 향후 국가안보와 직접적으로 관련된 일정 범죄를 특정하여 국가안보를 위한 통신제한조치를 허용하는 법개정이 필요하다고 본다.[23] 그리고 감청의 주체인 "정보수사기관"이 정확히 어디를 지칭하는지 불분명한바, 정보 분야 전문가가 아니고서는 누가 그러한 권한을 가지고 있는지 구분하기 어렵기에, 감청기관을 특정할 필요가 있다.[24]

그리고 제2호의 경우 통신제한조치의 허가권자가 행정부의 수반인 대통령이므로 영장주의의 위반이 문제될 수밖에 없다. "포괄적인 감청권한을 부여하면서도 그에 대한 영장주의의 이념은 철저히 배제"되어 있는 것이다.[25] 동호의 통신제한조치의 대상의 특수성을 고려하여 "국가의 독립·영토의 보전·국가의 계속성과 헌법을 수호할 책무"(헌법 제66조 제2항)를 지닌 대통령에게 국가안전보장을 위한 통신제한조치의 승인권을 주는 것은 타당하다는 논변이 가능하겠지만, 통신제한조치에 대하여 행정부 자체의 통제로 충분하다고 하기는 어려울 것이다. 미국의 경우처럼 국가안전보장을 위한 감청의 경우 특별법원에 의한 감청허가제도를 도입하거나,[26] 독일처럼 행

---

23) 심희기(각주 10), 41면; 원혜욱, "감청행위의 실태 및 입법례의 비교고찰," 한국형사법학회, 「형사법연구」 제24호(2005 겨울), 210면; 황성기, "'통신제한조치'의 헌법적 한계와 구체적 통제 방안," 한국정보법학회, 「정보법학」 제3호(1999. 12), 126-127면.
24) 안희출·구모영, "통신비밀수사에 대한 문제점 연구," 동아대학교 법학연구소, 「동아법학」 제37호(2005), 97면.
25) Id. 96면.
26) 미국의 경우 국가안보를 위한 전기통신감청은 '국외정보감시법'(Foreign Intelli-

정부의 통제 이외에 의회에 의한 통제장치를 마련할 필요가 있다.[27]

Ⅳ. 긴급통신제한조치 — 사법적 통제로부터 자유로운 36시간

2001년 제6차 개정 이전 통신비밀보호법은 법원의 허가가 없이도 시행 가능한 긴급통신제한조치의 요건과 절차를 느슨하게 규정하였기에 많은 비판이 제기되었던바,[28] 제6차 개정 통신비밀보호법은 긴급통신제한조치의 남용을 방지하기 위하여 해당 조문인 제8조와 제9조를 전면적으로 개정하였다.

주요 내용을 보자면, 검사, 사법경찰관 또는 정보수사기관의 장은 "국가안보를 위협하는 음모행위, 직접적인 사망이나 심각한 상해의 위험을 야기할 수 있는 범죄 또는 조직범죄 등 중대한 범죄의 계획이나 실행 등 긴박한 상황"에 있고, 상술한 제5조 제1항 또는 제7조 제1항 제1호의 규정에 의한 요건을 구비한 자에 대하여 통신제한조치의 허가절차를 거칠 수 없는 긴급한 사유가 있는 때에는 법원의 허가 없이 통신제한조치를 할 수 있다(제8조 제1항). 동일한 요건이 충족되고 동법 제7조 제1항 제2호에 해당하는 자에 대해서는 정보수사기관의 장에 의한 긴급통신제한조치가 인정된다(동조 제8항). 그리고 검사, 사법경찰관 또는 정보수사기관의 장은 긴급통신제한조치의 집행착수 후에는 지체 없이 법원에 허가청구를 하여야

---

gence Surveillance Act)에 따라 이루어지는데, 감청 허가는 '국외정보심사법원'(Foreign Intelligence Court of Review)에 의하여 이루어진다.

27) 황성기(각주 23), 128면.

28) 2001년 11월 정보통신부가 국회 예결위원회에 제출한 국정감사 자료에 따르면, 1997~2000년 기간 동안 수사기관이 법원의 확인 없이 긴급감청을 했다가 중지당한 횟수가 전체 긴급감청 건수의 60.7%에 달한 것으로 집계되었던바, 긴급감청이 남발되고 있었음이 확인된다[<동아일보> 2001.8.23]. 1999년 당시 대법원은 긴급감청은 원칙적으로 폐지하는 것이 타당하고, 폐지되지 않을 경우는 인명에 대한 급박한 위해를 초래할 범죄에 대처할 경우나 외국의 무력 또는 정보활동에 대처해야만 할 경우 등 예외적인 상황에 한하여 긴급감청을 허용하는 쪽으로 법개정이 되어야 한다는 의견을 제출하였다[<주간동아> 제207호(1999.11.4)].

하며, 그 긴급통신제한조치를 한 때부터 36시간 이내 — 2001년 6차 개정 이전에는 48시간 이내였음 — 에 법원의 허가를 받지 못한 때에는 즉시 이를 중지하여야 한다(동조 제 2 항, 제 9 항). 그리고 긴급통신제한조치가 단시간 내에 종료되어 법원의 허가를 받을 필요가 없는 경우에는 법원장에게 긴급 통신제한조치통보서를 송부하여야 한다(동조 제 5 항).[29]

　　이러한 2001년의 개정으로 인하여 긴급통신제한조치는 대폭 줄어들었고, 2010년 이후는 전혀 사용되지 않고 있다.[30] 그럼에도 불구하고 현행 긴급통신제한조치제도는 문제가 있다. 먼저 형사소송법이 규정하는 무영장 긴급체포나 긴급압수 · 수색 · 검증의 경우는 대상자가 자신이 강제수사를 받는다는 사실을 알게 되지만, 긴급통신제한조치의 경우는 이를 당하는 사람은 자신이 그러한 강제수사를 받는지를 도저히 알 수가 없기에 인권침해의 개연성이 훨씬 높다. 그리고 현행 긴급통신제한조치는 제 2 편 제 3 장 제 2. Ⅱ.에서 살펴본 현행 긴급체포와 기본적으로 동일한 문제점을 가지고 있다. 즉, 통신제한조치는 기본권을 제한하는 명백한 강제수사인데, 긴급통신제한조치가 행해진 후 36시간 동안은 이는 어떠한 사법적 통제로부터 자유롭다는 점이다. 수사기관이 긴급통신제한조치를 행하여 관련 정보를

---

29) 이 점 이외에도 긴급통신제한조치를 하고자 하는 경우에는 긴급검열서 또는 긴급감청서에 의하여야 하고, 소속기관에 긴급통신제한조치대장을 비치하여야 한다 (동조 제 4 항); 긴급통신제한조치통보서를 송부받은 법원 등도 긴급통신제한조치통보대장을 비치해야 한다(동조 제 7 항) 등이 신설되었다.

30) 정보통신부는 2004년 상반기에 통신사업자가 수사기관 등에 제공 · 협조한 감청 및 통신자료 제공 현황을 집계한 결과, 법원의 영장을 받아 집행하는 일반감청 건수는 917건으로 2003년 하반기의 799건 대비 14.8% 증가했지만, 긴급감청의 경우는 2004년 상반기에 8건에 그쳐 2003년 하반기의 21건보다 61.9%가 감소했다고 발표하였다(<연합뉴스> 2004.9.10). 그리고 2010년 이후 미래창조과학부의 보도자료를 종합하면, 2010년 이후 긴급통신제한조치 집행건수는 계속 0건을 기록하고 있다[박찬걸 · 강동욱, "통신제한조치의 현황 및 그 개선방안," 한양대학교 법학연구소, 「법학논총」 제31집 제 1 호(2014), 248면; <이데일리> 2014.5.19. (http://www.edaily.co.kr/news/NewsRead.edy?SCD=JE31&newsid=02476406606090560&DCD=A00503&OutLnkChk=Y 2017.3.1. 최종방문; <뉴스1> 2016.5.18.(http://news1.kr/articles/?2665525; 2017.3.1. 최종방문)].

획득한 후 36시간 이내에 통신제한조치를 종결해 버리면, 이 조치의 불법성 여부에 대한 판단은 원천적으로 봉쇄된다. 게다가 수사기관이 이러한 단기간의 긴급통신제한조치를 계속 반복한다면 영장 없는 통신비밀 침해는 무한대로 가능해진다.

개정 통신비밀보호법은 긴급통신제한조치 종료 후 7일 이내에 관할 지방검찰청검사장 또는 고등검찰청검사장은 이에 대응하는 법원장에게 긴급통신제한조치를 한 검사, 사법경찰관 또는 정보수사기관의 장이 작성한 긴급통신제한조치통보서를 송부하여야 하고, 이를 송부받은 법원은 긴급통신제한조치통보대장을 비치하여야 한다는 규정을 두고(제8조 제5-7항), 후술할 통신제한조치의 집행에 관한 통지제도(제9조의2)를 신설하였지만, 이러한 통제장치만으로는 상술한 문제점을 해결할 수 없다. 이 점에서 36시간 내에 긴급통신제한조치를 중지하였다가 다시 동일한 범죄사실 및 대상에 대하여 긴급통신제한조치를 할 수 없도록 제한하는 규정이 필요하다.[31]

V. 통신제한조치의 집행에 관한 통지

2001년 법개정으로 수사기관이 통신제한조치를 집행한 사건에 대하여 공소를 제기하거나 공소의 제기 또는 입건을 하지 않는 처분을 한 때에는 그 처분을 한 날로부터 30일 이내에 통신제한조치의 집행사실, 집행기관 및 그 기간을 대상자에게 통지하도록 의무화되었다(제9조의2 제1-3항).

그런데 통신비밀보호법은 "국가의 안전보장·공공의 안녕질서를 위태롭게 할 현저한 우려가 있는 때"와 "사람의 생명·신체에 중대한 위험을 초래할 염려가 현저할 때"에는 관할 지방검찰청 검사장이 승인을 얻어 통지를 유예할 수 있도록 규정하고 있다(제4-5항). 이 유예사유는 매우 포괄적이고 판단의 주체도 수사기관인바, 남용의 우려가 있다. 2014년 국회 안전행정위원회 정청래 새정치민주연합 의원이 경찰청으로부터 받아 공개한 국정감

---

31) 김형준(각주 16), 226면.

사 자료에 따르면, 2011년 이후 경찰이 법원의 허가를 받아 진행한 전기통신에 대한 통신제한조치 142건 중 당사자에게 통지한 건수는 39건(27.5%)에 불과했다.[32]

통신제한조치의 본질상 대상자에게 사전에 이를 통지할 수는 없으므로, 사후적으로라도 대상자에게 사실을 통지하여 대상자의 권리와 이익을 보호하자는 것이 통지제도의 취지이다. 그런데 통지 여부에 판단을 검사장이 행하고, 유예기간이 무한정 연장될 수 있다는 것은 원래 제도의 취지를 훼손하는 것이다. 일본의 경우 통지유예제도가 있으나, 먼저 유예 여부에 대한 판단을 지방재판소의 재판관이 행하며, 또한 최장 60일 내에는 반드시 통지하도록 규정하고 있다.[33] 그리고 이러한 통지를 받은 당사자는 통신제한조치의 기록을 청취, 열람, 복사할 수 있다.[34]

다음으로 제9조의2에 따라 통지는 전기통신 이용자에게 이루어진다. 그런데 전기통신 가입자와 실제이용자가 다른 경우가 많은바, 감청 대상이 된 실체 피의자 또는 피내사자에게 통지가 이루어지도록 하는 개정이 필요하다.[35]

제 2. 통신사실 확인자료 제공 — 통신비밀보호법상 사법적 통제를 우회할 수 있는 전기통신사업법 제83조

2001년 제 6 차 개정 이전에 수사기관은 통신비밀보호법상의 통화감청과 관련된 법적 제한으로부터 자유로운 통화내역자료를 이용하여 사실상의 통신비밀을 확인하는 편법을 사용하고 있었다. 즉, (구)전기통신사업법 제54조(현행 제83조)에 의하면 수사기관이 통신이용자의 이용자의 성명, 주민등

---

32) <뉴스1> 2014.10.19.(http://news1.kr/articles/?1910904; 2017.3.1. 최종방문).
33) 通信傍受に關する法律, 第23條.
34) Id. 第24條.
35) 김형준(각주 16), 228면.

록번호, 주소, 가입 또는 해지일자에 관한 자료의 열람이나 제출을 전기통신 사업자에게 요구하고 사업자는 통신사실 확인자료를 제공할 수 있도록 되어 있었으나, 이는 통신비밀보호법의 규제를 받지는 않았다. 그리하여 수사기관은 '자료제공요청서'(동법 제54조 제4항; 현행 제83조 제4항)라는 공문 1장으로 개인의 통화내역을 무제한으로 접근할 수 있었던 것이다.

그러나 제1장에서 상술한 것처럼, 통신의 비밀이란 통신내용은 물론이고, 통신의 구성요소가 될 수 있는 통신당사자에 관한 사항, 착발신지, 통신일시, 통신횟수, 통신방법 등을 포함하는 것이므로 이러한 현실은 명백히 통신의 비밀을 침해하는 것이었다.

그리하여 2001년 통신비밀보호법 개정이 이루어져, 검사 또는 사법경찰관이 통신사실 확인자료제공을 요청하는 경우에는 미리 서면 또는 이에 상당하는 방법으로 관할지방 검찰청 검사장의 승인을 얻도록 하였다. [다만, 관할 지방검찰청 검사장의 승인을 얻을 수 없는 긴급한 사유가 있는 때에는 통신사실 확인자료제공을 요청한 후 지체 없이 그 승인을 얻어야 한다(통신비밀보호법 제13조 제3항).]36)

그런데 수사실무에서 검사장의 승인 요건은 제대로 지켜지지 않았다. 2004년 KTF, SK 텔레콤, LG 텔레콤 등이 국회 과학기술정보통신위원회에 제출한 자료에 따르면, 검찰, 경찰, 국가정보원 등이 개인의 통화내역을 조

---

36) 이 점 이외에도 통신사실 확인자료제공의 요청은 요청사유, 해당 가입자와의 연관성, 필요한 자료의 범위를 기재한 서면(='통신사실 확인자료제공요청서')으로 하여야 한다. 다만, 서면으로 요청할 수 없는 긴급한 사유가 있는 때에는 통신사실 확인자료제공요청 후 지체 없이 전기통신사업자에게 통신사실 확인자료제공요청서를 제출하여야 한다(동조 제4항); 검사, 사법경찰관 또는 정보수사기관의 장은 통신사실 확인자료제공을 받은 때에는 당해 통신사실 확인자료제공 요청사실 등 필요한 사항을 기재한 대장과 통신사실 확인자료제공요청서 등 관련자료를 소속기관에 비치하여야 하며(동조 제5항); 지방검찰청 검사장 또는 보통검찰부장은 통신사실 확인자료제공요청을 승인한 현황과 관련된 자료를 보존하여야 한다(동조 제6항); 전기통신사업자는 검사, 사법경찰관 또는 정보수사기관의 장에게 통신사실 확인자료를 제공한 때에는 관련자료 등 필요한 사항을 기재한 대장과 통신사실 확인자료제공요청서 등 관련자료를 통신사실 확인자료를 제공한 날부터 7년간 비치하여야 한다(동조 제7항) 등이 신설되었다.

회하면서 지방검찰청 검사장이나 정보기관장의 사전승인 없이 통화내역을 먼저 제출받은 뒤 사후에 승인서를 제출한 건수가 무려 30%에 달했다.[37] 그리고 2004년 정보통신부가 국회 법제사법위원회에 제출한 국정감사 자료에 따르면 수사기관이 통화내역과 인터넷 접속시점과 위치 등에 대한 정보를 제출받은 뒤 사후에 검사장 승인을 받지 못한 경우가 지난 2002년부터 2003년까지 모두 6건이었으며, 또한 사후승인서를 규정된 기간 내 제출하지 못한 경우는 모두 130건이었다.[38] 또한 정보통신부가 2004년 국회 정보통신위원회에 제출한 자료에 따르면, 2004년 상반기 6만 6224건의 개인 통화내역이 사전승인 없이 수사기관에 제공되었는데, 수사기관이 전화로 먼저 자료제공을 요청한 뒤 뒤늦게 승인서를 보내는 경우가 거의 절반에 달했으며, 정보를 다 받아본 뒤 검사장 등으로부터 승인을 받지 못한 건수도 183건에 달하였다.[39] 이 점에서 검사장의 승인을 받을 수 없는 긴급한 사유가 있는 경우에 한해 사후승인을 허용하고 있는 통신비밀보호법 제13조 제3항의 취지는 무색해졌다.

이상과 같이 검사장의 승인요건이 무시되었다는 점 외에 보다 근본적인 문제가 있었다. 통신내용에 비하여 통신사실 확인자료가 통신의 비밀을 덜 드러낸다는 점은 사실이겠으나, 통신사실 확인자료의 획득이 수사기관의 간부의 승인만으로 가능하다는 것은 영장주의 원칙을 위태롭게 하였다. 이러한 위헌적 측면을 해소하고 수사기관의 무분별한 통신사실 확인자료 요청을 규제하기 위해서는 통신사실 확인도 법원의 허가[40] 또는 독립된 개인정보보호위원회의 허가[41]가 있는 경우에만 가능하도록 하거나, 통신제한조치와 동일한 수준의 제한을 부과해야 한다는 주장이 제기되었다.[42]

---

37) <한국일보> 2004.2.19.
38) <연합뉴스> 2004.10.4.
39) <중앙일보> 2004.11.24.
40) 권영세, "현행 통신비밀보호법상 도청행위의 의의 및 범위," 한국법학원, 「저스티스」 제30권 제4호(1997. 2), 129면.
41) 김일환, "통신비밀의 헌법상 보호와 관련 법제도에 관한 고찰," 한국형사정책학회, 「형사정책」 제16권 제1호(2004), 45면.
42) 황성기(각주 14), 135면.

그 결과 2005년 통신비밀보호법이 개정되어, 제13조 제 2 항은 "통신사실 확인자료제공을 요청하는 경우에는 요청사유, 해당 가입자와의 연관성 및 필요한 자료의 범위를 기록한 서면으로 관할 지방법원(보통군사법원을 포함한다. 이하 같다) 또는 지원의 허가를 받아야 한다. 다만, 관할 지방법원 또는 지원의 허가를 받을 수 없는 긴급한 사유가 있는 때에는 통신사실 확인자료제공을 요청한 후 지체 없이 그 허가를 받아 전기통신사업자에게 송부하여야 한다."(강조는 인용자)로 개정되고, 관련 조항도 수정된다. 매우 타당한 개정이다.

그런데 전기통신사업법 제83조를 이용하여 사법적 통제 없이 통신자료를 확보하는 통로는 여전히 열려 있다. 동조 제 3 항은 전기통신사업자는 법원, 검사 또는 수사관서의 장, 정보수사기관의 장이 재판, 수사, 형의 집행 또는 국가안전보장에 대한 위해를 방지하기 위한 정보수집을 위하여 통신자료제공을 요청하면 "그 요청에 따를 수 있다."라고 규정하고 있기에, 자료제공이 의무는 아니다. 그러나 현실에서 이 요청을 거절하는 것은 매우 어렵다. 2016년 박홍근 더불어민주당 의원이 미래창조과학부가 제출한 통신자료 제공 현황 자료를 분석한 결과, 2014-15년 동안 국가정보원, 검찰, 경찰 등 수사기관이 통신 3사로부터 영장 없이 제출받은 것 등을 포함한 통신자료가 3360만여 건에 달했는바, 하루 2만 5000건의 통신자료가 본인도 모르게 수사기관에 건네지고 있는 것이다.[43]

2016년 5월 민주사회를 위한 변호사모임의 공익인권변론센터가 주도하여 "전기통신사업법 제83조 제 3 항에 따른 통신자료제공 제도가 헌법상 영장주의에 위배될 뿐만 아니라 정보수집 대상자에 대한 사후 통지 규정이 없는 것은 입법 부작위에 해당돼 위헌"이라며 헌법소원(2016헌마388)이 제기되었고, 국가인권위원회는 전기통신사업법 제83조 제 3 항의 수집목적과 대상자 범위의 포괄성, 사전 또는 사후의 사법적 통제의 결여, 통지절차의

---

43) <아시아경제> 2016.10.14. (http://view.asiae.co.kr/news/view.htm?idxno= 2016101
408065294837; 2017.3.1. 최종방문).

부재 등을 지적하는 위헌의견을 헌법재판소에 제출한 있다.[44] 요컨대, 전기통신사업법 제83조가 사법적 통제를 회피할 수 있는 우회로로 사용되는 것을 막기 위하여 동조항을 통신비밀보호법 제13조에 준하도록 개정하는 입법적 조치가 필요하다.[45]

제 3. 타인간의 육성대화의 녹음과 청취

통신비밀보호법은 상술한 우편물 검열 및 전기통신 감청 등 통신제한조치 외에, "공개되지 않은 타인간의 대화의 녹음이나 청취"를 금지하고 있다(제14조 제1항. 단, 이러한 타인간의 대화비밀 침해도 통신제한조치 허가의 요건과 절차를 충족하는 경우는 가능하도록 규정하고 있다(동조 제2항)).

동법상 별도의 정의·규율되는 통신제한조치와의 차이를 고려할 때, 여기서의 대화는 우편이나 전자적 방식을 취하지 않는 대화자 간의 **육성에 의한 대화**를 의미한다. 여기서 공개 여부에 대한 판단은 일반 공중으로서 일반 공중이 알고 있거나 알도록 허용된 경우 일응 공개된 것이라고 볼 것이며, 대화자의 의사와 대화가 이루어진 객관적 사정을 고려하여 판단해야 할 것이다.

그리고 동법은 **타인간에 이루어진 육성대화만을** 보호대상으로 하고 있으므로, 대화 당사자가 대화를 비밀리에 녹음하는 것은 자신과 타인간의 대화이므로 통신비밀보호법의 규제대상에서 제외된다. 단, 향후 독일 형법의 예에 따라 '타인의(eines anderen) 말'(제201조 제1, 2항)을 보호대상으로 하는 법개정을 고려할 필요가 있다. 왜냐하면, "상대방의 대화를 녹음한 경우 휘발성을 가지는 타인의 발언이 반영구적으로 보존되므로 단순히 청취한

---

44) 국가인권위원회 결정, 헌법재판소 2016헌마388 사건에 대한 의견(2016.11.28.).
45) 황성기(각주 3), 20면. 2016년 더불어민주당 전해철, 신경민, 이재정 의원, 국민의당 주승용 의원 등은 통신자료는 법원의 허가를 받도록 바꾸는 전기통신사업법 개정안을 발의한 바 있다.

결과를 구두로 전하는 것과는 상대방의 프라이버시 침해 정도에 있어서
비교할 수 없을 것"이기 때문이다.46)

---

46) 권영세(각주 40), 135면.

제3장

통신비밀보호법 위반
여부에 대한 쟁점 검토

제 3 장에서는 통신비밀보호법 제14조에 따라 증거사용금지가 이루어
지는 불법의 유형을 검토한다. 동조는 "재판 또는 징계절차에서 증거로 사용
할 수 없다."라고 규정함으로서 일체의 고려 없는 의무적 증거배제를 요구하
고 있다.

제 1. 전기통신감청

I. 수사기관에 의한 전형적 불법감청

먼저 과거 수사기관이 통신비밀보호법상 전기통신에 대한 감청을 하기
위하여 허가요건이 엄격하지 않은 압수 · 수색영장을 청구하는 사례가 많았
던바, 이는 불법이다. 법원은 수사기관이 전기통신에 대해 감청영장이 아닌
압수 · 수색영장을 청구할 경우 기각해야 하며, 압수 · 수색 영장을 통해 수집
한 '전기통신'은 그 증거능력을 부정해야 한다. 상술했듯이, 송수신이 완료
되어 저장되어 있는 대화 내용을 통신제한조치 허가서를 발부받아 수집하는
것 역시 불법인바, 이를 통해 수집된 증거는 배제되어야 한다.

통신비밀보호법은 범죄를 "계획 또는 실행하고 있거나 실행하였다고

의심할 만한 충분한 이유"(제5조 제1항)가 있는 경우에 통신제한조치가 가능하다고 규정하여 '충분한 이유'라는 요건을 제시하고 있다. 이 요건의 문언은 대인적 강제처분을 위한 영장발부의 요건인 '상당한 이유'(형사소송법 제200조의2-201조)와 대물적 강제처분을 위한 영장발부의 요건인 '범죄수사의 필요성'(형사소송법 제215-216조) 사이의 중간적 혐의 정도를 나타내고 있다. 통신제한조치를 통하여 침해되는 기본권의 훼손의 양과 질을 고려하고, — 제4편 제3장에서 후술하겠으나 — 대물적 강제처분을 위한 '범죄수사의 필요성' 요건은 '최초의 혐의'나 '단순한 혐의'를 넘어서는 최소한 '객관적·합리적 의심'이 존재할 때 충족된다는 점을 고려할 때, 통신제한조치에 있어서 '충분한 이유'는 '객관적·합리적 의심'을 넘어서 대인적 강제처분을 위한 요건인 '상당한 이유'에 육박하는 수준의 혐의가 존재해야 충족된다고 할 것이다. 통신제한조치로 인한 프라이버시의 침해는 양과 질 모두에서 대물적 강제처분에 따른 침해보다 훨씬 중대·심각하기 때문이다.

그리고 영장발부시 '특정성'(particularity)의 요건과 긴급통신제한조치의 '긴급성'에 대한 판단은 특히 엄격해야 한다. 또한 신청과 허가와 관련된 절차 역시 엄격하게 준수되어야 한다. 따라서 법원의 통신제한허가서나 연장결정서가 없는 통신제한조치, 통신제한허가서나 연장결정서에 명기된 피의자 또는 내사자가 아닌 사람에 대한 통신제한조치, 통신제한허가서나 연장결정서에 명기되어 있는 통신제한조치의 종류·목적·대상·범위·기간·집행장소·방법 등을 벗어난 통신제한조치, 통신제한조치 기간 또는 연장기간을 도과한 통신제한조치, 원래의 통신제한허가의 대상과 범위를 초과하여 발부된 기간연장 허가결정서에 따른 통신제한조치, 긴급성이 결여되었거나 36시간 내에 사후영장을 받지 못하는 등 법정요건과 절차를 위반한 긴급통신제한조치, 그리고 관할 지방법원 또는 지원의 허가 등의 절차를 위반한 통신사실확인 등으로 수집된 증거의 증거능력은 통신비밀보호법 제4조에 따라 반드시 증거능력이 부정되어야 함은 물론이다.

이상과 관련된 대법원 판례를 보자면, 먼저 1999년 '영남위원회 사건'에서 통신제한허가조치 제48호는 그 대상자는 '박○숙 등'으로 명기되어 있었고 전화감청의 대상과 범위에 피고인의 전화가 포함되어 있었는데, 대법원은 하나의 허가서에 아무런 관련 없는 여러 명을 통신제한대상자로 지명할 수 없고, 제48호 허가서에는 피고인에 대한 통신제한조치를 허가한다는 내용이 없으므로 피고인은 통신제한조치 대상자에 포함되지 않는다고 판시하였다.[1]

그리고 같은 사건의 다른 피고인에 대한 사건 판결에서 대법원은, "통신제한조치에 대한 기간연장결정은 원 허가의 내용에 대하여 단지 기간을 연장하는 것일 뿐 원 허가의 대상과 범위를 초과할 수 없다 할 것이므로 통신제한조치허가서에 의하여 허가된 통신제한조치가 '전기통신 감청 및 우편물 검열'뿐인 경우 그 후 연장결정서에 당초 허가 내용에 없던 '대화녹음'이 기재되어 있다 하더라도 이는 대화녹음의 적법한 근거가 되지 못한다"라고 판시하면서, 대화녹음 부분에 관한 각 녹음테이프 및 녹취서의 증거능력을 배척하였다.[2]

통신비밀보호법 제12조 제1호는 통신제한조치로 취득한 증거는 통신제한조치의 목적이 된 범죄나 이와 관련된 범죄의 증거로만 사용할 수 있다고 규정하고 있다. 2002년 대법원은 '조총련 간부 회합·통신 사건'[3]에 대한 판결에서, 통신제한조치를 통하여 확보된 증거는 오직 애초의 통신제한조치 허가서가 명기한 대상자의 범죄입증을 위하여 사용될 수 있을 뿐이라고 판시한다. 즉, "갑의 국가보안법위반죄에 대한 증거의 수집을 위하여 발부된 통신제한조치허가서에 의하여 피고인과 을 사이 또는 피고인과 병 사이의 통화내용을 감청하여 작성한 녹취서는 위 통신제한조치의 목적이 된 갑의 국가보안법위반죄나 그와 관련된 범죄를 위하여 사용되어야 한다."[4]

한편 대법원은 2016년 '코리아 연대 사건' 판결은 수사기관으로부터 집행을 위탁받은 통신기관(=주식회사 카카오)이 취득한 전기통신 내용의 증거

---

1) 대법원 1999. 9. 3. 선고 99도2318 판결.
2) 대법원 1999. 9. 3. 선고 99도2317 판결.
3) 대법원 2002. 10. 22. 선고 2000도5461 판결.
4) 대법원 2002. 10. 22. 선고 2000도5461 판결.

능력 문제를 검토한다.5) 이 사건에 수사기관은 카카오에 이 사건 통신제한 조치허가서 사본을 교부하고 이 사건 대상자들에 대한 통신제한조치의 집행을 위탁하였다. 그런데 카카오는 카카오톡 대화를 실시간 감청할 수 있는 설비를 보유하고 있지 않았던바, 통신제한조치허가서에 기재된 기간 동안 3~7일마다 정기적으로 서버에 저장된 위 전자정보 중 이 사건 대상자들의 대화내용 부분을 추출한 다음 이를 보안 이메일에 첨부하거나 저장매체에 담아 수사기관에 제공하였다. 대법원은 다음과 같이 판시하였다.

> 수사기관은 통신기관 등에 통신제한조치허가서의 사본을 교부하고 그 집행을 위탁할 수 있으나(통신비밀보호법 제9조 제1항, 제2항), 그 경우에도 집행의 위탁을 받은 통신기관 등은 수사기관이 직접 집행할 경우와 마찬가지로 허가서에 기재된 집행방법 등을 준수하여야 함은 당연하다. 따라서 허가된 통신제한조치의 종류가 전기통신의 '감청'인 경우, 수사기관 또는 수사기관으로부터 **통신제한조치의 집행을 위탁받은 통신기관 등은 통신비밀보호법이 정한 감청의 방식으로 집행하여야 하고 그와 다른 방식으로 집행하여서는 아니 된다.** …
> 수사기관으로부터 통신제한조치의 집행을 위탁받은 통신기관 등이 그 집행에 필요한 설비가 없을 때에는 수사기관에 그 설비의 제공을 요청하여야 하고, 그러한 요청 없이 통신제한조치허가서에 기재된 사항을 준수하지 아니한 채 통신제한조치를 집행하였다면, 그러한 집행으로 인하여 취득한 전기통신의 내용 등은 헌법과 통신비밀보호법이 국민의 기본권인 통신의 비밀을 보장하기 위해 마련한 적법한 절차를 따르지 아니하고 수집한 증거에 해당하므로(형사소송법 제308조의2), 이는 유죄 인정의 증거로 할 수 없다.6)

이 판결 이후 카카오는 향후 수사기관의 감청영장 협조요청을 거부하겠다고 공식 발표하였다. 물론 이 판결과 무관하게 카카오 서버에 보관되어 있는 대화내용은 압수수색 영장에 의해서 수집가능하며, 카카오는 이 영장에는 계속 응해왔다.

---

5) 대법원 2016. 10. 13. 선고 2016도8137 판결.
6) Id.(강조는 인용자).

한편, 일본의 경우 약물범죄, 총기범죄, 조직살인, 집단밀항 및 사형, 무기 또는 장기 3년 이상의 징역·금고에 해당하는 범죄의 실행과 관련 통신을 대상으로 하여 이른바 '별건도청'을 허용하고 있다.[7] 그러나 통신비밀보호법은 이미 긴급통신제한조치를 구비하고 있다는 점을 생각하자면, 동법 해석으로 '별건통신제한조치'를 허용하여서는 안 된다.

II. 보충성의 원칙과 최소침해의 원칙

한편 통신비밀보호법은 수사기관의 통신제한조치가 "보충적인 수단"으로 이용되어야 하며, 통신비밀에 대한 "침해가 최소한에 그치도록" 해야 한다고 규정하고 있으며(제3조 제2항), 범죄수사를 위한 통신제한조치의 경우 "다른 방법으로는 그 범죄의 실행을 저지하거나 범인의 체포, 증거의 수집이 어려운 경우에 한하여" 허가될 수 있다고 규정하고 있다(제5조 제1항).

먼저 수사기관은 피의자 관련 사항의 조회, 관련 공범이나 참고인의 조사, 압수·수색·검증 등을 행하여 피의자를 특정하고 범행상황을 파악하기 어려운 경우에 한하여 통신제한조치를 신청해야 하며, 법원 역시 이 점을 철저히 심사한 후 통신제한조치를 허가해야 한다. 그렇지 못하다면 통신제한조치의 남용은 필연적이며, 이는 시민의 프라이버시와 통신의 비밀을 수사기관의 손에 맡겨버리는 결과를 낳고 말 것이다.

다음으로 '최소침해'에 대한 판단기준에 대해서는 현재 구체적 지침이 마련되어 있지 않다. 이에 미국에서의 논의를 빌리자면, 먼저 통신제한조치의 초기 1~2분 동안에는 범죄관련성 여부 판단을 위하여 통신의 모든 내용을 감청할 수밖에 없을 것이다. 그러나 감청이 진행되면서 범죄와 무관한 통신내용이 나올때는 감청은 중단되어야 하며, 범죄관련 통신이 재개되면 다시 감청을 해야 할 것이다.[8]

---

7) 通信傍受に關する法律, 第14條.
8) J. G. Carr, *The Law of Electronic Surveillance* 5-35(1989); National Wiretap Comm'n, *Electronic Surveillance: Report of the National Commission for the Review*

그리고 '최소침해'에 대한 판단은 침해의 양을 기초로 일률적으로 내려질 수는 없을 것이다. 이에 대하여 참조할 수 있는 지침으로는 미국 연방대법원의 1978년 'Scott v. United States 사건'[9] 판결이 있다. 이 판결은 감청된 전화통화 중에 범죄관련성이 없는 통화수가 몇 퍼센트를 차지하고 있는가만을 기준으로 '최소화'(minimization) 요건 침해 여부를 판단해서는 안 되고, 통화의 내용과 비중, 대상범죄의 성격, 감청의 시기 등을 고려해야 한다고 보았다.[10] 이 사건에서 수사기관은 9명의 마약거래 혐의자의 전화통신 내용의 거의 전부를 감청하였는데, 추후 통신내용 중 40%만이 범죄관련이 있는 것으로 밝혀졌고, 이러한 감청이 감청의 '최소화'를 규정하고 있는 연방법을 위반하였는가 여부가 다투어졌다. 동 법원은 연방법은 범죄관련성이 없는 통신의 감청을 완전히 금지하고 있지는 않으며, 수사기관이 통신감청을 최소화하는 방식으로 감청하라고 요구하는 것이라고 파악하였으며,[11] 수사기관은 감청되어서는 안 될 범죄관련성이 없는 통신을 구분해 내기 위하여 수사 초기단계에 통신내용 전체를 감청할 수 있다고 판시하였다.[12]

Ⅲ. 일방 당사자의 동의가 있는 전기통신감청

먼저 수사기관이 법원의 허가 없이, (i) 사인인 정보원이나 협조자의 동의를 얻고 이 사인과 피의자 사이의 전기통신을 감청하는 것, 또는 (ii) 수사기관 자신이 피의자와 전기통신이나 대화의 당사자가 되어 그 내용을 감청하는 것, 두 가지 경우 모두 통신비밀보호법이 금지하는 수사기법이다. 전자에서 사인은 수사기관의 '도구'에 불과하고, 후자에서 수사기관과 피의자가 사이에 '동의' 있는 전기통신이나 대화가 있었다고 하더라도 이것이

---

of *Federal and State Laws Relating to Wiretapping and Electronic Surveillance* 93(1976).
9) 436 U.S. 128(1978).
10) Id. at 179-180.
11) Id. at 140.
12) Id. at 141.

범죄수사의 일환이라면 통신비밀보호법의 통제를 받아야 하기 때문이다. 문제는 사인이 이러한 두 경우에서 녹음의 주체가 되는 경우이다.

1. 다수설과 판례

사인인 제3자가 전기통신의 양 당사자 중 한 측만의 동의를 얻어 통신내용을 감청하는 것은 허용되지 않는다는 점에 대해서는 학설과 판례가 의견일치를 보고 있다. 학계 다수설은 통신비밀보호법은 '타인간'의 전기통신에만 적용된다고 보는바, — 사인인 통신자 일방이 타방의 동의 없이 감청을 하는 것은 허용하면서도 — 제3자가 통신을 행하는 당사자 중 일방만의 동의를 갖고 통신내용을 감청하는 것은 '타인간' 전기통신을 제3자가 침해하는 것에 해당되는 것이기에 불허한다.13)

대법원도 2003년 '경쟁 미용실 사건' 판결에서 동일한 입장을 표명하였다.14) 이 사건에서 이용원을 경영하던 피고인은 경쟁 미용실을 공중위생법 위반으로 고발할 목적으로 자신의 이용실에서 지인에게 경쟁 미용실에 전화를 걸어 "귓볼을 뚫어주느냐"는 용건으로 통화하게 하고 그 내용을 녹음하도록 하였다.

대법원은 통신비밀보호법 제2조 제7호가 규정한 전기통신 감청은 "제3자가 전기통신의 당사자인 송신인과 수신인의 동의를 받지 아니하고 같은 호(제7호)의 소정의 각 행위를 하는 것만을 의미한다"라고 파악하면서, 두 가지 경우를 나누어 정리한다. 즉, (i) 전화통화 당사자의 일방이 상대방 모르게 통화내용을 녹음하는 것은 감청에 해당하지 아니하고, 따라

---

13) 강동범, "녹음테이프의 증거능력," 형사판례연구회, 「형사판례연구」 제6호(1998), 470면; 김대휘, "사진과 비디오 테이프의 증거능력," 형사판례연구회, 「형사판례연구」 제6호(1998), 48면; 신양균, 「형사소송법」(제2판, 2004), 236, 246면; 심희기, 「형사소송법의 쟁점」(제3판, 2004), 159면; 천진호, "위법수집증거배제법칙의 사인효," 한국비교형사법학회, 「비교형사법연구」 제4권 제2호(2002), 384-385면.
14) 대법원 2002. 10. 8. 선고 2002도123 판결. 이 사건에서 검사와 원심판결은 전화통화의 녹음을 '감청'이 아니라 '공개되지 않은 타인간의 대화'를 녹음한 것으로 보았는데, 이는 '전기통신'의 개념을 잘못 파악한 것이다.

서 전화통화 당사자의 일방이 상대방 몰래 통화내용을 녹음하더라도, 대화 당사자 일방이 상대방 모르게 그 대화내용을 녹음한 경우와 마찬가지로 동법 제3조 제1항 위반이 아니다, (ii) 제3자의 경우는 설령 전화통화 당사자 일방의 동의를 받고 그 통화내용을 녹음하였다 하더라도 그 상대방의 동의가 없었던 이상, 사생활 및 통신의 불가침을 국민의 기본권의 하나로 선언하고 있는 헌법규정과 통신비밀의 보호와 통신의 자유 신장을 목적으로 제정된 통신비밀보호법의 취지에 비추어 이는 동법 제3조 제1항 위반이 되며, 이 점은 제3자가 공개되지 아니한 타인간의 대화를 녹음한 경우에도 마찬가지이다.15)

저자는 이 판결의 결론에는 동의하지만, 후술하듯이 두 가지 경우를 나누어 다르게 평가하는 것과 (i)의 견해에 반대한다.

2. 일방 당사자가 타방 당사자의 동의 없이 행하는 전기통신감청
―통신비밀보호법의 규율대상 여부

먼저 전기통신을 하는 당사자가 통신내용을 제3자에게 듣게 하는 것은 각 당사자의 자유에 속한다. 예컨대, 일상화되어 있는 스피커폰의 경우 제3자가 대화내용을 자유로이 들 수 있는바, 전화통화 당사자는 통화내용이 제3자에게 청취할 수 있음을 예견·감수하고 있다고 보아야 한다.16)

문제는 사인이 상대 당사자의 동의 없이 자신과의 전기통신을 감청하는 것이 허용되는가이다. 통신비밀보호법 제3조 제1항의 문언은 다음과 같다. "누구든지 이 법과 형사소송법 또는 군사법원법의 규정에 의하지 아니하고는 우편물의 검열·전기통신의 감청 또는 통신사실확인자료의 제공을 하거나 공개되지 아니한 타인간의 대화를 녹음 또는 청취하지 못한다."(강조는 인용자) 동 조항은 규율대상이 되는 금지행위를 규정하면서, 대화의 녹음 또는 청취의 경우는 "타인간"이라는 수식어가 붙었으나, 감청의 경우는 굳

---

15) 대법원 2001. 10. 9. 선고 2001도3106 판결도 같은 취지이다.
16) 하태훈, "사인에 의한 증거수집과 그 증거능력," 한국형사법학회, 「형사법연구」 제12호(1999), 38면.

이 '타인간'의 대화에 제한하고 있지 않다.

그렇지만 학계의 다수설과 판례는 전기통신과 대화를 동일하게 취급한다. 예컨대, 심희기 교수는 통신의 "각 당사자는 상대방이 다른 사람에게 대화를 엿듣도록 허락할지 모른다는 위험을 감수해야" 하며, "효과적인 범죄투쟁 수단을 수사기관에 부여하려는 통신비밀보호법의 정신에 비추어 일방 당사자의 동의가 있으면 영장 없이도 감시활동이 가능하다"라고 의견을 밝히고 있다.[17] 이상돈 교수는 전기통신과 대화 사이에 사생활의 비밀과 자유, 통신의 자유에 대한 보장범위에 있어서 차이가 있다고 볼 아무런 이유가 없으므로, 전기통신 감청의 경우에도 타인간의 전기통신 감청만이 규제대상이라고 본다.[18] 천진호 교수와 임동규 판사는 통신비밀보호법은 애초에 타인간의 전기통신만을 규제대상으로 한다고 한정적으로 해석하며, 당사자간의 통신은 당사자에게 알려질 것을 전제로 하고 있으므로 일방 당사자가 이를 몰래 녹음하는 것은 원칙적으로 허용된다고 보고 있다.[19] 한편, 김대휘 판사는 당사자 녹음은 원칙적으로 허용되지만, 녹음결과를 증거로 사용함으로써 헌법상 사생활의 기본권을 침해하는 경우에 공익과의 이익형량에 따라 그 증거사용이 금지되는 경우가 있다고 본다.[20]

대법원도 상술한 2003년 '경쟁 미용실 사건' 판결에서 "전기통신에 해당하는 전화통화 당사자의 일방이 상대방 몰래 통화내용을 녹음하더라도, 대화 당사자 일방이 상대방 모르게 그 대화내용을 녹음한 경우와 마찬가지로 동법 제3조 제1항 위반이 되지 아니한다"라고 판시하였다.[21]

이상과 같은 다수설과 판례의 입장은 미국 연방법과 영국의 도청법리와 동일하다. 미국 연방법은 "대화의 일방 또는 다수 당사자간의 일방의 사전 승낙이 있는 경우에는 … 유선, 구두 또는 전자통신(wire, oral or

---

17) 심희기, 「형사소송법판례 70선」(2000), 258면.
18) 이상돈, 「사례연습 형사소송법」(제2판, 2001), 362면.
19) 임동규, 「형사소송법」(제3판, 2004), 239면; 천진호(각주 13), 378면.
20) 김대휘, "사진과 비디오 테이프의 증거능력," 형사판례연구회, 「형사판례연구」
    제6호(1998), 47면.
21) 대법원 2002. 10. 8. 선고 2002도123 판결.

electronic communication)을 감청(interception)하는 것은 위법하지 않다"고 명시적으로 규정하고 있다.22) 그리고 뉴욕 주 등 미국의 다수23)와 영국 '통신감청법' 역시 같은 태도를 취하고 있다.24)

그러나 통신비밀보호법은 이상의 법제와는 달리 전기통신 당사자 쌍방의 동의 없이 이루어지는 감청을 규제대상으로 보고 있다고 해석하여야한다. 통설과 판례의 해석은 통신비밀보호법의 문언에 반하여 통신비밀의보호의 폭을 줄이는 해석인바, 동의할 수 없다. 통신비밀보호법은 규율대상이 되는 금지행위를 규정하면서, 육성대화의 녹음 또는 청취의 경우는 '타인간'이라는 수식어를 붙였으나, 전기통신의 감청의 경우는 '타인간'의 대화에 제한하고 있지 않다. 통신비밀보호법의 입법자는 육성대화보다 전기통신에 대해서 보다 강한 경각심을 가지고 보다 널리 규제하려고 하였다고 보아야 할 것이다. 그리고 의사소통 형태에 따라 사생활의 비밀이나 통신의 자유의 보장이 차등화되어서는 안 된다는 이상돈 교수의 견해는 타당하지만, 이러한 차등화가 헌법상 기본권을 적게 보장하는 방향으로 해소되어서는안 된다.

하급심 민사판결이지만, 전화 통화자 일방이 상대방의 동의 없이 통화내용을 녹음한 행위에 대하여 다음과 같은 판시를 밝힌 것이 있다. 즉,

> 피녹음자의 동의 없이 전화통화 상대방의 통화내용을 비밀리에 녹음하고 이를 재생하여 녹취서를 작성하는 것은 피녹음자의 승낙이 추정되거나 정당방위 또는 사회상규에 위배되지 아니하는 등의 다른 사정이 없는 한 헌법 제10조 제1문과 제17조에서 보장하는 음성권 및 사생활 비밀의 자유를 부당하게 침해하는 행위에 해당하여 불법행위를 구성한다. 위 침해는 그것이 통신비밀보호법상 감청에 해당하지 않는다거나 민사소송의 증거를 수집할 목적으로 녹음되었다는 사유만으로는 정당화되지 아니한다.25)

---

22) 18 U.S.C.A. §2511 (2)(d)(강조는 인용자).
23) New York Penal Law, §250.00.
24) The Interception of Communication Act, §1(2)(b).
25) 수원지방법원 2013. 8. 22. 선고 2013나8981 판결. 이 판결에 대한 평석으로 한승

동 판결은 이 행위가 통신비밀보호법상 감청에 해당하지 않는다는 2003년 '경쟁 미용실 사건' 판결의 입장을 지키면서도, 민사불법을 구성한다고 보았다.

한편, 미국 캘리포니아, 플로리다, 펜실베이니아 주의 경우는 비공개 통신의 당사자 모두의 동의 없이 이를 감청하는 것을 범죄로 규정하고 있으며, 이를 통하여 획득한 증거의 증거능력을 부정하고 있다는 점도 참조할 필요가 있다.26) 그리고 독일 형법은 '타인의' 공개되지 않은 말을 녹음하는 행위를 처벌하고 있으므로,27) 대화 일방당사자가 상대방의 동의 없이 녹음하는 것은 처벌대상이다. 독일 형사소송법은 수사기관에 의한 전신전화의 검열 및 기록을 허용하면서도 원칙적으로 판사만이 이를 명할 수 있다고 규정하고 있으며,28) '비밀수사'의 일환으로 '기술수단에 의한 비공개발언의 청취 및 기록'을 허용하면서도 이러한 처분은 원칙적으로 판사에 의해서만 명해질 수 있도록 규정하고 있다.29) 제1편 제4장에서 살펴본 1960년 6월 1일 연방대법원의 '녹음테이프 판결'30)(Tonbandent scheidung)에서 독일 연방대법원은, 사인에 의한 전화통화 내용의 비밀녹음 및 테이프의 재생은 피고인의 인격권을 침해하는 것이라고 파악하고, 피고인의 동의가 없는 한 증거로 사용할 수 없다고 판시한 바 있다.

대화를 비밀리에 녹음하는 것, 그리고 녹음테이프를 매개로 하여 화자(話者)

수, "통화자 일방의 전화통화 녹음에 있어서의 손해배상책임," 중앙대학교 법학연구원, 「문화·미디어·엔터테인먼트법」 제10권 제2호(2016. 12)를 참조하라.
26) Cal. Penal Code, §632, 633.5; Fla. Stat. Ann. §934.03 (3)(d), 934.06.; 18 Pa. Cons. Stat. Ann. §5704 (4).
27) 독일 형법 제201조.
28) 독일 형사소송법 제100조 b.
29) Id. 제100조 d 제1항. 단, 긴급을 요하는 경우에는 검사나 그 보조공무원에 의해서도 가능하다(Id.).
30) 14 BGHSt 358(1960). 이 사건에서 피고인 R은 변호사로 상인 K의 O에 대한 강간사건에서 O를 대리하였는데, K에 대한 유죄판결이 선고된 후 K는 자신의 여자친구 F로 하여금 R을 만나 배상금 지불시 O의 증언을 변경시켜줄 수 있는지를 교섭하게 하였고, 이 교섭과정에서 F는 R과의 전화통화 내용을 모두 녹음하였다.

의 동의 없이 제 3 자에게 전하는 것은 모두 화자의 인격영역 및 자기의 언어에 대한 그의 권리를 침해하는 것이라고 아니할 수 없다.31)

생각건대, 일방 당사자가 전기통신에 동의를 하였더라도 상대방이 녹음하는 것까지 동의하였다고 간주할 수는 없으며, 녹음행위에 대해서는 별도의 동의가 필요하다고 보아야 한다. 전기통신을 한다는 것이 바로 전기통신상의 발언이 재생가능한 형태로 남아 언제 누구에게라도 공개될 수 있다는 것을 의미한다면, 이는 전기통신자가 자신의 발언의 수신자의 범위를 결정할 수 있는 권리를 침해하는 것이라 할 것이다.32) 만약 일방 당사자만의 동의로 전기통신의 감청이 허용된다면 "모든 사적인, 자유로운, 그리고 제약받지 않는 통신을 얼어붙게 하는 중대한 위험33)이 발생하게 되고, "모든 사람들은 자신이 말하는 모든 단어가 송신이나 녹음되고, 나중에는 온 세상을 향하여 반복될 수 있다는 점을 두려워하며 살아야"34) 한다는 상황을 초치(招致)하게 되는 것이다.

요컨대, 대화녹음 경우와 달리, 전기통신 일방 당사자 — 수사기관이건 사인이건 — 가 통신 상대방의 동의 없이 통신내용을 감청하는 것은 통신비밀보호법의 규율범위 안에 놓여야 한다.35)

---

31) Id. at 364-365.
32) 권영세, "현행 통신비밀보호법상 도청행위의 의의 및 범위," 한국법학원, 「저스티스」 제30권 제 4 호(1997. 2), 127면; 배종대 · 이상돈 · 정승환 · 이주원, 「형사소송법」 (2015), 106면; 하태훈(각주 16), 38면; 박미숙, "사인에 의한 비밀녹음테이프의 증거능력," 형사판례연구회, 「형사판례연구」 제11호(2003), 377면.
33) Lopez v. United States, 373 U.S. 427, 452(1963)(Brennan, Douglas and Goldberg, dissenting).
34) White, 401 U.S. at 764(Douglas, Harlan, Marshall, dissenting).
35) 이렇게 해석할 때 남는 문제는 우편물의 발송 및 수취의 경우에 대한 해석이다. 통신비밀보호법상 통신제한조치에는 전기통신의 감청과 우편물의 검열을 다 포함되기 때문이다. 생각건대, 전기통신을 녹음하는 경우와는 달리, 우편물을 발송하는 자는 애초에 우편물의 수취인이 우편물을 열어 그 내용을 지득할 것이라는 것을 양해하고 있다고 보아야 하므로, 수취인의 행위는 통신비밀보호법과 구성요건해당성이 조각된다고 보아야 할 것이다.

감청청구에 대한 법원의 심사가 엄격하지 않고, 긴급감청도 제도적으로 보장되어 있는 현실에서, 수사기관 자신과 전기통신 상대방과의 대화녹음을 통신비밀보호법의 적용범위 밖의 문제로 파악하는 것은 수사기관에 대하여 너무 많은 자유를 주는 것이다. 물론 통신비밀보호법의 요건과 절차에 따라 법원의 허가를 받거나, 긴급통신제한조치의 요건과 절차가 충족된다면 합법이라고 할 것이다.

사인이 다른 사인과의 전기통신 내용을 녹음하는 경우를 불법화하는 것은 과도한 범죄화가 아닌가 하는 의문이 있을 수 있다. 그렇지만 현재 사인에 의한 통신비밀 침해가 매우 심각하고, 이러한 녹음을 금지하지 않는다면 이를 통하여 확보된 녹음테이프가 재판과 징계절차에서 아무 제약 없이 사용될 것이라는 점을 생각할 때, 전기통신 상대방의 동의 없는 사인의 녹음행위 역시 통신비밀보호법에 의한 규제를 받아야 한다고 본다. 통설과 2003년 '경쟁 미용실 사건' 판결에 따르면, 전기통신의 당사자가 직접 녹음하면 합법이지만, 타인을 이용하여 전기통신의 내용을 녹음하면 불법이다. 그러나 두 행위가 이렇게 질적인 차이가 있는지 의문이다.

물론 전기통신 중 통신 상대방이 말하는 범죄에 대한 계획이나 자백을 녹음하거나, 범죄피해자가 자신과 범죄가해자와의 전기통신을 녹음하는 것은 긴급피난이나 정당행위로 위법성이 조각되어야 한다.[36) 대법원은 강간죄의 피해자인 사인이 가해자(피고인)로부터 자신에게 걸려온 전화내용을 녹음테이프에 비밀녹음한 사례에서 "피고인이 범행 후 피해자에게 전화를 걸어오자 피해자가 증거를 수집하려고 그 전화내용을 녹음한 경우, 그 녹음테이프가 피고인 모르게 녹음된 것이라 하여 이를 위법하게 수집된 증거라고 할 수 없다"라고 판시한 바 있다.[37)

전기통신이나 대화의 양 당사자 모두의 동의가 없는 감청을 금지하는 미국의 주 형법도 예외조항을 두고 있다. 예컨대, 캘리포니아 주 형법은

---

36) 김대휘(각주 13), 448면; 권영세(각주 32), 127면; 박미숙(각주 32), 381면; 하태훈 (각주 16), 39면.
37) 대법원 1997. 3. 28. 선고 97도240 판결.

강요, 납치, 뇌물, 사람에 대한 일체의 중죄 등과 관련된 경우는 전기통신 감청이나 대화녹음을 허용한다.[38] 미국 펜실베이니아 형법은 통신의 일방 당사자만의 동의로도 전기통신 감청이나 대화녹음이 가능한 경우로, 대화 상대방이 인질을 잡고 있거나 체포를 피하기 위하여 방책을 치고 숨어 있는 경우, 또는 무기를 사용하며 저항하려 하거나, 자살하겠다고 위협하거나 타인을 해치겠다고 위협하는 경우를 명시하고 있다.[39]

이상의 논의를 도해화하면 다음과 같다.

	통설 & 판례	저자
통신비밀보호법 제3조 제1항의 금지 대상	타인간의 전기통신의 감청 및 타인간의 육성대화 녹음 · 청취	전기통신의 감청 및 타인간의 육성대화 녹음 · 청취
일방 당사자만의 동의 하에 이루어진 제3자의 전기통신 감청	불허	불허
일방 당사자가 타방 당사자의 동의 없이 행하는 전기통신 감청	허용	불허. 단, 전기통신 중 통신 상대방이 말하는 범죄에 대한 계획이나 자백을 녹음하거나, 범죄피해자가 자신과 범죄가해자와의 전기통신을 녹음하는 것은 긴급피난이나 정당행위로 위법성 조각
일방 당사자가 타방 당사자의 동의 없이 행하는 육성대화 녹음 · 청취	허용	허용

---

38) Cal. Penal Code, §633.5.
39) 18 Pa. Cons. Stat. Ann. §5704(12).

제 2. 타인간의 육성대화의 침해

통신비밀보호법은 "공개되지 않은 타인간의 대화의 녹음이나 청취"를 금지하고 있다(제14조 제 1 항). 여기서 육성대화의 당사자가 대화 상대방 몰래 대화를 녹음하는 것을 어떻게 평가할 것인가의 문제가 있다.

변종필 교수는 이 경우도 통신비밀보호법상의 '타인간의 대화'를 녹음한 것으로 해석하고, 녹음내용은 통신비밀보호법을 위반한 위법수집증거로 증거능력이 부정된다고 주장한다. '타인간'이라는 말은 '자신과 타인간'이라는 대상영역을 포함한다고 해석할 수 있으며, 이러한 해석이 아니더라도 '자신과 타인간'의 대화에도 통신비밀보호법 제14조 제 1 항을 유추적용하는 것은 입법의 목적을 벗어나지 않는다는 것이다.[40]

통신의 비밀의 보호의 영역을 확장하려는 이러한 해석의 문제의식에는 공감하지만, 이는 '타인간의 대화' 안에 '자신과 타인간의 대화'가 포함된다는 해석으로 동법의 문언의 가능한 의미를 뛰어넘는 것이다. 동법 제14조는 '타인간의 대화'의 녹음 · 청취를 금지하고 있는바, 대화 당사자가 '타인'이 될 수는 없기 때문이라고 보아야 할 것이다.

예컨대, 동료교사의 수업중의 국가보안법 위반혐의 발언내용을 확인하기 위하여 그 발언을 들은 학생들을 자신의 집으로 불러 사적인 대화를 나누며 학생들 몰래 대화를 녹음한 교사의 행위[41]의 경우에는 통신비밀보호법 위반 문제는 발생하지 않는다.

2006년 '3인간 대화 녹음 사건'에서 피고인은 공소외 두 사람과의 대화를 하는 도중, 소형녹음기를 이용하여 공소외 두 사람의 대화를 녹음하였다.

---

40) 변종필, "사인이 위법수집한 증거의 증거능력 — 대법원 판례를 중심으로," 법률정보판례연구회, 「법률정보판례연구」 제 1 집 제 1 호(1999. 11), 77-78면.
41) 대법원 1997. 3. 28. 선고 96도2417 판결. 법원은 직접적으로 비밀녹음이 위법한가에 대하여 판단하지는 않았으나 형사소송법 제313조 제 1 항 단서를 적용하여 녹음테이프의 증거능력을 인정하였다.

대법은 다음과 설시하면서, 피고인의 무죄판결을 확정한다.

　통신비밀보호법 제 3 조 제 1 항이 "공개되지 아니한 대화를 녹음 또는 청취하지 못한다"라고 정한 것은, 대화에 원래부터 참여하지 않는 제 3 자가 그 대화를 하는 타인들 간의 발언을 녹음해서는 아니 된다는 취지이다. 3인 간의 대화에 있어서 그 중 한 사람이 그 대화를 녹음하는 경우에 다른 두 사람의 발언은 그 녹음자에 대한 관계에서 '타인간의 대화'라고 할 수 없으므로, 이와 같은 녹음행위가 통신비밀보호법 제 3 조 제 1 항에 위배된다고 볼 수는 없다.[42]

　그러나 타인간의 육성대화의 비밀녹음이 통신비밀보호법의 적용대상은 아니라고 하여 이러한 행위가 자유롭게 허용된다고 할 수는 없다. "상대방과의 대화를 녹음한 경우 휘발성을 가진 타인의 발언이 반영구적으로 보존되므로 단순히 청취한 결과를 구두로 전달하는 것과는 상대방의 프라이버시 침해정도에 있어서 비교할 수 없을 것"이기 때문이다.[43] 따라서 타방당사자의 기본권 침해가 '실체적 진실발견(정당성), 녹음대상진술의 자의성(상당성), 녹음상황의 긴급성(긴급성), 녹음대상진술의 재현곤란(보충성), 형사처벌관련성(균형성)' 등에 의거하여 정당화되는지 여부를 세밀하게 검토해야 할 것이다.[44]

　제 1 편 제 3 장에서 보았듯이, 1960년 6월 1일의 '녹음테이프 판결'[45] (Tonbandentscheidung)에서 독일 연방대법원은 대화내용의 비밀녹음 및 테이프의 재생은 피고인의 인격권을 침해하는 것이라고 파악하고 피고인의 동의

---

42) 대법원 2006. 10. 12. 선고 2006도4981 판결.
43) 권영세(각주 32), 135면.
44) 강동범(각주 13), 474면. 이러한 관점에서 볼 때 1997년 '교사의 비밀녹음 사건'에서 문제가 된 동료교사의 교실 내 발언을 '표현의 자유'에 대한 '명백하고 현존하는 위험'(clear and present danger)의 관점에서 보자면 '이적성'을 가진다고 보기 힘들고, 또한 이러한 발언에 대하여 국가의 수사권을 대행하여 사인이 행동해야 할 만큼 중대하고 긴급한 상황이라고 어렵기에 녹음행위는 정당화되지 않는다고 할 것이다.
45) 14 BGHSt 358ff(1960).

가 없는 한 증거로 사용할 수 없다고 판시하였고, 1973년 1월 31일 결정에서 독일 연방헌법재판소는 피고인의 탈세를 증명하기 위해 제출된 사인과 피고인과의 대화녹음테이프의 내용은 '핵심영역'이 아니라 '사적 영역'에 속하지만, 탈세는 피고인의 '사적 영역'에서의 프라이버시에 우월하는 공적 이익이 아니라는 이유로 증거사용을 금지하였다.[46]

그리고 향후 법개정의 방향을 생각하자면, 상술하였듯이 미국의 일부 주 형법은 전기통신의 경우는 물론, 육성대화의 녹음도 당사자의 쌍방의 동의를 요구하고 있으며, 독일 형법은 '타인간의 대화'가 아니라 '타인의 말'을 보호대상으로 하고 있음을 기억해야 할 것이다.

제 3. 합법감청으로 우연히 발견한 증거의 증거능력

이상에서 보았던 여러 통신비밀보호법 위반행위를 통하여 획득한 증거의 증거능력이 부정됨은 논쟁의 여지가 없다. 남은 문제는 합법감청으로 우연히 발견한 증거의 증거능력 배제 여부이다. 예컨대, 적법하게 감청허가를 받고 감청하던 도중 감청허가서에 명기되지 않는 피의자의 다른 범죄 또는 피의자가 아닌 제3자의 범죄에 관한 정보를 획득한 경우 이 증거의 증거능력이 문제가 된다. 이러한 경우에 대하여 형사소송법도 통신비밀보호법도 규정을 두고 있지 않으므로 해석론적 해결이 필요하다.

먼저 원혜욱 교수가 소개한 것처럼, 독일 판례나 학계의 통설은 일차적으로 합법감청으로 우연히 발견한 증거가 법률상의 감청대상범죄의 목록에 속하는 경우는 증거능력을 인정하며, 만약 당해 증거가 감청대상범죄에 포함되지 않는 경우에도 그러한 범죄와 일정한 관련이 있는 경우 — '행위의 동일성'이 인정되는 경우 — 에는 증거능력이 있다고 보고 있다. 그리고 우연히 발견된 피의자가 아닌 제3자의 범죄사실의 경우도 이것이 감청대상

---

46) 34 BVerfGE 238(1973).

범죄에 포함되는가 여부에 따라 증거능력 배제를 결정한다.[47]

예컨대, 제 2 편 제 3 장에서도 살펴보았으나, 합법적 감청을 통하여 감청대상목록에 없던 범죄사실이 드러났고, 피고인에게 이 감청테이프를 청취한 후 자백하였는데, 연방대법원은 문제의 테이프의 증거사용을 금지하였다.[48] 그리고 수사기관이 'G-10법'에 따른 합법적 감청의 결과 피고인이 자신의 누이 집에 유출된 정부서류를 은닉하고 있다고 믿고 수색영장을 발부받아 문제의 서류를 발견하였으나, 이 서류는 'G-10법'에서 허용되지 않는 경한 범죄에 대하여 F의 관련을 입증해 줄 뿐이었던바, 연방대법원은 이 서류의 증거사용을 금지하였다.[49]

한편 미국 압수·수색의 법리에서 정립된 '육안(肉眼)발견의 예외'(plain view exception)를 참조할 수 있다. 이 원리는 수사기관이 합법적으로 수색장소에 진입한 후 타인의 눈에 쉽게 띌 수 있는 장소에서 영장에 기재되지 않았으나 금제품이나 증거 등 강제처분의 대상이 놓여 있음을 발견한 경우 압수를 허용하는 법리이다.[50] 이 원리를 감청에도 적용한 연방대법원 판결은 아직 없으나, 이를 활용하자는 주장은 제기되고 있다.[51]

생각건대, 전기통신의 감청은 형사소송법상의 대물적 강제처분보다 훨씬 강한 프라이버시 침해를 수반하기에 법적 제약을 쉽게 풀어서는 안 된다는 점, 현행 '육안발견의 예외'는 발견의 우연성(inadventence) 여부를 불문하고 있기에 확장의 우려가 크다는 점,[52] 제 4 편에서 후술하듯이 형사소송법

---

47) 원혜욱, "감청에 의해 우연히 발견한 증거의 증거능력," 한국형사법학회, 「형사법연구」 제14호 (2000), 298-305면; 원혜욱, 「도청·감청 및 비밀녹음(녹화) 제한과 증거사용」(형사정책연구원, 1999), 148-160면.

48) 27 BGHSt 355(1978).

49) 29 BGHSt 244(1980).

50) 이에 대해서는 1 Wayne R. LaFave, *Search and Seizure* §2. 2 (a)(3d ed. 196); Josua Dressler, *Understanding Criminal Procedure* 253-263(3rd ed. 2002)을 참조하라.

51) Larry Downes, "Electronic Communications and the Plain View Exception: More "Bad Physics"," 7 *Harv. J. Law & Tec.* 239(1994).

52) Horton v. California, 496 U.S. 128(1990). 이 사건에서 경찰관은 강도 혐의 피고인의 집을 수색하고 무기를 압수하기 위하여 영장을 신청하였지만, 세 개의 반지를 포함하여 강도의 과정을 확인할 수 있는 수색만 허가하는 영장이 발부되었다.

제217조의 긴급압수 · 수색이 있기에 '육안발견의 예외'를 추가로 인정할 수는 없는데 이 예외를 전기통신의 감청에 인정하는 것은 더욱 곤란하다는 점 등을 고려하자면, '육안발견의 예외'를 합법감청으로 우연히 발견한 증거의 증거능력의 배제판단에 바로 적용하는 것은 곤란하다고 본다. 이 점에서 저자는 우연히 발견한 증거가 감청대상범죄에 속하는가 여부로 증거배제 여부를 판단하는 독일 판례의 입장에 동의한다.

경찰관은 영장을 집행하던 도중 무기를 발견하고 압수하였다. 법원은 무기 발견이 우연적인 것이 아니었고, 다른 영장에 의해 쉽게 확보될 수 있었음을 인정하면서도, '육안발견의 예외'에 따라 증거능력을 인정하였다.

제4장

결 론

1993년 통신비밀보호법이 제정된 이후에도 수사기관의 통신제한조치 오남용은 여전히 문제가 되고 있다. 동법이 수회 개정되었으나, 헌법적 기본권으로 통신의 비밀이 갖는 중대한 의미, 그리고 영장주의의 정신에 비추어 볼 때에는 미흡한 점이 여전히 남아 있다. 이러한 상황 속에서 불법감청이나 대화녹음에 대한 시민의 우려는 점점 강해지고 있는 것이 현실이다.

향후 보다 전향적인 법개정을 기대함과 동시에, 통신제한허가와 증거사용금지 결정에 있어서 법원의 적극적 역할을 고대한다. 통신비밀보호법이 단지 수사기관의 통신비밀 침해라는 "더러운 작업"(dirty business)[1]에 대하여 면죄부를 주는 역할을 하지 않도록 하려면, 법원은 신청된 통신제한조치가 요건을 충족하고 절차를 준수하였는지를 철저하고 엄격하게 검토하여 허가를 내 주어야 함은 물론, 각종의 불법감청으로 획득한 증거의 증거능력을 적극적으로 배제하는 태도를 보여주어야 한다. 1968년 'Lee v. Florida 판결'[2]에서 미국 연방대법원은, 1934년 '연방통신법'에 있던 형사처벌규정만으로는 통신비밀은 보호되지 않는다고 판단하면서, "위법한 증거를 의무적으로 배제하여 법위반의 동기를 제거하는 것만이 유일하게 효

---

1) Olmstead v. United States, 277 U.S. 438, 470(1928)(Holmes, J., dissenting).
2) 392 U.S. 378(1968).

과적인 연방법 준수를 강제하는 방법"3)이라고 토로하였던바, 이는 우리 현실에도 여전히 의미가 있다. 그리고 통신비밀을 보호하고 통신의 자유를 신장한다는 통신비밀보호법의 취지에 맞추어, 법원은 사인이 비밀리에 행하는 전기통신의 감청이나 육성대화의 녹음에 대해서도 보다 엄격한 태도를 견지해야 할 것이다.

---

3) Id. at 387.

제 4 편

위법한 대물적 강제처분과 증거배제

"적법한 절차에 따르지 아니하고 수집한 증거는 증거로 할 수 없다"(형사소송법 제308조의2).

"프라이버시에 대한 권리가 그 근원에 있어서 헌법적인 것임을 일단 인정한 이상, 우리는 더 이상 그 권리가 공허한 약속으로 남아 있도록 허용할 수는 없다"(1961년 미국 'Mapp v. Ohio 판결').

들어가는 말
— 2007년의 대전환 —

헌법은 주거의 자유(제16조)와 사생활의 비밀과 자유(제17조)를 기본권으로 규정하고 있고, 헌법 제12조와 형사소송법 제215조는 수사상의 압수·수색·검증을 위해서는 법관이 발부한 영장이 있어야 하는 것이 원칙임을 선언하고 있다.

그러나 들어가는 말에서 살펴보았듯이, 1964년 형사소송법 제정 이후 오랫동안 대법원은 압수·수색·검증 등의 절차에서 영장주의의 원칙을 위반하고 수집된 비진술증거의 증거능력을 인정했다. 대법원은 일본 최고재판소의 과거 입장인 '성질·형상 불변론'[1]에 따라 위법수집증거의 불배제의 입장을 고수했다. 즉,

증거물은 사법경찰관이 압수영장 없이 압수하였음은 소론과 같으나 압수물은 압수절차가 위법이라 하더라도 **물건 자체의 성질, 형상에 변경을 가져오는 것은 아니므로**, 그 형상에 관한 증거가치에는 변함이 없다 할 것이므로 증거능력이 있다.[2]

---

1) 日本 最高裁 1949. 12. 1. 裁判集 15号, 349頁.
2) 대법원 1968. 9. 17. 선고, 68도932 판결(강조는 인용자). 같은 취지의 판결로 대법원 1987. 6. 23. 선고, 87도705 판결; 대법원 1994. 2. 8. 선고, 93도3318 판결 등이 있다.

이러한 대법원의 입장은 1978년 일본 최고재판소가 '오사카 텐노사(天王寺) 각성제 사건'3) 판결에서 '상대적 배제론'을 확립하여 증거배제의 근거를 마련한 이후에도 마찬가지였다. 그리고 형사소송법도 증거배제의 근거조항을 갖고 있지 못했다. 그 결과 대물적 강제처분에 있어서 적정절차의 이념 실현은 난망해졌고, 수사기관의 불법행위는 묵인·조장되었다.

그러나 노무현 정부하에서 대법원 산하에 만들어진 사법개혁추진위원회의 활동 결과, 2007년 개정 형사소송법 제308조의2는 "적법한 절차에 따르지 아니하고 수집한 증거"의 증거능력 배제를 규정하였다. 그리고 대법원은 2007년 11월 15일 '김태환 제주지사 사건' 판결에서, 기존의 '성질·형상 불변론'을 폐기하고 비진술증거에 대해서도 위법수집증거배제법칙을 적용하고 위법수집증거의 파생증거도 원칙적으로 배제한다는 입장을 선언한다.4)

그리하여 형사소송법 제308조의2는 ― 형사소송법 제309조와 통신비밀보호법 제4조 등 위법수집증거배제를 규정하는 여러 조문들의 일반조항으로서의 성격을 가짐과 동시에 ― 위법하게 수집된 비진술증거의 증거능력을 배제하는 법률적 근거가 되었고, 2007년 '김태환 제주지사 사건' 판결은 제308조의2의 해석지침으로 작동하게 되었다.

---

3) 最高裁 1978. 9. 7. 刑集 32卷 6号, 1672면. 이 판결에 대한 평석으로는 三井誠, "所持品檢査の限界と違法收集證據の排除"(下), ジュリスト No. 680 (1978. 12. 15) 을 참조하라.
4) 대법원 2007. 11. 15. 선고 2007도3061 판결.

제2장

재량적 증거배제의
기준과 예외

제 1. 대법원 2007.11.15. 선고 2007도3061 전원합의체 판결

형사소송법 제308조의2 신설을 둘러싼 논쟁과 동조항의 증거법적 지위에 대해서는 들어가는 말에서 검토했던바, 여기서는 2007년 '김태환 제주지사 사건' 판결의 의미를 살펴보기로 한다.

I. 사실관계와 경과

이 판결의 사실관계는 다음과 같이 요약된다. 피고인 김태환 제주지사는 5.31 지방선거를 앞두고 불법선거운동을 기획한 혐의로 기소되었다. 검사는 도지사의 정책특별보좌관 K가 사용하던 사무실을 수색하는 과정에서, 그 곳을 방문한 도지사 비서관 H가 들고 있던 각종 문서를 압수하였고, 이는 공소사실을 입증하는 가장 중요한 증거물로 제출되었다. 그러나 피고인들과 변호인들은 압수과정이 헌법 및 형사소송법이 정한 압수수색에 관한 절차 규정을 위반하였고 그 위법 정도가 중대하므로, 위 압수물들은 물론 이를 기초로 획득한 2차적 증거물들도 모두 이 사건 공소사실을 입증하는 증거로 사용할 수 없다고 주장하였다.

원심은 압수수색 절차가 위법하다는 이유만으로는 압수물의 증거능력을 부정할 수 없는 기존의 판례에 기초하여, 이 사건 압수수색 절차에서 구체적으로 어떠한 위법사유가 존재하는지에 관하여 판단하지 않고 이 사건 압수물을 유죄 인정의 증거로 사용하였다. 대법원은 기존의 '성질·형상 불변론'을 변경하고 피고인의 유죄판결을 파기환송하였다.

II. 판결 분석

1. 다수의견 대 별개의견 — "적법절차의 실질적인 내용 침해" 대 "중대한 위법"

먼저 다수의견은 "수사기관의 강제처분인 압수·수색은 그 과정에서 관련자들의 권리나 법익을 침해할 가능성이 적지 않으므로 엄격히 헌법과 형사소송법이 정한 절차를 준수하여 이루어져야 한다."고 강조하면서, "헌법과 형사소송법이 정한 절차에 따르지 아니하고 수집된 증거는 기본적 인권 보장을 위해 마련된 적법한 절차에 따르지 않은 것으로서 **원칙적으로 유죄 인정의 증거로 삼을 수 없다.**"(강조는 인용자)라고 판단한다.

그렇지만 다수의견은 "형식적으로 보아 정해진 절차에 따르지 아니하고 수집된 증거라는 이유만을 내세워 **획일적으로** 그 증거의 증거능력을 부정하는 것"(강조는 인용자)은 "헌법과 형사소송법이 형사소송에 관한 절차 조항을 마련한 취지에 맞는다고 볼 수 없다"고 판단한다. 그리하여 다수의견은 수사기관의 증거 수집 과정에서 이루어진 절차 위반행위와 관련된 모든 사정을 전체적·종합적으로 고려하여 볼 때, 수사기관의 절차 위반행위가 **"적법절차의 실질적인 내용"**(강조는 인용자)을 침해하는 경우에 해당하지 아니하고, 오히려 "그 증거의 증거능력의 배제가 헌법과 형사소송법이 형사소송에 관한 절차 조항을 마련하여 적법절차의 원칙과 실체적 진실 규명의 조화를 도모하고 이를 통하여 형사 사법 정의를 실현하려 한 취지에 반하는 결과를 초래하는 것으로 평가되는 **예외적인 경우**"(강조는 인용자)라면 그 증거의 증거능력을 인정할 수 있다고 판시하였다.

또한 다수의견은 "절차 조항에 따르지 않는 수사기관의 압수·수색을 억제하고 재발을 방지하는 가장 효과적이고 확실한 대응책은 이를 통하여 수집한 증거는 물론 이를 기초로 하여 획득한 2차적 증거를 유죄 인정의 증거로 삼을 수 없도록 하는 것이다"라고 밝힘으로써 '독수과실', 즉 위법수집증거의 파생증거의 증거능력도 부정되어야 함 함을 밝힌다. 그리고 다수의견은 '독수과실' 배제의 판단은 위법수집증거와 파생증거 사이의 "인과관계 희석 또는 단절 여부"를 중심으로 이루어져야 한다는 점을 밝혔다. 이는 미국 연방대법원이 확립한 독수과실의 원리와 그 예외를 우리 대법원이 명시적으로 수용했으며,[1] 또한 오랫동안 잊혀 있었던 과거 대법원 1977. 4. 26. 선고 77도210 판결[2]의 정신이 부활했음을 의미하는 것이기도 한다.

한편 대법관 양승태, 김능환, 안대희 3인의 별개의견은 위법수집증거배제법칙의 채택 자체에는 동의하면서도, 배제판단 기준에 대해서는 다른 의견을 제출한다.

별개의견은 다수의견이 제시한 "적법절차의 실질적인 내용을 침해하는 경우"의 의미와 내용을 분명하지 않을 뿐만 아니라, "지나치게 엄격한 기준으로 위법수집증거의 배제원칙을 선언함으로써 자칫 실체적 진실 규명을 통한 형벌권의 적정한 행사라는 형사 사법의 또 다른 목표의 달성을 불가능하게 하거나 지나치게 어렵게 만들 우려가 있다고 하지 않을 수 없다."(강조는 인용자)라고 비판한다. 그러면서 별개의견은 위법수집증거의 배제는 그 증거수집 절차와 관련된 모든 사정을 전체적·종합적으로 고려하여 볼 때, "그 증거수집 절차의 위법사유가 영장주의의 정신과 취지를 몰각하는 것으로서 그 증거의 증거능력을 부정해야 할 만큼 **중대**한 것이라고 인정될 경우"(강조는 인용자)에는 그 증거능력이 부정되며, 그 위법 사유가 이 정도에 이르지 아니하는 경우에는 그 압수물의 증거능력이 부정되지 않는다는 입장을 밝힌다.

---

1) '독수과실의 원칙'에 대해서는 제6편을 참조하라.
2) "압수된 망치, 국방색 작업복과 야전잠바 등은 위에서 설시한 대로 피고인의 증거 능력 없는 자백에 의하여 획득된 것이므로 따라서 증거능력이 없다."

다수의견과 별개의견은 공히 증거수집의 위법성 판단시 고려되어야 할 사안으로 "절차 조항의 취지와 그 위반의 내용 및 정도, 구체적인 위반 경위와 회피가능성, 절차 조항이 보호하고자 하는 권리 또는 법익의 성질과 침해 정도 및 피고인과의 관련성, 절차 위반행위와 증거수집 사이의 인과관계 등 관련성의 정도, 수사기관의 인식과 의도" 등을 제시하고 있는바, 이는 향후 수사기관의 실무와 법원의 해석에서 유의해야 할 지점이 될 것이다.[3]

2. 평 가

이상에서 다수의견이건 별개의견이건 자동적·의무적 위법수집증거배제법칙을 채택하지 않고, 재량적 위법수집증거배제법칙을 채택하였음을 확인할 수 있다. 두 의견 모두 적법절차와 실체적 진실발견의 이념은 조화롭게 실현되어야 한다는 점, 그 조화의 지점에 대한 최종판단은 법관의 재량에 따라 이루어진다는 점에 대해 동의하고 있다.

다수의견이 형소법 개정안 제308조의2의 문언을 활용하여 배제기준을 제시하였다면, 별개의견은 사법개혁추진위원회 논의과정에서 검찰 측 안[4]의 영향 및 일본 최고재판소의 '상대적 배제론'[5]의 영향하에 기준을 제시하였다.

(1) 기준의 모호성?

안성수 검사는 제308조의2의 "적법한 절차" 개념이 모호하여, "경중을 불문하고 모든 위법을 배제사유로 하는 것인지 … 증거로 할 수 없는

---

3) 별개의견이 적시하는 고려사항에서는 절차위반과 증거수집 사이의 인과관계가 빠져 있지만, 별개의견이 제출된 이유가 이 점 때문은 아니므로 의식적 누락은 아니라고 보인다.

4) 검찰 측은 "위법하게 수집한 증거는 그 위법성이 중대하고 사건의 내용과 비교하여 이를 증거로 사용함이 사법적 정의에 반할 때에는 이를 증거로 할 수 없다"는 조문안을 제시하였다[이준보, "법안검토의견서(5) ─ 제5차 5인 소위원회 자료," 대검찰청, 「공판중심주의 형사소송법 백서」(2005), 525-527면].

5) 일본 최고재판소의 1978년 '오사카 텐노사 각성제 사건' 판결은 증거배제의 기준으로 "중대한 위법"을 제시하였다(最高裁 1978.9.7. 刑集 32卷 6号, 1672頁).

절차는 어디까지 포함하는지"에 대한 답을 주지 못한다고 비판한 바 있다.6) 그리고 이윤제 교수도 별개의견에 동의하면서, 다수의견의 기준은 "매우 형식적 기준"으로 "원칙과 예외를 구별하는 기준을 명백히 제시하지 못하고 있"다고 비판한다.7)

다수의견이 제시하는 "적법절차의 실질적인 내용 침해"의 의미가 그 자체로는 분명하지 않음은 사실이다. 그러나 개념의 추상성은 별개의견이 "중대한 위법"의 예로 제시하는 "영장주의의 정신과 취지를 몰각"의 경우도 마찬가지다. 특히 압수물의 증거능력을 부정해야 할 만큼 중대한 위법이 있는 경우 증거능력이 부정된다는 것은 "순환논증"이다.8) 그리고 대법원이나 헌법재판소의 판례는 '적법절차'의 의미에 대한 해석을 제공해왔다. 예컨대, 헌법재판소는 '적법절차'는 "국가의 형벌권을 실현함에 있어서 피고인 등의 기본권 보장을 위한 정당한 절차 즉 근본적인 공정성을 담보하는 절차"로 파악하고 있다.9) 사실 재량적 배제를 선택하는 이상, '적법절차' 개념을 사용하여 발생하는 기준의 모호성은 불가피한 것이다.

(2) 의견 차이의 실천적 의미

더 중요한 것은 다수의견과 별개의견의 차이의 실천적 의미이다. 최석윤 교수는 두 의견은 "거의 동일한 기준을 표현만 달리한 것"이고 "실제적인 결론에서 양자의 차이가 거의 없"을 것이라고 평가하지만,10) 이 중 어떠한 기준을 택할 것에 따라 법관의 판단에는 큰 차이가 있을 것이다.

첫째, 다수의견이 배제의 원칙을 강하게 강조하면서 예외적 인정의 조

---

6) 안성수, "각국의 위법수집증거배제법칙과 우리법상 수용방안," 한국법학원, 「저스티스」 제96호(2007), 235면.
7) 이윤제, "위법수집증거배제법칙의 적용기준에 대한 비교법적 연구," 형사판례연구회, 「형사판례연구」 제18호(2010), 447면.
8) 최석윤, "법에 정한 절차에 따르지 아니하고 수집된 압수물의 증거능력," 한국형사법학회, 「형사법연구」 제20권 제1호(2008), 275면.
9) 헌법재판소 1996. 12. 26. 선고 94헌바1 결정.
10) 최석윤(각주 8), 278면.

건을 서술하고 있는 반면, 별개의견은 원칙적 배제, 예외적 인정에 동의하지 않으면서 배제 단계에서 중대한 위법 여부를 고려해야 한다는 점을 강조하고 있다.

둘째, 별개의견의 "중대한 위법"은 "영장주의의 정신과 취지"와 결부되어 있지만, 다수의견은 "적법절차의 실질적인 내용 침해"는 이것 이외의 것을 포함할 수 있다. "중대한 위법"인 경우에는 "적법절차의 실질적인 내용 침해"임이 쉽게 인정되겠지만, "적법절차의 실질적인 내용 침해"이더라도 "중대한 위법"이 아닐 수 있는 것이다. 이 점에서 별개의견이 상정하는 증거 배제의 범위는 다수의견이 상정하는 범위보다 좁다.

저자의 생각으로는, "영장주의의 정신과 취지를 몰각하는 중대한 위법"이 확인된 경우에는 당연히 증거배제가 이루어져야 함은 물론이고, 그 미만의 위법의 경우에도 "적법절차의 실질적인 내용 침해"가 확인되면 배제할 수 있어야 한다는 것이 다수의견의 핵심 취지이다. 그리고 "실질적인 내용 침해"는 개념적 대립쌍인 "형식적인 내용 침해"로는 증거배제가 이루어지지 않음을 밝히고 있다. 즉, 위법수사가 확인되었더라도 법관이 위법의 '실질'을 평가하여 증거배제 여부를 결정하라는 것이다. 이 점에서 이 개념은 안성수, 이윤제 두 사람의 비판에 대한 답을 준비하고 있다.

결론적으로 저자는 다수의견에 동의한다. 대물적 강제처분의 경우 장기간 위법수집증거배제법칙이 채택되지 못하였던바, 동 법칙을 새로이 채택하는 마당에 수사기관에 대하여 강한 메시지를 전달하는 것이 이 법칙의 실효성 보장을 위하여 중요하다. 윤종행 교수의 지적처럼, "개정 형사소송법이 위법수집증거배제법칙을 명문으로 선언한 입법 취지를 고려할 때 위법수집증거의 증거능력의 원칙적 부정, 합리적으로 특별한 타당하나 이유가 있는 예외적 경우의 허용이라는 것이 지극히 당연한 논리"라고 할 것이다.[11] 사실 우리 형사사법의 현실은 "지나친 엄격한 기준"의 배제법칙을 걱정할

---

11) 윤종행, "적법절차에 따르지 아니하고 수집한 압수물의 증거능력," 한국형사법학회, 「형사법연구」 제19권 제4호(2007), 350면.

상황이 아니라 과도한 실체적 진실 추구를 걱정해야 할 상황이다. 동 법칙의 예외가 인정되는 조건에 초점이 맞추어지는 것보다는 이 법칙의 근본정신이 강하게 부각되는 것이 옳다.

별개의견의 "중대한 위법" 기준의 뿌리인 일본 최고재판소의 '상대적 배제론'은 1978년 정립되었음에도,[12] 최고재판소 차원에서 실제 증거를 배제한 것은 2003년에서야 비로소 이루어졌다['오오츠(大津) 위법체포 사건'].[13] 이 점을 생각하면 별개의견에 따를 때 제308조의2의 힘이 약화될 것임을 추정할 수 있다.

이상의 개념적 차이의 의미를 도해화하면 다음과 같다.

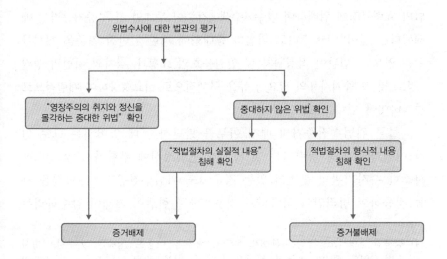

---

12) 最高裁 1978. 9. 7. 刑集 32卷 6号, 1672頁.
13) 最高裁 2003. 2. 14. 刑集 57卷 2号, 121頁.

제 2. 왜 재량적 배제인가?

I. 근 거

2007년 '김태환 제주지사 사건' 판결의 다수의견과 별개의견, 그리고 학계 통설은 모두 대물적 강제처분에서 위법수집증거배제는 자동적·의무적 배제가 아니라 재량적 배제라는 점에 의견이 일치되고 있다.

즉, 경미한 절차의 위반이나 형사소송법상의 단순한 훈시규정의 위반의 경우는 증거능력이 인정되며, 영장주의나 적정절차를 규정하는 헌법규정에 위반하는 경우, 수사기관의 활동이 형벌법규에 위배하는 경우, 형사소송법의 효력규정에 위배하여 압수·수색·검증이 무효인 경우 증거능력이 배제된다는 것이다.14) 그리고 위법의 중대성에 대한 일반적 기준을 제시할 수는 없으며, 법관이 적정절차 및 인권옹호의 요청과, 절차의 위법의 성질·정도 및 그 증거사용의 필요성 등을 구체적으로 비교형량하여 개별적으로 결정하여야 한다고 보고 있다.15)

물론 위법수집증거의 배제 여부를 판단하는 데 있어서는 그로 인한 이익과 손실을 형량하는 것 자체가 헌법정신에 부합하지 않으며,16) 사소한 수사기관의 불법이 있는 경우에도 위법수집증거배제법칙을 자동 적용하여 범죄인이 석방되는 것은 "바로 헌법이 기꺼이 감수하려는

---

14) 강구진, 「형사소송법원론」(1982), 507면; 배종대·이상돈·정승환·이주원, 「형사소송법」(2015), 584면; 손동권·신이철, 「새로운 형사소송법」(제2판, 2014), 569면; 신양균, 「형사소송법」(신판, 2009), 735면; 이재상, 「형사소송법」(제9판, 2012), 570면; 정웅석·백승민, 「형사소송법」(2014), 618면. 단, 한인섭 교수는 "위법한 방법으로 얻은 증거물은 이를 유죄의 증거로 하지 못한다"라는 내용의 조항을 형사소송법 제309조의2 제2항으로 신설할 것을 제안하는바, 의무적 배제를 주장하고 있다고 보인다[한인섭, 「한국 형사법과 법의 지배」(1998), 350면].

15) 강구진(각주 14), 506-507면; 신양균(각주 14), 735면; 차용석·최용석, 「형사소송법」(제4판, 2013), 682면.

16) Laurence H. Tribe, "Constitutional Calculus: Equal Justice or Economic Efficiency," 98 Harv. L. Rev. 592(1985).

손실"[17]이라는 항변이 예상된다. 우리나라에서는 2009년 김봉수 교수가 유사한 입장에 서서, 위법하게 수집된 비진술증거에 대해 재량적 배제를 주장하는 것은 "여전히 극복되지 않은 '성질·형상 불변론'의 그림자"[18]에서 벗어나지 못한 것이라고 비판하고, 의무적 배제를 주장한 바 있다.

> 위법수집증거배체법칙은 … 당해 증거의 배제로 인해 발생할 수 있는 '실체적 진실규명의 희생'을 개념상 이미 전제하고 있다. 따라서 증거수집의 절차위반을 통해 위법하게 이루어져 해당 증거의 증거능력이 문제되는 사안에서, 다시 '실체적 진실규명'의 필요성을 거론하는 것은 논리모순이다. … 설사 '실체적 진실규명'과의 이념적 조화를 도모해야 한다는 명제를 인정한다 하더라도, 왜 유독 위법수집된 비진술증거(물적 증거)의 경우에만 이러한 이념간의 형량 내지 절충이 이루어져야 하는지 이해하기 힘들다.[19]

김 교수는 잠을 재우지 않고 받아낸 자백과 압수영장 제시 없이 획득한 물적 증거 사이, 그리고 체포영장 없이 체포된 피고인의 진술과 영장없이 수집된 피고인의 서류 사이에 차별이 있어서는 안되고,[20] 증거배제는 증거의 성질과 무관하여 이루어져야 한다고 주장하였다.

제 2, 3 편에서 본 것처럼, 위법수집자백배제법칙이나 통신비밀보호법에 의거한 배제는 거의 자동적·의무적 배제에 가깝다. 그렇다면 왜 위법한 대물적 강제처분에 의해 획득한 증거물의 배제의 범위와 정도는 이에 미치지 못하는가?

첫째, 위법한 대물적 강제처분으로 침해되는 주거의 자유(헌법 제16조), 사생활의 비밀과 자유(제17조), 재산권(제23조) 등이 중요한 헌법상의 기본권임은 분명하지만, 자백배제법칙상의 여러 자백배제사유에 의해 침해되는

---

17) Arthur G. LeFrancois, "On Excorcising the Exclusionary Rule: An Essay on Rhetoric, Principle, and the Exclusionary Rule," 53 *U. Cin. L. Rev.* 49, 102 (1984).
18) 김봉수, "'재량적' 위법수집증거배제(론)에 대한 비판적 고찰," 한국비교형사법학회, 「비교형사법연구」 제11권 제2호(2009), 200면.
19) Id. 196면.
20) Id. 196, 199면.

인간의 존엄과 가치(제10조), 신체의 자유 · 변호인의 조력을 받을 권리 · 진술거부권(제12조) 등보다는 하위에 있다고 할 것이다. 헌법이론상 '기본권의 서열'의 문제에 대해서는 별도의 논의가 필요하겠지만, 헌법재판소는 '인간의 존엄성'을 기준으로 "더 중요한 자유영역과 덜 중요한 자유영역"을 나누고 있으며, 전자는 후자보다 더욱 강한 보호를 받을 수 있다는 입장을 표한 바 있다.21)

자백배제의 사유 중 고문, 폭행, 협박은 인간의 존엄성에 대한 정면도전으로 어떠한 명분으로도 정당화될 수 없고, 불법 · 부당한 인신구속은 신체의 자유를 즉각 제약하고 심대한 고통과 불안을 초래하며, 기망은 형사사법의 염결성을 중대하게 훼손하고 피의자가 자기방어를 위한 의사결정을 왜곡시킨다. 그리고 진술거부권은 바로 이러한 불법적 자백획득행위로부터 피의자를 보호하는 최소한의 보장장치이며, 변호인의 조력을 받을 권리는 무죄추정을 받고 있는 피의자 · 피고인의 자기방어를 위해 필수불가결한 핵심권리이다.

이러한 자백배제사유로 인해 침해되는 기본권에 비하여 위법한 대물적 강제처분으로 침해되는 기본권은 '덜 중요한 자유영역'이고, 따라서 전자에 비하여 약한 보호를 받는 것은 정당화된다.(단, 대물적 강제처분 중 신체 내부에 대한 침해를 초래하는 검증의 경우는 '인간의 존엄성'에 대한 침해가 수반될 가능성이 높으므로 통상의 대물적 강제처분보다는 훨씬 강한 통제가 필요하다.)22) 그리고 불법감청은 대물적 강제처분과 마찬가지로 사생활의 비밀과 자유를 침해하는 것이지만, 불법감청을 통해서는 시민의 프라이버시가 속속들이 드러나게 된다는 점에서 그 침해의 범위와 정도가 대물적 강제처분보다 훨씬 넓고 강하다. 이상과 같은 이유에서 위법수집자백과 위법수집감청에 비하여 위법수집증거물의 경우는 법익형량을 통하여 증거능력 배제의 범위를 좁히는 것은 정당화될 수 있다.

둘째, 미국식의 위법수집증거물에 대한 자동적 · 의무적 증거배제는 예

---

21) 헌법재판소 1999. 4. 29. 선고 94헌바37 결정.
22) 이에 대해서는 제3장에서 검토한다.

견가능성과 확실성을 보장한다는 장점을 가질 수 있다. 그러나 이 예견가능성과 확실성은 너무나 큰 대가를 치른다. 위법수집증거배제법칙의 '위법'은 헌법 위반, 법률 위반, 규칙 위반을 다 포괄한다. 헌법 제12조 제 7 항과 형사소송법 제309조가 규정하는 위법자백배제법칙 위반은 그 자체로 바로 헌법 위반을 일으키는 '위법'이라면, 대물적 강제처분에서 발생하는 '위법'은 사안에 따라 헌법 위반, 법률 위반, 규칙 위반 등으로 나뉠 수 있다. 이 세 가지 경우를 동일하게 취급할 수는 없다.

수사기관의 경미한 위법에 기초하여 증거물이 획득된 경우 그 증거능력을 자동적·의무적으로 배제한다면, 형사정의와 형사사법체제에 대한 불신이 조장될 수 있다. 특히 수사기관이 범한 불법행위의 정도에 비해 범죄인에게 누리는 횡재가 너무 크다면, 즉 헌법이 자동적 위법수집증거배제법칙을 수용하여 감수하려는 손실과 이로 인한 시민의 프라이버시의 보호라는 이득 사이의 간극이 너무 벌어진다면, 시민의 정의감은 훼손되고 이 법칙 자체가 공격의 대상이 될 수 있다. 즉,

> 위법수집증거를 기꺼이 채택함으로써 법에 대한 존경이 훼손되는 것만큼, 수사기관의 사소한 불법을 이유로 증거를 배제함으로써도 법에 대한 존경은 훼손될 수 있다.[23]

그리고 이러한 손실과 이득의 차이가 벌어지는 경우, 법관은 증거배제를 피하기 위하여 사실발견을 왜곡할 위험도 있을 것이다.

이상과 같은 이유에서 저자는 위법한 대물적 강제처분을 통하여 획득한 증거물의 배제를 결정하는 데 있어서는 '재량 없는 법칙'이 아니라 '개별화된 정의'(individualized justice)가 필요하다고 보는 것이다.[24]

---

23) Rosemary Pattenden, "The Exclusion of Unfairly Obtained Evidence in England, Canada, and Australia," 29 *Int'l & Comp. L. Q.* 664, 674(1980).
24) Andrew L.T. Choo, "Improperly Obtained Evidence: A Reconsideration," 9 *Legal Stud. J.* 261, 282(1989).

저자의 입장을 도해화하면 다음과 같다.

	자백배제법칙 위반	위법한 대물적 강제처분
침해되는 헌법적 기본권	인간의 존엄과 가치(제10조), 신체의 자유·변호인의 조력을 받을 권리· 진술거부권(제12조)	주거의 자유(제16조), 사생활의 비밀과 자유(제17조), 재산권(제23조)
위법행위의 결과	항상 헌법 위반	사안별로 헌법 위반, 법률 위반, 규칙 위반으로 차이
증거배제의 유형	자동적·의무적 배제	재량적 배제 (단, 신체 내부를 침해하는 위법한 검증의 경우 자동적·의무적 배제)
적용되는 조문	헌법 제12조 제7항, 형사소송법 제309조	형사소송법 제308조의2

Ⅱ. 비교법적 검토

비교법적으로 보더라도 위법한 대물적 강제처분으로 획득한 증거물의 증거능력 배제는 자동적·의무적이 아니라 재량적으로 이루어진다. 판례가 제시한 "적법절차의 실질적 내용 침해"라는 판단기준을 구체화하는 데 참조가 될 수 있는 외국의 법률, 판례, 학설을 보기로 하자.

1. 법 률

먼저 영국은 법률로, 캐나다는 헌법으로 재량적 배제의 요건을 실정화하였는데, 관련 조항을 소개하자면 다음과 같다.

어떠한 절차에 있어서도 소추측이 신청하는 증거에 대하여, 그 증거가 획득된 상황을 포함한 모든 사정을 고려하여 그 증거를 허용하는 것이 당해 절차의 공정성(fairness of the proceedings)에 적대적인 효과(adverse effect)를 미치므로 이를 허용해서는 안 된다고 판단되는 경우 법원은 그 증거의 허용을 거부할

수 있다.[25]

　… 증거가 본 헌장에 보장된 권리 또는 자유를 침해 또는 부정하는 방식으로 획득되었다고 법원이 결론을 내린 경우에는, 모든 사정을 고려하여 그 증거를 허용하는 것이 사법행정(administration of justice)에 악평(disrepute)을 초래할 것이라고 판명된다면 그 증거는 배제되어야 한다.[26]

　한편 국제법상의 '반인도적 범죄'(crimes against humanity) 처벌을 위해 1998년 '로마회의'(the UN Diplomatic Conference of Plenipotentiaries on the Extablishment of an International Criminal Court)가 채택한 '국제상설형사재판소 규정'[27) 제69조 제 7 항은, 증거수집과정에서 로마조약이나 국제적으로 승인된 인권을 위반하여 취득된 증거로서, "그 위반으로 인하여 증거의 신빙성에 상당한 의심(substantial doubt)이 야기되거나 혹은 그 증거의 채택이 절차의 염결성에 반하고 이를 심각하게 침해한 경우" 당해 증거의 증거능력을 배제한다고 규정하고 있다.

2. 판　례

　제 1 편ˈ제 4 장에서 보았듯이 독일 법원은 '증거사용금지'(Beweis verwertungsverbot)의 명문의 규정이 없거나, 그리고 프라이버시의 '핵심영역'(Kernbereich)에 대한 침해가 일어나지 않은 경우에는 이익형량에 따라 증거금지 여부를 결정한다. 대표적으로 연방대법원의 1964년 2월 21일의 '일기장 판결'(Tagebuchentscheidung)[28)의 입장을 보면,

　범죄혐의가 상대적으로 중하지 않은 때에는 기록에 대한 인격권이 우위에 있다고 보아야 한다. 생명 기타 중요한 법익 혹은 국가와 법질서에 대하여

---

25) Police and Criminal Evidence Act(이하 'PACE'로 약칭), §78 (1).
26) Canadian Charter of Rights and Freedoms(Constitutional Act 1982), §24 (2).
27) The Rome Statute of the International Criminal Court U.N. Doc. A/Conf. 183/9(1998).
28) 19 BGHSt 325(1964).

중대한 범죄의 충분한 혐의가 존재하는 경우에는 개인적인 생활영역의 보호가 때때로 양보해야만 한다. 따라서 기본권의 의의와 형사소추의 이익을 참작하여 형량을 하는 것이 필요하며, 이 때 혐의의 대상이 된 구체적인 불법이 고려되어야 한다.29)

제 1 편 제 5 장에서 본 것처럼 일본 최고재판소는 1978년의 '오사카 텐노사(天王寺) 각성제 사건'30) 판결에서 이른바 '상대적 배제론'을 확립하였는데, 이 판결은 "증거물 압수 등의 절차에서 영장주의의 정신을 무시하는 듯한 중대한 위법이 있고, 위 증거물을 증거로 허용하는 것이 장래 위법한 수사의 억지의 관점에서 볼 때 상당하지 않다고 인정되는 경우" 그 증거물의 증거능력은 부정한다고 판시하였다.

한편 1978년 호주 고등법원의 'Bunning v. Cross 판결'31)은 (i) 의도적인 또는 중과실의 법위반이 있었는지 아니면 비의도적 또는 우연적 법위반이 있었는지 여부, (ii) 불법이 증거의 신빙성(reliability)에 영향을 주었는지 — 이 점은 의도적인 불법의 경우에는 덜 중요하다 — 여부, (iii) 법 준수의 용이성, (iv) 위반행위의 성질, (v) 수사기관의 권한을 구체적으로 제한하기 위해 만들어진 법절차가 위반되었는지 여부, (vi) 사라질 수 있는 증거를 보호해야 할 급박성, (vii) 위법수집증거를 대체하는, 동급의 설득력 있는 다른 증거가 있는지의 여부 등을 기준으로 제시하였다.32)

그리고 1987년 캐나다 연방대법원의 'Collins v. The Queen 판결'33)도 증거배제의 판단기준을 제시한 지도적 판결이다.34) 동 법원은 증거배제 여

---

29) Id. at 331-332.
30) 最高裁 1978. 9. 7. 刑集 32卷 6号, 1672頁.
31) 19 A.L.R. 641(H.C. 1978).
32) Id. at 661-663.
33) [1987] 1 S.C.R. 265. 이 판결의 의미에 대해서는 이 판결을 집필한 라머 대법관의 소략한 논문을 참조하라. Rt. Hon. Antonio Lamer, "Protecting the Administration of Justice from Dispute: The Admissibility of Unconstitutionally Obtained Evidence in Canada," "42 *St. Louis L. J.* 345(1998).
34) 캐나다의 위법수집증거배제법칙의 현황에 대해서는 James Stribopoulos, "Lessons from the Pupil: A Canadian Solution to the American Exclusionary Rule Debate," 22

부를 고려할 때, 먼저 위법수집증거의 채택이 '재판의 공정성'(fairness of trial)에 영향을 미치는가를 판단해야 한다고 보았다. 동 판결은 위법한 자백획득은 정면으로 자기부죄금지의 특권을 침해하는 데 비하여, 위법한 증거물수집은 자기부죄의 과정을 거치지 않으므로 재판의 공정성도 덜 침해된다고 보았다.35) 그리고 '인권헌장'(Canadian Charter of Rights and Freedom) 위반에도 불구하고 당해 증거가 불가피하게 발견되었을 것임이 입증된다면 그 증거의 사용은 재판의 공정성에 악영향을 주지 않는다.36) 둘째, '인권헌장 위반의 심각성'(seriousness of the Charter violation)이 고려된다. 심각한 수사기관의 위법을 법원이 묵인한다면 형사사법 자체에 대한 신뢰와 평판이 훼손되기 때문이다. 이 때 판사는 수사기관의 위법행위가 "선의(good faith)로 일어난 것인지 혹은 부주의로 일어난 것인지, 그 위법이 단지 기술적 성질의 것이

B. C. Int'l & Comp. L. Rev. 77(1999); Julianne Parfett, "A Triumph of Liberalism: The Supreme Court of Canada and the Exclusion of Evidence," 40 Alberta L. Rev. 299(2002) 등을 참조하라.

35) Collins, [1987] 1 S.C.R. at 284. 이 판결에서는 '자기부죄증거'의 범위가 분명하지 않았으나, 이후 다른 판결을 통하여 이 의미가 정해진다. 예컨대, 1989년 'R. v. Leclair and Ross 판결'([1989] 1 S.C.R. 3, 46 C.C.C. (3d) 129)에서 주거침입혐의로 체포된 두 명의 피고인에게 변호인의 조력을 받을 권리가 주어졌고 피고인은 각각 자신의 변호사에게 전화하였으나, 너무 밤늦은 시간이어 조력을 받을 수 없었다. 이후 두 피고인은 용의자 신원확인용 정열(line-up)을 요구받고 그 요구에 따랐다. 재판에서 피고인은 이 정열에서 나온 증거의 배제를 주장하였고, 법원은 피고인을 신원확인용 정열에 세워야 할 긴급성이 없었고, 경찰은 피고인이 변호인을 만날 때까지 기다릴 수 있었다는 이유로 증거배제를 결정하였다. 그러면서 법원은 자기부죄증거는 피의자·피고인으로부터 '나오는'(emanating) 자백 또는 물적 증거 모두를 포함함을 명시적으로 밝혔다(Id. at 139). 그리고 1992년 'R. v. Mellenthin 판결'([1992] 3 S.C.R. 615, [1992] S.C.J. No. 100)에서 경찰관은 교통검문을 실시하면서 운전자에게 앞 좌석에 있는 가방에 무엇이 있는지를 물어보았고, 운전자가 가방을 열었을 때 경찰관이 그 안에서 숨겨진 마약을 찾았다. 법원은 당해 수색이 비합리적이었고 그러한 비합리적인 수색이 없었다면 마약이 발견되지 않았을 것이기 때문에 이 마약을 증거로 사용하면 재판이 불공정하게 되므로 배제되어야 한다고 판결했다. 즉, 마약이 물적 증거이지만 권리침해가 없었다면 발견되지 않았을 것이기 때문에 자기부죄적으로 파악된 것이다.

36) Id. at 284-285. 이는 미국 연방대법원의 '불가피한 발견의 예외'(inevitable discovery exception)와 같은 취지이다[Nix v. Williams, 467 U.S. 431(1984)].

지, 아니면 그 위법행위가 고의적 또는 의도적으로 일어났거나 극악한 성질의 것인지, … 그 행동이 증거의 손실 · 멸실을 막아야 할 긴급함 또는 필요성 때문에 일어난 것인지" 등을 고려해야 한다.[37] 그리고 다른 합법적인 수사기법을 사용하였더라도 동일한 증거를 획득할 수 있었다고 한다면 그 위반행위는 보다 심각한 것으로 평가된다.[38] 셋째, '증거배제의 효과'(effects of excluding the evidence)가 고려된다. 즉, "(형사사법)체제의 평판이 (위법수집증거) 채택 또는 배제 어느 쪽에 의하여 더 좋아질 것인가"[39]에 대한 판단의 문제이다. 증거배제 또는 채택의 효과를 평가할 때 법원은 문제가 된 개별 사안의 해결에 대해서만 초점을 맞춰서는 안 되며, 이와 유사한 상황들에서 증거의 채택 또는 배제가 가져올 장기적 결과를 고려해야 한다.[40] 그리고 이 때 다수자의 견해로부터 피고인을 보호해야 하므로, "냉정하며 상황을 완전히 아는 합리적인 사람의 눈"으로 증거배제 여부를 결정해야 한다고 밝혔다.[41]

영국의 경우 제1편 제3장에서 살펴보았듯이, PACE 제78조의 '공정성'(fairness)에 위반하여 획득한 증거의 경우 법관의 재량에 따른 배제가 가능한데, 2001년 'R. v. Sanghera 판결'[42]은 구체적 기준을 제시하였다. 즉, (i) '적정한 절차(proper procedures)에서의 심각한 파괴가 소추절차 전체에서 발생한 상황'에서는 '그 파괴의 성질이 매우 중대(significant)'하므로 증거를 배제하고, (ii) '실무규정 위반이 사소(venial)하거나 기술적(technical)인 것이라고 말할 수 있는 사안'의 경우는 증거를 채택하며, (iii) '중대하다고 간주될 수는 있으나 심각(serious)하지 않은 실무규정 위반이 발생한 상황'에는 법관이 모든 상황을 고려하여 배제 여부를 재량에 따라 판단한다는 것이다.

---

37) Id. at 285.
38) Id.
39) Id.
40) Id. at 280-281.
41) Id. at 282.
42) [2001] 1 Cr. App. R. 299.

3. 학 설

먼저 '미국법학원'은 1971년 발표한 '모범수사절차법안'의 '임시초안 제 4 호'에서, 수사기관의 위법이 '실질적'(substantial)이라고 인정되는 경우에 한하여 증거배제신청이 허용되어야 하며, 법원이 위법의 실질성을 판단할 때, (i) 침해된 법익의 중요성, (ii) 적법한 절차로부터의 일탈의 정도, (iii) 위법의 의도성, (iv) 프라이버시의 침해 정도, (v) 증거배제를 통하여 위법행위가 얼마나 방지될 수 있는가의 문제, (vi) 당해 위법행위가 없어도 당해 증거물이 획득될 수 있었는가 여부, (vii) 당해 위법행위가 소송절차에서 당사자의 방어권에 어느 정도의 불이익을 주었는가의 문제 등이 고려되어야 한다는 입장을 제출하였다.[43]

한편, 일본의 이노우에 마사히토 교수는 이 주제와 관련하여 잘 알려진 1984년 자신의 저서에서, 증거배제에 대한 구체적인 기준을 잘 제시한 바 있다. 그는 '상대적 배제론'을 제창하면서 증거배제는 "피고인에 대한 증거 수집절차에 후속의 소송절차 전체를 일체로 부당한 것으로 만들 정도의 실질이 있는 위법이 존재하고, 따라서 그 결과인 증거를 이용하여 피고인을 처벌하는 것이 기본적인 '정의의 관념'에 반하는 것으로 인정되는 경우"[44]에 이루어져야 한다고 말하면서, 이에 대한 판단을 내릴 경우 고려해야 할 구체적 요소로서 이하의 것을 제시하였다.

즉, (i) '절차위반의 정도'로서, 이는 적법한 절차로부터의 일탈 정도, 그것에 의해 침해된 이익의 중요성 및 그 손해의 정도 등의 요소에 의해 규정된다. (ii) '절차위반이 행해진 상황', 예컨대 증거물 취득이 긴급·위급한 상황이라든가 법의 준수가 극히 곤란한 사정의 존재 여부가 고려된다. (iii) '절차위반의 유의성(有意性)', 예컨대 절차위반이 계획적으로 행해진 것인가, 그 위법성을 당연히 인식하거나 또는 적어도 인식할 수 있는 상황에서

---

43) American Law Institute, *A Model Code of Pre-Arraignment Procedure, Tentative Draft No. 4: Part II. Search and Seizure,* §8.02 (2).
44) 井上正仁, 「刑事訴訟における證據排除」(1985), 403頁.

행해진 것인가, 위법이라는 점을 인식하지 않았다 하더라도 행위를 중지할 수는 없었던 것인가 등이 고려된다. (iv) '절차위반의 빈발성(頻發性)', 즉 절차위반이 그 성질에 비추어 앞으로도 계속하여 행해질 우려가 있는가 하는 점이 고려된다. (v) '절차위반과 당해 증거획득의 사이의 인과성의 정도', 즉 절차가 합법적으로 행해졌다면 당해 증거가 획득되지 않았을 것이 라는 점이 고려된다. (vi) '증거의 중요성', 즉 그 증거가 당해 사건의 증명에 어떠한 정도의 중요성을 가지고 있는가 하는 점이 고려된다. (vii) '사건의 중대성'으로 이는 기본적으로는 법정형의 정도와 죄질이 기준으로 되지만, 보다 구체적으로 개개사건의 특성, 그에 대한 사회적 관심의 강약 등도 고려 될 수 있다.45) 이러한 판단요소 중 (i), (iii), (v), (vi), (vii)은 사법의 염결성 유지의 관점에서, 그리고 (ii), (iv)는 위법수사의 억지라는 관점에서 의미를 갖는다.46)

한편, 영국의 애쉬워쓰 교수는 증거배제에 있어서 '권리보호의 원칙'(the protective principle)47)을 주장하면서, 이 원칙적용에 있어 고려해야 할 점을 다음과 같이 밝혔다. 첫째, 최소기준의 위배와 증거수집 사이에 인과관계가 있어야 한다. 둘째 최소기준의 위배는 단순히 '기술적인'(technical) 것 이상이어야만 하며, 그 위배로 인해 생긴 피고인에 대한 불이익이나 편견이 '중대'(significant)하여야 한다. 셋째 증거배제가 피고인에게 생긴 불이익이나 편견의 발생을 방지할 유일한 대응방법은 아니며, 대응의 강도는 피고인에 대한 불이익이나 편견의 정도와 균형이 맞춰져야 한다 등이다.48) 또한 피터 머필드 교수도 증거배제의 판단에 있어서, '증거의 정확성'(cogency), '규칙 위반의 해악성'(heinousness), '해당 범죄의 심각성'(seriousness)을 종합적으로 고려해야 한다고 밝히고 있다.49)

---

45) Id. 404-405頁.
46) Id. 405頁.
47) A. J. Ashworth, "Excluding Evidence as Protecting Rights," 1977 *Crim. L. Rev.* 723, 725.
48) A. J. Ashworth, *Criminal Process: An Evaluative Study* 302-303(1994).
49) Peter Mirfield, *Silence, Confessions and Improperly Obtained Evidence* 28-33(1997).

Ⅲ. 소 결

이상의 검토를 기초로 하여 형사소송법 제308조의2에 따른 증거물의 배제 기준을 정리하자면, 위법하게 수집한 증거물의 배제는 (i) 수사기관의 활동이 형법을 위반하여 범죄를 구성하거나, 수사기관의 행위가 영장주의나 적정절차를 규정하는 헌법규정에 위반하거나, 형사소송법의 효력규정에 위배하여 압수·수색·검증이 이루어진 경우 등과 같이, 객관적으로 양과 질 측면에서 '사법의 염결성'·'절차의 공정성'을 훼손하는 위법수사가 행해졌는지 여부 — 2007년 '김태환 제주지사 사건' 판결이 제시한 기준 중에서는 "절차 조항의 취지와 그 위반의 내용 및 정도, 절차 조항이 보호하고자 하는 권리 또는 법익의 성질과 침해 정도" —, 그리고 (ii) 수사기관의 고의, 과실, 착오 등을 검토하면서 위법수사에 대한 억지효과가 있는지 여부 — 2007년 '김태환 제주지사 사건' 판결이 제시한 기준 중에서는 "구체적인 위반 경위와 회피가능성," "수사기관의 인식과 의도" — 등 두 측면을 고려하여 이루어져야 한다.

(i)에 따라 볼 때 형사소송법의 훈시규정 위반이나 형사소송 규칙 위반은 증거배제가 이루어지 않을 것이다. 단, 주의할 점은 앞에서 보았듯이, 법관이 "중대한 위법"이 아니라고 판단했다고 하더라도 "적법절차의 실질적인 내용 침해"가 발생했는지를 한 번 더 확인하여야 한다. 그리고 (ii)에서 고의나 중과실이 확인되는 경우 수사기관의 행위는 정당화될 수 없으며 증거배제의 결론이 나야 할 것이다. 경과실이나 회피가 어려운 착오가 있는 경우 증거불배제의 결론이 날 수 있을 것이다. 그리고 이 주관적 기준은 제 3.에서 바로 후술할 미국법상 '선의의 신뢰의 예외(good faith exception)'의 제한적 도입을 예비하는 의미도 있다.

이상을 거칠게 도해화하면 다음과 같다.

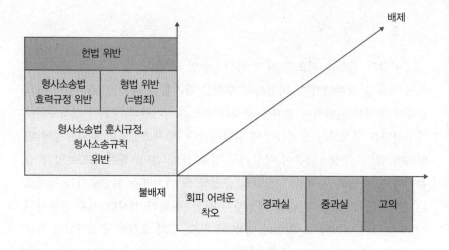

제 3. '선의의 신뢰의 예외' — 무엇에 대한 "객관적으로 합리적인 신뢰"가 필요한가?

　이상과 같이 재량적 배제를 위한 기준 중 위법수사의 억지를 판단할 때 고려해야 할 중요한 예외가 있다. 그 첫째는 '독수과실의 원리'(the 'fruits of the poisonous tree' doctrine)이며, 둘째는 '선의의 신뢰의 예외'(good faith exception)이다. 전자에 대해서는 제6편에서 후술하기로 하고, 여기에서는 후자에 대해서 논하기로 한다. 이 예외가 수사기관이 무엇을 신뢰하였을 때 적용되는 것인가에 대하여 미국에서도 논란이 많고, 우리나라에서도 그 내용과 함의가 명확히 소개되어 있지 않은 상태이다.

　1984년 미국 연방대법원은 두 개의 판결, 즉 'United States v. Leon 판결'[50])과 'Massachusetts v. Sheppard 판결'[51])을 내리면서 선의의 신뢰의

---

50) 486 U.S. 897(1984).
51) 468 U.S. 981(1984).

예외를 제시하였다.

이 두 개의 판결에서 법원은, 경찰관이 중립적이고 편견이 없는 치안판사에 의하여 발부한 외견상 적법한 영장에 대하여 선의를 가지고 신뢰하며 증거를 획득하였지만, 이후 그 수색영장이 무효임이 판명된 경우에는 수집된 증거는 증거로서 허용된다고 판시하였다.[52] 여기서 법원이 주목한 것은 오류를 범한 것은 치안판사였고 경찰관이 아니었다는 점이었고, 따라서 이 경우 법원은 증거를 배제하더라도 억지효과를 가져올 수 없으므로 위법수집증거배제법칙을 적용하지 않겠다고 한 것이다. 리온 판결은 다음과 같이 설시하였다.

통상의 경우 상당한 이유에 대한 치안판사의 결정 또는 영장의 형식이 기술적으로 충분하다는 판단에 대하여 수사관에게 의문을 가지라고 기대할 수는 없다. … 자신의 실수가 아닌 치안판사의 실수 때문에 경찰관을 벌한다는 것은 논리적으로 수정헌법 제4조 위반을 억지하는 데 기여할 수 없다. … 이후 무효인 것으로 판명이 된 수색영장에 대한 **객관적으로 합리적인 신뢰**를 갖고서 획득한 증거를 배제할 때 경우 이익은 존재하지 않거나 또는 이익이 있다 하더라도 주변적이므로, 증거배제의 실질적 손실을 정당화할 수 없다.[53]

여기서 확인할 수 있듯이 '선의'는 수사관의 주관적 믿음이 있었다고 해서 인정되는 것이 아니며, 그 믿음이 객관적으로 합리적일 때 인정된다. 즉, 이 선의의 신뢰의 예외는 "치안판사의 승인에도 불구하고 합리적으로 잘 훈련된 수사관이라면 그 수색이 불법이라는 점을 알았을 것인지 여부라는 객관적으로 확인가능한 질문"[54]에 대하여 검토하는 것이다. 따라서 영장이 외견상 분명한 결함이 있어 합리적으로 판단할 때 수사기관이 이 영장을 유효하다고 볼 수 없는 경우, 공술서(affidavit)가 상당한 이유를 결하고 있어 이에 대한 수사기관의 신뢰가 합리적이라고 볼 수 없는 경우 등에는 이

---

52) Leon, 486 U.S. at 906-907, 922, 949.
53) Id. at 921-922(강조는 인용자).
54) Id. at 923, n. 23.

예외가 적용되지 않는다.

그리고 주의할 점은 선의의 신뢰의 예외는 영장이 판사에 의해 발부되었고, 수사관은 그 영장을 적법하게 집행하였다는 점을 전제하면서 영장에 대한 수사관의 신뢰를 기초로 작동하는 것이므로, 영장이 발부되지 않았거나 수사관이 영장을 불법하게 집행한 경우에는 적용되지 않는다는 점이다.55) 즉, 선의의 신뢰의 예외는 영장발부판사의 실수가 있고 이를 통해 발부된 영장을 신뢰한 수사관의 행위를 통해 획득한 증거물을 배제하지 않는 것이지, 영장집행과정에서 수사관이 자신의 행위가 허용된다고 믿고 영장이 특정하고 있는 장소와 물건을 넘어 불법적 수색에서 행하는 경우에는 이 예외는 적용되지 않는다.

위법하게 수집한 증거물의 배제를 시민의 '권리'라고 보는 경우에는 이러한 선의의 신뢰의 예외는 "헌법적 건망증의 산물"56)이며, 위법수집증거배제법칙의 "골자를 빼는 것"57)이고, 이 법칙을 "점진적이지만 단호하게 교살(絞殺)"58)하는 것이라고 비판할 것이다. 그러나 우리 헌법의 해석론으로 '위법수집증거배제권'이 있다고 해석하기는 곤란하며, 위법수사의 억지나 사법의 염결성 유지라는 위법수집증거배제법칙의 취지에 비추어 보더라도 수사기관의 선의의 신뢰가 있었던 경우에는 증거배제를 해야 할 이유는 약해진다고 본다.

최초 선의의 신뢰의 예외는 영장이 발부된 상황을 전제로 하고 있었지만, 이후 영장 없는 수색을 허용하는 주 법규에 경찰관이 선의로 의존하여 수색을 행하였으나 그 법규가 이후 위헌판결을 받은 경우,59) 법원 직원의 과실 때문에 체포영장이 존재한다고 잘못 표시된 경찰기록에 경찰관이 의존하여 체포하고 수색한 경우,60) 경찰관이 구속력 있는 판례를 신뢰하고 수색

---

55) Id. at 918, n. 19.
56) Leon, 486 U.S. at 872(Stevens, J., dissenting).
57) Reginald Gordon, "United States v. Leon: The "Good Faith" Evisceration of the Exclusionary Rule and the Fourth Amendment," 28 *How. L. J. 1051*(1985).
58) Leon, 486 U.S. at 928(Brennan, J., dissenting).
59) Illinois v. Krull, 480 U.S. 340, 349-350(1987).

을 하였는데 이후 그 판례가 변경된 경우 등에도 확장 · 적용된다.[61]

위법수집증거배제법칙의 요체는 수사기관의 활동에 대한 사법적 통제이다. 판사가 발부한 영장을 신뢰한 것은 아니지만, 법규나 판례를 선의로 신뢰한 경우에 그에 준하여 평가할 수 있다. 또한 경찰관 자신의 과실이 아니라 법원 직원의 과실로 영장이 있다고 표시된 기록을 신뢰한 경우 경찰관을 탓할 수는 없다.

그러나 수사기관이 자신이 행하는 무영장 강제처분이 합법이라고 신뢰한 경우에는 무제한적으로 선의의 신뢰의 예외를 적용해서는 안 된다. 리온 판결이 허용하는 신뢰는 "객관적으로 합리적인 신뢰"이다. 법원은 엄격한 심사를 통하여 수사기관이 자신의 행위가 합법이라고 주관적 · 비합리적으로 신뢰하지 못하도록 억지해야 한다. 특히 한국 형사소송법에는 이미 대물적 강제처분에서의 영장주의에 대한 여러 예외를 규정하고 있는바, 선의의 신뢰의 예외를 확장하는 것은 매우 신중해야 할 것이다.

---

60) Arizona v. Evans, 514 U.S. 1, 14-16(1995).
61) Davis v. United States, 564 U.S. 229(2011).

위법한 대물적 강제처분으로
수집한 증거의 유형 및 관련 쟁점

제 1. 영장주의 위반

먼저 대물적 강제처분을 위하여 영장을 발부받았으나 발부 자체에 흠이 있거나, 발부된 영장의 기재사항이 특정성을 결여하고 있는 등의 위법이 있는 경우, 그리고 영장주의의 요건을 교묘히 피해가는 수사기법 등에 대하여 살펴보기로 하자.

I. 영장발부에 하자가 있는 경우

헌법은 영장주의가 압수·수색에서의 대원칙임을 선언하고 있고(제12조 제3항), 형사소송법 역시 이를 확인하고 있다(형사소송법 제215조-217조). 그러나 형사소송법은 체포·구속 등 대인적 강제처분과는 달리, 대물적 강제처분을 위한 영장발부 사유에 대해서는 구체적 규정을 두고 있지 않다. 단, "범죄수사에 필요한 때"라는 추상적 요건만이 규정되어 있을 뿐이다(형사소송법 제215-216조).

이 때 '범죄수사의 필요성'은 수사기관이 필요하다고 판단하면 아무런 제한 없이 영장을 발부받을 수 있는 것으로 오해될 수 있다. 그러나 헌법상 기본권인 주거의 자유, 사생활의 자유의 중요성, 헌법상 보장된 영장주의의 정신을 고려하면, 이 '필요성'은 달리 이해되어야 한다. 즉 압수·수색의 대상과 범죄사실의 관련성, 대상물이 존재할 개연성, 강제처분 비례의 원칙 등이 인정되어야 하며,[1] 이러한 요건이 인정되지 않은 채 발부된 영장에는 중대한 하자가 있으며, 따라서 하자있는 영장으로 획득한 증거의 증거능력은 부정된다.

1. 범죄혐의의 정도 ― 최소 '객관적·합리적 의심'의 필요

먼저 범죄수사의 필요성을 판단하는 기준인 범죄혐의의 정도를 검토할 필요가 있다. 현재 학계의 다수설은 대물적 강제처분을 위해서는 '상당한 이유'가 필요하지 않다는 입장을 취하고 있다. 즉, 압수·수색·검증이 대부분 구속에 앞서 피의자를 특정하거나 구속요건을 충족시키기 위한 수단으로 행해진다는 점, 형사소송법이 인신구속의 요건으로 "죄를 범하였다고 의심할 만한 상당한 이유"를 요구하는 데 반하여(법 제200조의 2 제1항, 제201조 제1항), 압수·수색·검증의 요건으로는 "죄를 범하였다고 의심할 만한 정황"을 요구하고 있다는 점(법 제215조) 등을 그 근거로 하고 있다. 그리하여 대물적 강제처분에서 범죄의 혐의는 '최초의 혐의'(Anfangsverdacht), 또는 '단순한 혐의'(einfacher Verdacht)로 족하다고 파악한다.[2]

먼저 대물적 강제처분의 요건으로 '상당한 이유'가 우리 형사소송법에 명시적으로 규정되어 있지 않음은 사실이다. 이 점에서 우리 형사소송법은 대인적·대물적 강제처분 모두에 대하여 '상당한 이유'(probable cause)를 요구하고 있는 미국 수정헌법 제4조와는 차이를 보인다.

압수·수색·검증의 경우는 특히 합목적적 요소가 강하고, 신체를 직접

---

1) 배종대·이상돈·정승환·이주원, 「형사소송법」(2015), 186면; 신동운, 「신형사소송법」(제5판, 2014), 398면; 신양균, 「형사소송법」(신판, 2009), 223-224면; 이재상, 「형사소송법」(제9판, 2012), 309면.
2) 배종대·이상돈·정승환·이주원(각주 1), 186면; 신동운(각주 1), 415면; 신양균(각주 1), 222면; 이재상(각주 1), 274면. 이 입장은 증거물의 압수를 위해서는 최초의 범죄혐의의 존재를 요구하고, 몰수대상물의 압수를 위해서는 급박한 범죄혐의의 존재를 요건으로 하는 독일 형사소송법의 해석을 차용하고 있다고 보인다.

구속하는 대인적 강제처분에 비하여 인권침해의 정도가 상대적으로 낮다는 점은 인정할 수 있다. 그러나 2011년 법개정으로 형사소송법 제215조가 훨씬 구체화되었다는 점 — "죄를 범하였다고 의심할 만한 정황이 있고 해당 사건과 관계가 있다고 인정할 수 있는 것에 한정하여" —, 그리고 형사소송규칙이 영장청구서에 죄명 및 범죄사실의 요지를 기재하도록 규정하고 있고(규칙 제107조), 압수 · 수색 · 검증영장 청구시에 수사기관은 피의자에게 혐의가 있다고 인정되는 자료와 압수 · 수색 · 검증의 필요를 인정할 수 있는 자료를 제출하도록 규정하고 있다(규칙 제108조 제 1 항)는 점을 주목해야 한다.

이 점 외에도 경찰관직무집행법상 불심검문의 요건과 대물적 강제처분에서의 범죄의 혐의를 비교할 필요도 있다. 수사의 단서로서의 역할을 하는 불심검문은 기본적으로 임의처분이다. 이러한 임의처분을 하기 위해서도 "어떠한 죄를 범하였거나 범하려고 하고 있다고 의심할 만한 상당한 이유"(경찰관직무집행법 제 3 조 제 1 항)가 요구된다. 그리고 불심검문을 위한 '상당한 이유'는 형사소송법상의 대인적 강제처분에 이를 정도로는 범죄혐의가 특정되지 않더라도,3) '합리적 의심'의 수준은 충족되어야 하는 것으로 보고 있다.4)

요컨대 강제처분인 압수 · 수색 · 검증의 경우는 — 형사소송법 문언의 차이를 존중하여 '상당한 이유'는 요구되지 않는다 하더라도 — '단순한 혐의'는 당연히 넘어서는, 최소 불심검문 수준 이상의 범죄혐의, 즉 피의자가

---

3) 서일교, 「형사소송법」(8개정판, 1979), 239면; 배종대 · 이상돈 · 정승환 · 이주원(각주 1), 88면.
4) 불심검문의 원류(源流)인 미국 'Terry v. Ohio 판결'[392 U.S. 1 (1968)]의 내용을 보더라도 불심검문을 위해서 '상당한 이유'가 필요하지는 않지만, '막연한 혐의'(vague suspicion)로는 부족하고 '객관적 사실에 기초한 합리적 의심'(reasonable suspicion based on objective facts)이 필요하다[Brown v. Texas, 443 U.S. 47, 48 (1979); U.S. v. Sokolow, 490 U.S. 1, passim (1989)]. 신동운 교수는 '상당한 이유'란 표현이 경집법 제 3 조와 형사소송법 제201조에 똑같이 사용되고 있는 문제점을 지적하면서 전자의 경우 '합리적 의심'이란 표현으로 변경할 필요가 있다고 제안하는바[신동운, "미국법상 인신구속의 법리에 관한 일고찰," 한국형사법학회, 「형사법연구」 제 6 호(1993), 260면], 이에 동의한다.

범죄를 범하고 있다 또는 범하였다는 데 대한 '객관적·합리적 의심'은 요구되며, 이러한 수준의 혐의가 없음에도 발부된 영장에는 중대한 하자가 있다고 할 것이다. 헌법상 보장된 영장주의의 원칙을 고려하자면, "부정확하거나 모호한 또는 의심스러운 사실을 기초로 한 영장발부는 방지되어야 하기 때문이다.[5] 비교법적으로는 압수·수색·검증을 위해서는 '합리적 의심'(reasonable suspicion)이 필요하다고 규정하는 영국의 '경찰 및 형사증거법'이 참고가 될 것이다.[6]

2. 정보의 신선도

대인적 강제처분에서 상당한 이유는 주로 과거의 범해진 범죄사실과 연관이 있다면, 압수·수색·검증 사건에서 영장발부의 필요성은 현재의 상황, 즉 특정한 시점, 특정한 장소에서 범죄의 증거를 발견할 수 있는지의 여부와 연관되어 있다.[7] 따라서 대인적 강제처분과는 달리 대물적 강제처분 발동의 근거가 되는 정보의 신선도 문제가 논의될 필요가 있다.

정보획득 이후 영장발부 사이에 시간이 길어졌다는 점만으로 자동적으로 정보의 신선도가 부정되는 것은 아니지만, 일단 그 신선도에 대한 의심의 여지를 제공하는 것은 분명하다. 그리고 시간적 간격 외에도 범죄행위가 시간적 지속성을 갖고 이루어졌는가, 압수·수색·검증 대상물의 성격 등도 중요하게 고려되어야 한다.[8]

이 점을 다룬 우리나라 판례가 확인되지 않으므로 참조가 될 만한 미국 판결을 살펴보자면, 피의자가 3주 전에 호텔에서 불법주류를 구입하였다는 공술서(affidavit)에 기초한 영장 발부,[9] 3개월 전에 발생한 강도의 피의자가 돈 가방을 자신의 주거에 지니고 있다는 정보에 기초한 영장 발

---

5) Go-Bart Importing Co. v. United States, 282 U.S. 344(1931).
6) Police and Criminal Evidence Act[이하 'PACE'로 약칭], art. 1 (2) (a)—(b).
7) Wayne R. LaFave, Jerold H. Israel & Nancy J. King, *Criminal Procedure* 161(3rd ed. 2000).
8) Id.
9) Sgro v. United States, 287 U.S. 206(1932).

부10) 등은 위법이라는 판결이 있으며, 피의자가 수색 6주 전에 자신의 집에서 소량의 마리화나를 일회 판매하였다는 정보 역시 '상한 것'(stale)이라는 판결이 있다.11)

한편 피의자가 마약판매 범죄를 범했다는 수개월 전의 정보이지만 피의자가 여전히 마약범죄를 계속하고 있다는 합리적 믿음이 있는 경우에는 그 정보는 상한 것이라고 할 수 없으며,12) 1~2년 전의 범죄행위에 대한 정보이지만 진행중인 사업의 재정기록은 통상 장기간 보관하므로 상한 것이 아니라는 판결이 있으며,13) 또한 10개월 이전에 발생한 은행 강도 사건이지만 피의자가 은행강도의 전과가 있고 여전히 증거물을 보유하고 있으리라는 충분한 근거가 있는 경우는 그 정보에 기초한 영장발부는 문제가 없다는 판결이 있다.14)

3. 제3자가 제공한 피의사실에 관한 정보

다음으로 제3자가 제공한 피의사실에 대한 정보를 기초로 압수·수색·검증영장을 발부할 수 있는가를 검토하기로 하자.

이에 대하여 과거 미국 연방대법원은 '양면기준'(two-pronged test)을 의거하여 (i) 정보의 제공자는 신뢰(veracity)할 만한 사람인가, 그리고 (ii) 그 정보를 뒷받침하는 지식의 근거(basis of knowledge)가 존재하는가를 기초로 상당한 이유의 존재 여부를 판단해왔다.15) 통상 범죄의 희생자이거나 목격자인 시민에 의해 제공된 정보,16) 동료 경찰관에 의한 정

---

10) United States v. Steeves, 525 F.2d 33(8th Cir. 1975).
11) United States v. Wagner, 989 F.2d 69(2d Cir. 1993).
12) United States v. Feliz, 182 F.3d 82, 87(1st Cir. 1999); United States v. Ortiz, 143 F.3d 728, 732-733(2d Cir. 1998); United States v. Riddick, 156 F.3d 505, 509(3d Cir. 1998); United States v. Greene, 250 F. 3d 471, 480(6th Cir. 2001); United States v. Iiland, 254 F. 3d 1264, 1269(10th Cir. 2001).
13) United States v. Cherna, 184 F. 3d 403, 410(5th Cir. 1999).
14) United States v. Bowman, 215 F. 3d 951, 963-964(9th Cir. 2000).
15) Auguilar v. Texas, 378 U.S. 108(1964); Spinelli v. United States, 394 U.S. 410(1969).
16) United States v. Lewis, 738 F. 2d 916(8th Cir. 1984).

보,[17] 경찰부서 차원에서 보유하고 있는 정보[18] 등은 영장발부를 위한 상당한 이유를 충족한다고 평가된다.

이후 동 법원은 부부 피의자의 마약판매 행위를 상세하고 정확하게 묘사한 익명의 편지에 기초한 압수·수색의 정당성을 검토한 1983년의 'Illinois v. Gate 판결'[19]에서, 기존의 두 가지 기준이 모두 충족되어야 할 필요는 없고, '상황의 총체성'(totality of the circumstance)을 검토하여 제보자의 정보가 압수와 수색을 위한 상당한 이유를 창출하는지 판단하면 족하다고 판시함으로써 보다 완화된 심사기준을 채택한 바 있다. 이 판결에 대해서는 여러 비판이 있지만,[20] 정보의 신빙성에 대한 판단은 규격화된 규칙의 틀로 환원될 수 없으며 정보를 둘러싼 다양한 사실을 종합적으로 평가하여 이루어질 수밖에 없을 것이다.

II. 영장기재가 특정성을 결여한 경우

형사소송법은 압수·수색영장에는 피의자의 성명, 죄명, 압수할 물건, 수색할 장소, 신체, 물건, 발부연월일, 유효기간 등이 기재되어야 한다고 규정하여(제114조 제 1 항), '포괄영장'(general warrant)의 금지를 선언하고 있다. '인권보호수사준칙'[21] 제26조 제 6 호는 "수사에 필요한 물건만을 압수한다. 다른 물건이 압수 대상물과 섞여 있는 등 부득이한 사유로 압수가 된 경우에는 지체 없이 돌려준다"라고 규정하고 있다. 그러나 이러한 수사기관 내부의 지침만으로는 포괄적 압수에 대한 통제는 어려운바, 법원이 영장을 발부할 때 포괄적 압수를 할 수 없도록 조치해야 한다.

---

17) United States v. Ventresca, 380 U.S. 102(1965); Whiteley v. Warden, 401 U.S. 560(1971).
18) White v. United States, 448 F.2d 150(8th Cir. 1971).
19) 462 U.S. 213(1983).
20) Wayne R. LaFave, "The Fourth Amendment Today: A Bicentennial Appraisal," 32 *Vill. L. Rev.* 1061, 1065-1070(1987); Yale Kamisar, "Gates, Probable Cause," "Good Faith," and Beyond," 69 *Iowa L. Rev.* 551(1984).
21) 법무부령 제474호(2002.12.17.)로 제정, 법무부령 제985호(2015.4.2.)로 개정.

1. 사람의 특정성

먼저 영장에 기재되어 있지 않은 제3자에 대한 수색이 인정되지 않는다. 물론 제3자에게 별도의 상당한 이유가 있는 경우 후술할 제216조 제1항 제2호에 의거하여 제3자를 체포하고 이에 수반하는 압수·수색을 하면 될 것이지만, 제3자가 수색장소에 우연히 있었을 뿐이어서 그에 대한 체포의 상당한 이유가 없는 경우는 피의자에 대한 압수·수색이 제3자에게까지 연장되어 실행될 수는 없다. 예컨대, 마약판매 혐의로 술집 및 그 종업원에 대한 압수·수색영장을 발부받은 경찰이 그 현장에 있는 제3자에 대한 수색을 할 수는 없다.[22]

2. 장소의 특정성

다음으로 장소의 특정성 문제를 보자. 수색장소가 주거인 경우 주거주의 성명이나 지번 등으로 특정되어야 하며, 수색장소가 아파트먼트, 오피스텔, 호텔, 복합점유건물이라면 동과 호수가 특정되어야 한다.[23] 압수대상물건 역시 특정되어야 하며, 영장에 기재된 물건 이외에는 원칙적으로 압수·수색의 대상이 될 수 없다. 이 점에서 "영장집행에 있어 아무 것도 경찰관의 재량에 맡겨져서는 안 된다"[24]는 1927년 'Marron v. United States 판결'의 원칙적 언명은 경청할 필요가 있다.

수색장소의 특정에 대한 일본 판결을 먼저 보면, 교육회관 내에 위치한 교원노조 사무에 대한 압수·수색을 위해 발부된 허가장은 그 수색장소를

---

22) Ybarra v. Illinois, 444 U.S. 85(1979).

23) Manley v. Commonwealth, 176 S.E. 2d 309(Va. 1970). 사람의 신체를 수색하기 위해 영장이 발부되는 경우는 흔치 않지만[Conn v. Gabbert, 526 U.S. 286(1999)], 대상이 되는 개인은 성명 또는 성명불명인 경우는 현재 위치와 신체적 묘사 등을 통하여 특정되어야 한다.

24) Marron v. United States, 275 U.S. 192, 196(1927). 그리고 경찰관이 영장을 발부받은 후 영장의 특정성을 높이기 위해 영장상의 정보를 변경하는 것은 당연히 허용되지 않는다[Brown v. Byer, 870 F. 2d 975(5th Cir. 1989)].

"교육회관 내의 지부사무국이 사용하고 있는 장소 및 압수된 물건이 은닉
· 보관되어 있다고 생각되는 장소"라고 기재하고 있었는데, 법원은 이러한
장소기재로는 회관 내의 어느 장소를 지정하는지 전혀 알 수 없으며, 따라
서 특정성을 결여한 위헌 · 위법이 있다고 판시하였다.25) 그리고 호텔 경영
자의 각성제 피의사건과 관련한 사건에서 압수수색장소를 단지 '동 호텔
내'라고 기재한 압수 · 수색허가장은 허용되지 않는다는 판결도 있다.26)

우리나라의 경우 오랫동안 위법한 대물적 강제처분의 경우 증거배제가
이루어지지 않다 보니 장소의 특정성을 검토한 판결이 적다. 그런데 2007년
대법원의 '김태환 제주지사 사건' 판결로 원심판결이 파기된 후 광주고등법
원 제2형사부는 새로운 기준에 따라 압수물의 증거능력을 배제하고 피고인
에게 무죄를 선고하였는데,27) 여기서 압수 · 수색장소의 특정성의 문제를
다루었다.

이 사건에서 영장에는 피내사자(피의자)였던 제주지사의 정책특별보좌
관 K의 사무실이 명기되어 있었는데, 수사기관이 압수 · 수색을 집행하러
가보니 사무실 내부에 K의 책상 이외에 비서실장의 책상도 놓여 있었다.
그리하여 제주지사의 비서관 H가 소지하고 있던 압수물에 대한 압수수색이
이루어진 사무실 출입문 안쪽 위치가 영장에 기재된 장소 즉, K의 사무실인
가 여부가 논점이 되었다. 광주고등법원은 문제의 사무실의 구조가 비서실
장실인지 정책특보실인지 구분하기 어렵게 되어 있다는 점, 사무실 내 비서
실장 책상과 정책특보 책상 사이에 칸막이가 있다고 하나 이는 고정된 벽체
가 아니라 상호 소통이 가능한 개방적 설비라는 점, 비서실장의 공식적인
자리는 도지사 부속실의 책상이며 주로 그곳에서 근무한다는 점 등을 주목
하면서, 다음과 같이 설시한다.

---

25) 佐賀地決 1966. 11. 19. 下刑集 8卷 11号, 1489頁.
26) 東京地裁 1975. 11. 7. 判例時報 811-118頁. 단, 법원은 해당 숙박객에 대하여 긴
    급체포의 요건이 충족되었으므로 그 위법은 중대한 것이라고 할 수 없다고 하여
    각성제 등의 증거능력을 인정하였다.
27) 광주고등법원 제2형사부 2008. 1. 15. 선고 2007노370 판결.

수사기관은 압수·수색영장 청구시 압수수색장소를 가능한 범위 내에서 최대한 특정하여야 하지만 압수수색장소의 내부구조를 사전에 명확히 알 수는 없는 점을 고려하면, 피의자, 범죄사실과 압수수색이 필요한 사유에 기초하여 통상적으로 보아 압수수색영장에 기재된 장소와 동일성이 인정되는 범위 내에서는 영장기재 장소라고 볼 수 있다.

형사소송법이 요구하는 압수·수색 장소의 특정성에 대한 요구는 완벽한 특정성을 뜻하는 것은 아니다. 이 사건에서 비서실장 책상과 정책특보 책상이 놓여 있는 공간이 상호가 불가능하도록 차단되어 있었다면, 양 장소의 동일성은 인정되지 않을 것이다. 그러나 이 사건의 사무실 배치는 비서실장과 정책특보가 배타적 프라이버시를 주장할 수 있도록 되어 있지 않으며, 실질적으로 보더라도 이 사무실은 정책특보를 위한 사무실로 볼 수 있을 것이다. 1925년 미국 'Steele v. United States 판결'의 문언을 인용하자면, "수색영장을 가진 경찰이 합리적인 노력을 통해서 목표한 장소를 확인하고 식별할 수 있다면"[28] 특정성이 있다고 할 것이다.

3. 물건의 특정성

이어 압수물건의 특정에 대한 판결을 보자. 일본 교원노조 조합원의 지방공무원법 위반 사건과 관련하여 발부된 압수·수색허가장은 압수물건에 대하여 "기타 본건 범죄에 관계 있다고 생각되는 일체의 문서 및 물건"이라고 기재하고 있었던바, 하급심 법원은 압수물건의 표시를 특정성을 결한 것으로 보고 그 영장에 기한 압수물의 증거능력을 부정하였으나, 최고재판소는 이러한 개괄적 기재 외에 압수·수색대상을 구체적으로 예시하는 기재가 부가되어 있으므로 영장은 특정성을 결하고 있지 않다고 판시하였다.[29]

미국 판례의 경우 기업범죄 등 화이트칼라 범죄 수사를 위하여 회사의

---

28) Steele v. United States, 267 U.S. 498, 503(1925). 동지의 일본 판결로는 最高裁 昭和 30. 11. 12. 刑集 9卷 12号, 2483頁을 참조하라.
29) 最高裁 1958. 7. 29. 刑集 12卷 12号, 2776頁.

업무서류 전체를 압수·수색하는 것은 허용하는 경향이 강하다.[30] 1982년
'United States v. Wuagneux 판결'[31]의 표현을 빌리자면, "복잡한 화이트칼
라 범죄에 대한 효과적인 수사는 외관상 범죄와 무관한 다대한 양의 개별
증거로부터 '서류 맞추기'(paper puzzle)를 할 필요가 있다."[32]

그러나 미국 법원은 '모든 기록'에 대한 수색('all record' search)이 가정에
서 행해지는 것에 대해서는 엄격한 태도를 보인다. 회사의 서류와 달리 개인
의 가정의 물건은 개인의 프라이버시와의 관련성이 높기 때문이다. 예컨대,
1992년 'United States v. Falon 판결'은 가정에 대한 '모든 기록' 수색을
행하려면, "피의자의 모든 삶이 기망으로 점철되어 있고, 그의 가정에서 발견
되는 모든 기록에 대한 압수가 이루어져야 함을 보여주는 특별한 입증이
필요하다."고 판시한다.[33] 이어 동 판결은 "이렇게 흔치 않은 입증이 이루어
지지 않는다면, 가정에 대한 '모든 기록' 수색에 의하여 압수될 수 있는 넓은
범주의 물건은 수사기관이 주장하는 범죄행위에 충분히 연관이 되어 있어서
무고하고 개인적인 물건과 구별될 수 있어야 한다."라고 판시한다."[34]

4. 소 결

요컨대, 수색할 장소와 압수할 물건의 특정은 무고한 시민의 프라이버
시를 침범하는 '투망식 탐색'(fishing expedition)을 방지하기 위해 중요하다.
부가되는 기재가 없다면, '일체의 문서 및 물건'과 같은 표현은 너무도 포괄
적인 기재이므로 원칙적으로 특정성을 결한다고 보아야 한다. 그러나 영장

---

30) United States v. Sawyer, 799 F.2d 1494, 1508(11th Cir. 1986); United States v.
   Kail, 804 F.2d 441, 444-45(8th Cir.1986); United States v. Falon, 959 F.2d 1143,
   1148(1st Cir. 1992). 그러나 Center Art Galleries-Hawaii, Inc. v. United States, 875
   F.2d 747, 750(9th Cir.1989); United States v. Stubbs, 873 F.2d 210, 211(9th
   Cir.1989); United States v. Kow, 58 F.3d 423, 427(9th Cir. 1995) 등은 영장의 특정
   성 요건을 강조하면서 포괄적 압수를 허가한 영장이 위헌이라고 판시한다.
31) 683 F.2d 1343(11th Cir. 1982).
32) Id. at 1346.
33) Falon, 959 F.2d at 1148.
34) Id.

청구 단계에서 압수대상의 세목을 미리 확정할 수 없으므로 일정 정도의 추상적 특정은 불가피할 것이며, 대상 범죄의 입증을 위한 증거가 양적으로 다대(多大)하고 질적으로 복잡할수록 특정성의 요건은 완화될 수 있을 것이다.

한편 수사기관이 악의를 가지고 피의자를 괴롭힐 목적으로 또는 '투망식 탐색'을 하기 위해서 피의자의 집과 사무실의 모든 서류와 그림들을 압수하는 것은 허용해서는 안 됨은 물론이다.35) 그렇지만 수색대상 업소와 한편 수사기관이 영장신청 당시 수색장소가 특정되어 있다고 선의로 믿었으나 수색 착수 이후 내부 구조가 다름이 확인되어 결과적으로 영장에 기술된 수색장소가 정확하지 못하게 된 경우라면 용인할 수 있을 것이다.36)

Ⅲ. 전자정보에 대한 압수ㆍ수색

1. 문제상황

2011년 형사소송법 제106조 제3항이 신설되기 전 형사소송법은 압수ㆍ수색의 대상을 '증거물'이나 '물건'으로 규정하고 있었기 때문에 컴퓨터 등에 저장되어 있는 전자정보에 대한 압수ㆍ수색이 가능한가에 대한 논란이 있었다.37) 저자는 당시 수사상 전자정보 취득의 필요성이 중대하고 형사소송법상의 문언은 실체법상의 문언과 달리 일정한 유추해석이 허용된다는 관점에서 전자정보에 대한 압수ㆍ수색은 가능하다는 입장을 취하고 있었다.38)

전자정보에 대한 대물적 강제처분은 통상의 대물적 강제처분과 다른

---

35) United States v. Abram, 830 F. Supp. 551(D. Kan. 1993).
36) Maryland v. Garrison, 480 U.S. 79(1987).
37) 예컨대, 컴퓨터 장비에 들어 있는 전자기록은 유체물이 아니므로 전자기록은 압수ㆍ수색의 대상이 아니라는 견해가 있었다[강동욱, "컴퓨터 관련범죄의 수사에 있어서의 문제점에 대한 고찰," 「죽헌 박양빈 교수 화갑기념논문집: 현대형사법론」 (1996), 707-708면].
38) 조국, "컴퓨터 전자기록에 대한 대물적 강제처분의 해석론적 쟁점," 한국형사정책학회, 「형사정책」 제22권 제1호(2010. 6), 104면.

양상을 갖는다. 즉, 대물적 강제처분이 행해지는 환경이 주거가 아니라 하드드라이브라는 점, 대물적 강제처분의 대상이 사인의 재물이 아니라 하드드라이브에 저장된 전자기록이라는 점, 컴퓨터 대물적 강제처분으로 획득되는 증거의 양은 통상의 대물적 강제처분과 비교할 수 없을 정도로 크다는 점, 대물적 강제처분의 방법이 "물리적"이 아니라 "논리적"이라는 점 등이 주요한 차이이다.39) 그리고 컴퓨터로 작성된 전자기록은 컴퓨터를 이용하지 않고는 읽거나 볼 수 없으므로, 그 자체로 내용을 읽고 알 수 있는 서면에 기록된 정보보다도 프라이버시에 대한 기대 정도가 높다.40) 미국의 2007년 'United States v. Andrus 판결'41)의 문언을 빌려 말하자면, "개인 컴퓨터는 종종 컴퓨터 주인이 타인과 공유하기를 의도하지 않는 사적 정보를 위한 저장용기이다. 대부분의 사람들에게 그들의 컴퓨터는 그들의 가장 사적인 공간이다."42)

그런데 근래까지 전자정보를 압수할 때 저장매체 자체를 통째 압수하거나 하드카피 또는 이미징 등의 형태로 수사기관의 사무실로 가져가서 아무 제약 없이 정보를 검색하는 것이 수사실무였다. 범죄혐의와의 관련성 여부를 떠나 저장매체 자체에 대한 압수·수색을 무제한적으로 허용한다면, 수사기관은 이 자료에 배타적 지배를 갖는 상태에서 범죄와 무관한 피의자의 프라이버시 관련 정보에 대하여도 무제한적으로 접근을 할 수 있다. 2004년 'Arkansas Chronicle v. Easley 판결'의 설시를 인용하자면,

컴퓨터 장비, 컴퓨터 파일 또는 서류의 사실상 모든 조각에 대한 압수·수색

---

39) Orin S. Kerr, "Searches and Seizures in a Digital World," 119 Harv. L. Rev. 531, 539-547 (2005). 압수된 증거물의 분석절차가 어떻게 다른지는 Wayne Jekot, "Computer Forensics, Searches Strategies, and the Particularity Requirement," 7 *U. Pitt. J. Tech. L. & Pol'y* 2, 7-9(2007); 박용철, "컴퓨터 압수·수색의 문제점,"「형사법연구」제20권 제2호(2008년 여름호), 138-139면을 참조하라.
40) 오기두,「형사절차상 컴퓨터관련증거의 수집 및 이용에 관한 연구」(서울대 박사학위논문, 1997), 89면.
41) 483 F.3d 711(10th Cir. 2007).
42) Id. at 718.

을 허가하는 영장[은] … 본질적으로, 아무 제한 없이 모든 컴퓨터 파일과 서류를
샅샅이 뒤질 수 있는 권위를 경찰에게 주는 포괄영장과 매한가지이다.[43]

이리하여 국회는 2011년 형사소송법 제106조 제 3 항을 신설한다. 즉,
"법원은 압수의 목적물이 컴퓨터용 디스크, 그 밖에 이와 비슷한 정보저장매
체(이하 이 항에서 "정보저장매체등"이라 한다)인 경우에는 기억된 정보의 범위
를 정하여 출력하거나 복제하여 제출받아야 한다. 다만, 범위를 정하여 출력
또는 복제하는 방법이 불가능하거나 압수의 목적을 달성하기에 현저히 곤란
하다고 인정되는 때에는 정보저장매체등을 압수할 수 있다."
　그러나 이 조항만으로는 전자정보에 대한 포괄적 압수·수색을 효과적으로
통제하기는 어렵다. 그렇다면 어떠한 추가 요건이 필요한지 검토하기로 한다.

2. 사법적 통제에 대한 비교법적 검토 ― 미국 판례를 중심으로

첫째로 일정 조건하에서 범죄관련 유무를 불문하고 대상 서류 및 컴퓨
터 장비 전체에 대한 포괄적 압수·수색을 인정하는 입장이 있다. 1982년
'United States v. Wuagneux 판결'[44]은 횡령, 탈세 등의 혐의로 수사를 벌이
던 국세청 소속 수사관들이 범죄 관련 문서를 찾기 위하여 5만 내지 10만
개의 문서를 압수하여 하루 반 동안 수색한 것은 위법이 아니라고 판시하였
다. 2001년 'United States v. Runyan 판결'[45]은 수사기관이 피의자와 이혼소
송 및 별거 중인 아내와 그녀의 친구가 피의자의 집에 있는 컴퓨터에서
발견한 아동 포르노그래피 파일을 수사기관에 넘기자, 수사기관이 그녀가
사적으로 행한 수색보다 더 넓은 범위에서 컴퓨터 파일을 수색한 것은 문제
없다고 판시하였다. 2006년 'United States v. Adjani 판결'[46]은 협박죄 피의
자의 서류와 컴퓨터에 대한 압수와 컴퓨터에 저장되어 있는 모든 전자기록

---

43) 321 F.Supp.2d 776, 793(E.D. Va. 2004).
44) 683 F.2d 1343(11th Cir. 1982).
45) 275 F.3d 449(5th Cir. 2001).
46) United States v. Adjani, 452 F.3d 1140, 1150(9th Cir. 2006).

에 대한 수색을 허가하는 영장을 합헌성을 승인하면서, 그 근거로 피의자가 컴퓨터 파일의 이름을 바꾸어 위장하여 수색을 피할 수 있다는 점을 들었다.

일본 판례는 이와 유사한 입장을 취하고 있다. 경찰이 문서위조·행사죄 위반혐의로 좌파 운동가의 활동거점을 수색하면서 플로피 디스크 271매의 기록내용과 당해 피의사실 사이의 관련성을 확인하지 않고서 전체 디스크를 압수한 사건에서, 일본 법원은 포괄적 압수를 인정하였다.[47] 동 법원은 피의사실과의 관련성 유무를 확인하지 않고 광범한 수색을 행하는 것은 원칙적으로 허용되지 않는다고 하면서도, "그 현장에 존재하는 플로피 디스크의 일부에 피의사실에 관련된 기재가 포함되어 있다고 의심하기에 족한 합리적 이유가 있고, 또한 압수·수색의 현장에서 피의사실과의 관련성이 없음을 선별하는 것이 용이하지 않고, 선별하는 데 장시간이 소비되는 사이에 피압수자측이 증거인멸을 행할 우려가 있을 때"에는 플로피 디스크 전체에 대한 포괄적 압수가 허용된다고 판시하였다.

둘째는 포괄적 압수를 전면 부정하는 입장이다. 주요한 예를 보자면, 먼저 미국 기소배심(grand jury)의 소환장(subpoena)에 대한 기각판결 사건인 1973년의 'In re Horowitz 판결'[48]과 1994년의 'In re Subpoena Duces Tecum 판결'[49]이 있다. 1973년 판결에서의 소환장은 피의자 회계사의 사무실에 있는 세 개의 서류 파일 캐비닛 전체의 제출을 요구하고 있었고, 1994년 판결에서 소환장은 피의자 기업의 컴퓨터 하드 디스크, 플로피 디스크 전체의 제출을 요구하고 있었는데, 두 법원 모두 소환장의 기재가 너무 광범(overbreadth)하다는 이유로 그 소환장을 기각하면서, 당해 서류나 컴퓨터 장비가 많은 유죄의 정보를 포함하고 있지만, 동시에 대단히 사적인 파일을 포함하고 있다는 점을 그 근거로 들었다.[50]

---

47) 大阪高判 平成 3. 11. 6. 判夕 796号, 264頁. 이 판결에 대한 평석으로는 小津博司, "令狀による差押え(2) ― フロッピ-ディスクの差押え," 松尾浩也·井上正仁 編, 「刑事訴訟法判例百選」(第七版, 1998)을 참조하라.
48) 482 F.2d 72(2nd Cir. 1973), cert. denied 414 U.S. 867(1973).
49) 846 F.Supp. 11(S.D.N.Y. 1994).
50) 482 F.2d, at 74-75, 80; 846 F.Supp. at 12.

1998년 'United States v. Hunter 판결'[51])에서 수사기관은 의뢰인의 돈
세탁을 도운 혐의로 변호사의 사무실을 수색하였는데, 당시 영장은 모든
컴퓨터, 모든 컴퓨터 저장장치, 모든 컴퓨터 소프트웨어 체제의 압수를 허가
하고 있었다. 동 판결은 이러한 영장은 수사기관이 수사하고 있는 특정한
범죄를 명기하고 있지 않고, 이러한 영장으로는 '변호인-의뢰인 특
전'(attorney-client privilege)에 의해 보호받는 범죄 무관 파일까지 수색 당하게
만든다고 판시하였다. 그리고 2005년 'United States v. Riccardi 판결'[52])에서
경찰관의 피의자의 집에 아동 포르노그래피 관련 증거물을 압수하는 영장을
집행하다가 컴퓨터를 발견하고는 컴퓨터 압수영장을 새로 발부받아 그 컴퓨
터를 압수하였다. 이 두 번째 영장은 아동 포르노그래피 관련성이라는 제약
조건 없이 컴퓨터에 부착된 모든 장비와 모든 전기·전자 기록을 압수 대상
으로 허가하고 있었는데, 동 판결은 이러한 영장은 수사기관이 아동 포르노
그래피 혐의 외에 모든 사실에 대하여 수색할 수 있도록 하는 것이므로
특정성이 없다고 판시했다.

세 번째는 '육안(肉眼)발견의 예외'(plain view exception) — 제 3 편 제 3 장
제 3. 참조 — 에 따른 압수·수색은 발견이 이루어진 그 시점의 증거에 대해
서만 인정하고, 그 이후의 증거에 대한 압수·수색은 별도의 영장을 요구하는
입장이다.

1982년의 'United States v. Tamura 판결'[53])이 이 법리를 제시한 지도적
판결이다. 이 사건에서 수사기관은 수천 개의 회계기록에서 범죄혐의를 찾
으려 하였으나 기록의 양이 너무 많아 피의자 회사의 직원에게 도움을 요청
하였고, 직원이 이를 거부하자 수사기관은 기록 전체를 압수하였다. 이에
법원은 수사기관이 범죄와 무관한 자료와 유관한 자료가 혼합되어 양자를
물리적으로 분리할 수가 없는 경우 수사기관은 당해 자료를 봉하거나 보지
(保持)하면서 전체 자료에 대한 압수·수색을 위한 치안판사의 별도의 영장

---

51) 13 F.Supp. 2d 574(D.Vermont 1998).
52) 405 F.3d 952(10th Cir. 2005).
53) 694 F.2d 591(9th Cir. 1982).

발부를 기다려야 한다고 판시하였다.[54] 그리고 만약 수사기관이 수색 착수이전 서류 전체의 압수가 필요하다고 판단하고 서류 전체의 압수를 위한 영장을 신청하였다면, 법원은 범죄 무관자료와 유관자료를 수색현장에서 분류하는 것이 불가능하여 전체 압수 이외의 방법이 존재하지 않는 경우에 한하여 영장을 발부해야 한다고 판시하였다.[55]

'Tamura 판결'의 접근을 이은 판결은 1999년 'Carey v. United States 판결'[56]이다. 이 사건에서 수사관은 마약 압수·수색영장을 받아 피의자의 컴퓨터 속의 텍스트 파일에 대한 수색을 진행하였으나 증거를 발견하지 못하였는데, 경찰관이 컴퓨터 디렉토리 속에 JPG 파일이 있음을 발견하고 이를 열어보니 아동 포르노그래피 이미지를 가지고 있는 파일임을 확인한다. 이에 수사관은 200개 이상의 JPG 파일을 다운로드 받았고, 이것이 아동 포르노그래피 이미지를 담고 있는지 확인하기 위하여 이 중 다수를 열어보았다. 이후 수사관은 다시 마약 관련 증거에 대한 수색을 진행하였다. 이 사건에서 피고인은 수색영장에 명기되지 않는 파일에 대한 수색이므로 증거능력이 배제되어야 한다고 주장하였고, 반면 소추측은 무영장 압수가 허용되는 '육안발견의 예외'를 주장하였다. '캐리 판결'은 디지털 증거에 대한 압수·수색이 포괄적으로 이루어지지 않도록 하기 위해서는 "특별한 접근"[57]이 필요하다고 밝히면서 소추측의 주장을 배척하고, 수사기관이 우연히 열어본 첫 번째 JPG 파일 이외의 다른 모든 JPG 파일은 위법한 수색의 산물이므로 그 증거능력이 배제되어야 한다고 판결하였다. 그리고 동 판결은 다른 JPG 파일을 수색하기 위해서는 별도의 영장을 받았어야 했다고 판시하였다.[58]

2010년 저자는 이 중 전자정보에 대한 포괄적 압수·수색에 대한 사법적 통제를 가능하게 한다는 점에서, ― '육안발견의 예외'의 한국 도입은

---

54) Id. at 595.
55) Id. at 596.
56) 172 F.3d. 1268(10th Cir. 1999).
57) 172 F.3d. at 1275 n. 7.
58) Id. at 1273.

반대하지만— 세 번째 입장인 '타무라-캐리 기준'의 문제의식에 동의한 바 있다.59) 단, 이 입장에 따르면, 추가영장이 신청되었을 경우 법원은 포괄적 압수·수색 영장을 발부할 것인지 여부와 판단 기준의 문제는 해결되지 못하고 남아 있다.60)

3. 전자정보 압수·수색의 요건 — 대법원 2011.5.26. 선고 2009모 1190 결정을 중심으로

우리 대법원은 2011년 대법원의 '전교조 사무실 압수·수색 사건' 결정에서 전자정보 압수·수색에 대한 사법적 통제의 법리를 정립한다.61) 이 사건의 사실관계는 다음과 같다. 교육과학기술부가 시국선언에 참여한 전교조 소속 교원들을 국가공무원법 위반으로 처벌해달라고 고발하자, 수사기관은 저장매체 내 전자정보에 대한 압수·수색영장62)을 발부받아 저장매체가 포함된 데스크톱 컴퓨터 3대 및 서버 컴퓨터 10대를 압수하여 수사기관 사무실로 가지고 가서, 그 곳에서 저장매체 내 전자정보파일을 다른 저장매체로 복사하였고, 이후 이 압수물을 전교조 측에 가환부하였다.63)

이에 대법원은 네 가지 중요한 허용요건을 제시한다. 요약하자면, (i)

---

59) 조국, "압수·수색의 합법성 기준 재검토," 한국비교형사법학회, 「비교형사법연구」 제5권 제2호 (2003. 12), 766면; 조국(각주 38), 119면.
60) 박경신, "E-메일 압수수색의 제문제와 관련 법률개정안들에 대한 평가," 인하대학교 법학연구소, 「법학연구」 제13집 제2호(2010), 297면. 그리하여 박 교수는 수사를 담당한 수사를 담당한 직원이 아니고 수사목적과는 독립적이고 컴퓨터에 지식을 갖춘 검찰요원 또는 필요하다면 수명(受命)판사만이 정보저장장치 내의 내용 전체를 볼 수 있고 그가 범죄에 유관한 정보를 골라내면 수사담당자는 그 정보만을 볼 수 있도록 하자는 '코진스키 안'[U.S. v. Comprehensive Drug Testing Services, 579 F.3d 989 (2009)]을 제안하고 있다(Id. 297면).
61) 대법원 2011. 5. 26. 선고 2009모1190 결정.
62) 영장은 압수의 방법을 다음과 같이 명기하였다. "컴퓨터 저장장치에 저장된 정보는 피압수자 또는 형사소송법 제123조에 정한 참여인의 확인을 받아 수사기관이 휴대한 저장장치에 하드카피·이미징하거나, 문서로 출력할 수 있는 경우 그 출력물을 수집하는 방법으로 압수함(다만, 하드카피·이미징 또는 문서의 출력을 할 수 없는 경우에는 컴퓨터 저장장치 자체를 압수할 수 있음)."
63) 서울중앙지방법원 2009. 9. 11. 선고 2009보5 결정.

전자정보에 대한 압수·수색영장을 집행할 때에는 원칙적으로 영장 발부의 사유인 혐의사실과 관련된 부분만을 문서 출력물로 수집하거나 수사기관이 휴대한 저장매체에 해당 파일을 복사하는 방식으로 이루어져야 한다; (ii) 집행현장 사정상 위와 같은 방식에 의한 집행이 불가능하거나 현저히 곤란한 부득이한 사정이 존재하더라도 저장매체 자체를 직접 혹은 하드카피나 이미징 등 형태로 수사기관 사무실 등 외부로 반출하여 해당 파일을 압수·수색할 수 있도록 영장에 기재되어 있고 실제 그와 같은 사정이 발생한 때에 한하여 위 방법이 예외적으로 허용될 수 있을 뿐이다; (iii) 저장매체 자체를 수사기관 사무실 등으로 옮긴 후 영장에 기재된 범죄 혐의 관련 전자정보를 탐색하여 해당 전자정보를 문서로 출력하거나 파일을 복사하는 경우, 문서출력 또는 파일복사 대상 역시 혐의사실과 관련된 부분으로 한정되어야 한다; (iv) 위 예외적인 사정이 인정되어 전자정보가 담긴 저장매체 자체를 수사기관 사무실 등으로 옮겨 이를 열람 혹은 복사하게 되는 경우에도, 전체 과정을 통하여 피압수·수색 당사자나 변호인의 계속적인 참여권 보장, 피압수·수색 당사자가 배제된 상태의 저장매체에 대한 열람·복사 금지, 복사대상 전자정보 목록의 작성·교부 등 압수·수색 대상인 저장매체 내 전자정보의 왜곡이나 훼손과 오·남용 및 임의적인 복제나 복사 등을 막기 위한 적절한 조치가 이루어져야만 한다.

포괄적 압수·수색의 원칙적 금지, 저장매체의 외부 반출의 예외적 허용, 외부 반출 후 수사기관 사무실에서의 포괄적 출력·복사의 금지, 외부반출 및 수사기관 사무실에서의 열람·복사시 피압수·수색 당사자나 변호인의 계속적인 참여권 보장 등으로 요약되는 이 법리는 상술한 미국이나 일본의 법리와 구별되는 한국 대법원의 독창적 법리이다. 대법원은 전자정보의 압수·수색이 갖는 특수성을 인정하면서도 단계별 통제 장치를 설정하였다. '타무라-캐리 기준'을 취하여 추가 영장을 요구하지는 않았지만, 수사기관의 실무에 분명한 지침을 제시한 것으로 평가할 수 있다. '타무라-캐리 기준'에 따라 추가영장을 요구한다고 하더라도 두 번째 영장이 포괄적 압수·수색을 허용한다면, 전자정보에 대한 포괄적 압수·수색에 대한 사법적 통제는 형식적인 것이 되고 만다. 이 점에서 사법적 통제를 실질화한다는 점에서는 2011년 대법원 결정이 더 효과적이라고 평가한다. 특히 압수·수색 전체 과정을 통하여 피압수·수색 당사자나 변호인의 계속적 참여권 보장을 요건으로 설정한 것은 — 피의자신문시 변호인 참여를 권리로 인정한 것과 같은 맥락에서 — 포괄적 압수·수색의 오남용을 견제하는 데 중요한 의미를 가질 것이다.[64)]

　　대법원은 이러한 법리를 정립한 후, 당해 사건의 경우 수사기관이 이 사건 저장매체 내 전자정보에 대한 압수·수색영장을 집행함에 있어 저장매체 자체를 수사기관 사무실로 옮긴 것은 영장이 예외적으로 허용한 부득이한 사유의 발생에 따른 것으로 볼 수 있고, 나아가 당사자 측의 참여권 보장 등 압수·수색 대상물건의 훼손이나 임의적 열람 등을 막기 위해 법령상 요구되는 상당한 조치가 이루어진 것으로 볼 수 있으므로 이 점에 있어 절차상 위법이 있다고는 할 수 없다고 평가한다.

　　다만 수사기관 사무실에서 저장매체 내 전자정보를 파일복사함에 있어서 수사기관이 임의로 정한 시점 이후의 접근 파일 일체를 복사하는 방식으로 8,000여 개나 되는 파일을 복사한 이 사건 영장집행은 원칙적으로 압수·수색영장이 허용한 범위를 벗어난 것으로서 위법하다고 볼 여지가 있다고 인정한다. 그렇지만 대법원은 당사자 측의 참여하에 이루어진 위 압수·수색의 전 과정에 비추어 볼 때, 수사기관이 영장에 기재된 혐의사실의 일시로부터 소급하여 일정 시점 이후의 파일들만 복사한 것은 나름대로 혐의사실과 관련 있는 부분으로 대상을 제한하려고 노력을 한 것으로 보이고, 당사자 측도 그 조치의 적합성에 대하여 묵시적으로 동의한 것으로 봄이 상당하므

---

64) 저자는 이상의 법리에 동의한다. 단, 서버의 모든 기록을 통째로 복사·저장하여 서버에 접근할 수 있는 아이디와 비밀번호 없이도 서버 내용을 확인할 수 있는 기법인 '하드 디스크 이미징' 기법에 대해서는 추가적 제약이 필요하다고 본다. 압수 현장에서 바로 컴퓨터 전자정보를 수색·검증할 경우 매우 시간이 소요됨은 물론, 그 기록이 파손될 우려가 있으므로 '하드 디스크 이미징'이 필요할 수 있다. 그렇지만 '하드 디스크 이미징'을 허가하는 영장은 전형적인 '포괄영장'이 될 수밖에 없으므로 예외적 수단으로 발부되어야 하며, 발부시에도 구체적 조건이 부가되어야 한다.

로, 결국 이 사건 범죄 혐의와 관련 있는 압수·수색의 대상을 보다 구체적으로 제한하기 위한 수사기관의 추가적인 조치가 없었다 하여 그 영장의 집행이 위법하다고 볼 수는 없다고 결론 내린다. 상술한 네 가지 요건 중 (iii)의 경우 위법이 있지만, (iv)의 요건이 충족되고 당사자의 묵시적 동의가 있기에 하자가 치유될 수 있다고 본 것이다.

2011년 동 결정은 이후 전자정보에 대한 증거배제의 기준으로 기능하고 있다. 예컨대, 2012년 대법원은 관세법 위반 혐의 피의자의 전자정보매체에 대한 압수·수색의 위법성 여부를 검토하는데, 수사기관이 전자정보에 대한 압수·수색영장의 집행을 하면서 수사기관 사무실 등으로 옮긴 저장매체에서 범죄혐의와 관련성에 대한 구분 없이 저장된 전자정보 중 임의로 문서출력 또는 파일복사를 하는 행위는 특별한 사정이 없는 한 영장주의 등 원칙에 반하는 위법한 집행이며, 이를 통하여 수집한 증거는 증거능력이 없다고 판시하였다.[65] 2014년 대법원은 횡령 혐의 피의자의 전자정보매체에 대한 압수·수색의 위법성 여부를 검토하면서, 수사기관이 외장 하드디스크 자체를 수사기관의 사무실로 가져가서 영장에 기재된 범죄 혐의와 관련된 전자정보를 탐색하여 해당 전자정보만을 출력 또는 복사하는 것을 넘어, 위 범죄 혐의와 자금 조성의 주체·목적·시기·방법 등이 전혀 다른 전자정보인 인센티브 보너스 추가지급 관련 전산자료까지 출력한 사실을 확인한 후, 이 전산자료 출력물은 위법수집증거이므로 증거능력이 없다고 판시하였다.[66]

Ⅳ. 별건압수·수색

제2편 제4장에서 서술한 별건체포·구속과 마찬가지로, 별건압수·수색도 영장주의를 잠탈하는 위법이다.

이에 관한 일본 판결을 간략히 살펴보자. 먼저 횡령피의사건의 수사과

---

65) 대법원 2012. 3. 29. 선고 2011도10508 판결.
66) 대법원 2014. 2. 27. 선고 2013도12155 판결.

정에서 판명된 모터보트 경주법 피의사실에 대하여, 압수대상으로 '본건을 입증하는 메모, 노트류, 일기장, 통신문, 예금통장, 스포츠 신문'으로 기재한 압수·수색허가장을 발부받아 수색하였는데, 모터보트 경주법 피의사실에 관한 것은 전혀 발견하지 못하고, 횡령의 증거로 생각되는 통장, 인감, 현금을 발견·영치하고, 이를 증거로 하여 피의자를 횡령죄로 기소한 사건이다. 이 사건 판결에서 법원은 "경찰 당국은 본건 업무상 횡령사건의 증거를 발견하기 위해 새삼스레 피고인을 수색할 필요성이 결여되어 있는 별건의 경미한 모터보트 경주법 위반 사건을 이용하여 압수·수색영장을 발부받아 수색을 한 것에는 위법의 의심이 강하다"[67]라고 판시하였다. 또한 경찰관이 폭행사건으로 피고인을 체포한 기회를 이용하여 수사에 필요한 범위를 넘어 피고인 또는 피고인의 내연의 처의 각성제 소지, 사용 등의 혐의를 수사하기 위한 증거를 발견한 사건에서, 법원은 이러한 수색은 위법하다고 판시하였다.[68]

V. 언론사에 대한 압수·수색 — 언론의 취재원 '비닉권(秘匿權)'과의 긴장

1. 문제상황

수사실무에서 언론활동의 결과물인 취재기사, 사진, 비디오 테이프 등에 대한 압수·수색은 특별한 문제제기 없이 행해져 왔다. 최초의 사건으로는 1989년 7월 당시 국가안전기획부가 당시 평민당 서경원 의원의 방북과 관련해 국가보안법상 불고지죄 혐의를 받은 한겨레신문 윤재걸 기자의 혐의를 입증하기 위해 한겨레신문 편집국에 대해 압수·수색을 행한 사건이 있

---

67) 廣島 高判 1981. 11. 26. 判時 1047号, 162頁. 단 법원은 이를 이유로 증거를 배제하지 않았고, 사실오인을 이유로 무죄를 선고하였다. 이 판결에 대한 평석으로는 福井 厚, "別件搜索·差押え," 松尾浩也·井上正仁 編(각주 47)을 참조하라.
68) 札幌 高判 1983. 12. 26. 刑裁月報 15券 11, 1219頁.

었고, 2003년 8월 양길승 청와대 제1부속실장이 술자리 향응을 받는 장면을 몰래 찍은 영상이 서울방송(SBS)에 의해 보도되자 청주 지검이 비디오테이프 원본을 확보하기 위해 SBS를 상대로 압수·수색 영장을 발부받은 일이 있었다.

현행 형사소송법 조문에서는 언론기관이 언론의 자유 침해를 근거로 하여 압수·수색을 거절할 권한이 있다고 주장할 근거를 찾을 수는 없다. 형사소송법은 군사상 비밀, 공무상 비밀, 업무상 비밀 세 가지 경우에 한하여 압수·수색 거부권(제110-112조)을 인정하고 있고, 여기에는 언론활동의 결과물은 포함되지 않기 때문이다. 역설적으로, 과거 1980년 전두환 정권이 언론통제용으로 만든 '언론기본법' 제8조 제2항은 진술거부권이 있는 언론인이 "보관하는 자료는 공표사항의 필자, 제보자 또는 그 자료의 보유자를 수사하거나 공표내용에 기초가 된 사실을 확인·증명 또는 수사할 목적으로 압수 또는 수색할 수 없다."라고 규정하고 있었지만, 이 법은 정치적 민주화 이후 바로 폐지되었다. 그리하여 현 시점에서 언론사에 대한 압수·수색은 언론의 자유의 내용인 '취재원 비닉권(秘匿權)'과 충돌을 일으키게 된다.

2. 비교법적 검토

이와 관련된 한국 판례는 아직 형성되어 있지 않은데, 대표적인 미국 판례를 보자면 1978년 'Zurcher v. The Stanford Daily 판결'[69]이 있다. 이 사건은 시위진압경찰관을 폭행한 시위참가자를 찾기 위하여 스탠포드 대학 신문사에 대하여 시위과정을 촬영한 필름을 압수·수색한 사건인데, 연방대법원의 다수의견은 언론사가 헌법상 언론의 자유를 보장받는다고 해서 압수·수색에서도 특별한 처우를 보장받는 것은 아니며, 언론사에 대한 압수·수색이 취재원의 폐쇄를 야기한다는 증거도 부족하다라고 판시한 바 있다. 반면 스튜어트 대법관은 반대의견을 제출하고, 마샬 대법관은 이에 합류한다. 이들은 언론사에 대한 소환장 발부와 달리, 언론사를 수색하는 것은

---

69) 436 U.S. 547(1978).

수정헌법 제 1 조의 언론의 자유 조항과 제14조의 적법절차 조항 위반이라고 보았다. 즉,

> 뉴스룸을 장악하고 철저히 수색하는 경찰관은 불가피하고 뉴스룸의 정상적 작용을 침해할 것이고, 따라서 뉴스 수집, 집필, 편집 및 출판의 과정을 손상하거나 또는 임시적으로 중단시키기까지 할 것이다. … 자유 언론에 대한 더 심각한 부담은 비밀 취재원으로부터 받은 정보의 노출 가능성 또는 취재원 그 자체의 신원의 노출 가능성이다. 이러한 취재원의 보호는 언론이 헌법적으로 설계된 기능을 수행할 수 있도록 보장하는 데 필수적이다.[70]

그런데 유의할 점은 미국 연방의회가 1980년 '사생활보호법'(Privacy Protection Act)을 제정하면서, 저커 판결의 다수의견의 입장이 아니라 취재원 보호의 중요성을 강조한 소수의견의 입장을 채택하였다는 점이다.[71]

동법은 원칙적으로 언론인이 소지하고 있는 '취재 결과물'(work product materials)이나 '기타 기록물'(other documents)을 압수·수색할 수 없다고 규정하면서, 예외를 허용한다. 먼저 '취재 결과물'에 대한 압수·수색이 허용되려면, 대상자가 국가안보 관련 정보, 아동 포르노그라피, 아동 매매 등의 중한 범죄에 사용되었거나 사용될 취재물 등의 자료를 보유하고 있다는 상당한 이유가 있거나, 또는 사람의 사망이나 심각한 신체적 피해를 예방하기 위하여 즉각적 압수가 필요한 경우하다고 믿을 이유가 있어야 한다. 둘째, '기타 기록물'에 대한 압수·수색이 허용되는 경우는, 위 '취재 결과물'의 예외 두 가지 경우 외에, 소환절차에 따른 통지가 자료의 파괴, 변경, 은닉을 초래한다고 믿을 이유가 있는 경우, 또는 압수·수색의 대상물이 소환절차에 따르라는 법원의 명령집행에 대한 대응을 위하여 만들어진 자료가 아니면서, 모든 법정 구제수단이 행사되었거나 소환과 관련된 절차로 인하여 수사나 소송이 지연되어 사법정의를 위협할 것이라고 믿을 이유가

---

70) Id. at 571-572(Stewart, J. dissenting).
71) 42 U. S. C. 2000aa.

있는 경우가 있다. 동법은 주에도 영향을 미쳐 캘리포니아 주를 비롯한 여러 주에서 유사한 내용의 주법이 제정되었다.

그리고 영국의 경우도 언론목적으로 획득되거나 창조된 '언론관련 물건'(journalistic material) 중 비밀리에 보관되어 있는 물건에 대한 압수·수색을 금지하고 있다.[72] 단, 이 때 보도용으로 언론기관에 보내진 물건의 경우는 이미 공개된 것이므로 이러한 금지규정이 적용되지 않는다.[73]

독일의 경우는 "인쇄물, 방송, 영화 또는 정보제공이나 의사형성에 기여하는 정보 및 커뮤니케이션 서비스의 준비, 제작 또는 유포에 직업적으로 관여하거나 관여했던 자"는 '업무상 증언거부권'을 갖는데,[74] 이러한 증언거부권과 관련되는 한 이들 또는 편집국, 출판국, 인쇄소 또는 방송시설에 보관되어 있는 문서, 음향기록장치, 영상기록장치, 데이터기록 장치, 그림 기타 표현물에 대한 압수는 허용되지 않는다.[75] 단, 이 경우 비례성의 원칙에 반하지 않고, 사안에 대한 수사 또는 범인의 소재지 확인이 불가능하거나 현저하게 어려워질 것으로 예상될 때는 압수가 허용된다.[76] 독일 연방헌법재판소는 독일 형사소송법 제97조 제5항 및 제53조 제1항 제5호에 규정된 압수금지 및 증언거부권은 외부의 정보제보자에 의한 정보보호에 한정되고, 내부의 직원에 의하여 형성된 자료에는 적용되지 않는다고 밝혔다.[77]

일본의 경우 1989년 '일본 텔레비전 압수·수색사건'[78]과 1990년 'TBS 압수·수색 판결'[79]에서 최고재판소는, 피의사실의 중대성, 비디오테이프의 증거적 가치, 그리고 이미 편집과 방영이 이루어진 비디오테이프에 대한

---

72) PACE, arts. 9(2)(b) 11(3); 13.
73) Michael Zander, *The Police and Criminal Act 1984* 41(3rd ed. 1995).
74) 독일 형사소송법, 제53조 제1항 제5호.
75) Id. 제97조 제5항 본문.
76) Id. 단서.
77) 조재현, "헌법상 취재원 보호에 관한 미국, 독일과 우리나라의 이론과 판례," 연세대학교 법학연구소,「연세대 법학연구」제11권 제3호(2001), 150-161면.
78) 最高裁 平成 1. 1. 30. 刑集 43卷 1号 19頁.
79) 最高裁 平成 2. 7. 9. 刑集 44卷 5号 421頁. 이 판결에 대한 평석으로는 田中 開, "報道機關に對する搜索·差押え," 松尾浩也·井上正仁 編(각주 47)을 참조하라.

압수 · 수색은 언론기관의 보도 · 취재의 자유를 크게 제한하지 않는다는 점 등을 고려하여 언론기관에 대한 압수 · 수색의 적법성을 긍정한 바 있다.[80]

3. 소 결

수사상의 증거확보의 필요성을 인정하면서도 헌법상 보장된 언론의 자유의 중요성을 고려하자면 이상 같은 외국의 입법은 우리나라에서도 향후 진지하게 고려할 필요가 있다. 상술한 (구)언론기본법 제8조 제2항을 형사소송법에 추가하는 것이 간단한 입법적 해결책이다. 이러한 입법 이전까지는, 적정하고 신속한 수사를 수행하기 위한 필요성과 취재결과를 증거로 압수함으로써 보도의 자유가 방해되는 정도 및 장래의 취재의 자유가 받는 영향 등의 사정을 비교형량하여 압수의 허용을 판단해야 할 것이다.

구체적으로 보자면, 먼저 횡령, 배임, 탈세 등 언론의 자유와 무관한 언론인 개인의 범죄 수사를 위한 언론사 압수 · 수색은 형사소송법의 절차에 따라 허용되어야 한다. 그러나 앞에서 본 1989년 한겨레신문사 압수 · 수색 사건처럼, 기자가 위헌과 폐지 주장이 강력한 국가보안법상 불고지죄를 범했다는 것을 입증하기 위한 증거를 찾기 위하여 언론사 편집국을 압수 · 수색하는 것은 허용할 수는 없다. 이 사건에서 윤재걸 기자는 서경원 의원과의 대화에서 서 의원의 방북과 김일성 주석과의 회담 사실을 듣게 되자, 이를 취재하여 그 자료를 편집국에 보관하였다. 불고지죄의 존재를 인정하여 윤 기자의 행위가 범죄구성요건에 해당한다고 하더라도, 그가 특종감인 기사의 취재원을 고발하지 않는 것은 형법 제20조 '정당행위'에 해당되어 위법성이 조각되어 무죄로 볼 수 있으며, 그에게 고발을 요구하는 것은 '기대가능성'이 전혀 없기에 책임이 조각되어 무죄이기 때문이다.

다음으로 2003년 SBS 압수 · 수색 사건처럼, 제3자의 범죄수사를 위한 물적 증거를 확보하기 위한 언론사 압수 · 수색이다. 헌법학계의 통설은

---

80) 일본 판례에 대해서는 권창국, "보도기관에 대한 압수 · 수색의 허용요건에 관한 검토," 「JURIST」 Vol. 396 (2003. 9), 86-88면을 참조하라.

언론사의 '취재원 비닉권'을 헌법상 언론의 자유의 일환으로 인정하고 있다. 그렇지 않다면 취재원은 자신이 받을 불이익을 염려하여 언론 보도에 협조하지 않을 것인바, 이는 바로 언론은 진실보도의 역할을 수행하기가 힘들어지고 국민의 알 권리는 약화될 수밖에 없다.[81] 그럼에도 불구하고 제3자의 범죄수사를 이유로 언론사에 대한 압수·수색을 허용하면, 상술한 저커 판결에서 스튜어트 대법관의 반대의견이 밝힌 우려가 발생할 수밖에 없다.

상술했듯이 언론인은 형사소송법 제110-112조상 압수·수색 거부권의 향유주체에서 제외되어 있다. 문언표현도 예시적 열거가 아니라 제한적 열거 방식이다. 그런데 이 권리가 인정되는 직종인 변호사, 변리사, 공증인, 공인회계사, 세무사, 대서업자, 의사, 한의사, 치과의사, 약사, 약종상, 조산사, 간호사, 종교의 직에 있는 자 등과 비교할 때, 언론인의 활동은 헌법상 훨씬 강한 보호를 받아야 하는 활동임은 분명하다. 그렇다면 언론인에게 적어도 이러한 직종의 사람과 같은 정도의 압수·수색 거부권을 인정하는 것이 사물의 논리상 그리고 법체계상 마땅하다. 그 근거를 형사소송법에서 찾을 수 없다면, "헌법 제21조 제1항으로부터 **직접 도출되는 권리**"[82]로 파악할 필요가 있다. 이를 무시하고 언론사를 압수·수색하여 수집한 증거는 위법수집증거로 배제되어야 한다.

제2. 무영장 대물적 강제처분의 허용 요건 위반

다음으로 현행법이 허용하는 영장 없는 대물적 강제처분의 요건을 차례로 검토하면서 어떠한 무영장 압수·수색·검증이 위법하게 되는지를 검토하기로 한다.

---

81) 이희훈, "취재원 비닉권과 취재원 보호입법에 대한 연구," 연세대학교 법학연구소, 「연세대 법학연구」 제18권 제4호(2008), 269면.
82) 김주환, "언론사 압수·수색의 헌법적 한계," 한양대학교 법학연구소, 「법학논총」 제30집 제4호(2013), 10면(강조는 인용자).

I. 제216조 제1항 제1호의 예외

형사소송법 제216조 제1항 제1호는 피의자를 체포 또는 구속하는 경우에 영장 없이 타인의 주거나 타인이 간수하는 가옥, 건조물, 항공기, 선차 내에 들어가 피의자수사를 할 수 있다고 규정하고 있다. 이 예외는 피의자를 발견하기 위해 인정되는 처분이므로, 체포나 구속이 이루어지기 이전 단계에만 허용되고 일단 피의자를 체포 또는 구속한 후에는 이 예외가 적용되지 않는다는 데에는 이견이 없다.[83]

II. 제216조 제1항 제2호의 예외 — 체포현장에서의 무영장 대물적 강제처분

형사소송법 제216조 제1항 제2호는 검사 또는 사법경찰관이 체포영장에 의한 체포, 긴급체포, 현행범 체포 또는 구속영장에 의한 구속을 행할 경우 체포현장에서 압수·수색·검증을 할 수 있다고 규정하고 있다. 동조는 "체포현장"이라고 표현하고 있지만, 구속시에도 이 조문이 적용되므로 정확히는 "체포·구속현장"을 뜻한다. 동조에 따른 무영장 압수·수색에 따라 압수한 물건을 계속 압수할 필요가 있는 경우에는 체포 후 48시간 이내에 압수수색영장을 청구하여야 한다(제217조 제2항). 사후 압수수색영장 청구와 발부가 없었으므로 당해 압수물은 이를 유죄 인정의 증거로 사용할 수 없다.[84]

---

83) 배종대·이상돈·정승환·이주원(각주 1), 196면; 백형구, 「형사소송법」(2012), 92면; 신양균(각주 1), 251면; 신현주, 「형사소송법」(신정 2판, 2002), 353면; 이재상(각주 1), 317면. 일반 사인이 현행 범인을 체포하는 경우 타인의 주거에 들어갈 수 있는가에 대하여 이견이 있다. 통설에 반하여 백형구 변호사가 수색의 필요성과 긴급성이 요청되므로 허용되어야 한다는 입장을 제출하고 있는 것이다[백형구(각주 83), 227면]. 그러나 형사소송법은 사인에게는 현행범인의 체포만을 허용하고 있을 뿐이며, 이를 벗어나 타인의 주거에 침입하는 것은 원칙적으로 위법하다고 보아야 한다. 단, 현행 범인의 범죄의 경중, 주거침해방법의 태양 등을 고려하여 사회상규에 반하지 않는다면 정당행위로 위법성이 조각될 여지는 있을 것이다.
84) 대법원 2009. 5. 14. 선고 2008도10914 판결.

1. 법적 성격

먼저 체포현장에서의 대물적 강제처분에 대해 영장주의의 예외를 인정한 법적 근거에 대해서는 크게 두 가지 입장으로 나뉘어져 있다. 다수설인 '긴급행위설'은 이 예외는 피의자를 체포·구속하는 수사기관의 안전을 도모하기 위하여 흉기를 빼앗거나 피의자가 증거를 파괴, 은닉하는 것을 예방하기 위한 긴급행위로서 허용된다고 파악한다.[85] 반면 '부수처분설'은 이 예외는 수사상 기본권 침해의 가장 강력한 형태인 신체구속이 적법하게 허용되는 경우 이에 수반하는 보다 경한 비밀이나 소유권의 침해도 영장 없이 할 수 있도록 한 것 ─ 이른바 '대소포함명제' ─ 이라고 본다.[86]

'긴급행위설'은 '합법적 체포에 수반한 수색'(search incident to lawful arrest) 이론의 뿌리라 할 수 있는 미국 1969년 'Chimel v. California 판결'[87]을 수용한 것이다. 이 판결은 경찰관은 체포영장에 의거하여 강도 피의자를 적법하게 체포한 후 피의자의 집을 수색하여 도품을 발견하고 압수한 사건에 대한 것이다. 스튜어트 대법관이 집필한 다수의견은 영장주의의 예외는 엄격하게 인정되어야 함을 강조하면서, 합법적 체포에 수반한 수색의 예외 근거는 피의자가 체포에 저항하기 위하여 사용할지 모르는 무기를 제거하거나 또는 피의자가 증거를 은폐 또는 파괴하는 것을 막기 위한 것이라고 정식화하였다.[88] 그리고 다수의견은 만약 체포에 수반된 수색이 자유롭게 제한 없이 허용된다면, 수사기관은 수색영장을 회피하는 구실로 피의자를 다른 곳이 아니라 그의 주거에서 체포하는 편법을 사용할 것이라고 우려하였다.[89]

반면 '부수처분설'은 치멜 판결 이후 내려진 1973년 'United States v. Robinson 판결'[90]의 논지를 취하고 있다. 이 사건에서 경찰관은 피의자가

---

85) 이재상(각주 1), 318면; 차용석·최용성, 「형사소송법」(제4판, 2013), 255면.
86) 서일교(각주 5), 262면; 신동운(각주 1), 431면.
87) 395 U.S. 752(1969).
88) Id. at 762-763.
89) Id. at 762.
90) 414 U.S. 218(1973). 이 판결의 논지는 1973년 'Gustafson v, Florida 판결'[414

운전면허가 취소된 상태에서 운전을 하고 있음을 확인한 후 피의자의 차를 발견하고 차를 정지시킨 피의자를 체포하였고, 이어 피의자의 몸을 외표검사(frisk)하던 중 피의자의 상의 주머니에 부드러운 물체가 있음을 감지하고는 이를 끄집어내어 보니 구겨진 담배 곽이었는데, 이를 펼쳐보니 헤로인 가루가 있었기에 압수하였다. 렌퀴스트 대법관이 집필한 다수의견은 이 사건에서는 치멜 판결의 요건이 충족되지 않았지만 상당한 이유에 기초한 합법적인 인신구속적 체포가 있었다면 그 체포에 수반한 수색을 위하여 별도의 정당화가 필요하지 않다고 판시하였다.[91]

'부수처분설'의 논거인 '대소포함명제'는 인신구속이 된 자와 압수 · 수색 · 검증으로 프라이버시가 침해되는 자가 항상 일치하는 것은 아니라는 점,[92] 인신구속에 의한 기본권 침해와 압수 · 수색 · 검증에 의한 기본권 침해는 질적으로 다른 것이므로 어느 일방이 타방을 포함할 수 없다는 점[93] 등을 간과하고 있다. '부수처분설'은 체포시 영장 없는 압수 · 수색 · 검증을 허용하더라도 법관에 의한 사후통제가 마련되어 있으므로 문제가 없다고 하지만, 인신구속이 대물적 강제처분을 자동적으로 포함한다고 파악하면, 대물적 강제처분에 대한 영장주의의 통제를 회피하기 위하여 가벼운 범죄로 피의자를 체포하는 수사기법이 조장하는 결과를 초래할 수 있다. 특히 우리 수사현실에서 활용되고 있는 별건체포 · 구속을 생각할 때 '부수처분설'의 결론으로는 이 편법을 방지할 수 없을 것이다. 요컨대, 피의자가 흉기를 가지고 있거나 증거를 인멸할 우려가 없음에도 수사기관이 체포현장에서 행한 무영장 압수 · 수색 · 검증은 위법이라 할 것이다.[94]

U.S. 260(1973)]에서 재확인된다.
91) Id. at 235.
92) 차용석 · 최용성(각주 85), 255면.
93) 하태훈, "압수절차가 위법한 압수물의 증거능력," 형사판례연구회, 「형사판례연구」 5호(1997), 254면.
94) 이러한 관점에서 로빈슨 판결을 보면, 이 사건에서 경찰관은 신변의 위협을 느끼고 있지 않았고, 외표검사를 통해 확인하려는 물체가 흉기가 아니라는 점도 분명하였던바, 경찰관이 담배곽을 열기 위해서는 영장이 필요했다고 본다. 이 점에서 저자는 로빈슨 판결에서의 마샬, 더글라스, 브레난 대법관의 소수의견에 동의한다.

2. 체포와의 시간적 접착성 — '체포현장'의 의미

제216조 제 1 항 제 2 호에서 말하는 '체포현장'의 의미를 둘러싸고, 체포와 이에 수반한 압수·수색·검증 사이에 일정한 접착성이 있어야 함은 합의되고 있다. 예컨대, 수사기관이 운전자를 체포하였으나 차량은 수색하지 않은 채 경찰서 주차장에 견인한 후에 차량을 수색하는 것,95) 그리고 수사기관이 피의자를 체포하여 안전하게 구금한 후 1시간이 지난 뒤에 피의자의 가방을 영장 없이 수색하는 것은 허용되지 않을 것이다.96) 이러한 경우의 수색은 체포가 완료된 경우에 발생하였고, 또한 시간 또는 장소에 있어 체포로부터 이격(離隔)되어 있음은 분명하다.

그런데 체포와 압수·수색·검증 사이의 접착성의 정도에 관해서는 의견이 나뉜다. 현재 학계에는 (i) 체포의 전후를 묻지 않고 허용되며 체포와 시간적, 장소적으로 접착되어 있으면 무영장 압수·수색·검증이 허용된다는 견해,97) (ii) 피의자가 현실적으로 체포되는 경우에 한하여 무영장 압수·수색·검증이 가능하다는 견해,98) (iii) 피의자가 현장에 있고 인신구속이 착수되었다면 체포 성공에 관계없이, 그리고 체포 전이라 하더라도 무영장

미국의 경우 로빈슨 판결식의 입장이 강화되고 있는 것은 사실이지만[Wayne A. Logan, "An Exception Swallows a Rule: Police Authority to Search Incident to Arrest," 19 *Yale L. & Pol'y Rev.* 381(2002).] 교통법규 위반이라는 경한 범죄에 대해서 내려진 이러한 결론이 일체의 중죄에 대해서도 적용되는 것인지는 미국에서도 분명하게 정해지지 않았다는 점도 부기하고자 한다. 단, 교통범칙금을 부과하기 위해 차량을 정지하고 이에 수반하여 차량을 수색하는 것은 허용되지 않는다는 점은 확인된다[Knowles v. Iowa, 525 U.S. 113(1998)].

95) Preston v. United States, 376 U.S. 364(1964).
96) United States v. Chadwick, 433 U.S. 1(1977).
97) 김기두,「형사소송법」(전정신판, 1987), 212면; 서일교(각주 3), 262면; 정영석·이형국,「형사소송법」(전정판, 1997), 214면. 체포와의 시간적 전후관계를 불문하고 압수·수색이 가능하다는 입장을 제시한 외국의 판결로는 미국의 'Rawlings v. Kentucky 판결'[448 U.S. 98(1980)]과 最高裁 1961. 6. 7. 刑集 15卷 6号, 915頁 등을 참조할 수 있다.
98) 강구진,「형사소송법원론」(1982), 221면; 배종대·이상돈·정승환·이주원(각주 1), 197면; 백형구(각주 83), 93면.

압수 · 수색 · 검증이 가능하다고 보는 견해[99] 등이 존재하고 있다.

먼저 제216조 제1항의 문언상 피의자가 체포현장에 있어야 함은 분명하다. 다음으로 피의자가 현장에 있는 경우 체포에 앞서 압수 · 수색 · 검증이 가능한가가 문제인데, 동 조항은 인신구속이 선행될 것을 전제로 하고 압수 · 수색 · 검증의 가능성을 규정하고 있다고 보인다. 즉, "체포 또는 구속하는 경우"에 부수하는 수색을 허용하는 것이기에 수색은 체포보다 선행할 수는 없다. 성공 여부가 불확실한 미래의 체포를 전제로 사전 압수 · 수색 · 검증을 허용하는 것은 제216조 제1항의 취지에 반한다 할 것이다. 요컨대, 제216조 제1항이 적용되려면 피의자가 현장에 있어야 하고, 최소한 체포의 착수가 이루어져야 한다.

남은 것은 착수한 체포가 성공해야 하는가이다. 문언상 "체포 또는 구속하는 경우"는 "체포 또는 구속한 경우"와 다르므로 체포 또는 구속이 실현될 필요는 없고, 체포 또는 구속에 착수한 경우 이에 따라 영장 없는 압수 · 수색 · 검증이 허용된다고 보아야 한다. 그리고 제216조 제1항 제2호의 법적 성격을 '긴급행위설'로 파악할 경우 허용되는 무영장 대물적 강제처분의 범위가 좁아지는데, 체포 또는 구속이 반드시 실현되어야 하는 것으로 해석하면 그 범위가 너무 좁아지는 문제가 발생한다. 피의자의 체포 또는 구속에 착수하고, 이어 피의자가 체포에 저항하기 위하여 사용할지 모르는 무기를 제거하거나 또는 피의자가 증거를 은폐 또는 파괴하는 것을 막기 위하여 압수 · 수색 · 검증을 했는데 결국은 피의자가 도주하여 체포 · 구속에 실패한 경우 이 무영장 대물적 강제처분을 위법한 것이라고 볼 수는 없다.

3. 장소적 범위

체포현장의 장소적 범위가 어디까지인가의 문제는 상술한 1969년 치멜

---

99) 신동운(각주 1), 433면; 신양균(각주 1), 254면; 이재상(각주 1), 319면; 차용석 · 최용성(각주 85), 255면.

판결에 의해 검토되었다. 동 판결은 '긴급행위설'의 입장에 서서 피의자가 무기를 잡거나 증거를 인멸할 수 있는 범위 내를 수색할 수 있다는 태도를 취하였다. 즉, 피체포자의 신체 및 피체포자의 "즉각적 통제범위 내"(within his immediate control)100)에 있는 공간이 수색의 범위이며, 이를 넘어선 대물적 강제처분은 위법이 된다.

이 범위의 정확한 경계는 일률적으로 획정할 수는 없을 것이다. 먼저 피체포자가 체포장소에서 움직인다면 그에 따라 자동적으로 수색범위는 넓어질 것이다.101) 그리고 피의자에게 수갑이 채워졌는지 여부, 피의자의 신체크기와 민첩함 정도, 체포 공간의 크기, 체포한 경찰관의 수, 공간 내에 상자의 경우는 잠금 여부 등도 고려대상이 되어야 한다.102) 만약 자동차 탑승자를 체포한 경우는 이 체포에 수반한 수색은 자동차의 내부 전체(앞좌석과 뒷좌석) — 수납공간, 콘솔, 기타 수하물, 상자, 가방, 옷 등 포함 — 에 대하여 가능하다고 할 것이지만,103) 트렁크나 엔진부분은 제외된다 할 것이다.104)

관련한 우리 대법원 판결은 2010년에 나온다. 이 사건에서 경찰관은

---

100) Chimel, 395 U.S., at 763.
101) Washington v. Chrisman, 455 U.S. 1, 7(1982).
102) Joshua Dressler, *Understanding Criminal Procedure* 217(3rd ed. 2002).
103) New York v. Belton, 453 U.S. 454(1981). 이 사건에서 경찰관은 과속으로 운행하는 자동차를 발견하고 이를 추적하여 길가로 차를 세우게 한 다음 면허증을 제시하도록 요구하였는데, 이 과정에서 마리화나가 타는 냄새를 맡았고 차 바닥에 마약이름이 적혀 있는 봉투가 있는 것을 보았다. 경찰관은 탑승자 4명을 체포하고 봉투를 줍고 마리화나를 발견하였다. 그리고 차량내부 뒷좌석을 수색하여 피의자 소유의 자켓을 발견하고, 그 안에서 코카인을 발견하였다. 공판과정에서 피고인은 코카인은 자신의 즉각적 통제범위 내에 있지 않았으므로 그것을 압수한 행위는 불법이라며 증거배제를 요구하였으나, 법원은 이 주장을 배척하였다.
104) 미국법상 체포에 수반하는 압수·수색으로서 행해지는 차량에 대한 압수·수색의 경우 외에, 애초부터 차량 자체를 대상으로 하는 대한 압수수색의 경우는 트렁크를 포함한 차량 전체에 대하여 영장 없는 수색이 허용된다[United States v. Ross, 456 U.S. 798(1982)]. 이러한 영장 없는 '자동차 수색의 예외'(automobile search warrant exception)는 우리 법상으로는 경찰관직무집행법상의 불심검문이나 형사소송법 제216조 제1, 3항이나 제217조의 요건에 해당될 경우 인정될 것이다.

상해 혐의 피의자의 집에서 20m 떨어진 곳에서 피의자를 체포한 후 수갑을 채운 채 피의자의 집안을 수색하여 칼과 합의서를 압수하였는데, 적법한 시간 내에 압수수색영장을 청구하여 발부받지 않았다. 대법원은 위 칼과 합의서는 위법하게 압수된 것으로서 증거능력이 없고, 이를 기초로 한 2차 증거인 임의제출동의서, 압수조서 및 목록, 압수품 사진 역시 증거능력이 없다고 판시하였다.[105]

Ⅲ. 제216조 제3항—범행중 또는 범행직후의 범죄장소에서의 긴급압수·수색·검증

형사소송법 제216조 제3항은 범행중 또는 범행직후의 범죄장소에서 긴급을 요하여 압수, 수색, 검증영장을 발부받을 여유가 없을 때에 수사기관은 영장 없이 대물적 강제처분을 할 수 있고, 이 경우 사후에 지체없이 영장을 발부받아야 한다라고 규정하고 있다.

현행범에 대한 체포에 착수하는 경우는 제216조 제1항 제2호에 의해서도 무영장 대물적 강제처분이 가능하지만, 그 외의 경우를 포괄하기 위하여 제216조 제3항을 설정한 것이다. 예컨대, 현행범 또는 준현행범 상황에서 체포에 착수하기 전에 이루어지는 대물적 강제처분—범죄 신고를 받고 수사기관이 현장에 도착했는데 범인은 도주하였고 증거는 현장에 산재해 있는 경우—, 준현행범에 대한 체포에 착수하면서 행하는 대물적 강제처분 등에는 제216조 제3항이 적용된다.

Ⅳ. 제217조 제1항의 예외—긴급압수·수색·검증

형사소송법 제217조 제1항은 검사 또는 사법경찰관은 '긴급체포된 자'의 소유, 소지 또는 보관하는 물건에 대하여 "긴급히 압수할 필요가 있는

---

105) 대법원 2010. 7. 22. 선고 2009도14376 판결.

경우" 구속영장발부기간 내에 한하여 영장 없이 압수·수색·검증할 수 있다고 규정하고 있다.[106] 어떤 물건이 긴급체포의 사유가 된 범죄사실 수사에 필요한 최소한의 범위 내의 것으로서 압수의 대상이 되는 것인지는 "당해 범죄사실의 구체적인 내용과 성질, 압수하고자 하는 물건의 형상·성질, 당해 범죄사실과의 관련 정도와 증거가치, 인멸의 우려는 물론 압수로 인하여 발생하는 불이익의 정도 등 압수 당시의 여러 사정을 종합적으로 고려하여 객관적으로 판단하여야 한다."[107]

이 경우 피의자에 대한 구속영장을 발부받지 못할 때에는 압수한 물건을 즉시 반환하여야 하며, 압수를 계속할 필요가 있을 때에는 압수·수색영장의 발부를 받아야 한다고 규정하며 사후영장 발부를 요건으로 하고 있다 (제217조 제2항). 즉, 형사소송법은 긴급체포의 경우 제216조 제1항 제2호의 영장주의의 예외 이외에, 체포현장이 아니더라도 구속영장을 청구하기 전까지 영장 없는 대물적 강제처분을 허용하고 있는 것이다. 이 예외가 필요한 것은 긴급체포 후 압수·수색·검증영장을 발부받는 절차를 거치면 사후구속영장 청구기간을 경과할 우려가 있으며, 피의자의 긴급체포 후 피의자의 가족이나 체포되지 않은 공범이 증거물을 은닉·인멸할 우려가 있기 때문이라고 주장되고 있다.[108] 긴급체포가 적법하여 압수·수색이 허용되는 경우라고 하더라도 압수수색영장을 발부받지 못한 때는 즉시 반환해야 하는데 그렇지 않은 압수물은 유죄 인정의 증거로 사용할 수 없다.[109]

---

106) 2007년 형사소송법 개정 전 법문은 "긴급체포할 수 있는 자"라고 되어 있어 긴급압수·수색의 범위가 무제한으로 확장될 우려가 있다는 비판이 많이 제기되었기에 "긴급체포된 자"로 개정되었다. 그리고 "긴급히 압수할 필요가 있는 경우" 요건도 추가되었다.
107) 대법원 2008. 7. 10. 선고 2008도2245 판결.
108) 이완규, "압수절차가 위법한 압수물의 증거능력," 형사판례연구회, 「형사판례연구」 11호(2003), 443면.
109) 대법원 2009. 12. 24. 선고 2009도11401 판결.

V. 동의에 따른 대물적 강제처분

1. 허용 여부

형사소송법 제218조는 임의로 제출된 물건은 영장 없이 압수할 수 있다고 규정하고 있다. 이와 관련하여 동의에 의한 압수·수색·검증이 임의수사(형사소송법 제199조 본문)로 허용되느냐, 아니면 동조 단서의 강제수사로 보아야 할 것인가가 쟁점이 된다. 이에 대하여 피처분자의 동의만 있으면 어떠한 수사형태라도 임의수사가 되지는 않으며, 동의획득 과정에 수사기관의 강제가 개입할 가능성이 농후하므로 영장에 의하지 아니한 승낙 압수·수색은 허용되지 아니한다는 견해[110]와, 형사소송법 제218조의 의미를 고려하고, 상대방이 명백히 동의한 경우 영장 없는 압수·수색·검증을 불허할 이유가 없다는 근거로 승낙 압수·수색·검증을 인정하는 견해가 대립하고 있다.[111]

수사기관이 피의자에 대한 범죄혐의를 갖고 있으나 법률상 대물적 강제처분을 할 근거는 없는 경우 대상자의 동의는 증거수집에 결정적 역할을 할 수 있다. 그리고 대상자의 동의는 자신의 헌법상의 권리에 대한 침해를 용인하겠다는 것이므로 헌법적 문제도 발생하지 않는다고 할 때 후설이 타당하다. 그렇지만 동의에 의한 압수·수색·검증은 수사기관이 압수·수색·검증에 대한 여러 법률적 제약으로부터 일거에 해방될 수 있는 장치이며, 대상자의 동의를 가장한 대물적 강제처분이 행해질 가능성 역시 상존하는 것이기에 동의에 의한 압수·수색·검증의 합법성 판단기준을 엄밀하게 검토할 필요가 있다.

---

110) 김기두(각주 97), 220면; 신양균(각주 1), 135면; 차용석·최용성(각주 85), 207면.
111) 신동운(각주 1), 240면; 이재상(각주 1), 228면.

2. 유효한 동의의 요건

유효한 동의의 요건을 다룬 우리 대법원 판결은 2010년 나온다. 이 사건에서 경찰관은 상해와 재물손괴 혐의 피의자 소유의 쇠파이프를 피의자의 주거지 앞마당에서 발견하였으면서도, 형사소송법 제218조를 위반하여 소유자, 소지자 또는 보관자가 아닌 피해자로부터 임의로 제출받는 형식으로 쇠파이프를 압수하였다. 이에 대법원은 이 압수물 및 압수물을 찍은 사진의 증거능력을 부정하였다.112) 그 외의 논점에 대해서는 판례가 없는바, 이 주제에 대한 많은 논의의 축적을 이룬 미국 판례를 대신 검토하여 시사점을 추출하도록 하자.

먼저 동의는 자발적으로 이루어져야 하며, 자발성 여부는 동의를 하는 자의 나이, 교육정도, 지능, 정신적 및 육체적 상태, 그리고 체포 여부 등을 고려하여 판단해야 한다.113) 예컨대, 피의자가 동의를 할 수 있는 정신능력이 부족한 상태였다면 그 동의에 기초한 대물적 강제처분은 허용될 수 없다.114) 그리고 수사기관의 기망이나 협박이 있는 경우 역시 동의의 임의성을 인정할 수 없는 대표적인 예이다. 영장이 없으면서도 영장이 있다고 속이고 동의를 받은 경우,115) 혈액채취의 목적으로 강간현장에서의 혈흔과의 일치 여부를 확인하기 위한 것임에도 이를 음주운전 검사용이라고 속이고 동의를 받은 경우,116) 가스를 유출을 수사하고 있다고 속이고는 동의를 받은 경우,117) 그리고 차량 수색에 동의하지 않으면 차량을 압수하겠다고 말하고 동의를 받은 경우118) 등이 그 예가 될 것이다.

둘째, 동의의 주체는 본인이거나 수색할 장소에 대한 공통의 권한을 갖고 있는 제3자이어야 한다. 이와 관련한 미국의 지도적 판결인 1974년

---

112) 대법원 2010. 1. 28. 선고 2009도10092 판결.
113) Schneckloth v. Bustamonte, 412 U.S. 218, 226(1973).
114) United States v. Elrod, 441 F. 2d 353(5th Cir. 1971).
115) Bumper v. North Califonia, 391 U. S. 543(1968).
116) Graves v. Beto, 424 F. 2d 524(5th Cir. 1970).
117) People v. Jefferson, 43 A.D. 2d 112(1973).
118) State v. Williams, 772 P. 2d 404(Or. 1989).

'United States v. Matlock 판결'[119]의 문언을 인용하자면, "공동거주자는 자신의 명의로 수색을 허용할 권리를 가지며, 다른 공동거주자는 공동거주자 중 일인이 공동영역에 대한 수색을 허용할 수도 있다는 위험을 감수해 왔다고 파악하는 것은 합리적이다."[120] 이러한 관점에서 볼 때 통상 부부,[121] 동거인[122]은 거주의 수색에 대해 서로 동의할 수 있을 것이다. 그리고 수인이 하나의 컴퓨터를 공동소유 또는 사용하고 있는 경우 그 중 일인은 컴퓨터의 공동영역의 수색에 대해 동의할 수 있을 것이다.[123] 반면 건물주는 임차인의 방 수색을 동의할 수 없고,[124] 호텔 직원은 객실 수색에 동의할 수 없다.[125] 이 경우는 임차인이나 객실 손님이 수색을 허용하는 위험을 인수하였다고 볼 수 없기 때문이다.

한편 공동거주자 중 일방이 자신의 프라이버시를 보호하기 위해 특별한 장치를 해 두었다면 상황이 달라진다. 예컨대, 부모가 성인의 자식의 방에 대한 수색에 동의할 수 있지만, 이것만으로 그 방안에 위치해 있으나 자식에 의해 잠겨져 있는 신발장 내부를 수색할 수는 없다.[126] 이 경우 자식은 신발장에 대한 자신의 프라이버시가 부모에 의해서도 침해되어서는 안 됨을 분명히 밝혔기 때문이다. 마찬가지로 컴퓨터 공동사용자 간이라 하더라도 공동영역 내에 개인별 다이렉토리(diretory)를 설치하고 암호화해 두었다면 공동사용자의 동의의 효과는 그 다이렉토리에 대한 수색에는 미치지 못한다고 해야 할 것이다.[127]

---

119) 415 U.S. 164(1974).
120) Id. at 171.
121) United States v. Duran, 957 F. 2d 499(1992); Coolidge v. New Hampshire, 403 U.S. 443(1971); United States v. Betts, 16 F. 3d 748(7th Cir. 1994).
122) United States v. Matlock, 415 U.S. 164(1974).
123) Computer Search & Seizure Working Group, U.S. Dep't of Justice, *Federal Guidelines for Searching and Seizing Computers* 13(1994).
124) Chapman v. United States, 365 U.S. 610(1961).
125) Stoner v. California, 376 U.S. 483(1964).
126) United States v. Block, 590 F. 2d 535(4th Cir. 1978).
127) U.S. Department of Justice, *Federal Guidelines for Searching and Seizing Computers* 15(2002).

고용인과 피고용인 간의 경우는 사안별 검토가 필요하다. 통상 고용인은 작업관련 비리를 조사하기 위해 피고용인의 작업영역에 대한 수색에 동의할 수 있다고 보지만,[128] 이 경우도 피고용자의 지갑, 핸드백, 편지 등과 같은 개인적 물품의 수색을 동의할 권한은 없다.[129] 피고용인의 경우 자신이 실질적 책임을 지고 있는 지위에 있는 경우에는 고용인의 건물이나 토지의 수색에 동의할 수 있지만,[130] 비서나 야간 수위 등과 같이 임시적 책임을 지고 있는 경우는 동의의 권한이 없다.[131]

만약 경찰관이 수색시에 당해 장소수색에 대한 동의권한이 있는 자로부터 동의를 받았다는 선의의 믿음을 갖고 수색하였으나, 사실은 동의자에게 그러한 권한이 없었던 경우에는 경찰관의 착오에 합리적 이유가 있었다면 '표현대리'(apparent authority)에 따라 그 수색은 정당하다고 볼 것이다.[132]

셋째, 동의는 명시적으로 표명되어야 한다. 거주자가 문을 열고 경찰의 신분과 방문목적을 들은 후 문을 닫지 않고, 말없이 아파트로 돌아간 경우에는 유효한 동의가 있었다고 볼 수 없다.[133]

넷째, 임의성 있는 동의가 있었다 하더라도 그 동의의 범위를 넘는 압수·수색·검증은 불법이며, 피의자가 동의하였다 하더라도 이후 그 동의를 철회할 수 있다.

예컨대 경찰관이 피의자에게 마약을 압수·수색할 것이라고 말하고 피의자의 동의를 받고서 피의자에게 불리한 진술이 적혀 있는 문서를 찾은 경우,[134] 자신의 컴퓨터 메모 북에 대한 정보를 제공하는 데 동의하였지만 자신의 암호는 알려주려고 하지 않았는데, 수사관이 피의자가 암호를 입력하는 것을 어깨 너머로 보고 암호를 기억해 두었다가 컴퓨터 메모 북 속의

---

128) O'Connor v. Ortega, 480 U.S. 709(1987).
129) Id. at 716. United States v. Blok, 188 F.2d 1019(D.C. Cir. 1951) 역시 같은 취지의 판결이다.
130) United States v. Antonelli Fireworks Co., 155 F. 2d 631(2nd Cir. 1946).
131) United States v. Lagow, 66 F. Supp. 738(S.D.N.Y. 1946).
132) Illinois v. Rodriguez, 497 U.S. 177(1990).
133) U. S. v. Shaibu, 43 F. 2d 1470 9th Cir(1990).
134) United States v. Dichiarinte, 445 F. 2d 126(7th Cir. 1971).

정보를 검색한 것은 피의자의 동의의 범위를 일탈한 것이다.[135] 그리고 피의자가 수사기관에게 자발적으로 자료를 제출한 후 반환요구를 하였으나 수사기관이 이를 거절하고 사본을 만들어 둔 후 원본을 반환한 사건에서, 미국 법원은 피의자의 동의가 철회된 이상 수사기관은 사본을 보유할 수가 없다고 판시한 바 있다.[136]

마지막으로 남은 문제는 수사기관이 피의자에게 동의를 거부할 권리가 있음을 알려주어야 할 의무가 있는가이다. 1973년 'Schneckloth v. Bustamonte 판결'[137]은 대물적 강제처분에서는 인신구속에서 필요한 미란다형의 경고가 필요하지 않다고 하여 이 의무를 부정한 바 있다. 그러나 묵비권 보장이 실효성을 거두려면 그 권리에 대한 고지가 필수적이라는 미란다 판결의 논리가 다른 헌법상의 프라이버시권 보장을 위해서 관철되지 않을 이유는 없다고 본다.[138] 특히 동의에 의한 수색의 남용을 방지하기 위한 가장 확실한 방법은 대물적 강제처분의 의미와 효과를 고지하는 것이다. 이러한 맥락에서 저자는 동의에 의한 수색검증에서 동행요구와 관련된 경찰관직무집행법 제 3 조의 고지규정이 준용되어야 한다는 신동운 교수의 견해에 동의한다.[139]

이상과 같은 동의의 요건을 충족하지 못하는 무영장 대물적 강제처분은 위법이며, 이를 통하여 수집한 증거는 배제 여부에 대한 사법적 심사를 받아야 할 것이다.

---

135) United States v. David, 756 F. Supp. 1385(D. Nev. 1991).
136) United States v. Griffin, 530 F. 2d 739(7th Cir. 1976).
137) Schneckloth v. Bustamonte, 412 U.S. 218(1973).
138) 이 점에서 저자는 상기 버스타몬트 판결에서 제시된 브레난, 더글라스, 마샬 세 대법관의 반대의견에 동의한다.
139) 신동운(각주 1), 241면.

Ⅵ. 소 결

이상의 논의를 도해화하면 다음과 같다.

	무영장 압수 · 수색 · 검증	사후 영장
제216조 제1항 제2호	체포 · 구속현장에서 체포 착수 후 긴급행위로서 허용	필요
제216조 제3항	체포 착수 전후 관계없이, 범행중 또는 범행직후의 범죄장소에서 긴급을 요할 때 허용	필요
제217조 제1항	긴급체포된 자의 물건에 대하여 긴급한 압수가 필요한 경우 허용	필요
제218조	수사기관으로부터 동의거부권이 있음을 고지 받은 피의자의 유효한 동의후 허용	불요

마지막으로 무영장 대물적 강제처분과 관련하여 미국법상 '긴급상황에 따른 예외'와 '육안발견의 예외'의 도입이 논의될 가능성이 있는바, 간략히 언급하기로 한다. 미국법상 영장주의의 예외로 증거파괴의 우려가 있거나, 타인에 대한 해악을 예방할 필요가 있는 경우 또는 피의자를 추적하고 있는 경우 등에 대하여 널리 영장 없는 압수수색을 허용하는 '긴급상황에 따른 예외'(exigent circumstances exception)와, 수사기관이 합법적으로 수색장소에 진입한 후 타인의 눈에 쉽게 띌 수 있는 장소에서 영장에 기재되지 않았으나 금제품이나 증거 등 강제처분의 대상이 놓여 있음을 발견한 경우 — 현재로 는 발견의 우연성(inadvertence) 여부는 불문[140] — 무영장 압수를 허용하는 '육안발견의 예외'가 있다.[141]

---

140) Horton v. California, 496 U.S. 128 (1990). 이 사건에서 경찰관은 강도 혐의 피 고인의 집을 수색하고 무기를 압수하기 위하여 영장을 신청하였지만, 세 개의 반 지를 포함하여 강도의 과정을 확인할 수 있는 수색만 허가하는 영장이 발부되었 다. 경찰관은 영장을 집행하던 도중 무기를 발견하고 압수하였다. 법원은 무기 발 견이 우연적인 것이 아니었고, 다른 영장에 의해 쉽게 확보될 수 있었음을 인정하 면서도, "육안발견의 예외"에 따라 증거능력을 인정하였다.

141) 이에 대해서는 이 책의 322-323면을 참조하라.

일본의 경우는 우리 형사소송법 제217조에 해당하는 조문이 없으므로 이상의 두 예외를 논의할 실익이 있으나, 우리 형사소송법은 이미 명문으로 긴급압수·수색·검증을 규정하고 있고 제216조 제3항에 따른 무영장 압수·수색도 허용하고 있는바, 그와 별도로 새로운 예외를 추가로 인정해서는 안 된다.

제 3. 경찰관직무집행법상의 소지품검사의 한계

한편 경찰관직무집행법은 불심검문시에 '흉기의 소지 여부'를 조사할 수 있다고 규정하고 있다(제3조 제3항). 따라서 흉기소지 여부를 검사하기 위하여 외부에서 소지품을 관찰하고 소지품에 대하여 질문하거나, 또는 소지품의 임의제시를 요구하는 것, 그리고 옷이나 소지품의 외표를 손으로 가볍게 두드려 조사하는 것 — '외표검사'(外表檢查) — , 제시된 소지품을 검사하는 것 등은 허용되지만, 소지품을 경찰관이 직접 열어보는 행위는 금지된다는 점에 대해서는 큰 이론(異論) 없이 공유되고 있다.

그런데 이 소지품검사의 한계와 관련하여 해석론으로 **흉기 이외의 물건**에 대해서도 소지품검사를 인정하는 견해가 있다.[142] 그러나 이는 첫째

---

142) 이재상(각주 1), 206면. 한편 이재상 교수는 흉기 이외의 소지품조사의 경우 실력행사는 허용되지 않지만, 중범죄에 한하여 긴급체포의 요건이 충족되면 흉기 이외의 소지품조사에 있어서 실력행사가 허용될 수 있다는 근거로 일본의 '헤이코(米子)은행 강도 사건'(最高裁 1980. 6. 20. 刑集 32卷 4号, 670頁)을 들고 있다(Id. 186면, 주 1). 그러나 이 사건은 긴급체포의 요건이 충족되지 않으며 일본 최고재판소의 판결은 소지품검사의 범위를 과도하게 확장한 것으로 비판받아야 한다. 이 사건에서 경찰관은 두 명의 은행강도 용의자를 발견하여 직무질문을 하고 이들이 답변을 거부하자 경찰서로 동행을 요구하였다. 경찰서에서도 용의자들은 계속 묵비하였고 또한 자신들의 가방을 열기를 거부하였다. 이 상태가 한 시간 이상 지속되자 참을성을 잃은 한 경찰관이 강제로 용의자들의 가방을 열고 증거물을 발견하였고, 그 후 용의자들을 체포하고 그 증거물을 압수하였다. 요컨대 경찰관은 용의자들을 자신들의 통제 하에서 구금하고 있었기에 이들의 도주의 위험이 전혀 없었고 용의자들의 소지품에 대한 압수·수색영장을 충분히 획득할 수 있는 시간이 있

경집법 명문의 규정에 반하며, 둘째 소지품검사는 형사소송법상의 수색과 달리 구체적 범죄혐의가 아직 인정되기 전에 행해지는 것이므로 이러한 확대해석은 '경찰비례의 원칙'을 간과하는 것이며, 또한 영장주의의 취지를 약화시킬 위험이 있다.143) 요컨대 불심검문시의 흉기 외의 소지품검사는 불심검문의 한계를 넘어선 것으로 불법이며, 이는 근래의 하급심 판결에 의해 지지된 바 있다.144)

소지품검사의 원류(源流)인 1968년 미국 연방대법원의 'Terry v. Ohio 판결'145)의 취지도 흉기 외의 소지품검사 반대론에 유리한 근거를 제공한다. 테리 판결에서의 외표검사(frisk)는 무기일지도 모르는 딱딱한 물체를 손으로 느끼기 위하여 거동불심자의 신체의 바깥을 손으로 두드리거나 더듬는 행위를 말하는데, 이 취지는 경찰관이 무기에 노출되는 위험을 방지하는 것이다. 따라서 첫째, 외표검사는 무기(weapons)에 대한 수색에 제한되어 허용된다. 따라서 마약 등의 금제품(contraband)의 소지가 의심스럽다고 경찰관이 외표검사를 수행하는 것은 허용되지 않는다.146) 둘째, 외표검사는 대상자가 무장하고 있을 수 있다는 합리적 믿음이 생겨날 수 있는 경우에만 허용된다.147) 총기소유가 합법화되어 있는 미국의 경우에도 외표검사가 이런 정도로 제한적으로 허용된다는 점을 고려하자면, 총기소지가 금지되어 있는 한국 현실에서 경집법 조문상으로 명시적 근거가 없음에도 경찰관의 안전확보라는 이유로 소지품검사의 허용범위를 흉기 외의 소지품에까지

었지만 불법적인 압수·수색을 감행하였다.

143) 신동운(각주 1), 187면; 배종대·이상돈·정승환·이주원(각주 1), 91면.
144) 1999. 1. 26 서울지법 민사항소 2 부(재판장 정은환 부장판사) 판결. 동 판결은 "외관상으로 장씨의 가방 속에 흉기가 없음이 명백해 가방을 검사해야 할 객관적이고 합리적인 이유가 전혀 없었는데도 장씨가 가방을 열 때까지 장씨의 주민등록증을 돌려주지 않는 방법으로 사실상 소지품검사를 강제한 것은 불법행위"라고 밝혔다.
145) 392 U.S. 1(1968).
146) Sibron v. New York, 392 U.S. 40(1986); Minnesota v. Dickerson, 113 S. Ct. 2130(1993).
147) Ybarra v. Illinois, 444 U.S. 85(1979).

확장하는 것은 잘못이다.

제 4. 사진 및 무음향 비디오 촬영의 적법성 판단기준

I. 법적 성질 —기본권을 침해하는 강제처분

수사기관의 사진 및 비디오 촬영은 범죄인을 특정하고 범죄상황을 정확히 포착하기 위한 유력한 수사기법이다.[148] 그런데 피의자의 동의가 없는 상태에서 행해지는 수사기관에 의한 사진촬영 및 대화내용의 녹음을 포함하고 있지 않은 비디오 촬영을 특정하여 규율하는 법규는 현재 존재하지 않으며,[149] 그 결과 사진 및 비디오 촬영은 특별한 법적 통제 없이 수사기관에 의해 광범하게 사용되고 있다.

먼저 대상자의 동의 없는 사진 및 비디오 촬영의 법적 성질에 대하여 학계의 통설은 사생활의 비밀과 자유, 초상권 등을 침해하는 강제처분이라고 파악하고 있지만,[150] 상대방의 사적 공간에서의 사진촬영은 강제수사이지만 공개된 장소에 나온 시민은 자신이 타인에게 공개되는 것을 이미 예상

---

148) 심희기, 「과학적 수사방법과 그 한계 — 미국법과 한국법의 비교 —」(형사정책연구원, 1994), 75-76면.
149) 단, 비디오 촬영이지만 그 테이프 속에 피의자의 공개되지 않은 전기통신·육성 대화내용의 녹음이 포함되는 경우는 통신비밀보호법(제3-4조)이 적용될 것이다. 통신비밀보호법 자체는 비디오 촬영 자체에 대한 규정을 두고 있지 않으나, 통신비밀과 통신의 자유를 보호한다는 동법의 목적을 중시하고, 동법이 공개되지 않은 통신·대화내용이 어디에 수록되었는가에 따라 차별하지 않고 있다는 점, 그리고 비디오 카메라는 동법 제 2 조 제 7 호의 '기계장치'에 해당한다는 점을 고려하면 자연스럽게 도출되는 결론이다.
150) 배종대·이상돈·정승환·이주원(각주 1), 109면; 백형구(각주 83), 70면; 신양균(각주 1), 270면; 이재상(각주 1), 232-233면; 임동규, 「형사소송법」(제11판, 2015), 259면; 정웅석·백승민, 「형사소송법」(제 6 판, 2014), 148-149면; 차용석·최용성(각주 85), 264면; 천진호, "위법수집증거배제법칙의 사인효," 한국비교형사법학회, 「비교형사법연구」제 4 권 제 2 호(2002), 372면.

하고 있다는 점에서 공개장소에서의 사진촬영은 임의수사라고 해석하는 소수설이 제출되어 있다.[151)

수사대상자의 의사에 반하여 그의 법익 또는 기본권을 침해하는 수사를 강제처분이라고 파악할 경우, 사진 및 비디오 촬영이 헌법 제10조와 제37조 제 1 항에서 연원하는 초상권과 헌법 제17조가 규정하는 사생활의 비밀과 자유를 침해함은 분명하고, 따라서 그 성질은 — 촬영이 이루어지는 장소의 공개성 여부를 막론하고 — 강제처분이라고 해야 할 것이다.[152) 1999년의 세칭 '영남위원회 사건'[153) 판결에서 대법원도 누구든지 "자기의 얼굴 기타 모습을 함부로 촬영당하지 않을 자유"를 가짐을 확인한 바 있다.

시민의 프라이버시가 공개영역에서는 사적 공간에 비하여 통상 덜 보호될 것이라고 말할 수는 있겠으나, 공개영역과 사적 영역의 구별이 쉽지 않고, 공개영역에서의 사진 및 비디오 촬영이라고 하여 이러한 헌법상의 기본권이 포기되었다고 일률적으로 상정할 수는 없기 때문이다. 그리고 이러한 강제처분으로서의 사진 및 비디오 촬영은 통신·대화의 감청 및 녹음에 비하여 프라이버시 침해의 정도가 크거나, 적어도 동일하다고 보아야 한다. 음성녹음은 피의자가 말을 할 때만 프라이버시 침해를 일으키지만, 사진 및 비디오 촬영은 범죄행위나 발언의 순간에 제한되지 않고 프라이버시 침해를 일으킬 수 있으며, 음성녹음에 그치는 감청과는 달리 사진 및 비디오 촬영은 대상자의 용모 및 행태 등 대상의 모든 측면을 담을 수 있기 때문이다.[154) 비디오 감시에 대한 미국의 지도적 판결인 1984년 'United States v. Torres 판결'[155)의 말을 인용하자면,

151) 신동운(각주 1), 1332면.
152) 허일태, "비디오촬영의 허용과 촬영된 비디오 테이프의 증거능력," 한국형사법학회, 「형사법연구」 제12호(1999), 56면.
153) 대법원 1999. 9. 3. 선고 99도2317 판결.
154) Nancy J. Montroy, "United States v. Torres: The Need for Statutory Regulation of Video Surveillance," 12 Notre Dame J. Legis. 264, 269(1985).
155) 751 F. 2d 875(7th Cir. 1984). 이 사건은 피고인들은 푸에르토리코 민족해방단체(FALN; Fuerzas Armadas de Liberacion Nacional Puertorriquena)의 일원이었는데, 뉴욕, 시카고, 워싱턴 등에서 테러를 계획하였다. FBI는 체포된 FALN 성원이 확인

영상감시는 극도로 침해적이고, … 본질적으로 무차별이며, 개인의 프라이
버시를 없애기 위해 중대하게 남용될 수 있다는 점은 논쟁의 여지가 없다.
… 알몸수색이 외표검사보다 더 사생활을 침해하는 것과 마찬가지로 영상감시
는 음성감시보다 더 사생활을 침해한다.156)

생각건대, 공개영역에서 피의자의 동의 없이 이루어지는 사진 및 비디
오 촬영을 임의수사로 파악하고 이를 '경찰비례의 원칙'의 해석론을 통해
제한하려는 접근보다는, 이 수사기법을 원칙적으로 강제처분으로 파악하여
영장주의의 통제에 놓이게 하고 필요최소한도의 범위 내에서만 강제처분을
허용하는 형사소송법 제199조의 요청에 응하도록 하는 해석론이 타당하다
고 본다.157)

다음으로 사진 및 비디오촬영을 위해서는 어떠한 영장을 받아야 할
것인가 하는 문제가 있다. 먼저 심희기 교수는 사진 및 비디오 촬영은 프라
이버시 침해의 정도가 매우 크므로 인권침해의 정도가 상대적으로 낮은

해 준 피고인들의 안전가옥에 대하여 법원의 명령을 받아 비디오, 오디오 감시를
하여 피고인들이 폭탄을 조립하고 있는 것을 발견하였고, 이를 기초로 FBI는 피고
인들을 체포한 사건이다. 1심 법원 판사는 비디오감시를 허용할 수 있는 법적 근
거가 없다는 이유로 비디오 테이프의 증거능력을 배제하였으나, 항소심인 제7순회
법원은 원심을 파기하고 테이프를 증거로 채택하였다.
156) Id. at 882, 885.
157) 우리 판례로는 적법한 영장 있는 비디오 촬영의 사례가 없으므로 외국의 판례
를 일별하자면, 미국의 1981년의 'New York v. Teicher 판결'[422 N.E. 2d 506(N.Y.
1981)]이 있다. 이는 자신의 환자를 마취시킨 후 성학대(sexual abuse)를 행한 치과
의사 피고인을 체포하기 위하여 여성 환자의 동의와 법원의 영장을 발부받아 피고
인 진료실에 카메라를 설치하고, 피고인이 성학대를 개시하였을 때 체포한 사건으
로 법원은 이러한 수사기법의 적법성을 승인하였다. 1986년의 'United States v.
Biasucci 판결'[786 F.2d 504(2d Cir. 1986)]에서는 수사기관은 법원의 영장을 받아
고리대금업 혐의의 피고인들의 사무실에 카메라를 설치하였는데, 동 법원은 수사
기관의 정보원이 증언을 거부하였고, 피고인들이 비밀수사요원이 일체의 회의에
참석하는 것을 허락하지 않았고, 고리대금업 피해자들에 대한 조사는 피고인들에
게 경계를 발할 우려가 크고, 피해자들이 보복이 두려워 증언을 거부할 것이라는
소추측의 입장을 지지하면서 이 비디오 촬영을 위한 영장발부가 적법하다고 판시
하였다(Id. at 511).

기존의 압수·수색·검증영장발부 절차를 밟게 해서는 안 되며, 통신비밀보호법을 유추해석하여 감청영장에 준하는 영상감시영장 발부 절차를 밟게 해야 한다고 주장한다. 통신비밀보호법의 입법취지가 물리적 강제 행사 여부가 아니라 프라이버시 침해 여부에 따라 영장주의를 관철하여야 한다는 것이므로, 이러한 입법적 결단을 중시하자면 프라이버시 침해 정도가 불법 감청에 못지않은 사진 및 비디오 촬영의 경우에도 통신비밀보호법의 적용을 받도록 해야 한다는 것이다.158) 허일태 교수도 이 입장에 동의하면서, 통신비밀보호법의 유추적용은 형벌의 성립요건과 형벌의 정도에 관한 문제가 아니고, 단지 범죄혐의에 대한 증거확보를 뒷받침하는 역할만을 하므로 문제가 되지 않는다고 파악한다.159)

사진 및 비디오 촬영에 의해 초래되는 프라이버시 침해의 정도를 생각할 때 이 수사기법에 대하여 통신비밀보호법을 적용해야 한다는 입장의 문제의식에는 공감할 수 있다. 그러나 이러한 해석은 통신비밀보호법이 명시적으로 규정하고 있는 적용범위를 넘어서게 된다는 문제를 갖는다. 통신비밀보호법의 규율대상은 통신·대화의 감청 및 녹음이며, 이러한 것이 포함되어 있지 않은 사진 및 비디오 촬영을 규율하는 조문을 찾아볼 수 없기 때문이다.160)

이렇게 볼 때 사진 및 무음향 비디오 촬영은 "사실을 발견함에 필요한" (형사소송법 제139조, 제219조) 검증으로 파악하고 이를 위해서는 검증영장이 필요하다고 보는 것이 타당하다.161) 이 때 영장발부를 위해서는 피의자가 범죄를 범하고 있다 또는 범하였다는 데 대한 객관적·합리적 의심이 존재

---

158) 심희기(각주 148), 88-90면.
159) 허일태(각주 152), 59면.
160) 물론 송수신되는 영상을 공독(共讀)하는 것은 통신비밀보호법의 규율대상이다 (제2조 제3호, 제6호).
161) 이 점과 직접연관된 것은 아니지만, 대법원은 도로교통사고현장에 출동한 경찰관이 조사에 응하지 않으려는 사고운전자와 사고 장소의 상황을 사진촬영한 사안에서 사법경찰관 사무취급이 작성한 실황조서는 형사소송법상 검증에 해당한다고 판시한 바 있다(대법원 1989. 3. 14. 선고 88도1399 판결).

해야 하고, 촬영대상과 장소가 특정되어야 할 것이다. 그리고 사진 및 비디오 촬영이 초래하는 프라이버시 침해의 정도를 고려하자면, 증거로서의 높은 필요성, 증거보전의 긴급성과 보충성, 촬영방법의 상당성 등이 충족되는가가 검토되어야 한다고 본다.

Ⅱ. 무영장 사진 및 비디오촬영의 허용요건

1. 영장주의의 예외 적용

대상자의 승낙 없는 수사기관의 사진 및 무음향 비디오 촬영의 법적 성질을 검증으로 파악하면, 형사소송법 제216-217조에 규정된 영장주의의 예외 적용에 대한 문제가 남는다. 통설은 사진 및 무음향 비디오 촬영을 검증으로 파악하고 영장주의의 예외가 적용된다고 하고 있지만, 실제 이상의 예외가 적용된다는 언명(言明)만으로는 부족한 점이 있다. 왜냐하면 제3장 제2. Ⅱ. 2.에서 보았듯이 이러한 예외는 최소한 피의자에 대한 체포의 착수를 전제로 하고 있다고 해석해야 하기 때문이다. 예컨대, 합법시위가 불법시위로 전환하는 현장에서 시위참여자에 대한 체포에 착수하면서 바로 영장 없이 그들에 대한 사진 및 비디오 촬영을 하는 경우이다.

그렇다면 이제 남은 문제는 체포 착수 이전에 영장 없이 이루어지는 사진 및 무음향 비디오 촬영의 적법성 판단은 어떻게 할 것인가이다.162) 이에 대한 명문의 규정이 존재하지 않는 현실에서, 사전(事前)수사의 성격을

---

162) 사진 및 비디오촬영을 '임의수사'로 보거나, 형사소송법 제216조 제1항의 예외는 체포의 전후를 묻지 않고 허용되며 체포와 시간적, 장소적으로 접착되어 있기만 하면 적용된다고 해석하는 입장에 서자면 체포 이전에 피의자에 대한 무영장 사진 및 비디오 촬영도 이 예외에 따라 허용된다고 볼 것이기에 문제가 간단해질 것이다. 그러나 상술하였듯이 이러한 입장에 서면 전통적인 무영장 압수·수색·검증의 범위가 확장됨은 물론, 무영장 사진 및 비디오 촬영의 범위 역시 거의 무제한적으로 인정되고 말 것이다. 이러한 이유 때문에 저자는 체포 착수 이전에 증거확보 차원에서 이루어지는 사진 및 비디오 촬영이 허용되는가의 문제를 별도로 검토하는 것이다.

갖는 사진 및 비디오 촬영의 허용 여부에 대해서는 현재까지 두 가지 입장이 제출되어 있다.

먼저 안경옥 교수는 사생활의 비밀이나 초상권 같은 일반적 인격권은 법적 근거를 가질 때만 제한가능한데, 동의 없는 무영장 사진 및 비디오 촬영은 그 법적 근거가 없으므로 일체 금지된다고 본다.163) 이 입장은 체포 착수 이전·이후를 막론하고 무영장 사진 및 비디오 촬영을 불법으로 본다.

반면 고 이재상 교수는 범죄혐의가 명백하고 증거로서의 필요성이 높으며 증거보전의 긴급성이 있고 촬영방법이 상당한 경우 무영장 사진 및 비디오 촬영을 허용할 수 있다고 본다.164) 이 입장은 대법원 판례의 입장을 따르고 있는 것인데, 위에서 언급한 1999년의 '영남위원회 사건'165) 판결에서 대법원은 누구든지 "자기의 얼굴 기타 모습을 함부로 촬영당하지 않을 자유"를 가진다고 하면서도, "이러한 자유도 국가권력의 행사로부터 무제한으로 보호되는 것은 아니고 국가의 안전보장·질서유지·공공복리를 위하여 필요한 경우에는 상당한 제한이 따르는 것"이기에, "수사기관이 범죄를 수사함에 있어 현재 범행이 행하여지고 있거나 행하여진 직후이고, 증거보전의 필요성 및 긴급성이 있으며, 일반적으로 허용되는 상당한 방법에 의하여 촬영을 한 경우"는 영장 없는 촬영도 위법하지 않다고 판시하였다. 단, 이 입장은 어떠한 법적 근거에서 이러한 예외가 인정되어야 하는지는 밝히지 않고 있다.

저자는 후자의 입장에 동의한다. 먼저 안 교수의 입장에 따르면 범죄현장에서 피의자에 대한 체포에 착수하면서 동시에 영장 없이 그들에 대한 사진 및 비디오 촬영을 하는 것도 허용될 수 없다는 결론이 도출되는바, 이는 부당하다. 이 경우 사진 및 비디오 촬영은 범죄인을 특정하고 범죄발생

---

163) 안경옥, "수사상 비밀 증거수집의 효용성과 한계," 한국비교형사법학회, 「비교형사법연구」 제 3 권 제 2 호(2002), 366면.
164) 강동범, "녹음테이프의 증거능력," 형사판례연구회, 「형사판례연구」 6호(1998), 474면; 이재상(각주 1), 232-233면.
165) 대법원 1999. 9. 3. 선고 99도2317 판결.

상황을 정확히 밝히기 위해 필요하며, 형사소송법은 이러한 경우의 촬영에 대하여 무영장 검증의 예외가 적용될 수 있도록 구성되어 있다.

그렇지만 명문의 근거가 없음에도 다른 대물적 강제처분과는 달리 사진 및 비디오 촬영의 경우 왜 체포 착수 이전에도 영장주의의 예외를 인정하는가의 문제가 남는다. 생각건대, 형사소송법의 입법자가 사진 및 비디오 촬영과 같은 과학적 수사방법을 검증의 일환으로 상정하고 이에 따라 영장주의의 예외도 설정하였다고 보기는 힘들다. 그리고 입법자가 대화녹음을 **포함하는** 비디오 촬영의 경우 통신비밀보호법상의 '긴급통신제한조치'(제8조)를 설정하여 영장주의의 예외를 만들어 놓았다는 점을 고려하자면, 이보다 프라이버시의 침해 정도가 낮은 대화녹음을 **포함하지 않는** 사진 및 비디오 촬영의 경우 ― 명문의 근거는 없지만 ― 영장주의의 예외를 인정하는 해석론을 펼 수 있다.

요컨대, 저자는 체포 착수 이전에 영장 없이 이루어지는 사진 및 비디오 촬영의 허용 여부와 허용시 그 요건에 대해서 입법적 해결이 긴요하다고 보지만, 그 이전이라도 이 수사방법의 필요성을 고려하여 그 자체를 금지하기보다는 허용을 하되, 범죄혐의의 명백성, 증거로서의 높은 필요성, 증거보전의 긴급성과 보충성, 촬영방법의 상당성 등의 요건을 강조하는 해석론을 취하는 것이다. 물론 이러한 해석론에도 불구하고 보다 체계적이고 수미일관한 해결은 사진 및 비디오 촬영 자체를 규율하는 입법이다. 형사소송법에 일부 조항을 추가하거나, 또는 통신비밀보호법이 사진 및 비디오 촬영에도 적용되도록 법을 개정할 필요가 있다.166)

---

166) 형사소송법을 개정한다면, 독일 형사소송법의 관련 조문이 참조가 될 것이다. 독일 형사소송법 제100c조는 비밀수사의 방법으로 전신전화의 검열 및 기록, 비공개발언의 청취 및 기록 이외에 '사진 및 영상기록의 제작'을 포함하여 규제하고 있다. 사적 주거에 기술수단을 투입하여 사진 및 비디오 촬영을 하는 경우는 지방법원의 형사부의 명령에 따라 가능하며(제100d조 제2항), 비디오 촬영 기간은 원칙적으로 최장 4주까지 허가할 수 있으며, 연장할 경우 다시 한번 더 4주까지 연장가능하다(동조 제4항). 그리고 공개된 장소에서의 사진 및 비디오 촬영은 단독판사의 명령에 따라 가능하며(동조 제1항), 최장기간 제한규정이 없다(동조 제4항). 그리고 검찰은 사적 주거에 기술수단을 투입한 경우에는 투입을 완료한 3개

2. 판례 검토

이러한 관점에서 대법원 판례의 입장을 검토해 보자. 첫째, 위에서 언급한 1999년의 '영남위원회 사건 판결'[167]에서 대법원은, 이 사건에서 무영장 비디오 촬영은 "범행이 행하여지고 있거나 행하여진 직후이고, 증거보전의 필요성 및 긴급성이 있으며, 일반적으로 허용되는 상당한 방법에 의하여 촬영을 한 경우" 허용되며, 이 사건에서의 "비디오촬영은 피고인들에 대한 범죄의 혐의가 상당히 포착된 상태에서 그 회합의 증거를 보전하기 위한 필요에서 이루어진 것이고 박○○의 주거지 외부에서 담장 밖 및 2층 계단을 통하여 박○○의 집에 출입하는 피고인들의 모습을 촬영한 것으로 그 촬영방법 또한 반드시 상당성이 결여된 것이라고는 할 수 없다"라고 판단하고, 영장 없이 촬영한 비디오테이프의 증거능력을 인정한 것은 정당하다고 판시하였다.

상술했듯이 저자는 이 판결의 법리에는 동의하지만, 사실관계 적용에는 의문이 있다. 즉, 피의자들이 혐의를 받고 있는 범죄가 국가보안법 위반 범죄로 은밀한 수사의 필요성이 인정된다고는 할 수 있겠으나, 폭동, 테러, 간첩 등 국가안보에 "명백하고 현존하는 위험"(clear and present danger)을 일

월 이내에 이러한 조치의 계기, 범위, 기간, 결과 등을 최상급기관에 보고하여야 한다. 미국의 경우는 연방의회는 1968년 전기통신의 감청에 대한 법률을 제정하였으나[the Omnibus Crime Control and Safe Streets Act of 1968), 18 U.S.C. §§ 2510-2521(1994)], 비디오 촬영에 의한 프라이버시 침해를 통제하는 법률은 존재하지 않는다. 그러나 역설적으로 미국 시민이 아닌 외국 첩보원에 대한 비디오 감시에 대한 통제입법으로는 '연방정보감시법'(Federal Intelligence Surveillance Act; FISA)이 있다[50 U.S.C. §1801(1994)]. 이 법은 비디오 촬영 사실에 대한 통지, 이를 통하여 획득한 정보의 증거능력 배제 등에 대한 절차를 규정하고 있다.
그리고 통신비밀보호법을 개정한다면 동법 제8조 제1항의 '긴급통신제한조치'가 사진 및 비디오 촬영에도 적용되도록 하면서 통신·대화내용이 포함되는 경우와 그렇지 않은 경우를 일정하게 구별하여 규정하고, 무영장 사진 및 비디오 촬영의 경우 사후 일정한 시간 내에 법원의 허가를 받도록 하여 사후라도 사법적 통제가 가능하도록 해야 할 것이다(동법 제8조 제2항).
167) 대법원 1999. 9. 3. 선고 99도2317 판결.

으키는 범죄가 아니라 사상의 자유 침해 논란이 있는 국가보안법상 '이적단체'의 구성·활동과 관련된 범죄라는 점, 그리고 보다 중요하게는 공소외 박○○의 주거지 밖에서 이곳을 출입하는 피의자들을 2년에 걸쳐 비디오 촬영하였는데 이 경우 영장 없는 비디오 촬영이 필요하다는 긴급성이 인정되지 않으며, 비디오 내용에 범죄와 관련되지 않는 피의자들의 행동까지 무차별적으로 포함되어 있기에 촬영의 상당성이 인정되기 어렵다고 판단한다.168) 요컨대, 이 사건에서 수사기관은 법원의 검증영장을 발부받을 수 있는 충분한 시간이 있었고, 피의자의 행동은 범죄혐의에 관련된 것에 제한적으로 촬영되어야 하므로 이 사건에서의 무영장 비디오 촬영은 긴급성과 상당성을 결여한 불법적 수사이며, 당해 비디오 테이프의 증거능력은 부정되어야 했다.

둘째, 2013년 '북한 공작원 접촉 사건 판결'169)에서 대법원은 '영남위원회 사건 판결'의 법리를 전제로 하면서, 피고인들이 "일본 또는 중국에서 북한 공작원들과 회합하는 모습을 동영상으로 촬영한 것은 위 피고인들이 회합한 증거를 보전할 필요가 있어서 이루어진 것이고, 피고인들이 반국가단체의 구성원과 회합 중이거나 회합하기 직전 또는 직후의 모습을 촬영한 것으로 그 촬영 장소도 차량이 통행하는 도로 또는 식당 앞길, 호텔 프론트 등 공개적 장소인 점 등을 알 수 있으므로, 이러한 촬영이 일반적으로 허용되는 상당성을 벗어난 방법으로 이루어졌다거나, 영장 없는 강제처분에 해당하여 위법하다고 볼 수 없다."라고 판시하였다.

남한 내부의 좌파 운동 조직을 만들어 운영한 '영남위원회 사건'과 달리 이 사건의 피고인들은 북한 공작원을 직접 만나 활동을 보고하였던바, 국가안보에 대한 "명백하고 현존하는 위험"을 일으켰다. 그리고 피고인들의

---

168) 단, 피의자들의 모습이 찍힌 곳은 공소외 박○○의 주거(다가구 주택 2층)으로 들어가는 계단인데, 하나의 계단을 같이 사용하는 다가구 주택 구조상 이 계단은 외부에 거의 공개되어 있고 주택 외부의 이면도로에서 계단이 관망될 수 있는바, 사생활의 비밀 침해라고 보기에는 곤란하다고 평가한다.

169) 대법원 2013. 7. 26. 선고 2013도2511 판결.

범죄에 대한 증거를 확보하기 위해서는 피고인들에 대한 체포 착수 이전이라도 피고인들과 북한 공작원과의 접촉 장면을 영상으로 채록할 필요가 있으며, 피고인들과 북한 공작원과의 접촉은 언제 일어날지 모르는 일인 바 사전 영장을 요구하는 것은 무리한 일이다. 또한 '영남위원회 사건'과 달리, 촬영장소가 피고인들의 집이 아니라 공개장소였다. 이상의 점에서 동 판결의 결론은 타당하다.

셋째, 1999년의 도로교통법위반 판결170)에서 대법원은, "수사, 즉 범죄 혐의의 유무를 명백히 하여 공소를 제기 · 유지할 것인가의 여부를 결정하기 위하여 범인을 발견 · 확보하고 증거를 수집 · 보전하는 수사기관의 활동은 수사 목적을 달성함에 필요한 경우에 한하여 사회통념상 상당하다고 인정되는 방법 등에 의하여 수행되어야 하는 것"이라고 하면서, "무인장비에 의한 제한속도 위반차량 단속은 이러한 수사활동의 일환으로서 도로에서의 위험을 방지하고 교통의 안전과 원활한 소통을 확보하기 위하여 도로교통법령에 따라 정해진 제한속도를 위반하여 차량을 주행하는 범죄가 현재 행하여지고 있고, 그 범죄의 성질 · 태양으로 보아 긴급하게 증거보전을 할 필요가 있는 상태에서 일반적으로 허용되는 한도를 넘지 않는 상당한 방법에 의한 것이라고 판단되므로, 이를 통하여 운전 차량의 차량번호 등을 촬영한 사진을 두고 위법하게 수집된 증거로서 증거능력이 없다고 말할 수 없다"라고 판시하였다.

도로교통법 위반 차량에 대한 무영장 사진 및 비디오 촬영의 경우는 명문의 법적인 근거가 있으므로(동법 제115조의 2 제 3 항), 그 정당성이 인정되기가 쉽다.171) 과속운전이 비교적 경미한 범죄이기는 하지만, 과속차량을 단속하기 위하여 모든 도로에 경찰관을 배치할 수는 없고 설사 배치한다 하더라도 단속시마다 영장발부를 요구할 수 없다는 점, 촬영장치가 과속차량만을 촬영하도록 설정되어 있다는 점, 그리고 이 촬영이 시민의 초상권이

---

170) 대법원 1999. 12. 7. 선고 98도3329 판결.
171) 일본에서 자동속도감시장치의 의한 사진촬영에 대한 판결로는 最高判 1986. 2. 14. 刑集 40卷 1号, 48頁을 참조하라.

나 프라이버시를 침해하는 정도가 경미하다는 점 등을 고려할 때 저자는 판례의 결론에 동의한다.

한편 참고할 만한 외국의 판례 몇 개를 검토해 보자. 먼저 미국 판례로는 1993년 하와이주 대법원의 'Hawaii v. Bonnell 판결'[172]이 있다. 이 사건에서 경찰관은 우체국 직원들의 도박혐의를 포착하기 위하여 피고인들의 휴식공간에 영장을 발부받지 않은 채 음성녹취는 되지 않는 감시카메라를 설치하여 1년 동안 감시한 결과, 1200시간의 정상적 작업행위장면과 1분간의 도박행위장면을 촬영을 하여 그 중 도박장면이 찍힌 비디오 테이프를 피고인의 유죄의 증거로 제출하였는데, 원심은 그 증거능력을 배제하였고 주 대법원은 원심의 결정을 지지하였다. 동 법원은 피고인이 공원에 있건 사적 장소에 있건 프라이버시에 대한 권리가 있으며, 헌법은 이를 보호해야 한다고 말하면서,[173] 비디오 촬영이 "속을 뒤집는 즉각적인 반응"(immediate visceral reaction)[174]을 일으키는 수사기법으로 이것이 정당화되는 기준은 통상의 압수·수색이나 오디오 감시가 정당화되는 기준보다 높다고 판시하였다.[175] 동 법원은 이 사건에서 영장없는 장기간의 비디오 촬영을 정당화할 긴급성이 없고 촬영방식의 상당성도 없음을 확인하였던 것이다.

일본 판례로는 '영남위원회 사건' 판결이 차용한 것으로 보이는 1969년 일본 최고재판소 판례가 있다.[176] 최고재판소는 이 판결에서 교토 학생운동 조직이 허가조건을 위반하여 시위를 전개하자 경찰관이 이 위반상황을 증거로서 보전하기 위하여 실시한 — 체포 착수는 하지 않은 채 — 사진촬영의 적법성을 검토하였다. 최고재판소는 "범죄가 행해지고 있거나 행해진 직후"에 증거보전의 필요성과 긴급성이 있고, 촬영이 일반적으로 상당한 방법으

---

172) 856 P. 2d 1265(Haw. 193).
173) Id. at 1275.
174) Id. at 1277.
175) Id. at 1273.
176) 日最判 1969. 12. 24. 刑集 23卷 12号, 1625頁. 이 판결에 대한 평석으로는 山中 俊夫, "寫眞撮影 — 京都府學連事件," 松尾浩也·井上正仁 編, 「刑事訴訟法判例百選」 (第七版, 1998)을 참조하라.

로 이루어진 경우라면 무영장 사진촬영은 적법하다고 판시하였다.[177]

1988년 도쿄 고등재판소 판결도 중요하다.[178] 이는 주마다 수차례 쟁의단이 불법시위를 행하고 부근의 폭력단 사이에 대립항쟁이 계속되어 서로 간에 인신상해가 발생하자 경찰은 차도의 전신주 위에 비디오 카메라를 설치하여 거리를 감시하였는데, 비디오 감시중 불법시위가 또 발생하여 경찰차를 파괴하고 있음을 발견하고 위 상황을 녹화하여 피고인의 유죄의 증거로 사용한 사건에 대한 판결이다. 동 법원은 범죄발생의 개연성, 증거보전의 필요성과 긴급성, 촬영방법의 상당성이 충족되면 "현재 범죄가 행해지는 시점 이전부터 범죄의 발생이 예측되는 장소를 계속적·자동적으로 촬영·녹화하는 것"이 허용된다고 판시하였다.

그리고 2008년 비디오 촬영의 합법성을 검토한 최고재판소 판결이 있다.[179] 이 사건에서 강도살인 혐의의 피의자는 피해자의 신용카드를 사용하여 현금자동인출기에서 현금을 인출하면서 동 기계에서 설치된 카메라에 얼굴 등이 촬영되었다. 경찰관은 피의자의 신원을 확인하기 위하여, 피의자의 집 근처에 차를 정차하고 공도(公道)를 걷고 있던 피의자의 얼굴 등을 차량 안에서 촬영하는 한편, 피의자가 놀고 있던 빠칭코 점장에게 부탁하여 그 곳에 설치된 방범카메라로 피의자의 얼굴 등을 촬영하였고, 경찰관이 소형 카메라가 부착된 안경을 끼고 직접 빠칭코 안에 들어가 피의자를 촬영하였다. 최고재판소는 범인이라고 의심할 만한 합리적 이유가 있는 피의자를 공도나 불특정 다수인이 모여 있는 빠칭코에서 촬영하는 것은 필요하고 상당하다고 판시하였다.

---

177) '영남위원회 사건'과 달리, 이 사건의 피의자들은 자신의 집이 아니라 보도에서 행진 중이었고, 참석자가 수시로 변동하는 집단시위의 특정상 증거를 즉각 보전하지 않으면 피의자를 특정하기 힘들고, 이후 법정에서 불법시위가 존재하였는가에 대한 다툼을 초래할 것이므로 사진촬영의 긴급성이 인정된다 할 것이다.
178) 東京高裁 1988. 4. 1. 判時 1278号 152頁. 이 판결에 대한 평석으로는 宇藤 崇, "テレビカメラによる監視," 松尾浩也·井上正仁 編(각주 176)을 참조하라.
179) 最高判 2008. 4. 15. 平成刑19(あ) 839 判決.

Ⅲ. 소 결

이상과 같이 저자는 사진 및 비디오 촬영을 형사소송법상 검증으로
파악하고, 체포 착수 이전과 이후를 나누어 무영장 사진 및 비디오 촬영의
적법성을 판단하는 해석론을 제출하였다. 이를 도해화하면 다음과 같다.

	요구되는 영장	영장주의의 예외
통신 · 대화내용 포함한 비디오 촬영	감청영장	체포 착수 전후 불문 통신비밀보호법상 긴급통신제한조치(제8조) 가능
사진촬영 및 통신 · 대화내용 포함하지 않는 비디오 촬영	검증영장	(i) 체포 착수 이전: 범죄혐의의 명백성, 증거로서의 높은 필요성, 증거보전의 긴급성과 보충성, 촬영방법의 상당성이 인정될 경우 적용 (ii) 체포 착수 이후: 영장주의의 예외 적용
전통적 검증	검증영장	(i) 체포 착수 이전: 영장주의의 예외 적용 불가 (ii) 체포 착수 이후: 영장주의의 예외 적용

제 5. 신체 내부에 대한 침해를 초래하는 검증

Ⅰ. 체내신체검사

밀수범들은 물품을 자신의 신체 내부에 숨겨 운반하는 방법을 종종
사용하고 있다. 예컨대, 마약 밀수범들은 마약을 콘돔이나 비닐 랩에 넣고
이를 위장, 항문, 질 안에 삽입하여 운반하는 수법을 종종 사용하고 있고,

이 과정에서 마약이 몸 안에서 터져 피의자의 생명이 위험해지는 상황이 발생하기도 하였다.[180] 그리고 금괴 밀수범들이 200g짜리 타원형 금괴를 만들어 5~6개씩을 항문에 숨기거나, 동전 모양의 금괴를 만들어 질 속에 숨겨서 밀수하는 수법을 사용하다가 적발되기도 하였다.[181] 마약사범이 아닌 경우에도 체포 중 또는 체포 직후의 피의자가 자신의 유죄를 입증할 수 있는 증거물을 없애기 위하여 삼켜버리는 선택을 하는 경우가 있다.

이상의 경우 수사기관이 체내에 있는 증거를 확보할 필요가 있음은 분명하다. 체내신체검사는 구강, 항문, 질 등 신체 내부에 대한 강제수사를 말하는 것으로, 신체 내부에 금제품이 있는지를 엑스레이 등으로 확인하는 것과 확인 후 이를 끄집어내는 것 두 단계로 구분된다.

체내신체검사는 수색으로서의 성격과 검증으로서의 성격을 동시에 가지고 있다.[182] 형사소송법은 수색의 대상으로 피의자의 신체와 피의자 아닌 자의 신체를 포함하고 있다(제209조, 제109조). 현행법상 신체는 신체 내·외부를 포함하는 의미이며, 신체 내부에 대한 수색·검증을 금지하는 규정이 없으므로 신체 내부에 대한 수색·검증은 허용된다. 그리고 수사기관이 검증을 할 때 신체검사를 할 수 있고(제140조, 제219조), 이는 원칙적으로 법관이 발부한 검증영장에 의하여 행해져야 하지만(제215조), 압수·수색에서의 영장주의의 예외는 검증에 대해서도 적용된다(제216조, 제217조).

현행법상 체내신체검사의 절차와 방법에 대한 상세한 규정은 존재하지 않는다. 형사소송법이 신체검사시 신체검사 대상자의 "성별, 연령, 건강 상

---

180) <노컷뉴스> 2009.9.23. (http://www.nocutnews.co.kr/news/633779; 2017.3.1. 최종방문); <연합뉴스> 2015.6.2. (http://www.yonhapnews.co.kr/bulletin/2015/06/02/ 0200000000AKR2 0150602127900053.HTML?input=1195m; 2017.3.1. 최종방문); <아시아경제> 2016.3.2. (http://view.asiae.co.kr/news/view.htm?idxno=20160229151516 84892; 2017.3.1. 최종방문); <뉴스1> 2017.1.30.(http://news1.kr/articles/?2897641; 2017.3.1. 최종방문).

181) <주간경향> 2005.5.6. (http://news.naver.com/main/read.nhn?mode=LSD&midsec&sid 1=114&oid=033&aid=0000006287; 2017.3.1. 최종방문); <연합뉴스> 2017.2.16. (http:// www.yonhapnews.co.kr/bulletin/2017/02/16/0200000000AKR2017 0216054700004. HTML?input=1195m; 2017.3.1. 최종방문).

182) 백형구(각주 83), 94-95면; 신양균(각주 1), 242면.

태 기타 사정을 고려하여 그 사람의 건강과 명예를 해하지 아니하도록 주의하여야"(제141조 제 1 항) 한다고 규정하고 있고, 법무부훈령인 인권보호수사준칙이 "신체를 수색·검증하는 경우에는 대상자가 수치심을 느끼거나 그의 명예가 훼손되지 않도록 장소·방법 등을 신중히 선택하여야"(제28조 제1 항) 한다고 규정하고 있을 뿐이다. 그리고 여자의 신체를 검사하는 경우에 의사나 성년의 여자를 참여하게 하여야 한다는 규정을 두고 있다(형사소송법 제219조, 제141조 제 3 항).[183]

그런데 신체 외부에 대한 수색에 비하여 신체 내부에 대한 검사는 피의자의 인격과 존엄을 해칠 위험이 매우 높으므로 특별한 주의를 요한다. 신체검사에 대하여 영장주의의 예외가 인정된다고 하여 체내신체검사를 체외신체검사와 동일하게 취급할 수는 없으며, 강제 체내신체검사의 절차와 방법에 대해서는 보다 면밀한 검토가 필요하다. 왜냐하면 강제 체내신체검사는 "품위를 떨어뜨리고 인간성을 빼앗으며 존엄성을 박탈하고 모욕을 주며 공포감을 일으키고 불유쾌하며 당혹감을 주고 혐오감을 일으키며 저열감(低劣感)과 굴복감을 주는"[184] 조치가 될 가능성이 많기 때문이다.

이와 관련하여 경찰서 유치장에 입감되는 형사피의자에 대한 신체검사를 규율하는 경찰청 훈령 제62호 '피의자유치 및 호송규칙'을 참조할 필요가 있다.[185] 원래의 동 규칙 제 8 조에 따르면 유치장에 수용된 피의자에 대해서는 특별한 제한없이 언제든지 "두발을 비롯한 신체의 각 부분과 의복

---

183) 일본의 경우 신체검사는 '신체검사영장'에 의해 행해져야 하며(일본 형사소송법 제218조 제 1 항), 대상자가 정당한 이유 없이 신체검사를 거부할 경우 과료나 형벌을 부과할 수 있도록 하여 신체검사를 간접적으로 강제하고 있으며(제137-138조), 법원의 판단으로 신체검사를 거부하는 자에 대한 과료나 형 부과가 효과가 없다고 판단하는 경우는 직접적으로 신체검사를 강제할 수 있도록 규정하고 있다(제139조).

184) Tinetti v. Wittke, 479 F. Supp. 486, 491(E.D. Wis. 1979).

185) 이와 관련해서는 조국, "경찰서 유치장에 수용된 형사피의자에 대한 신체검사," 「형사정책연구」(2000년 겨울호); 김선복, "유치장에 유치된 피의자에 대한 알몸수색의 법적 문제점," 부경대학교 논문집, 제 6 권(2001); 이영돈, "유치장 신체검사의 법적 근거에 관한 고찰: 영국 PACE상 신체수색과의 비교를 중심으로," 조선대학교 법학연구원, 「법학논총」 제19권 제 2 호(2012) 등을 참조하라.

및 양복의 속까지 면밀한 검사"가 가능하였다. 그런데 2000년 업무방해죄로 구속된 차수련 보건의료산업노조위원장과 정부종합청사에 항의방문한 전교조 소속 여교사들이 경찰서에 연행되어 '알몸수색'을 받는 사건이 발생하고, 이에 대한 비판이 격렬해지자 경찰청은 동년 10월 26일 동 규칙 제8조를 개정하였고, 이후 몇 차례 개정이 이루어진다. 현행 동 규칙 제8조는 "살인, 강도, 강간, 방화, 마약류 범죄, 조직폭력 등 죄질이 중하거나 근무자 및 다른 유치인에 대한 위해 또는 자해할 우려가 있다고 판단되는 자"에 대해서는 속옷을 벗기고 대상자의 체내를 포함한 '정밀신체검사'를 실시하고, 이러한 요건이 충족되지 않는 일반적 유치인에 대해서는 속옷을 벗기지 않고 '간이검사'를 실시하며, 죄질이 경미하고 동작과 언행에 특이사항이 없으며 위험물 등을 은닉하지 않는다고 판단되는 유치인에 대해서는 '외표검사'만을 실시한다.

그리고 미국 연방대법원의 1952년 'Rochin v. California 판결'[186]도 주목을 요한다. 이 사건에서 경찰관이 피의자의 침실로 들어가 침대 옆 탁자에 놓여 있는 두 개의 캡슐(모르핀 성분의 마약)의 제출을 요구하자, 피의자는 이를 삼켜버렸다. 이에 경찰관은 이 캡슐을 강제로 빼내려고 시도했으나 실패하였고, 피의자의 반대에도 불구하고 의사로 하여금 튜브를 입안에 삽입하고 구토제를 넣어 토하게 하였고, 이를 통해 습득한 증거에 따라 피의자는 마약소지죄의 유죄평결을 받았다. 연방대법원은 이러한 강제배출은 문명사회에서 "양심에 대한 충격"(shocks the conscience)을 일으키는 적정절차 위반으로 이를 통해 획득한 증거의 증거능력은 배제된다라고 판시하였다.[187]

한 사람에 대한 유죄평결을 받기 위하여 경찰관이 그[피의자]의 마음 안에 있는 것을 강제로 꺼낼 수는 없지만 그의 위장 안에 있는 것은 강제로 꺼낼 수 있다고 결정하는 것은 헌법사(史)의 과정이 이 법원에 부과해온 책임을

---

186) 342 U.S. 165 (1952).
187) Id. at 172.

무의미하게 만드는 것이다.[188]

생각건대, 상술했듯이 체내신체검사는 수색으로서의 성격과 검증으로서의 성격을 동시에 가지고 있기에 영장주의의 예외가 적용될 수 있지만, 침해되는 인권을 생각할 때 이 예외를 쉽게 인정해서는 안된다.

첫째, 대상자가 마약 등 금제품을 신체 내에 숨기고 있다는 상당한 이유가 존재해야 한다. 이 때 체포·구속된 피의자의 죄명과 전과, 그리고 체포·구속시의 상황 등이 객관적·합리적으로 평가·고려되어야 한다. 마약사범의 경우 엑스레이 검사나 마약탐지견의 탐지를 통하여 '상당한 이유'가 확인될 것이다.

둘째, 수사기관이 손가락이나 의료용 도구 등을 사용하여 체강을 검사하는 '침입적 체강검사'(manual body cavity search)[189]는 영장이나 감정처분허가장(형사소송법 제221조의4)이 반드시 필요하다. 이 강제처분에 의해 침해되는 법익은 인간의 존엄성과 신체적 염결성(bodily integrity)을 중대하게 침해할 수밖에 없기 때문이다.

따라서 위의 '상당한 이유'가 확인되더라도, 수사기관은 자의로 '침입적 체강검사'를 실시하거나 로친 판결의 경우처럼 구토제를 강제 투여하여 목표 물체를 끄집어내서는 안 되며, 이를 어기고 강제로 추출한 경우 그 증거물은 의무적으로 ─ 통상의 대물적 강제처분과 달리 ─ 배제되어야 한다. 단, 피의자 신체 내부에서 마약이 터지는 경우와 같이, 피의자의 건강에 중대하고 급박한 위험이 발생한 경우 같은 긴급한 상황에는 예외가 있을 수 있다.

셋째, 영장에 따른 '침입적 체강검사'는 피의자의 프라이버시가 보장되는 공간에서 의사 등 전문가의 손에 의하여 이루어져야 한다.

---

188) Id. at 173.
189) State v. Kelly, N. S-92-34, 1993 WL 241727, at *3 n. 1; Tenn. Code. Ann. 40-7-121 (a) (1998); N.J. Stat. Ann. 2A: 161A-3(West 1998). 이는 신체에 대한 가장 역겨운 침탈로 간주된다[Evans v. Maryland, 688 A.2d 28, 40(Md. 1997)].

Ⅱ. 채혈·채뇨

1. 문제상황

도로교통법상 음주운전(제107조의2), 마약류 관리에 관한 법률상 마약류 사용(제3조)의 입증을 위하여 용의자의 혈액과 뇨를 채취하여 혈중알콜 농도나 혈액 내 마약의 존재를 확인하는 작업이 필요하다. 상술했듯이 현행법상 신체검사는 검증의 일환으로 시행할 수 있고 신체는 신체 내·외부를 포함하는바, 채혈은 검증에 해당한다.

문제는 채혈·채뇨 대상자가 혈액과 뇨의 제출을 거부하거나 사고로 인한 혼수상태 등으로 동의 유무를 확인할 수 없는 경우에도 무영장 강제 채혈·채뇨가 허용되는가이다. 강제채혈·채뇨가 신체의 안전·건강을 침해할 우려가 있으므로 원칙적으로 피의자의 동의,190) 검증영장 또는 감정처분허가장(제221조의4)이 필요하다.191) 그렇지만 음주운전죄나 마약 사용죄의 경우 신속한 증거수집이 이루어지지 않으면 혈중·뇨중의 알콜·마약성분 자체가 사라지기 때문에 영장발부를 기다릴 수 없는 상황이 존재한다.

채혈·채뇨의 목적은 혈액과 뇨를 분석하여 그 결과를 사용하는 것이므로 감정처분의 성격을 갖는 것은 사실이지만, 이 입장을 취할 경우 대물적 강제처분에서 영장주의의 예외규정(제216-217조)이 적용될 수 없는 문제가 발생한다.192) 채혈·채뇨의 신체침해적 성격을 중시하더라도, 예외 없이 감

---

190) 도로교통법 제41조 제3항은 술에 취하였는지의 여부를 측정한 결과에 불복하는 운전자에 대하여는 그 운전자의 동의를 얻어 혈액채취 등의 방법으로 다시 측정할 수 있다고 규정하고 있다.

191) 강구진, 「형사소송법원론」(1982), 228면; 배종대·이상돈·정승환·이주원(각주 1), 208면; 백형구(각주 83), 94-95면; 신양균(각주 1), 247면; 이재상(각주 1), 328면; 정웅석·백승민(각주 150), 232면; 한영수, "음주측정을 위한 '동의 없는 채혈' 과 '혈액의 압수'," 형사판례연구회, 「형사판례연구」 9호(2001), 364면.

192) 한영수(각주 191), 364면.

정처분허가장이 필요하다고 할 경우 허가장 발부 전에 알콜·마약성분 등 증거가 사라질 가능성이 크다. 즉, 알콜의 경우는 음주 몇 시간이 지날 경우, 그리고 마약의 경우 사용 후 3-4일이 지날 경우 혈액이나 뇨 속에서 사라진다는 점을 고려하자면, 영장 없는 채혈·채뇨가 필요한 것이다. 바로 이 점에서 채혈·채뇨의 성질은 검증으로 파악되어야 한다.

2. 외국 판례 및 법률

우리나라에서는 1999년 이후 강제채혈의 적법성에 대한 판례가 많이 나왔다. 우리 판례에 대한 검토 이전에 외국의 경우 이 문제를 어떻게 해결하고 있는지 보기로 하자.

먼저 미국의 경우 강제채혈·채뇨는 수정헌법 제 4 조에 의거한 압수·수색영장에 의하거나—미국은 검증영장이라는 제도가 없다—또는 긴급한 상황에서 증거가 발견이 확실한 경우는 영장이 없더라도 정당화된다.

지도적 판결로는 1957년 'Breithaupt v. Abram 판결'[193]이 있는데, 이 사건에서 피의자는 과실운전으로 세 사람을 사망케 하고 자신은 의식을 잃은 채 응급실에 누워 있었는데, 피의자의 입에서 술 냄새가 나는 것을 확인한 경찰관이 담당 의사에게 혈액채취를 요청하였고 이 혈액은 피의자의 유죄의 증거로 사용되었다. 피의자는 문제의 혈액이 적정절차를 위배하여 불법하게 수집되었다고 주장하였으나, 연방대법원은 이를 받아들이지 않았다. 법원은 채혈은 일상 생활에서 흔히 사용되는 것으로, 숙련된 전문가에 의한 혈액검사는 "양심에 충격을 주는 행동"도 아니며, "정의감을 침해하는" 증거채취방법도 아니라고 파악하였다.[194]

그리고 1966년의 'Schmerber v. California 판결'[195]에서 피의자는 음주운전으로 교통사고를 일으키고 입원하였는데, 경찰관은 피의자의 호흡에서

---

193) 352 U.S. 432(1957).
194) Id. at 436-437[Rochin v. California, 342 U.S. 165, 172(1952); Brown v. Mississippi, 297 U.S. 278, 285-286(1936)을 인용하면서].
195) 384 U.S. 757(1966).

술 냄새, 사고현장에서 피의자가 보인 여러 징후를 근거로 피의자를 체포하고 변호인의 조력을 받을 권리를 고지하였고, 피의자의 거부의사에도 불구하고 의사로 하여금 혈액을 채취하게 하였다. 피의자는 증거배제를 주장하였으나 법원은 이를 받아들이지 않았다.

연방대법원은 채혈은 사회에서 일상적으로 이루어지는 것으로 그 절차는 대부분의 사람에게 위험, 중상해 또는 고통을 초래하지 않으며, 피의자에 대한 채혈은 의사에 의해 이루어졌고, 담당 경찰관은 영장발부절차를 밟을 경우 증거인멸이 될 것을 우려하고 있었고, 혈액 중 알콜 농도는 음주 직후부터 감소하며, 피의자를 병원으로 운반하고 사고현장을 조사하는 데 시간이 소요된 경우 영장을 받을 시간적 여유가 없다는 점 등을 고려하며, 피고인의 상고를 기각하고 유죄를 확정하였다.196)

한편 독일의 경우는 형사소송법 제81조의 a는 피의자 · 피고인에 대한 강제처분으로서 혈액검사가 "의사에 의하여 의학적 기술법칙에 따라 수행되고 피의자의 건강이 우려되지 않는 때에는 피의자의 승낙이 없어도" 채혈을 허용하고 있다.197) 또한 연방헌법재판소는 이 규정의 합헌성을 확인한 바 있다.198)

그리고 1980년 일본 최고재판소 판결도 일정한 요건하에서 강제채뇨의 적법성을 인정하고 있다.199) 이 사건에서 경찰관은 각성제복용 혐의로 체포한 피의자에 대하여 뇨의 임의제출을 수차에 걸쳐 요구하였으나 불응하자 법관으로부터 신체검사 영장과 감정처분허가장을 발부받아 의사에게 채뇨를 의뢰하였고, 이 역시 피의자가 거부하자 수인의 경찰관으로 하여금 피의

---

196) Id. at 770-771. 단, 법원은 결론에서 자신의 판결이 엄격히 제한된 조건하에 개인의 신체에 대한 경미한 침해를 정당화한 것이지, 보다 실질적 침해 또는 다른 조건하에서의 침해를 허용하는 것을 의미하는 것은 아니하고 첨언하였다(Id. at 772).
197) 독일 판례에 대해서는 박강우, "무영장 · 무동의 채혈의 적법성에 관한 각국 판례의 동향," 한국형사정책연구원, 「형사정책연구」 제64호(2005), 141-244면을 참조하라.
198) 16 BVerfGE 194(1958); 17 BVerfGE 108(1963).
199) 最高決 1980. 10. 23. 刑集 34卷 5号, 300頁.

자의 신체를 붙잡게 하고 그 사이에 의사가 도뇨관(catheter)을 피의자의 뇨도에 삽입하여 약 100cc의 뇨를 채취하였다. 법원은 "뇨를 임의로 제출하지 아니하는 피의자에 대하여 강제력을 사용하여 그 신체로부터 뇨를 채취하는 것은 신체에 대한 침입행위인 동시에 굴욕감 등 정신적 타격을 주는 행위이므로, 그 채뇨에 관해서 통상적으로 사용되는 도뇨관을 삽입하여 뇨를 채취하는 방법은 피채취자에 대하여 어느 정도의 육체적 불쾌감 내지 저항감을 주는 것은 사실이지만, 의사 등 이에 익숙한 전문가에 의해서 적절하게 행하여지는 한 신체상 내지 건강상 특별한 장해를 초래할 위험성은 비교적 적다 할 것이고, 설사 장해를 일으킨다 할지라도 그 장해는 경미하며 또한 그 강제채뇨가 피의자에게 주는 굴욕감 등의 정신적 타격은 검증의 방법으로서의 신체검사에 있어서와 동일한 정도라 할 것이므로 피의자에 대한 강제채뇨가 수사절차상의 강제처분으로서 절대로 허용되지 아니한다고 해석할 이유가 없다"라고 판시하였다.

또한 1998년 판결에서 최고재판소는, 피의자가 착란상태에 빠져 있는 피의자로부터 소변의 임의제출을 기대하기 어려운 상황에서 강제채뇨의 불법성을 다투는 사건을 검토하면서, "의사실의 중대성, 혐의의 존재, 당해 증거의 중요성과 그 취득의 필요성, 적당한 대체수단의 부존재 등의 사정"에 비추어 강제채뇨의 적법성을 인정하였다.[200]

3. 한국 판례 분석 — 영장주의 원칙과 무영장 강제채혈·채뇨의 요건

1999년 대법원 판결이 검토한 사건에서 피의자는 주취상태에서 교통사고를 일으키고 의식불명 상태에 빠졌고, 의료원 간호사가 피의자의 혈액을 치료 목적으로 채취하였는데, 경찰관이 간호사에게 부탁하여 혈액 일부를 받아 혈중알콜 농도 감정을 위하여 사용하였다. 대법원은 이 사건에서 의료인이 피의자의 혈액을 임의로 수사기관에 제출하였던바, 피의자 또는 피의자 가족의 동의 및 영장이 없이 행해졌더라도 위법하다고 볼 수 없다고

---

200) 最高決 1991. 3. 7. 刑集 45卷 6号, 201頁.

판시하였다.201) 이 사건은 간호사가 적법하게 채취한 혈액을 수사기관에게 임의제출한 사건으로 무영장 강제채혈의 문제를 다룬 것은 아니다.

그리고 2004년 대법원은 도로교통법상 음주측정불응죄와 주취운전죄는 실체적 경합관계로 후자의 불법이 전자의 불법에 흡수되지 않는다고 보면서, "음주측정을 거부한 사람에 대하여 법원의 감정처분허가장 등을 발부 받아 강제로 혈액을 채취한 다음 그 혈액을 의사로 하여금 감정하게 하는 방법으로 혈중알코올농도를 측정하지 못할 이유는 없"다고 판시했다.202) 즉, "감정처분허가장 등"을 발부 받은 경우는 강제채혈이 가능하다는 것으로, "등"에는 '검증영장'도 포함된다고 해석할 수 있다.

무영장 강제채혈 상황을 정면으로 다룬 판결은 2011년에 나온다.203) 이 사건에서 피의자는 화물자동차를 운전하여 가다가 도로 우측 가드레일을 들이받고 차량이 논으로 빠지는 사고가 발생하였고 응급실로 호송되었는데, 사고신고를 받고 응급실로 출동한 경찰관은 법원으로부터 압수·수색 또는 검증 영장을 발부받지 아니한 채 피의자의 동서로부터 채혈동의를 받고서 의사로 하여금 무알콜솜을 사용하여 의식을 잃고 응급실에 누워있는 피의자로부터 채혈을 하도록 하였다. 대법원은 형사소송법 규정에 위반하여 수사기관이 "법원으로부터 영장 또는 감정처분허가장을 발부받지 아니한 채 피의자의 동의 없이" 피의자의 신체로부터 혈액을 채취하고, 더구나 사후적으로도 지체 없이 이에 대한 영장을 발부받지도 아니하고서 그 강제채혈한 피의자의 혈액 중 알콜농도에 관한 감정이 이루어졌다면, 이러한 감정결과 보고서 등은 형사소송법상 영장주의 원칙을 위반하여 수집되거나 그에 기초한 증거로서 그 절차 위반행위가 적법절차의 실질적인 내용을 침해하는 정도에 해당하기에 유죄의 증거로 사용할 수 없다고 판시하였다.

---

201) 대법원 1999. 9. 3. 선고 98도968 판결.
202) 대법원 2004. 11. 12. 선고 2004도5257 판결. 이는 한영수 교수의 의견[한영수 (각주 191), 358-359면]을 부정한 것이다.
203) 대법원 2011. 4. 28. 선고 2009도2109 판결. 대법원 2011. 5. 13. 선고 2009도10871 판결도 같은 취지이다.

상술한 1999년 판결의 경우 간호사가 이미 채취해놓은 혈액을 경찰관이 받은 것이라면, 2011년 판결의 경우 경찰관이 수사의 목적으로 의사에게 요청하여 혈액을 채취하였기에 임의제출의 문제는 생기지 않는다. 이 사건에서 경찰관은 피의자의 동서의 동의를 받았지만, 대법원은 이것만으로는 무영장 채혈이 허용되지 않는다고 보았고, 2004년 판결의 맥락에서 영장 또는 감정처분허가장이 필요함을 확인하였다.

2004년 판결과 2011년 판결을 종합해보면, 대법원은 강제채혈을 오직 감정처분으로 보거나 검증 및 감정처분의 성격을 동시에 가지고 있다는 입장을 취하고 있지 않음을 확인할 수 있다. 이런 입장에 따르면 강제채혈은 반드시 사전 감정처분허가장에 의해서만 가능하기 때문이다. 2012년 대법원은 무영장 강제채혈이 허용되는 조건을 밝힘으로써,[204] 이러한 입장을 재확인한다.

2012년 판결에서 피의자는 오토바이를 운전하여 가다가 선행 차량의 뒷부분을 들이받는 교통사고를 야기한 후 의식을 잃은 채 119 구급차량에 의하여 병원 응급실로 후송되었는데, 사고시각으로부터 약 1시간 후 사고신고를 받고 병원 응급실로 출동한 경찰관은 법원으로부터 압수·수색 또는 검증 영장을 발부받지 아니한 채 피고인의 아들로부터 동의를 받아 간호사로 하여금 의식을 잃고 응급실에 누워 있는 피고인으로부터 채혈을 하도록 하였다. 대법원은 상술한 2011년 판결이 제시한 영장주의 원칙을 반복한 후, 다음과 같이 설시한다. 즉,

> 음주운전 중 교통사고를 야기한 후 피의자가 의식불명 상태에 빠져 있는 등으로 도로교통법이 음주운전의 제1차적 수사방법으로 규정한 호흡조사에 의한 음주측정이 불가능하고 혈액 채취에 대한 동의를 받을 수도 없을 뿐만 아니라 법원으로부터 혈액 채취에 대한 감정처분허가장이나 사전 압수영장을 발부받을 시간적 여유도 없는 긴급한 상황이 생길 수 있다. 이러한 경우 피의자의 신체 내지 의복류에 주취로 인한 냄새가 강하게 나는 등 형사소송법 제211조

---

204) 대법원 2012. 11. 15. 선고 2011도15258 판결.

제2항 제3호가 정하는 범죄의 증적이 현저한 **준현행범인으로서의 요건**이 갖추어져 있고 교통사고 발생 시각으로부터 사회통념상 **범행 직후**라고 볼 수 있는 시간 내라면, 피의자의 생명·신체를 구조하기 위하여 사고현장으로부터 곧바로 후송된 병원 응급실 등의 장소는 형사소송법 제216조 제3항의 **범죄 장소에 준한다** 할 것이므로, 검사 또는 사법경찰관은 피의자의 혈중알코올농도 등 증거의 수집을 위하여 의료법상 의료인의 자격이 있는 자로 하여금 의료용 기구로 의학적인 방법에 따라 필요최소한의 한도 내에서 피의자의 혈액을 채취 하게 한 후 그 혈액을 영장 없이 압수할 수 있다고 할 것이다.[205]

이 판결이 제시하고 있는 무영장 강제채혈의 요건을 한마디로 요약하 면 형사소송법 제216조 제3항의 요건이다.[206] 제3장 제2.에서 상술했듯 이, 동 조항은 "(범행중 또는) 범행직후의 범죄장소"에서의 무영장 압수· 수색·검증을 허용하며, 여기에는 준현행범인에 대한 무영장 대물적 강제 처분이 포함된다. 대법원은 음주사고 후 의식불명 상태에 빠진 피의자를 준현행범인 종류 중 "신체 또는 의복류에 현저한 증적이 있는 때"(법 제211 조 제2항 제3호)로 보고, 사고현장으로부터 후송된 병원 응급실을 제216조 제3항의 "범죄장소"에 준한 것으로 파악하여 영장주의의 예외를 인정한 것이다.

이러한 해석에 대하여 음주운전 후 1시간 후가 "범행직후"라고 볼 수 있는지, 피의자가 이송된 병원 응급실을 "범죄장소"에 준한다고 볼 수 있는지 등에 대한 비판이 제기된다.[207] 그렇지만 피의자가 음주사고 후 병원으로 이송되는 시간을 생각하자면 경찰관이 신고를 받은 후 1시간 내에 병원에 도착했다면 채혈은 "범행직후" 이루어졌다고 해석할 수 있다

---

205) Id.(강조는 인용자).
206) 이 점은 상술한 2011년 판결도 공유하고 있다고 보인다. 2009도2109 판결은 영 장주의 위반의 결론을 내렸지만, 그 논거에서 형사소송법 제216조 제3항을 들고 있다.
207) 김하중, "수사상 강제채혈의 법적 문제점과 해결방안," 법조협회, 「법조」 제624 호(2008. 9), 39면; 김정옥, "강제채혈의 성질 및 허용요건," 형사판례연구회, 「형사 판례연구」 제21호(2013), 406-407면.

고 본다.208) 그리고 문언상 병원 응급실을 "범죄장소"에 포섭하는 것은 까다로운 것은 사실이다. 그렇지만 실체법과 달리 절차법은 유추해석이 허용된다. "범죄장소" 개념을 엄격하게 해석하면, 경찰관은 교통사고 현장에서 병원 후송 이전 즉시 채혈을 해야 하는데 이는 중요의 선후를 바꾸는 일이다. 이러한 상황에서는 "사고의 증거확보보다는 개인의 생명이 더 중요한 것"인바, "최대한 신속히 병원에 후송한 뒤에 수사를 하는 것이 헌법상 생명권 가치보장과도 부합한다."209)

4. 소 결

현대 사회에서 의학적으로 안전한 방법에 의한 소량의 채혈·채뇨는 일상적으로 이루어지고 있기에 신체의 안전·건강에 대한 심대한 침해, 인간의 존엄을 해하는 굴욕감이나 정신적 충격을 초래한다고 보기는 힘들고, 혈액·뇨 내의 알콜·마약의 경우 신속한 채취가 이루어지지 않으면 사라진다는 특수성이 있으므로 영장 없는 강제채혈·채뇨 자체가 금지되어야 한다고 볼 수 없다.

물론, 영장 없는 강제채혈·채뇨는 첫째, 범죄혐의가 명백하고 피의사실이 중대하며, 둘째 강제채취의 불가피성과 증거의 중요성이 분명하고, 셋째 의사에 의하여 의학적으로 정당한 방법으로 실행되고, 넷째 피검사자의 건강을 침해하지 않는 범위(제141조 제1항)에서는 행해져야 할 것이다.210) 피의자가 합법적으로 체포된 경우에는 병원으로 데리고 가서 채취하는 것은 문제가 없을 것이고, 피의자가 의식을 잃고 병원으로 이송된 경우에

---

208) 노수환, "음주운전자의 동의 없는 채혈의 증거법적 검토," 성균관대학교 법학연구소,「성균관법학」제24권 제4호(2012. 12), 331면.
209) 장승일, "피의자 동의 없는 채혈의 적법성과 영장주의," 충남대학교 법학연구소,「법학연구」제23권 제2호(2012), 296면. 조기영, "피의자의 동의 없는 혈액 압수의 적법성," 한국형사법학회,「형사법연구」제23권 제4호(2011), 275면; 김정옥(각주 209), 411면도 동지.
210) 김형준, "형사절차상 혈액·뇨의 강제채취와 그 한계," 한국형사법학회,「형사법연구」9호(1997), 308-312면.

도 형사소송법 제216조 제 3 항에 의거하여 채취할 수 있을 것이다.[211]

III. 채모

상술하였듯이 음주운전이나 마약복용의 증거를 수집하기 위하여 증거가 사라질 우려가 있는 경우 영장 없는 강제채혈·채뇨가 인정된다고 할 것이지만, 강제채모의 경우는 별도로 고려해야 할 점이 있다.

마약 중 대마는 복용 후 1~4일까지, 히로뽕은 1.5~7일까지 정도의 기간 동안만 소변시료에서 검출된다. 그러나 머리카락으로는 6개월에서 1년까지, 음모 등으로는 5~6년까지 마약 성분 확인이 가능하다.[212] 모발의 뿌리인 모근(毛根)까지 퍼진 모세혈관을 통해 마약성분이 모발에 침투하기 때문이다. 따라서 모발채취는 증거소멸 이전 긴급한 증거채취의 필요성이 약하므로 강제채혈·채뇨의 경우보다 엄격하게 허용요건을 파악해야 한다. 즉, 강제채모를 위해서는 검증영장과 감정처분허가장을 모두 요하며, 영장주의의 예외가 적용될 여지는 없다 할 것이다.[213]

---

211) 2003년 저자는 도로교통법상 '음주운전죄'(제107조의2 제 1 호)와 별도로 '음주측정불응죄'(제107조의2 제 2 호)가 1995년 신설되었다는 점에 주목하면서, 음주운전의 혐의가 있으나 음주측정이나 채혈을 거부하는 피의자를 '음주측정불응죄'로 처벌하는 데 그치지 않고, 강제채혈·채뇨를 반드시 시행하여 '음주운전죄'로 처벌해야 하는지는 의문이 있다고 밝혔다[조국, "수사상 검증의 적법성 — 사진 및 무음향 비디오 촬영과 신체침해를 중심으로 —," 한국형사법학회, 「형사법연구」 제20호 (2003. 12), 317면]. 그렇지만 실체법적으로 양 죄가 서로를 흡수한다고 보기 어렵고, 의식불명인 피의자의 경우는 '음주측정불응죄'로 처벌하는 것이 불가능하여 '음주운전죄'로 수사해야 할 필요성이 있다는 점을 고려하여 이 견해를 변경하기로 하였다.
212) <연합뉴스> 2008.10.16. (http://news.naver.com/main/read.nhn?mode=LSD&mid =sec &sid1=102&oid=001&aid=0002317589; 최종방문 2017.3.1.); <신동아> 2011년 11월호 (http://shindonga.donga.com/3/all/13/110655/4; 최종방문 2017.3.1.).
213) 이러한 맥락에서 필자는 수사기관이 증거확보 차원에서 무장강도 혐의자로 체포된 피의자의 모발 약간을 잘라낸 것을 미국 연방대법원의 'United States v. D'Amico 판결'[408 F.2d 331 (2d Cir. 1969)]에 동의하지 않는다.

제4장

결 론

2007년 입법과 판례에 따른 대전환으로 위법한 대물적 강제처분으로 수집한 증거를 배제하는 원칙이 수립되었다. '성질·형상 불변론'은 마침내 폐기되었다. 위법한 대물적 강제처분을 통해 획득한 증거물의 증거능력이 인정된다면, 헌법이 요청하는 영장주의의 정신은 취약해질 수밖에 없음을 입법부와 사법부가 직시한 것이다. 이는 대인적 강제처분에 대한 통제에 머물러 있던 입법부와 사법부의 경각심이 대물적 강제처분으로까지 확대된 결과이다.

이후 법원은 "적법절차의 실질적인 내용 침해" 문제를 더욱 심각하게 접근하고 있으며, 헌법상 영장주의의 원칙을 지키기 위하여 증거배제의 재량을 적극 사용하고 있다. 예컨대, 형사소송법 제216조와 제217조가 요구하는 영장주의의 예외 요건을 엄격히 요구하고 이를 위반하여 수집한 증거를 배제하는 판결이 내려지고 있다. 전자정보에 대한 포괄적·무차별적 압수·수색을 원칙적으로 금지하고 압수·수색 당시 변호인의 참여권을 보장하는 원리가 새로이 정립되었다. 무영장 사진 및 비디오 촬영과 피의자의 동의 없는 무영장 채혈을 통제하는 원리 역시 자리 잡고 있다. 그리하여 제2편에서 보았던, 1961년 미국 연방대법원의 'Mapp v. Ohio 판결'[1])의 정신은

---

1) 367 U.S. 643(1961).

시간과 공간을 넘어 21세기 한국에 자리 잡았다. 동 판결은 다음과 같이 판시한 바 있다.

"프라이버시에 대한 권리가 그 근원에 있어서 헌법적인 것임을 일단 인정한 이상, 우리는 더 이상 그 권리가 공허한 약속으로 남아 있도록 허용할 수는 없다."[2]

물론 증거배제의 재량의 기준이 무엇인가에 대한 논란은 남아 있다. 그렇지만 대물적 강제처분으로 침해되는 기본권을 대인적 강제처분 및 불법감청으로 침해되는 기본권과 비교할 때, 전자의 경우 자동적·의무적 배제 법칙을 선택하는 것은 과도하다고 본다. 향후 변호인들의 도전과 판례의 축적을 통하여 "적법절차의 실질적인 내용 침해"의 내용은 점점 더 구체화될 것이다.

---

2) Id. at 660.

제 5 편

위법한 '함정수사'의 판단기준

"피고인의 과거 전과 및 현재의 범죄성향에 관계없이 … 그로 하여금 범죄를 범하도록 함정에 빠뜨리는 경찰의 일정 행위는 선진사회에서 용납되어서는 안 된다"(1958년 미국 'Sherman v. United States 판결'에서 프랑크푸르트 대법관의 동조의견).

"적정한 함정수사의 기준은 … 수사기관의 행위가 통상 법을 준수하는 시민도 범죄를 범하게끔 유혹하는 것이었는가이다"(1972년의 미국 'People v. Barraza 판결').

제1장

서 론

'함정수사'(entrapment, Lockspitzel)는 수사기관 또는 수사기관의 위장정보원이 범죄를 교사한 후 그 실행을 기다려 범인을 체포하는 수사기법을 통칭한다. 이는 마약사범, 밀수사범, 증수뢰 또는 성매매 등 '피해자 없는 범죄'(victimless crimes)에 대한 수사에서 광범하게 사용되는 수사기법이다. 함정수사는 국가의 기망행위가 분명히 드러나는 사안이지만, 이상의 범죄는 매우 은밀히 진행되며 피해자나 목격자가 없는 등 범인검거와 증거수집이 용이하지 않기에 근래까지 함정수사는 그 위법성에 대한 철저한 검증없이 실무상 수용되어 왔다.

경찰이 12세 미성년자를 미끼로 어린이 성매매에 대한 함정수사를 벌이거나, 경찰 자신이 성매수자로 위장하여 성판매 여성을 체포하여 물의를 일으킨 바 있고,[1] 경찰이 마약사범 단속실적을 올리기 위하여 마약투약을 교사하는 등의 물의를 일으켜 검찰이 수사에 나선 적도 있다.[2] 검찰수사관이 위법한 함정수사를 벌인 것을 이유로 대법원이 피고인에 대한 유죄의 원심을 파기한 사건의 사실관계를 보면,[3] 사건 피고인들은 자신들이 히로뽕을 매수하거나 밀수입할 의사가 없었는데, 서울지검 마약1반의 정보원으로

---

1) <노컷뉴스> 2004.5.24; <연합뉴스> 2004.10.7.
2) <중앙일보> 1999.9.17.
3) 대법원 2004. 5. 14. 선고 2004도1066 판결.

활동하다가 구속된 사람을 빼내기 위하여 공적이 필요하니 수사에 협조해달라는 마약1반 계장 두 사람의 요청을 받고 히로뽕을 구입할 자금까지 받은 후, 중국에 가서 히로뽕을 구입하여 밀수입하였다. 대법원은 "원래 중국까지 가서 히로뽕을 매입하여 밀수입할 의도가 없었던 피고인들이 수사기관의 사술이나 계략에 의하여 범의를 일으켜 이 사건 범행을 결행하게 되었을 가능성을 완전히 배제할 수 없다"라고 지적하였던바, 국가가 시민을 기망하여 범죄를 범하게 하고 체포하는 일이 진행되었던 것이다.

2000년대 초까지 우리나라의 통설과 판례는 미국과 일본의 판례에 의존하여 함정수사를 '기회제공형'과 '범의유발형'을 구별하고 전자는 적법, 후자는 위법이라는 입장을 견지하고 있으며, 위법한 '범의유발형' 함정수사로 획득한 증거의 증거능력은 배제해야 한다는 입장을 취하고 있었다('주관적 기준설').[4] 이 입장에 따르면 수사기관이 함정수사를 착수하기 전에 피교사자, 즉 범죄인이 이미 범의 또는 범죄성향을 가지고 있었는가가 핵심기준이 된다. 그러나 이 경우 수사의 상당성·위법성 판단이 전적으로 범인의 속마음과 성향에만 의존하게 될 것이고, 함정수사를 위해 동원된 수사기관의 수법이나 범죄관여 정도 등은 고려에서 제외된다. 그리고 해당 범죄의 전과가 있는 자로서 함정수사의 대상이 된 자는 거의 대부분 사전범의(事前犯意)가 있는 자로 판단될 것이기에, 이 경우 어떠한 수사기법을 동원했건 관계없이 '기회제공형', 즉 적법한 함정수사로 결론나고 말 가능성이 크다. 그리하여 저자는 2000년 '주관적 기준설'을 비판하면서 '객관적 기준설'의 문제의식을 수용해야 한다는 논문을 제출하였고,[5] 이후 학계 다수설은 양

---

4) 배종대·이상돈, 「형사소송법」(제6판, 2004), 183면; 백형구, 「형사소송법」(제7정판, 2000), 359면; 신동운, 「형사소송법 I」(제2판, 1997), 77면; 이재상, 「형사소송법」(제5판, 1998), 178면; 차용석, 「형사소송법」(1998), 235면. 1999년 9월 27일 의원입법으로 제출되었던 '반신뢰부정확부실전문가사범(反信賴不正確不實專門家事犯) 처벌에 관한 특별법안'의 제13조 제2항은 "함정수사로 인하여 피고인이 신문조서 내용에 이의제기시에는 이의제기내용이 판명될 때까지 전항의 내용이 신뢰성이 없다고 본다"라고 규정하고 있는바, 함정수사와 관련한 입법적 근거가 전혀 없는 우리 현실에서 주목할 만하다.
5) 조국, "'함정수사'의 위법성 기준과 법적 효과에 대한 재검토," 한국형사법학회,

입장을 종합하는 쪽으로 이동하였다.[6]

　제5편은 함정수사의 위법성 판단기준과 관련하여 우리나라에 불완전하게 소개되어 있는 미국과 독일의 판례와 학설을 재검토·정리하고, 일본의 판례와 학설을 간략히 정리한다. 이 속에서 미국과 독일의 경우 함정수사의 위법성을 판단하는 데 있어서 단순히 사전범의 유무에 전적으로 의존하고 있지 않음이 확인될 것이다. 이어 우리나라에서도 함정수사에 대한 입법적 근거가 필요하고 그 위법성을 판단하는 데 있어서 객관적 기준을 도입할 필요가 있음을 주장할 것이다.

「형사법연구」 제14호(2000년).
6) 손동권·신이철, 「새로운 형사소송법」(제2판, 2014), 166면; 신동운, 「신형사소송법」(제5판, 2014), 177면; 이은모 「형사소송법」(제5판, 2015), 183면; 이재상, 「신형사소송법」(제2판, 2008), 190면.

제2장

외국의 학설·판례 검토

제 1. 미 국

Ⅰ. 연방대법원

1. '주관적 기준설'과 '객관적 기준설'의 대립과 그 실천적 차이

미국에서 함정수사의 문제는 통상 절차법상의 문제가 아니라 실체법상의 무죄의 항변문제로 파악되어 왔다. '함정수사의 항변'(entrapment defense)은 코먼 로에서는 인정되지 않았으며 입법화되었던 것도 아니었으나,1) 미국 하급심이 채택한 후2) 연방대법원이 1932년의 'Sorrels v. United States 판결'3)에서 승인함으로써 자리를 잡게 된다.

---

1) 다른 코몬 로 법계 나라에서는 함정수사를 '절차중지'(stay of proceedings)의 사유로 보고 있다<R. v. Mack, [1988] 2 SCR 903(Can.); R. v. Looseley, [201] UKHL 53(U.K.)>. '절차중지'는 우리 형사소송법상 '공소기각'과 유사하다. 자세한 논의는 Simon Bronitt, "The Law in Undercover Policing: A Comparative Study of Entrapment and Covert Interviewing in Australia, Canada and Europe," 2004 *Common Law World Review* 33. 1(35)을 참조하라.
2) Woo Wai v. United States, 223 F. 412(9th Cir. 1915). 이 사건은 중국인 불법이민자가 이민국 비밀요원에 의해 멕시코 국경을 넘도록 종용된 후 국경을 넘다가 체포되어 유죄평결을 받은 사건인데, 제9순회법원은 함정수사를 이유로 원심을 파기한다.
3) 287 U.S. 435(1932).

이 사건에서 법원은 위장수사요원이 피고인에게 밀주판매를 수회 요청하여 이에 응한 피고인이 금주법위반으로 유죄평결을 받은 원심을 파기하면서, 다수의견은 '주관적 기준설'에 따라 범의유발형 함정수사의 경우 피고인에게 무죄의 항변을 제공한다고 판시한다. 즉, 수사요원이 피고인의 마음속에 범의(犯意)를 이식하고 범행을 유혹·교사한 경우는 함정수사에 기초한 무죄의 항변이 성립하며, "범죄실행의 기회 또는 편의"(the opportunity or facilities for the commission of the offense)[4]를 제공한 경우에는 그 항변이 인정되지 않는다는 것이다. 이 경우 핵심적 기준은 "제기된 쟁점과 제출된 증거가 피고인이 범하였다고 주장되는 범죄가 정부관리의 창조적 활동의 산물(the product of the creative activity' of law-enforcement officials)이고, 피고인은 그 정부의 활동이 없었더라면 무고한 사람인가"[5]이다.

그런데 로버츠 대법관이 집필하고 브랜다이스, 스톤 대법관이 합류한 동조의견(concurring opinion)은 함정수사에서 정부의 행위가 피고인의 범의에 의해 무독(無毒)하게 될 수는 없다고 강조하면서, 함정수사의 핵심은 피고인의 성향에 대한 판단이 아니라 범죄의 생산과 작동에 정부가 부당하게 관여하였는가에 대한 판단이라고 결론지음으로써 '객관적 기준설'의 원형을 제시하였다.[6] 이러한 동조의견은 정부를 "형법의 매춘행위"(prostitution of the criminal law)로부터 보호하는 것은 법원의 임무라는 '공공정책'(public policy)을 그 바탕에 깔고 있다.[7] 그리고 동조의견은 함정수사의 항변이 인정될 경우 무죄의 선고가 아니라 절차중지, 공소기각의 판결이 필요하다고 주장한다.[8]

이후 1958년의 'Sherman v. United States 판결'[9]은 주관적 기준설을 분명히 한다. 이 사건은 마약중독으로 치료중이던 피고인을 경찰의 위장정

---

4) Id. at 441.
5) Id. at 451.
6) Id. at 457-459(Roberts, concurring).
7) Id. at 457.
8) Id.
9) 356 U.S. 369(1958).

보원이 만나 마약을 구할 수 있는지 물었고, 피고인이 처음에는 이야기를 회피하였으나 정보원이 수회 더 요청하자 정보원에게 마약을 제공하고 체포되어 유죄평결을 받은 사건이다. 다수의견은 1932년 소렐 판결의 기준에 의거하면서 이 사건에서의 위장정보원의 행위는 함정수사의 항변을 가능하게 한다고 판시하며 원심을 파기한다. 다수의견은 수사기관의 활동이 없었더라면 범죄를 범하려 하지 않았을 시민을 수사기관이 범죄를 범하도록 만든 것인지, 아니면 피고인이 범죄를 범하려는 성향을 이미 가지고 있었는지(predisposed)를 판단기준으로 삼았다.[10]

> 함정수사의 항변의 성립 여부를 결정하기 위한 경계선은 그 함정수사가 경계심이 없는 무고한 시민을 위한 덫인지, 경계심이 없는 범죄자를 위한 덫인지 사이에 그어져야 한다.[11]

그런데 프랑크푸르터 대법관이 집필하고 더글라스, 할란, 브레난 대법관이 합류한 동조의견은 함정수사의 항변이 허용된다는 결론은 같이 하였으나, 선명한 객관적 기준설을 주장한다. 동조의견은 "피고인의 유죄가 인정된다 할지라도 정부가 피고인의 유죄를 얻어내기 위해 채용한 방법이 용인될 수 없다"[12]라는 이유로 원심파기를 주장한다. 동조의견은 "피고인의 전과와 현재의 범죄적 성향이 무엇이든가에 관계없이" 피고인을 함정에 빠뜨릴 때 수사기관이 어떠한 행위를 하였던가에 초점을 맞추었다.[13] 즉, "수사기관의 행위의 허용성 여부가 관련된 특정 피고인에 따라 달라지지 않는다"[14]는 점을 분명히 하면서, 함정수사는 "통상 범죄를 회피하고, 자기억제(self-struggle)를 통하여 보통의 유혹에는 저항하는 사람들"이 범죄를 범하도록 유혹하기 쉬운 방법을 사용해서는 안 된다라고 못박는다.[15]

---

10) 356 U.S. 369(1958).
11) Id. at 372.
12) Id. at 380.
13) Id. at 383.
14) Id.
15) Id. at 384.

[객관적 기준설]의 초점은 특정 피고인의 전과와 성향이 아니라, 경찰의 행동 그리고 그 행동이 객관적으로 보아서 범죄를 기꺼이 범할 준비가 되어 있는(ready and willing to) 자만을 함정에 빠뜨리게 하는가 여부의 문제로 이동한다.16)

이상과 같은 연방대법원 내의 대립은 1973년의 'United States v. Russell 판결'17)과 1976년의 'Hampton v. United States 판결'18)에서도 반복된다. 이 사건에서 수사기관이 마약제조에 필수적이고 구하기도 힘든 화학물질을 피고인에게 제공하거나(러셀 판결) 또는 불법마약을 피고인에게 공급하는 등(햄프턴 판결)의 수사의 상당성이 매우 의심스러운 행위를 하였으나, 렌퀴스트 대법원장에 의해 집필된 다수의견은 피고인의 사전범의에만 초점을 맞추어 함정수사의 항변을 인정하지 않는다.

이상에서 객관적 기준설은 주관적 기준설에 비하여 수사기관의 불법행위에 대하여 보다 강한 통제의지를 보여주고 있음을 알 수 있다. 이러한 양 입장의 대립은 어떠한 실천적 차이가 있는가?

첫째, 주관적 기준설에 따르면 피고인의 사전범의가 인정되는 경우 수사기관에 의한 극도의 유혹이든 수사기관의 고도의 관여가 있다 하더라도 함정수사의 항변은 인정되지 않는다. 즉, 이 기준은 범죄의 성향을 보유한 자는 보호하지 않는 것이다. 반면 객관적 기준설은 수사기관이 사전범의 없는 일반 시민도 범죄를 저지르고 싶을 정도의 유혹을 하였거나 불법·부당한 관여를 하였을 경우, 피고인이 사전범의를 갖고 있었거나 또는 범죄 관여행위를 하였다 하더라도 함정수사의 항변을 인정한다.

둘째, 주관적 기준설은 함정수사의 항변이 피고인에 의해 제기될 때 피고인이 범죄를 범할 성향을 갖고 있었는가 여부는 사실판단의 문제이므로 법관이 아니라 배심이 결정한다는 입장을 견지한다. 그리고 함정수사의 항변이 제기될 경우, 검사는 피고인의 성향을 입증하기 위해 피고인의 전과는

---

16) Id.
17) 411 U.S. 423(1973).
18) 425 U.S. 484(1976).

물론이고 통상은 허용되지 않는 각종의 전문증거가 탄핵증거를 제출할 수
있다. 반면 객관적 기준설은 수사기관의 행위의 위법 여부는 법적 문제이므
로 배심이 아니라 법관이 판단하는 것으로 파악하는데, 이 경우 피고인의
성향이 초점이 아니므로 피고인의 전과, 평판 등 피고인의 성향을 입증하기
위한 증거는 제출될 수 없다.

한편 연방대법원은 함정수사의 항변이 헌법상의 근거를 갖지는 않으
며, 입법부의 입법의도에 대한 법원의 해석에 근거를 갖는 것이라고 밝혔
다.19) 이 견해의 의미는 함정수사의 항변의 기준에 대하여 주의회와 주법원
이 독자적 기준을 마련할 수 있음을 뜻하며, 후술하듯이 현재 미국의 각주는
자유롭게 주관적 기준설과 객관적 기준설 중 하나를 선택하고 있다.

2. '적정절차'에 기초한 무죄의 항변

상술한 1973년의 러셀 판결의 다수의견은 주관적 기준설을 고수하면
서도 함정수사의 항변을 가능케 하는 새로운 근거를 추가한다. 즉, 적정절
차 원리에 기초한 무죄의 항변이다.20) 즉, 수사요원의 행동이 '근본적 공
정성'(fundamental fairness)을 침해할 경우 함정수사의 항변이 가능성이 있
음을 밝힌 것이다. 법원은 이 사건의 경우에는 해당되지 않으나, "법집행
기관의 행동이 너무나 부당하여(outrageous) 적법절차원리가 유죄평결을
얻기 위한 사법절차의 발동을 절대적으로 금지하는 상황이 언젠가 있을
수 있다"21)는 점을 인정하였던바, 이는 사실상 객관적 기준설의 필요성을
인정한 것이었다.

적정절차 위반의 항변은 주로 비밀수사요원이 불법적 마약이나 서비스
의 구매자 — 이 경우를 통상 '스팅'(sting)이라 부른다 — 가 아니라 판매자

---

19) Sorrels, 287 U.S. at 448; Russel, 411 U.S. at 433.
20) Russel, 411 U.S. at 431-432. 상술한 1976년 햄프턴 사건에서도 이 항변이 고려
    된다(Hampton, 425 U.S. at 495 n. 7). 이 항변의 역사와 문제점에 대해서는 John
    David Buretta, "Reconfiguring the Entrapment and Outrageous Government Conduct
    Doctrine," 84 *Geo. L. J.* 1945(1996)을 참조하라.
21) Id. at 432-433.

로 활동하는 '역(逆)스팅'(reverse sting) 수법과 관련하여 많이 제기되었는데, 현재까지 이 항변에 기초하여 함정수사의 위법성을 인정한 판결은 두 개가 있다. 수사요원이 피고인에게 마약제조를 위한 실험실, 필요성분을 제공하였던 1978년의 'United States v. Twigg 판결',[22] 그리고 수사요원이 버스정류장 보관함에서 발견한 코카인 가루를 사용하여 만든 마약을 피고인이 구매하였던 1993년의 'State v. Williams 판결'[23] 등이 그것이다.

3. 1992년의 'Jacobson v. United States 사건' — '주관적 기준 설'의 심한 동요

그런데 근래 1992년의 'Jacobson v. United States 판결'[24]은 특히 주목할 필요가 있다. 이 사건은 1984년 아동보호법(the Child Protection Act of 1984) 제정 이전에 10대 소년 누드사진이 있는 잡지 두 권을 주문 — 당시는 불법이 아니었다 — 한 경력이 있는 피고인에게 법 제정 이후 26개월 동안 수사기관이 다섯 개의 가공조직과 허위펜팔을 통하여 피고인과 접촉하였는데, 이 과정에서 수사기관은 아동 포르노물 카탈로그를 피고인에게 계속 우송하였고, 이에 피고인은 보다 많은 정보를 요청하는 답신을 보내면서 자신이 십대 이전의 아동간의 성행위에 평균 이상의 관심이 있다고 밝혔다. 마침내 피고인이 카탈로그 속의 잡지를 신청하였고 잡지가 배달되자 바로 수사기관에 의해 체포되어 유죄평결을 받은 사건이다.

이 사건은 기존의 주관적 기준설에 따르면 피고인의 사전범의가 충분히 인정될 만한 것이었으나, 법원은 피고인의 유죄평결을 파기하면서 피고인의 성향이 국가의 행위로부터 독립적이지 않다고 판시하였다. 오코너 대법관과 렌퀴스트 대법원장의 반대에도 불구하고, 연방대법원의 다수의견은 "소추측은 피고인이 수사요원이 **최초로 접근하기 이전에** 범죄성향을 갖고 있었음을 합리적 의심의 여지 없이(beyond reasonable doubt) 입증해야

---

22) 588 F. 2d 373(3d Cir. 1978).
23) 623 So. 2d 462(Fla. 1993).
24) 503 U.S. 540(1992).

한다"25)는 점을 새로이 강조한다. 이에 따르면 위장정보원의 활동과정에서 수사기관과 피의자 상호작용에서 발생한 증거는 그 자체만으로는 피의자가 사전 범죄성향을 입증할 수 없다.26) 이제 수사기관은 수사개시 이전에 피고인이 기소된 바로 그 범죄를 범하려는 성향을 가지고 있었음을 입증해야 하는 것이다. 이러한 관점에서 다수의견은 이 사건에서의 증거, 예를 들어 수사 개시 전의 합법적 10대 출현의 도색잡지 구매, 아동 포르노물에 대한 자신의 관심 인정 등은 아동보호법 위반의 구체적 범의가 있었음을 보여주지 못한다고 판단하였다.27) 그리하여 법원은 "정부는 피고인의 성향이 독립적인 것이고 정부가 피고인에 대하여 쏟아온 주의의 산물이 아님을 입증하지 못하였다"라고 결론지었던 것이다.28)

요컨대 이 판결에서 연방대법원은 형식적으로는 주관적 기준설을 취하였으나, 소추측이 피고인이 사전범의를 보유하였음을 증명하는 데 엄격한 요건을 부과함으로써 객관적 기준설의 문제의식을 상당 부분 수용하였던 것이다.

II. '모범형법초안'과 17개 주의 '객관적 기준설' 채택

연방대법원 내의 두 가지 기준의 대립이 계속되는 속에서 '미국 법학원'(American Law Institute)이 만든 '모범형법초안'(Model Penal Code)29)은 '객

---

25) Id. at 549(강조는 인용자).
26) Id. at 550, 553.
27) Id. at 550. 법원은 말한다. "한 때 합법적이었던 것을 행하려는 경향을 입증하는 증거는 그 자체만으로는 지금 불법적인 것을 행하려는 성향을 보내주기에는 충분하지 않다"(Id. at 551).
28) Id. at 550.
29) 이 초안은 1952년부터 미국 최고의 형법권위자들의 연구와 토론의 산물인데, 1953-1962년 사이의 논의를 거쳐 1962년의 임시초안을 발표하였고, 최종적으로 각론 초안에 대한 주석을 1980년에, 총론 초안을 1985년에 출간하였다. 이 초안이 연방의회에서 입법화되지는 않았으나 연방 및 주 법원, 그리고 주 입법에 끼친 영향은 심대하다.

관적 기준설'을 채택한다.

초안의 제2.13조 제 1 항은 함정수사라는 무죄의 항변은 "(a) 범죄가 되는 행위가 금지되지 않는 것이라는 믿음을 유발하도록 계획된 기만행위(false representation)를 국가기관이 그 정을 알면서 행하거나, 또는 (b) 범죄를 범할 준비가 되어 있지 않은 사람에 의해서 해당 범죄를 범해질 정도의 실질적 위험(substantial risk)을 만드는 설득 또는 유혹의 방법을 국가기관이 채용하여" 타인이 범죄에 관여하도록 유혹 또는 권장한 때 가능하다고 규정하였다.30) 그리고 동조 제 2 항은 피고인이 함정수사에 기초한 무죄의 항변을 제기할 때 그 판단은 배심이 아니라 법관이 한다고 규정하였다.31) 요컨대 초안은 피고인의 성향과 관계없이 수사기관이 타인에게 범죄를 범하도록 유도 또는 권유한 방식을 문제삼는 객관적 기준설을 명시적으로 채택하였고, 수사기관의 행위의 위법성 여부는 법관이 행하여야 한다고 요구한 것이다.

이후 17개 주가 입법 또는 판결을 통하여 초안의 입장을 따르게 된다.32) 객관적 기준설을 최초로 채택한 주법원은 알래스카 대법원이었다. 1969년의 'Grossman v. State 판결'33)에서 동 법원은, 함정수사의 설득이나 유혹이 범죄를 기꺼이 범할 준비가 되어 있는 자 외의 보통 사람도 범죄를 범하도록 유발하기 쉬운(likely to provoke) 것이면 불법한 함정수사가 된다고 판시하였다.34) 그리고 동 법원은 객관적 기준설에 따라 함정수사의 항변이 이전되는 예로 질병의 호소, 동정이나 우정에 기초한 호소, 과도한 돈의

---

30) Model Penal Code §2.13 (1).

31) Id. §2.13 (2).

32) 1 Wayne R. LaFave & Austin W. Scott, Jr., *Substantive Criminal Law*, §5.2(c), at 601(1986 & Supp. 1994).

33) 457 P. 2d 226(Alaska 1969). 이 사건에서 비밀수사요원은 피고인의 술집에서 시간을 보내고 개인적으로 친밀한 관계를 유지한 상태에서 피고인에게 마리화나와 암페스타민을 구해달라고 요청하였는데, 피고인은 수사요원에게 모르핀을 공급하였고, 이로 인하여 유죄평결을 받았다. 알래스카 대법원은 객관적 기준설에 입각하여 함정수사의 항변은 배심원이 아니라 법원에 의하여 판단되어야 한다는 이유로 원심을 파기한다.

34) Id. at 229.

제공 등을 들고 있다.[35)]

또한 1972년의 'People v. Barraza 판결[36)]에서 캘리포니아 대법원은 "문제가 되는 행위의 구체적 특징이 아니라 과거의 행동에 대한 평가에 의하여 피고인의 범죄성향을 결정하는 것은 명백하게 공정하지 못하다"라고 판단하면서, 함정수사의 항변은 피고인이 사전범의가 아니라 함정수사에 사용된 "설득, 압력, 그리고 부추김(cajoling)의 양과 방식"에 초점을 맞추어야 한다고 판시한다.[37)] 즉,

　　적정한 함정수사의 기준은 … 수사기관의 행위가 통상 법을 준수하는 시민도 범죄를 범하게끔 유혹하는 것이었는가이다.[38)]

동 법원은 함정수사의 허용 여부를 판단하기 위한 보다 구체적인 두 가지 원칙을 제시한다. 첫째, 법집행기관의 행동이 통상 법을 준수하는 시민의 마음 속에도 범죄의 고의(criminal intent)는 아니지만 범죄를 범하겠다는 동기(motive)를 불러일으키는 것이라면 함정수사의 항변이 성립한다. 예컨대 우정이나 동정에 호소하는 경우이다. 둘째, 법집행기관의 행동이 통상 법을 준수하는 시민에게도 범죄를 범하는 것에 유별난 매력을 갖도록 하였다면 함정수사의 항변을 제공한다. 피고인의 행위가 불법이 아니라거나 수사기관에게 발각되지 않을 것이라고 보장하거나, 또는 엄청난 대가를 제공하는 것 등이 그 예이다.[39)]

한편 텍사스주는 1974년에 형법전 전면개정을 통하여 객관적 기준설을

---

35) Id.
36) 591 P. 2d 947(Cal. 1979). 이 사건에서 수사요원은 피고인에게 접근하여 마약을 요청하였는데, 피고인은 자신의 전과 때문에 주저하다가 결국에는 헤로인을 수사요원에게 판매하였고 유죄평결을 받았다. 이 사건에서 캘리포니아 대법원은 배심평결이 교착상태에 빠진 상태에서 판사가 피고인의 함정수사의 항변에 대한 설시를 하지 않았다는 이유로 원심을 파기한다.
37) Id. at 954.
38) Id. at 955.
39) Barraza, 591 P. 2d at 955.

최초로 입법화한다.[40] 이후 뉴욕주 형법도 모범형법초안의 '실질적 위험' 개념을 사용하면서 객관적 기준설을 채택한다.[41]

한편 이러한 주관적 기준설과 객관적 기준설이 병립·경쟁하는 상황에서 양 기준을 통합적으로 채택하는 주가 나타난다. 뉴저지, 플로리다, 인디애나 등의 주는 입법으로, 뉴햄프셔와 뉴멕시코 등의 주는 판례를 통하여 '통합설'을 채택한다. 학계에서도 통합설을 옹호하는 흐름이 유력하게 등장하고 있다.[42] 단, 통합설의 경우 양 설을 어떻게 결합하는가에 따라 두 가지 입장이 있다. 첫째는 주관적 기준과 객관적 기준 중 하나만 부합하면 함정수사를 인정하는 주가 있으며,[43] 둘째는 양 기준이 모두 부합해야 함정수사를 인정하는 주가 있다.[44]

제 2. 독 일

I. '신분위장수사관' 투입에 관한 형사소송법의 규정

독일의 경우 형사소송법 제110조의 a 내지 제110조의 e에서 '신분위장

---

40) "설득 또는 타인으로 하여금 범죄를 범하도록 야기하기 쉬운(likely to cause) 설득 또는 다른 수단을 사용한 수사요원에 의해 유인되어 해당 죄를 범하였다"는 것은 무죄의 항변이 된다(Texas Penal Code, §8.06).
41) New York Penal Code, Section 40.05.
42) Damon D. Camp, "Out of the Quagmire After Jacobson v. United States: Toward a More Balanced Standard," 83 J. *Crim. L. & Criminology* 1055(1993); Jeffrey N. Klar, "The Need for a Dual Approach to Entrapment, 59 *Wash. U.L.Q.* 199(1981); Stephen A. Gardbaum, "The Government Made Me Do It: A Proposed Approach to Entrapment Under Jacobson v. United States," 79 *Cornell L. Rev.* 995(1994) 등을 참조하라.
43) Moore v. State, 534 So.2d 557, 559-560(Miss. 1988); State v. Sheetz, 825 P. 2d 614(N.M. App. 1991); State v. Hinkle, 286 S.E. 2d 699(W.Va. 1982).
44) State v. Little, 435 A. 2d 517(N.H. 1981); State v. Rockholt, 476 A. 2d 1236, 1239(N.J. 1984).

수사관'45)(verdeckter Ermittlern)의 투입에 관한 규정을 상세히 규정하고 있다. 신분위장수사관의 투입의 요건을 보자면, 먼저 (i) 금지된 마약류 거래 또는 무기거래 및 통화나 유가증권위조 범죄의 영역이나 (ii) 국가안보의 영역에서, 업무상 또는 상습적으로 또는 범죄단체 기타 조직을 결성하여 행하는 범죄의 진상규명을 위하여 투입할 수 있다.46) 그리고 재범의 위험성이 있는 '중죄'(Verbrechen)를 처벌하는 경우도 가능하다.47) 그리고 신분위장수사관 투입은 다른 방법으로는 진상규명의 희망이 없거나 현저히 곤란한 경우에 한하여 허용된다는 요건 또한 규정하고 있다.48) 한편 그 외에도 특별히 중대한 중죄의 경우 다른 수사방법으로 진상규명의 가능성이 없다고 인정되는 때 신분위장수사관을 투입할 수 있다.49)

신분위장수사관의 투입은 검사의 동의를 얻어야 하며, 검사가 3일 이내에 동의하지 않을 때에는 투입을 중지하여야 한다.50) 그리고 특정 피의자를 대상으로 하는 신분위장수사관의 투입이나 일반에게 개방되어 있지 않은 주거에 신분위장수사관이 출입하는 경우는 판사의 동의를 요한다.51) 판사가 3일 이내에 동의하지 않을 때에는 투입을 중지하여야 한다.52)

신분위장수사관은 가상의 신원을 구축하고 유지하는 데 필요한 경우 각종의 문서의 작성, 변경, 사용하는 것이 허용되며, 이 신원을 가지고 각종의 법률적 거래를 할 수 있다.53) 그리고 신분위장수사관은 주거권자의

---

45) '신분위장수사관'이란 경찰직에 종사하는 공무원으로서 가공의 변화된 신분(die veränderte Indentität 또는 Legende)으로 활동하는 자를 말하며[StPO, §110a (1)], 미국의 '언더커버'(undercover)에 대응하는 개념이다.
46) StPO §110a (1) 제 1 문.
47) Id. 제 2 문. 독일의 'Verbrechen'는 영미의 'felony'와 그 범위가 일치하지 않는다. 절도, 폭행, 야간주거침입절도, 위조, 증수뢰 및 각종의 성범죄는 영미상 대표적인 'felony'이지만, 독일의 경우 'Verbrechen'이 아니라 '경죄'(Vergehen)에 속한다.
48) Id. 제 3 문.
49) Id. 제 4 문.
50) Id. §110b (1).
51) Id. §110b (2). 긴급을 요하는 경우는 검사의 동의로 족하다(Id.).
52) Id.
53) Id. §110a (3).

동의를 얻어 타인의 주거에 출입할 수 있다.54) 신분위장수사관의 신원은
그 투입이 종료된 후에도 비밀이 유지된다.55) 한편 일반에 공개되지 않는
주거에 신분위장수사관이 투입되었을 경우 주거권자에 대하여 사후통지
가 있어야 하며,56) 신분위장수사관의 투입에 관한 결정과 기타 자료는
검사가 보관하게 된다.57) 그리고 신분위장수사관을 투입하여 얻은 개인신
상과 관련된 정보를 형사절차에서 증거로 사용할 수 있는 근거조항도 마련
되어 있다.58)

  단 유의할 점은 이상의 규정은 신분위장수사관에게만 적용되는 것이지
사인(私人)인 비밀정보원(Vertrauensperson)에게는 적용되지 않는다는 점이다.
이에 따라 사인인 비밀정보원의 경우 아무 규제 없이 광범하게 사용되고
있는 실정이다.59)

Ⅱ. 판례와 학설 — '법치국가 원칙'에 기초한 위법성 판단60)

  독일의 경우는 미국의 경우에서처럼 함정수사의 위법성 판단 기준을
획정(劃定)하기 위한 치열한 논쟁이 전개되고 있지는 않으나, 판례의 경우
주관적 기준과 객관적 기준을 암묵적으로 통합하여 사용하고 있는 것으로
보인다.

  독일에서 '함정수사'(Lockspitzel)의 위법성 문제를 다룬 최초의 판결이

---

54) Id. §110c.
55) Id. §110b (3).
56) Id. §110d (1).
57) Id. §110d (2).
58) Id. §110e.
59) Claus Roxin, *Strafverfahrensrecht* 60 Rn. 29(24th ed. 1995).
60) 이에 대해서는 박광민, "함정수사의 규제," 성균관대학교 비교법연구소, 「성균관
   법학」 제 7 호(1996), 56-62면; 배종대·이상돈, 「형사소송법」(제 3 판, 1999), 173-174
   면; 신동운, "독일의 수사구조 및 사법경찰제도," 치안연구소 간, 「주요국가의 수사
   구조 및 사법경찰제도」(1996), 140-147면에 간명하게 잘 소개되어 있다. 일본 학자
   에 의한 정리로는 川崎英明, "西ドイツ刑事訴訟におけるおとり捜査の規制,"「法
   學雜誌」, 第31卷 1号(1984)가 있다.

1975년 6월 10일의 연방대법원 제 1 형사부에 의해 내려진 후,[61] 뒤이은 일련의 판결을 통하여 독일 법원은 함정수사는 법치국가 원칙에 반하지 않는 한도 내에서 허용된다는 입장을 취하고 있다.[62] 국가가 시민에게 범죄를 권유하고 그 권유된 범죄행위로 범죄행위를 한 시민을 처벌하는 것은 자기모순이며 신의칙(信義則)에 반한다는 것이다.[63]

특히 1980년 4월 15일의 연방대법원 제 1 형사부 판결은 함정수사의 위법성판단기준을 제시한다.[64] 이 사건에서 비밀수사요원은 마약구입자로 위장하여 피고인에게 소량의 헤로인을 구입한 후, 피고인에게 대량구입의사를 표명하고 이에 따라 피고인이 헤로인을 조달하게 되었다. 법원은 이 사안의 경우 피고인이 기존의 범의에 기초하여 그에게 제공된 기회에 덤벼들었으므로, 이 사안에서의 함정수사는 단순히 범죄실행에의 기존범의를 구체화한 데 그친 것이므로 법치국가 원칙에 반하지 않는다라고 판시하면서도 ― '범의의 구체화 이론'(Konkretisierungstheorie) ― , 함정수사의 위법성 판단기준으로는 주관적 기준과 객관적 기준을 병렬적으로 제시하였다. 즉, 첫째 피고인에게 존재하는 혐의의 기초와 정도, 둘째 수사기관의 '범의유발의 태양, 강도 및 목적'(Art, Intensität und Zweck der Einflunahme des Polizeibeamten), 셋째 피고인의 범의, 넷째 피고인의 범죄실행에 대한 '외부에서 조종되지 않은 능동성'(eigene, nicht fremdgesteuerte Activitäten des Angekl) 등이다.[65] 박광민 교수가 정확히 포착하였듯이,[66] 이 중 두 번째와 네 번째의 관점은 '범의

---

61) BGH, GA 333(1975). 이 사건에서 수사기관은 신분을 속이고 피고인에게 마약을 신청하자 피고인이 이에 응하여 자신이 소지하고 있던 마약을 양도하였는데, 법원은 피고인에게 사전에 마약을 양도할 결의를 가지고 있었고, 수사기관은 마약을 양도시키기 위한 '특별한 설득'을 하지 않았다는 점을 들어 피고인의 상고를 기각하였다. 여기서 독일 법원이 주관적 기준과 객관적 기준을 병용하고 있음을 확인할 수 있다.
62) 57 BVerfGE 250(1981).
63) 배종대·이상돈(각주 60), 173면.
64) BGH, NJW 1761(1980).
65) Id. BGH, NStZ 70(1981); BGH, NStZ 104(1981)도 같은 기준을 사용한다.
66) 박광민(각주 60), 59면.

의 구체화'라는 기준만으로 포섭할 수 없는 객관적 기준이라 하겠다.

그리고 이러한 객관적 기준은 이후 1981년 2월 16일의 연방대법원 제2형사부 판결에서 보다 구체화된다.[67] 이 사건에서 수사기관은 전과도 없고 헤로인 거래혐의도 없던 피고인에게 거래를 신청하였고, 피고인은 처음에는 거절하였으나 결국은 수사기관의 신청에 응하여 헤로인을 입수하여 수사기관에 양도하였다. 법원은 피고인의 마약거래 혐의의 결여만으로는 함정수사를 위법으로 만드는 데는 부족하며, "반복하여 장기에 걸쳐 계속된 설득시도, 강력하고 집요한 유혹과 같은 중대한 영향(erhebliche Einwirkung)" 때문에 범죄실행에의 "행위자의 기여가 배후로 후퇴하는" 정도일 경우 그 함정수사는 위법하다라고 판시하였다.[68]

학계에서 함정수사에 대한 법적 평가는 현재진행형인데, 이를 부정하는 논거는 다음과 같다. 첫째, 함정수사는 헌법상의 인간의 존엄과 가치, 신체의 자유 조항, 그리고 형사소송법 제136조의 a에 함유되어 있는 법정신에 반한다. 둘째 국가는 자기가 범죄행위로 유도한 사람을 처벌해서는 안 된다. 셋째 함정수사는 그 대상의 자기결정권을 침해한다. 넷째 함정수사는 대상자가 범인을 입증하기 위하여 목적의식적으로 활동한다 등을 이유로 함정수사에 반대하고 있다.[69] 피의자가 전과가 없는 경우, 피의자가 이미 약물에 중독되어 있는 경우, 수사기관의 영향력 행사가 중대한 경우 등의 함정수사가 그 예이다. 그러나 피의자가 신분위장수사관에게 스스로 접근한 경우에 행해지는 수사활동이나 경찰관이 성판매여성에게 성매매의사를 묻는 행위는 이에 해당하지 않는다고 판단하고 있다.[70] 여기서도 수사기관의 영향력 행사가 중대한 경우가 적정절차에 반하는 것으로 파악되고 있는 점을 고려할 때, 주관적 기준과 객관적 기준을 통합하여 사용하고 있음을 확인할 수 있다.

---

67) BGH, NJW 1626(1981).
68) Id.
69) Roxin(각주 59), at 59 Rn. 28.
70) Id. S. 59 Rn. 27.

제 3. 일본 — 미국식 '주관적 기준설'의 계수(繼受)

함정수사에 대한 일본의 판례 중 함정수사는 국가가 일방으로는 범인을 제조하고 일방으로는 체포하여 처벌하는 "극도로 모순적인 조치"로 도저히 용인할 수 없다는 하급심판례도 있었으나,[71] 현재로는 대상범죄의 "폐해가 크고 그 밀매의 경로를 검거할 필요성이 높으며, 검거는 통상의 '물'(物)이 존재하지 않으면 곤란하다는 실정"[72]을 이유로 함정수사가 필요하다는 점에는 합의가 되어 있다. 그리고 '마약 및 향정신약 단속법' 제58조는 "마약단속관 및 마약단속원은 마약에 관한 범죄의 수사를 위하여 후생대신의 허가를 얻어 이 법률의 규정에 관계없이 마약을 양수할 수 있다"라고 규정하고 있어 간접적이나마 함정수사의 법률적 근거를 포괄적으로 제공하고 있다.[73]

함정수사의 위법성에 대한 일본 최고재판소의 지도적 판결은 1953년에 내려졌다. 이 사건에서 피고인 X가 범죄수사기관의 명을 받아 또는 그 촉탁에 의해 마약범죄수사에 종사·협력하는 자인 A, B 양자로부터 마약의 입수를 의뢰받아 이것을 피고인 Y에게 다시 의뢰하였는데, 피고인 Y가 이에 응하여 밀수입품으로 확인된 마약을 소외 타인으로부터 입수하여 X에게 건네주었고, 이에 따라 위 X, Y는 마약불법소지 등의 혐의로 기소되어 유죄 판결을 받았다. 그런데 최고재판소는 피고인의 상고를 기각하면서, '범의유발'인가 '기회제공'인가를 가리지 않고 모든 함정수사를 용인하는 주장을 편다.[74]

---

71) 橫擴地判 1951. 6. 19. 判時 87호, 3頁. 동 법원은 "국가는 한편으로는 유혹에 걸리기 쉬운 사람을 충동하여 범죄를 실행케 하여 범인을 제조하면서, 다른 한편으로는 이를 체포하여 처벌한다는 비난을 면할 수 없다"라고 말하면서, 이러한 적절하지 못한 수단에 의해 체포·소추된 피고인을 처벌하는 것은 헌법 전문 내지는 제13조의 취지에 반하므로 무죄라고 판시하였다.

72) 東京高判 1982. 10. 15. 判時 1095호, 155頁.

73) 또한 銃刀法 제27조 제3항, 제45조, 제58조 등도 간접적인 함정수사 허용규정으로 읽힐 수 있다.

74) 最高判 1953. 3. 5. 刑集 7卷 3号, 482頁. "타인의 유혹에 의하여 범의를 일으키

이러한 입장에 대하여 함정교사자를 처벌하면 위법한 함정수사가 억지될 것이므로 피고인의 항변을 인정할 필요가 없다고 주장하며 동의하는 학설도 있었으나,[75] 이후의 하급심 판례와 학설의 압도적 다수는 미국 연방대법원의 1932년 소렐스 판결 및 1958년의 셔만 판결에서 표명된 다수의견의 논지를 수용하여[76] '기회제공형 함정수사'와 '범의유발형 함정수사'를 구별하고 전자는 적법, 후자는 위법이라고 보고 있다. 그리고 상기 최고재판소 판결도 기회제공형 사안에 대한 판결이었기에 범의유발형 사안에 대해서도 똑같이 적용된다고 보기는 곤란할 것이고, 판지는 오히려 수사협조요원의 가벌성을 긍정하고 있기 때문에, 특히 범의유발형의 경우에는 실체법적 또는 소송법적인 영향을 받을 여지가 있다 하겠다.[77]

요컨대 현재 일본의 통설과 판례는 주관적 기준설을 취하고 있다고 하여도 무리는 아닐 것이다(일본의 경우 상술한 1992년의 제이콥슨 판결이나 미국 각 주의 입법 및 법원에서의 객관적 기준설 채택 등에 대한 소개는 아직 이루어지지 못하고 있다). 주관적 기준설을 분명히 하고 있는 대표적 하급심 판결의 논지를 보면,

> 피고인이 소위 함정수사에 의해 검거되었다는 것은 부정하기 어렵지만, …
> 피고인은 … 이전에도 … 본건의 경우와 동일한 방법으로 … 각성제의 판매를
> 한 것이 인정되며, 이전부터 각성제를 비밀리에 판매하기 위해 소지함을 반복,
> 계속적으로 행하였던 바가 인정되고, 이번 경우에도 A가 구매를 요청한 것은

거나 또는 범의를 강화한 경우에 … 유혹자가 사인이 아니고 수사기관이라는 사실만으로 그 범죄실행자의 범죄구성요건해당성 혹은 책임성, 위법성은 조각되지 않으며, 또는 공소제기의 절차규정에 위반한다거나 또는 공소권이 소멸되지 않음은 다언을 요하지 않는다."

75) 平野龍一, 「刑事訴訟法」(1958), 86頁 注 1; 小野淸一郞, "オトリ捜査とワナの理論および誘發者の理論," 「警硏」 25卷 11号, 48頁.
76) 이 점에 대해서는 渡攬 修, "捜査と抗弁 — アメリカ合衆國判例を中心に," 「法學論叢」 105卷 1号(1979), 44頁; ロク・M・リ-ド(酒卷 匡 譯), "「ワナ」の抗弁とデュ-・プロセス — アメリカにおける「おとり捜査」の規制," 「ジュリスト」 778(1982), 29頁 등의 작업이 있었다.
77) 田宮 裕, 「別冊 判例タイムズ 警察實務判例評釋集」, 103-106頁.

각성제 소지의 범의가 없었던 자에게 그 범의를 유발케 한 것이 아니고 고객이 요청하면 각성제를 판매하려고 소지하는 범의를 갖고 있던 자에게 그 현실화 내지는 대외적 행동화의 기회를 부여한 것에 지나지 않는다고 말할 수 있다. 또한 (본건의) 수사방법의 타당성에 있어서는 각성제의 피해가 크고, 그 비밀판매경로를 검거할 필요성이 큼에도 불구하고 검거는 통상 물건이 존재하지 않으면 곤란한 실정을 감안하여 본다면, … 이러한 행위가 공소제기절차를 무효화하는 것처럼 적정절차 등의 조항에 위반하여 위법 또는 부당한 수사방법이었다고 인정되지 않는다.[78]

그런데 미국의 경우는 주관적 기준설을 채택하면서도 함정수사의 위법성을 인정하는 판결을 쉽게 찾아볼 수 있다면, 일본의 법원의 경우는 그렇지 못하다. 이는 단지 일본 수사기관이 기회제공형의 함정수사기법만을 사용하고 있기 때문은 아닐 것이다. 오히려 수사절차에 대한 통제를 꺼리는 일본법원의 소극적 태도 때문은 아닐까 추측해 본다.

한편 기회제공형의 함정수사의 경우 그 허용요건에 대해서는, 첫째 범죄의 혐의가 존재할 것, 둘째 대상 범죄가 조직적으로 그리고 상습적으로 행해져 피해법익이 중대할 것, 셋째 함정수사의 방법을 취해야 할 필요성이 특별히 강하고 그 방식 이외에는 달리 대체할 효과적인 수사수단이 없을 것, 넷째 함정수사의 수단이 정책적·정치적으로 악용·남용될 위험이 없을 것 등이 제시되고 있다.[79]

이상과 같은 주관적 기준설에 대하여 범의의 유무를 함정수사의 위법 판단기준으로 할 경우 범죄를 실행한 것은 범의가 있었기 때문이라는 전제

---

78) 東京高判 1982. 10. 15. 判決, 判例時報 1095号, 155頁. 같은 논지의 판결을 하나더 보자면, "함정수사가 행해졌음은 분명한 것이지만, 그것에 의해서 피고인들의 각성제 계약에 관한 범의가 유발, 야기되었던 것은 아니고, 당초부터 있었던 범의가 지속, 강화되었던 것에 불과하다고 할 수 있으며, 본건 사안의 중대성, 특수성을 고려하자면 상기 함정수사는 수사로서 허용되는 한도를 넘은 위법한 것이라고 할 수는 없고 현저히 부당하다고도 할 수 없다"(東京高判 1987. 12. 16. 判決, 「判例タイムズ」 667号, 269頁).

79) 三井 誠, 「刑事手續法(1)」 (新版, 1997), 90-91頁. 또한 田宮 裕, 「刑事訴訟法」(新版, 1997), 70頁을 보라.

하에서 범의인정이 이루어질 가능성이 있다고 비판하는 견해도 있으나,[80] 현재로는 큰 공명을 얻지 못하고 있는 듯하다. 그리고 함정수사는 대상이 된 자의 인격적 권리·이익 내지 인격적 자율권의 침해의 유무로 적법, 위법을 판단하려고 하는 견해도 주장되고 있지만,[81] 강제, 협박 등의 수단을 이용하지 않는 한 대상자의 의사 자유는 확보되는 것이고, 또한 범죄가 금지되고 있는 것을 이해하고 있는 이상 의사결정에 필요한 최저한의 기반은 부여되어 있지 않은가라는 반론이 제기되고 있다.[82]

80) 福井 厚, "おとり捜査," 「刑事訴訟法の爭點」(新版, 1991), 91頁.
81) 三井 誠(각주 79), 89頁.
82) 佐藤隆之, "おとり捜査," 松尾浩也·井上正仁 編, 「刑事訴訟法判例百選」(第 7 版, 1998), 26-27頁.

제3장

우리나라의
학설과 판례 비판

우리 판례의 대다수는 함정수사의 위법성에 대한 범죄자에게 사전범의가 있었는가를 유일기준으로 삼고, '기회제공형' 함정수사는 적법, '범의유발형' 함정수사는 위법으로 보는 주관적 기준설을 취하고 있는바, 상술한 일본 하급심 판결의 직접적 영향이 드러난다. 예컨대,

> 함정수사라 함은 본래 범의를 가지지 아니한 자에 대하여 수사기관이 사술이나 계략 등을 써서 범의를 유발케 하여 범죄인을 검거하는 수사방법을 말하는 것이므로, 범의를 가진 자에 대하여 범행의 기회를 주거나 범행을 용이하게 한 것에 불과한 경우는 함정수사라 말할 수 없다.[1]

2000년대 초까지 학계는 이상의 대법원의 입장을 별다른 문제제기 없이 수용하였다.[2] 즉, 기회제공형 함정수사의 위법가능성에 대해서는 의문을 제기하지 않은 채, 오직 범의유발형의 함정수사의 위법성과 그 소송법적

---

1) 대법원 1983. 4. 12. 선고 82도2433 판결; 대법원 1992. 10. 27. 92도1377 판결. 또한 대법원 1994. 4. 12. 93도2535 판결; 대법원 1987. 6. 9. 87도915 판결; 대법원 1982. 6. 8. 82도884 판결 등을 보라.
2) 배종대·이상돈, 「형사소송법」(제6판, 2004), 183면; 백형구, 「형사소송법강의」(제7정판, 2000), 358면; 신동운, 「형사소송법 1」(제2판, 1997), 77면; 이재상, 「형사소송법」(제5판, 1998), 178면; 차용석, 「형사소송법」(1998), 235면.

효과에 대해서만 이견을 보였던 것이다. 단, 주관적 기준설에 입각하면서도 허용되는 기회제공형의 함정수사에 몇 가지 판별기준을 추가하려는 유의미한 시도는 있다. 즉 (i) 정보원의 신용성과 그에 대한 주기적 통제, (ii) 헌법상 보장되는 장소에의 침투 금지, (iii) 함정수사 대상범죄의 제한, (iv) 피고인의 사전범의에 대한 검사의 입증책임 부담, (v) 함정수사과정에서 헌법상 기본권의 침해 금지 등이다.[3]

당시 이러한 경향에 대하여 간략하나마 의문을 품는 학자로는 신현주 변호사가 있었다.

> 실무상 이러한 구별은 용이하지 않으며 또한 형사소송법의 기본이념의 하나인 적정절차의 원칙을 위협하는 강한 풍취를 지니고 있다는 점에서 양자간에 큰 차이가 없다. … 문제는 어느 정도의 권장 내지 함정을 위법시할 것인지, 바꾸어 말하면 어느 정도의 권장 내지 함정을 합법적 수사기술로 용납하여야 할 것인지는 장차 위장수사의 입법적·사법적 또는 행정적 통제방법의 발전에 있어서 심각히 연구·검토되어야 할 문제이다.[4]

2000년 저자가 관련 논문을 발표하던 시점,[5] 저자는 이러한 문제의식에 동의하였다. 주관적 기준설에 따를 경우 사전범의가 없는 시민이 수사기관의 작용 때문에 범죄를 범한 경우 그를 처벌하지 않음으로써 선량한 보통 시민을 보호한다는 장점을 가지고 있다.

그러나 이는 몇 가지 문제점을 가지고 있다. 첫째, 주관적 기준설은 피고인이 기소된 당해 사건에서 피고인의 행위가 아니라 피고인의 과거의 행동 또는 성향에 초점을 맞춘다는 것이다. 피고인의 현재의 행위에 대한 유무죄 판단이 사실상 피고인의 과거의 행동과 성향에 의해 결정되는 것을

---

3) 최영홍, "함정수사," 「판례월보」 187호(1986. 4), 35-36면; 최영홍, "함정수사와 법원의 대응," 「판례월보」 211호(1988. 4), 12면.
4) 신현주, 「형사소송법」(신정판, 1999), 214면.
5) 조국, "'함정수사'의 위법성 기준과 법적 효과에 대한 재검토," 한국형사법학회, 「형사법연구」 제14호(2000).

원리적으로 용납할 수 있을 것인가? 둘째, 주관적 기준설에 따르면 전과가 있는 피고인에 대한 함정수사는 대부분 기회제공형으로 결론나고 말 것인바, 기준의 변별력(辨別力)이 매우 약하다 하겠다. 실제로 범의유발과 기회제공이 얼마나 확연히 구분되는지는 의문이다. 이 기준만으로는 전과가 있거나 악평이 있는 피고인에게는 어떠한 함정수사 기법을 사용하더라도 문제가 없다는 안이한 결론으로 빠질 수밖에 없으며 수사활동에 대한 사법적 통제는 무의미해지고 만다. 셋째, 수사기관이 똑같은 함정수사의 기법을 사용한 경우에도 피고인의 속마음에 따라 수사기법의 적법·위법이 판정되는 문제가 있다. 즉 동일한 시간, 동일한 수법으로 두 명의 피의자에게 함정수사를 하였더라도 그들의 운명은 완전히 달라질 수 있는 것이다.

요컨대, 함정수사에서 초점은 범인의 마음만이 아니라 수사의 상당성에도 맞추어져야 한다. 현재의 함정수사 기준으로는 수사의 필요성이 수상의 상당성을 압도하는 형국을 지속시킬 수밖에 없다. 사전범의가 없는 시민을 보호한다는 주관적 기준설의 문제의식을 유지하면서도, 수사기관이 채택한 함정수사의 기법이 통상의 시민도 범죄를 저지르고 싶을 정도의 동기나 강한 매력을 제공하지는 않았는가의 문제도 함정수사의 위법성 판단에 반드시 고려되어야 할 것이다('통합설').6)

즉, 사전범의가 없는 시민에게 범의를 유발하였을 경우는 당연히 위법한 함정수사이며, 사전범의가 있는 시민에 대해서도 수사기관이 사용한 수사기법이 헌법상 적정절차의 원리를 위반하였거나, 또는 통상의 시민도 범법을 저지르게 할 강한 동기나 유혹을 제공하는 것이었다면 위법한 함정수사라고 판단하여야 할 것이다(순수한 객관적 기준설을 취할 경우는 함정수사의 대상인 시민이 사전범의가 없더라도 수사기관이 적정한 함정수사기법을 사용한 경우 그 함정수사가 적법하다는 결론으로 빠지는 문제가 있다). 그리고 이러한 위법한 함정수사를 통하여 획득한 증거의 증거능력은 배제되어야 한다.

---

6) 박광민 교수는 독일의 판례에 대한 분석을 통하여 위법성 판단기준에 대한 우리의 주장과 동일한 주장을 펼치고 있었다[박광민, "함정수사의 규제," 성균관대학교 비교법연구소, 「성균관법학」 제7호(1996), 61-62, 71면].

저자가 제안한 '통합설'에 따른 함정수사의 위법성 판단기준을 도식화하면 다음과 같다.

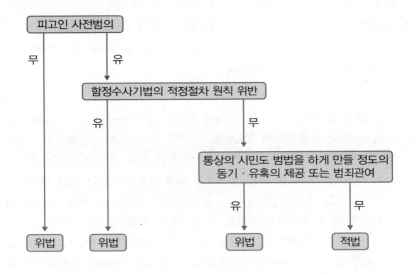

2005년 이후 대법원 판결에서는 일정한 변화가 보인다. 먼저 2005년 판결에서 대법원은 다음과 같이 설시한다.

"범의를 가진 자에 대하여 단순히 범행의 기회를 제공하거나 범행을 용이하게 하는 것에 불과한 수사방법이 경우에 따라 허용될 수 있음은 별론으로 하고, 본래 범의를 가지지 아니한 자에 대하여 수사기관이 사술이나 계략 등을 써서 범의를 유발케 하여 범죄인을 검거하는 함정수사는 위법함을 면할 수 없고, 이러한 함정수사에 기한 공소제기는 그 절차가 법률의 규정에 위반하여 무효인 때에 해당한다."[7]

강조한 부분을 박찬걸 교수처럼 다시 읽자면, "기회제공형 수사의 경우

---

7) 대법원 2005. 10. 28. 선고 2005도1247 판결(강조는 인용자). 대법원 2006. 9. 28. 선고 2006도3464 판결; 대법원 2007. 7. 13. 선고 2007도3672 판결; 대법원 2008. 10. 23. 선고 2008도7362 판결 등도 동지.

라고 하더라도 '모든 경우'에 허용되는 것이 아니고 일정한 '경우에 따라'서만 허용될 수 있다는 취지"를 발견할 수 있다.[8] 이 점에서 판례가 객관적 기준설을 부분적으로 도입할 여지를 열어놓았다고 볼 수 있다. 그렇지만 판례 경향 전체를 보면 주관적 기준설은 굳건히 유지되고 있다.

또한 대법원은 2007년 이후 주관적 기준설을 유지하면서도, 위법 판단을 위한 세부적 기준을 제시한다. 즉,

"본래 범의를 가지지 아니한 자에 대하여 수사기관이 사술이나 계략 등을 써서 범의를 유발케 하여 범죄인을 검거하는 함정수사는 위법하다 할 것인바 (대법원 2005. 10. 28. 선고 2005도1247 판결 등 참조), 구체적인 사건에 있어서 위법한 함정수사에 해당하는지 여부는 **해당 범죄의 종류와 성질, 유인자의 지위와 역할, 유인의 경위와 방법, 유인에 따른 피유인자의 반응, 피유인자의 처벌 전력 및 유인행위 자체의 위법성 등을 종합하여 판단하여야 한다.**

따라서 수사기관과 직접 관련이 있는 유인자가 피유인자와의 개인적인 친밀 관계를 이용하여 피유인자의 동정심이나 감정에 호소하거나, 금전적·심리적 압박이나 위협 등을 가하거나, 거절하기 힘든 유혹을 하거나, 또는 범행방법을 구체적으로 제시하고 범행에 사용될 금전까지 제공하는 등으로 과도하게 개입함으로써 피유인자로 하여금 범의를 일으키게 하는 것은 위법한 함정수사에 해당하여 허용되지 아니한다 할 것이지만, 유인자가 수사기관과 직접적인 관련을 맺지 아니한 상태에서 피유인자를 상대로 단순히 수차례 반복적으로 범행을 부탁하였을 뿐, 수사기관이 사술이나 계략 등을 사용하였다고 볼 수 없는 경우는, 설령 그로 인하여 피유인자의 범의가 유발되었다 하더라도 위법한 함정수사에 해당하지 아니한다."[9]

이 판례는 최종적으로는 범의 유발 여부를 기준으로 위법 여부를 판단

---

8) 박찬걸, "함정수사의 허용요건과 법적 효과," 홍익대학교 법학연구소, 「홍익법학」 제12권 제3호(2011), 228면. 신양균, "함정수사의 적법성," 한국형사법학회, 「형사법연구」 제21권 제4호(2009), 162면 동지.

9) 대법원 2007. 7. 12. 선고 2006도2339 판결(강조는 인용자). 대법원 2007. 11. 29. 선고 2007도7680 판결; 대법원 2008. 3. 13. 선고 2007도10804 판결; 대법원 2008. 7. 24. 선고 2008도2794 판결 등도 동지.

하고 있지만, 그 이전 판례에 비해서는 상당히 구체적 기준을 제시하고 있다는 점에서 긍정적이다. 이 기준이 엄격히 적용된다면 '통합설'의 효과를 갖고 올 수도 있다고 본다.

그렇지만 이러한 판례의 기준은 정보원이 수사기관과 직접 관련 없이 사적으로 피고인을 유인한 사례를 전제로 하고 있기 때문에, 수사기관이나 그의 의뢰를 받은 정보원이 피고인을 유인한 경우에 적용될 것인지는 미지수다.[10) 그리고 원칙적으로 '통합설'의 관점에서 보면, 피의자의 범죄 유발 여부와 무관하게 수사기관이 사용한 사술이나 계략 자체가 "적법절차의 실질적 내용 침해"인지를 검토해야 한다. 이는 신설된 형사소송법 제308조의2의 요청이기도 하다.

---

10) 신양균(각주 8), 163면.

제4장

결 론

'피해자 없는 범죄'의 경우 수사기관에게 포착되기 힘든 특징을 가짐은 분명하나, 또한 이 범죄에 대한 수사기관의 불법행위도 포착되기 힘들 것이다. 함정수사의 속성상 수사기관과 범죄인의 접촉이 은밀하게 이루어지고 그 과정에서 수사기관이 어떠한 행위를 하였는가는 통상 그늘에 가려져 있다.

그러나 이제 이 그늘의 음습함은 적정절차의 이념의 햇살 앞에 드러나야 할 시기이다. '피해자 없는 범죄'에 대한 투쟁을 위하여 함정수사의 필요성이 있음은 부인할 수 없는 사실이나, 수사의 필요성이 수사의 적법성과 상당성을 압도하는 시대는 종언을 고해야 할 것이다.

함정수사에서 수사기관이 사용하는 기법과 관여 정도에 대한 적정절차의 기대는 주관적 기준설로는 충족될 수 없다. 먼저 독일과 같이 함정수사에 대한 조항이 형사소송법에 규정될 필요가 있다. 단, 사인인 비밀정보원에 대한 규정도 포함되어야 할 것이다. 그리고 함정수사의 위법성을 판단하는 기준도 재고되어야 한다. 함정수사의 항변은 에덴 동산에서 이브에 의하여 최초로 제기된 항변이다.[1] "뱀이 유혹하였기에 나는 선악과를 따먹었습니

---

1) 창세기, 3:13. Roger D. Groot, "The Serpent Beguiled Me and I(WithoutScienter) Did Eat-Denial of Crime and the Entrapment Defense," 1973 *U. Ⅲ. L. F.* 254; G. Dworkin, "The Serpent Beguiled Me and I Did Eat: Entrapment and the Creation of

다"라는 이브의 항변을 어떻게 이해할 것인가? 우리나라에서 지금까지는 이브에게 사전범의가 있었는가에만 초점을 맞추었으나, 뱀의 유혹은 낙원에 있던 통상의 인간으로 하여금 선악과를 따먹게 할 정도의 수준이었는가도 따져보아야 할 것이다.

<hr>

Crime," 4 *Law and Philosophy* 17(1985).

제 6 편

위법수집증거의 파생증거의
증거능력 — '독수과실의 원리'

"위법한 증거수집 방법을 직접 사용하는 것은 금지하면서도 그 방법을 전면적으로 간접사용하는 것에 대해서는 제한을 가하지 않는다면, 윤리적 기준과 불일치하고 개인의 자유를 파괴하리라 생각되는 바로 그러한 증거수집 방법을 초치(招致)하게 될 것이다"(1939년 미국 'Nardone v. United States 판결').

"압수된 망치, 국방색 작업복과 야전잠바 등은 위에서 설시한 대로 피고인의 증거능력 없는 자백에 의하여 획득된 것이므로 따라서 증거능력이 없다"(대법원 1977. 4. 26. 선고 77도210 판결).

제1장

서 론

이상에서 위법하게 수집한 증거의 증거능력은 배제되어야 함을 살펴보았다. 이제 위법수집증거로부터 파생된 2차 증거의 증거능력은 어떻게 할 것인가의 문제가 남는다.

'독수과실(毒樹果實)의 원리'(the 'fruits of the poisonous tree' doctrine)는 위법수집증거배제법칙의 실효성을 확보하기 위한 것으로, 위법하게 수집한 1차 증거물 또는 자백의 증거능력이 배제되더라도 이로부터 파생한 2차 증거의 증거능력이 인정된다면 위법수집증거배제법칙의 취지는 미약해지고 말기 때문이다.

위법하게 수집된 증거물 또는 자백, 즉 '독수'에 의거하여 발견된 파생증거(derivative evidence), 즉 '독과'를 증거로 사용하는 것을 금지해야 한다는 문제의식은 1920년 미국 연방대법원에 의해 처음 제기된 후 법계(法系)의 차이를 떠나 세계화되고 있다. 우리나라의 경우 1977년 대법원은 경찰관이 가족 살해 혐의를 받는 피의자에게 고문을 가하여 범행 자백을 받고 또한 이 자백을 통하여 증거물을 확보한 사례에서, 자백의 증거능력은 물론 증거물의 증거능력도 부정한 바 있다.[1] 이 판결은 '유신 체제' 말기라는 엄혹한

---

1) "압수된 망치, 국방색 작업복과 야전잠바 등은 위에서 설시한 대로 피고인의 증거능력 없는 자백에 의하여 획득된 것이므로 따라서 증거능력이 없다."

시기에 독수과실의 원리를 명시적으로 적용한 희귀한 판결로 극히 예외적인 것이었는데, 그 후 대법원은 일관되게 '성질·형상 불변론'2)에 따라 위법수집증거의 불배제의 입장을 고수했다. 그런데 제4편에서 보았듯이, 2007년 11월 15일 대법원은 '김태환 제주지사 사건' 판결에서, '성질·형상 불변론'을 폐기하고 비진술증거에 대해서도 위법수집증거배제법칙을 적용하고 위법수집증거의 파생증거도 원칙적으로 배제한다는 입장을 선언하였다.3) 이후 독수과실의 원리의 적용을 검토하는 대법원 판결이 계속 나오고 있다.

제6편은 독수과실의 원리를 최초로 정립한 후 정치하고 풍부한 이론 틀을 정립한 미국의 법리를 검토하면서, 이 원리의 의의는 무엇이고 어떠한 예외가 인정될 수 있는지를 분석한다. 이어 이 원리를 수용한 다른 영미법계 국가의 판례, 증거금지(Beweisverbote)의 '파급효'(Fernwirkung)란 이름으로 전개되어 온 독일 이론과 판례, 그리고 일본의 판례와 학설의 현황을 검토한다. 이어 2007년 이후 '독수과실의 원리'를 검토한 우리 대법원 판결을 분석한다.

---

2) 대법원 1968. 9. 17. 선고, 68도932 판결. 같은 취지의 판결로 대법원 1987. 6. 2 선고, 87도705 판결; 대법원 1994. 2. 8. 선고 93도3318 판결 등이 있다.
3) 대법원 2007. 11. 15. 선고 2007도3061 판결.

제2장

미국 '독수과실의 원리'의
형성과 전개

제 1. 원리의 단초

연방 사건에서의 위법수집증거배제를 선언했던 1914년의 'Weeks v. United States 판결'[1]이 내려진지 얼마 되지 않아, 1920년 'Silverthorne Lumber v. United States 판결'[2]에서 연방대법원은 '독수과실의 원리'의 기본골격을 제시한다. 이 사건에서 연방수사요원은 피고인 부자(父子)의 문서를 불법적으로 압수하여 기소배심(grand jury)에 제출하였는데, 연방법원은 문서를 찍은 사진과 복사본은 몰수한 채 문서의 반환을 명하였고, 검찰은 기소배심으로 하여금 당해 문서를 다시 획득하는 소환장(subpoena)을 발부하도록 유도하였다. 법원은 그 소환장은 불법한 압수로 획득한 문서의 내용에 기초하여 발부되었으므로 유효하지 않다고 판시한다. 판결문을 집필한 홈즈 대법관은 말한다.

어떤 방법으로 증거를 수집하는 것을 금지하는 규정의 핵심은 비단 그렇게 수집된 증거가 법정에서 사용될 수 없다는 데 있는 것만이 아니고, 그 증거는 절대로(at all) 사용될 수 없다는 데 있다.[3]

---

1) 232 U.S. 383(1914).
2) 251 U.S. 385(1920).
3) Id. at 392.

바로 이어 법원은 "획득한 사실에 대한 지식이 독립된 출처(independent source)로부터 얻어진 것이라면" 이 원리가 적용되지 않는다고 밝힘으로써, 이 원리에 대한 예외창출을 예고하였다.[4] 동 판결은 '독수과실'이라는 용어 자체는 사용하지 않았으며, 이후 연방통신법을 위반한 불법도청에서 나온 과실의 증거능력을 문제 삼은 1939년의 'Nardone v. United States 판결'[5]이 이 용어를 최초로 사용하게 된다. 이 판결을 집필한 프랑크푸르터 대법관은 다음과 같이 말한다.

> [위법한 증거수집] 방법을 직접 사용하는 것은 금지하면서도 그 방법을 전면적으로 간접사용하는 것에 대해서는 제한을 가하지 않는다면, 윤리적 기준과 불일치하고 개인의 자유를 파괴하리라 생각되는 바로 그러한 증거수집 방법을 초치(招致)하게 될 것이다.[6]

한편 동 법원은 이러한 원리를 재확인하면서도, 독수와 독과 사이의 인과적 연관이 너무 희박해져서 그 오염(taint)이 없어질 정도라면 그 과실을 증거로 사용할 수 있음을 부언하였다.[7]

이상과 같은 20세기 초반의 연방대법원의 판결에서 독수과실의 원리와 그 예외의 기본틀이 짜여진다. 이후 워렌 대법원이 출현하여 형사절차혁명을 추진하면서 독수과실의 원리는 보다 강력한 힘을 갖게 된다.

예컨대, 위법한 압수·수색으로 획득한 자백을 제시하여 얻은 2차 자백,[8] 수정헌법 제6조상의 변호인의 조력을 받을 권리를 침해하여 얻은 자백을 기초로 하여 얻은 증거,[9] 변호인의 참여 없이 법정 밖에서 이루어진 범인지목을 위한 정렬절차(line-up identification)에서의 목격자의 범인지목을

---

4) Id.
5) 308 U.S. 338(1939).
6) Id. at 340.
7) Id. at 341.
8) Fahy v. Conneticut, 375 U.S. 85(1963).
9) Escobedo v. Illinois, 378 U.S. 478(1964).

기초로 행해진 법정 내의 증인지목(courtroom identification),[10] 위법하게 획득한 자백에 기초하여 이루어진 원심에서의 피고인의 법정증언[11] 등이 '과실의 오염'이 인정되어 배제된다.

제 2. 예외의 형성과 그 논리

I. '제거된 오염의 예외'의 전개 ─ '오염'은 어떤 경우 제거되는가?

1963년의 'Wong Sun v. United States 판결'[12]은 독수과실의 원리를 재확인하면서 '제거된 오염의 예외'(the purged taint exception)를 확립한 지도적 판결이다. 이 사건에서 연방마약반 수사관이 불법적인 가택수색을 통하여 Toy를 체포하고 진술을 확보하였다. 이어 수사관은 Toy로부터 Yee가 마약을 팔고 있다는 진술을 받은 직후 Yee를 만났는데, Yee는 마약을 수사기관에 제출하였고 또한 Toy와 Wong Sun이 자신에게 마약을 팔았다는 진술을 확보하였다. 이후 Wong Sun은 불법체포되었다가 석방되었으나, 수일 후 다시 자발적으로 출두하여 자백을 하였다. 이 사건에서 법원은 독수과실의 원리가 적용되는 경우와 그렇지 않은 경우를 구분한다.

법원은 먼저 Toy의 진술은 불법한 수색의 직접적 산물이므로 당연히 배제되어야 하며,[13] Yee로부터 압수한 마약은 불법하게 획득한 Toy의 진술의 독과이고 Toy의 진술과 마약 압수 사이에 오염이 제거될 만한 사건이

---

10) United States v. Wade, 388 U.S. 218(1967). 그러나 목격자가 아니라 피해자에 의해 법정 내에서 범인지목이 이루어졌다면 피고인이 불법체포되었다 할지라도 그 지목을 통해 확보된 피고인의 인상착의는 '독수과실'이 아니다[United States v. Crew, 445 U.S. 463(1980)]
11) Harrison v. United States, 392 U.S. 219(1968).
12) 371 U.S. 471(1963).
13) Id. at 484. 법원은 독수과실의 원리를 적용하는 데 있어 진술증거와 비진술증거를 구분할 필요가 없음을 분명히 한다(Id. at 485-486).

없었으므로 배제되어야 한다고 판시한다.14) 그러나 법원은 Wong Sun의 자백은 그 자신에 반하여 증거로 사용할 수 있다고 판시하는데, 그 근거는 Wong Sun이 처음에는 불법체포되었으나 이후 석방되었고, 이후 Wong Sun 이 자발적으로 출두하여 자백하였기에 불법체포와 자백 사이에 인과적 연관 이 너무 희박해져서 그 오염이 없어졌다는 것이다.15) 즉, 원래의 불법과 증거 사이에 별개의 요소가 개입하였으므로 위법수집증거배제법칙의 근거 인 사법의 염결성이나 경찰관의 불법행위의 억지가 적용되지 않는다고 파악 한 것이다. 브레넌 대법관의 정식화를 보자.

어떠한 증거가 경찰관의 불법적 행동이 없었다면(but for) 드러나지 않았을 것이라는 그 이유만으로 그 증거가 독수의 과실이라고 생각할 필요는 없다. 이러한 사건에서 보다 적절한 질문은 1차적 불법의 성립이 인정된 상태에서 이의제기가 이루어진 당해 증거가 [1차적] 불법을 이용하여 드러난 것인지, 아니면 1차적 오염이 제거되었다고 충분히 판단할 수 있는 방법에 의하여 드러 난 것인지 여부이다.16)

옹썬 판결의 경우는 독수과실인 경우와 그렇지 않은 경우가 비교적 선명하게 구분되는 경우였다. 문제는 양자의 구별이 용이하지 않은 경우가 많기에 옹썬 판결의 구별지침만으로는 충분하지 않았다. 1973년의 'Brown v. Illinois 판결'17)은 오염제거를 결정하기 위한 보다 구체적인 지침을 제시 한다.

이 사건에서 피고인은 상당한 이유 없이 불법적으로 체포되어 경찰서

---

14) Id. at 488. 한편 법원은 '독수과실'인 이 마약이 Wong Sun에 대하여는 사용할 수 있는가 하는 문제에 대해서는, 이 마약의 압수가 Wong Sun의 프라이버시를 침 해한 것은 아니므로 Wong Sun은 증거배제를 신청할 수 있는 적격(適格)이 결여되 어 있고, 따라서 이 마약은 Wong Sun에 대해서는 증거로 사용할 수 있다고 판시 한다(Id. at 492).
15) Id. at 491.
16) Id. at 488.
17) 422 U.S. 590(1975).

로 인치된 후 미란다 고지를 받고 신문을 받았고 이어 1차 자백을 하였다. 미란다 고지가 다시 주어진 2차 신문에서 피고인은 2차 자백을 하였다. 법원은 1·2차 자백 모두 독수과실로 배제되어야 함을 분명히 한다. 법원은 미란다 고지 자체로는 불법한 체포의 오염을 항상 제거하지는 않는다고 말하면서, 자백이 불법한 체포를 이용하여 획득한 것인가를 판단하기 위해서는 이하의 사항도 고려되어야 한다고 판시한다. 즉, "체포와 자백의 시간적 근접성, [체포와 자백 사이에] 개입하는(intervening) 상황의 존재, 그리고 특히 경찰관의 불법행위의 목적과 파렴치성(flagrancy)"[18] 등이다.

그리하여 법원은 이 사건의 경우 옹썬 판결과는 달리 불법체포와 1차 자백 사이에 그리고 1차 자백과 2차 자백 사이에 '개입하는 상황'이 없었고,[19] 경찰관의 체포는 기습적으로 피고인의 자백을 받기 위해 계산된 것임에 주목하면서,[20] 두 자백 모두를 배제하였다.

불법한 체포로 자백을 획득했다면 설사 미란다 고지가 주어졌다 하더라도 그 자백은 배제되어야 한다는 입장은 이후 1979년의 'Dunaway v. New York 판결'[21])에서도 재확인된다. 그리고 1982년 'Taylor v. Alabama 판결'[22])은 불법체포 또는 수색과 자백 사이의 연관은 그 사이에 '개입하는 상황'이 있다고 하여 쉽사리 깨뜨려지지 않음을 보여 주었다(그러나 1990년의 'New York v. Harris 판결'[23])에서 연방대법원은 체포의 상당한 이유가 없어 불법한 체포였던 이상의 세 사건과는 달리, 상당한 이유는 있으나 체포영장이 없어 불법한 체포에서 파생된 자백의 경우에는 배제되지 않는다고 판시하였다).[24]

---

18) Id. at 603-604.
19) Id. at 604.
20) Id. at 605.
21) 442 U.S. 200(1979).
22) 457 U.S. 687(1982).
23) 495 U.S. 14(1990).
24) 이 사건에서 체포와 자백 사이에 6시간이 흘렀고, 미란다 고지가 자백 전에 시행되었으며, 피고인에 대해 그의 약혼자와 친구의 방문이 허용되었고, 육체적으로 가혹행위를 당한 적이 없으며, 또한 불법체포 후 신문 도중에 체포영장이 발부되었다. 그러나 법원은 이 모든 요소가 불법체포와 자백 사이의 연관을 깨뜨리는 데

'제거된 오염의 예외'의 상황을 축약하여 도해화하면 다음과 같다.

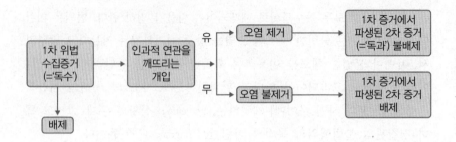

한편 연방대법원은 불법한 방법을 통하여 인지된 증인의 경우는 그 오염이 쉽게 제거된다고 본다. 1974년의 'Michigan v. Tucker 판결'25)에서 연방대법원은 검찰은 미란다 법칙 위반을 통해 신상이 확보된 증인을 법정에 호출할 수 있다고 판시하였고, 1978년의 'United States v. Ceccoloni 판결'26)에서는 불법수색을 통해 신상이 알게 된 증인이 진술한 증언의 증거능력을 인정하였다.

Ⅱ. '독립출처의 예외'의 구체화

1920년 실버쏜 판결에서 언급되었던 '독립출처의 예외'(the independent source exception)는 이후 두 개의 판결에서 구체화된다.

먼저 1984년의 'Segura v. United States 판결'27)의 사실관계를 보면, 경찰관은 피고인을 체포하고 피고인의 가택을 수색할 상당한 이유를 가지고 있었으나 수색영장은 없는 상태에서 피고인을 그의 가택 바깥에서 체포하였다. 수색영장이 '행정적인 지연' 때문에 18 또는 20시간 정도 발부되지 못하

는 불충분하다고 판시하였다.
25) 417 U.S. 433, 451-452(1974).
26) 435 U.S. 268(1978).
27) 468 U.S. 796(1984).

자 경찰관은 피고인과 함께 그의 집 안으로 들어갔고, 이 때 마약흡입기를 발견하게 되자, 경찰관은 증거가 훼손되지 못하게 조치를 취하고 피고인의 동료도 체포하였다. 시간이 흐른 후 영장이 발부되자 경찰관은 수색을 펼쳐 코카인과 마약거래기록을 압수하였다. 5대 4의 다수의견은 가택침입이 불법이었음을 인정하면서도 경찰관이 침입 이전에 수색영장을 발부받는 데 상당한 이유를 가지고 있었고, 영장은 전적으로 문제의 최초의 불법침입 이전에 경찰관이 알고 있던 정보에 기초하여 발부된 것이라는 점에 중점을 두면서, 이 정보와 영장은 최초의 침입과 무관한 것이므로 압수한 증거에 대하여 '독립출처'를 가지고 있었고 따라서 압수된 증서는 '오염된 과실'이 아니라고 판시하였다.[28]

한편 1988년의 'Murray v. United States 판결'[29]은 '독립출처의 예외'를 보다 확장하는데, 이 사건에서 경찰관은 피고인을 창고 밖에서 체포하고 영장발부신청을 하지 않은 채 창고를 침입하여 다량의 마리화나를 발견하였고, 그 다음에 영장발부신청을 하였다. 영장발부신청시 경찰관은 자신이 이미 창고 안에 들어가 있으며 마리화나를 보았다는 것에 대해서는 언급하지 않았다. 영장이 발부되자 경찰관은 다시 창고에 들어가 마리화나를 '재발견'하여 압수하였다. 세구라 판결의 경우와는 달리 이 사건에서 경찰관은 최초의 창고침입시 영장발부를 위한 어떠한 절차도 밟지 않았고 증거의 발견은 최초의 영장없는 불법침입에서 이루어진 것이었으나, 5대 4의 다수

---

28) Id. at 798-799. 이에 대하여 반대의견은 '독립출처의 예외'가 이 사안에는 적용되지 않는다고 주장한다. 먼저 반대의견은 최초의 가택침입뿐만 아니라 18-20시간 동안의 피고인의 가택 내에서의 작업도 수정헌법 제 4 조 침해라고 보았고[Id. at 827(Stevens, Brennan, Marshall, Blackmun, dissenting)], 영장발부신청중에 획득한 증거와 최초의 불법침입중에 획득한 증거를 구별할 필요가 없다고 파악하였다(Id. at 831-832). 그리고 반대의견은 수색영장을 발부하게 한 '정보'가 오염되었다는 것이 아니라, 수사기관의 당해 증거에 대한 '접근'이 오염되었다는 점(Id. at 832), 즉 경찰관이 18시간 동안 피고인의 가택 내에 없었더라면 가택 내에 있었던 피고인의 동료들은 피고인이 체포된 것으로 추정하고 증거를 제거하였을 것이라는 점에 초점을 맞추었다.
29) 487 U.S. 533(1988).

의견은 이 경우에도 결국 영장발부가 있었다는 이유로 '독립출처의 예외'를 적용한다. 반대의견의 지적처럼, 다수의견에 따르면 경찰관은 영장발부에 신경을 쓰지 않고 일단 불법적 수색을 벌인 후에 무엇인가를 발견하면 영장발부절차를 밟아도 좋다는 식이 되므로 다수의견의 논리는 경찰관에게 영장 없는 가택침입의 강한 동기를 제공하는 것이었다.[30]

세구라 판결과 머레이 판결에서 구체화된 '독립출처의 예외'의 적용요건을 종합해보면, (i) 경찰관이 증거를 발견하였을 때 불법적으로 해당 장소에 있었을 것, (ii) 경찰관이 수색영장을 발부받은 상태는 아니지만 영장을 발부받을 만한 지식 등 상당한 이유를 보유하고 있었을 것, (iii) 경찰관은 결국은 수색영장을 신청하려 하였을 것, 그리고 (iv) 영장은 상당한 이유에 기초하여 추후 발부되었을 것 등으로 요약할 수 있을 것이다.

이상과 같은 '독립출처의 예외'를 도해화하면 다음과 같다.

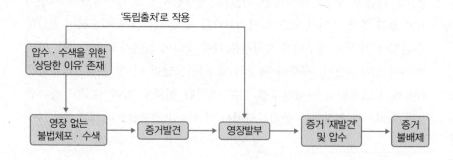

---

30) Id. at 546-547(Marshall, dissenting). 그리고 반대의견은 추후의 영장에 기초한 수색이 최초의 불법침입과 전적으로 영향 받지 않았다는 점을 뒷받침할 '역사적 사실'이 존재하지 않는다고 비판하였다(Id. at 549).

Ⅲ. '가정적 상황'에 기초한 '불가피한 발견의 예외'의 신설

1. 1984년의 'Nix v. Williams 판결'

한편 연방대법원은 '독립출처의 예외'의 변종이라 할 수 있는 새로운 예외를 승인한다. 즉, '불가피한 발견의 예외'(inevitable discovery excep tion)이다. 이 예외는 증거가 불법한 경찰수색을 통해 획득되었다 하더라도, 그 증거가 별도의 독립적이고 합법적인 수단에 의하여 불가피하게 발견될 수 있었던 것이라면 그 증거능력을 인정할 수 있다는 것으로, 1984년의 'Nix v. Williams 판결'[이하 윌리엄스 Ⅱ 판결로 약칭]31)에 의하여 제시되었다. 이는 제2편 제1장에서 살펴 본 1977년의 'Brewer v. Williams 판결'[이하 윌리엄스 Ⅰ 판결로 약칭]32)의 연장선상에 있는 판결로, 윌리엄스 Ⅰ 판결에서 수사기관이 피고인의 변호인접견권을 침해하여 사체의 위치를 알리는 발언을 끌어내었다는 이유로 피고인의 발언을 배제하였다면, 윌리엄스 Ⅱ 판결에서는 사체 그 자체에 대한 배제요청을 받아들일 것인가가 쟁점이었다.

연방대법원은 원심에서 문제가 된 피고인의 변호인접견권을 침해하여 획득한 발언이 없었다 할지라도, 경찰수색대가 이미 출동하여 피고인의 자백시점에 사체가 묻힌 장소에 가까이 와 있었다는 점 등을 고려할 때 사체는 불가피하게 발견되었을 것이라는 이유로 독수과실의 원리를 적용하지 않는다. 법원은 경찰관의 불법행위를 억지하려면 '소추측이 불법행위가 없었던 경우보다 유리한 지위를 점하지 않아야 한다'는 점이 중요한데, 이 사안의 경우는 '불가피한 발견'이 가능하므로 증거를 불배제하더라도 소추측이 유리한 지위를 점하지 않는다는 것이 핵심논거였다.33) 이상을 도해화하면 다음과 같다.

---

31) 467 U.S. 431, 448-450(1984).
32) 430 U.S. 387(1977).
33) Williams Ⅱ, 467 U.S. at 443.

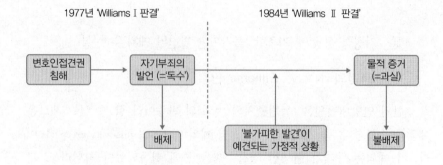

1977년 'Williams I 판결'   1984년 'Williams II 판결'

2. 예외에 대한 제한

이 판결의 반대의견이 지적하였듯이 이 새로운 '불가피한 발견의 예외'
는 '독립출처의 예외'와는 달리 적법한 절차에 따라 발견되었을 것이라는
'가정적 상황'(hypothetical finding)에 기초하므로,[34] 독수과실의 원리를 기초
를 무너뜨릴 소지를 갖고 있었다.

특히 '불가피한 발견의 예외'는 수정헌법 제 6 조의 변호인접견권 침해
로 획득한 증거의 배제문제와 관련하여 수립된 것인데, 이것이 수정헌법
제 4 조 위반의 불법한 압수·수색과 관련해서도 확대·적용되면 문제가 오
용의 가능성이 커지는 것이었다. '우리는 영장을 발부받을 수 있었다'라는
수사기관의 주장이 수용된다면 영장주의는 사실상 무의미해지기 때문이
다.[35] 하급심 판결 중에는 이 예외를 불법한 압수·수색의 상황에도 적용하
는 경우가 발견되지만,[36] 다수의 하급심 판결은 이 예외의 적용을 거부하였

---

34) Id. at 459(Brennan, Marshall, dissenting). 브레넌과 마샬 대법관의 반대의견은 '불
   가피한 발견의 예외'를 인정하면서도, 이 점 때문에 그 증명의 정도를 다수의견보
   다 강하게 요구한다. 즉, 반대의견은 소추측이 '불가피한 발견'을 '우월한 증
   거'(preponderance of evidence) 정도가 아니라 '명백하고 설득력 있는 증거'(clear
   and convincing evidence)에 의하여 증명할 것을 요구한다(Id.).
35) Craig M. Bradley, "Murray v. United States: The Bell Tolls for the Search Warrant
   Requirement," 64 *Ind. L. J.* 907, 920(1989).
36) United States v. Buchanan, 910 F.2d 1571(7th Cir. 1990); United States v. Ford,
   22 F.3d 374(1st Cir. 1994).

다.[37] 대표적으로 1994년 'United States v. Echegoyen 판결'[38]을 인용하자면,

　　수사관이 상당한 이유를 가지고 있었고 불가피하게 영장을 발부받을 수 있었을 것이라는 이유로 수사관의 영장발부의 실패를 용서하는 것은 수정헌법 제4조의 영장주의의 요구를 완전히 일탈하는 것이다.[39]

　　그리고 상당수의 하급심 판결은 '불가피한 발견의 예외'를 적용하려면 "발견을 불가피하게 만드는 합법적 수단이 수사기관의 불법행위가 발생하기 이전에 적극적으로 수행되고 있었음을 소추측이 입증해야 한다"[40]라는 입장을 취함으로써['적극적 수행'(active pursuit)의 원칙], 이 예외의 확장을 막고 있기도 하다.

제 3. 미란다 고지 불이행과 '독수과실의 원리'

　　이상에서 본 상당한 이유 없는 불법한 체포나 변호인접견권을 침해하여 획득한 증거로부터 파생된 증거의 경우와는 달리, 미란다 고지가 이행되

---

37) United States v. Meija, 69 F. 3d 309(9th Cir. 1995); United States v. Cabassa, 62 F. 3d 470(2d Cir. 1995).
38) 799 F. 2d 1271(9th Cir. 1986).
39) Id. at 1280 n. 7.
40) United States v. Brookings, 614 F.2d 1037, 1042 n. 2(5th cir. 1980)(강조는 인용자). 또한 United States v. Cherry, 759 F. 2d 1196(5th Cir. 1985)도 동일하다. 반면 '적극적 수행'의 원칙을 새로운 요건으로 인정하지 않는 하급심 판결로는 United States v. Kennedy, 61 F. 3d 494(6th Cir. 1995); United States v. Ford, 22 F. 3d 374(1st Cir. 1994) 등이 있다. '적극적 수행'의 원칙에 대해서는 Troy E. Golden, "The Inevitable Discovery Doctrine Today: The Demands of the Fourth Amendment, Nix, and Murray, and the Disagreement Among the Federal Circuits," 13 *BYU J. Pub. L.* 97, 119-125(1998); Stephen E. Hessler, "Establishing Inevitability Without Active Pursuit: Defining the Inevitable Discovery Exception to the Fourth Amendment Exclusionary Rule," 99 *Mich. L. Rev.* 238(2000) 등을 참조하라.

지 않은 채 획득한 자백으로부터 파생된 자백 또는 물적 증거의 경우를 어떻게 할 것인가에 대해서는 근래까지 논란이 있었다.

이 쟁점을 최초로 다룬 연방대법원 판결은 제 2 편 제 1 장 제 3.에서 언급한 1985년 'Oregon v. Elstad 판결'41)이다. 이 판결은 피고인에 대한 적법한 체포시 미란다 고지가 제대로 행해지지 않은 채 피고인이 자백하였고 이후 다시 적정한 미란다 고지가 행해진 후 피고인이 다시 자백한 경우, 두 번째 자백은 불법한 첫 번째 자백으로부터 파생한 '오염된 과실'이 아니라고 파악하였다. 오코너 대법관이 집필한 다수의견은 독수과실의 원리는 헌법위반이 있을 것을 상정하는데, 미란다 고지 위반은 그에 해당되지 않는다는 것을 이유로 이러한 결론에 도달했다.42)

이러한 결론은 미란다 원칙을 '헌법에 의해 보장되는 권리 그 자체'가 아니라 자기부죄금지의 특권을 보장하기 위한 '예방적(prophylactic) 규칙'으로 본 1974년 'Michigan v. Tucker 판결'43)의 영향 때문이다. 그러나 제 2 편 제 1 장 제 4. 에서도 언급하였듯이, 연방대법원은 2000년의 'Dickerson v. United States 판결'44)에서 미란다 법칙의 지위를 헌법적 의미를 갖는 법칙으로 복귀시킨다.

그리고 'Elstad 판결' 이후 경찰관들은 일단 미란다 고지를 하지 않고 자백을 받은 다음에 비로소 미란다 고지를 행하고 같은 내용의 자백을 받는 기법을 구사하게 되었다. 이에 대하여 2004년 내려진 두 개의 판결이 제동을 건다.

먼저 'Fellers v. United States 판결'45)에서 경찰은 마약거래 혐의 피의

---

41) 470 U.S. 298(1985). 이 판결에서 다수의견은 미란다 고지가 제대로 시행되지 않았음에도 불구하고 두 번째 자백의 '독수과실' 여부에는 초점을 맞추지 않고 오직 두 번째 자백이 자발적으로 만들어졌다는 데 무게중심을 두어 판결을 하였다. 이러한 다수의견의 입장에 대해서는 미란다 규칙의 효력을 경감한다는 강력한 반대의견이 내부에서 제기되었다.
42) Id. at 305, 308.
43) 417 U.S. 433, 439, 444-446(1974).
44) 530 U.S. 428, 444(2000).
45) 124 U.S. 1019(2004).

자를 정식으로 체포하기 전에 대화의 형식을 빌리며 비공식적인 신문을 전개하여 자백을 받았는데, 이 과정에서 진술거부권, 변호인선임권 등 피의자의 권리는 고지되지 않았다. 이어 경찰은 피의자를 정식으로 체포하였을 때 피의자는 진술거부권을 행사하지 않겠다는 의사를 표시하였고, 이전의 자백과 동일한 내용을 자백을 하였다. 원심은 첫 번째 자백은 증거능력이 없으나 두 번째 자백은 증거능력이 있다고 판시하였는데, 연방대법원은 이를 파기하고 미란다 법칙을 위배한 자백획득이 선행하였다면, 이후 설사 미란다 고지가 있은 후 획득한 자백도 '독과'이므로 배제되어야 한다고 판시한 것이다.

'Missouri v. Seibert 판결'46)은 미란다 법칙을 우회하려는 경찰의 기법을 금지한다. 이 사건에서 방화치사 혐의로 체포된 피고인에 대하여 경찰관은 상부의 지시에 따라 미란다 고지를 하지 않고 신문을 하여 자백을 받았고, 자백을 받은 후 미란다 고지를 하고 또한 피고인으로부터 권리 포기를 받은 후 다시 자백을 받았다. 6 대 4의 다수의견은 2차 자백을 위법하게 수집한 1차 자백으로부터 도출된 '독수과실'로 보고 증거능력을 배제한다.

한편, 미란다 고지를 행하지 않고 획득한 자백에 기초하여 수집한 물적 증거의 경우를 배제할 것인가에 대해서는 하급심 판결의 경향이 갈리고 있었다.47) 먼저 2001년 'United States v. DeSumma 판결'48)은 수정헌법 제 4 조 위반과 제 5 조 위반의 차이를 주목하면서 독수과실의 원리의 적용을 완전 거절한다. 2002년 'United States v. Sterling 판결'49)도 같은 취지이다. 둘째, 1998년 'United States v. Byram 판결'50)과 2002년 'United States

---

46) 542 U.S. 600(2004).
47) 이에 대해서는 Kirsten Leia Ambach, "Miranda's Poisoned Fruit Tree: The Admissibility of Physical Evidence Derived from an Unwarned Statement," 78 *Wash. L. Rev.* 757 (2003); Craig M. Bradley. "The 'Fruits' of Miranda Violations," *Trial* (Dec. 2003) 등을 참조하라.
48) 272 F. 3d 176(3d Cir. 2001).
49) 283 F. 3d 216(4th Cir. 2002).
50) 145 F. 3d 405(1st Cir. 1998).

v. Faulkingham 판결'51)에서 관철되는 제 1 순회 항소법원의 입장으로, 이 입장은 수사기관의 고의적(willful) 미란다 고지 위반의 경우에 한하여 그로부터 파생한 물적 증거를 배제한다. 셋째, 제10순회 항소법원의 2002년 'United States v. Patane 판결'52)의 입장으로, 수사기관의 과실로 인한 미란다 고지 위반의 경우에도 독수과실의 원리를 적용한다.

2004년 'United States v. Patane 판결'53)에서 연방대법원은 5 대 4의 다수의견으로 위 제10순회 항소법원의 판결을 파기한다. 이 사건에서 경찰관은 피고인이 판사의 '금지명령'(restraining order) 위반을 수사하던 도중 피고인이 불법적으로 무기를 소지하고 있다는 소식을 듣고 피고인의 집으로 가서 체포를 시도했다. 경찰관이 피고인에게 미란다 권리를 고지하려고 하자, 피고인은 자신은 그 권리를 잘 안다고 주장하며 고지를 중단시켰다. 이어 경찰관이 피고인에게 총기의 소재를 묻고 이를 압수하였다.54)

다수의견은 미란다 불고지 후 획득한 진술과 임의성 없는 진술을 구별하면서, 후자의 경우 1차 진술과 2차 물적 증거 모두 배제되어야 하지만 전자의 경우는 1차 진술은 배제되지만 2차 물적 증거는 배제되지 않는다는 기준을 제시하였다.55) 이 판결의 결론이 피고인이 미란다 권리를 잘 안다고 주장하며 고지를 중단시켰다는 사실관계에 제한되어 적용되는 것인지, 아니면 미란다 고지가 이루어지지 않는 사실관계 일반에 적용되는 것인지는 지켜보아야 할 것이다.

---

51) 295 F. 3d 85(1st Cir. 2002).
52) 304 F. 3d 1013(10th Cir. 2002).
53) 542 U.S. 630(2004).
54) Patane, 542 U.S. at 630.
55) Ibid.

제3장

원리의 세계적 확산

제 1. 영국과 캐나다

　이상과 같은 독수과실의 원리는 다른 영미법계 국가에도 수용된다. 영국과 캐나다의 판결을 예로 살펴보기로 하자.

　영국의 경우 1991년 'R. v. McGovern 판결'[1])이 대표적이다. 이 사건에서 피고인은 10세 정도의 정신연령을 가진 나이 만 19.5세의 임신한 여성으로서, 모살 혐의로 체포되었다. 피고인은 변호인 접견이 거부당한 상태에서 행해진 첫 번째 신문을 받았는데, 피고인은 경찰관이 설명한 자신의 형사절차상 권리를 이해하지 못하였고 계속된 신문으로 혼란에 빠진 상태에서 자신에 불리한 진술을 하였다. 두 번째 신문에서는 변호인이 배석한 상태에서 피고인은 다시 자백하였다. 항소법원은 첫 번째 신문에서 자백은 변호인 접견이 거부된 상태에서 획득된 것이고, 두 번째 자백은 첫 번째 신문에서 경찰관의 위법행위로 오염된 것이므로 두 자백 모두 배제되어야 한다고 판시하였다.

　단, 영국의 경우 위법수집자백으로로부터 도출된 "기타 사실"(any facts)의 증거능력의 경우에 대해서는 위법수집자백의 배제가 이 '사실'의 배제 여부

---

1) (1991) 92 Cr. App. R. 228.

에는 영향을 미치지 않는다고 법률로 규정하고 있다.2)

다음으로 캐나다 연방대법원의 1995년 'R. v. Burlingham 판결'3)을 보자. 이 사건에서 피고인은 여성에 대한 살인을 자백하고 유죄평결을 받았는데, 동 법원은 수사기관이 피고인의 변호인의 조력을 받을 권리를 계속 침해하고, 피고인의 자백을 요구하는 거래를 제안하였다는 점 등을 이유로 피고인의 자백을 배제하였다. 그런데 이 사건에서 파생증거의 배제가 문제가 되었다. 피고인은 피해자에 대한 살해를 자백하고 경찰에게 총이 있는 곳을 말한 다음날, 자신의 여자친구에게 그가 피해자의 사망에 대한 어떤 사실을 알고 있다고 이야기하였고, 두 달 후 또 그녀에게 피해자가 살해될 당시 자신이 그 자리에 있었으며, 피해자는 자신이 아니라 자신의 친구에 의해 살해되었다고 말했다. 이후 경찰은 성공적으로 총을 발견했고 그 총은 피고인과 그의 친구에 의해 절취된 것임이 확인되었다. 1심 법원은 피고인의 자백과 그가 경찰에게 총이 버려진 자리를 말했다는 사실을 배제하였으나, 나머지 증거는 배제하지 않았고, 항소법원은 원심을 확정하였다. 그러나 연방대법원은 피고인의 자신의 여자친구에 대한 진술과 총뿐만 아니라 피고인과 그의 친구가 문제의 총을 절취하였다는 증거도 배제하였다. 즉, 총과 관련된 모든 증거와 피고인을 살해무기와 연관시키는 모든 증거가 배제된 것이다.

법원은 위법하게 획득한 자백과 총의 발견 사이에 직접적 연관이 있다고 보면서,4) '원격성'(remoteness) 기준을 제시한다:

재판에서 어떤 증거가 배제되어야 하고 배제되지 말아야 하는지를 결정하는 데 있어, 인권헌장 위반과 가장 근접하여 획득된 증거에 대한 검토부터 시작하고, 다음에 그 위반에서 보다 멀리 떨어진 채 획득된 증거에 대하여 검토하는 것이 적절하다. 이러한 분석을 정형화함에 있어, 인권헌장 위반과 보다 거리가

---

2) Police and Criminal Evidence Act, art. 76(2).
3) [1995] 2 S.C.R. 206, 97 C.C.C. (3d) 385, [1995] S.C.J. No. 39.
4) Id. para. 34.

있는 증거를 채택하면 헌장 위반과 가장 가까운 증거를 채택할 경우와 동일한 효과가 발생하는 경우, 보다 거리가 있는 증거가 채택되지 않을 수도 있음이 기억되어야만 한다.[5]

이러한 '원격성' 기준은 증거가 인권헌장 위반 이후에 발견되었고 비슷한 속성의 다른 증거가 또한 발견되었으나 헌장 위반과는 시간적으로 멀리 떨어진 경우, 후자의 증거 또한 그것이 헌장 위반과 직접적으로 연관된 증거와 똑같은 사실을 증명하려는 것이기 때문에 배제되어야 한다는 것으로, 캐나다판 독수과실의 원리라고 할 수 있다.

제 2. 독일의 '파급효' 이론

제 2 편 제 3 장에 보았듯이 독일에서 위법수집증거배제는 '증거금지'(Beweisverbote) 이론에 따라 해결된다. 독일에서 독수과실의 원리는 '증거금지' 중 '증거사용금지'(Beweisverwertungsverbot)의 '파급효'(Fernwirkung) 또는 '연쇄반응'(Kettenreaktion)의 문제로서 논의되고 있다. 이 문제의 단초는 독일 형사소송법 제136조의 a의 신설인데, 증거사용금지의 범위를 이 조항이 금지하고 있는 신문방법의 사용에 의해서 획득된 진술에 한할 것인가, 아니면 그 진술을 매개로 하여 얻은 다른 증거의 사용금지까지 확대할 것인가가 문제가 된 것이다.

이후 미국의 독수과실의 원리가 소개되면서 그 수용을 둘러싸고 본격적 논의가 시작되었고 이는 지금까지 계속되고 있다. 먼저 파급효를 긍정하는 견해는 미국의 독수과실의 원리를 수용하면서 사용금지의 성립을 인정하면서 파생증거의 사용을 허용하게 되면 수사기관이 증거금지규정을 위배하기 쉬우므로, 예방목적에 비추어 그로부터 얻은 증거에 대하여는 그 사용을

---

5) Id.

금지하는 것이 타당하다고 주장한다.[6]

그러나 독일의 다수설은 파급효를 부정하고 있는데, 그 근거는 사용금지의 이유인 증거획득상의 금지위반과 이로부터 획득한 파생증거와의 관계는 파급효를 인정하지 않으면 안 될 정도로 필연적인 것은 아니며, 만약 파급효를 인정하면 인과관계의 증명이라는 매우 곤란한 문제가 발생한다는 것이다. 그리고 미국과 달리 검사에게 '객관의무'가 부여되어 있으므로 수사기관에 대한 훈육기능을 일방적으로 강조하는 것은 문제가 있다고 본다.[7]

한편 독일 판례의 경우는 증거금지에 대한 판단에서와 마찬가지로 파급효 인정도 이익형량에 따라 결정하고 있다. 첫째, 독일연방대법원은 절차법규 위반이 존재하였으나 오랜 시간이 경과한 후 피고인이 자백한 경우는 이는 경찰관의 불법행위와 파생증거 사이에 인과관계가 단절되므로 파급효를 부정하였는데,[8] 이는 미국의 '제거된 오염의 예외'의 논리와 유사하다. 둘째, 동 법원은 피의자가 신문시에 위법하게 수집한 녹음테이프를 틀어주고 난 후 그 녹음테이프에 담겨 있지 않은 사실에 대한 피의자의 진술을 얻은 경우라면 녹음테이프와 피의자의 진술 사이에는 인과관계가 없고 독자적 인지과정이 개입되었으므로 녹음테이프의 증거능력이 있을 수 있음을 인정하였는데,[9] 이는 미국 '독립출처의 예외'와 논리와 유사하다.

그리고 학계에서 록신 교수는 이상의 경우 외에 가설적 수사상황의 고려를 파급효의 예외로 보고 있다. 만일 형사소추기관이 위법하게 수집한 1차 증거와는 별도로 적법한 방법으로 2차 증거를 동일하게 수집할 수 있는

---

6) K. H. Fezer, "Teilhabe und Verantwortung," *JZ* 937(1987); G. Gründwald, "Menschenrefchte in Strafprozß," *StV*(1987) 470; Harris, "Verwertungsverbot für mittelbar erlangte Beweismittel," *StrV* 313(1991); "Grenzen und Tragweite der Beweisverbote im Strafverfahren," *GA* 293(1970).

7) T. Kleinknecht, *Strafprozeßordnung* 21(33d ed. 1977); Rogall, "Gegenwärtiger Stand und Entwicklungstendenzen der Lehre von den Strafprozessuallen Beweisverboten," *ZStW* 91(1979).

8) 35 BGHSt 32(1987).

9) 27 BGHSt 355(1978).

고도의 개연성이 인정되면 파급효는 인정되지 않는다는 것으로,[10] 이는 미국의 '불가피한 발견의 예외'와 유사하다.

이상에서 독일에서 증거금지의 파급효의 인정범위에 관한 독일의 이론과 판례는 미국의 그것과 상당히 근접해 있음을 알 수 있다.[11]

단, 독일 법원은 불법도청으로 획득한 파생증거에 대해서는 엄격하게 '파급효'를 인정하고 있다. 독일에서 도청문제는 형사소송법 제100a-101조와 'G-10법'[12]에 의해 규율되고 있는데, 독일 법원은 경찰관이 감청시에 법규의 요청을 정확히 지켰다 할지라도 만약 이를 통해 획득한 증거가 원래 감청대상범죄와 무관한 것이라면 증거사용을 금지하고 있으며, 1차 위법수집증거에서 파생한 2차 위법수집증거의 배제, 즉 파급효까지 인정하고 있다.

예컨대 1978년 2월 22일 연방대법원 판결의 경우,[13] 합법적 감청이 행해졌으나 실상 이를 통하여 드러난 것은 감청대상목록에 없던 범죄였는데, 체포된 피고인 A에게 이 테이프를 들려주자 A는 자백하였다. 피고인은 판사 앞에서 한번 더 자백하였고 자신의 자백시에 어떠한 압력도 행해지지 않았음을 인정하였다. 그런데 연방대법원은 문제의 녹음테이프는 물론이고 2회의 자백 모두를 사용금지하였다. 이러한 입장은 1980년의 '슈피겔지(誌) 사건'[14]에서도 관철되었다. 이 사건에서 슈피겔지는 연방헌법수호청에 의해 감시를 받고 있던 핵물리학자의 글을 수록하였는데, 이 글은 유출된 정부문서에 기초하여 작성된 것이었고, 전직 연방헌법수호청 요원 출신 언론인 F에게 문서유출의 혐의가 주어졌다. G-10법에 따른 합법적 감청의 결과 수사기관은 F가 자신의 누이 집에 문제의 서류를 은닉하고 있다고 믿고 수색영장에 기초하여 그녀의 집을 수색하여 문제의 서류를 발견하였다. 그

---

10) C. Roxin, *Strafverfahrensrecht* 165(24th ed. 1995).
11) 한영수, "위법수집증거(물)의 배제 또는 사용에 관한 체계적인 이론의 형성 — 독일의 증거금지이론에 입각하여 —," 한국형사법학회, 「형사법연구」 제11호(1999), 42면.
12) Gesetz zur Beschräkung des Brief-, Post- und Fernmeldegeheimnies(Gesetz zur Artikel 10 Grundgesetz).
13) 27 BGHSt 355(1978).
14) 29 BGHSt 244(1980).

러나 이 서류는 G-10법에서 허용되지 않는 경한 범죄에 대하여 F의 관련을 입증해 줄 뿐이었다. 이에 연방대법원은 이 서류의 사용을 금지하였다.

제 3. 일 본

제 2 편 제 4 장에서 보았듯이 일본 최고재판소는 1978년의 '오사카 텐노사(天王寺) 각성제 사건'15)에 이르러 과거의 '성질·형상불변론'16)을 버리고 위법수집증거배제법칙을 원칙적으로 수용한 바 있다('상대적 배제법칙').

'독수과실의 원리'를 본격적으로 다룬 최고재판소의 판결은 없으나, 간접적으로 그 입장을 가늠케 하는 판결은 있다. 폭발물단속법규 위반사건에서 임의성에 의심이 있는 자백을 기초로 발견된 증거물은 당해 자백의 증거능력을 부정하는 취지에 따라 증거능력이 없다는 하급심 판결17)에 대하여, 항소심 판결은 방론(傍論)으로 자백획득의 수단이 고문 등 인권침해의 정도가 큰 경우에는 위법성이 크기 때문에 배제의 요청이 강하지만, 그 외의 적정절차위반의 경우는 위법성은 작으므로 위법성의 정도, 범죄사실 해명이라는 공공의 이익, 증거의 중요성, 위법수사가 2차 증거획득을 위한 것이었던가 등을 형량하여 결정하여야 한다는 입장을 제시하였다.18) 이 입장은 최고재판소에 일정하게 수용되어, 위법한 체포에 의해서 획득한 자백의 반복자백의 경우 질문을 행한 기관과 질문의 목적이 다르다면 증거능력은

---

15) 最高判 1978. 9. 7. 刑集 32卷 6号, 1672頁.
16) 最高判 1949. 12. 1. 裁判集 15号, 349頁.
17) 大阪地判 1976. 4. 17. 判時 834号 11頁. 이 외에 '독수과실의 원리'에 따라 파생증거를 배제한 하급심 판결로는 大阪高判 1934. 3. 29. 判夕 312号, 289頁이 있다. 이 사건에서 불법도박장 운영과 관련된 피고사건에서 판돈 등에 대한 메모가 위법하게 압수되어 증거능력이 결한 것이었고 이 메모에 의하지 않는다면 기억이 나지 않기 때문에 피고인이 범행을 행한 것을 스스로는 설명할 수 없는 등의 상황이었는데, 법원은 단순히 메모내용을 설명하는 것에 불과한 피고인의 공술도 증거능력이 없는 것이라고 판시하였다.
18) 大阪高判 1977. 6. 28. 刑月 9卷 5·6号, 334頁.

부정되지 않는다고 판시하였다.[19]

한편 학계에서는 증거물의 형상은 불변이기에 증거의 가치에 차이가 없고, 미국에서 이 원리가 만들어진 것은 경찰의 위법수사가 지나치게 심하여 이것을 억제하기 위해서인데 일본의 경우는 사정이 다르다는 점 등을 이유로 독수과실의 원리의 채택에 반대하는 입장도 있으나, 통설은 이 원리를 인정하고 있다. 단 구체적으로 독수과실의 원리가 어떠한 경우에 적용되며 그 한계는 무엇인가에 대해서는 아직 충분한 논의가 이루어지지 않고 있는 듯하다.[20]

학설의 현황을 간략히 검토하자면, (i) 미국법상의 독수과실의 원리의 예외를 원용하여 파생증거를 소추측이 독립원인으로부터 확보한 경우, 위법행위와 증거입수의 인과관계가 당초의 위법행위를 무시할 정도로 희박한 경우 외에는 독수과실은 증거능력을 배제하여야 한다는 설,[21] (ii) 적정절차의 보장이라는 관점으로부터 배제할 경우는 인과성으로 충분하지만, 사법의 염결성의 유지와 위법수사의 억제라는 관점으로부터 배제할 경우는 인과성의 정도, 2차 증거의 중요성, 사건의 중대성을 형량하여 결정하여야 한다는 설[22] 등이 있다.

---

19) 最高判 1983. 7. 12. 刑集 37卷 6号, 791頁(伊藤 裁判官 보충의견 참조).
20) 井上正仁, 「刑事訴訟における證據排除」(1985), 411면; 河村 博, "毒樹の果實," 松尾浩也 · 井上正仁 編, 「刑事訴訟法の爭點」(新版, 1991), 227頁.
21) 光藤景皎, "違法收集證據排除の範圍(四)," 「判例タイムズ」291号 (1973), 42頁.
22) 井上正仁(각주 20), 412頁.

제4장

원리의 한국적 전개

제 1. 들어가는 말

2007년 '김태환 제주지사 사건 판결'에서 대법원은 위법하게 수집한 비진술증거의 증거능력을 인정한 과거의 입장을 변경하는 것은 물론, 나아가 "절차 조항에 따르지 않는 수사기관의 압수·수색을 억제하고 재발을 방지하는 가장 효과적이고 확실한 대응책은 이를 통하여 수집한 증거는 물론 이를 기초로 하여 획득한 2차적 증거를 유죄 인정의 증거로 삼을 수 없도록 하는 것이다"라고 밝힘으로써 '독수과실의 원리'의 도입도 선언했다.[1] 그리고 '독수과실', 즉 위법수집증거의 파생증거의 배제기준을 제시했다.

> 절차에 따르지 아니한 증거 수집과 2차적 증거 수집 사이의 **인과관계 희석** **또는 단절 여부**를 중심으로 2차적 증거 수집과 관련된 모든 사정을 전체적·종합적으로 고려하여 예외적인 경우에는 유죄 인정의 증거로 사용할 수 있는 것이다.[2]

2009년 대법원은 보다 상세한 기준을 제시했다.

---

1) 대법원 2007. 11. 15. 선고 2007도3061 판결.
2) Id.(강조는 인용자).

법원이 2차적 증거의 증거능력 인정 여부를 최종적으로 판단할 때에는 먼저 절차에 따르지 아니한 1차적 증거 수집과 관련된 모든 사정들, 즉 절차 조항의 취지와 그 위반의 내용 및 정도, 구체적인 위반 경위와 회피가능성, 절차 조항이 보호하고자 하는 권리 또는 법익의 성질과 침해 정도 및 피고인과의 관련성, 절차 위반행위와 증거수집 사이의 인과관계 등 관련성의 정도, 수사기관의 인식과 의도 등을 살피는 것은 물론, 나아가 1차적 증거를 기초로 하여 다시 2차적 증거를 수집하는 과정에서 추가로 발생한 모든 사정들까지 구체적인 사안에 따라 주로 **인과관계 희석 또는 단절 여부를 중심**으로 전체적 · 종합적으로 고려하여야 한다.[3]

이하에서는 2007년 '김태환 제주지사 사건 판결' 이후 독수과실의 원리를 다룬 대법원 판결을 검토하면서, 이 원리의 사정(射程)방향과 거리를 점검하고자 한다.

제 2. 판례평석

I. 진술거부권 불고지와 2차 증거 — 대법원 2009.3.12. 선고 2008도 11437 판결

1. 사건경과 및 쟁점

이 판결의 사실관계를 요약하면 다음과 같다. 이 사건의 피고인은 A에 대한 강도 피의자로 범행 현장에서 합법적으로 체포되었는데, 체포 당일 피고인을 인계받은 경찰관이 진술거부권을 고지하지 아니한 채 위 강도 범행에 대한 자백을 받았다. 경찰관은 피고인의 또 다른 범행을 의심하여 피고인의 주거지로 향하는 차 안에서 진술거부권을 고지하지 아니한 채 피고인에게 "이 사건 전의 범행이 있으면 경찰관이 찾기 전에 먼저 이야기하라, 그렇게 해야 너에게 도움이 된다."라는 취지로 이야기하여, 피고인으로

---

3) 대법원 2009. 3. 12. 선고 2008도11437 판결(강조는 인용자).

부터 B에 대한 강도 행위에 대한 진술을 획득했다. 경찰관은 이러한 피고인의 진술을 바탕으로 피고인의 주거지에서 B 소유 손가방 등을 임의제출받아 압수하였고, 이 압수물에 대하여 사후 압수수색영장이 발부되었다. 이후 피고인에 대하여 최초로 진술거부권이 고지되었고, 피고인은 피해자 A 및 B에 대한 강취 행위를 자백하였다. 그 후 이루어진 경찰 및 검찰의 피고인에 대한 신문 전에 모두 진술거부권 고지가 이루어졌고, 피고인은 일관하여 임의로 자백하였다.

이 사건에는 여러 쟁점이 있으나, 독수과실의 원리와 관련된 핵심 쟁점은 위법한 진술을 토대로 획득한 2차적 증거, 즉 피고인의 주거지로 향하는 차 안에서 진술거부권을 고지 받지 아니한 상태에서 획득한 피고인의 진술을 토대로 수집한 증거인 경찰 압수조서 및 압수목록, 압수품 사진(이하 "압수증거물")의 증거능력 인정 여부였다.

원심은 '불가피한 발견의 예외,' '선의의 예외,' '임의적 진술에 의한 증거물의 획득의 예외' 모두가 적용되지 않는다고 판단하고 증거능력을 부정했지만,[4] 대법원은 다른 판단을 하였다. 즉,

> 진술거부권을 고지하지 않은 것이 단지 수사기관의 실수일 뿐 피의자의 자백을 이끌어내기 위한 의도적이고 기술적인 증거확보의 방법으로 이용되지 않았고, 그 이후 이루어진 신문에서는 진술거부권을 고지하여 잘못이 시정되는 등 수사 절차가 적법하게 진행되었다는 사정, 최초 자백 이후 구금되었던 피고인이 석방되었다거나 변호인으로부터 충분한 조력을 받은 가운데 상당한 시간이 경과하였음에도 다시 자발적으로 계속하여 동일한 내용의 자백을 하였다는 사정, 최초 자백 외에도 다른 독립된 제 3 자의 행위나 자료 등도 물적 증거나 증인의 증언 등 2차적 증거 수집의 기초가 되었다는 사정, 증인이 그의 독립적인 판단에 의해 형사소송법이 정한 절차에 따라 소환을 받고 임의로 출석하여 증언하였다는 사정 등은 통상 2차적 증거의 증거능력을 인정할만한 정황에 속한다.[5]

---

4) 서울고등법원 2008. 11. 20. 선고 2008노1954 판결.
5) 대법원 2009. 3. 12. 선고 2008도11437 판결.

2. 평석과 논쟁

(1) 판결 비판

저자는 대상판결이 나온 직후 비판적 평석을 발표한 바 있다.6) 먼저 대법원이 대상판결에서 "피의자의 자백을 이끌어내기 위한 **의도적이고 기술적인 증거확보의 방법**"7)으로 이루어진 경찰관의 진술거부권 불고지의 경우는 이로부터 파생한 물적 증거를 배제할 수 있다는 점을 밝혔다는 점은 중요한 의미가 있다. 그러나 대법원은 이 사건에서의 진술거부권 불고지는 "단지 수사기관의 실수일 뿐"이었다고 판단했던바,8) 이 점에 대하여 동의하기 어렵다. 경찰관은 "이 사건 전의 범행이 있으면 경찰관이 찾기 전에 먼저 이야기하라, 그렇게 해야 너에게 도움이 된다."라는 발언은 애초에 피고인의 진술거부권 포기를 의도한 것으로 평가하는 것이 자연스럽다.

둘째, 대법원은 진술거부권을 고지하지 않고 자백을 획득한 이후 이루어진 신문에서는 진술거부권을 고지하여 잘못이 시정되었다, 변호인으로부터 조력을 받은 가운데 상당한 시간이 경과하였음에도 다시 자발적으로 동일한 내용의 자백을 하였다는 점 등을 강조하지만, 이러한 평가는 수사기관이 일단 진술거부권을 고지하지 않고 피의자의 자백을 확보한 후에 진술거부권 고지는 사후에 요식적으로 할 수 있다는 메시지를 던지는 셈이다. 대법원은 피고인이 변호인의 충분한 조력을 받았다고 지적하지만, 기록상 경찰 및 검찰 신문 당시에 변호인이 참여하여 피고인을 조력한 흔적은 찾을 수 없다.

셋째, 대법원은 최초 자백 외에도 다른 독립된 제 3 자의 행위나 자료 등도 물적 증거나 증인의 증언 등 2차적 증거 수집의 기초가 되었다는 사정에 주목한다. 이는 미국 연방대법원의 1920년 'Silverthrone Lumber v.

---

6) 조국, "독수과실의 원리," 법률신문 제3748호(2009.5.25.); 조국, "독수과실의 원리," 형사판례연구회, 「형사판례연구」 제17호(2010. 6).
7) 대법원 2009. 3. 12. 선고 2008도11437 판결(강조는 인용자).
8) Id.

United States 판결'9), 1984년의 'Segura v. United States 판결'10), 1988년의 'Murray v. United States 판결'11) 등을 통하여 확립된 '독립출처의 예외'를 원용한 것으로 보인다.

그러나 이 예외는 최초의 자백이 진술거부권 침해로 획득된 사정을 대상으로 하고 있지 않다. 이 예외가 적용되는 제1차 위법수집증거를 자백이라고 가정하더라도, 이 예외는 최초 자백 획득 당시에 경찰관이 물적 증거에 대한 압수·수색영장을 발부받을 만한 지식 등 '상당한 이유'를 보유하고 있었고, 그리하여 결국은 수색영장을 신청하려 하였을 것을 요건으로 하는데, 대상판결의 사실관계에서는 이러한 사정이 발견되지 않는다.

서보학 교수는 다음과 같은 견해를 피력하며 필자의 평석에 지지를 보냈다.

절차적 적법성이 중시되는 피의자신문에서 수사기관의 의도되지 않은 실수란 있을 수 없고 또 용납되어서도 안 된다 ⋯ 만약 수사기관의 '진술거부권 고지 생략'에 면죄부를 준다면 이는 개정 형사소송법에서 강조된 '절차 조항'의 입지를 약화시키고 동시에 위법수사의 억지효과도 상당 수준 떨어뜨리는 결과를 가져오게 될 것이다.12)

이세화 교수도 필자의 견해에 동의하며, "수사기관의 '실수'를 폭넓게 해석하고, 이를 허용가능한 것으로 인식하게 된다면 이는 그나마 실질적 의미의 적정절차를 찾아가고자 하는 우리 형사소송법과 그 해석이 헌법상의 이념에 반하게 되는, 시대에 역행하는 결과를 초래할 것이다"라고 경고했다.13)

---

9) 251 U.S. 385(1920).

10) 468 U.S. 796(1984).

11) 487 U.S. 533(1988).

12) 서보학, "위법수집증거의 쟁점: 독수독과의 원칙과 예외, 사인이 위법수집한 증거의 증거능력," 한국형사정책연구원, 「형사정책연구」 제20권 제3호(2009 가을호), 44-45면(강조는 인용자).

13) 이세화, "진술거부권 불고지와 증거의 증거능력," 조선대학교 법학연구원, 「법학논총」 제18권 제3호(2011), 105면.

(2) 판결 옹호

반면, 안성수 검사는 평석 대상 대법원 판결이 파기한 원심 판결에 대한 비판적 평석에서, 미국 연방대법원의 2004년 'United States v. Patane 판결'14)을 원용하면서 진술거부권이 고지되지 않았더라도 그 진술이 자발적인 경우에는 그 진술을 기초로 얻은 물적 증거는 증거능력이 있다고 주장했다.15)

> 실제로 죄가 없는 억울한 사람이라면 진술을 거부하기보다 오히려 적극적으로 진실을 말하여 죄 없음을 밝히려 할 것 … 수사기관이 진술을 강요하지는 않고, 단지 미란다 고지만 하지 않은 때는 헌법을 위반한 것도 아니다. 따라서 진술 자체만 증거로 할 수 없는 것이고, 증거물을 증거로 할 수 없도록 하는 것은 아니다. … 진술거부권의 고지는 그 취지가 진술이 강요되는 것을 막기 위한 것이므로 그 보호범위는 진술에 한정된다. 증거물을 보호하기 위한 것이 아니다.16)

이상현 박사 역시 2004년 'Patane 판결'을 원용하면서,17) 진술거부권 불고지 이후 자발적 자백에 기하여 취득한 물적 증거는 증거능력을 인정해야 한다고 주장하였다.

> "진술거부권 고지는 법적 근거(헌법 제12조 제2항 후단과 법 제244조의3)가 독수과실론의 근거(헌법 제12조 제3항 등)와 다를 수 있고 절차보증수단으로 기본권 침해도 **전단계 침해**인데 별다른 근거 없이 형소법 제308조의2의 파생원리인 독수과실론에 포함시키는 것은 다양하게 전개될 사실관계 속에서 실체적 진실

---

14) 542 U.S. 630(2004).
15) 안성수, "진술거부권 불고지로 인한 위법수집증거배제와 그 불복방법," 한국형사판례연구회, 「형사판례연구」 제17호(2009), 487, 506-507면.
16) Id. 507-508면(강조는 인용자).
17) 이상현, "진술거부권 불고지의 진술로 획득한 2차적 증거의 증거능력: 미국과 우리 법상 독수과실론에 관한 대법원 판례들의 비교분석," 중앙법학회, 「중앙법학」 제11집 제2호(2009), 265-267면.

규명과 위법수사 억제 간의 세밀한 이익형량을 불가능하게 할 우려가 있다.[18]

그리고 노수환 교수는 "경찰관이 정식의 신문절차가 아닌 차안에서 질문하였던 점, 경찰관이 이 사건의 강도범행에 관하여 구체적인 혐의를 가지고 있지 않았던 점, 경찰관의 질문내용도 개괄적이었고, 피고인의 범행을 추궁하는 방식으로 이루어진 것도 아닌 점, 경찰에서의 피의자신문은 질문을 한 경찰관이 아닌 다른 경찰관에 의해 이루어진 점 등"을 근거로, 본 사건의 진술거부권 불고지는 의도적인 것이 아니었다고 평가하였다.[19]

(3) 반(反)비판
먼저 안성수, 이상현 두 논자가 의존하고 있는 2004년 'Patane 판결'의 사실관계와 의미를 살펴보자. 이 사건에서 경찰관은 피고인이 판사의 '금지명령'(restraining order) 위반을 수사하던 도중 피고인이 불법적으로 무기를 소지하고 있다는 소식을 듣고 피고인의 집으로 가서 체포를 시도했다. **경찰관이 피고인에게 미란다 권리를 고지하려고 하자, 피고인은 자신은 그 권리를 잘 안다고 주장하며 고지를 중단시켰다.** 이어 경찰관이 피고인에게 총기의 소재를 묻고 이를 압수하였다.[20] 제1, 2심 법원은 이 총기의 증거능력을 배제했으나, 연방대법원은 5 대 4의 다수의견은 원심을 파기하고 증거능력을 인정하였다. 토마스 대법관이 작성한 판결요지는 다음과 같다.

(1) 피의자에게 미란다 경고를 하지 않았다고 하여 피의자의 임의적 (voluntary) 진술로 발견된 물적 증거의 증거능력을 배제해야 하는 것은 아니다; (2) 금지명령 위반자 체포와 연관하여 경찰관이 미란다 경고를 하지 않았다고 하여 불법무기 관련 재판에서 무기의 증거능력을 배제해야 하는 것은 아니다.

---

18) Id. 278면(강조는 인용자).
19) 노수환, "진술거부권 고지 없이 얻은 진술에 기초한 2차적 증거의 증거능력," 성균관대학교 법학연구소, 「성균관법학」 제22권 제3호(2010), 161면.
20) Patane, 542 U.S. at 630.

왜냐하면 무기는 피고인의 임의적 진술에 기초하여 확보되었기 때문이다."[21]

    다수의견은 미란다 불고지 후 획득한 진술과 임의성 없는 진술을 구별하면서, 후자의 경우 1차 진술과 2차 물적 증거 모두 배제되어야 하지만 전자의 경우는 1차 진술은 배제되지만 2차 물적 증거는 배제되지 않는다는 기준을 제시한 것이다.

    동 판결에서 네 명의 대법관이 반대의견을 제출하였다. 먼저 사우터 대법관이 작성하고 스티븐스, 긴즈버그 대법관이 합류한 반대의견은 'Elstad 판결'은 파생증거인 물적 증거의 증거능력을 인정하는 데 적용되어서는 안 된다면서,[22] 다수의견은 "수사기관이 획득할 수 있는 물적 증거가 있을 때 미란다 법칙을 업신여기라는 정당화될 수 없는 초대장"으로 읽힌다고 비판했다.[23] 그리고 브라이어 대법관의 반대의견은 미란다 권리가 수사기관의 "선의의 신뢰"(good faith)로 인하여 고지되지 않은 경우가 아니라면, 고지되지 않은 신문으로부터 획득한 물적 증거를 배제해야 한다는 입장을 제시하였다.[24]

    'Patane 판결'은 미란다 법칙은 "헌법에 의해 보장되는 권리 그 자체"가 아니라 자기부죄금지의 특권을 보장하기 위한 "예방적(prophylactic) 규칙"에 불과하다고 규정한 1974년 'Michigan v. Tucker 판결',[25] 그리고 미란다 권리가 고지되지 않고 1차(구두) 자백이 있은 이후 미란다 고지가 이루어지고 2차(서면) 자백이 이루어졌다면 2차 자백은 "오염된 과실"이 아니라고 결정한 1985년 'Oregon v. Elstad 판결'[26]의 연장선에서, 미란다 법칙 위반이 있더라도 진술의 임의성이 인정된다면 2차 증거인 물적 증거의 증거능력은 인정한다는 점을 명시적으로 밝힌 의미가 있다.

---

21) Id.
22) Patane, 542 U.S. at 647.
23) Id.
24) Id. at 648.
25) 417 U.S. 433, 439, 444-446(1974).
26) 470 U.S. 298, 301-302(1985).

그러나 'Patane 판결'의 다수의견에 따르면, 사우터 대법관 등의 반대의견이 지적한 우려가 방지될 방도가 없다. 이제 수사기관은 피의자를 체포만할 때는 미란다 권리를 고지하겠지만, 체포와 별도로 압수할 물적 증거가있다면 이 고지를 하지 않고 피의자에게 물적 증거의 소재를 물어 압수를진행하는 유혹에 빠지게 될 것이다. 이를 방지하려면, 미란다 법칙이 극복하려 했던 진술의 '임의성' 기준으로 돌아갈 것이 아니라, 브레이어 대법관의'선의의 신뢰' 기준을 채택하거나 적어도 고의적 미란다 불고지는 그로부터파생한 2차 증거의 증거능력을 배제한다는 기준이 확립되었어야 했다.

이상의 원리론과 별도로, 필자는 'Patane 판결'이 미란다 권리가 고지되지 않았음에도 피고인 진술의 임의성을 인정하고 2차 증거의 증거능력을인정한 사실적 이유에 주목한다. 이 사건에서 경찰관이 피고인에게 미란다권리를 고지하려고 하였으나, 피고인이 자신은 그 권리를 잘 안다고 주장하며 고지를 중단시켰다. 여기서 경찰관은 미란다 권리를 실제 고지하려고했고, 결과적으로 불고지되었으나 그 탓은 경찰관이 아니라 피고인의 자발적 개입에게 돌아가야 한다고 판단한 것이다. 이 점에서 필자는 'Patane판결'의 다수의견의 결론에 동의할 수 있다.

그리고 동 판결의 사실관계는 평석대상 2008도11437 판결의 사실관계와 차이가 있다. 2008도11437 판결에서 경찰관은 경찰서 안에서 이어 피고인의 주거지로 향하는 차 안에서 두 번이나 의도적으로 미란다 고지를 행하지 않았다. 'Patane 판결'의 반대의견은 물론, 다수의견도 이러한 경우에도피고인 진술의 임의성을 인정할지 의문이다.

한편 대상판결의 결론을 옹호하는 논자들의 논거를 보자. 먼저 "죄가없는 억울한 사람이라면 진술을 거부하기보다 오히려 적극적으로 진실을말하여 죄 없음을 밝히려 할 것"[27]이라는 안성수 검사의 지적 자체는 사실일수 있다. 그러나 수사실무에서 이러한 현상이 존재한다는 것을 진술거부권고지의 규범적 요청을 약화시키기 위한 근거로 삼는 것은 동의하기 어렵다.

---

27) 안성수(각주 15), 487면.

둘째, "수사기관이 진술을 강요하지는 않고, 단지 미란다 고지만 하지 않은 때는 헌법을 위반한 것도 아니다."[28]라는 주장 역시 동의하기 어렵다. 이 주장은 "진술거부권이 보장되는 절차에서 진술거부권을 고지 받을 권리가 헌법 제12조 제2항에 의하여 바로 도출된다고 할 수는 없고, 이를 인정하기 위해서는 입법적 뒷받침이 필요하다."는 대법원 판결과 연결되어 있다고 보인다.[29] 진술거부권은 헌법에 규정되어 있지만, 그 고지는 헌법이 아니라 형사소송법에 규정되어 있는 것은 사실이다. 그 점에서 진술거부권을 고지 받을 권리는 법률에서 도출된다고 말할 수 있다. 그러나 진술거부권 불고지는 법률 위반일 뿐이라는 주장은 형식논리다. 진술거부권 불고지는 기본권에 대한 "전(前)단계 침해"[30]에 불과하다는 이상현 박사의 주장도 마찬가지다.

진술거부권 불고지는 헌법적 기본권인 진술거부권의 작동 또는 활성화를 즉각 가로막는바, 필자는 진술거부권 고지는 '헌법적 권리'의 지위를 갖는다고 본다.[31] 이렇게 보지 않는다면, **법률 개정을 통하여 진술거부권 고지를 의무화하지 않는 퇴행적 선택이 가능하다는 위험한 결론이** 도출될 수 있다. 헌법 제12조 제2항이 보장하는 진술거부권에 진술거부권의 고지가 포함되어 있다고 해석하는 것이 헌법정신에 부합하는 해석이다.

참조로 미란다 권리가 헌법에 규정되어 있지 않은 미국에서 '보수파' 렌퀴스트 연방대법원장이 집필한 2000년 'Dickerson v. United States 판결'[32]의 7 대 2의 다수의견도 미란다 법칙이 "법집행기관과 법원이 따라야 할 구체적인 헌법적 지침"(constitutional guideline)이며, '미란다 판결'은 "헌법적 버팀대(constitutional underpinnings)"를 가지고 있음을 분명히 한 바 있다.[33]

셋째, "위법수사 유형을 불문한 독수과실론의 기계적 적용"[34]에 대한

---

28) Id. 507면.
29) 대법원 2014. 1. 16. 선고 2013도5441 판결.
30) 이상현(각주 17), 278면.
31) 계희열, 「헌법학(중)」(박영사, 2005), 316면; 정종섭, 「헌법학원론」(제9판, 2014), 535면.
32) 530 U.S. 428(2000).
33) Ibid. at 446.
34) 이상현(각주 17), 275면.

이상현 박사의 우려는 정당하다. 그러나 진술거부권 불고지와 독수과실의 법리를 "분리"[35]시키자는 제안은 동의하기 어렵다. 양자가 분리되면, 진술거부권 불고지의 고의성 여부를 엄격히 따지는 것이 무의미해져 2차 증거의 배제는 사실상 무망(無望)해진다. '선의의 신뢰의 예외,' '독립출처의 예외,' '불가피한 발견의 예외' 등 각종 예외가 있음에도 불구하고, 진술거부권 불고지와 독수과실의 원리를 분리시켜 버리면 수사기관의 편의는 과잉보장된다. 양자의 헌법적·법률적 근거 조항은 다르지만, 양자는 서로 긴밀히 연결되어 있으며, 또한 그러해야 한다. 위법수사의 억지라는 위법수집증거 배제법칙의 존재이유를 생각할 때 그 연결고리로 단지 피의자 진술의 '임의성' 기준만으로는 부족하며, 진술거부권 불고지의 고의성에 대한 엄격한 심사기준이 마련되어야 한다.

마지막으로 당해 사건에서 진술거부권 불고지가 의도적이지 않았다는 노수환 교수의 평가에도 동의할 수 없다. 이 사건에서 경찰관은 강도 현행범으로 체포된 피의자에게 추가 범행을 질문하였다. 이 때 진술거부권 고지의무는 경찰관 질문의 장소가 차량 안인가 아닌가, 질문이 "추궁하는 방식"으로 이루어졌는가 여부에 따라 달라지지 않는다. 또한 진술거부권 고지의무가 추가 범행에 대한 "구체적인 혐의" 존재여부, 질문 내용의 "개괄성" 여부, 그리고 이후 경찰에서 피의자신문을 다른 경찰관이 했다는 사실 등으로 인하여 달라지지 않는다. 만약 그러하다면 진술거부권 고지의무는 수많은 조건에 좌우되는 유명무실한 존재가 되고 말 것이다.

---

35) Ibid. 278면.

Ⅱ. 불법체포와 2차 증거(혈액) — 대법원 2013.3.14. 선고 2010도 2094 판결

1. 사실관계

피고인은 2008. 12. 12. 22:00경 군산시 조촌동 인근 음식점 주차장에서 나와 자신의 승용차를 운전하고 20미터 가량 진행하다가 골목길에 주차되어 있던 차량의 사이드 미러를 파손하는 접촉사고를 일으켰다. 피해차량 측의 신고에 의해 현장에 출동한 경찰관들이 피고인이 음주운전한 것으로 의심하여 음주측정을 하기 위하여 지구대로 동행할 것을 요구하였다. 피고인은 술을 마시지 않았고 사고도 내지 않았다는 취지로 주장하면서 계속해서 순찰차에 타기를 거부하자, 4명의 경찰관이 피고인의 팔다리를 잡아 강제로 순찰차에 태워 지구대로 데리고 갔는데 이 과정에서 경찰관들은 형사소송법 제200조의5에 의한 미란다 원칙을 고지하지 않았다.

지구대로 연행된 피고인은 호흡조사 방법에 의한 음주측정 요구를 두 차례 거부하다가, 계속해서 거부할 경우 구속될 수 있다는 경찰관의 말을 듣고는 23:16경 음주측정에 응하였고, 그 결과 0.130%의 혈중알콜농도가 측정되었다. 이에 담당경찰관은 현장에서 피고인을 지구대로 임의동행하여 왔고 23:16경 음주측정 결과를 보고 피고인에게 미란다 원칙을 고지한 후 현행범으로 체포하였다고 수사보고를 작성하였다. 경찰관은 피고인에게 이제 귀가하라고 하였으나 피고인은 음주측정 결과를 인정할 수 없다면서 재측정을 요구하였고, 경찰관과 피고인이 같이 인근 병원으로 가서 채혈을 한 결과 혈중알콜농도가 0.142%로 나타났고 이후 피고인은 음주운전으로 기소되었다.

2. 하급심 및 대법원 판결

제1심 판결은 피고인을 사건 현장에서 지구대로 데리고 간 경찰관들의 행위는 임의동행이 아닌 강제력에 의한 체포에 해당하고, 체포 당시 형사소송법 제200조의5에 정한 절차가 이행되지 않았던 것으로 판단되므로 피고인에 대한 위 체포는 위법하고, 그 후 이루어진 음주측정결과, 채혈결과는 모두 적법한 절차에 따르지 아니하고 수집된 증거로서 형사소송법 제308조의2에 의해 유죄의 증거로 삼을 수 없다는 이유로 무죄를 선고하였다.[36]

그러나 제 2 심의 판단은 달랐다. 제 2 심도 피고인을 이 사건 현장에서 지구대로 데리고 간 경찰관들의 행위가 임의동행이 아닌 강제력에 의한 체포에 해당하고, 그 체포 당시 형사소송법 제200조의5에 정한 절차가 이행되지 않았음을 인정한다. 그러나 피고인이 경찰관으로부터 이제 다 끝났으니 집에 돌아가라는 말을 수차 듣고서도 자기에게 더 유리한 자료를 수집하기 위해 혈액측정을 요구하였고, 이에 담당 경찰관이 부득이 피고인과 인근 병원에 동행하여 채혈을 하게 되었다는 점을 주목하면서 채혈을 바탕으로 이루어진 혈중알콜농도 감정서와 주취운전자적발보고서는 증거능력이 있다고 판단하고 원심판결을 파기하고 유죄판결을 선고한다.[37]

그러나 대법원은 제 2 심 판결을 무죄취지로 파기환송한다.

체포의 이유와 변호인 선임권의 고지 등 적법한 절차를 무시한 채 이루어진 강제연행은 전형적인 위법한 체포에 해당하고, 위법한 체포 상태에서 이루어진 음주측정요구는 주취운전의 범죄행위에 대한 증거수집을 목적으로 한 일련의 과정에서 이루어진 것이므로, 그 측정결과는 형사소송법 제308조의2에 규정된 '적법한 절차에 따르지 아니하고 수집한 증거'에 해당하여 증거능력을 인정할 수 없다. … 또한 위법한 강제연행 상태에서 호흡측정의 방법에 의한 음주측정을 한 다음 그 강제연행 상태로부터 시간적·장소적으로 단절되었다고 볼 수도 없고 피의자의 심적 상태 또한 강제연행 상태로부터 완전히 벗어났다고 볼 수 없는 상황에서 피의자가 호흡측정 결과에 대한 탄핵을 하기 위하여 스스로 혈액채취 방법에 의한 측정을 할 것을 요구하여 혈액채취가 이루어졌다고 하더라도 그 사이에 위법한 체포상태에 의한 영향이 완전하게 배제되고 피의자의 의사결정의 자유가 확실하게 보장되었다고 볼 만한 다른 사정이 개입되지 않은 이상 불법체포

36) 전주지방법원 군산지원 2009. 9. 10. 선고 2009고단332 판결.
37) 전주지방법원 2010. 1. 22. 선고 2009노1001 판결.

와 증거 수집 사이의 인과관계가 단절된 것으로 볼 수는 없다. 따라서 그러한 혈액채취에 의한 측정결과 역시 유죄 인정의 증거로 쓸 수 없다고 보아야 한다. 그리고 이는 수사기관이 위법한 체포 상태를 이용하여 증거를 수집하는 등의 행위를 효과적으로 억지하기 위한 것이므로, 피고인이나 변호인이 이를 증거로 함에 동의하였다고 하여도 달리 볼 것은 아니다.[38]

3. 평 석

(1) 호흡조사 방법에 의한 음주측정결과

먼저 피고인을 사건 현장에서 지구대로 데리고 간 경찰관들의 행위는 임의동행이 아니라 형사소송법 제200조의5의 절차를 어긴 불법체포라는 점에는 이견이 없다. 경찰관이 피고인에게 음주측정을 계속해서 거부할 경우 구속될 수 있다고 말했다는 점, 그리고 경찰관이 동행에 앞서 피의자에게 동행을 거부할 수 있음을 알려 주지 않았다는 점, 동행한 피의자가 언제든지 자유로이 동행과정에서 이탈 또는 동행장소로부터 퇴거할 수 있었다고 보기 어려운 점 등을 고려하면 "사법경찰관의 동행 요구를 거절할 수 없는 심리적 압박 아래 행하여진 사실상의 강제연행, 즉 불법체포"[39]라 할 것이다. 따라서 호흡조사 방법에 의한 음주측정결과는 증거능력이 없다.

불법한 임의동행 후 호흡조사에 따른 음주측정을 하였지만 이후 피고인에게 미란다 원칙을 고지한 후 현행범으로 체포하였다고 항변할 수 있겠지만, 임의동행과 현행범 체포가 연속선상에 있고 전자가 후자를 위한 시간벌기로 활용된 정황이 보이는바 전자의 불법성이 제거되었다고 보기는 어렵다.

(2) 혈액채취 방법에 의한 음주측정결과

문제는 피고인이 호흡측정 결과에 불복하면서 재측정을 요청하여 이루어진 혈액채취 결과의 증거능력 여부인데, 불법체포와 혈액채취 사이의 인과관계가 단절되었는가 여부가 초점이다. 경찰관이 피고인에게 집에 가도

---

38) 대법원 2013. 3. 14. 선고 2010도2094 판결(밑줄은 인용자).
39) 대법원 2011. 6. 30. 선고 2009도6717 판결.

좋다는 말을 한 점, 혈액측정 요구는 피고인이 먼저 했다는 점 등만 본다면 일응 "피고인의 자발적인 의사"40)를 인정하고 '오염'의 인과적 연관이 끊어졌다고 주장할 수 있을지 모른다.

그러나 대법원이 지적한 대로 "강제연행과 호흡측정 및 채혈에 이르기까지의 장소적 연계와 시간적 근접성 등 연결된 상황"41)을 보아야 한다. 임의동행을 빙자한 불법체포는 수사기관의 고질적 관행으로 사라지지 않고 있다. 평석 대상 판결의 사건에서도 임의동행을 통해 피의자의 신병을 확보하여 원하는 목적을 달성한 직후 피고인을 현행범으로 체포하는 수순을 밟았다. 이후 피고인에게 집에 가도 좋다는 말을 했다고 하여 수사기관의 의도적 '오염'이 제거될 수는 없다.

그리고 "피의자의 심적 상태 또한 강제연행 상태로부터 완전히 벗어났다고 볼 수 없는 상황"이다.42) 피고인은 4명의 경찰관에 의해 팔다리를 잡혀 강제로 순찰차에 태워져 지구대로 이동되었고, 지구대에서는 경찰관으로부터 음주측정을 거부하면 구속될 수 있다는 말을 들었다. 이 과정에서 억압되고 불안정하게 된 피고인의 심리가 호흡측정 후 집에 가도 좋다는 말을 들었다고 바로 회복되었다고 보기 어렵다. 그리고 피고인의 혈액측정 요구 역시 이러한 심리상태의 연장선에서 이루어진 것으로 보는 것이 자연스럽다.

이 판단은 2006년 음주측정거부 판결에서 예견된 것이다. 대법원은 피고인이 오토바이를 운전하여 자신의 집에 도착한 상태에서 단속경찰관으로부터 주취운전에 관한 증거 수집을 위한 음주측정을 위하여 인근 파출소

---

40) 전주지방법원 2010. 1. 22. 선고 2009노1001 판결.
41) 대법원 2013. 3. 14. 선고 2010도2094 판결(밑줄은 인용자). 다른 판결에서 대법원은 임의동행은 피의자의 "신체의 자유가 현실적으로 제한되어 실질적으로 체포와 유사한 상태에 놓이게 됨에도, 영장에 의하지 아니하고 그 밖에 강제성을 띤 동행을 억제할 방법도 없어서 제도적으로는 물론 현실적으로도 임의성이 보장되지 않을 뿐만 아니라, 아직 정식의 체포·구속단계 이전이라는 이유로 상대방에게 헌법 및 형사소송법이 체포·구속된 피의자에게 부여하는 각종의 권리보장 장치가 제공되지 않는 등 형사소송법의 원리에 반하는 결과를 초래할 가능성이 크다."라고 밝힌 바 있다(대법원 2006. 7. 6. 선고 2005도6810 판결).
42) Id.

까지 동행하여 줄 것을 요구받았는데, 이를 명백하게 거절하였음에도 위법하게 체포·감금된 상태에서 음주측정요구를 받게 된 사건에서 그와 같은 음주측정요구에 응하지 않았다고 하여 피고인을 음주측정거부에 관한 도로교통법 위반죄로 처벌할 수 없다고 판시하면서 다음과 같이 설시한 바 있다. "위법한 체포 상태에서 음주측정요구가 이루어진 경우, 음주측정요구를 위한 위법한 체포와 그에 이은 음주측정요구는 주취운전이라는 범죄행위에 대한 증거 수집을 위하여 연속하여 이루어진 것으로서 개별적으로 그 적법 여부를 평가하는 것은 적절하지 않으므로 그 **일련의 과정을 전체적으로 보** 아 위법한 음주측정요구가 있었던 것으로 볼 수밖에 없다."[43]

요컨대, 평석대상 판결은 향후 '선(先) (불법적) 임의동행, 후(後) 증거확보 및 체포'의 관행을 없애는 데 중요한 계기가 될 것으로 예상한다.

III. 불법체포와 2차 증거(소변) — 대법원 2013.3.14. 선고 2012도 13611 판결

1. 사실관계 및 하급심 판결의 경과

피고인의 지인인 공소외인은 2012. 5. 5. 01:00경 피고인이 투숙하고 있던 'ㅇㅇㅇ모텔' 업주를 통하여, 전날 피고인의 정신분열증 비슷한 이상 행동을 목격하였는데 피고인이 마약을 투약하였거나 자살할 우려가 있다는 취지로 경찰에 신고하였다. 이에 경찰관들이 피고인이 있던 위 모텔 방에 들어갔는데, 당시 피고인은 마약 투약 혐의를 부인하는 한편 모텔 방안에서 운동화를 신고 안절부절못하면서 경찰관 앞에서 바지와 팬티를 모두 내리는 등의 행동을 보였다. 경찰관들은 피고인에게 마약 투약이 의심되므로 경찰서에 가서 채뇨를 통하여 투약 여부를 확인하자고 하면서 동행을 요구하였고, 피고인이 "영장 없으면 가지 않겠다"라는 취지의 의사를 표시하였음에

---

43) 대법원 2006. 11. 9. 선고 2004도8404 판결(강조는 인용자).

도 피고인을 북부경찰서로 데려갔다.

피고인은 같은 날 03:25경 위 경찰서에서 채뇨를 위한 '소변채취동의서'에 서명하고 그 소변을 제출하였는데(이하 '제1차 채뇨절차'), 소변에 대한 간이 시약검사결과 메스암페타민에 대한 양성반응이 검출되어 이를 시인하는 취지의 '소변검사시인서'에도 서명하였다. 경찰관들은 같은 날 07:50경 피고인을 '마약류 관리에 관한 법률' 위반 혐의로 긴급체포하였고, 23:00경 피고인에 대한 구속영장과 피고인의 소변 및 모발 등에 대한 압수·수색·검증영장을 청구하여 2012. 5. 6.경 영장이 발부되었다. 경찰관들은 2012. 5. 7. 피고인에게 압수 영장을 제시하고 피고인으로부터 소변과 모발을 채취하였다(이하 '제2차 채뇨절차'). 이를 송부 받은 국립과학수사연구소는 피고인의 소변과 모발에서 메스암페타민에 대한 양성반응이 검출되었다는 내용이 담긴 이 사건 소변 감정서 및 모발 감정서(이하 '이 사건 각 감정서'라고 한다)를 제출하였고, 피고인은 마약류 관리에 관한 법률 위반, 공용물건손상죄로 기소되었다. 제1, 2심 모두 유죄판결을 내리고 징역 1년6월, 추징금 10만원을 선고했다.

2. 대법원 판결

먼저 대법원은 동행을 거부하는 의사를 표시한 피의자를 수사기관이 영장에 의하지 아니하고 강제연행한 행위는 위법하고, 위법한 체포상태에서 '제1차 채뇨절차'도 위법하다고 판단한다.

피고인이 동행을 거부하겠다는 의사를 표시하였음에도 불구하고 경찰관들이 영장에 의하지 아니하고 피고인을 강제로 연행한 조치는 위법한 체포에 해당하고, 이와 같이 위법한 체포상태에서 마약 투약 여부의 확인을 위한 채뇨 요구가 이루어진 이상, 경찰관들의 채뇨 요구 또한 위법하다고 평가할 수밖에 없다. 그렇다면 위와 같이 위법한 채뇨 요구에 의하여 수집된 '소변검사시인서'는 적법한 절차에 따르지 아니한 것으로서 유죄 인정의 증거로 삼을 수 없다고 할 것이다.[44]

---

44) 대법원 2013. 3. 14. 선고 2012도13611 판결.

그러나 대법원은 영장에 기하여 이루어진 '제 2 차 채뇨절차' 및 그 결과를 분석한 '이 사건 각 감정서' 등 2차 증거는 증거능력이 인정된다고 판단한다.

"설령 수사기관의 연행이 위법한 체포에 해당하고 그에 이은 제 1 차 채뇨에 의한 증거 수집이 위법하다고 하더라도, 피고인은 이후 법관이 발부한 구속영장에 의하여 적법하게 구금되었고 법관이 발부한 압수영장에 의하여 2차 채뇨 및 채모 절차가 적법하게 이루어진 이상, 그와 같은 2차적 증거 수집이 위법한 체포·구금절차에 의하여 형성된 상태를 직접 이용하여 행하여진 것으로는 쉽사리 평가할 수 없으므로, 이와 같은 사정은 체포과정에서의 절차적 위법과 <u>2차적 증거 수집 사이의 인과관계를 희석하게 할 만한 정황</u>에 속한다고 할 것이다. … <u>국민과 사회의 신체적·정신적 건강에 심각한 해악을 야기하는 중대한 범죄</u> … 의 수사를 위하여 피고인을 경찰서로 동행하는 과정에서 위법이 있었다는 사유만으로 법원의 영장 발부에 기하여 수집된 2차적 증거의 증거능력마저 부인한다면, 이는 오히려 헌법과 형사소송법이 형사소송에 관한 절차조항을 마련하여 적법절차의 원칙과 실체적 진실 규명의 조화를 도모하고 이를 통하여 형사 사법 정의를 실현하려 한 취지에 반하는 결과를 초래하게 될 것이라는 점도 아울러 참작될 필요가 있다."[45]

그 근거로는 (i) 피고인의 비상식적 행동을 고려할 때 "피고인에 대한 긴급한 구호의 필요성"이 있었다, (ii) 위와 같은 상황에서는 피고인을 마약 투약 혐의로 긴급체포하는 것도 고려할 수 있었고, 실제로 경찰관들은 그 임의동행시점으로부터 얼마 지나지 아니하여 체포의 이유와 변호인 선임권 등을 고지하면서 피고인에 대한 긴급체포의 절차를 밟는 등 절차의 잘못을 시정하려고 하였던바 "관련 법규정으로부터의 실질적 일탈 정도가 헌법에 규정된 영장주의 원칙을 현저히 침해할 정도에 이르렀다고 보기 어렵다," (iii) 경찰관들로서는 피고인의 임의 출석을 기대하기 어려울 뿐 아니라, 시일의 경과에 따라 피고인의 신체에서 마약 성분이 희석·배설됨으로써

---

45) Id.(밑줄은 인용자).

"증거가 소멸될 위험성이 농후"하였으므로 달리 적법한 증거수집 방법도 마땅하지 아니하였다, (iv) 수사기관은 법원에 피고인의 소변과 모발 등에 대한 압수영장을 청구하여 이를 발부받았다, (v) 메스암페타민 투약 범행은 "국민과 사회의 신체적·정신적 건강에 심각한 해악을 야기하는 중대한 범죄"이다 등을 제시했다.46)

3. 평 석

상술한 2010도2094 판결과 같은 맥락에서, '제1차 채뇨절차'의 위법성과 그에 따른 '소변검사시인서'의 증거능력 배제는 당연한 것이다. 문제는 '제2차 채뇨절차'의 위법성과 그 결과를 분석한 '이 사건 각 감정서'의 증거능력이다. 2차 증거의 증거능력을 인정한 근거를 차례로 살펴보기로 하자.

첫째, "피고인에 대한 긴급한 구호의 필요성"이 있었다는 것은 피고인이 경찰관직무집행법 제4조 제1항 제1호 "정신착란을 일으키거나 술에 취하여 자신 또는 다른 사람의 생명·신체·재산에 위해를 끼칠 우려가 있는 사람"에 해당되어 경찰관에 의한 '보호조치'가 가능했다는 점을 지적하는 것으로 보인다. 정신분열증 유사 행동을 보이고 자살 우려가 있다는 제보가 있었고, 모텔 안에서 비상식적 행동을 보였다는 점에서 이 지적은 타당하다.

둘째, 피고인은 모텔에서 긴급체포가 아니라 임의동행의 형식을 빌려 강제연행되었지만, 모텔에서 피고인의 행동은 긴급체포의 '상당한 이유'(법 제200조의3 제1항)를 제공한다는 점, 동의한다. 그리고 경찰관들이 임의동행의 불법을 깨닫고 이 흠결을 시정하려 했다는 점도 인정할 수 있다. 이러한 이유로 대법원은 수사기관의 주관적 선의를 강조하고 있다. 생각건대, 대법원은 미국 위법수집증거배제법칙의 '선의의 신뢰의 예외'(good faith exception)의 취지를 원용한 것이 아닌가 한다. 이 예외는 원래 판사가 발부한 영장에 대하여 수사기관이 선의를 가지고 신뢰하면서 획득한 증거는 이후 그 영장에 문제가 있음이 확인되더라도 증거능력을 인정한다는 예외였는데,

---

46) Id.

이후 텍사스주 등에서 영장 없는 대물적 강제처분 상황에까지 확장·적용되었다.[47]

그러나 이러한 논리는 긴급체포의 '상당한 이유'가 존재했다면 임의동행의 불법성이 사후적으로 제거된다는 예외 원리를 만들 수 있다. 이렇게 되면 수사기관은 일단 위법한 임의동행을 감행하고 사후 긴급체포하거나 영장을 청구하는 전략을 쓰는 것을 막을 수가 없다. 이 사건에서 피고인은 "영장 없으면 가지 않겠다"는 의사를 명백히 표시했지만, 경찰관들은 이를 묵살하고 강제로 경찰서로 데려갔다. 이를 영장주의 원칙을 현저히 침해하지 않았다고 판단하는 것은 안이하며, 이후 경찰관들이 이 불법을 시정하려 시도했다는 점을 인정하더라도 이 사후적 조치로 '오염'이 제거된다고 볼 수 없다. 당시 경찰관들은 경찰관직무집행법상 '보호조치'를 하거나 긴급체포의 절차를 밟을 수 있었고, 또 밟았어야 했다.

셋째, "시일의 경과에 따라 피고인의 신체에서 마약 성분이 희석·배설됨으로써 증거가 소멸될 위험성이 농후하였"다는 판단도 동의하기 어렵다. 제4편 제3장에서 보았듯이, 마약 중 대마는 복용 후 1~4일까지, 히로뽕은 1.5~7일까지 정도의 기간 동안만 소변시료에서 검출된다. 그러나 머리카락으로는 6개월에서 1년까지, 음모 등으로는 5~6년까지 마약 성분 확인이 가능하다. 즉, 수사기관은 합법적 긴급체포 후 영장을 발부받아 증거를 확보할 충분한 시간이 있었다.

넷째 논거는 수사기관이 법원으로부터 피고인의 소변과 모발 등에 대한 압수영장을 발부받았던바, 불법체포의 '오염'이 희석되었다는 것이다. 법관의 영장에 따라 이루어진 '제2차 채뇨절차'에서는 그 이전의 '오염'과의 단절이 이루어진다는 점에 동의한다.

다섯째, 메스암페타민 투약이 "국민과 사회의 신체적·정신적 건강에 심각한 해악을 야기하는 중대한 범죄"라는 점에 동의한다. 그런데 여기서 대법원이 거론한 "범죄의 중대성" 기준은 주의를 요한다. 이는 위법수집증

---

47) 제4편 제2장 참조.

거배제법칙을 인정한 2007년 대법원 전원합의체 판결의 별개의견이 주장한 기준이었기 때문이다. 별개의견의 기준은 다수의견의 "적법절차의 실질적 내용 침해" 기준에 비하여 증거능력 배제의 범위가 좁아져야 한다는 의미를 함축하고 있다.[48] 평석대상 판결이 — 저자가 동의하지 않는 — 상술 두 번째, 세 번째 논거를 제시하면서까지 2차적 증거의 증거능력을 인정한 것은 이러한 "범죄의 중대성" 기준이 작동한 것이 아닌가 추측한다.

요컨대, 저자는 법관이 발부한 압수영장에 의하여 이루어진 '제2차 채뇨절차'를 통해 획득된 이 사건 각 감정서는 증거능력이 인정된다는 대법원의 결론에 동의하지만, 그 외 몇몇 논거에는 동의할 수 없다.

IV. 영장주의 위반 금융거래정보 수집과 2차 증거(물적 증거와 자백) — 대법원 2013.3.28. 선고 2012도13607 판결

1. 사실관계 및 하급심 판결의 경과

피고인은 2012. 1. 31. 대구백화점 3층 매장에서 자신의 점퍼를 벗고 그 곳에 있던 피해자 1 소유의 여성복 1벌을 몰래 입고 도망가 이를 절취하였다('제1범행'). 2012. 2. 1. 피해자 1의 신고를 받고 출동한 경찰관들은 피고인이 매장에 벗어 놓은 점퍼에서 현대백화점(금융실명법상 '신용카드회사'에 해당) 발행의 신용카드 매출전표를 발견하였다. 경찰관들은 동 신용카드회사에 공문을 발송하여 피고인의 인적 사항을 알아낸 후, 2012. 3. 2. 피고인의 주거지에서 피고인을 긴급체포하였다. 경찰관들은 긴급체포 당시 피고인의 집안 신발장에서 피해자 2 소유의 절취품인 구두 1켤레('제2범행')를 발견하였다. 이후 구금상태에서 이루어진 피의자신문에서 피고인은 두 절도범행 모두를 자백했다. 이에 수사기관은 피고인에 대하여 구속영장을 청구하였으나 법원에서 구속영장이 기각되어 석방되었다. 그런데 피고인은 2012. 3.

---

48) 제4편 제2장 참조.

9. 경찰서에 다시 출석하여 2011. 4.경 피해자 3 소유의 구두 1켤레를 절취('제3범행')하였음을 자백하고 피해품인 구두를 임의 제출하였다. 이후 피고인은 2012. 6. 20. 1심의 제 2 회 공판기일에서 피해자 1, 2, 3에 대한 범행을 모두 자백하였다.

제 1 심에서 피고인에게는 징역 2년이 선고되었고,[49] 제 2 심에서 양형이 부당하다는 피고인의 항소는 기각되었다.[50]

2. 대법원 판결

대법원은 하급심에서 검토하지 않은 독수과실의 원리 포함 위법수집증거배제법칙을 검토한다. 먼저 대법원은 금융실명거래 및 비밀보장에 관한 법률(이하 '금융실명법'이라 한다) 제 4 조 제 1 항이 "금융회사 등에 종사하는 자는 명의인(신탁의 경우에는 위탁자 또는 수익자를 말한다)의 서면상의 요구나 동의를 받지 아니하고는 그 금융거래의 내용에 대한 정보 또는 자료(이하 '거래정보 등'이라 한다)를 타인에게 제공하거나 누설하여서는 아니 되며, 누구든지 금융회사 등에 종사하는 자에게 거래정보 등의 제공을 요구하여서는 아니 된다. 다만 다음 각 호의 어느 하나에 해당하는 경우로서 그 사용 목적에 필요한 최소한의 범위에서 거래정보 등을 제공하거나 그 제공을 요구하는 경우에는 그러하지 아니하다."라고 규정하면서, "법원의 제출명령 또는 법관이 발부한 영장에 따른 거래 정보 등의 제공"(제 1 호) 등을 열거하고 있고, 수사기관이 거래정보 등을 요구하는 경우 그 예외를 인정하고 있지 않다는 점을 주목한다.

대법원은 신용카드에 의하여 물품을 거래할 때 금융회사 등이 발행하는 매출전표의 거래명의자에 관한 정보 또한 금융실명법에서 정하는 '거래정보 등'에 해당하므로, 수사기관이 금융회사 등에게 그와 같은 정보를 요구하는 경우에도 법관이 발부한 영장에 의하여야 한다는 점을 밝힌다. 이어 대법원은 수사기관이 영장에 의하지 아니하고 수집한 매출전표의 거래명의

---

49) 대구지방법원 2012. 7. 20. 선고 2012고단1996 판결.
50) 대구지방법원 2012. 10. 19. 선고 2012노2423 판결.

자에 관한 정보는 원칙적으로 형사소송법 제308조의2에서 정하는 '적법한 절차에 따르지 아니하고 수집한 증거'에 해당하여 유죄의 증거로 삼을 수 없다는 점을 확인하고, 이 점에 대한 심리·판단도 없이 증거의 증거능력을 인정한 제1심의 판단을 그대로 유지한 원심의 조치는 적절하다고 할 수 없다고 판단한다.

이렇게 영장 없이 매출전표의 거래명의자에 관한 정보를 획득한 것이 위법이라는 점을 확인하지만, 대법원은 이에 기초하여 수집한 2차 증거, 예컨대 피의자의 자백이나 범죄 피해에 대한 제3자의 진술 등은 유죄 인정을 증거로 사용할 수 있다고 판단한다. 즉, 수사기관이 의도적으로 영장주의의 정신을 회피하는 방법으로 증거를 확보한 것이 아니라고 볼 만한 사정, 위와 같은 정보에 기초하여 범인으로 특정되어 체포되었던 피의자가 석방된 후 상당한 시간이 경과하였음에도 다시 동일한 내용의 자백을 하였다거나 그 범행의 피해품을 수사기관에 임의로 제출하였다는 사정, 2차적 증거 수집이 체포 상태에서 이루어진 자백 등으로부터 독립된 제3자의 진술에 의하여 이루어진 사정 등은 통상 2차적 증거의 증거능력을 인정할 만한 정황에 속한다고 파악한 것이다. 상세한 설시(說示)는 다음과 같다.

피고인의 제1심 법정에서의 자백은 수사기관이 법관의 영장 없이 그 거래명의자에 관한 정보를 알아낸 후 그 정보에 기초하여 긴급체포함으로써 구금 상태에 있던 피고인의 최초 자백과 일부 동일한 내용이기는 하나, 피고인의 제1심 법정에서의 자백에 이르게 되기까지의 앞서 본 바와 같은 모든 사정들, 특히 피고인에 대한 구속영장이 기각됨으로써 석방된 이후에 진행된 제3회 경찰 피의자신문 당시에도 제3범행에 관하여 자백하였고, 이 사건 범행 전부에 대한 제1심 법정 자백은 최초 자백 이후 약 3개월이 지난 시점에 공개된 법정에서 적법한 절차를 통하여 임의로 이루어진 것이라는 점 등을 전체적·종합적으로 고려하여 볼 때 이는 유죄 인정의 증거로 사용할 수 있는 경우에 해당한다고 보아야 할 것이다.

나아가 제2, 3범행에 관한 각 진술서 또한 그 진술에 이르게 되기까지의 앞서 본 바와 같은 모든 사정들, 즉 수사기관이 매출전표의 거래명의자에 관한 정보를 획득하기 위하여 이 사건 카드회사에 공문까지 발송하였던 사정 등에 비추어 볼 때 의도적 · 기술적으로 금융실명법이 정하는 영장주의의 정신을 회피하려고 시도한 것은 아니라고 보이는 점, 제2, 3범행에 관한 피해자들 작성의 진술서는 제3자인 피해자들이 범행일로부터 약 3개월, 11개월 이상 지난 시점에서 기존의 수사절차로부터 독립하여 자발적으로 자신들의 피해 사실을 임의로 진술한 것으로 보이고, 특히 제3범행에 관한 진술서의 경우 앞서 본 바와 같이 피고인이 이미 석방되었음에도 불구하고 이 부분 범행 내용을 자백하면서 피해품을 수사기관에 임의로 제출한 이후에 비로소 수집된 증거인 점 등을 고려하여 볼 때, 위 증거들 역시 유죄 인정의 증거로 사용할 수 있는 경우에 해당한다고 봄이 타당하다.[51]

3. 평 석

증거능력 여부가 문제가 되는 증거를 차례로 보기로 하자.

(1) 금융실명법을 위반한 신용카드 매출전표의 거래명의자에 관한 정보 취득

첫째, 수사기관이 법관의 영장에 의하지 아니하고 금융회사 등으로부터 수집한 신용카드 매출전표의 거래명의자에 관한 정보의 증거능력 문제이다.

금융실명법 제4조 제1항에 의하여 비밀이 보장되어야 하는 것은 "금융거래의 내용에 대한 정보 또는 자료"이다. '금융거래'는 "금융회사등이 금융자산을 수입(受入) · 매매 · 환매 · 중개 · 할인 · 발행 · 상환 · 환급 · 수탁 · 등록 · 교환하거나 그 이자, 할인액 또는 배당을 지급하는 것과 이를 대행하는 것 또는 그 밖에 금융자산을 대상으로 하는 거래로서 총리령으로 정하는 것"(제2조 제3호)을 의미하며, '금융자산'은 "금융회사등이 취급하는 예금 · 적금 · 부금(賦金) · 계금(契金) · 예탁금 · 출자금 · 신탁재산 · 주식 · 채권 · 수익증권 · 출자지분 · 어음 · 수표 · 채무증서 등 금전 및 유가증권과 그 밖에 이와 유사한 것으로서 총리령으로 정하는 것(신주인수권부 증서, 외국증권)"을 말한다(제2조 제2호).

대법원은 이 사안에서 문제가 되는 신용카드 매출전표의 거래명의자에

---

51) 대법원 2013. 3. 28. 선고 2012도13607 판결(밑줄은 인용자).

관한 정보가 '금융자산' 중 어디에 해당하는지는 명시적으로 밝히지 않고서, "금융거래의 내용에 대한 정보 또는 자료"에 해당한다고 전제하고 법원의 제출명령이나 법관 발부 영장이 없이 이를 획득하였으므로 위법하다고 판단하였다.

그런데 신용카드 매출전표의 거래명의자에 관한 정보가 '금융자산'과 관련된 정보라고 보기는 어렵다. 오히려 동 정보는 신용정보의 이용 및 보호에 관한 법률상의 '신용정보'(제 2 조 제 1 호)에 해당한다고 본다. 동법에 따르면, "법원의 제출명령 또는 법관이 발부한 영장에 따라 제공하는 경우"(제32조 제 4 항 제 5 호), "범죄 때문에 피해자의 생명이나 신체에 심각한 위험 발생이 예상되는 등 긴급한 상황에서 제 5 호에 따른 법관의 영장을 발부받을 시간적 여유가 없는 경우로서 검사 또는 사법경찰관의 요구에 따라 제공하는 경우"(제32조 제 4 항 제 6 호)의 해당 개인의 동의 없이 정보제공이 가능하다.

요컨대, 영장 없는 신용카드 매출전표의 거래명의자에 관한 정보의 증거능력 배제라는 결론에는 동의하지만, 위반 법률에 대해서는 의문이 있다.

(2) 긴급체포시 발견한 '제2범행'의 구두

둘째, 대법원은 긴급체포의 합법성 여부, 긴급체포 당시 발견한 '제2범행' 피해자 2 소유의 절취품인 구두 1켤레의 증거능력 인정 여부에 대해서는 명시적 언급을 하고 있지 않다. 수사기관은 여성복 1벌을 절취한 '제1범행'을 이유로 피고인을 긴급체포하였는데, 이 과정에서 '제2범행'의 구두 1켤레를 발견하였다.

먼저 대법원이 형사소송법 제217조 제 1 항이 규정하는 "긴급체포된 자"가 소유, 소지, 보관하는 물건을 압수한 경우로 해석했을 가능성이 있다. 그러나 제217조 제 1 항은 "긴급히 압수할 필요"라는 요건을 요구하는바, 이 사안은 이 요건을 충족하기 어렵다. 그렇다면 대법원이 형사소송법 제216조 제 1 항 제 2 호에 따라 합법체포현장에서 이루어진 압수에 따라 수집한 증거로 파악하였다고 추측할 수 있다. 제216조 제 1 항 제 2 호를 '부수처분설'에 따라 이해하면 압수는 합법이다(제216조 제 1 항 제 2 호를 '부수처분설'

이 아니라 '긴급행위설'로 이해하게 되면, 피의자를 체포하는 수사기관의 안전을 도모하거나 피의자가 증거를 파괴·은닉하는 것을 예방해야 하는 상황이 아니므로 압수는 불법이다).

그런데 압수의 합법성 여부 이전에 이 사건의 긴급체포가 합법이냐의 문제가 먼저 검토되어야 한다. 상술하였듯이 대법원은 수사기관이 신용카드 매출전표의 거래명의자에 관한 정보를 불법적으로 수집했음을 확인했다. 긴급체포는 바로 이러한 위법하게 수집한 정보에 기초하여 이루어졌다. 대법원 판결문 중 "수사기관이 법관의 영장도 없이 위와 같이 매출전표의 거래명의자에 관한 정보를 획득한 조치는 위법하다고 할 것이므로, 그러한 위법한 절차에 터 잡아 수집된 증거의 증거능력은 원칙적으로 부정되어야 할 것이고, 따라서 이와 같은 과정을 통해 수집된 증거들의 증거능력 인정 여부에 관하여 특별한 심리·판단도 없이 곧바로 위 증거들의 증거능력을 인정한 제1심의 판단을 그대로 유지한 원심의 조치는 적절하다고 할 수 없다."라는 점을 주목하자면, 대법원은 이 긴급체포의 불법성을 인정하고 있는 것으로 보인다. 이렇게 보면 대법원은 '제2범행'의 구두 1켤레의 증거능력을 부정하였다고 판단할 수 있다.

그런데 대법원은 "수사기관이 매출전표의 거래명의자에 관한 정보를 획득하기 위하여 이 사건 카드회사에 공문까지 발송하였던 사정 등에 비추어 볼 때 의도적·기술적으로 금융실명법이 정하는 영장주의의 정신을 회피하려고 시도한 것은 아니라고 보이는 점"(강조는 인용자)을 강조하며 수사기관의 주관적 선의를 강조하고 있다. 그렇다면 여기서 제3절에서 언급한 위법수집증거배제법칙의 예외인 '선의의 신뢰의 예외' 또는 '독수과실의 원리'의 예외인 '독립출처의 예외'나 '불가피한 발견의 예외' 등이 적용되었을 수도 있다.

즉, 이 사건에서 경찰관들은 '제1범행'을 수사하러 가서 피고인이 벗어놓은 점퍼에서 신용카드 매출전표를 발견하였다. 이 사건에서 경찰관들은 영장을 청구하는 것이 아니라 신용카드회사에 공문을 발송하여 피고인에 대한 정보를 확보했고, — 대법원도 인정했듯이 — 이는 결과적으로 위법하였다. 그렇지만 영장 대신 신용카드회사에 공문을 발송하여 피고인에 대한 정보를 얻을 수 있다고 믿었고, 또는 경찰관들이 합법적으로 문제의 신용카드 매출전표를 확보하고 있었기에 긴급체포 외에 '제2범행'의 구두 1켤레를 확보할 수 있는 '독립출처'가 있었고 또는 다른 방식으로 그 구두 1켤레를 '불가피하게 발견'할 수 있었다고 판단할 수 있는바 이에 따라 '제2범행'의 구두의 증거능력은 인정된다는 논리가 가능하다.

(3) '제3범행'에 대한 자백과 구두

셋째, 구금상태에서 이루어진 '제1범행' 및 '제2범행'에 대한 자백, 구속영장이 기각되어 석방된 후 진행된 '제3범행'에 대한 자백의 증거능력을 보자.

대법원 판결 중 "제3범행에 관한 진술서의 경우 앞서 본 바와 같이 피고인이 이미 석방되었음에도 불구하고 이 부분 범행 내용을 자백하면서 피해품을 수사기관에 임의로 제출한 이후에 비로소 수집된 증거인 점"이라는 표현을 볼 때, '제3범행'에 대한 자백의 증거능력은 인정하지 않은 것으로 보인다. 한편, '제1범행' 및 '제2범행'에 대한 자백의 증거능력을 인정하는지 여부에 대해서는 명시적 언급이 없다. 앞서 보았듯이 신용카드 매출전표의 거래명의자에 관한 정보는 위법하게 획득되었다. 그러나 이에 기초한 긴급체포의 '오염'은 희석 또는 제거된 것으로 본다면, 구금상태에서 이루어진 자백의 증거능력을 인정할 수 있을 것이다.

그리고 피고인이 경찰서에 다시 출석하여 절취 자백 후 임의제출한 '제3범행' 피해자 3 소유의 구두 1켤레의 증거능력도 마찬가지다. 형사소송법 제218조는 피의자가 임의로 제출한 물건을 영장 없이 압수할 수 있다고 규정한다. 이 사건에서 피고인은 구속영장이 기각되어 석방되었는데 5일 후 자의로 경찰서에 출석하여 구두를 제출했다. 이 과정에서 피고인의 의사결정의 자유가 침해되었다고 볼 사정이 존재하지 않는바, '오염'으로 인한 인과적 고리가 끊어졌고 따라서 이 구두의 증거능력은 인정된다.

(4) '제2범행'과 '제3범행'에 관한 피해자들 작성 진술서

넷째, '제2범행'과 '제3범행'에 관한 피해자들 작성 진술서의 경우는 대법원이 지적한 대로, "범행일로부터 약 3개월, 11개월 이상 지난 시점에서 기존의 수사절차로부터 독립하여 자발적으로 자신들의 피해 사실을 임의로 진술한 것"(강조는 인용자)이었기에 '오염'으로 인한 인과적 고리가 끊어졌다고 보아야 하고, 따라서 이 진술서의 증거능력은 문제가 없다.

(5) 제1심 법정 자백

다섯째, 대법원은 제1심 법정에서 이루어진 범행 전부에 대한 자백은 "최초 자백 이후 약 3개월이 지난 시점에 공개된 법정에서 적법한 절차를 통하여 임의로 이루어진 것이라는 점 등을 전체적 · 종합적으로 고려하여 볼 때 이는 유죄 인정의 증거로 사용할 수 있는 경우에 해당한다"라고 판시하고 있다. 상술한 넷째, 다섯째 경우와 마찬가지 이유에서 증거능력이 인정된다고 본 것이다.

그런데 위법수집증거배제법칙의 하위법칙으로서 독수과실의 원리는 기본적으로 수사기관의 위법행위를 억지하는 것을 목적으로 하는바, 법정자백의 증거능력 인정 여부에 독수과실의 예외 이론을 적용하는 것은 적절치 않다고 판단한다.

━━ 제5장 ━━

결 론

2007년 대법원이 독수과실의 원리를 채택한 이후 동 학계와 실무계에서 활발히 논의 적용되고 있다. 대법원이 독수과실의 배제기준을 제시했지만, 사안의 사실관계 파악과 법리의 취지에 대한 이견은 배제 여부에 대한 결론을 다르게 만든다. 저자는 독수과실의 원리를 도입해놓고 사실관계에 대한 느슨한 평가 및 예외의 확장을 통하여 동 원리를 명목화시켜서는 안된다는 관점을 취하고 있다. 개별적 사안에서 증거의 필요성 때문에 '독과'를 먹으면 그 사안에서는 달콤할지 모르나 형사사법의 염결성에 미치는 '독효'(毒效)는 상당할 것이다.

저자는 독수과실의 원리의 적용범위는 1차 위법수집증거, 즉 '독수'의 성질에 따라 구별하여 판단할 필요가 있다는 입장이다. 첫째, '독수'에 대한 의무적 증거배제가 헌법 또는 실정법적으로 명문화되어 있는 경우는 이를 위반하여 획득한 2차 증거인 '독과'는 ─ 그것이 자백이건 물적 증거이건 불문하고 ─ 엄격하게 배제되어야 한다. 즉, 헌법 제12조 제7항 및 형사소송법 제309조상의 전형적 또는 비전형적 자백배제사유에 해당하는 위법행위를 통하여 자백이 획득되고, 이를 기초로 하여 물적 증거나 자백이 2차적으로 획득된 경우, 그리고 통신비밀보호법 제4조를 위반하여 수집한 증거에서 파생한 물적 증거 또는 진술의 경우 등이 그 예이다.[1] 이러한 경우 '독과'의 증거능력을 배제하지 않는다면 '독수'의 증거능력을 배제하는 의미가 사라지게 되며, 이는 헌법과 실정법의 입법취지에 정면으로 반하는 것이기에, 독수과실의 원리의 예외의 적용은 신중하게 이루어져야 할 것이다.

둘째, 형사소송법 제308조의2에 따라 '독수'의 증거능력 배제도 일률적으로 이루어지는 것이 아니라 법관의 재량적 판단에 따라 배제 여부를 판단할 필요가 있으므로, 파생증거인 '독과'의 배제도 마찬가지 기준에 따라 이루어져야 할 것이다. 즉, 제4편 제2장에서 살펴본 '독수' 배제의 기준과 같이, '독과'의 배제 여부는 위법수집증거배제법칙의 존재근거인 수사기관의 불법행위의 억지, 사법의 염결성 확보 등을 기준으로 하여 판단하여야 할 것이며, 수사기관의 불법행위의 정도, 수사기관의 의도, 1차 증거와 2차 증거간의 인과관계가 주요하게 고려되어야 할 것이다. 이 때 독수과실의 예외는 비교적 자유로이 적용될 수 있을 것이다.

단, 상술하였듯이 '불가피한 발견의 예외'는 '가정적 상황'에 기초하여 증거배제 여부를 판단하므로 이 예외의 도입은 신중해야 하며, 도입할 경우에도 '적극적 수행'의 요건이 충족되는 경우에만 적용되어야 할 것이다.

남아 있는 문제는 독수과실에 대한 입증책임의 문제이다. 이에 대해서는 미국 판례법에서의 논의를 참조로 쓸 수 있을 것이다. 첫째, 위법하다고 주장되는 압수·수색이 존재하였다는 점에 대해서는 피고인이 입증책임을 진다.[2] 불법한 압수·수색이 입증되고 난 후 그 결과 획득한 증거가 각종의 독수과실의 원리의 예외에 해당한다는 점은 소추측이 '증거의 우월'(prepon

---

1) 미국의 경우 진술거부권을 포기할 수 있는 '특권'(privilege)으로 보고 있기에 미란다 고지 불이행의 경우 독수과실의 원리의 적용 여부가 논란이 되었으나, 우리나라에서 진술거부권은 포기할 수 없는 주관적 공권(公權)이므로 미란다 고지 불이행으로 획득한 '독수'는 물론 '독과' 역시 배제되어야 한다. 이러한 관점에서 볼 때 우리의 법체제에서는 미국 연방대법원의 1985년 엘스태드 판결보다는 2004년 펠러즈 판결의 입장이 타당하다(제2장 제3. 참조 요망).
2) Nardone v. United States, 308 U.S. 338(1939).

derance of evidence)3)로써 증명해야 한다.4)

　둘째, 미란다 법칙과 관련해서는 피의자의 '포기'를 입증하는 '중한 책임'은 소추측에 있으며,5) 피고인이 자신의 자백이 수사기관의 위법활동에 기인한 것이라는 점을 일응 의심이 생길 정도로 입증하면, 소추측은 '증거의 우월'로 반박해야 한다.6)

---

3) '증거의 우월'은 유죄평결에 필요한 입증의 정도인 '합리적 의심이 없을 정도' (beyond reasonable doubt)보다 낮은 입증의 정도로, 요증사실을 주장하는 측이 제출한 증거의 증명력이 이를 부인하는 측의 주장보다 우월하면 족하다는 의미이다. 주로 민사사건에서 입증의 정도로 사용된다.
4) Alderman v. United States, 394 U.S. 165(1969).
5) Miranda v. Arizona, 384 U.S. 436, 475(1966).
6) Logo v. Towmey, 404 U.S. 477(1972).

제 7 편

위법수집증거배제법칙의 사인효

"국가기관이 아닌 사인에 의한 사진촬영이라 할지라도 인격권이나 초상권 등의 기본권을 중대하게 침해하는 경우에는 증거능력이 부인된다고 할 것이고, 사인이 부정한 목적에 사용하기 위하여 촬영한 사진을 국가기관이 증거로 사용하는 것은 상대방의 기본권에 대한 새로운 침해를 의미한다"(서울지방법원 1997. 4. 9. 선고 96노5541 판결).

제1장

서 론

이상에서 살펴본 위법수집증거배제법칙은 기본적으로 수사기관, 즉 국가의 위법활동을 전제로 하고 있다. 따라서 **수사기관과의 연계가 없는** 사인이 위법하게 증거를 수집한 경우 이 증거의 증거능력을 인정할 것인가의 문제가 남아 있다.1) 이것이 바로 위법수집증거배제법칙의 사인효(私人效)의 문제이다.

이것이 문제가 되는 상황의 예를 들자면, 사인이 폭행·협박·불법구금 등의 방법으로 자백 내지 진술을 받아 내거나, 증거물을 절취 또는 사취하거나, 성폭력범죄의 처벌 및 피해자보호 등에 관한 법률 제14조의2를 위반하여 카메라 기타 이와 유사한 기능을 갖춘 기계장치를 이용하여 성적 욕망 또는 수치심을 유발할 수 있는 타인의 신체를 그 의사에 반하여 촬영하거나, 통신비밀보호법 제 3 조와 제14조 제 1 항을 위반하여 공개되지 아니한 타인 간의 대화를 녹음 또는 청취하는 경우 또는 정보통신망이용촉진 및 정보보

---

1) 사인이 수사기관의 활동에 참여하는 경우는 여기서 의미하는 사인에 포함되지 않는다. 수사기관의 부탁을 받고 타인의 대화를 비밀리에 녹음했다면 비록 그 녹음자가 사인이라 하더라도 사인에 의한 증거수집이라고 볼 수 없다. 따라서 사인과 수사기관 사이에 증거수집 등에 관한 구체적인 합의가 있었다면 이에 따라 행위한 사인은 국가 수사기관의 도구에 불과하기 때문에 수사기관에 적용되는 형사소송규정이 그대로 적용되어야 한다[하태훈, "사인에 의한 증거수집과 그 증거능력," 한국형사법학회, 「형사법연구」 제12호(1999), 35면].

호 등에 관한 법률 제62조나 공공기관의 개인정보보호에 관한 법률 제23조 및 신용정보의 이용 및 보호에 관한 법률 제32조에서 규정하고 있는 개인의 각종 정보를 수집·누설하는 경우 등이다.2) 특히 최근에는 고소인이나 피해자 등의 사인이 형사소추를 용이하게 할 목적 혹은 공갈의 목적을 갖고서 기술적 장비나 통신매체를 활용하여 자신들에게 유리한 증거를 수집하고, 이렇게 수집된 증거가 형사절차에서 증거로서 제출되는 일이 잦아지고 있다.3)

첫째, 위법수집자백배제법칙을 헌법적 기본권으로 파악한다면 이 문제를 '기본권의 사인효'의 문제로 바로 해결하려 할 것이다. 그렇지만 제 2 편 제 2 장에서 보았듯이, 저자는 위법수집자백배제법칙은 '기본권'이 아니라 '준기본권적 효력을 갖는 증거법칙'이라고 보고 있는바, 사인에 의한 동 법칙 위반은 사안별로 검토해야 한다고 보고 있다. 요약하자면, 사인이 '고문, 폭행, 협박, 신체구속의 부당한 장기화, 기망' 등을 행하는 것은 중대한 범죄를 구성하며 — 자백배제법칙을 '기본권'으로 보는 자백배제의 근거에 관한 '종합설'을 취하지 않더라도 — 이를 통하여 획득한 자백의 경우 수사기관의 위법행위가 없다고 하여 그 증거능력을 인정하는 것은 국가가 사인에 의한 시민의 의사결정을 강박·왜곡하는 중대한 인권침해불법행위를 사실상 방조·이용하는 것이므로 허용되어서는 안 된다. 이 점에 한하여 자백배제법칙은 기본권에 준하는 강한 효력을 가진다.

그렇지만 이상의 사유 이외의 비정형적 자백배제사유, 예컨대 진술거부권이나 변호인접견권의 불고지 등은 애초에 사인의 의무위반 문제를 일으키지 않는다. 따라서 사인이 묵비권이나 변호인접견권을 고지하지 않고 자백을 요구하였는데 피의자가 자백서를 작성하였다면 이 자백서의 증거능력은 있다고 보아야 한다.

---

2) 천진호, "위법수집증거배제법칙의 사인효," 한국비교형사법학회, 「비교형사법연구」 제 4 권 제 2 호(2002), 360면.
3) 박미숙, "사인에 의한 비밀녹음테이프의 증거능력," 형사판례연구회, 「형사판례연구」 제11호(2003), 368-369면.

둘째, 통신비밀보호법을 위반하는 사인의 행위는 통신의 비밀 등 헌법적 기본권의 사인효로 해결할 것이 아니라, 동법 제14조의 적용범위 문제로 해결해야 한다. 요약하자면, 먼저 (i) 사인이 타인 사이에 이루어지는 전기통신을 감청하거나, 사인이 전기통신 중인 일방 당사자의 동의를 얻고 감청하는 경우 등은 통신비밀보호법상 불법감청이다.4) 예컨대, 간통 고소 사건에서 고소인 남편이 자신의 아내와 무속인 간의 대화나 전화통화를 녹음한 것은 증거능력이 없으며,5) 이용원을 경영하던 피고인이 경쟁 미용실을 공중위생법 위반으로 고발할 목적으로 자신의 이용실에서 지인에게 경쟁 미용실에 전화를 걸어 "귓볼을 뚫어주느냐"는 용건으로 통화하게 하고 그 내용을 녹음한 경우 증거능력이 없다.6) 그리고 (ii) 사인이 "공개되지 아니한 타인 간의 대화"를 녹음 또는 청취하는 경우도 동법상 금지된다.

셋째, 이상의 두 경우 외 위법수집증거배제법칙의 대사인적 효력에 대하여 동 법칙의 직접 적용이나 하위법의 일반 조항을 통한 간접적용이 아니라 헌법 제10조 후단이 규정하는 국가의 기본권 보장의무를 통하여 작동한다고 보는 견해가 있으나,7) 2007년 형사소송법 제308조의2가 신설되었던 바, 사인이 수집한 위법수집증거의 증거능력 문제는 동조의 적용범위에 대한 해석 문제로 보아야 한다.8)

그리하여 제 7 편에서는 세 번째 경우에서의 사인에 의한 위법수집증거의 증거능력의 문제를 검토할 것이다.

---

4) 제 3 편에서 보았듯이, 통설과 판례는 사인이 자신과 타인 사이의 전기통신을 상대방의 동의 없이 감청한 경우통신비밀보호법 위반이 아니라고 보지만, 저자는 위반이라고 본다.
5) 대법원 2001. 10. 9. 선고 2001도3106 판결.
6) 대법원 2002. 10. 8. 선고 2002도123 판결.
7) 최영승 · 정영일, "사인이 위법하게 수집한 증거의 증거능력," 경희법학연구소, 「경희법학」 제48권 제 4 호(2013), 9-10, 13-14면.
8) 김종구, "사인이 수집한 형사사건의 증거와 증거배제법칙," 한국형사법학회, 「형사법연구」 제20권 제 2 호(2008), 216면.

제2장

비교법적 검토

미국의 경우 위법수집증거배제법칙은 국가기관의 위법행위의 억지를 위한 것으로 한정되어 있다. 이는 1921년 'Burdeau v. McDowell 사건'[1] 판결 이후 연방대법원에 의해서도 확인되어 왔다. 동 판결은 "(수정헌법 제4조의) 보호는 정부의 행위에 적용된다. 그 조항의 기원과 역사는 그 조항이 국가기구의 활동에 대한 제약으로 설정된 것이며, 정부기관이 아닌 사람들에 대한 제한으로 설정되지 않았음을 선명히 보여준다."[2] 물론 사인이 "정부의 도구 또는 대리인"[3]으로 행동하였을 경우는 위법수집증거배제법칙이 적용된다.

반면, 제1편 제3장에서 보았듯이, 독일의 경우는 사인이 불법하게 입수한 증거물의 경우도 형사소추의 이익과의 형량을 통하여 그 증거물이 피고인의 인격권과 프라이버시를 중대하게 침해하는 것이라면 그 증거능력을 배제한다.

여기서 피고인의 일기장과 관련된 두 개의 판결을 비교해 볼 수 있다. 먼저 1964년 2월 21일의 '일기장 판결'[4](Tagebuchentscheidung)이 있는데, 이

---

1) 256 U.S. 465(1921).
2) Id. at 475.
3) Skinner v. Railway Labor Exec. Ass'n, 489 U.S. 602, 614(1989).
4) 19 BGHSt 325(1964).

사건에서 피고인 A는 위증죄로 기소되었고 그 증거로 A의 일기장과 편지가 제출되었는데, 이는 A의 정부(情夫) V가 절취한 것으로 V의 처 F가 수사기관에 제출한 것이었다. 연방대법원은 일기는 작성자의 인격과 긴밀한 관련이 있으며, 이것을 작성자의 의사에 반하여 증거로 사용하는 것은 독일 기본법상의 인간의 존엄과 인격권에 대한 침해라고 규정하며 증거능력 배제를 결정하였다.

반면 연방대법원은 1987년 7월 9일의 일기장과 관련된 다른 판결에서는 다른 결론을 내린다.[5] 이 사건에서 피고인 M은 F 살해혐의로 수사를 받고 있었는데 수사기관은 M의 방에서 그의 일기장을 발견하였고, M의 동의하에 그 일기장을 증거로 제출하였다. 그 일기장에는 M의 살인범행의 동기를 담고 있었다. 이 사건에서 연방대법원은 일기장에 대한 인격권이 보호의 가치가 있음을 인정하면서도, 형사사법의 요청과의 이익형량을 통한 결과 일기장의 증거사용을 결정하였다. 생각건대, 이러한 입장에 따르면 살인의 동기가 적혀 있는 일기장의 경우는 사인에 의하여 불법하게 입수되어 법원에 제출되었다고 하더라도 증거사용이 금지되지 않을 것이다.

그리고 1973년의 1월 31일 독일 연방헌법재판소는 부동산 소유자가 비밀리에 탈세와 관한 자신과 피고인과의 육성대화를 녹음하여 이 녹음테이프를 자발적으로 수사기관에 제출한 사건을 검토하면서, 프라이버시의 영역을 절대적으로 보장되는 '핵심영역'(Kernbereich)과 '비례성의 원칙'에 따라 사생활상의 권리보다 우월한 공공의 이익이 있는 경우에는 침해될 수 있는 '사적 영역'(Privatbereich)으로 나누어 판단하는 법리를 제시하였다.[6] 즉, '핵심영역'를 침해하여 획득한 증거의 사용은 절대 금지되지만, '핵심영역' 바깥에 있는 '사적 영역'은 사생활상의 권리보다 우월한 공공의 이익이 있는 경우에는 침해될 수 있다는 것이다.[7]

---

5) 34 BGHSt 397(1987).
6) 34 BVerfGE 238(1973).
7) Id. S. 246.

제3장

판 례

사인이 위법하게 수집한 증거의 증거능력에 대한 우리나라 대법원의 지도적 판례를 보도록 하자. 이 쟁점을 검토한 최초의 판결은 1997년 등장한다. 이 사건에서 남편으로부터 간통죄로 고소를 당한 피고인이 기소되었는데, 간통의 상간자(相姦者)가 피고인과의 간통현장에서 공갈목적을 숨기고 피고인의 동의하에 피고인의 나체사진을 찍은 것이 수사기관에 압수되어 간통죄의 증거로 제출되었다. 여기서 하급심과 대법원의 견해가 달랐다.

대법원은 "모든 국민의 인간으로서의 존엄과 가치를 보장하는 것은 국가기관의 기본적인 의무에 속하는 것이고, 이는 형사절차에서도 당연히 구현되어야 하는 것이기는 하나 그렇다고 하여 국민의 사생활 영역에 관계된 모든 증거의 제출이 곧바로 금지되는 것으로 볼 수는 없고, 법원으로서는 **효과적인 형사소추 및 형사소송에서의 진실발견이라는 공익과 개인의 사생활의 보호이익을 비교형량하여 그 허용 여부를 결정**하고, 적절한 증거조사의 방법을 선택함으로써 국민의 인간으로서의 존엄성에 대한 침해를 피할 수 있다고 보아야 할 것인바, 이 사건 사진은 피고인의 동의에 의하여 촬영된 것임을 쉽게 알 수 있어 사진의 존재만으로 피고인의 인격권과 초상권을 침해하는 것으로 볼 수 없고, 가사 이 사건 사진을 촬영한 자가 이 사건 사진을 이용하여 피고인을 공갈할 의도였다고 하더라도 이 사건 사진의 촬영이 임의성이 배제된 상태에서 이루어진 것이라고 할 수는 없으며, 이 사건 사진은 범죄현장의 사진으로서 피고인에 대한 형사소추를 위하여 반드시 필요한 증거로 보이므로, 공익의 실현을 위하여는 이 사건 사진을 범죄의 증거로 제출하는 것이 허용되어야 하고, 이로 말미암아 피고인의 사생활의 비밀을 침해하는 결과를 초래한다 하더라도 이는 피고인이 수인하여야 할 기본권의 제한에 해당된다고 보아야 할 것"이라고 판시하면서 나체사진의 증거능력을 인정하였다.1)

그러나 대법원에 의하여 파기되었던 원심법원의 판결은 다른 입장을 취했다. 원심법원은 피고인이 촬영에 대하여 동의해 줄 당시 의식이 명료한 상태였는지 아니었는지에 관계없이, 피고인은 상간자에 의하여 촬영된 사진이 공갈의 목적에 이용될 것이라는 사실을 인식하지 못한 상태에서 사진의 촬영에 이용당하였으므로 그 사진은 피고인의 의사에 반하여 임의성이 배제된 상태에서 촬영된 것이며, "피고인의 인격의 핵심적인 부분을 침해한 것"이라고 판단한다. 그리하여 동 법원은 "사람을 피사체로 하여 촬영한 사진의 경우, 특히 국가기관이 아닌 사인에 의한 사진촬영이라 할지라도 상대방의 명시적 의사에 반한 임의성 없는 촬영의 경우나 상대방이 범죄행위에 사용된다는 사실을 모르는 상태에서 촬영되는 경우와 같이 인격권이나 초상권 등의 기본권을 중대하게 침해하는 경우에는 증거능력이 부인된다고 할 것이고, 사인이 부정한 목적에 사용하기 위하여 촬영한 사진을 국가기관이 증거로 사용하는 것은 상대방의 기본권에 대한 새로운 침해를 의미한다고 할 것이므로 이 점에서도 증거능력을 부인하는 것이 타당하다"라고 판시하였다.2)

원심판결과 대법원 판결은 이 사진 촬영이 상대방의 의사에 반하여 이루어졌는가에 대한 사실판단에서 견해를 달리하고 있다. 이를 전제로 하더라도, 원심판결은 사인에 의하여 위법하게 수집한 증거를 국가기관이 사

---

1) 대법원 1997. 9. 30. 선고 97도1230 판결(강조는 인용자).
2) 서울지방법원 1997. 4. 9. 선고 96노5541 판결(강조는 인용자). 이에 덧붙여 동 법원은 증거수집절차의 중대한 위법으로 인하여 증거로서 사용이 허용되지 않는 증거는 처음부터 증거동의의 대상에서 배제된다고 판시하였다.

용하는 것은 피고인의 인격권과 초상권을 다시 한번 침해하는 것이기에 그 증거능력을 부정해야 한다고 선언함으로써, 우리나라에서 위법수집증거 배제법칙의 사인효를 인정한 최초의 판결이다. 그리고 원심판결이 사용하고 있는 '피고인의 인격의 핵심적인 부분'이라는 개념은 제 1 편 제 3 장에서 살펴본 1973년의 1월 31일 독일 연방헌법재판소의 결정을 원용한 것이다.3) 동 결정은 프라이버시의 영역을 절대적으로 보장되는 '핵심영역'과 비례성의 원칙에 따라 사생활상의 권리보다 우월한 공공의 이익이 있는 경우에는 침해될 수 있는 '사적 영역'으로 나누고 있다.

이 사건에서 대한 평석에서 하태훈 교수는 상술한 독일 판례의 입장에 따라 '공적 이익이 아무리 현저하다고 하더라도 비례성의 원칙을 척도로 한 비교형량이 이루어질 수 없는 영역', 즉 '인격권의 핵심영역'의 침해가 있으면 그 침해로 획득한 증거의 증거능력은 배제되어야 한다고 보고 있다.4) 그리고 천진호 교수는 시민의 인격권과 초상권에 대한 중대한 침해가 사인에 의해 발생하였는데 이를 국가가 증거로 사용하게 되면 시민의 기본권에 대한 새로운 침해가 발생하게 되며, 또한 미셸 푸코가 말 한 감시사회가 초래될 수 있다고 보고 증거능력 배제를 주장하고 있다.5)

다음으로 2010년 대법원 판결을 보자.6) 이 사건에서 간통 고소 사건에서 고소인 남편이 별거중인 아내의 주거에 침입하여 혈흔이 묻은 휴지들 및 침대시트를 수집한 후 수사기관에 제출하였고, 그 결과 이 목적물에 대한 감정의뢰회보가 작성되었다. 원심은 남편이 아내의 주거에 침입한 시점은 아내가 그 주거에서의 실제상 거주를 종료한 이후이고, 위 감정의뢰회보는 피고인들에 대한 형사소추를 위하여 반드시 필요한 증거이고, 이를 증거로

---

3) 34 BVerfGE 238(1973).
4) 하태훈, "사인에 의한 증거수집과 그 증거능력," 한국형사법학회, 「형사법연구」 제 12호(1999), 45면; 하태훈, "사인이 비밀리에 녹음한 녹음테이프의 증거능력," 형사판례연구회, 「형사판례연구」 제 8 호(2000), 523면.
5) 천진호, "위법수집증거배제법칙의 사인효," 한국비교형사법학회, 「비교형사법연구」 제 4 권 제 2 호(2002), 375면.
6) 대법원 2010. 9. 9. 선고 2008도3990 판결.

사용하여 아내의 주거의 자유나 사생활의 비밀이 일정 정도 침해되는 결과를 초래한다 하더라도 이는 아내가 수인하여야 할 기본권의 제한에 해당된다는 이유로 감정의뢰회보의 증거능력을 인정하였다. 대법원은 원심을 확정하면서, 다음과 같이 설시하였다.

> 국민의 인간으로서의 존엄과 가치를 보장하는 것은 국가기관의 기본적인 의무에 속하는 것이고 이는 형사절차에서도 당연히 구현되어야 하는 것이지만, 국민의 사생활 영역에 관계된 모든 증거의 제출이 곧바로 금지되는 것으로 볼 수는 없으므로, 법원으로서는 **효과적인 형사소추 및 형사소송에서의 진실 발견이라는 공익과 개인의 인격적 이익 등의 보호이익을 비교형량**하여 그 허용 여부를 결정하여야 한다.[7]

이러한 논리는 상술한 1997년 대법원 판결의 논리와 동일하다. 동 판결은 2007년 형사소송법 제308조의2가 신설된 이후 내려졌는데, 판결문을 보면 대법원이 동조를 판결의 근거조문으로 삼았음을 알 수 있다. 물론 대법원은 사인에 의하여 위법하게 수집된 증거의 증거능력에 대해서는 2007년 '김태환 제주지사 사건' 판결의 법리를 적용하지 않았다. 그렇지만 대법원이 증거배제의 가능성을 완전 봉쇄하지는 않았고, 독일 연방대법원의 접근법과 유사한 비교형량론을 통하여 증거배제가 될 가능성을 열어두었다.

1997년과 2010년 대법원 판결의 사실관계를 비교해보면, 2010년 판결의 경우 사인인 남편의 주거침입과 절도라는 형법 위반이 있었던 반면, 1997년 판결의 경우 나체 사진 촬영은 동의에 의해 이루어졌으므로 — 단, 파기된 원심판결은 임의성이 없다고 보았다 — 형법 위반이 발생하지 않았다. 다른 한편 전자에서 문제가 된 혈흔이 묻은 휴지와 침대시트에 비하면, 후자에서 문제가 된 나체 사진이 프라이버시 침해가 더 크다.

김종구 교수는 사인에 의한 증거수집절차에서 위법이 없다면 — 예컨대, 1997년 판결의 경우 — 형사소송법 제308조의2를 적용할 수 없으며 헌

---

7) Id.(강조는 인용자).

법에 기초하여 배제 여부를 판단해야 한다고 해석한다.[8] 동조의 문언 '적법
절차'를 강조하면서 사인의 증거수집에 위법이 없다면 애초 동조가 적용될
수 없다는 것이다. 그렇지만 저자는 그런 경우에도 확보된 증거가 초래하는
프라이버시 침해의 정도에 따라 동조를 적용하여 증거배제를 결정할 수
있다고 본다. 동조상 "적법한 절차를 따르지 아니하고 수집"한다는 것의
의미는 (i) 사인이 위법하게 증거를 수집한 경우 외에, (ii) 프라이버시를
중대하게 침해하는 증거를 사인이 적법하게 수집하고 이를 수사기관이 수집
한 경우로 확장해석할 수 있다고 본다. 증거능력 판단의 근거조문으로 헌법
보다는 형사소송법 조문을 원용하는 것이 실무적 힘을 더 가질 것이고, 실체
법과 달리 절차법은 확장해석이 허용되기 때문이다.

공직선거법 위반 사건을 다룬 2013년 판결에서 대법원은 1997년과
2010년 판결의 법리를 보다 구체화한다. 이 사건에서 ○○시 △△동장 직무
대리의 지위에 있던 피고인은 ○○시장 공소외 1에게 ○○시청 전자문서시
스템을 통하여 △△ 1통장인 공소외 2 등에게 ○○시장 공소외 1을 도와
달라고 부탁하였다는 등의 내용을 담고 있는 이 사건 전자우편을 보냈는데,
○○시청 소속 공무원인 제3자가 권한 없이 전자우편에 대한 비밀 보호조
치를 해제하는 방법을 통하여 이 사건 전자우편을 수집하였다. 대법원은
1997년과 2010년 판결의 법리를 서술한 후 다음과 같이 설시한다.

> 이때 법원이 그 비교형량을 함에 있어서는 증거수집 절차와 관련된 모든
> 사정 즉, 사생활 내지 인격적 이익을 보호하여야 할 필요성 여부 및 그 정도,
> 증거수집 과정에서 사생활 기타 인격적 이익을 침해하게 된 경위와 그 침해
> 의 내용 및 정도, 형사소추의 대상이 되는 범죄의 경중 및 성격, 피고인의
> 증거동의 여부 등을 전체적·종합적으로 고려하여야 하고, 단지 형사소추에
> 필요한 증거라는 사정만을 들어 곧바로 형사소송에서의 진실발견이라는 공익
> 이 개인의 인격적 이익 등의 보호이익보다 우월한 것으로 섣불리 단정하여서는

---

8) 김종구, "사인이 수집한 형사사건의 증거와 증거배제법칙," 한국형사법학회, 「형사
법연구」 제20권 제2호(2008), 220면.

아니 된다.[9]

그리고 대법원은 이 사건에서 제3자의 전자우편 수집 행위는 정보통신망 이용촉진 및 정보보호 등에 관한 법률을 위반하는 범죄행위에 해당할 수 있고, 전자우편을 발송한 피고인의 사생활의 비밀 내지 통신의 자유 등의 기본권을 침해하는 행위에 해당하므로 "일응 그 증거능력을 부인하여야 할 측면도 있어 보인다"라고 평가하면서도, 이 사건 전자우편은 ○○시청의 업무상 필요에 의하여 설치된 전자관리시스템에 의하여 전송·보관되는 것으로서 그 공공적 성격을 완전히 배제할 수는 없다는 점, 이 사건 형사소추의 대상이 된 행위는 (구)공직선거법에 의하여 처벌되는 공무원의 지위를 이용한 선거운동행위로서 공무원의 정치적 중립의무를 정면으로 위반하고 관권선거를 조장할 우려가 있는 중대한 범죄에 해당한다는 점, 피고인이 제1심에서 이 사건 전자우편을 이 사건 공소사실에 대한 증거로 함에 동의하였다는 점 등을 종합하여 고려하면서, 이 사건 전자우편을 공소사실에 대한 증거로 제출하는 것은 허용되어야 하고, 이로 말미암아 피고인의 사생활의 비밀이나 통신의 자유가 일정 정도 침해되는 결과를 초래한다 하더라도 이는 피고인이 수인하여야 할 기본권의 제한에 해당한다고 보아야 한다고 결론지었다.

동 판결문을 보면 대법원이 형사소송법 제308조의2를 판결의 근거조문으로 삼았음을 확인할 수 있다. 그리고 동 판결은 사인이 위법하게 수집한 증거의 증거능력을 판단하는 종합적 기준을 제시했다는 점에서 중요한 의미를 갖는다.

---

9) 대법원 2013. 11. 28. 선고 2010도12244 판결(강조는 인용자).

제4장

결 론

위법수집증거배제법칙은 원래 국가기관의 위법행위를 통제하기 위해 만들어진 법칙이다. 그렇지만 현대 사회에서는 사적 개인이나 사기업이 강력한 힘을 가지고서 시민의 기본권 침해를 행하고 있는 것이 현실이다. 특히 사진·비디오 촬영, 육성대화 녹음 등은 과학기술의 발전에 따라 이제 사인도 손쉽게 이를 행할 수 있으며, 이에 따른 시민들의 프라이버시 침해는 점증하고 있다. 그리하여 헌법학에서도 기본권의 사인효라는 개념 아래에서 사생활의 비밀과 자유, 초상권, 통신의 비밀의 자유 등의 헌법상의 기본권이 사인에 대해서도 규범력을 가지는 것으로 보고 있다.

이러한 상황에서 국가의 위법행위에 초점이 맞춰져 있는 위법수집증거배제법칙의 외연은 넓혀질 필요가 있다. 특히 2007년 형사소송법 제308조의2가 신설되었기에 사인이 수집한 위법수집증거의 배제 문제는 동조의 적용범위 안으로 들어왔다. 미국의 위법수집증거배제법칙은 위법한 수사기관의 활동의 억지를 향하여 방향지어져 있으므로, 향후 위법수집위집증거배제법칙의 사인효에 대해서는 인격권에 초점을 두고 있는 독일식의 증거금지론에 대하여 보다 많은 고민과 연구가 필요할 것이다.

저자는 대법원이 제시한 비교형량론에 동의한다. 즉, 사인에 의한 위법행위로 획득한 증거의 증거능력은, 목적의 정당성, 방법의 상당성, 피해의 최소성, 법익의 균형성을 고려한 비례의 원칙에 따라 침해되는 사익과 형벌권 실현이라는 공익을 비교형량하여 공익이 현저히 더 큰 경우에만 인정되어야 한다.

그런데 독일 연방헌법재판소처럼 이익형량을 불허하는 '핵심영역'을 인정할 것인가에 대해서는 의문이 있다. 예컨대, 일기장에는 시민의 가장 내밀한 프라이버시가 담겨 있는 것은 사실이지만, 그렇다는 이유로 형사사법권 실현이라는 공익과의 형량을 원천적으로 봉쇄하는 것은 과도하다. 오히려 일기장에 담겨 있는 범죄관련 내용에 따라 증거능력에 대한 개별적 판단을 내려야 한다고 본다.

사인이 찍은 사진이나 비디오 테이프의 증거사용의 경우도 마찬가지이다. 예컨대, 사인이 공개적인 폭력시위 현장을 촬영하여 화염병 투척자를 채증하는 것 등 공개적 영역에 대한 촬영, 카메라 기자가 단속현장에서 뇌물을 받는 교통경찰관의 모습을 촬영하는 것 등 공무원의 비위사실에 대한 촬영 등의 경우는 사익보다 공익이 현저히 커서 증거사용이 허용되는 경우라고 할 것이다.[1] 그렇지만 상술한 1997년 대법원이 증거능력을 인정한 나체사진의 경우는 증거사용으로 인하여 침해된 인격권이나 사생활에 비하여 형사소추의 공익이 현저히 우위에 있다고 보기는 어렵다고 보인다. 나체사진이 중대한 프라이버시 침해라는 점은 분명한 반면, 나체사진을 사용하여 입증하려는 범죄는 당시 위헌논란이 계속되고 있던 간통죄였기 때문이다.

이상과 같은 저자의 입장을 도해화하면 다음과 같다.

---

1) 김대휘, "사진과 비디오테이프의 증거능력," 형사판례연구회, 「형사판례연구」제 6 호(1998), 451면.

유형	배제 근거
사인이 위법하게 수집한 자백 (사인에 의한 진술거부권 또는 변호인의 조력을 받을 권리 침해 제외)	형사소송법 제309조에 따른 배제
사인이 통신비밀보호법을 위반하여 획득한 통신·대화 내용	통신비밀보호법 제14조에 따른 배제
사인이 절취 또는 촬영한 증거물	효과적인 형사소추 및 형사소송에서의 진실발견이라는 공익과 개인의 인격적 이익 등의 보호이익을 비교형량하여 후자가 큰 경우 형사소송법 제308조의2에 따른 배제

제 8 편

위법수집증거
배제절차

제1장

서 론

제8편은 형사재판에서 위법수집증거의 증거능력배제는 어떠한 절차를 거쳐야 하며, 이러한 절차와 관련한 어떠한 법적 쟁점이 있는지를 살펴보기로 한다. 미국의 경우는 위법한 대물적 강제처분이 발생한 사건에서 위법수집증거의 증거능력의 배제는 '재판 전(前) 증거배제신청'(pretrial motion to suppress)을 통하여 이루어지지만,[1] 우리나라의 경우는 이러한 절차는 존재하지 않는다.

이하에서는 우선 현행법상 피고인이 위법수집증거의 배제를 신청할 수 있는 제도인 증거조사에 대한 이의신청제도 및 이와 관련된 쟁점을 살펴보고, 이어 위법수집증거를 증거로 사용하는 것에 대하여 피고인이 동의한 경우에는 그 증거능력을 인정할 수 있는가의 문제를 검토하기로 한다.

---

1) 미국 형사소송규칙 제41조 e항에 의하면 위법한 압수 · 수색에 관하여 원칙적으로 공판 전에 그 물건의 환부 및 증거로서의 사용금지를 신청하여 법원이 이의 사실을 조사한 뒤 결정에 의하여 위법수집증거를 반환해 주도록 되어 있다.

┃ **제2장** ┃

위법수집증거배제의
이의신청

제 1. 증거조사에 대한 이의신청

　　현행법상 검사·피고인 또는 변호인은 증거조사에 관하여 이의신청을 할 수 있는바(형사소송법 제296조 제 1 항), 피고인과 변호인은 위법수집증거를 배제하기 위하여 이 제도를 활용할 수 있다.

　　이의신청이란 당사자가 법원 또는 소송관계인의 소송행위가 위법 또는 부당함을 주장하여 그 시정 또는 다른 조치를 법원에 청구하는 소송행위를 말한다. 이는 증거조사절차상의 위법·부당을 당사자로 하여금 지체 없이 지적하게 하여 그 하자를 신속하게 보정함으로써 증거조사의 적정을 도모하려는 데 그 취지가 있다.[1] 그리고 증거조사에 관하여 이의신청을 할 수 있다 함은 피고인신문의 종료 후에 행해지는 증거조사의 단계에서 증거신청, 증거결정, 증거조사의 순서와 방식, 증거능력 등 증거조사에 관한 모든

---

[1] 사법연수원, 「형사증거법 및 사실인정론」(2017), 180면. 또한 현행법은 증거능력이라든가 증거조사절차에 관하여 상세한 규정을 두면서 많은 절차를 당사자주의에 의거하고 있기 때문에 법원 또는 재판장이 위법·부당한 소송행위를 일일이 점검하기가 곤란한 경우가 많으므로 당사자도 여기에 적극적으로 관여시켜 적정절차에 의한 소송 진행을 확보할 필요가 있고 이의신청 제도는 이러한 점에서도 그 존재 의의가 있다[법원행정처, 「법원실무제요(형사) Ⅱ」(2014), 288면].

절차와 처분에 대하여 이의신청을 할 수 있다는 의미이다.[2]

검사, 피고인 또는 변호인은 재판장의 처분에 대하여 이의신청을 할 수 있고(법 제304조 제1항), 재판장의 처분에 대한 이의신청이 있는 때에는 법원은 이에 대하여 결정을 하여야 하므로(법 제304조 제2항), 일견 재판장이 증거조사와 관련하여 처분을 하였을 경우 이에 대하여 이의신청을 하는 방법으로도 위법수집증거의 배제를 구할 수 있을 것으로 보인다. 그러나 위법수집증거의 배제와 관련하여서는 더 직접적인 증거조사에 대한 이의신청 제도가 마련되어 있으므로, 재판장의 처분에 대한 이의신청은 증거조사에 관계되는 것 이외의 사항만을 대상으로 한다고 해석하여야 할 것이다.[3]

제 2. 증거배제신청권자

위법수집증거배제의 이의신청권자는 검사·피고인 또는 변호인이다 (제296조). 따라서 피고인이 위 권리를 행사할 수 있음은 물론이고, 변호인도 피고인의 명시적 의사에 반하지 않는 한 피고인과 독립하여 이의신청을 할 수 있다.

I. 증거배제신청의 적격자는 직접적인 권리피침해자에 한정되는가?

그런데 증거배제 신청적격은 직접적으로 자신의 권리가 침해된 사람에 한정되는지 여부가 문제가 된다. 예컨대 수사기관이 금지된 수사방법으로 갑을 신문하여 을의 범죄에 대한 자백을 획득한 경우, 갑의 진술은 을의 재판에서 증거로 사용될 수 있는지 아니면 금지된 수사방법의 직접적 피해

---

2) 배종대·이상돈·정승환·이주원, 「형사소송법」(2015), 477면; 신동운, 「신형사소송법」(제5판, 2014), 917면; 신양균, 「형사소송법」(신판, 2009), 634면; 이재상, 「형사소송법」(제9판, 2012), 475면.
3) 법원행정처(각주 1), 627면.

자인 갑만이 진술의 배제를 신청할 수 있는지가 문제가 된다. 또한 갑이 불법한 대물적 강제처분의 피해자인데 이 강제처분으로 을의 유죄를 입증하는 증거가 발견된 경우, 을은 자신의 재판에서 문제 증거의 배제를 신청할 수 있는지의 문제이다.

이 점에 대하여 과거 신동운 교수는 위법수집증거배제법칙은 수사기관의 위법수사에 대한 객관적 통제장치가 아니라, 기본적 인권의 침해에 대한 견제장치라는 것을 이유로 하여 위법수집증거의 증거능력 없음을 주장할 수 있는 자는 "위법수사로 인하여 기본적 인권이 직접 침해된 상대방에 국한된다"고 주장한다.[4] 이러한 입장은 증거배제 신청적격에 관한 미국 연방대법원의 입장과 동일하였다.

증거배제 신청적격(standing)은 원래 미국에서 수정헌법 제 4 조를 위반한 압수·수색으로 획득한 증거의 배제를 누가 신청할 수 있는가의 문제로 많은 논의가 이루어졌다. 미국 연방대법원은 위법수집증거의 배제는 위법한 압수·수색 그 자체로 권리가 침해된 사람에 의해서만 주장될 수 있는 것이며 위법하게 수집된 증거의 사용으로 해를 입는 다른 사람들에 의해서는 주장될 수 없기에, 증거배제를 신청하려는 자는 바로 자신이 불법한 압수·수색의 피해자임을 입증해야 한다는 입장을 견지해왔다.[5] 연방형사소송규칙 역시 동일한 태도를 취하고 있다.[6] 암스텔담 교수의 용어를 빌자면, 이러한 입장은 위법수집증거배제법칙이 집합적 인민 전체를 보호하는 것이 아니라 "개별화된 시민의 이익의 원자적(atomistic) 영역을 보호"하는 것으로 보는 시각을 반영하는 것이다.[7] 그리고 이러한 입장은 증거배제 신청적격을 확대하면 위법수사에 대한 억지효가 증가하겠지만, 피고인의 처벌에 대한 공공의 이익과 실체적 진실발견이 침해되는 문제가 있음을 주목하고 있다.[8]

---

4) 신동운, 「형사소송법 I」(제 2 판, 1997), 155면.
5) Alderman v. United States, 394 U.S. 165, 171-172(1969).
6) Fed. R. Crim. P. §41(e).
7) Anthony G. Amsterdam, "Perspectives on the Fourth amendment," 58 *Minn. L. Rev.* 349, 367(1974).
8) Alderman, 394 U.S. at 174-175.

그렇지만 미국에서 증거배제 신청적격을 직접적인 권리피침해자에게 엄격히 제한하는 것은 미국 위법수집증거배제법칙이 원칙적으로 자동적 · 의무적 배제를 수반하는 강력한 효과를 갖고 있기 때문이다. 그리고 1969년 'Alderman v. United States 판결'도 스스로 밝혔듯이, 증거배제 신청적격을 제한하는 동 법원의 판결은 의회가 신청적격을 확대하는 것을 금지하는 것은 아니라는 점도 유의할 필요가 있다.9) 미국의 지도적 법률가들의 조직인 '미국법학원'(American Law Institute)의 '모범수사절차법안'의 경우 위법한 압수 · 수색으로 피고인의 가족, 공범, 동업자, 공동거주자 등으로부터 획득한 증거에 대하여 피고인은 증거능력 배제를 신청할 수 있도록 규정하고 있다.10) 또한 캘리포니아주 대법원은 위법한 압수 · 수색으로 획득한 증거는 피고인은 물론 이외의 모든 사람의 재판에서 사용할 수 없다고 판시한 바 있다.11)

생각건대, 위법수집증거배제법칙은 적정절차의 보장과 위법수사의 억지를 중요한 정책목적으로 하고 있다는 점을 고려하자면, 증거배제신청의 적격자를 직접적인 권리침해자에게 제한할 필요는 없다고 본다. 예컨대, 수사기관이 피의자 · 피고인이 아닌 제3자로부터 위법하게 수집한 증거에 대하여도 피의자 · 피고인은 증거배제를 신청할 수 있다.12) 신동운 교수도 입장을 변경하여 증거배제의 주장적격에 제한을 둘 필요가 없다고 보고 있다.13)

위법한 수사방법이 여전히 활용되고 있는 수사현실을 직시하고, 위법수집자백배제와 불법한 감청으로 획득한 전기통신의 증거사용금지를 헌법 또는 법률이 명시적으로 요청하고 있다는 점을 중시하자면, 위법수집증거의 배제를 구하는 신청적격은 미국연방대법원의 입장처럼 축소되어서는 안

9) Id. at 175.
10) American Law Institute, Model Code of Pre-Arraignment Procedure, §290.1(5).
11) People v. Martin, 290 P. 2d 855(Cal. 1955).
12) 井上正仁,「刑事訴訟における證據排除」(1984), 408-409頁; 오영근 · 박미숙,「위법수집증거배제법칙에 관한 연구」(형사정책연구원, 1995), 146면; 차용석,「형사소송과 증거법」(1998), 98면.
13) 신동운(각주 2), 1325면.

된다. 암스텔담 교수의 용어를 다시 빌리자면, 현 시기 우리 형사절차에 요구되는 것은 '원자적' 시각이 아니라 수사기관의 과도함을 통제하려는 '규제적'(regulatory) 시각이다.[14)]

참고로, 대법원은 진술거부권을 고지하지 않은 채 작성된 공범에 대한 피의자신문조서는 다른 공범(피고인)에 대한 관계에서도 증거능력이 없다는 입장을 견지해왔다.[15)] 특히 2011년 대법원은 이 점을 분명히 밝혔다. 이 사건에서 경찰관은 성매매 단속을 하면서 여관방에 같이 있던 공소외 2인에 대하여 적법한 임의동행의 요건을 지키지 않은 채 강제연행하였는데, 대법원은 이러한 강제연행을 통하여 획득한 공소외 2인의 자술서와 진술조서는 이 사건 피고인들의 유죄인정의 근거로 사용할 수 없음을 분명히 하였다. 즉,

> 형사소송법 제308조의2는 "적법한 절차에 따르지 아니하고 수집한 증거는 증거로 할 수 없다."고 규정하고 있는데, 수사기관이 헌법과 형사소송법이 정한 절차에 따르지 아니하고 수집한 증거는 유죄 인정의 증거로 삼을 수 없는 것이 원칙이므로, 수사기관이 피고인 아닌 자를 상대로 적법한 절차에 따르지 아니하고 수집한 증거는 원칙적으로 피고인에 대한 유죄 인정의 증거로 삼을 수 없다.[16)]

II. 당사자의 신청이 없는 경우에도 위법수집증거로서 증거사용이 배제될 수 있는가?

다음으로 당사자의 증거배제신청이 없는 경우에도 위법수집증거로서 증거사용이 배제될 수 있는가 하는 문제를 보기로 하자. 대법원은 "당사자에게 미리 통지하지 않고 시행한 증인신문은 위법하다 할 것이나 그 증인신문

---

14) Amsterdam(각주 7), at 367.
15) 대법원 1992. 6. 23. 선고 92도682 판결; 대법원 2009. 8. 20. 선고 2008도8213 판결; 대법원 2010. 5. 27. 선고 2010도1755 판결.
16) 대법원 2011. 6. 30. 선고 2009도6717 판결.

결과를 공판정에서 증인신문절차에 의하여 고지하였던바, 피고인이나 변호인이 이에 대하여 이의하지 않았을 경우에는 그 하자는 책문권의 포기로 치유되었다 할 것이다"17)라 판시하여, 당사자의 이의신청이 없는 경우에는 증거능력이 배제되지 않는다는 입장을 취하고 있다.

그러나 위법수집증거배제법칙의 존재근거인 적정절차의 보장과 위법수사의 억지를 생각하자면, 중대한 위법이 있는 증거에 대하여 당사자의 증거배제신청이 없다고 하여 이를 바로 증거로 채택해서는 안 된다. 증거배제신청이 없다는 사실이 증거의 하자를 치유할 수는 없기 때문이다.

물론 증거배제절차는 당사자의 신청에 의하여 개시되므로 당사자가 배제신청을 하지 않은 경우에 법원이 스스로 배제사유의 존재를 조사해야 할 필요는 없다. 그러나 배제사유가 존재함에도 피고인 측이 그것을 알지 못하고 심리과정에서 이를 안 경우는, 법원은 후견적인 입장에서 피고인 측에 증거배제 신청 여부에 관하여 알려줄 수 있다고 보는 것이 타당하다.18)

이와 관련하여 법원이 석명권을 행사하는 것이 가장 현실적인 방법이 될 것이다. 재판장은 소송지휘권(형사소송법 제279조)을 행사하여 배제사유의 존부와 관련하여 검사에게 석명할 것을 요구할 수 있고, 합의부원은 재판장에게 고하고 검사에게 석명할 것을 요구할 수 있다(형사소송규칙 제141조). 이와 관련하여 대법원은 "형사소송법 제279조 및 형사소송규칙 제141조 제1항에 의하면, 재판장은 소송지휘의 일환으로 검사, 피고인 또는 변호인에게 석명을 구하거나 입증을 촉구할 수 있는바, 여기에서 석명을 구한다고 함은 사건의 소송관계를 명확하게 하기 위하여 당사자에 대하여 사실상 및 법률상의 사항에 관하여 질문을 하고 그 진술 내지 주장을 보충 또는 정정할 기회를 부여하는 것을 말한다"라고 판시한 바 있다.19)

---

17) 대법원 1974. 11. 15. 선고 73도2967 판결. 대법원 2010. 1. 14. 선고 2009도9344 판결 동지.
18) 井上正仁(각주 12), 408-409頁; 오영근·박미숙(각주 12), 144면.
19) 대법원 1999. 6. 11. 선고 99도1238 판결.

제 3. 시기와 방법

이의신청은 법령의 위반이 있거나 상당하지 아니함을 이유로 하여 할 수 있다(규칙 제135조). 이 때 이의신청은 개개의 행위, 처분 또는 결정시마다 그 이유를 간결하게 명시하여 '즉시' 이를 하여야 한다(규칙 제137조). 여기서 '즉시'라 함은 일반적으로 작위의 경우에는 그 작위의 진행 중 또는 그 종료 직후를 말하고, 부작위의 경우는 부작위인 채 그 다음 단계의 절차로 이행하는 시점을 말하며, 증거조사 실시 후 그 증거가 증거능력 없음이 밝혀진 때에는 그 시점을 말한다.[20]

현행법상 법원 또는 판사에 대한 이의신청방법은 원칙적으로 서면 또는 구술로 할 수 있으므로(규칙 제176조 제1항), 증거배제신청 또한 서면으로 하거나 구술로 할 수 있다. 일단 이의신청에 대한 결정에 의하여 판단이 된 사항에 대하여는 다시 이의신청을 할 수 없도록 하여(규칙 제140조) 일사부재리의 효과를 부여하고 있다.[21] 그리고 형사소송규칙 제140조는 중복된 이의신청을 금하는 규정으로서, 대상이 동일하더라도 결정으로 판단되지 아니한 사항에 대한 이의신청까지 금하는 취지는 아니다.[22] 따라서 하나의 증거에 대하여 이를 위법하게 수집한 사유가 2개 이상인 경우, 그 사유에 해당하는 만큼의 이의신청이 가능하다고 해석하여야 할 것이다.

---

20) 법원행정처(각주 1), 290면.
21) Id.
22) 예컨대 동일한 신문에 대하여 전문사항임을 이유로 한 이의신청이 기각되었다 하더라도 유도신문임을 이유로 하여서는 다시 이의신청을 할 수 있다[법원행정처, 「형사소송규칙해설」(전정보판, 1997), 172면].

제 4. 이의신청에 대한 결정

Ⅰ. 일반론

이의신청에 대한 결정은 이의신청이 있은 후 '즉시' 이를 하여야 한다 (규칙 제138조). 이의신청제도는 절차상의 하자를 즉석에서 시정하기 위한 제도이므로 신속한 결정을 하도록 하였다. 그러나 증거조사를 마친 증거의 증거능력에 관하여 이의신청이 있는 경우처럼 그 이유 유무의 판단에 시간 을 요하는 경우에는 그 판단이 가능하게 된 때 결정을 하면 된다.23) 시기에 늦은 이의신청, 소송지연만을 목적으로 하는 것임이 명백한 이의신청은 결 정으로 이를 기각하여야 하나, 시기에 늦은 이의신청이 중요한 사항을 대상 으로 하고 있는 경우에는 시기에 늦은 것만을 이유로 하여 기각하여서는 아니 된다(규칙 제139조 제 1 항).24)

이의신청이 이유 없다고 인정되는 경우에는 결정으로 이를 기각하여야 한다(형사소송규칙 제139조 제 2 항). 이의신청에 대하여 이유 있다고 인정되는 경우에는 결정으로 이의신청의 대상이 된 행위의 처분 또는 결정을 중지 · 철회 · 취소 · 변경하는 등 '그 이의신청에 상응하는 조치'를 취하여야 한다 (규칙 제139조 제 3 항). 특히 증거조사를 마친 증거가 증거능력이 없음을 이유 로 한 이의신청을 이유 있다고 인정할 경우에는 그 증거의 전부 또는 일부를 배제한다는 취지의 결정을 하여야 한다(규칙 제139조 제 4 항).

여기에서 제 4 항은, 제 3 항의 그 이의신청에 상응하는 조치의 특수한 경우에 관하여 구체화한 규정이다. 즉, 증거능력이 없는 증거에 관하여 증거

---

23) 경우에 따라서는 판결 이유 중에서 판단할 수밖에 없는 경우도 있을 수 있다고 한다[사법연수원(각주 1), 182면. 각주 553].
24) 여기에서 중요한 사항이라 함은 단순히 당사자의 이익만에 그치지 않고 소송절 차의 공정을 현저히 해하는 사항을 가리키는 것으로서, 위법수집증거이므로 증거 능력이 없는 증거를 조사하는 경우도 물론 포함된다[법원행정처(각주 22), 171면].

결정을 마친 후 증거조사까지 끝낸 경우 이에 관하여 이의신청이 있으면 제3항에 의하여 증거결정을 취소하여야 할 것이지만, 제4항은 여기서 한 걸음 더 나아가 증거배제결정을 하도록 한 것이다. 즉 증거능력 유무에 관한 법원의 판단에 오류가 있었음을 명백히 함과 동시에 그 부분으로부터는(비록 이미 공판에 현출되기는 하였으나) 법원이 심증을 얻지 않도록 유의한다는 취지를 나타내게 한 것이다.25)

II. 법관의 자유심증에 따른 결정?

그런데 이 때 위법수집증거배제의 이의신청이 있는 경우 이에 대한 결정은 법관의 자유심증에 따라 이루어지면 족한가 하는 문제를 검토해야 한다.

먼저 대법원은 위법수집자백의 경우 피고인의 진술의 임의성에 대한 판단이 필요하고, 이는 법관의 자유심증에 따라 이루어진다는 입장을 취하고 있다. "검사작성의 피의자신문조서에 기재된 피고인이 된 피의자의 진술에 관하여 공판정에서 그 임의성 유무가 다투어지는 경우에 법원은 구체적인 사건에 따라 당해 조서의 형식과 내용, 피고인의 학력, 경력, 직업, 사회적 지위, 지능정도 등 제반사정을 참작하여 자유로운 증명으로 임의성 여부를 판단하면 된다."26)

그러나 제3편 제2장의 위법수집자백배제의 근거 문제에서 보았듯이, 이러한 입장은 자백배제를 '임의성 기준'에 따라 행할 때만 의미 있는 것이다. 형사소송법 제309조의 자백배제법칙을 위법수집자백배제법칙으로 이해하는 저자의 입장에 따르자면, 위법한 수사활동을 통해 획득된 자백은 그 신빙성과 임의성에 대한 판단을 할 것 없이 증거가 위법하게 수집되었다는 점만이 확인되면 바로 증거능력을 배제해야 한다. 만약 제309조의 해석상 임의성 판단이 필요하다는 입장을 취하게 되면, 전형적 또는 비전형적

---

25) Id. 172면.
26) 대법원 1984. 5. 29. 선고 84도378 판결; 대법원 1990. 6. 22. 선고 90도764 판결 등.

자백배제사유가 있는 경우에도 자백의 임의성 판단을 별도로 해야 하므로 이러한 위법한 수사방법을 통하여 획득한 자백의 경우에도 임의성이 있다는 판단이 내려질 가능성이 있다. 이러한 결론은 위법수집증거배제법칙의 존재 의미와 배치되는 것이기에 동의할 수 없다.

한편 위법한 대물적 강제처분으로 수집한 물적 증거의 경우에는 그 배제 여부에 대한 판단은 법관의 자유심증의 영역이다. 제 5 편 제 2 장에서 보았듯이, 위법한 대물적 강제처분으로 획득한 증거물의 증거능력 배제는 자동적으로 이루어지는 것이 아니라, 위법수집증거에 대한 재량적 배제가 원칙이 되어야 한다. 따라서 이 경우 법관이 적정절차 및 인권옹호의 요청과, 절차의 위법의 성질·정도 및 그 증거사용의 필요성 등을 구체적으로 비교형량하여 증거배제 여부를 개별적으로 결정하여야 할 것이다. 물론 이 때 법원의 자유심증은 법관의 자의를 의미하는 것은 아니고 '논리법칙'(Denkgesetz)과 '경험법칙'(Erfahrungsgesetz)에 부합하는 합리적·과학적 심증을 의미한다.27)

Ⅲ. 위법수집증거의 채택으로 인한 판결 선고의 효과

1. '소송절차상의 오류'로서의 절차법령위반

다음으로 만약 위법수집증거가 법원의 잘못된 결정으로 채택되고 이에 따라 유죄판결이 선고되었을 경우 어떻게 해야 하는가의 문제를 보기로 하자.

형사소송법은 "판결에 영향을 미친 헌법·법률·명령 또는 규칙의 위반이 있는 때"를 항소이유(제361조의5 제 1 호)와 상고이유(제383조 제 1 호)로 규정하고 있다. 1963년 형사소송법 개정 이후 헌법위반이 '절대적 상고이유'

---

27) 배종대·이상돈·정승환·이주원(각주 2), 702-703면; 신양균(각주 2), 866-867면; 이재상(각주 2), 543-544면; 차용석·최용성(각주 2), 502-503면.

에서 '상대적 상고이유'로 변경되면서,[28] 헌법위반이나 법률·명령·규칙 위반이나 구별 없이 법령위반사실이 존재하였다는 점 외에 그것이 판결에 영향을 미쳤음이 확인되어야 원심판결을 파기하는 사유가 된다.[29]

여기서 위법수집증거의 채택은 '소송절차상의 오류'(error in proce dendo)로서 법령위반에 해당한다. 이 때 먼저 위법수집증거의 채택이 판결에 영향을 미쳤다는 인과관계가 존재하는지를 검토함에 있어, 단순한 조건설적 관점에서 법령위반의 흠이 있는 부분을 제외한 후 다른 증거에 의하여 원심판결과 동일한 결론에 이를 수 있는지 여부만을 따지는 것은 곤란하다. 이는 "결론만 타당하다면 그 과정에 이르는 절차의 위법은 문제삼지 않겠다는 결과위주의 사고에 빠지게 될 것이기 때문"이다.[30] 인과관계의 유무를 판단하는 데에는 법관의 자의나 전단의 개입을 방지하기 위한 구체적 기준이 필요하고, 그 기준으로서 '피고인의 실질적 권리 침해'와 '사법절차의 객관적 형식성 침해'의 두 요소를 고려해야 하며, 이러한 두 가지 요소를 고려하여 문제된 법령위반이 판결에 영향을 미쳤을 가능성이 인정되면 인과관계가 존재한다고 보아야 할 것이다.[31]

2. 판결에 영향을 미친 헌법위반의 사유에 대한 판단―'무해한 헌법적 오류의 예외'

상술하였듯이 현행 형사소송법상 헌법위반은 절대적 상소이유가 아니며, 헌법위반과 판결결과 사이에는 인과관계가 요구된다. 그렇지만 법체계의 논리와 구조를 고려할 때 헌법위반은 법률·명령·규칙의 위반보다 중요

---

28) 1954년 제정 형사소송법의 상고이유에 대해서는 한국형사정책연구원, 「형사소송 법제정자료집」(1990), 214-215면을 참조하라.
29) 판결에 영향을 미친다는 것은 판결내용에 영향을 미치는 것으로 법령위반사실의 존부에 따라 판결주문이나 판결이유가 달라지거나 판결의 효력 유무가 결정되는 경우를 말한다[신양균(각주 2), 1027면; 이재상(각주 2), 761면].
30) 신동운(각주 2), 1610면.
31) Id. 배종대·이상돈 양 교수는 이 경우 판결에 대한 영향 여부는 실제적 영향이라기보다는 "판결에 영향을 미쳤을 사유적(思惟的) 가능성"을 뜻한다고 본다[배종대·이상돈·정승환·이주원(각주 2), 820면].

한 의미를 갖는다는 점은 분명하다. 이러한 맥락에서 신동운 교수는 "통상적인 법령위반의 경우에는 그 사유로 인하여 판결에 영향을 미쳤을 가능성이 있는가를 적극적으로 판단해야 함에 반하여 헌법위반이 인정되면 일단 그 오류와 재판결과 사이에 규범적 인과관계를 인정하여 원심판결을 파기하도록 하되, 예외적으로 그 오류가 재판에 영향을 미치지 않았음이 합리적 의심의 여지가 없을 정도로 증명되는 경우에 한하여 원심판결을 유지하도록 하는 것이 타당하다"라는 의견을 제시한 바 있다.32) 한편 배종대 · 이상돈 · 정승환 · 이주원 교수 역시 적법절차를 형성하는 중요한 효력규정, 특히 헌법규정 위반은 원칙적으로 판결에 영향을 미친 경우로 해석해야 한다는 입장을 밝히고 있다.33)

이러한 입장은 미국 연방대법원이 확립한 '무해한 헌법적 오류의 예외'(harmless constitutional error) 이론의 영향을 받은 것이다.34) 이 예외를 최초로 제시한 판결은 1967년 'Chapman v. California 판결'35)이다. 이 판결은 법원은 일체의 헌법적 오류가 자동적 원심파기의 이유가 되지는 않으며, 일부 덜 중요한 헌법적 오류는 무해할 수 있으며,36) 문제의 헌법적 오류가 유죄평결에 기여했을 것이라는 '합리적 가능성'(reasonable possibility)을 검토해야 한다는 기준을 채택하였다.37) 또한 동 판결은 이 때 문제의 오류가 평결에 영향을 미치지 않았다는 점은 소추측이 합리적 의심의 여지가 없을 정도로 입증해야 한다는 점,38) 변호인의 조력을 받을 권리를 침해한 경우, 강요된 자백의 증거능력을 인정한 경우, 불공정한 법관이 재판을 한 경우 등의 헌법위반은 "너무도 기본적인 것이어서 그 위반은 결코 무해한 오류로

---

32) Id. 849-850면.
33) 배종대 · 이상돈 · 정승환 · 이주원(각주 2), 820면.
34) 이 이론에 대한 개괄적 소개는 최병각, "증거능력이 없는 증거에 의한 사실인정과 무해한 오류," 형사판례연구회, 「형사판례연구」 제 8 호(2000), 487-496면을 참조하라.
35) 386 U.S. 18(1967).
36) Id. at 22.
37) Id. at 22 [Fahy v. Connecticut, 375 U.S. 85, 86-87(1963)을 인용하면서].
38) Id. at 24.

취급될 수 없다"는 점 등을 동시에 강조하였다.[39]

이후 '보수파' 연방대법원이 등장한 이후 이 예외는 보다 널리 인정되는 경향이 두드러진다. 위법수집증거배제법칙과 관련하여 적용된 예를 보자면, 1970년 'Chambers v. Maroney 판결'[40]은 불법한 수색으로 압수한 장총의 탄약이라 하더라도 경찰관이 피고인의 차량 안에 증거물이 있다고 믿을 만한 상당한 이유를 가지고 있을 때에는 그 증거물의 증거능력을 인정한 것이 무해할 수 있다고 판시하였고, 1972년 'Milton v. Wainwright 판결'[41]은 동료 수인으로 위장한 경찰관이 피의자의 변호인의 조력을 받을 권리가 보장되지 않은 상태에서 획득한 자백의 증거능력을 인정한 것이 무해할 수 있다고 판시하였다. 반면 1991년의 'Arizona v. Fulminate 판결'[42]은 의붓딸 살해혐의를 받고 있던 피고인의 동료수인 — 이후 수사기관의 유급정보원이 된 — 이 피고인에게 진실을 말하지 않으면 다른 수인들로부터 보호해 줄 수 없다고 말한 후 획득한 피고인의 자백의 증거능력을 인정한 것은 무해하지 않다고 판시하였다. 그렇지만 동 판결은 임의성 없는 자백의 증거능력을 인정하는 것을 자동적 파기사유라고 보았던 이전의 입장과는 달리, 이러한 경우도 '무해한 헌법적 오류의 예외' 심사를 적용할 수 있다고 보았다.[43]

3. 소 결

먼저 헌법위반을 상대적 상고이유로 규정하고 있는 현행법 해석으로 헌법위반 — 예컨대, 헌법 제12조 제 7 항의 자백배제법칙 위반 — 이 '자동적' 원심파기사유라고 보기는 힘들다. 또한 사법업무의 과중과 무용한 절차

---

39) Id. at 23.
40) 399 U.S. 42(1970).
41) 407 U.S. 371(1972).
42) 499 U.S. 279(1991).
43) 이 판결은 헌법적 오류를 '무해한 헌법적 오류의 예외'가 적용되는 '재판상의 오류'(trial error)와 이 예외가 적용되지 않고 자동적으로 파기사유가 되는 '구조적 오류'(structural error)로 나누고, 임의성 없는 자백의 증거능력 인정은 전자로 분류하였다(Id. at 309-310).

의 반복의 폐해도 고려해야 한다. 따라서 일체의 위법수집증거의 채택이 자동적으로 원심판결의 파기로 이어진다고 말할 수는 없는 것이다. 1986년 'Delaware v. Van Arsdall 판결'[44]의 문언을 빌리자면, "헌법은 피고인에게 완벽한(perfect) 재판이 아니라 공정한(fair) 재판을 보장하는 것이다."[45]

그렇지만 헌법 또는 법률이 명문으로 요청하는 위법수집증거배제가 법원에 의해 잘못 무시된 경우는 결코 가볍게 넘겨서는 안 된다. 예컨대, 자백배제법칙을 위반하여 획득한 자백, 불법한 감청으로 획득한 전기통신 등의 증거능력을 인정하고 유죄판결이 내려진 경우, 나머지 증거에 의해 범죄가 증명된다고 하여 판결결과에 영향이 없다고 판단하고 원심판결을 유지하는 것은 동의할 수 없다. 왜냐하면 이는 필연적으로 "피고인의 적법절차에 대한 헌법적 권리를 희생시켜 법원의 편의를 도모하고 나아가 수사기관의 위법한 활동을 억지하지 못하고 오히려 방임 내지 조장하는 결과를 가져올 것"[46]이기 때문이다. 따라서 위법수집증거배제법칙 위반이 상소이유인 경우 검사가 그 상소이유가 인정되지 않는다는 점을 합리적 의심이 없을 정도로 입증한 경우에만 상소는 기각되어야 할 것이며, 그러하지 못한다면 원심판결은 파기해야 할 것이다.[47] 적법절차의 실질적 침해를 야기한 영장주의 위반 또는 수사기관의 악의 또는 중과실이 인정됨에도 위법한 대물적 강제처분으로 획득한 증거가 원심에서 유죄증거로 사용된 경우에도 같은 결론이 도출된다.

제 5. 이의신청에 대한 배제효과

증거조사에 대한 이의신청에 대하여 법원이 증거배제결정을 한 경우에

---

44) 475 U.S. 673(1986).
45) Id. at 681.
46) 최병각(각주 32), 501면.
47) Id. 497-498면.

는 배제된 증거는 본증·반증·보강증거 등 어떤 형태로도 피고인에게 불이익한 증거로 사용될 수 없다. 증거배제의 이의신청에 의하여 배제되는 증거는 위법하게 수집한 원증거는 물론이고, '독수'에 의거하여 발견된 파생증거, 즉 '독과'도 포함된다.

I. 위법수집증거의 탄핵증거로의 사용 문제

문제는 법원에 의해 배제된 위법수집증거가 탄핵증거로 사용될 수 있는가이다. 피고사건의 유죄를 증명하기 위해서는 '엄격한 증명의 법리'(법 제307조)에 따라 증거능력 있는 증거를 법정된 증거조사방법에 따라 조사해야 한다. 그런데 형사소송법 제318조의 2는 증거능력이 없어서 증거로 할 수 없는 서류나 진술을 "피고인 또는 피고인이 아닌 자의 진술의 증명력을 다투기 위하여" 탄핵증거로 사용할 수 있다고 규정하고 있다. 탄핵증거 사용은 법관으로 하여금 증거가치를 보다 자유롭게 허용하여 증명력 판단에 합리성을 높이려는 목적을 갖는 것이지만, 자칫하면 이 증거는 증거의 증명력 판단의 자료로 사용되는 것을 넘어서 범죄사실의 존부 자체에 대한 법관의 심증에 영향을 미치게 된다.[48] 따라서 '엄격한 증명의 법리'와 탄핵증거 허용규정 간의 긴장의 해소는 쉬운 문제가 아니다.

현재 학설의 통설은 위법수집증거를 탄핵증거로 사용하도록 허용할 경우에는 사실상 증거배제의 효과를 피하는 것을 허용하는 결과가 되므로 증거능력 없는 위법수집증거를 탄핵증거로 사용하는 것도 허용되지 않는다고 하는 입장을 취하고 있다.[49] 특히 자백배제법칙을 위반하여 증거능력이 없는 자백의 경우는 탄핵증거로 사용할 수 없다. 자백배제법칙은 헌법적 근거를 갖기에 위법수집자백의 사용을 철저히 제한할 필요가 있으며, 탄핵증거를 규정한 형사소송법 제318조의2가 진술의 임의성을 규정한 제317조

---

48) 신동운(각주 2), 1302면.
49) 신동운(각주 2), 1309면; 이재상(각주 2), 578면; 배종대·이상돈·정승환·이주원 (각주 2), 594면; 정영석·이형국, 「형사소송법」(전정판, 1997), 331면.

를 규율대상으로 명시하고 있지 않기 때문이다.50) 그리고 불법한 감청으로 획득한 전기통신, 중대·현저하게 위법한 대물적 강제처분으로 획득한 증거물 역시 탄핵증거로 사용할 수 없다 할 것이다. 만약 이상의 위법수집증거를 탄핵증거로 사용하는 것을 허용한다면, 수사기관으로서는 위법수사를 통하여 얻은 자백을 최소한 탄핵증거로는 사용할 수 있을 것이기에 위법수사에 대한 억지효과는 대폭 줄어들 수밖에 없다.

II. 미국의 '탄핵을 위한 사용의 예외' 재검토

위법수집증거의 탄핵증거로의 사용과 관련하여 제 2 편 제 2 장에서 간략히 언급한 미국 연방대법원의 '탄핵을 위한 사용의 예외'(impeachment exception)를 둘러싼 논의를 검토할 필요가 있다.

미국에서는 '보수파' 연방대법원이 등장한 이후 탄핵을 위한 사용의 예외가 확대된다. 1971년 'Harris v. New York 판결'51)에서 헤로인 판매혐의로 기소된 피고인이 증언대에 서서 혐의를 부인하자 검사는 미란다 법칙 위반으로 획득한 진술을 읽었고, 이에 피고인은 범행을 인정하였다. 5 대 4의 다수의견은 미란다 법칙이 위증을 할 수 있는 자격으로 사용되어서는 안 된다면서, 미란다 법칙 위반으로 획득된 자백은 본안(case-in-chief)에서는 사용할 수 없더라도 피고인의 증언을 탄핵하는 데는 사용될 수 있다고 결정한다. 1980년 'United States v. Havens 판결'52)은 증거물인 티-셔츠가 불법하게 획득되었다 할지라도 코카인을 매매·소지한 적이 없다는 피고인의 진술을 탄핵하는 데는 사용될 수 있다고 판시하였다.

이러한 미국에서의 탄핵을 위한 사용의 예외의 확대경향은 우리나라에서 위법수집증거를 탄핵증거로 사용할 수 있다는 주장의 비교법적 논거가 될 수 있다. 그러나 미국법의 직접적 원용은 주의를 요한다.

---

50) 신동운(각주 2), 1309면.
51) 401 U.S. 222(1971). 또한 Oregon v. Haas, 420 U.S. 714(1975)를 참조하라.
52) 446 U.S. 620(1980).

먼저 해리스 판결 몇 년 후 내려진 1976년 'Doyle v. Ohio 판결'53)에서 신체구속하의 신문시 피고인이 묵비하였다는 사실은 이후 공판정에서 피고인을 탄핵하는 데 사용될 수 없다고 판단하면서, 다음과 같이 설시하였다. "그런 상황에서 체포된 사람의 묵비를 이후 법정에서 그가 한 설명을 탄핵하는 데 사용하는 것은 근본적으로 불공정한 것이고 또한 적정절차의 박탈이 될 것이다."54)

그리고 1990년의 'James v. Illinois 판결'55)도 시사하는 바가 크다. 이 사건에서 수사기관은 살인혐의의 피고인을 불법하게 무영장 체포하였는데, 체포 후 수사기관은 피고인이 외관을 바꾸기 위하여 머리색을 검게 염색하고 곱슬머리로 만들었다는 진술을 획득하였으나 이 진술은 원심에서 배제되었다. 그런데 피고인을 위한 증인(defense witness)이 증언을 하면서 총격이 있기 전날에 피고인의 머리색이 검정색이었다고 증언한 후, 법원은 소추측은 원래 배제되었던 피고인의 진술을 증인을 탄핵하는 데 사용하도록 허가하였고, 피고인은 유죄평결되었다. 연방대법원은 탄핵을 위한 사용의 예외가 피고인을 위한 증인에 대하여 확장·사용되는 것을 거부하면서, 원심을 파기하였다. 법원은 이 예외가 피고인을 위한 증인에 대하여도 사용된다면 피고인은 자신을 위한 증인을 제출하는 것을 꺼리게 될 것이며,56) 수사기관의 불법행위를 억지하는 위법수집증거배제법칙의 목적은 훼손될 것이라는 점을 강조하였다.57) 이 때 법원은 수사기관이 "탄핵을 위한 사용의 예외를 검처럼 휘두르는 것"을 허용할 수 없다는 점을 분명히 하였다.58)

해리스 판결의 전제는 진술거부권을 포기할 수 있는 '특권'(privilege)59)으로 보는 미국법의 관념이다. 그러나 우리나라의 진술거부권은 포기할 수

---

53) 426 U.S. 610(1976).
54) Ibid. at 618.
55) 493 U.S. 307(1990).
56) Id. at 314-315.
57) Id. at 317-319.
58) Id. at 317.
59) Miranda, 384 U.S. at 444.

548 제8편 위법수집증거배제절차

없는 주관적 공권(公權)이기에 이를 침해하고 획득한 자백의 증거능력을 인정한다는 것은 곤란하다. 그리고 제2편 제1장에서 살펴보았듯이, 미국의 경우 2000년 'Dickerson v. United States 판결'[60]은 미란다 법칙이 '헌법적 버팀대'(constitutional underpinnings)를 가지고 있다고 재확인하였던바, 이후 '탄핵을 위한 사용의 예외'가 더 확장되는 것은 쉽지 않으리라 예상한다.

---

60) 530 U.S. 428(2000). 이 판결의 의미에 대해서는 Yale Kamisar, "Symposium: Miranda after Dickerson: The Future of Confession Law: Foreword: From Miranda to §3501 to Dickerson to …," 99 *Mich. L. Rev.* 879(2001)를 참조하라.

제3장

위법수집증거와
증거동의

위법수집증거는 동의가 있을 때 증거능력이 인정될 수 있는가? 이를 긍정하는 학설은 소수설이다. 신현주 변호사는 형사소송법 제318조는 당사자가 '서류 및 물건'을 증거로 사용하는 것으로 동의하면 이를 증거로 사용할 수 있다고 명시적으로 규정하고 있는바, 입법자는 당사자주의를 통한 절차의 신속도모의 견지에서 영미법상의 '이의권 포기'와 유사한 성격을 가진 이 제도를 도입한 것이라고 주장한다. 따라서 "모든 증거능력의 제한은 당사자의 동의를 해제조건으로 하는 것"이고, 그러한 해제조건이 성취되면 위법수집증거도 증거능력을 갖게 된다는 입장을 취한다.[1]

한편 백형구 변호사는 고문에 의한 자백강요, 증인선서의 결여, 영장주의 위반 등과 같이 그 절차의 위법이 본질적 위법에 해당하는 경우에는 동의에 의하여 증거능력이 인정될 수 없지만, 진술거부권이나 증언거부권의 불고지, 증인신문참여권의 침해와 같이 본질적 위법에 해당하지 아니하는 경우에는 동의에 의하여 인정될 수 있다는 절충설을 제시하고 있다.[2] 그리고 신양균 교수는 위법수집증거물의 경우는 동의에 의해 사용가능하지만, 위법수집자백의 경우는 동의 여부를 불문하고 사용할 수 없다는 입장을

---

1) 신현주, 「형사소송법」(신정 2 판, 2002), 654-656면(강조는 인용자).
2) 백형구, 「형사소송법」(2012), 445면.

취하고 있다.3)

그리고 대법원은 자백배제법칙을 위반하여 획득한 피고인의 "자백진술은 피고인 이 증거로 함에 동의 유무를 불구하고 유죄의 증거로 할 수 없음은 헌법 제11조, 형사소송법 제309조 등의 법이념상 당연한 해석귀결"4)이라고 판시하였으나, 다른 한편으로는 피고인과 변호인이 그 증인신문조서를 증거로 할 수 있음에 동의하여 별다른 이의 없이 적법하게 증거조사를 마친 경우에는 그 증인신문조서는 증인신문절차가 위법하였는지 여부에 관계없이 증거능력이 부여된다는 입장을 밝힌 바도 있는바,5) 양자를 종합하면 절충설에 가까운 입장을 보이고 있었다.

그러나 2007년 '김태환 지사 사건' 판결 이후 대법원은 확고하게 피고인이나 변호인의 증거동의가 있다고 하여 위법수집증거를 사용하게 할 수 없다는 입장을 취한다. 예컨대, 대법원은 긴급체포가 적법하여 압수·수색이 허용되는 경우라고 하더라도 압수수색영장을 발부받지 못한 때는 즉시 반환해야 하는데 그렇지 않은 압수물은 유죄 인정의 증거로 사용할 수 없다고 판시하면서, 다음과 같이 설시하였다.

형사소송법 제217조 제2항, 제3항에 위반하여 압수수색영장을 청구하여 이를 발부받지 아니하고도 즉시 반환하지 아니한 압수물은 이를 유죄 인정의 증거로 사용할 수 없는 것이고, 헌법과 형사소송법이 선언한 영장주의의 중요성에 비추어 볼 때 피고인이나 변호인이 이를 증거로 함에 동의하였다고 하더라도 달리 볼 것은 아니다.6)

생각건대, 당사자의 동의에 의하여 증거능력을 인정하는 또 다른 예외

---

3) 신양균, 「형사소송법」(제2판, 2004), 747-748, 763면.
4) 대법원 1985. 2. 26. 선고 82도2413 판결.
5) 대법원 1998. 11. 8. 선고 86도1646 판결.
6) 대법원 2009. 12. 24. 선고 2009도11401 판결. 대법원 2010. 1. 28. 선고 2009도10092 판결; 대법원 2011. 4. 28. 선고 2009도2109 판결; 대법원 2012. 11. 15. 선고2011도15258 판결; 대법원 2013. 3. 14. 선고 2010도2094 판결 등 동지.

를 만든다면 위법수집증거배제법칙의 실효성을 위태롭게 할 염려가 있는바, 동의에 의한 증거능력 인정을 일체 부정하는 소극설이 타당하다.[7] 증거동의가 있는 경우 위법수집증거의 증거능력을 인정한다고 한다면, 수사기관은 위법하게 증거를 획득한 연후 피의자에게 증거동의를 설득하여 증거의 증거능력을 인정받으려 할 것이므로, 위법한 증거획득을 금지하는 위법수집증거배제법칙의 원래 목적은 훼손되고 말 것이다.

형사소송법 제318조 제1항을 근거로 증거동의가 있으면 위법수집증거도 증거능력이 있다는 주장을 펼 수도 있겠으나, 동조는 "전문증거금지의 원칙에 대한 예외로서 반대신문권을 포기하겠다는 피고인의 의사표시에 의하여 서류 또는 물건의 증거능력을 부여하려는 규정"[8]이다. 제7편 제3장에서 살펴본 위법수집증거배제법칙의 사인효를 인정한 하급심 판결의 문언을 빌려 결론에 대신하자면, "형사소송법상 증거동의는 소송경제와 신속한 재판의 관점에서 인정되는 것이지 소송관계인에게 증거에 대한 처분권을 부여하는 것은 아니고, 위법수집증거는 처음부터 증거동의의 대상에서 배제되는 것이므로 증거동의의 대상이 될 수도 없다."[9] 그리고 절충설은 증거수집절차의 위법이 본질적인 경우와 비본질적인 경우를 나누어 판단하고 있으나 이러한 구별의 근거가 분명하지 않다.

요컨대, 헌법과 법률을 위배하는 증거수집절차의 중대한 위법으로 인하여 허용되지 않는 증거는 피고인의 동의가 있더라도 증거능력이 부여되어서는 안 된다.

---

7) 배종대·이상돈·정승환·이주원, 「형사소송법」(2015), 593, 680면; 이재상, 「형사소송법」(제9판, 2012), 577-578면.
8) 대법원 1983. 3. 8. 선고 82도2873 판결.
9) 서울지방법원 1997. 4. 9. 선고 96노5541 판결. 이 원심판결을 파기하고 사인에 의해 수집된 위법수집증거의 증거능력을 인정한 대법원도, 위법수집증거의 증거동의의 대상이 되지 않는다는 점에 대해서는 의견을 같이하고 있는 것으로 보인다(대법원 1997. 9. 30. 선고 97도1230 판결).

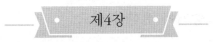

기 타

제 1. 위법수집증거의 환부

위법한 압수물의 환부신청을 명문으로 인정하고 있는 미국의 경우(미국 연방형사소송규칙 제41조의 e)와 달리, 형사소송법에는 위법한 압수물의 환부 여부에 대한 규정이 없다. 다만 형사소송법은 압수를 계속할 필요가 없는 압수물은 사건의 종결 전이라도 환부하여야 하며, 증거에 공할 압수물은 가환부할 수 있고(제133조 제1항), 압수된 장물은 피해자에게 환부할 수 있음을 규정하고 있다(제134조).

생각건대, 명문의 규정이 없더라도 압수물의 증거능력이 부정되어 증거로서 허용되지 않음이 판명되면 압수물이 환부되는 것이 타당하다. 왜냐하면 사실인정의 자료로 사용할 수 없음이 명백한 증거를 계속 압수하는 것은 무익하기 때문이다. 이 때 환부신청을 할 수 있는 자는 소유자, 소지자, 보관자 또는 제출인이다.[1]

---

1) 오영근 · 박미숙, 「위법수집증거배제법칙에 관한 연구」(형사정책연구원, 1995), 148면.

제 2. 위법수집증거에 관한 준항고

준항고는 재판장 또는 수명법관의 재판과 검사 또는 사법경찰관의 처분에 대하여 그 소속법원 또는 관할법원에 취소 또는 변경을 청구하는 불복신청방법이다. 여기서 당사자의 증거배제신청에 대한 법원의 증거인용 결정도 준항고의 대상에 포함되는가, 그리고 수사기관의 위법한 구금·압수 또는 압수물의 환부에 대하여도 준항고에 의해서 구제받을 수 있는가 등이 문제가 된다.

생각건대, 법원의 증거인용결정도 당연히 준항고의 대상이 된다고 보아야 하며, 따라서 법원에 그 처분의 취소 또는 변경을 청구할 수 있다고 보아야 한다. 또한 위법한 구금 또는 압수에 의해서 얻은 증거도 준항고에 의해서 구제받을 수 있으며, 더 이상 증거능력을 인정받지 못한다고 할 것이다.[2]

---

2) Id. 149면.

맺음말
— '영구혁명'으로서의 '형사절차혁명' —

"Quis custodiet ipsos custodes?"(로마시인 유베날).

"헌법적 권리의 행사가 법집행체제의 효율성을 방해한다고 하여, 그 체제에 무언가 잘못된 것이 있는 것은 아니다"(1954년 미국 'Escobedo v. Illinois 판결').

위법수집증거배제법칙은 '범죄통제'와 '적정절차'라는 형사절차의 양대 가치가 정면으로 충돌하는 형사증거법의 주제로서, 전 세계 형사절차의 이론과 실무에서 격렬한 논쟁을 일으켜 왔다. 위법하게 수집하였으나 신빙성 있는 물적 증거 또는 임의성 있는 자백의 증거능력을 배제해야 하는가, 그리고 배제되어야 한다면 그 근거는 무엇인가 하는 문제는 항상 치열한 논쟁의 도가니 속에 있었다. 만약 위법수집증거를 배제하면 실체적 진실발견을 방해하고 유죄자의 석방을 초래하여 선량한 시민의 안전을 위협할 수도 있지만, 반면 만약 위법수집증거를 배제하지 않는다면 수사기관에 의한 불법행위는 묵인·조장되고 헌법상 보장된 시민의 권리는 휴지조각이 되어 버려 형사사법체제는 물론 민주주의 체제 자체의 정당성은 위태롭게 된다.

1960년대 미국 워렌 연방대법원장에 의해 주도된 '형사절차혁명'은 '신빙성'(reliability)과 '임의성'(voluntariness) 심사라는 기존의 전통적인 형사증거법 — 영미법계 국가인가 대륙법계 국가인가를 불문하고 — 을 급격하게 변화시켰다. 위법수집증거배제를 통하여 '사법의 염결성'(judicial integrity)을 고양하고 경찰관의 위법행위를 '억지'(deter)한다는 미국의 자동적·의무적 위법수집증거배제법칙의 기본관념은, 그 원리적 정당성과 실제적 효과에 대한 많은 비판에도 불구하고 미국 형사사법체계 내에 안착되었고, 나아가 전세계의 형사사법체제에 충격파를 던졌다. 프랑스 대혁명이 정치체제에서 시민민주주의의 승리를 가져온 기폭제였다면, 미국의 형사절차혁명은 형사사법체제를 민주화로 인도한 도화선이었다. 그리고 이 '진보적' 법칙은 '보수파'라고 통칭되는 버거 및 렌퀴스트 대법원에 의해서도 폐기되지 않았고, 몇 가지 중요한 예외법칙과 함께 현대 미국 사회에서 분명한 '법'으로써 작동하고 있다.

한편 영국의 경우 전통적인 코몬 로 법칙을 재구성한 1984년 '경찰 및 형사증거법'(PACE) 제정으로 위법수집증거의 재량적 배제를 위한 법적 근거가 분명히 자리잡게 되었고, 영국 법원은 위법수집증거를 배제하는 데 있어서 자신의 재량을 적극적으로 행사해 오고 있다. 수사기관의 불법행위에 대한 억지라는 관념을 생소하게 받아들이던 독일 형사사법체제 아래에서도 독일 법원은, 인격권 침해를 중심에 놓고 증거능력 배제를 결정하는 독특한 이론체계를 수립하였으며, 근래 들어서는 미국식 위법수집증거배제법칙의 문제의식을 수용하기 시작하였다. 일본의 경우에도 '검찰사법'(prosecutorial justice)의 강고한 전통 속에서도 최고재판소는 위법수집증거배제법칙을 공식적으로 수용하였다. 이렇게 볼 때 '형사절차혁명'의 이념은 프랑스 혁명의 이념이 전 세계 각국의 정치체제 속으로 파고들어간 것처럼, 각국의 형사사법체제 속으로 퍼져나가고 있다.

그러나 위법수집증거배제법칙의 '세계화'는 각 나라가 단지 미국 법원리를 완제품 방식으로 '수입'하는 것을 의미하는 것은 아니다. 각 국에서의 위법수집증거배제법칙의 수용과 발전은 각국 내에서 형사사법체제를 둘러싸고 벌어지는 범죄통제와 적정절차 가치, 그리고 각 가치를 대변·추구하는 세력 간의 대립과 타협에 달려 있다.

우리 사회에서 민주화가 심화될수록 위법수집증거배제법칙의 의미를 강조하는 목소리가 높아지는 것은 우연이 아니다. 형사사법의 효율성 제고와 범죄인 필벌사상만이 강조되었던 권위주의 체제는 종식되었다. 형사사법의 역할은 모든 수단을 동원하여 범인을 잡는 것일 뿐이라는 단순한 논리는 우리 사회에서 점점 설 땅이 사라지고 있다. 반면 "헌법적 권리의 행사가 법집행체제의 효율성을 방해한다고 하여, 그 체제에 무언가 잘못된 것이 있는 것은 아니다"[1]라는 관념은 이 땅에 뿌리를 내리고 있다.

미국에서 절도, 강도, 협박, 강간 등의 전과가 있던 범죄인 어네스트 미란다의 사건을 계기로 미란다 법칙이 만들어진 것처럼, 대법원은 '신 20세기파' 소속 조직폭력배 사건에서 피의자신문시 묵비권 불고지를 이유로 자백을 배제하였다. 그리고 대법원은 '빨갱이'의 딱지를 받고 사회적 비난의 포화에 시달리던 방북인사 관련 사건에서 수사기관이 피의자의 변호인접견권을 침해하고 획득한 진술을 배제하였고, '반국가단체'로 규정된 '영남위원회' 조직원의 전기통신에 대한 불법감청으로 획득한 통신의 내용을 배제하였으며, 또한 '조선노동당 정치국 후보위원'의 혐의를 쓴 '친북좌파 교수' 사건에서는 피의자신문시 변호인참여가 허용되지 않았다는 이유로 진술을 배제하였다. 그리고 2007년에는 1968년 이후 약 40년간 고집스럽게 유지해 온 '성질·형상 불변론'에 따른 위법하게 수집한 비진술증거의 증거능력 인정입장을 변경했고, 이후 위법한 대물적 강제처분으로 수집한 증거물 및 파생증거의 증거능력을 배제하고 있다.

대법원은 범인필벌의 가치만큼이나 형사절차상 기본권의 가치가 중요하다는 점을 반복하여 확인하였고, 이를 통하여 수사기관에게 분명한 경고의 메시지를 던졌던 것이다. 이러한 일련의 대법원 판결은 한국판 형사절차 혁명이라고 불릴 만하다.

그리고 민주화 이후 국가기관에 의한 위법수사 이외에 사인에 의한 사인의 기본권 침해에 대한 경각이 높아져 가고 있는 현실을 감안할 때, 인격권이나 정보에 대한 자기결정권 등에 기초하여 사인에 의한 위법수집증거의 증거능력을 배제하는 독일의 '증거금지론'은 각별한 주목을 받을 가치가 있다. 대법원에 의해 파기된 하급심판결이긴 하지만, 독일식 증거금지론의 문제의식을 수용하여 증거능력을 배제한 판결이 나왔다는 점, 그리고 대법원도 이 문제에 대한 배제의 기준을 확립했다는 점 역시 변화를 보여주

---

1) Escobedo v. Illinois, 378 U.S. 478, 488-489(1964).

는 일이다.

그러나 한국판 형사절차혁명이 우리 사회에서 제도와 관행으로 안착하는 것은 쉬운 일이 아니다. 이 혁명의 성공은 결코 자동적으로 보장되지 않는다. 진술거부권의 고향인 영국에서 진술거부권 행사에 대하여 적대적 추론을 허용하는 입법이 제정된 점, 형사절차혁명의 발원지인 미국에서 '범죄와의 전쟁' 혹은 '테러와의 전쟁'을 명분으로 이 혁명의 성과가 훼손되고 있다는 점, 그리고 일본 법원이 공식적으로는 미국식 위법수집증거배제법칙을 수용하였음에도 불구하고 왜 이 법칙이 크게 활성화되지 못하고 있는가 하는 점은 시사하는 바가 크다. 위법수집증거배제법칙의 명운(命運)은 단지 법학자나 법실무가의 손에만 달려 있지 않다. 적정절차의 이념과 형사절차 상의 기본권의 중요성에 대한 시민의 자각이야말로 이 법칙의 생명을 유지시키는 가장 근본적인 힘이다.

위법수집증거배제법칙의 비판자들은 이 법칙으로 인하여 유죄의 범죄인이 석방될 것인바, 이 법칙은 범죄피해자의 입장은 생각하지 않는 '친(親) 범죄인' 법칙이라고 주장할 것이다. 그러나 미국의 통계에서도 살펴보았듯이 이 법칙으로 인하여 대(對)범죄투쟁이 약화되지는 않는다. 사실 우리 법원이 위법수집증거를 배제하는 획기적 판결을 여럿 내리고 있지만, 실제 각 사건에서는 이러한 증거배제에도 불구하고 다른 유죄의 증거로 피고인들은 모두 유죄판결을 받았음을 기억할 필요도 있다. 그 동안 형사절차에서 외면되어 왔던 범죄피해자의 고통을 직시하고 이들을 지원하는 제도를 만들고, 형사절차 내에서도 이들이 참여할 수 있도록 하는 조치를 취하는 것은 전적으로 필요한 일이다. 그렇지만 이러한 범죄피해자 보호의 문제의식이 형사피의자·피고인의 형사절차상의 권리를 제약·폐지하는 쪽으로 전개되는 것은 민주주의 형사절차의 근간을 흔드는 것으로 매우 위험한 일이다. 형사법적 관점에서 볼 때 우리 모두는, '잠재적 피해자'인 동시에 '잠재적 범죄인'이 아니던가?

위법수집증거를 왜 배제해야 하는가, 배제해야 한다면 무슨 근거에서 그러한가, 배제의 범위는 어떠해야 하는가, 그리고 위법수집증거배제법칙이 자신이 당초에 의도한 목적을 성취하였는가 등의 문제는 여전히 논쟁 속에 놓여 있다. 그러나 위법수집증거배제법칙은 고대 로마의 시인 유베날(Juvenal)이 던진 후 계속적으로 제기되는 질문, 즉 "지키는 사람 그들은 누가 지킬 것인가?"(Quis custodiet ipsos custodes?)에 대한, 불완전하지만 그 이외에는 별다른 대체물이 없는 답변이다. 왜냐하면 수사기관의 위법행위를 제재하기 위한 민사적 또는 행정적 대안이 실패해 왔고, 앞으로도 성공을 기대하기 어렵기 때문이다. 이 점에서 형사절차에서의 공정성 보장의 요구에 대하여, 여우도 자신의 목숨보존을 위한 공정한 기회를 가져야 하므로 일정거리 동안은 도망가도록 허용해야 하고 그 동안은 총을 쏴서는 안 된다는 스포츠맨의 논리 — '여우사냥꾼의 이유'(fox-hunter's reason) — 라고 조롱하고, 증거배제법칙은 단지 법률가들에게 돈벌이시켜 주기 위해 존재하는 것이라고 신랄하게 비판하였던 벤담의 시각2)은 일면적이라고 하지 않을 수 없다.

위법수집증거배제법칙은 형사피의자·피고인의 절차적 권리를 명확히 하고 수사기관의 위법행위에 대한 사법적 통제를 보장함으로써 형사사법체제를 합리화시켜 내는 데 기여해왔으며, 또 할 것임은 분명하다. 향후 수사기관은 이 원칙을 철저히 준수하고, 법원은 위법심사를 철저히 행하여야 할 것이다. 이러한 의미에서 위법수집증거배제법칙은 형사사법의 민주화를 위하여 형사절차의 이론가와 실무가가 외면해서는 안 되는 현재진행형의 주제이며, 한국에서 형사절차혁명은 '영구혁명'(permanent revolution)일 수밖에 없다.

---

2) Jeremy Bentham, "Rationale of Judicial Evidence," 7 *The Works of Jeremy Bentham* 451, 454(John Bowring ed., Edinburgh, William Tait 1843).

[보 론]

형사절차의 근저에서 대립하는 두 가지 가치체계에 관한 소고

─ 영미법학에서의 논의를 중심으로*

I. 들어가는 말

형사절차의 기본이념과 원칙에 대한 논의는 형사소송법학을 함에 있어
가장 기본적인 출발점이다. 대부분의 우리나라 형사소송법 교재가 실체적
진실발견(또는 범죄통제)1)과 적정절차 두 이념의 의미와 양자 간의 길항(拮抗)
관계를 다루고 있음은 주지의 사실이다. 단 기존의 논의는 주로 독일 또는
일본에서의 이론을 기초로 하여 간략하게 전개되고 있고, 이 문제를 최초로
정식화하였던 영미에서의 논의는 누락되어 있다. 이에 이 글은 형사절차에
내재하는 두 이념에 대한 영미법학에서의 이론과 논쟁을 소개하고, 이 맥락
에서 이 주제에 관한 우리 형사소송법학계의 논의를 보충하는 것을 그 목적
으로 한다.

먼저 이 글은 형사절차의 이념대립에 관한 법철학적 기초를 제공하는
'효용'의 논변과 '권리'의 논변을, 제레미 벤담(Jeremy Bentham)과 로날드 드
워킨(Ronald Dworkin)이라는 두 위대한 사상가의 이론을 중심으로 소략하게
검토한다. 다음으로 1964년 허버트 팩커(Herbert L. Packer)가 최초로 정식화
한 후 전세계의 형사법학에서 빼놓을 수 없는 핵심 화두가 된 형사절차
내에서 충돌하는 두 가지 가치체계론과 이에 대한 비판적 논의를 살펴본다.

---

* 이 글은 원래 한국법학원, 「저스티스」 제54호(1999. 12)에 발표되었다.
1) 영미에서는 '실체적 진실주의'라는 표현을 사용하지 않으며, 독일에서는 '범죄통
   제'라는 사회학적인 용어를 형사소송법학에서 잘 사용하지 않는다. 그러나 각 개념
   의 요체는 기본적으로 동일하다.

이어 형사절차의 기본이념에 대한 현재 우리 형사법학계에서 불명료하게 남아 있는 몇 가지 점을 재정리한다. 이상의 논의가 한국 형사절차의 기본이념과 원칙에 대한 이해를 보다 정식화·명료화하게 만드는 데 일조할 수 있기를 희망한다.

Ⅱ. 대립하는 두 개의 법철학적 전망 ― '효용' 대 '권리'

효용 중심의 법학(utility-based jurisprudence)과 권리 중심의 법학(right-based jurisprudence) 간의 대립은 현대 영미법학 방법론에 있어서 항상적·근본적 쟁점사안이다.[2] 또한 이는 형사절차에 내재하는 가치체계의 길항문제와는 직·간접적으로 관련이 있는 사안인데, 전자가 범죄통제를 중시하는 보수적 '법과 질서'(law and order) 진영에 철학적 근거를 제공해왔다면, 후자는 적정절차를 강조하는 자유·진보파 진영에 이론적 무기를 공급해 왔다고 거칠게나마 대비할 수 있을 것이다.

벤담과 드워킨 사이의 연대적 차이에도 불구하고 두 사람의 이론은 효용과 권리의 논변의 원형을 제공하고 있으므로 양자를 비교·검토하는 것은 필수적이다.

1. 효용의 논변 ― 제레미 벤담을 중심으로

주지하다시피 제레미 벤담은 영국 자유주의 및 효용 중심 법학의 아버지이다. 법과 권리에 대한 벤담의 기본관념이 공리주의적·실증주의적이라는 것은 잘 알려져 있는 사실이다. 요약하자면 법은 그것이 일반적 복지를 최대화하는 한도 내에서 정당하고, 개인이 보유하는 권리는 법이 부여하는

---

2) 이 문제를 본격적으로 다루기 위해서는 별도의 비중있는 글이 필요할 것인바, 향후 별도의 작업을 기대한다. 이를 위해서는 홉스, 로크, 하트(H.L.A. Hart)와 롤즈(John Rawls) 등의 고전적 저작에 대한 이해가 필요하며, 개괄서로는 J.J.C. Smart & Bernard Williams, *Utilitarianism: For and Against*(1973); *Utilitarianism and Beyond*(Amartya Sen & Bernard Williams eds., 1980); *Theories of Rights*(Jeremy Waldron ed., 1984); *Utility and Rights*(R.G. Frey ed., 1985) 등을 참조하라.

한도 내에서만 의미를 가지며 또한 법이 개인에게 부여하는 권리는 그 행사 시에 공동체에 어떠한 해도 끼치지 않아야 한다는 것이다.3)

벤담의 법실증주의적 사고는 그의 저작 '무정부적 궤변'(Anarchial Fallacies)에서 잘 드러난다. 벤담은 홉스와 로크에 의해 기초되었던 '자연권'이 라는 당시의 혁명적 패러다임을 거부하면서, 이 관념이 합리적 기초가 결여된 '비유적'(figurative) 개념이고 '허장성세의 허튼소리'(nonsense upon stilts)에 불 과하며, 또한 법과 정부에 대한 저항을 유발한다는 점에서 '유해 한'(mischievous) 허튼소리라고 비판한다.4) 그는 — 세이거의 말을 빌리자면 — 권리는 "다수자 지배에 대한 우선적 구속(a prior commitment)에서 도출되는 것"으로 보는 '권리회의주의'(rights skepticism)를 취하고 있다.5) 이러한 견해는 권리장전(the Bill of Rights)조차도 다수자의 승인이 있으면 정당하게 폐기될 수 있다는 렌퀴스트 현 미국 연방대법원장의 주장에까지 이어지고 있다.6)

이러한 관점에 서서 벤담은 '절차적 공정성'이란 관념을 우스꽝스러운 것이라고 비판한다. 그의 '여우사냥꾼의 이유'(fox-hunter's reason)라는 비유 는 유명하다. 그는 형사절차에서의 공정성 보장의 요구를, 여우도 자신의 목숨보존을 위한 공정한 기회를 가져야 하므로 일정 거리 동안은 도망가도 록 허용해야 하고 그 동안은 총을 쏴서는 안 된다는 스포츠 맨의 논리라고 조롱하였던 것이다.7) 이러한 점에서 볼 때 벤담이 무죄자의 처벌이 유죄자 의 석방보다 더 나쁜 악이라는 점을 원론적으로 인정하면서도,8) 형사피의자

---

3) *Bentham's Political Thought* 278(Bhiku Pareki ed., 1973).
4) Jeremy Bentham, "Anarchial Fallacies: Being an Examination of the Declarations of Rights Issued During the French Revolution," 2 *The Works of Jeremy Bentham* 501(John Bowring ed., Edinburgh, William Tait 1843).
5) Lawrence G. Sager, "Rights Skepticism and Process-Based Responses," 56 *N.Y.U. Rev.* 417, 441(1981).
6) William H. Rehnquist, "Government by Cliche: Keynote Address of the Earl F. Nelson Lecture Series," 45 *Mo. L. Rev.* 379, 390-391(1980).
7) Jeremy Bentham, "Rationale of Judicial Evidence," 7 *The Works of Jeremy Bentham* 454(John Bowring ed., Edinburgh, William Tait 1843).
8) Jeremy Bentham, *Treatises on Judicial Evidence* 95-100(M. Dupont ed., London, Paget 1825). 물론 그는 공리주의자답게 이 문제를 당사자의 개인적 피해의 측면보

· 피고인을 보호하기 위한 각종 법적 장치를 못마땅하게 생각하였음은 자연스러운 귀결이다.

예를 들어 벤담은 '판결의 정확성'(rectitude of decision)을 사법의 직접적 목적이라고 생각하는바,[9] 증거 외적인 가치, 예컨대 피의자·피고인의 자기부죄금지의 특권의 보호 등을 위하여 이 '정확성'이 경감되어서는 안 되며 따라서 몇 가지 경우 — 남소(濫訴), 소송비용의 증가, 소송지체 등 — 를 제외하고는 당해 사안의 모든 신빙성 있는 증거의 증거능력은 일응(prima facie) 인정되어야 한다고 주장한다.[10] 그리고 그는 각종의 증거배제법칙이란 어떠한 명분도 없는 규칙으로 단지 법률가들에게 돈벌이시켜 주기 위해 존재하는 것이라고 신랄한 비판을 가한다.[11]

나아가 그는 묵비는 "상식에 의거하고 보편적 경험에 기초하여 판단컨대 자백과 동격이라는 점이 증명되고 있다"[12]라고 주장하면서 형사피의자·피고인의 묵비권을 부정하기까지 하였다. 이러한 묵비권 부정의 입론은 오랜 세월이 지난 후인 1994년 영국의 '형사사법과 공공질서법'(Criminal Justice and Public Order Act of 1994)에 반영된다.[13]

2. 권리의 논변 — 로날드 드워킨을 중심으로

영미법학에서는 이상과 같은 벤담류의 공리 중심의 법학방법론이 주류를 형성해 왔으나, 1970년대 로날드 드워킨이 '권리의 담론'을 전면적으로 부활시키면서 근본적인 도전을 받게 된다. 드워킨은 존 롤즈와 함께 정의와

다는 잘못된 유죄판결시 뒤따를 사회적 경각과 불안정에 초점을 맞추어 파악한다 (Id. at 196-198).

9) Jeremy Bentham(각주 7), at 336.

10) Id. at 335. 그는 "증거의 배제는 정의의 배제이다"라고 단언한다(Id. at 338).

11) Id. at 451. 이런 맥락에서 그는 법률가집단을 '법관과 그 회사'(Judge and Co.)라고 야유하였다(Id.).

12) Id. at 39.

13) 장기간의 격렬한 논쟁 끝에 제정된 동법은 피의자, 피고인의 묵비권 행사로부터 불리한 추론(adverse inference)을 허용하는 내용을 담고 있다. 이에 대해서는 본서 제 1 편 제 2 장 제 2. Ⅴ.를 참조하라.

평등의 정치적 · 도덕적 가치를 강조하는 '발본적(拔本的) 자유주의'(radical liberalism) 법이론의 양대 지주를 이루는 사상가로서,14) 그는 벤담/하트15) 류의 법실증주의 · 공리주의의 논변을 근본적으로 부인하고 권리의 논변을 새로이 수립한다.16)

드워킨은 이제 고전의 반열에 오른 그의 저작 '권리를 심각하게 파악하며'(Taking Rights Seriously)에서, 권리헌장상의 적정절차, 평등권 및 자기부죄 금지의 특권 등 '정부에 반대하는 근본적 권리, 헌법에 의하여 법적 권리화된 도덕적 권리'가 존재함을 분명히 하면서, 다수결주의자(majoritarian)와는 달리 권리헌장은 설사 다수의 승인이 있더라도 폐기될 수 없음을 강조한다.17) 그에게 헌법은 '매 세대가 스스로 재해석해야 하는 추상적 도덕관념의 진술'인 것이다.18)

이어 드워킨은 개인의 권리에 대한 유명한 명제를 제출한다. 즉 "권리

---

14) 이 글에서 롤즈의 사상은 다루어지지 않는다. 롤즈의 이론에 대해서는 John Rawls, *A Theory of Justice*(1971); John Rawls, "Fairness to Goodness," 84 *Phil. Rev.* 536(1975); John Rawls, "Kantian Constructivism in Moral Theory: Rational and Full Autonomy," 77 *J. Phil.* 515(1980) 등을 참조하라. 롤즈의 견해에 따르자면 공리주의 이론은 적어도 두 가지 면에서 문제가 있다. 첫째 공리주의는 개인이 사회적 이익의 계산법에 종속되지 않는 권리를 갖는다는 우리의 숙고된 신념을 설명하지 못하며, 둘째 공리주의는 재화(the goods)에 대한 잘못된 일원론적 관념을 전제하고 있다는 것이다[David Johnston, *The Idea of a Liberal Theory, A Critique and Reconstruction* 101-102(1994). 또한 John Rawls, *Political Liberalism* 135(1993); John Rawls, "Social Unity and Primary Goods," Amartya Sen & Bernard Williams eds(각 주 2), at 159-185을 참조하라].
15) 하트의 법실증주의 법이론에 대해서는 H.L.A. Hart, *The Concept of Law*(1961); H.L.A. Hart, *Essays on Bentham*(1982) 등을 참조하라.
16) 드워킨과 롤즈의 법사상의 뿌리는 칸트에게 있다. 드워킨은 현 시기 진보주의자들은 자유주의 진정한 아버지는 벤담이 아니라 칸트임을 알려야 할 절대적 필요가 있다고 하며 자신의 사상에 대한 칸트의 영향을 명시적으로 밝힌 바 있다 ["Dialogue with Ronald Dworkin: Philosophy and Politics," *Men of Ideas* 259-260(B. Magee ed., 1978)]. 롤즈의 이론에 깔려 있는 칸트의 영향에 대해서는 Robert Paul Wolff, *Understanding Rawls*(1977)의 제 3 부를 참조하라.
17) Ronald Dworkin, *Taking Rights Seriously* 190(1977).
18) Ronald Dworkin, *Life's Dominion: An Argument About Abortion, Euthanasia, and Individual Freedom* 111(1993).

라는 제도는 … 소수자들의 존엄과 평등이 존중될 것이라는 다수자의 약속을 표현하는 것"[19]이고, 개인의 권리는 "그 개인의 행동에 대해 다수자가 잘못된 것이라고 생각할 경우라도, 그리고 그 행동에 의해 다수자의 형편이 더욱 나빠진다 할지라도" 이를 감행할 수 있는 "정치적 으뜸패"(political trumps)라는 것이다.[20] 엔펜슈타인의 지적처럼, "17세기 로크의 개인주의가 억압적 군주에 대항하여 개인을 보호하는 데 집착(preoccupied)되어 있었다면, 20세기 드워킨의 개인주의는 공리주의적 목표를 추구하는 민주적 다수자로부터 개인을 보호하는 것에 주 관심을 두고 있다"는 것을 알 수 있다.[21]

이러한 드워킨의 이론 앞에서는 권리제한의 공리주의적 정당화, 예를 들어 그 제한이 해악보다는 이익을 산출하게끔 계산되어 있다라든가 또는 공동체에 포괄적인 이익을 줄 것이라든가 하는 등의 논리는 설 땅을 잃는다.[22] 요컨대 드워킨은 권리의 존중은 일정한 희생을 필연적으로 수반하며, 권리는 그 본성상 효용과 비교형량되는 것이 아니라는 입장에 서서,[23] 권리를 '강한 의미로'(in a strong sense) 옹호하였던 것이다.[24] 이러한 맥락에서 공정한 절차를 보장하기 위한 헌법상의 피의자·피고인의 권리 역시 다수자의 복지 여부와 상관없이 '강한 의미로' 옹호될 것은 분명하다. 드워킨은 공정한 형사절차에 관한 각종 원칙이 '실용적 필요'와의 '공평한 타협'이라는 명분으로 축소되어 버리는 것을 수치스러운 일로 파악한다.[25] 그것은 결국 피의자, 피고인에의 형벌부과라는 눈에 보이는 해악 외에 '도덕적 해

---

19) Dworkin(각주 17), at 205.
20) Id. at 194(강조는 인용자).
21) Donald Enfenstein, "The Myth of Conservatism as a Constitutional Philosophy," 71 *Iowa L. Rev.* 401, 421(1986). 이 점에서 드워킨은 "다수자가 자신의 손에 주권(sovereignty)을 쥐고 제한없이 이를 행사할 때 다수자는 지켜봐야 할 불길한 세력이 된다"라는 더글라스 대법관의 견해를 공유하고 있다고 보인다(William D. Douglas, "The Bill of Rights Is Not Enough," 38 *N.Y.U. Rev.* 207(1963)).
22) Dworkin(각주 17), at 191-192.
23) Id. at 193.
24) Id. at 190.
25) Id. at 13.

악'을 야기할 것이라고 그는 이해하기 때문이다.26) 워렌 대법원이 수립한 위법수집증거에 대한 이익교량 없는 자동적·의무적 배제 법칙은 바로 이러한 '강한 의미의 권리론'과 직결되고 있다.

그리고 그는 '사법적극주의'를 옹호하는데, 다수자의 힘으로부터 소수자를 보호하는 것은 다름 아닌 법원의 임무이고, 법원은 "정치적 도덕성의 문제의 틀을 짜고 이에 대한 답을 주는 데 준비가 되어있어야 한다"고 강조한다.27)

이상에서 살펴보았듯이 효용의 논변과 권리의 논변의 대립은 근본적이다. 철학적 뿌리를 파고 들어가면 벤담적 자유주의와 칸트적 자유주의의 대립으로, 이는 '자유'와 '통제'를 동시에 추구하는 근대 자유주의 철학의 내적 긴장이기도 하다.

이 대립을 도표화하면 다음과 같다.

	효용의 논변	권리의 논변
철학적 기초	벤담적 자유주의	칸트/롤즈적 자유주의
'권리'에 대한 이해	효용과 비교형량되는 권리	'강한 의미'의 권리론
'권리장전'에 대한 이해	법실증주의/다수결주의	다수결에 의해서도 폐지될 수 없는, 법제화된 도덕적 권리

그런데 이 대립과 긴장은 양자의 '조화' 또는 '통합'이라는 절충적 언변 (言辯)만으로 해소될 수 없는 성질의 것이다. 이 대립과 긴장은 필연적인 것으로, 그 해결은 당해 사회의 시대적 과제를 의식하며 가치결단을 내림으로써 해소되어야 하는 사안이라 하겠다. 이러한 긴장은 형사절차를 바라보는 기본관점에서도 필연적으로 드러나게 된다.

---

26) Ronald Dworkin, "Policy, Principle and Procedure," *Crime, Proof and Punishment: Essays in Memory of Sir Rupert Cross* 201-202(C. Tapper ed., 1981)을 참조하라.
27) Dworkin(각주 17), at 147.

III. 대립하는 형사절차의 두 가지 가치체계 ─ '범죄통제' 대 '적정절차'

1. 허버트 팩커의 정식화

허버트 팩커는 1964년의 유명한 논문[28]과 이를 기초로 서술된 1968년의 고전적 저작 '형사제재의 한계'[29]에서, '형사절차의 운영에서의 우선을 두고 경쟁하는 두 개의 분리된 가치체제'를 추출한다. 즉 '범죄통제'와 '적정절차'라는 두 가지 가치모델이다. 두 모델 사이의 대립의 바탕에는 상술한 두 가지 법철학적 전망 사이의 대립이 깔려 있음을 간취할 수 있다. 팩커의 모델은 현대 미국의 당사자주의적 형사절차를 전제로 하여 추출된 것이나,[30] 이후 법계(法系)의 차이를 불문하고 형사사법체제 연구를 위한 보편적 연구틀을 제공해왔다.

먼저 범죄통제 가치모델을 보기로 한다. 이 모델은 '범죄행위의 억압이 형사절차가 수행해야 할 가장 중요한 기능'이라는 명제에 기초해 있으며, 피의자를 가려내고(screen) 유죄를 결정하고 유죄자에 대해 적정한 처분(disposition)을 확정하기 위한 형사절차의 '효율성'에 초점을 둔다.[31]

체포·유죄확정률의 최대화를 지향하는 이 모델은 형사절차에서의 '속도'와 '최종성'을 요청하는데, '속도'(speed)는 '비공식성'(informality)과 '일률성'(uniformity)에 의존하며 '최종성'(finality)은 처분에 대한 도전을 최소화하는 데 달려 있다.[32] 그리하여 이 모델은 법원에서의 신문과 반대신문 등의 공식

---

28) Herbert L. Packer, "Two Models of the Criminal Process," 113 *U. Pa. L. Rev.* 1(1964).
29) Herbert L. Packer, *The Limits of the Criminal Sanction*(1968).
30) Id. at 154-158, 172.
31) Id. at 158.
32) Id. at 159. 이와 관련하여 혼돈을 일으킬 수 있는 것은 우리 형사소송법학에서 형사소송의 세 번째 이념으로 언급되는 '신속한 재판'의 원칙이다. 먼저 지적해야 할 것은 패커의 '범죄통제' 모델은 공판절차를 포함한 형사절차의 모든 과정에서 '속도'를 강조하는 것이다. 이에 비해 우리나라의 '신속한 재판'의 원칙은 문언 그대로 재판절차에 한정되는 원칙이다. 따라서 형사절차의 전(全)절차에서 '속도'를 강조하는 '범죄통제' 모델은 법원이 주도하는 절차를 선호하지 않고 따라서 피의

적 · 사법적 절차보다는 경찰서에서의 신문 등의 비공식적 · 행정적 절차를 선호하며, 또한 다량의 사건을 신속하게 처리하기 위하여 정형화(stereotyped)된 절차를 요구하는 것이다.33) 요컨대 범죄통제 모델은 '공장조립궤도의 컨베이어 벨트'(assembly-line conveyer belt)로 비유될 수 있다.34) 상당한 정도로 무죄임이 분명한 피의자를 제외하고는, 형사절차의 초기단계에서 경찰과 검찰이 내린 피의자의 유죄판단을 기초로 이후의 형사절차는 그 유죄를 입증하는 쪽으로만 방향지워진 채 신속하게 연속적으로 진행되는 것이다.35) 이러한 과정은 '신빙성'(reliability) 원리에 의해서만 제한될 뿐인데, 따라서 증거의 '신빙성' 여부와 관계없는 증거배제법칙은 설 땅이 없다.36)

이러한 범죄통제 모델의 핵심은 '유죄추정'(presumption of guilt)의 가정으로써, 이는 피의자를 다루는 데 있어서 '무죄추정'의 가정을 무시하라는 지시이다.37) '유죄추정'은 물론 법규는 아니다. 그렇지만 그것은 '태도'와 '분위기' 등의 산물이다.38) 이 모델은 형사절차의 초기 단계에의 비공식적 · 행정적 사실발견 행위에 대해서 강한 신뢰를 부여함으로써 — 범죄통제 모델은 이러한 신뢰의 표현이다39) — 이후의 남은 절차를 상대적으로 피상적인 것으로 만든다.40)

자 · 피고인의 인권문제도 소홀히 다루게 된다. 이에 비해 '신속한 재판'의 경우는 피고인에게 이익이 되는 경우도 있고 또 반대로 불리한 경우도 있다. 즉 이 원칙은 경우에 따라 실체진실발견에 기여하기도 하고 피고인 인권보호에 기여하기도 한다. 이러한 맥락에서 이 원칙은 별도의 독립된 형사절차의 이념이라고 보기는 곤란하다.

33) Id.
34) Id.
35) Id. at 160.
36) Id. at 199, 202.
37) Id. at 160. 팩커는 '유죄추정'을 '무죄추정'의 반대개념으로 파악하는 통상의 이해를 비판한다. 그는 '무죄추정'은 경찰관들이 어떻게 형사절차를 진행시켜야 할 것인가에 대한 지시로, '유죄추정'은 순수하게 결과에 대한 예측으로 이해한다. 즉 '유죄추정'이 기술적이고 사실적인 것이라면, '무죄추정'은 규범적이고 법률적인 것이다(Id. at 161-62).
38) Id. at 161.
39) Id.
40) Id.

한편 적정절차 가치모델은 '개인의 우월성'과 '국가권력에 대한 제한'
을 중심개념으로 삼는다.[41] 이 모델은 국가권력은 항상 남용되기 쉬운 속성
을 가지므로, 형사절차는 자신이 최대한의 효율성을 갖고서 작동하지 못하
게끔 통제하에 놓여야만 한다고 주장한다.[42] 이 모델에 따르면, '최대의
효율성'은 최대의 전제(tyranny)이다."[43]

그리하여 적정절차 모델은 그 목표를 "적어도 사실상의 유죄자(the
factually guilt)를 유죄확정하려는 정도만큼 사실상의 무죄자(the factually
innocent)를 보호하는 것"으로 삼는다.[44] 이 모델은 행정적 사실발견절차에
대한 범죄통제 모델류의 신뢰를 거부하며, 피고인에 대한 사안이 공평한
법원에 의해 공개적인 자리에서 청문되고 피고인이 충분한 반박기회를 갖고
난 후에만 사안이 평가되는 '공식적, 사법적, 당사자주의적 사실발견 절
차'(formal, adjudicative, adversary fact-finding process)를 중시한다.[45]

이러한 적정절차 모델의 핵심원리는 '법률상의 유죄(legal guilt)의 원칙'
이다.[46] 이 원리에 따르면, 신빙성 있는 증거에 기초해 볼 때 개인이 특정
범죄행위를 사실상 행하였음을 보여주는 것만으로 그 개인이 유죄로 인정되
어서는 안 된다. 그 개인은 사실관계의 결정이 절차상 정례적인 방식으로,
그리고 합당하게 부여받은 권능을 가지고 활동하는 법집행기관에 의해 이루
어질 때만 유죄로 인정되는 것이다.[47] 나아가 사실관계의 결정이 그 개인에
대하여 불리하게 이루어졌더라도 하더라도, 형사절차의 염결성(integrity)을
보호하도록 고안된 각종 규칙에 반하지 않는 경우에만 그는 유죄로 인정되
는 것이다.[48] 이러한 규칙들의 예로는 관할권, 재판지, 소멸시효(statute of
limitation), 이중위험금지(double jeopardy), 형법상 책임주의 등이 있는데, 이

---

41) Id. at 165.
42) Id. at 166.
43) Id.
44) Id. at 165.
45) Id. at 163-164.
46) Id. at 166.
47) Id.
48) Id.

원칙들이 작동할 경우 해당 개인은 사실상의 유죄 여부와 관계없이 법률상
으로 무죄가 되는 것이다.49) 이러한 관점에서 볼 때 위법수집증거는 그 절차
적 하자 때문에 반드시 배제되어야 하며, 위법수집증거배제법칙은 경찰의
불법행위를 억지(deter)하기 위한 유일한 실제적 방법으로 파악되는 것이
다.50)

이러한 맥락에서 이 모델은 '장애물 경주코스'(obstacle course)에 비유된
다.51) 즉 형사절차의 매 단계는 피의자 · 피고인이 다음 단계의 절차로 이동
되는 것을 방해하는 강력한 장애물을 제공하게끔 고안되어 있다고 보는
것이다.52) 공장시스템에 비유하자면 양적 산출을 일정하게 희생하고 질적
통제를 강조하는 체계라 할 수 있다.53)

이상과 같은 팩커의 이론은 형사절차 내에서 대립하는 두 가지 가치모
델의 기본논리와 메커니즘을 선명하게 보여줌으로써 영미법학계에서 형사
절차의 연구에 침로(針路)를 제공하고 있다.

2. 비 판

이상과 같은 팩커의 두 가지 가치 모델에 대한 선명한 분류는 여러
논자들에 의해, 그리고 여러 다른 관점에서 비판을 받게 된다.

먼저 존 그리피쓰는 팩커의 두 모델은 개인과 국가 간의 '화해할 수
없는 적대'라는 개념을 공유하고 있는바, 양자는 팩커의 생각과는 달리 두
개의 가능성을 갖는 '하나의 전투모델'(a single Battle model)이라고 지적한
다.54) 그는 '화해가능한, 심지어 서로 협력적이기까지 한 이해(interests)라는
가정'에 기초한 '가족 모델'(Family model)을 상정하면서,55) 팩커의 두 모델

---

49) Id.
50) Id. at 200, 203.
51) Id. at 163.
52) Id.
53) Id. at 165.
54) John Griffiths, "Ideology in Criminal Procedure or a Third "Model" of the Criminal
   Procedure," 79 *Yale L. J.* 359, 367(1970).
55) Id. at 371.

간의 차이를 만드는 유일한 변수는 '이익의 균형'일 뿐이라고 본다.56) 그리피쓰의 '가족 모델'의 현실적합성은 의심스럽지만, 팩커의 두 모델이 모두 국가와 개인 사이의 대척(對蹠)을 전제하고 있다는 그리피쓰의 지적은 정확하다. 사실 '컨베이어 벨트'건 '장애물 경주코스'건 그것을 운영하는 측과 그것을 통과해야 하는 측은 기본적으로 대립관계에 서 있으며, 이는 현대 국가의 운명이 아닐까?

그리고 형사사법에 관한 저명한 비교법학자 미르얀 다마스카는 팩커의 모델이 실제적 의미에서 '모델'이 아니라고 지적한다. 특히 그는 팩커의 적정절차 모델은 형사절차에 대한 '긍정'(affirmative)의 내용을 보여주지 못하는 '부정'(negative)의 모델에 불과하다고 비판한다.57)

> 그 지배적 관심이 국가관리로부터 개인을 보호하려는 욕구에 있는 형사절차를 상상한다는 것은 개념적으로 불가능하다. … 그 순수형태에 있어서 적정절차 모델은 장애물경주코스가 아니라 단지 경주코스는 없는 장애물로만 귀결될 것이다.58)

요컨대, 팩커의 적정절차 모델은 개인의 권리에 대한 관심만 있는 것이지 실체적 진실발견에 대한 관심을 갖고 있지 않으므로 실제적 형사절차의 모델이 될 수 없다는 것이 다마스카의 비판의 요지이다. 같은 맥락에서 영국의 지도적 형법학자 애쉬워쓰도 팩커의 모델은 "범죄통제는 형사사법체제의 기본목표이며, 이 목표수행은 적정절차의 존중에 의하여 제한되어야 한다"라는 식으로 재구성되어야 한다고 말한다.59)

하지만 이러한 비판은 팩커의 의도를 잘못 이해한 측면이 있다. 팩커 스스로도 자신의 한 모델을 다른 모델을 완전히 배제하는 것으로 이해하는

---

56) Id.
57) Mirjan Damaska, "Evidentiary Barriers to Conviction and Two Models of Criminal Procedure: A Comparative Study," 121 *U. Pa. L. Rev.* 506, 575(1973).
58) Id. at 575.
59) Andrew Ashworth, *The Criminal Process: An Evaluative Study* 28(1995).

것은 미친 짓이라고 말한 바 있는데,[60] 그의 이론은 형사절차에 대한 유형학 (typology)을 위한 것이 아니라, '형법의 핵심에 있는 규범적 이율배반 (antinomy)'[61]을 인식하기 위한 것이라 하겠다.

한편 도린 맥바넷은 '정의의 수사(rhetoric)'와 '법률의 실재와 구조' 사이의 간극에 주목하고, 적정절차 가치의 이데올로기성을 날카롭게 지적하면서 논의를 시작한다.[62] 그녀는 법집행기관은 적정절차를 따라서만 시민의 자유를 침해할 수 있다는 식의 이데올로기는 실재하는 법에 대해서 '외적'(external)인 것에 불과하다라고 비판한다.[63] 그녀는 정의의 원칙이 법현실에서 왜곡되고 있다는 식의 논의를 거부하고 **법 자체가 그러한 왜곡을 보장**하고 있음을 주장한다.

> 우리는 어떻게 정의의 수사가 규칙을 왜곡하는 경찰관에 의하여, 협상을 통해 당사자성(adversariness)을 죽여버리는 법률가에 의하여, 현실 감각을 잃은(out-of-touch) 판사 또는 편향된 치안판사(magistrate)에 의하여 고의적으로 또는 다른 방식으로 왜곡되는지만을 보아서는 안 된다. 우리는 정의의 수사가 **법** 속에서 어떻게 왜곡되는지도 반드시 보아야 하는 것이다. 경찰관과 법정의 관리들은 정의의 원칙을 왜곡하기 위해 법을 남용할 필요가 없다. 그들은 법을 이용하기만 하면 될 뿐이다. 합법성과 정의의 수사로부터의 일탈은 법 그 자체 내에서 제도화되어 있다.[64]

이러한 맥락에서 그녀는 단도직입적으로 "적정절차는 범죄통제를 위해 존재한다"라고 결론짓는다.[65]

맥바넷이 사회적 현실에서 적정절차 가치의 한계를 예리하게 지적해

---

60) Packer(각주 29), at 163-164.
61) Id. at 153(강조는 인용자).
62) Doreen J. McBarnet, *Conviction: Law, the State and the Construction of Justice* 156(1981).
63) Id. at 8.
64) Id. at 156(강조는 원문).
65) Id. at 156.

냈음은 분명하다. 그렇지만 그녀의 결론은 성급하다고 보인다. 먼저 맥콘빌 등의 지적처럼, 그녀는 적정절차의 '수사'와 범죄통제의 '법규'를 대비하였을 뿐이다.[66] 실제로는 이데올로기 차원에서 적정절차의 수사와 범죄통제의 수사가 동시에 존재하며, 또한 법규 내에도 적정절차의 법규와 범죄통제의 법규가 공존한다. 물론 양 가치의 공존은 불안한 것이며 영미의 경우 '적정절차가치의 퇴각의 시대'가 도래한 점은 인정해야 하겠지만, 형사사법체제의 원칙은 서로 모순하고 타협하는 적정절차와 범죄통제라는 두 가치로 구성되어 있다고 보는 것이 적합할 것이다.[67] 이러한 맥락에서 팩커의 모델은 여전히 유의미하다.

3. 피터 아레넬라에 의한 보충

피터 아레넬라는 그리피쓰와 다마스카의 비판을 수용하면서 팩커의 모델을 재구성한다. 그는 먼저 '모델'이라는 용어가 가져오는 혼동을 우려하면서 자신의 입론이 형사사법체제의 '모델'이 아니라 그 '이데올로기적 전망'을 창출하기 위한 것임을 분명히 한다.[68]

그리고 아레넬라는 팩커가 분명히 하지 않았던 형사절차의 기능을 네 가지로 정식화한다. 첫째는 실체적 유죄(substantial guilt)의 결정인데, 이는 실체적 진실발견 외에 신빙성 있는 사실의 재구성과 도덕적 평가 문제를 포괄한다.[69] 둘째는 응보, 일반 또는 특별예방, 사회복귀 등의 형벌의 목적의 고양이다.[70] 다음으로 두 가지 '독립적(indepen dent) 기능'이 있다. 그 첫째는 형사절차의 매 단계의 과제를 해결하는 데 있어 누가 제일 적합한가를

---

66) Mike McConville, Andrew Sanders & Roger Leng, *The Case for the Prosecution: Police Suspects and the Construction of Criminality* 180(1991).

67) Id.

68) Peter Arenella, "Rethinking the Functions of Criminal Procedure: The Warren and Burger Courts' Competing Ideologies," 72 *Geo. L. J* 185, 213, n. 166(1983). 그리하여 그는 '모델' 대신에 '이데올로기'라는 용어를 채택한다.

69) Id. at 198. 아레넬라는 패커의 '사실상의 유죄'(factual guilt) 개념이 유죄의 도덕적 측면을 무시하고 있다고 지적하면서 '실체적 유죄'라는 개념을 사용한다.

70) Id. at 198-199.

판단하며 권력을 할당하는 기능이다.71) 그 둘째는 결과나 효율성 문제에서 독립한 '공정절차 규범'(fair process norms)을 명확히 만들어 냄으로써 국가의 권력행사에 실체적·절차적 제한을 설정하는 '정당화'(legitimation)기능이다.72)

이어 아레넬라는 이러한 적정절차와 범죄통제의 모델이 이상과 같은 기능에서 어떠한 차이를 보이는가를 밝힌다. 먼저 그는 팩커의 적정절차 모델에 '긍정'의 내용을 부여하여 그 결점을 교정하려고 시도한다. 즉 적정절차 모델은 당사자주의적 유죄판정 원칙에 대한 체제의 이론적 약속을 재언명하는 것이며, 이는 형사제재의 도덕적 내용과 힘을 강화한다는 것이다.73)

다음으로 그는 '권력할당' 기능에서 양 모델이 어떠한 차이를 보이는가를 설명한다. 즉 적정절차 이데올로기는 행정권력에 대한 불신에 기초하여 권력을 사법부와 시민공동체, 구체적으로는 배심 쪽에 할당하여 행정부의 결정을 검토하게 하는 반면, 범죄통제 이데올로기는 법집행기관의 권력행사를 신뢰하면서 재판에의 평민참여를 기소배심(grand jury)의 경우 — 이는 검찰에 의해 지배되는 일방적 절차이다 — 에 제한하고 검찰의 권력을 강화하려 한다.74)

또한 그는 '정당화' 기능에서 양 모델의 차이를 규명한다. 즉 적정절차 이데올로기는 '공정절차 규범'을 결과나 효율성과 독립한 것으로 파악하는 반면, 범죄통제 이데올로기는 사회통제를 증진하기 위한 사회적 역량에 공정절차 규범이 어떠한 기능을 갖는가 하는 문제에 초점을 맞추는 것이다.75)

4. 소 결

이상에서 형사절차에 내재하는 두 이념에 대한 영미법학에서의 논의를 소략하게 살펴보았다. 이상의 논의는 현대 민주주의 국가의 형사절차가 내포하고 있는 규범적 자기모순성을 선명히 보여주며, 또한 우리로 하여금

---

71) Id. at 199.
72) Id. at 200.
73) Id. at 214.
74) Id. at 223.
75) Id. at 224.

형사절차에서의 "다양한 절차적 선정과 선택에 대하여 규범적 요구를 할 수 있게" 해 준다.[76]

팩커와 아레넬라의 이론을 통합하여 범죄통제 및 적정절차의 양 가치 체계의 내용을 도표화하여 비교해 보자면 다음과 같다.

	범죄통제 가치	적정절차 가치
형사절차의 주요 목표	범죄행위의 억압	당사자주의적 유죄판정원칙의 강화
동 목표를 위한 주요 원칙	'사실상의 유죄'의 가정	'법적 유죄'의 원칙
동 목표를 실현하기 위한 방법	비공식적, 행정적 절차	공식적, 사법적, 당사자주의적 절차
형사절차에 대한 제약수단	신빙성	공정절차 규범
'공정절차' 규범에 대한 이해	사회통제를 증진하기 위한 수단	국가의 행정권력을 제약하는 수단
권력할당	경찰과 검찰	법원과 시민
비 유	공장조립궤도의 컨베이어 벨트	장애물 경주 코스

Ⅳ. 맺음말 — '적정절차' 이념과 '무죄추정권'의 헌법화의 실천적 함의

이상에서 본 법철학적 전망과 형사절차의 가치체계에서의 대립은 법계의 차이를 떠나 현재 우리 형사소송법에 내재해 있으며, 형사절차를 둘러싼 여러 논쟁에서 재생산되고 있음은 물론이다. 충분한 천착 없이 이상의 대립에 대한 이론적 해결을 언급하는 것은 위험한 일임은 필지의 사실이다.

그러나 몇 가지 우리가 출발점으로 삼아야 할 맥점(脈點)은 있다. 첫째,

---

76) William J. Genego, "The New Adversary," 54 *Brook. L. Rev.* 781, 843(1988).

현대 민주주의 형사절차의 규범 내부에는 이상의 모순과 대립이 항상적으로 존재한다, 둘째 이 모순과 대립은 특정 사회의 특정 시점의 사회적 요구를 반영하고 사회세력 간의 역관계에 영향받으며 때로는 절충적으로 때로는 일방적으로 해소된다(물론 이 해소는 일시적인 것이며 새로운 모순과 대립을 준비하는 것이다), 셋째 따라서 형사절차에 대한 형사법학의 개입은 가치중립적일 수 없고 가치지향적일 수밖에 없다.

그렇다면 남는 문제는 현 시기 한국 형사소송법학은 어떠한 법철학적 전망과 가치를 채택하여야 하는가이다. 우리 형사소송법은 미국 연방형사소송규칙77)이나 일본 형사소송법과는 달리78) 형사소송법의 목적을 명시하지 않고 있지만, 통설은 실체진실주의와 적정절차의 이념이 공히 형사소송법의 지도이념이며 실체적 진실주의가 적정절차에 의해 제한된다는 논리를 펴고 있다.79) 사실 형사소송법의 내용에는 위의 두 이념이 모두 반영되어 있음은 분명하다.

그런데 민주화의 산물인 1987년 개정헌법은 제12조 제 1 항 제 2 문과

---

77) 미국 연방형사소송규칙 제 2 조는 다음과 같다. "이 규칙은 모든 형사절차의 적정한 결정을 보장함을 목적으로 한다. 이 규칙은 절차상의 간결성, 집행상의 공정성 및 부당한 비용과 지연의 제거를 확보하도록 해석되어야 한다."
78) 일본 형사소송법 제 1 조는 다음과 같다. "이 법률은 형사사건에 관하여 공공복의 유지와 개인의 기본적 인권보장을 도모하면서 사안의 진상을 명확히 하고 형벌법령을 적정하고 신속하게 적용·실현함을 목적으로 한다."
79) 강구진, 「형사소송법원론」(1982), 30면; 서일교, 「형사소송법」(8개정판, 1979), 23면; 이재상, 「형사소송법」(제 6 판, 2004), 19면; 신동운, 「형사소송법 I」(제 2 판, 1997), 11면. 배종대 교수와 이상돈 교수는 하세머(Hassemer) 교수의 이론에 기초하여 형사소송의 진실은 '인식'되기보다는 '구성'된다고 이해하면서, 양 이념 사이의 병렬·갈등하는 것도 아니며 목적-수단의 관계에 있는 것도 아니다라고 주장한다. 그리하여 양 교수는 '합리적 절차'의 개념을 도입하여 진실의 인식은 오직 '합리적 형사절차' 속에서만 가능하다는 원칙을 세워야 한다고 주장한다[배종대·이상돈, 「형사소송법」(제 3 판, 1999), 15면. 보다 상세한 논증으로는 변종필, "형사소송의 목적과 '실체적 진실' 원칙," 고려대학교 안암법학회, 「안암법학」, 제 4 집(1996)을 보라]. 인식론적으로 볼 때 인식주체의 한계를 고려하자면 '진실발견'이라는 것은 불가능하며, 형사절차에서도 진실은 소송참여자의 활동을 통하여 '발견'되는 것이 아니라 '재구성'될 뿐이라는 이 주장의 문제의식에는 동감이다.

제12조 제 3 항에서 형사소송법의 이념으로 적정절차의 이념을 명시적으로 규정하고 있다. 이는 두 이념 사이의 우월문제에 관한 주권자의 가치결단을 보여주는 것이다. 사실 형사소송의 이념을 **헌법적 맥락에서 파악할 때 유관한 가치는 실체적 진실발견이 아니라 적정절차의 실현이다.**[80] 적정절차의 이념을 형사절차의 지도이념으로 받아들인다는 것은 실체적 진실발견을 절차적 정의와 같은 다른 중요한 사회적 재화(財貨)를 위하여 의식적으로 희생하겠다는 결단의 표명이다. 이러한 맥락에서 저자는 이하의 논지에 동의한다.

> '적정절차'의 이념은 헌법의 직접적 요청이고 처벌위주의 실체적 진실주의는 적정절차의 보장이라는 기본적 이념 아래서 추구되어야 할 소송법에 내재하는 하위목적의 하나로 보아야 한다. 실체적 진실이란 객관적으로 소송세계 밖에서 존재하는 것이 아니고 적정절차를 철저히 실현해나가면서 발견되는 소송세계의 창조물이다. 따라서 실체적 진실주의는 이념적으로는 적정절차에 의해 제약받으면서 후자의 범위 내에서 추구되어야 한다.[81]

또한 1987년 개정헌법은 제27조 제 4 항은 무죄추정권을 규정하고 있다. 형사절차의 현실에서는 사실상 '유죄로 추정'되고 있는 형사피의자·피고인에게 헌법이 무죄추정을 '권리'로 인정한다는 것은, 수사기관이 유죄의 심정으로 편견수사를 해서는 안 되고, 소추기관은 유죄청구권이 있는 것처럼 소추활동을 해서는 안 되며, 법원은 공소장 기재사실을 근거 없다고 가정하고 무죄의 심정 하에서 검사의 주장을 심리하여야 함을 요구함으로써[82] 국가기관이 지켜야 할 절차규범을 부여한 것이라 하겠다. 또한 헌법 제12조는 매우 상세하게 대(對) 범죄투쟁을 '방해'하는 형사피의자·피고인

---

80) Donald A. Dripps, "Beyond the Warren Court and Its Conservative Critics: Toward a Unified Theory of Constitutional Criminal Procedure," 23 *U. Mich. J. L. Ref.* 591, 593(1999).
81) 차용석, 「형사소송법」(1997), 63면.
82) Id. 48면.

의 형사절차상의 인권을 규정하고 있다.

사실 형사소송의 이론과 실무에 있어서 효용과 권리, 범죄통제와 적정절차라는 대립항이 서로 엇갈리며 대립하고 절충되는 것은 불가피한 일이다. 문제는 그 대립이 극에 달할 경우 최종적 선택을 어느 쪽을 향해야 하는가이다. 이념적 차원에서는 그리고 헌법적 형사소송의 관점에서는 적정절차이념의 범죄통제 이념에 대한 우위, 기본권의 효율에 대한 우위가 선언되어야 하는 이유가 바로 여기에 있다.

참고문헌

1. 국내문헌

강구진, "불심검문 및 임의동행에 관한 고찰(하)," 「경찰고시」(1983. 8)

_____, 「형사소송법원론」(1982)

_____, "위법수집증거의 배제법칙," 「사법행정」 제23권 제 1 호(1982)

강동범, "녹음테이프의 증거능력," 형사판례연구회, 「형사판례연구 제 6 호(1998)

강동욱, "경찰관직무집행법상의 임의동행에 관한 고찰," 한양대학교 법학연구
　　　소, 「한양법학」 제 3 집(1992)

_____, "컴퓨터 관련범죄의 수사에 있어서의 문제점에 대한 고찰," 「죽헌 박
　　　양빈 교수 화갑기념논문집: 현대형사법론」(1996)

거짓말탐지기 운영규정, 대검예규 제284호(1998. 3. 10 개정)

검찰 21세기연구기획단, 「구속제도정비방안연구」(대검찰청, 1995)

계희열, 「헌법학(중)」(2000)

권광중, "진술거부권의 고지 없이 얻은 피의자진술의 증거능력," 경사 이회창
　　　선생 화갑기념논문집, 「법과 정의」(1995)

권영법, "독일 증거금지론에 대한 소고," 법조협회, 「법조」 제642호(2010년 3월)

권영세, "현행 통신비밀보호법상 도청행위의 의의 및 범위," 한국법학원, 「저스
　　　티스」 제30권 제 4 호(1997. 2)

_____, "통신비밀보호법의 문제점과 개선방향," 한국형사정책학회, 「형사정책」
　　　제16권 제 1 호(2004)

권창국, "보도기관에 대한 압수·수색의 허용요건에 관한 검토," 「JURIST」
　　　Vol. 396(2003. 9)

_____, "피의자신문시 변호인참여권 보장의 현황 및 문제점," 「형사소송의 이
　　　론과 실무」 제 6 권 제 2 호(2014. 12)

_____, "피의자신문과 피의자의 신문수인의무," <법률신문>(2004.4.12.)

금태섭, "Plea Bargaining 제도와 그 도입문제"(대법원 형사실무연구회 발표문;

2005.11.21)

김균보, "독일 형사소송에 있어서의 증거금지," 부산대학교 법학연구소, 「법학연구」 제33권 제 1 호(1992)

김근태, 「남영동」(중원문화, 1987)

김기두, 「형사소송법」(전정신판, 1987)

김대웅, "변호인의 피의자신문 참여권," 형사판례연구회, 「형사판례연구」 제17호(2009)

김대휘, "사진과 비디오테이프의 증거능력," 형사판례연구회, 「형사판례연구」 제 6 호(1998)

김봉수, "'재량적' 위법수집증거배제(론)에 대한 비판적 고찰," 한국비교형사법학회, 「비교형사법연구」 제11권 제 2 호(2009)

김선복, "유치장에 유치된 피의자에 대한 알몸수색의 법적 문제점," 부경대학교 논문집, 제 6 권(2001)

김일환, "통신비밀의 헌법상 보호와 관련 법제도에 관한 고찰," 한국형사정책학회, 「형사정책」 제16권 제 1 호(2004)

김정옥, "강제채혈의 성질 및 허용요건," 형사판례연구회, 「형사판례연구」 제21호(2013)

김종구, "사인이 수집한 형사사건의 증거와 증거배제법칙," 한국형사법학회, 「형사법연구」 제20권 제 2 호(2008)

김종률, "현행 형사소송법상 피의자 신문," <법률신문> 제3244호(2004.2.19)

김주환, "언론사 압수·수색의 헌법적 한계," 한양대학교 법학연구소, 「법학논총」 제30집 제 4 호(2013)

김철수, 「헌법학개론」(2000)

김하중, "수사상 강제채혈의 법적 문제점과 해결방안," 법조협회, 「법조」 제624호(2008. 9)

김형준, "형사절차상 혈액·뇨의 강제채취와 그 한계," 한국형사법학회, 「형사법연구」 제 9 호(1997)

_____, "현행 통신비밀보호법의 문제점과 개선방안," 한국형사법학회, 「형사법연구」 제24호(2005년 겨울)

노수환, "진술거부권 고지 없이 얻은 진술에 기초한 2차적 증거의 증거능력," 성균관대학교 법학연구소, 「성균관법학」 제22권 제 3 호(2010)

_____, "음주운전자의 동의 없는 채혈의 증거법적 검토," 성균관대학교 법학연구소, 「성균관법학」 제24권 제 4 호(2012. 12)

대검찰청, 「검찰연감」(1994~2003)

류전철, "수사기관의 피의자 신문과 변호인의 입회권," 한국비교형사법학회, 「비교형사법연구」제 5 권 제 2 호(2003. 12)

민영성, 「형사증거개시에 관한 연구」(부산대학교 법학박사학위논문, 1993)

박강우, "무영장·무동의 채혈의 적법성에 관한 각국 판례의 동향," 한국형사정책연구원, 「형사정책연구」제64호(2005)

박광민, "함정수사의 규제," 성균관대학교 비교법연구소, 「성균관법학」제 7 호(1996)

박경신, "E-메일 압수수색의 제문제와 관련 법률개정안들에 대한 평가," 인하대학교 법학연구소, 「법학연구」제13집 제 2 호(2010)

박미숙, "변호인의 피의자신문참여권," 한국형사정책연구원, 「형사정책연구」제 6 권 제 3 호(1995)

_____, "위법수사에 대한 구제방안,"「형사정책연구소식」제27호(1995. 2)

_____, "사인에 의한 비밀녹음테이프의 증거능력," 형사판례연구회, 「형사판례연구」제11호(2003)

박상기·탁희성, 「자백의 임의성과 증거능력에 관한 연구 ─ 판례를 중심으로─ 」(형사정책연구원, 1997)

박용철, "컴퓨터 압수·수색의 문제점," 「형사법연구」제20권 제 2 호(2008년 여름호)

박주봉, "거짓말탐지기 조사결과와 증거능력,"「재판자료」제23집(1984)

박지현, 「진술거부권에 관한 연구」(서울대학교 법학박사학위 논문, 2007.2)

박찬걸, "함정수사의 허용요건과 법적 효과," 홍익대학교 법학연구소, 「홍익법학」제12권 제 3 호(2011)

박찬걸·강동욱, "통신제한조치의 현황 및 그 개선방안," 한양대학교 법학연구소, 「법학논총」제31집 제 1 호(2014)

배종대·이상돈, 「형사소송법」(제 6 판, 2004)

배종대·이상돈·정승환·이주원, 「형사소송법」(2015)

백형구, "자백의 임의성법칙 ─ 학설·판례의 정리 ─,"대한변호사협회, 「인권과 정의」1990년 8월호.

_____, 「형사소송법강의」(제 8 정판, 2001)

법무부, 「수사기법연구」(1998)

법원행정처, 「형사소송규칙해설」(전정보판, 1997)

_____, 「법원실무제요(형사)」(제 2 판, 1998)

_____, 「법원실무제요(형사)Ⅱ」(2014)

변종필, "사인이 위법수집한 증거의 증거능력 ─ 대법원 판례를 중심으로," 법률

정보판례연구회, 「법률정보판례연구」 제 1 집 제 1 호(1999. 11)

_____, "형사소송의 목적과 '실체적 진실' 원칙," 고려대학교 안암법학회, 「안암법학」, 제 4 집(1996)

사법연수원, 「형사증거법」(2001)

_____, 「형사증거법 및 사실인정론」(2017),

서보학, "위법수집증거의 쟁점: 독수독과의 원칙과 예외, 사인이 위법수집한 증거의 증거능력," 한국형사정책연구원, 「형사정책연구」 제20권 제 3 호(2009 가을호)

_____, "피의자신문에 있어서 인권보장 및 방어권 강화 방안," 한국형사법학회, 「형사법연구」 제20호(2003)

서일교, 「형사소송법」(8개정판, 1979)

성낙인, "통신에서의 기본권보호," 한국공법학회, 「공법연구」 제30집 제 2 호(2001)

_____, 「헌법학」(제 2 판, 2002)

손기식, "음주측정불응죄에 관한 약간의 고찰," 형사판례연구회, 「형사판례연구」 제 4 호(1996)

손동권·신이철, 「새로운 형사소송법」(제 2 판, 2014)

송광섭, "위법수집증거의 증거능력," 한국행사법학회, 「형사법연구」 제 7 호(1994)

_____, 「형사소송법」(개정판, 2012)

신대철, "형사소송법상 증거개시에 관한 연구," 한국형사법학회, 「형사법연구」 제 9 호(1996)

신동운, 「형사소송법」(1993)

_____, "미국법상 인신구속의 법리에 관한 일고찰," 한국형사법학회, 「형사법연구」 제 6 호(1993)

_____, "자백의 신빙성과 거짓말탐지기 검사결과의 증거능력," 「법과 정의: 경사 이회창 선생 화갑기념논문집」(1995)

_____, "독일의 수사구조 및 사법경찰제도," 치안연구소, 「주요국가의 수사구조 및 사법경찰제도」(1996)

_____, "운전종료 후의 음주운전불응죄와 영장주의," 한국법학원, 「저스티스」, 제30권 제 4 호(1997)

_____, 「형사소송법 Ⅰ」(제 2 판, 1997)

_____, "내사종결처분의 법적 성질," 서울대학교 법학연구소, 「서울대학교 법학」 제45권 제 3 호(2004)

_____, 「신형사소송법」(제 5 판, 2014)

신성철, "피고인의 방어권행사에 있어서의 절차상의 문제점," 「재판자료 제49

　　　집: 형사법에 관한 제문제(상)」(법원행정처, 1990)

신양균, 「형사소송법」(제 2 판, 2004)

_____, 「신판형사소송법」(2009)

_____, "함정수사의 적법성," 한국형사법학회, 「형사법연구」 제21권 제 4 호(2009)

신현주, 「형사소송법」(신정 2 판, 2002)

심희기, 「과학적 수사방법과 그 한계 ─ 미국법과 한국법의 비교 ─」(한국형사
　　　정책연구원, 1994)

_____, "수사 · 정보기관의 감청 · 도청의 실태와 통신비밀보호법의 개정방향,"
　　　한국형사정책연구원, 「형사정책연구」 제10권 제 3 호(1999년 가을)

_____, 「형사소송법판례 70선」(2000)

_____, 「형사소송법의 쟁점」(제 3 판, 2004)

_____, "피의자신문이 강제처분인가," <법률신문> 제3251호(2004.3.18); 심희
　　　기, 「형사소송법의 쟁점」(제 3 판, 2004)

안경옥, "수사상 비밀 증거수집의 효용성과 한계," 한국비교형사법학회, 「비교
　　　형사법연구」 제 3 권 제 2 호(2002)

_____, "정보화시대의 새로운 수사기법과 개인의 정보보호," 한국비교형사법
　　　학회, 「비교형사법연구」 제 5 권 제 1 호(2003)

안경환, "위대한 이름, 추악한 생애," 한국사법행정학회, 「사법행정」(1987. 4)

안성수, "각국의 위법수집증거배제법칙과 우리법상 수용방안," 한국법학원, 「저
　　　스티스」 제96호(2007)

_____, "진술거부권 불고지로 인한 위법수집증거배제와 그 불복방법," 한국형
　　　사판례연구회, 「형사판례연구」 제17호(2009)

안희출 · 구모영, "통신비밀수사에 대한 문제점 연구," 동아대학교 법학연구소,
　　　「동아법학」 제37호(2005)

오경식, "통신비밀보호법의 형사법적 검토," 한국형사정책학회, 「형사정책」 제
　　　16권 제 1 호(2004)

오기두, 「형사절차상 컴퓨터관련증거의 수집과 이용에 관한 연구」(서울대학교
　　　박사학위 논문, 1997)

_____, "증거능력규정 신 · 구조문대비표," 사법개혁추진위원회, 「형사사법 토
　　　론회 자료집」(2005)

오세인, "변호인의 피의자신문참여문제에 대한 고찰," 대구지방변호사회, 「형평
　　　과 정의」 제14집(1999. 12.)

오영근 · 박미숙, 「위법수집증거배제법칙에 관한 연구」(한국형사정책연구원, 1995)

오택림, "변호인의 피의자신문 참여권에 관한 연구"(상), 법조협회, 「법조」 제

618호(2008년 3월호)

원혜욱, "감청에 의해 우연히 발견한 증거의 증거능력," 한국형사법학회, 「형사법연구」 제14호(2000)

_____, 「도청·감청 및 비밀녹음(녹화) 제한과 증거사용」(형사정책연구원, 1999)

윤정석, "도청 및 전자적 감시방법의 사용에 관한 법리적 문제점(하)," 법조협회, 「법조」(1993. 7)

윤종행, "적법절차에 따르지 아니하고 수집한 압수물의 증거능력," 한국형사법학회, 「형사법 연구」 제19권 제 4 호(2007)

이기수, 「허위자백의 이론과 실제」(한국학술정보원, 2012)

이돈희, "변호권," 대한변호사협회, 「대한변호사협회지」(1988. 5)

이상돈, 「사례연습 형사소송법」(제 2 판, 2001)

이상원, "2013년 분야별 중요판례분석: 형사소송법," <법률신문>(2014.5.8.)

이상현, "진술거부권 불고지의 진술로 획득한 2차적 증거의 증거능력: 미국과 우리 법상 독수과실론에 관한 대법원 판례들의 비교분석," 중앙법학회, 「중앙법학」 제11집 제 2 호(2009)

이세화, "진술거부권 불고지와 증거의 증거능력," 조선대학교 법학연구원, 「법학논총」 제18권 제 3 호(2011)

이영돈, "유치장 신체검사의 법적 근거에 관한 고찰: 영국 PACE상 신체수색과의 비교를 중심으로," 조선대학교 법학연구원, 「법학논총」 제19권 제 2 호(2012)

이완구, 「검찰제도의 검사의 지위」(성민기업, 2005)

이완규, "압수절차가 위법한 압수물의 증거능력," 형사판례연구회, 「형사판례연구」 제11호(2003)

_____, "변호인의 피의자신문참여권의 법적 성질," 대검찰청, 「형사법의 신동향」 제 5 호(2006. 12)

이윤제, "위법수집증거배제법칙의 적용기준에 대한 비교법적 연구," 형사판례연구회, 「형사판례연구」 제18호(2010)

이은모, "별건체포·구속과 여죄수사의 적법성의 한계," 한국형사법학회, 「형사법연구」 제16호(2001)

_____, "피의자 인신구속제도 정비방안," 한국형사법학회, 「형사법연구」 제19호(2003)

_____, 「형사소송법」(제 5 판, 2015)

이재상(李在庠), "현행법상 도청의 법리와 그 개선방향," 한국형사정책연구원, 「형사정책연구」 제 7 권 제 2 호(1996 여름호)

이재상(李在祥), 「형사소송법」(제 6 판, 2002)

_____, "형사소송법 일부개정법률안에 관하여," 국회 법제사법위원회 공청회 발표자료(2006. 9. 25.)

_____, 「신형사소송법」(제 2 판, 2008)

이재석, "체포제도의 운용과 현실," 한국비교형사법학회, 「비교형사법연구」 창간호(1999)

이재홍, "진술거부권의 고지가 결여된 피의자신문조서 등의 증거능력," 한국사법행정학회, 「사법행정」(1993. 5)

이존걸, "위법한 임의동행이 그 후의 절차에 미치는 영향," 한국비교형사법학회, 「비교형사법연구」 제 5 권 제 2 호(2003)

이준보, "법안검토의견서(5) ― 제 5 차 5인 소위원회 자료," 대검찰청, 「공판중심주의 형사소송법 백서」(2005)

이희훈, "취재원 비닉권과 취재원 보호입법에 대한 연구," 연세대학교 법학연구소, 「연세대 법학연구」 제18권 제 4 호(2008)

임동규, 「형사소송법」(제 3 판, 2004)

임지봉, 「사법적극주의와 사법권 독립」(2004)

장승일, "피의자 동의 없는 채혈의 적법성과 영장주의," 충남대학교 법학연구소, 「법학연구」 제23권 제 2 호(2012)

전승수, "피의자신문시 변호인참여권," 형사판례연구회, 「형사판례연구」 제17호(2009)

정성진, "내사론," 법조협회, 「법조」 제46권 제 3 호(1997. 3)

정영석 · 이형국, 「형사소송법」(전정판, 1997)

정웅석, 「형사소송법」(2003)

조갑제, 「고문과 조작의 기술자들: 고문에 의한 인간파멸과정의 실증적 연구」(한길사, 1987)

조기영, "변호인의 피의자신문참여권," 한국형사법학회, 「형사법연구」 제19권 제 4 호(2007)

_____, "피의자의 동의 없는 혈액 압수의 적법성," 한국형사법학회, 「형사법연구」 제23권 제 4 호(2011)

조두영, "수사상 협상을 통하여 얻게 된 증거"(상), 법조협회, 「법조」 통권 512호(1999. 5)

_____, "수사상 협상을 통하여 얻게 된 증거"(하), 법조협회, 「법조」 통권 513호(1999. 6)

조재현, "헌법상 취재원 보호에 관한 미국, 독일과 우리나라의 이론과 판례,"

연세대학교 법학연구소, 「연세대 법학연구」 제11권 제 3 호(2001)

차용석, 「형사소송과 증거법」(1998)

_____, 「형사소송법」(1997)

차용석 · 최용성, 「형사소송법」(제 4 판, 2013)

천진호, "위법수집증거배제법칙의 사인효," 한국비교형사법학회, 「비교형사법연구」 제 4 권 제 2 호(2002)

최병각, "증거능력이 없는 증거에 의한 사실인정과 무해한 오류," 형사판례연구회, 「형사판례연구」 제 8 호(2000)

최석윤, "법에 정한 절차에 따르지 아니하고 수집된 압수물의 증거능력," 한국형사법학회, 「형사법연구」 제20권 제 1 호(2008)

_____, "변호인의 피의자신문참여권에 대한 비교법적 연구," 한국형사정책연구원, 「형사정책연구」 제23권 제 4 호(2012 겨울)

최영승 · 정영일, "사인이 위법하게 수집한 증거의 증거능력," 경희법학연구소, 「경희법학」 제48권 제 4 호(2013)

최영홍, "함정수사," 「판례월보」 제187호(1986. 4)

_____, "함정수사와 법원의 대응," 「판례월보」 제211호(1988. 4)

하태훈, "형사소송절차에 있어서의 거짓말탐지기," 「홍익대학교 논문집, 인문사회과학편」 제23집(1991)

_____, "한국과 독일의 형사소송절차에 있어서의 거짓말탐지기," 「형사법학의 과제와 전망: 성시탁 화갑기념논문집」(1993)

_____, "압수절차가 위법한 압수물의 증거능력," 형사판례연구회, 「형사판례연구」 제 5 호(1997)

_____, "사인에 의한 증거수집과 그 증거능력," 한국형사법학회, 「형사법연구」 제12호(1999)

_____, "사인이 비밀리에 녹음한 녹음테이프의 증거능력," 형사판례연구회, 「형사판례연구」 제 8 호(2000)

_____, "형사소송절차상의 협상제도," 한국비교형사법학회, 「비교형사법연구」 제 6 권 제 2 호(2004)

한국형사정책연구원, 「형사소송법제정자료집」(1990)

한승수, "통화자 일방의 전화통화 녹음에 있어서의 손해배상책임," 중앙대학교 법학연구원, 「문화 · 미디어 · 엔터테인먼트법」 제10권 제 2 호(2016. 12)

한영수, "위법수집증거(물)의 배제 또는 사용에 관한 체계적인 이론의 형성 — 독일의 증거금지이론에 입각하여 —," 한국형사법학회, 「형사법연구」 제11호(1990)

_____, "음주측정을 위한 '동의없는 채혈'과 '혈액의 압수'," 형사판례연구회, 「형사판례연구」 제 9 호(2001)

한인섭, 「한국 형사법과 법의 지배」(1998)

한홍구, 「사법부」(2016)

허 영, 「한국헌법론」(신판, 2001)

허일태, "비디오촬영의 허용과 촬영된 비디오테이프의 증거능력," 한국형사법학 회, 「형사법연구」 제12호(1999)

황성기, "'통신제한조치'의 헌법적 한계와 구체적 통제방안," 한국정보법학회, 「정보법학」 제 3 호(1999. 12)

_____, "현행 통신비밀 보호법제의 헌법적 문제점," 한국언론법학회, 「언론과 법」 제14권 제 1 호(2015)

황종국, "수사단계에서의 변호인 역할의 중요성," 부산지방변호사회, 「부산지방 변호사회지」 제 9 호(1990)

2. 외국문헌

(1) 구미문헌

Abe, Haruo, "Self-incrimination — Japan and the United States," 46 J. *Crim. L., Criminol. & Pol. Sc.* 613(1956)

Albrow, M. & E. King eds., Globalization, *Knowledge and Society*(1990)

Allen, Francis A., "The Judicial Quest for Penal Justice: The Warren Court and the Criminal Cases," 1975 *U. Ill. L. F.* 518(1975)

Alsberg, M., *Der Beweisantrag im Strafprozess*(1930)

Alschuler, Albert W., "Plea Bargaining and Its History," 79 *Colum. L. Rev.* 1(1979)

Andrew Ashworth, *Criminal Process: An Evaluative Study*(1994)

Amar, Akhil Reed, "Fourth Amendment First Principles," 107 *Harv. L. Rev.* 757(1994)

_____, "The Future of Consitutional Criminal Procedure," 33 *Am. Crim. L. Rev.* 1123(1996)

Amar, Akhil Reed & Rene B. Lettow, "Fifth Amendment First Principles: The Self-Incrimination Clause," 93 *Mich. L. Rev.* 857(1995)

Ambach, Kirsten Leia, "Miranda's Poisoned Fruit Tree: The Admissibility of

Physical Evidence Derived from an Unwarned Statement," 78 *Wash. L. Rev.* 757(2003)

American Law Institute, *A Model Code of Pre-Arraignment Procedure: Complete Text and Commentary*(1975)

_____, *Model Penal Code and Commentaries*(1985)

Amnesty International, "Abusive Punishments in Japanese Prisons," AI Index: ASA 22/04/98(1998)

Amsterdam, Anthony, "The Supreme Court and the Rights of Suspects in Criminal Cases," 45 *N.Y.U.L. Rev.* 785(1970)

_____, "Perspectives on the Fourth Amendment," 58 Minn. L. Rev. 349(1974)

Arenella, Peter, "Rethinking the Functions of Criminal Procedure: The Warren and Burger Courts' Competing Ideologies," 72 *Geo. L. J.* 185(1983)

Ashby, Davis, "Safeguarding the Suspect," *The Police: Powers, Procedures and Proprieties*(John Benyon & Colin Bourn eds., 1986)

Ashworth, A. J., "Excluding Evidence as Protecting Rights," 1977 *Crim. L. Rev.* 723.

_____, *Criminal Process: An Evaluative Study*(1994)

_____, *The Criminal Process: An Evaluative Study*(1995)

Baade, Hans W., "Illegally Obtained Evidence in Criminal and Civil Cases: A Comparative Study of A Classical Mismatch," 51 *Texas L. Rev.* 1325(1973)

Baldwin, John, "The Police and Tape Recorders," 1985 *Crim. L. Rev.* 695.

Baldwin, John & Michael McConville, *Negotiated Justice: Pressure to Plead Guilty*(1977)

Bayley, David H., *Forces of Order: Police Behavior in Japan and the United States*(1976)

Beling, E. *Veherbuch des deutschen Reichsstrafprozessrechts*(1900)

_____, "Die Beweisverbote als Grenzen der Wahrheitserforschung im Strafprozess," Str. Abh. Heft 46(1903)

_____, *Deutsches Reichsstrafprozessrecht*(1928),

Bentham, Jeremy, Treatises on Judicial Evidence(M. Dupont ed., London, Paget 1825)

_____, "Rationale of Judicial Evidence," 7 *The Works of Jeremy Bentham*(John Bowring ed., Edinburgh, William Tait 1843)

_____, "Anarchial Fallacies: Being an Examination of the Declarations of Rights Issued During the French Revolution," 2 *The Works of Jeremy Bentham* 501(John Bowring ed., Edinburgh, William Tait 1843)

Berger, Mark, "Legislating Confession Law in Great Britain: a Statutory Approach to Police Interrogation," 24 *U. Mich. J. L. R.* 1(1990)

_____, "The Exclusionary Rule and Confession Evidence: Some Perspectives on Evolving Practices and Policies in the United States and England and Wales," 20 *Anglo-American L. Rev.* 63(1991)

Bevan, Vaughan & Ken Lindstone, "The New Laws of Search and Seizure: Castle Built with Air?," 1985 *Public Law* 437.

Beynon, John, "Policing in the Limelight: Citizens, Constables and Controversy," *The Police: Powers, Procedures and Proprieties*(John Benyon & Colin Bourn eds., 1986)

Benyon, John, & Colin Bourn eds., *The Police: Powers, Procedures, and Proprieties*(1986)

Birch, Di, "The Pace Hots Up: Confessions and Confusions Under the 1984 Act," 1989 *Crim. L. Rev.* 95.

Bodenhamer, David J., "Reversing the Revolution: Rights of the Accused in a Conservative Age," *The Bill of Rights in Modern America After 200 Years*(David J. Bodenhamer & James W. Ely, Jr. ed., 1993)

Bodenhamer, David J. & James W. Ely, Jr. ed., *The Bill of Rights in Modern America After 200 Years*(1993)

Bottomley, A. K.. et. al., *The Impact of Aspects of the Police and Criminal Evidence Act on Policing in a Force in the North of England*(Centre for Criminology and Criminal Justice, University of Hull, 1989)

Bourn, Colin, "Conclusion: the Police and the Acts and the Public," *The Police: Powers, Procedures and Proprieties*(John Benyon & Colin Bourn eds., 1986)

Bradley, Craig M., "The Exclusionary Rule in Germany," 96 *Harv. L. Rev.* 1032(1983)

_____, "Murray v. United States: The Bell Tolls for the Search Warrant Requirement," 64 *Ind. L. J.* 907(1989)

_____, "The Emerging International Consensus as to Criminal Procedure Rules," 14 *Mich. J. Int'l L.* 171(1993)

_____, "The 'Fruits' of Miranda Violations," *Trial*(Dec. 2003)

Brennan, Jr., William J., "Constitutional Adjudication," 40 *Notre Dame L. Rev.* 559, 563(1965)

Brent, Audrey S., "Illegally Obtained Evidence: An Historical and Comparative Analysis," 48 *Sask. Rev.* 1, 25(1983)

Brest, Paul, "The Misconceived Quest for the Original Understanding," 60 *B. U. L. Rev.* 204(1980)

Bronitt, Simon, "The Law in Undercover Policing: A Comparative Study of Entrapment and Covert Interviewing in Australia, Canada and Europe," 2004 *Common Law World Review* 33.1(35)

Brown, D., *Detention at the Police Station Under the PACE Act*(Home Office Research Study No. 104, 1989)

Buck, Maurice, "Questioning the Suspect," *The Police: Powers, Procedures and Proprieties*(John Benyon & Colin Bourn eds., 1986)

Buretta, John David, "Reconfiguring the Entrapment and Outrageous Government Conduct Doctrine," 84 *Geo. L. J.* 1945(1996)

Burger, Warren E., "Who Will Watch the Watchman?," 14 *Am. U. L. Rev.* 1(1964)

Burrows, Quentin, "Scowl Because You're on Candid Camera: Privacy and Video Surveillance," 31 *Val. U. L. Rev.* 1079(1997)

Caldwell, Harry M., & Carol A. Chase, "The Unruly Exclusionary Rule: Heeding Justice Blackmun's Call to Examine the Rule in Light of Changing Judicial Understanding About Its Effects Outside the Courtroom," 78 *Marq. L. Rev.* 45(1994)

Camp, Damon D., "Out of the Quagmire After Jacobson v. United States: Toward a More Balanced Standard," 83 *J. Crim. L. & Criminology* 1055(1993)

Canon, Bradley C., "Is the Exclusionary Rule in Failing Health? Some New Data and a Plea Against a Precipitious Conclusion," 62 *Ky. L. J.* 681(1974)

Caplan, Gerald M., "Questioning Miranda," 38 *Vand. L. Rev.* 1417(1985)

Carr, James G., "Wiretapping in West Germany," 29 *Am. J. Com. L.* 607(1981)

Cassell, Paul G., "Miranda's Social Costs: An Empirical Reassessment," 90

Nw. U. L. Rev. 387(1996)

Castberg, A. Didrick, *Japanese Criminal Justice*(1990)

Choo, Andrew L.T., "Improperly Obtained Evidence: A Reconsideration," 9 *Legal Stud. J.* 261(1989)

Chopper, Jesse H., *Judicial Review and the National Political Process: A Functional Reconsideration of the Role of the Supreme Court*(1980)

Comm'n, Wickersham, National Comm'n on Law Observance and Enforcement, Pub. No. 11, *Report on Lawlessness in Law Enforcement*(1931)

Cox, Gabrielle, "Openness and Accountability," *The Police: Powers, Procedures and Proprieties*(John Benyon & Colin Bourn eds., 1986)

Criminal Law Revision Committee, *Eleventh Report, Evidence*(General)(1972, Cmnd. 4991)

Dahs, Hans, "Absprachen im Strafprozess — Chancen und Risiken," 1988 *Neue Zeitschrift für Strafrecht* 153.

Damaska, Mirjan, "Evidentiary Barriers to Conviction and Two Models of Criminal Procedure: A Comparative Study", 121 *U. Pa. L. Rev.* 506(1973)

Davies, Thomas Y., "A Hard Look at What We Know(And Still Need to Learn) About the "Costs" of the Exclusionary Rule," 1983 *A. B. F. Res. J.* 611.

_____, "Craig M. Bradley, The Failure of the Criminal Procedure Revolution," 46 *J. Legal Educ.* 279(1996)(book review)

Dawson, J. B., "The Exclusion of Unlawfully Obtained Evidence: A Comparative Study," 31 *Int'l & Comp. L. Q* 513(1982)

Dencker, F., *Verwertungs verbote im Straprozeß, Ein Beitrag zur Lehre von den Beweisverboten*(1977)

Desombre, Jean Choi, "Comparing the Notions of the Japanese and the U.S. Criminal Justice System: An Examination of Pretrial Rights of the Criminally Accused in Japan and the United States," 14 *UCLA Pac. Basin L. J.* 103(1995)

Dession, George H., Lawrence Z. Freedman, Richard C. Donnelly & Fredrick C. Redlich, "Drug-Induced Revelation and Criminal Investigation," 62 *Yale L. J.* 315(1953)

DeVos, G. ed., *Institution for Change in Japanese Society*(1984)

Dix, George E., "Promises, Confessions, and Wayne LaFave's Bright Line Rule Analysis," 1993 *U. Ill. L. Rev.* 207(1993)

Dixon, David, "Common Sense, Legal Advice and the Right to Silence," 1991 *Public Law* 233.

_____, "Politics, Research and Symbolism in Criminal Justice: The Right to Silence and the Police and Criminal Evidence Act," 20 *Anglo-American L. Rev.* 27(1991)

Dixon, D., A. Bottomley, C. Coleman, M. Gill & D. Wall, "Reality of Rules in the Construction and Regulation of Police Suspicion," 17 *Int'l J. Sociology L.* 185(1989)

Dixon, D. & A. Bottomley, "Consent and the Legal Regulating of Policing," 17 *J. L. & Soc.* 345(1990)

Dixon, D., et al., "Safeguarding the Rights of Suspects in Police Custody," 1 *Policing and Society*(1990)

Doernberg, Donald L., ""The Right of the People": Reconciling Collective and Individual Interest Under the Fourth Amendment," 58 *N.Y.U. L. Rev.* 259(1983)

Douglas, William D., "The Bill of Rights Is Not Enough," 38 *N.Y.U. Rev.* 207(1963)

Downes, Larry, "Electronic Communications and the Plain View Exception: More "Bad Physics"," 7 *Harv. J. Law & Tec.* 239(1994)

Dressler, Joshua, *Understanding Criminal Procedure*(3rd ed. 2002)

Dripps, Donald A., "Beyond the Warren Court and Its Conservative Critics: Toward a Unified Theory of Constitutional Criminal Procedure," 23 *U. Mich. J. L. Ref.*591(1999)

_____, "Akhil Amar on Criminal Procedure and Constitutional Law: "Here I Go Down That Wrong Road Again"," 74 *N. C. L. Rev.* 1559(1996)

Dunne, Gerald T., *Hugo Black and the Judicial Revolution*(1977)

Dworkin, G., "The Serpent Beguiled Me and I Did Eat: Entrapment and the Creation of Crime," 4 *Law and Philosophy* 17(1985)

Dworkin, Roger B., "Fact Style Adjudication and the Fourth Amendment: The Limits of Lawyering," 48 *Ind. L. J.* 329(1973)

Dworkin, Ronald, *Taking Rights Seriously*(1977)

_____, "Policy, Principle and Procedure," *Crime, Proof and Punishment:*

Essays in Memory of Sir Rupert Cross(C. Tapper ed., 1981)

_____, *Life's Dominion: An Argument About Abortion, Euthanasia, and Individual Freedom*(1993)

Easterbrook, Frank H., "Criminal Procedure as a Market System," 12 *J. Legal Stud.* 209(1983)

Electronic Privacy Information Center & Privacy International, *Privacy and Human Rights 2004 ─ Country Reports*(2004. 11. 16)

Enfenstein, Donald, "The Myth of Conservatism as a Constitutional Philosophy," 71 *Iowa L. Rev.* 401(1986)

Ervin, Jr., Sam J., "The Exclusionary Rule: An Essential Ingredient of the Fourth Amendment," 1983 *Sup. Ct. Rev.* 283.

Evans, Jennifer C., "Hijacking Civil Liberties: The USA PATRIOT Act of 2001," 33 *Loy. U. Chi. L. J.*933(2002)

Feeley, Malcolm M., "The Adversary System," in 2 *Encyclopedia of the American Judicial System: Studies of the Principal Institution and Process of Law*(Robert J. Janosik ed., 1987)

_____, "Hollow Hope, Flypaper, and Metaphors," *Law and Social Inquiry*(1993)

Feldman, David. *The Law Relating to Entry, Search and Seizure*(1986)

_____, "Regulating Treatment of Suspects in Police Stations: Judicial Interpretation of Detention Provisions in the Police and Criminal Evidence Act 1984," 1990 *Crim. L. Rev.* 452(1990)

Fisher, George, "Plea Bargaining's Triumph," 109 *Yale L. J.* 857(2000)

Foote, Daniel H., "Confessions and the Right to Silence in Japan," 221 *Ga. J. Int'l & Comp. L.* 415(1991)

_____, "The Benevolent Paternalism of Japanese Criminal Justice," 80 *Cal. L. Rev.* 317(1992)

Fortas, Abe, "The Fifth Amendment: Nemo Tenetur Seipsum Prodere," 25 *Clev. B. A. J.* 91(1954)

Freeman, Monroe H., "Judge Frankel's Search for Truth," 123 *U. Pa. L. Rev.* 1060(1975)

Frey, R. G., ed., *Utility and Rights*(1985)

Futaba, Iragashi, "Crime, Confession and Control in Contemporary Japan," 2 *Law in Context* 1(1984)

Gall, Jr., John C., "The Case Against Narcointerrogation," 7 *J. Forensic Sci.* 29(1962)

Gardbaum, Stephen A., ""The Government Made Me Do It": A Proposed Approach to Entrapment Under Jacobson v. United States," 79 *Cornell L. Rev.* 995(1994)

Genego, William J., "The New Adversary," 54 *Brook. L. Rev.* 781(1988)

Gerstein, Robert S., "The Self-incrimination Debate in Great Britain," 27 *Am. J. Comp. L.* 81(1979)

Giannelli, Paul C., "Polygraph Evidence: Post-Daubert," 49 *Hastings L. J.* 895(1998)

Golden, Troy E., "The Inevitable Discovery Doctrine Today: The Demands of the Fourth Amendment, Nix, and Murray, and the Disagreement Among the Federal Circuits," 13 *BYU J. Pub. L.* 97(1998)

Goodpaster, Gary S., "An Essay on Ending the Exclusionary Rule," 33 *Hastings L. J.* 1065(1982)

Gordon, Reginald, "United States v. Leon: The "Good Faith" Evisceration of the Exclusionary Rule and the Fourth Amendment," 28 *How. L. J.* 1051(1985)

Granholm, Jennifer Mulhern, "Video Surveillance on Public Streets: The Constitutionality of Invisible Citizen Searches," 64 *U. Detroit L. Rev.* 687(1987)

Grano, Joseph D., *Confession, Truth, and the Law*(1993)

Greer, Steven, "The Right to Silence: A Review of the Current Debate," 53 *Modern L. Rev.* 709(1990)

Griffiths, John, "Ideology in Criminal Procedure or a Third "Model" of the Criminal Procedure," 79 *Yale L. J.* 359(1970)

Griffiths, John & Richard Ayres, Faculty Note, "A Postscript to the Miranda Project, Interrogation of Draft Protesters," 77 *Yale L. J.* 300(1967)

Groot, Roger D., "The Serpent Beguiled Me and I (Without Scienter) Did Eat-Denial of Crime and the Entrapment Defense," 1973 *U. Ill. L. F.* 254.

Grundberger, Richard, *A Social History of the Third Reich*(1971)

Grünwald, G., "Beweisverbote und Verwertungsverbote im Strafverfahren," JZ(1966)

_____, "Menschenrefchte in Strafprozeß," StV(1987)

Haley, John Owen, *Authority without Power: Law and the Japanese Paradox*(1991)

Hannibal, Martin & Lisa Mountford, *The Law of Criminal and Civil Evidence Principles and Practice*(2002)

Hansen, Ole, "A Balances Approach?," *The Police: Powers, Procedures and Proprieties*(John Benyon & Colin Bourn eds., 1986)

Hart, H. L. A., *The Concept of Law*(1961)

_____, *Essays on Bentham*(1982)

Herrman, Joachim, "Bargaining Justice — A Bargain for German Criminal Justice?," 53 *U. Pitt. L. Rev.* 755(1992)

Hessler, Stephen E., "Establishing Inevitability Without Active Pursuit: Defining the Inevitable Discovery Exception to the Fourth Amendment Exclusionary Rule," 99 *Mich. L. Rev.* 238(2000)

Horwitz, Morton J., "The Supreme Court, 1992 Term — Foreword: the Constitution of Change: Legal Fundamentality Without Fundamentalism," 107 *Harv. L. Rev.* 32(1993)

Human Rights Watch/Asia & Human Rights Watch Prison Project, *Prison Conditions in Japan*(1995)

Janosik, Robert J., ed., *Encyclopedia of the American Judicial System: Studies of the Principal Institution and Process of Law*(1987)

(The) Japanese Civil Liberties Union, Citizens' Human Rights Reports No. 1-5(1983-85), reprinted *in 20 Law in Japan* 1(1987)

Johnson, Phillip E., "Importing Justice," 87 *Yale L. J.* 406(1977)(book review)

Johnston, David, *The Idea of a Liberal Theory, A Critique and Reconstruction*(1994)

Kamisar, Yale, *Police Interrogation and Confessions: Essays in Law and Policy*(1980)

_____, "Does (Did) (Should) the Exclusionary Rule Rest on a "Principled Basis" Rather than an "Empirical Proposition"?," 16 *Creighton L. Rev.* 565(1983)

_____, "Gates, "Probable Cause," "Good Faith," and Beyond," 69 *Iowa L. Rev.* 551(1984)

_____, "The "Police Practice" Phases of the Criminal Process and the Three Phases of the Burger," The Burger Years: *Rights and Wrongs in the*

Supreme Court 1969-1986(Herman Schwartz ed., 1987)

_____, "The Warren Court and Criminal Justice: A Quarter-Century Retrospective," 31 *Tulsa L. J.* 1(1995)

_____, "Symposium: Miranda after Dickerson: The Future of Confession Law: Foreword: From Miranda to §3501 to Dickerson to ··," 99 *Mich. L. Rev.* 879(2001)

Kamisar, Yale, et. al., *Modern Criminal Procedure: Cases, Comments, and Questions*(8th ed. 1994)

Kaplan, John, "The Limits of the Exclusionary Rule," 26 *Stan. L. Rev.* 1027(1974)

Kempner, Robert M.W., "Police Administration," *Governing Postwar Germany*(E. H. Litchfield ed., 1953)

Kessel, Gordon Van, "The Suspect as a Source of Testimonial Evidence: A Comparison of the English and American Approaches," 38 *Hastings L. J.* 1(1986)

Klar, Jeffrey N., "The Need for a Dual Approach to Entrapment," 59 Wash. *U. L. Q.* 199(1981)

Kleinknecht, T., "Die Beweisverbote im Strafprozeß," NJW (1966)

Kleinknecht, T., *Strafprozeßordnung*(33d ed. 1977)

LaFave, Wayne R., "The Seductive Call of Expediency: United States v. Leon, It Rationale and Ramification," 1984 *U. Ill. L. Rev.* 895.

_____, "The Fourth Amendment Today: A Bicentennial Appraisal," 32 *Vill. L. Rev.* 1061(1987)

_____, *Search and Seizure*(3d ed. 1996)

LaFave, Wayne R., & Austin W. Scott, Jr., *Substantive Criminal Law*(1986 & Supp. 1994)

LaFave, Wayne R., Jerold H. Israel & Nancy J. King, *Criminal Procedure*(3rd ed. 2000)

Lamer, Rt. Hon. Antonio, "Protecting the Administration of Justice from Dispute: The Admissibility of Unconstitutionally Obtained Evidence in Canada," 42 St. *Louis J. J.* 345(1998)

Langbein, John H., "Controlling Prosecutorial Discretion in Germany," 41 *U. Chi. L. Rev.* 439 (1974)

_____, *Comparative Criminal Procedure: Germany*(1977)

Langbein, John H., & Lloyd L. Weinreb, "Continental Criminal Procedure: Myth and Reality," 87 *Yale L. J.* 1549(1978)

LeFrancois, Arthur G., "On Excorcising the Exclusionary Rule: An Essay on Rhetoric, Principle, and the Exclusionary Rule," 53 *U. Cin. L. Rev.* 49(1984)

Leo, Richard A., "From Coercion to Deception: The Changing Nature of Police Interrogation in America," 18 *Crime, L. & Soc. Change* 35(1992)

_____, "The Impact of Miranda Revisited," 86 J. *Crim. L. & Criminology* 621(1996)

Levin, Harvey R., "An Alternative to the Exclusionary Rule for Fourth Amendment Violations," 58 *Judicature* 75(1974)

Loewenstein, Karl, "Justice," Governing Postwar Germany(E. H. Litchfield ed., 1953)

Logan, Wayne A., "An Exception Swallows a Rule: Police Authority To Search Incident to Arrest," 19 *Yale L. & Pol'y Rev.* 381(2002)

Lord Chancellor's Department, Judicial Statistics: *Annual Report 1996*(Cm 3716)

Luney, Jr., Percy R., "The Judiciary: Its Organization and Status in the Parliamentary System," *Japanese Constitutional Law*(Percy R. Luney, Jr. & Kazuyuki Takahashi eds., 1993)

Luney, Jr., Percy R. & Kazuyuki Takahashi eds., *Japanese Consitutional Law*(1993)

MacDonald, John M., "Truth Serum," 46 J. *Crim. L. & Criminology* 259(1955)

Maclin, Tracey, "When the Cure for the Fourth Amendment Is Worse Than the Disease," 68 *S. Cal. L. Rev.* 1(1994)

Maechling, Jr., Charles, "Truth in Prosecuting, Borrowing From Europe's Civil Law Tradition," *A. B. A. J.* 59(Jan. 1991)

Magee, B., ed., "Dialogue with Ronald Dworkin: Philosophy and Politics," *Men of Ideas*(1978)

Markman, Stephen J., "Miranda v. Arizona: A Historical Perspective," 24 *Am. Crim. L. Rev.* 193(1987)

_____, "The Fifth Amendment and Custodial Questioning: A Response to "Reconsidering Miranda"," 54 *U. Chi. L. Rev.* 938(1987)

McBarnet, Doreen J., *Conviction: Law, the State and the Construction of Justice*(1981)

McConville, Michael, "Silence in Court," 1987 *N.J.L.* 1169.

McConville, Mike, Andrew Sanders & Roger Leng, *The Case for the Prosecution: Police Suspects and the Construction of Criminality*(1991)

Medalie, Richard, et al., "Custodial Police Interrogation in Our Nation's Capital: The Attempt to Implement Miranda," 66 *Mich. L. Rev.* 1347(1968)

Mirfield, Peter, "The Future of the Law of Confessions," 1984 *Crim. L. Rev.* 63.

_____, *Confessions*(1985)

_____, *Silence, Confessions and Improperly Obtained Evidence*(1997)

Montroy, Nancy J., "United States v. Torres: The Need for Statutory Regulation of Video Surveillance," 12 *Notre Dame J. Legis.* 264(1985)

Morgan, David & Geoffrey M. Stephenson eds., *Suspicion and Silence: The Right to Silence in Criminal Investigation*(1994)

Muehlberger, C. W., "Interrogation Under Drug Influence: The So-Called "Truth Serum" Techniques," 42 *J. Crim. L. & Criminology* 513(1951)

Munday, Roderick, *Inferences from Silence and European Human Rights Law*, 1996 Crim. L. Rev. 370.

Nardulli, Peter F., "The Societal Costs of Exclusionary Rule: An Empirical Assessment," 1983 *Am. B. Found. Res. J.* 585.

Nathanson, Nathaniel L., "Human Rights in Japan Through the Looking Glass of the Supreme Court Opinion," 11 *How. L. J.* 316(1965)

National Institute of Justice, *Criminal Justice Research Report — The Effects of the Exclusionary Rule on Federal Criminal Prosecution Rep. No. CDG-79-45*(19 Apr. 1979)

Oaks, Dallin H., "Studying the Exclusionary Rule in Search and Seizure," 37 *U. Chi. L. Rev.* 665(1970)

Office of Legal Policy, U.S. Department of Justice, 'Truth in Criminal Justce' Series Report No. 8(1986)(reprinted in 22 *U. Mich. J. L. Ref.* 437(1989)

Ogletree, Charles J., "Are Confession Really Good for the Soul?: A Proposal to Mirandize Miranda," 100 *Harv. L. Rev.* 1826(1987)

O'Reilly, Gregory W., "England Limits the Rights to Silence and Moves Towards an Inquisitorial System of Justice," 85 *J. Crim. L. & Criminology* 402(1994)

Orfield, Jr., Myron W., Comment, "The Exclusionary Rule and Deterrence: an Empirical Study of Chicago Narcotics Officers," 54 *U. Chi. L. Rev.* 147(1987)

Orin S. Kerr, "Searches and Seizures in a Digital World," 119 *Harv. L. Rev.* 531(2005)

Otto, "Grenzen und Tragweite der Beweisverbote im Strafverfahren," *GA*(1970)

Oxford, Kenneth, "The Power to Police Effectively," *The Police: Powers, Procedures and Proprieties*(John Benyon & Colin Bourn eds., 1986)

Packer, Herbert L., "Two Models of the Criminal Process," 113 *U. Pa. L. Rev.* 1(1964)

_____, *The Limits of the Criminal Sanction*(1968)

Parfett, Julianne, "A Triumph of Liberalism: The Supreme Court of Canada and the Exclusion of Evidence," 40 *Alberta L. Rev.* 299(2002)

Pareki, Bhiku, ed., *Bentham's Political Thought*(1973)

Parker, Walter, "Exclusionary Rule in France, Germany, and Italy," 9 *Hastings Int'l & Comp. L. Rev.* 1(1985)

Pattenden, Rosemary, "The Exclusion of Unfairly Obtained Evidence in England, Canada, and Australia," 29 *Int'l & Comp. L. Q.* 664(1980)

Port, Kenneth L., "The Japanese International Law "Revolution": International Human Rights and Its Impact in Japan," 28 *Stan. J. Int'l L.* 139(1991)

Posner, Richard A., "Rethinking the Fourth Amendment," 1981 *Sup. Ct. Rev.* 49.

Ramlogen, Rajendra, "The Human Rights Revolution in Japan: A Story of New Wine in Old Wine Skins?," 8 *Emory Int'l L. Rev.* 127(1994)

Ramseyer, J. Mark, "The Costs of Consensual Myth: Antitrust Enforcement and Institutional Barriers to Litigation in Japan," 94 *Yale L. J.* 6504(1985)

Raphael, Alan, "The Current Scope of the Public Safety Exception to Miranda under New York v. Quarles," 2 *N. Y. City L. Rev.* 63(1998)

Rawls, John, *A Theory of Justice*(1971)

_____, "Fairness to Goodness," 84 *Phil. Rev.* 536(1975)

_____, "Social Unity and Primary Goods," *Utilitarianism and Beyond*(Amartya Sen & Bernard Williams eds., 1980)

_____, "Kantian Constructivism in Moral Theory: Rational and Full Autonomy," 77 *J. Phil.* 515(1980)

_____, *Political Liberalism*(1993)

Rehnquist, William H., "Government by Cliche: Keynote Address of the Earl F. Nelson Lecture Series," 45 *Mo. L. Rev.* 379(1980)

Reiner, Robert, "The Politics of the Act," 1985 *Public Law* 394.

_____, *The Politics of the Police*(2nd., 1992)

Resseguie, Donald, "Computer Searches and Seizure," 48 *Clev. St. L. Rev.* 185(2000)

Roche, John L., "A Viable Substitute for the Exclusionary Rule: A Civil Rights Appeals Board," 30 *Wash. & Lee L. Rev.* 223(1973)

Rogall, K., "Gegenwärtiger Stand und Entwicklungstendenzen der Lehre von den Strafprozessuallen Beweisverboten," *ZStW*(1979)

_____, "Hypothetische Ermittlungsverläufe im Strafproze," *NStZ*(1988)

Roppe, Laura Hoffman, "True Blue? Whether Police Should Be Allowed to Use Trickery and Deception to Extract Confessions," 31 *San Diego L. Rev.* 729(1994)

Rosenberg, Gerald N., *The Hollow Hope: Can Court Bring About Social Change?*(The University of Chicago, 1991)

Rosenberg, Irene Merker, "Withdrow v. Williams: Reconstutionalizing Miranda," 30 *Hous. L. Rev.* 1685(1993)

Rosenberg, Irene Merker, & Yale L Rosenberg, "A Modest Proposal for the Abolition of Custodial Confessions," 68 *N. C. L. Rev.* 69(1989)

Rothwax, Harold J., *Guilty: The Collapse of Criminal Justice*(1996)

Roxin, Claus, *Strafverfahrensrecht*(24th ed. 1995)

Royal Commission on Criminal Procedure, *The Investigation and Prosecution Offenses in England and Wales: The Law and Practice*, 1981, Cmnd. No. 8092-1.

Rozenburg, Joshua, "Miscarriage of Justice," *Criminal Justice under Stress*(Eric Stockdale & Silvia Casale eds., 1992)

Rückel, Christoph, "Verteidigertaktik bei Verständigungen und Vereinbarungen im Strafverfahren," 1987 *Neue Zeitschrift für Strafrecht* 297.

Ryan, Alan, "The British, the American, and Rights," *A Culture of Rights: The Bill of Rights in Philosophy, Politics, and Law—1791-1991*(Michael J. Lacey & Knud Haakonssen eds., 1991)

Ryuichi Hirano, "Diagnosis of the Current Code of Criminal Procedure," 22 *Law in Japan* 129(1989)

Sager, Lawrence G., "Rights Skepticism and Process-Based Responses," 56 *N.Y.U. Rev.* 417(1981)

Saltzburg, Stephen A., & Daniel J. Capra, *American Criminal Procedure: Cases and Commentary*(4th ed., 1992)

Sanders, Andrew, "Rights, Remedies, and the Police and Criminal Evidence Act," [1988] *Crim. L. Rev.* 802.

Sanders, A., & L. Bridges, A. Mulvaney, G. Crozier, *Advice and Assistance at Police Stations and the 24-Hour Duty Solicitor Scheme*(Lord Chancellor's Department, 1989)

Sanders, Andrew, & Lee Bridges, "Access to Legal Advice and Police Malpractice," 1990 *Crim. L. Rev.* 494.

_____, "The Right to Legal Advice," *Justice in Error*(Clive Walker & Keir Starmer eds., 1993)

Sanders, Andrew, & Richard Young, *Criminal Justice*(1994)

Schlesinger, Steven R., *Exclusionary Injustice: The Problem of Illegally Obtained Evidence*(1977)

_____, *The United States Supreme Court: Facts, Evidence and Law*(1983)

Schroeder, William A., "Deterring Fourth Amendment Violations: Alternatives the Exclusionary Rule," 69 *Geo. L. J.* 1361(1981)

Schunemann, Bernd, "Absprachen im Strafverfahren? Grundlagen, Gegenstande und Grenzen," 1 *Verhandlungen des Achtundfunfzigsten Deutschen Juristentages* B 15(1990)

Schulhofer, Stephen J., "Is Plea Bargaining Inevitable?," 97 *Harv. L. Rev.* 1037(1984)

_____, "Plea Bargaining as Disaster," 101 *Yale L. J.* 1979(1992)

_____, "Reconsidering Miranda," 54 *U. Chi. Rev.* 435(1987)

_____, "The Constitution and the Police: Individual Rights and Law Enforcement," 66 *Wash. U. L. Q.* 11, 15(1988)

_____, "Miranda's Practical Effect: Substantial Benefits and Vanishingly Small Costs," 90 *Nw. U. L. Rev.* 500(1996)

Schwartz, Herman ed., *The Burger Years: Rights and Wrongs in the Supreme Court 1969-1986*(1987)

Seeburger, Richard H., & R. Stanson Wettick, Jr., "Miranda in Pittsburgh — A Statistical Study," 29 *U. Pitt. L. Rev.* 1(1967)

Seidman, Louis Michael, "Factual Guilt and the Burger Court: An Examination of Continuity and Change in Criminal Procedure," 80 *Co. L. Rev.* 436(1980)

Sen, Amartya, & Bernard Williams eds., *Utilitarianism and Beyond*(1980)

Shaefer, Walter V., "Federalism and State Criminal Procedure," 70 *Harv. L. Rev.* 1(1956)

Shanks, Barry F., Comment, "Comparative Analysis of the Exclusionary Rule and Its Alternative," 57 *Tul. L. Rev.* 648(1983)

Shuldiner, Paul R., "Visual Rape: A Look at the Dubious Legality of Strip Searches," 13 *J. Mar. L. Rev.* 273(1980)

Sieghart, Paul, "Reliable Evidence, Fairly Obtained," *The Police: Powers, Procedures, and Proprieties*(John Benyon & Colin Bourn eds., 1986)

Skolnick, Jerome H., & James J. Fyfe, *Above the Law: Police and the Excessive Use of Power*(1993)

Slobogin, Chirstopher, "Deceit, Pretext, and Trickery: Investigative Lies By the Police," 76 *Or. L. Rev.* 775(1997)

Smart, J.J.C., & Bernard Williams, *Utilitarianism: For and Against*(1973)

Sonenshein, David A., "Miranda and the Burger Court: Trends and Counter Trends," 13 *Loy. U. L. J.* 405(1982)

Special Comm. on Crim. Justice in a Free Society, *Criminal Justice in Crisis*, ABA Crim. Just. Sec.(1988)

Spendel, G., "Beweisverbote im Strafprozeß," *NJW*(1966)

Stacy, Tom, & Kim Dayton, "Rethinking Harmless Constitutional Error," 88 *Colum. L. Rev.* 79(1988)

Stemmler, Susanne, Incentive Structure and Organizational Equivalents of Plea Bargaining in German Criminal Courts(The Pennsylvania State University Ph.D. dissertation, 1994)

Steiker, Carol S., "Second Thought About First Principles," 107 *Harv. L. Rev.* 820(1994)

_____, "Counter-Revolution in Constitutional Criminal Procedure? Two Audiences, Two Answers," 94 *Mich. L. Rev.* 2466(1996)

Stephen P. Freccero, "An Introduction to the New Italian Criminal Procedure," 21 *Am. J. Crim. L.* 350, (1994)

Stribopoulos, James, "Lessons from the Pupil: A Canadian Solution to the

American Exclusionary Rule Debate," 22 *B.C. Int'l & Comp. L. Rev.* 77(1999)

Swenson, Thomas, "The German "Plea Bargaining" Debate," 7 *Pace Int'l L. Rev.* 373(1995)

Sztompka, Piotr, "Conceptual Frameworks in Comparative Inquiry: Divergent or Convergent?," *Globalization, Knowledge and Society* 54(M. Albrow & E. King eds., 1990)

Takeo, Ishimatsu, "Are Criminal Defendants in Japan Truly Receiving Trials by Judges?," 22 *Law in Japan* 143(1989)

Tamiya, Hiroshi, "On the Designation of Communication with Counsel," 4 *Law in Japan* 87(1970)

Tapper, C. ed., *Crime, Proof and Punishment: Essays in Memory of Sir Rupert Cross*(1981)

Thomas, James G., Note, "Police Use of Trickery as an Interrogation Technique," 32 *Vand. L. Rev.* 1167(1979)

Tiffany, Lawrence P., "Judicial Attempts to Control the Police," *Current History*(July 1971)

Tomkovicz, James J., "An Adversary System Defense of the Right to Counsel Against Informants: Truth, Fair Play, and the Massiah Doctrine," 22 *U.C. Davis L. Rev.* 51(1988)

_____, "The Massiah Right to Exclusion: Constitutional Premises and Doctrinal Implications," 67 *N.C.L. Rev.* 751(1989)

Tribe, Laurence H., "Constitutional Calculus: Equal Justice or Economic Efficiency," 98 *Harv. L. Rev.* 592(1985)

U.S. Controller Gen., U.S. Acct. Off. Report to Congress, *Impact of the Exclusionary Rule on Federal Criminal Prosecutions*(1979)

U.S. Dep't of Justice, *Federal Guidelines for Searching and Seizing Computers* 15(2002)

U.S. Dep't of Justice Computer Search & Seizure Working Group, F*ederal Guidelines for Searching and seizing Computers*(1994)

Volkmann-Schluck, Thomas, "Continental European Criminal Procedures: True or Illusive Model?," 9 *Am. J. Crim. L.* 1(1981)

Wald, Michael, et al., "Interrogation in New Haven: The Impact of Miranda," 76 *Yale L. J.* 1519(1967)

Waldron, Jeremy, ed., *Theories of Rights*(1984)

Walker, Clive, "Introduction," *Justice in Error*(Clive Walker & Keir Starmer eds., 1993)

Watson, Alan, *Legal Transplants: An Approach to Comparative Law*(2nd ed. 1993)

Wayne Jekot, "Computer Forensics, Searches Strategies, and the Particularity Requirement," 7 *U. Pitt. J. Tech. L. & Pol'y* 2 (2007)

Weigend, Thomas, "Abgesprochene gerechtigkeit — Effizienz durch Kooperation im Straverfahren?," 1990 *Juristenzeitung* 774.

_____, "Continental Cure for American Ailments: European Criminal Procedure as a Model for Law Reform," 2 *Crime and Justice: An Annual Review of Research*(1980)

Whelan, Maura P. J., "Lead Us Not into (Unwarranted) Temptation: A Proposal to Replace the Entrapment Defense with a Reasonable -Suspicion Requirement," 133 *U. Pa. L. Rev.* 1193(1985)

White, Welsh S., "Police Trickery Inducing Confessions," 127 *U. Pa. L. Rev.* 581(1979)

_____, "Defending Miranda: A Reply to Professor Caplan," 39 *Vand. L. Rev.* 1(1986)

Wilkey, Malcolm R., "The Exclusionary Rule: Why Suppress Valid Evidence," 62 *Judiciature* 215(1978)

William T. Pizzi & Luca Marafioti, "The New Italian Code of Criminal Procedure: The Difficulties of Building an Adversarial Trial System on a Civil Law Foundation," 17 *Yale J. Int'l L.* 1 (1992)

Willis, Carole F., The Tape-Recording of Police Interviews with Suspects: An Interim Report, London: HMSO, 1984(Home Office Research Study No. 82)

Winick, Raphael, "Searched and Seizures of Computer and Computer Data," 8 *Harv. J. Law & Tec.* 75(1994)

Witt, James W., "Non-Coercive Interrogation and the Administration of Criminal Justice: The Impact of Miranda on Police Effectuality," 64 *J. Crim. L. & Criminology* 320(1973)

Wolchover, David, & Anthony Heaton-Armstrong, "The Questioning Code Revamped," [1991] *Crim. L. Rev.* 232.

Wolf, Peter H., "A Survey of the Expanded Exclusionary Rule," 32 *Geo. Wash. L. Rev.*193(1963)

Wolff, Robert Paul, *Understanding Rawls*(1977)

Wright, Charles Alan, "Must the Criminal Go Free If the Constable Blunder?," 50 *Tex. L. Rev.* 736(1972)

Yasuhei, Taniguchi, "The Post-War Court System as Instrument for Social Change," *Institution for Change in Japanese Society*(G. DeVos ed., 1984)

Yasuhiro, Okudaira, "Forty Years of the Constitution and Its Various Influence: apanese, American, and European," *Japanese Constitutional Law*(Percy R. Luney, Jr. & Kazuyuki Takahashi eds., 1993)

Yeo, Meng Heong, "Diminishing the Right to Silence: The Singapore Experience," 1983 *Crim. L. Rev.* 89.

Young, Deborah, "Unnecessary Evil: Police Lying in Interrogations," 28 *Conn. L. Rev.* 425(1996)

Zander, Michael, *The Police and Criminal Evidence Act 1984*(2nd ed., 1990)

_____, *A Bill of Rights?*(1997)

_____, "A Bill of Rights for the United Kingdom — Now," 32 *Texas Int'l L. J.* 441(1997)

_____, *The Police and Criminal Act* 1984(3rd ed. 1995)

_____, "Abolition of the Rights to Silence," *Suspicion and Silence: The Right to Silence in Criminal Investigation*(David Morgan & Geoffrey M. Stephenson eds., 1994)

Zuckerman, Adrian A.S., *The Principles of Criminal Evidence*(1989)

(2) 일본문헌

高內壽夫, "僞計による自白," 松尾浩也·井上正仁 編, 「刑事訴訟法判例百選」 (第 7 版, 1998)

高田卓爾, 「刑事訴訟法」(二訂版, 1984)

光藤景皎, "違法收集證據排除の範圍(四)," 「判例タイムズ」 291号(1973)

多田辰也, "自白の任意性とその立證," 松尾浩也·井上正仁 編, 「刑事訴訟法 の爭點」(新版, 1991)

團藤重光, 「條解刑事訴訟法」(上) (1950)

_____, 「新刑事訴訟法綱要」(七訂版, 1967)

渡部保夫, "保釋制度の運用," 松尾浩也·井上正仁 編, 「刑事訴訟法判例百選」 (第7版, 1998)

渡攬 修, "搜査と抗弁—アメリカ合衆國判例を中心に", 「法學論叢」 105卷 1号(1979)

柏木千秋, 「刑事訴訟法」(1970)

白取祐司, 「刑事訴訟法」(2001)

福井 厚, "おとり搜査," 松尾浩也·井上正仁 編, 「刑事訴訟法の爭點」(新版, 1991)

_____, "別件搜索·差押え," 松尾浩也·井上正仁 編, 「刑事訴訟法判例百選」 (第7版, 1998)

山中俊夫, "被疑者と弁護人の接見交通," 松尾浩也·井上正仁 編, 「刑事訴訟 法の爭點」(新版, 1991)

_____, "寫眞撮影 — 京都府學連事件," 松尾浩也·井上正仁 編, 「刑事訴訟法 判例百選」(第7版, 1998)

三井 誠, "所持品檢査の限界と違法收集證據の排除"(下), 「ジュリスト」 No. 680(1978. 12. 15)

_____, 「刑事手續法(1)」(新版, 1997)

_____, "接見交通問題の展開," 「法律時報」 第54卷 3號(1982)

_____, "違法收集證據の證據能力," 松尾浩也·井上正仁 編, 「刑事訴訟法判 例百選」(第6版, 1992)

三井 誠·井上正仁 編, 「判例教材 刑事訴訟法」(第2版, 1996)

小野淸一郎, "オトリ搜査とワナの理論および誘發者の理論," 「警研」 25卷 11号

小田中聰樹, "戰後刑事司法の展開と刑事司法論," 「現代法セミナル」(1972. 8)

小津博司, "令狀による差押え(2) — フロツピ\ディスクの差押え," 松尾浩也· 井上正仁 編, 「刑事訴訟法判例百選」(第7版, 1998)

松尾浩也, "刑事訴訟法の基礎理論," 3 「國家と市民」(1989)

_____, "任意搜査における有形力の行使," 松尾浩也·井上正仁 編, 「刑事訴 訟法判例百選」(第6版, 1992)

_____, 「刑事訴訟法(上)」(補正第四版, 1996)

鈴木茂嗣, 「刑事訴訟法」(1990)

宇藤 崇, "テレビカメラによる監視," 松尾浩也·井上正仁 編, 「刑事訴訟法判 例百選」(第7版, 1998)

日本弁護士連合會 編, 「續 再審」(1986)

田宮 裕, 「搜査の構造」(1971)

_____, 「刑事訴訟とデュー·プセス」(1972)

_____, 「刑事訴訟法」(新版, 1997)

田中 開, "報道機關に對する搜索・差押え," 松尾浩也・井上正仁 編,「刑事訴訟法判例百選」(第 7 版, 1998)

井上正仁,「刑事訴訟における證據排除」(1985)

佐藤隆之, "おとり搜査," 松尾浩也・井上正仁 編,「刑事訴訟法判例百選」(第 7 版, 1998)

酒卷 匡, "逮捕・勾留中の被疑者の取調べ受忍義務," 松尾浩也・井上正仁 編,「刑事訴訟法の爭點」(新版, 1979)

池田 修, "所持品檢査 — 米子銀行强盗事件," 松尾浩也・井上正仁 編,「刑事訴訟法判例百選」(第 6 版, 1992)

川崎英明, "西ドイツ刑事訴訟におけるおとり搜査の規制,"「法學雜誌」 第31 卷 1号(1984)

川出敏裕, "別件逮捕・勾留と余罪取調べ," 松尾浩也・井上正仁 編,「刑事訴訟法判例百選」(第 6 版, 1992)

平野龍一,「刑事訴訟法」(1958)

_____,「刑事訴訟法概說」(1966)

_____,「刑事訴訟法の基礎理論」(1964)

河村 博, "毒樹の果實," 松尾浩也・井上正仁 編,「刑事訴訟法の爭點」(新版, 1991)

ロク・M・リ-ど(酒卷匡 譯), "「ワナ」の抗弁とヂュ-・プロセス — アメリカにおける「おとり搜査」の規制,"「ジュリスト」(1982) 778号

색 인

저자 약력

1965년 부산 출생
1986년 서울대학교 법과대학 졸업(40회)
1989년 서울대학교 대학원 법학과 석사
1991년 서울대학교 대학원 법학과 박사과정 수료
1995년 미국 University of California at Berkeley School of Law, 법학석사(LL.M.)
1997년 미국 University of California at Berkeley School of Law, 법학박사(J.S.D.)
1998년 영국 University of Oxford Centre for Socio-Legal Studies, Visiting Research
　　　　 Fellow; University of Leeds Centre for Criminal Justice Studies, Visiting Scholar
1992-1993년, 1999-2000년 울산대학교 법학과 교수
2000-2001년 동국대학교 법과대학 교수
2003년 한국형사법학회 수여 '정암(定庵) 형사법 학술상' 수상
2008년 서울대학교 법과대학 수여 '우수연구상' 수상
2001-현재 서울대학교 법과대학/법학전문대학원 교수
2017-현재 대통령 민정수석비서관

저　서
「양심과 사상의 자유를 위하여」(책세상, 2001)
「형사법의 성편향」(박영사, 2003)
「절제의 형법학」(박영사, 2014)

역　서
「인권의 좌표」(명인문화사, 2010)
「차이의 정치와 정의」(공역; 모티브북, 2017)

전면개정판
위법수집증거배제법칙

초판발행   2005년 3월 20일
개정판발행   2017년 9월 20일

지은이   조 국
펴낸이   안종만

편 집   전은정
기획/마케팅   조성호
표지디자인   조아라
제 작   우인도 · 고철민

펴낸곳   (주) **박영사**
             서울특별시 종로구 새문안로3길 36, 1601
             등록 1959. 3. 11. 제300-1959-1호(倫)
전 화   02)733-6771
f a x   02)736-4818
e-mail   pys@pybook.co.kr
homepage   www.pybook.co.kr
ISBN   979-11-303-3046-4   93360